Neukirchen
Pharmazeutische Gesetzeskunde

D1726920

Rainer Neukirchen

Pharmazeutische Gesetzeskunde

Lerntraining kompakt

Rainer Neukirchen, Freiburg

Unter Mitarbeit von
Dr. Angela Schulz, Berlin

8., völlig neu bearbeitete Auflage

Mit 29 Abbildungen und 53 Tabellen

Deutscher
Apotheker Verlag

Zuschriften an
lektorat@dav-medien.de

Anschrift des Autors
Rainer Neukirchen
Scheffelstraße 63
79102 Freiburg
E-Mail: rainerneukirchen@mac.com

Alle Angaben in diesem Werk wurden sorgfältig geprüft. Dennoch können die Autoren und der Verlag keine Gewähr für deren Richtigkeit übernehmen.

Ein Markenzeichen kann markenrechtlich geschützt sein, auch wenn ein Hinweis auf etwa bestehende Schutzrechte fehlt.

Bibliografische Information der Deutschen Nationalbibliothek
Die Deutsche Nationalbibliothek verzeichnet diese Publikation in der Deutschen Nationalbibliografie; detaillierte bibliografische Daten sind im Internet unter https://portal.dnb.de abrufbar.

8., völlig neu bearbeitete Auflage 2020
ISBN 978-3-7692-7321-2
ISBN 978-3-7692-7626-8 (E-Book, PDF)

© 2020 Deutscher Apotheker Verlag
Birkenwaldstraße 44, 70191 Stuttgart
www.deutscher-apotheker-verlag.de
Printed in Germany

Satz: primustype Hurler GmbH, Notzingen
Druck und Bindung: Aumüller Druck GmbH & Co. KG, Regensburg
Umschlagabbildung: deblik, Berlin
Umschlaggestaltung: deblik, Berlin

Vorwort

Dieses kompakte Lerntraining zur pharmazeutischen Gesetzeskunde ist nun in seiner 8. Auflage erschienen. Es wurde gründlich überarbeitet, ergänzt, der aktuellen Rechtssituation angepasst und hat ein modernes, lerngerechtes Aussehen bekommen. Trotz Neuerungen, Veränderungen und Novellierungen in der pharmazeutischen Gesetzeskunde war es wieder mein Ziel, Lerninhalte über dieses komplexe, oft „trockene" Gebiet pharmazeutischen Wissens didaktisch auszuwählen und zu reduzieren, möglichst interessant und praxisnah zu vermitteln und dabei die Lernziele nicht aus den Augen zu verlieren, um

- **Pharmaziestudentinnen und Pharmaziestudenten** in ihrer Vorlesung „Spezielle Rechtsgebiete für Apotheker" berufsbezogen zu unterstützen,
- **Pharmazeutinnen und Pharmazeuten im Praktikum** auf ihre Prüfung im Dritten Prüfungsabschnitt vorzubereiten,
- zukünftigen **pharmazeutisch-technischen Assistentinnen und pharmazeutisch-technischen Assistenten** Grundlagen für den Unterricht und die staatliche Prüfung in den Fächern „Pharmazeutische Gesetzeskunde, Berufskunde" und „Apothekenpraxis" zu vermitteln und sie später im Beruf zu unterstützen,
- allen interessierten **Kolleginnen und Kollegen** die pharmazeutische Gesetzes- und Berufskunde wiederholend praxisbezogen und aktuell nahe zu bringen.

Natürlich kann beim Lernen und bei der Prüfungsvorbereitung nicht darauf verzichtet werden, zusätzlich selbstständig auf die vollständigen und aktuellen Originaltexte von Gesetzen und Verordnungen zurückzugreifen!

Dieses Buch ist nicht nur als Lehrbuch konzipiert, sondern als kompaktes und möglichst gut lesbares **Lehr-**, **Arbeits-** und **Lernbuch:**

MERKE
Der Merke-Kasten fasst in Merksätzen wichtige Lerninhalte innerhalb der einzelnen Abschnitte zusammen.

GUT ZU WISSEN
Gut zu wissen nennt gezielt Hintergrundwissen, von dem es sich lohnt, es einmal gehört zu haben.

DEFINITION
Ein Definitionskasten erklärt im Text vorkommende Begriffe und unterscheidet auch verwandte Fachbegriffe.

KURZINFO
Die Kurzinfo weist vor längeren Abschnitten auf die darauf folgenden Inhalte der Paragrafen hin.

PRAXISBEISPIEL

Das Praxisbeispiel führt konkrete Beispiele aus der Praxis, vor allem aus der Apothekenpraxis, auf.

ZUSAMMENFASSUNG

Die Zusammenfassung fasst nach den einzelnen Abschnitten das Wesentliche kurz zusammen.

SPICKZETTEL

Der Spickzettel dient zur Wiederholung des gelernten Wissens und wichtiger Begriffe aus einem Kapitel.

REPETITORIUM

Das Repetitorium wiederholt nach jedem Kapitel in Fragen das Gelernte in drei Schwierigkeitsstufen.

- Die Lösungen aller Repetitorien finden Sie mit ergänzenden Hinweisen auf den Buchtext im ▶ Kap. 8.2.
- Originaltexte und Zitate (z. B. Gesetzestexte) sind in Anführungszeichen und mit einem Randbalken versehen.
- Grundlagen der pharmazeutischen und medizinischen **Fachsprache** werden in fortlaufenden Lektionen im ▶ Kap. 8.1 und ▶ Kap. 8.3 vermittelt.
- 215 gesammelte, aktualisierte und neu aufgenommene **Staatsexamens-Prüfungsfragen** mit Kommentaren und Hinweisen finden Sie im ▶ Kap. 8.4. Sie dienen gezielt der Prüfungsvorbereitung und sind zur Wissensvertiefung und -erweiterung, auch für PTAs, sehr zu empfehlen!

Bitte senden Sie mir auch weiterhin interessante und aktuelle Prüfungsfragen!

Dieses Buch soll auch verbessert werden: Anregungen, Kritiken, Ergänzungen, Verbesserungen und Hinweise auf eventuelle Druckfehler sind sehr erwünscht.

Mein Dank gilt seit der ersten Auflage meinen Eltern, denen ich den Zugang zur Pharmazie (und die Abbildungen aus ihrer ehemaligen Kron-Apotheke) verdanke sowie dem Lektorat Pharmazie des Deutschen Apotheker Verlags, vor allem Herrn Dr. Rainer Mohr und Frau Luise Keller, die mich immer hilfreich und unterstützend begleitet haben.

Mein ganz besonderer Dank gilt Frau Dr. Angela Schulz für die kompetente Bearbeitung und Aktualisierung des Gefahrstoffteils dieses Buches.

Freiburg, im Frühjahr 2020 Rainer Neukirchen

Hinweis: Der überwiegende Teil der Apotheker, Pharmaziestudenten und PTAs ist weiblich, trotzdem ist bei Gesetzen und Verordnungen nur die männliche Version enthalten. In diesem Buch wurde aus Gründen der besseren Lesbarkeit auf die Verwendung geschlechtsspezifischer Formulierungen verzichtet. Soweit personenbezogene Bezeichnungen nur in männlicher Form angeführt sind, gelten diese natürlich gleichermaßen für jedes Geschlecht.

Inhaltsverzeichnis

Abkürzungsverzeichnis

§	Paragraf (bei Gesetzen und Verordnungen)
§§	Mehrere Paragrafen

A

AAppO	Approbationsordnung für Apotheker
ABDA	Bundesvereinigung Deutscher Apothekerverbände (früher: Arbeitsgemeinschaft der Berufsvertretungen Deutscher Apotheker)
ABDATA	Pharma-Daten-Service der ABDA
Abs.	Absatz (Untergliederung von Paragrafen)
ADA	Arbeitgeberverband Deutscher Apotheken
ADEXA	Die Apothekengewerkschaft
AMG	Arzneimittelgesetz
AMK	Arzneimittelkommission der Deutschen Apotheker
AM-RL	Arzneimittel-Richtlinie (G-BA)
AMNOG	Arzneimittelmarktneuordnungsgesetz
AMPreisV	Arzneimittelpreisverordnung
AMSachKV	Arzneimittelsachkenntnisverordnung
AMVerkRV	Verordnung über apothekenpflichtige und freiverkäufliche Arzneimittel
AMStZulV	Verordnung über Standardzulassungen von Arzneimitteln
AMVV	Verordnung über die Verschreibungspflicht von Arzneimitteln
AMWarnV	Arzneimittelwarnhinweisverordnung
AnalgetikaWarnHV	Analgetika-Warnhinweis-Verordnung
ANSG	Apothekennotdienstsicherstellungsgesetz
AOK	Allgemeine Ortskrankenkasse
ApBetrO	Apothekenbetriebsordnung
ApoG	Apothekengesetz

B

BAK	Bundesapothekerkammer
BApO	Bundesapothekerordnung
BDSG	Bundesdatenschutzgesetz
BfArM	Bundesinstitut für Arzneimittel und Medizinprodukte
BGB	Bürgerliches Gesetzbuch
BGBl.	Bundesgesetzblatt
BGH	Bundesgerichtshof
BGW	Berufsgenossenschaft für Gesundheitsdienst und Wohlfahrtspflege
BMEL	Bundesministerium für Ernährung und Landwirtschaft
BMG	Bundesministerium für Gesundheit
BOPST	„Bundesopiumstelle" (alte Bezeichnung für die BtM-Abteilung des BfArM)
BRTV	Bundesrahmentarifvertrag
BtM	Betäubungsmittel
BtMBinHV	Betäubungsmittel-Binnenhandelsverordnung
BtMG	Betäubungsmittelgesetz
BtMVV	Betäubungsmittel-Verschreibungsverordnung
BVL	Bundesamt für Verbraucherschutz und Lebensmittelsicherheit

C

C	Homöopathische Centesimalpotenz (1:100) z. B. Apis C2
CBD	Cannabidiol

CE	Europäisches Konformitätskennzeichen (z. B. für Medizinprodukte)
Ch.-B.	Chargenbezeichnung
ChemG	Chemikaliengesetz
ChemVerbotsV	Chemikalien-Verbotsverordnung
CLP-VO	Verordnung (EG) Nr. 1272/2008
CMR-Stoff	Cancerogener, mutagener und reproduktionstoxischer Stoff

D

D	Homöopathische Dezimalpotenz (1:10)
DAB	Deutsches Arzneibuch
DAC	Deutscher Arzneimittel Codex
DAK	Deutsche Angestelltenkrankenkasse (Ersatzkasse)
DAP	Deutsches Apothekenportal
DAPI	Deutsches Arzneiprüfungs-Institut e. V.
DAV	Deutscher Apothekerverband, Deutscher Apotheker Verlag
DAZ	Deutsche Apotheker Zeitung
dil.	Homöopathische Verdünnung (Dilutio)
DIMDI	Deutsches Institut für medizinische Dokumentation und Information
DSGVO	Datenschutz-Grundverordnung

E

ECHA	Europäische Chemikalienagentur
EFTA	Europäische Freihandels-Assoziation (Island, Norwegen, Liechtenstein, Schweiz)
EG	Europäische Gemeinschaft (Vorgängerorganisation der EU)
E-Health-G	Gesetz für sichere digitale Kommunikation und Anwendungen im Gesundheitswesen (E-Health-Gesetz)
EINECS	Liste der „Altstoffe" (erstmals vor 1981 vermarktet)
EK	Einkaufspreis der Apotheken (auch AEK)
ELINCS	Liste der „Neustoffe" (erstmals nach 1981 vermarktet)
EMA	European Medicines Agency (Europäische-Arzneimittel-Agentur in London, früher: EMEA)
EPARS	European Public Assessment Reports (öffentliche Bewertungsberichte der EMA)
EU	Europäische Union
EuGH	Europäischer Gerichtshof
EVE	Endverbleibserklärung
EWG	Europäische Wirtschaftsgemeinschaft (Vorgängerorganisation der EG und der EU)
EWR	Europäischer Wirtschaftsraum (EU und assoziierte Vertragsstaaten, zurzeit Island, Liechtenstein, Norwegen)

F

FAM	Fertigarzneimittel
FIP	Fédération Internationale Pharmaceutique (Internationaler Apothekerverband)

G

G-BA	Gemeinsamer Bundesausschuss
GefStoffV	Gefahrstoffverordnung
GG	Grundgesetz der Bundesrepublik Deutschland (Verfassung)
GHS	Globally harmonized system of classification and labelling of chemicals
GKV	gesetzliche Krankenversicherung

GMG	GKV-Modernisierungsgesetz
glob.	Globuli (homöopathische Streukügelchen)
GMP	Good Manufacturing Practices (Herstellungsrichtlinien der WHO)
gtt.	Guttae (Tropfen)
GÜG	Grundstoffüberwachungsgesetz

H

HAB	Homöopathisches Arzneibuch
HV	Handverkauf (Verkauf von nicht verschreibungspflichtigen Arzneimitteln und apothekenüblichen Waren in der Apotheke)
HWG	Heilmittelwerbegesetz

I

IfA	Informationsstelle für Arzneispezialitäten GmbH
IHK	Industrie- und Handelskammer
INCI	International Nomenclature Cosmetic Ingredient
INN	International Nonproprietary Name
IQWIG	Institut für Qualität und Wirtschaftlichkeit im Gesundheitswesen
IUPAC	Chemische Stoffbezeichnung nach der Nomenklatur der International Union of Pure and Applied Chemistry

K

KSchG	Kündigungsschutzgesetz

L

LAK	Landesapothekerkammer
LAV	Landesapothekerverband (früher: Landesapothekerverein)

M

MBetreibV	Medizinproduktebetreiberverordnung
MPAV	Medizinprodukteabgabeverordnung
MPG	Medizinproduktegesetz
MPSV	Medizinprodukte-Sicherheitsplanverordnung

N

N1, N2, N3	Kleine, mittlere, große Packungsgrößen bei FAM
NemV	Verordnung über Nahrungsergänzungsmittel
NRF	Neues Rezepturformularium (Teil des DAC/NRF)

O

OHG	Offene Handelsgesellschaft
OP	Originalpackung (kleinste Packungsgröße)
OTC	Over the counter (= HV-Artikel)

P

PackungsV	Verordnung über die Bestimmung und Kennzeichnung von Packungsgrößen für Arzneimittel in der vertragsärztlichen Versorgung (Packungsgrößenverordnung)
PBT-Stoffe	Persistente, bioakkumulierbare und toxische Stoffe
PEI	Paul-Ehrlich-Institut (Bundesinstitut für Impfstoffe und biomedizinische Arzneimittel, vormals Bundesamt für Sera und Impfstoffe)
PharmTAG	Gesetz über den Beruf des pharmazeutisch-technischen Assistenten
Ph. Eur.	Pharmacopoea Europaea (Europäisches Arzneibuch, auch: EuAB)
PhiP	Pharmazeut/in im Praktikum (Pharmaziepraktikant/in)

PKA	pharmazeutisch-kaufmännische(r) Angestellte(r)
PKV	Private Krankenversicherung
PNR	pharmazeutische Unternehmernummer
PTA	pharmazeutisch-technische(r) Assistent(in)
PTA-APrV	Ausbildungs- und Prüfungsverordnung für PTA
PTAG	PTA-Berufsgesetz, Gesetz über den Beruf des pharmazeutisch-technischen Assistenten
PZ	Pharmazeutische Zeitung
PZN	Pharmazentralnummer

Q

QMS	Qualitätsmanagementsystem

R

REACH-VO	Verordnung (EG) Nr. 1907/2006
Reg.-Nr.	Registriernummer
RKI	Robert Koch-Institut
RL	Richtlinie (EG-Richtlinie)
Rx	verschreibungspflichtige Arzneimittel

S

SDB	Sicherheitsdatenblatt
SGB V	Sozialgesetzbuch Fünftes Buch
StGB	Strafgesetzbuch
STIKO	Ständige Impfkommission am Robert Koch-Institut
SVHC	besonders besorgniserregende Stoffe (Substances of Very High Concern)

T

TFG	Transfusionsgesetz
THC	Tetrahydrocannabinol (Hauptwirkstoff von Cannabis)
TRbF	Technische Regeln für brennbare Flüssigkeiten
TRGS	Technische Regeln für Gefahrstoffe

U

UAW	unerwünschte Arzneimittelwirkung
UWG	Gesetz gegen den unlauteren Wettbewerb
UN	United Nations (Vereinte Nationen, New York)
UVP	unverbindliche Preisempfehlung

V

VdAK	Verband der Angestelltenkrankenkassen
VdEK	Verband der Ersatzkassen
VGH	Verwaltungsgerichtshof
VK	Verkaufspreis der Apotheken (auch AVK)
VO	Verordnung
vPvB	sehr persistente und sehr bioakkumulierbare Stoffe

W

WHO	World Health Organization (Weltgesundheitsorganisation, Genf)

Z

ZL	Zentrallaboratorium Deutscher Apotheker
Zul.-Nr.	Zulassungsnummer

Kurze Einführung in rechtliche Grundbegriffe 1

Gesetze und Verordnungen, nationales und europäisches Recht, Gesetzbücher und Vorschriften: Warum müssen angehende Pharmazeuten und pharmazeutisch-technische Assistenten das alles wissen?

Dieses Kapitel gibt eine kurze Einführung in die wichtigsten rechtlichen Grundlagen vom Grundgesetz bis zu EU-Richtlinien. Die Ausbildungen des Apothekers und des pharmazeutisch-technischen Assistenten sehen Kenntnisse über allgemeine Rechtsgrundlagen und daraus resultierende pharmazeutisch relevante Vorschriften vor, die in den jeweiligen Prüfungsfächern der Staatsexamen sowohl bei den Apothekern (Spezielle Rechtsgebiete für Apotheker) als auch den PTAs (Pharmazeutische Gesetzeskunde) geprüft werden.

Die Verfassung der Bundesrepublik Deutschland beruht seit dem 23. Mai 1949 auf dem **Grundgesetz**. Danach ist die Bundesrepublik Deutschland ein Bundesstaat mit einer freiheitlichen, demokratischen und sozialen Grundordnung. Alle arzneimittelrechtlichen Vorschriften müssen mit dem Grundgesetz übereinstimmen, das **Bundesverfassungsgericht** beurteilt in Zweifelsfällen die Verfassungsmäßigkeit (z. B. Niederlassungsfreiheit, ▸ Kap. 4.1).

MERKE

Pharmazeutisches Recht ist vor allem Teil des öffentlichen Rechts, welches die Rechtsbeziehungen des Einzelnen gegenüber dem Staat regelt (Strafgesetzbuch, StGB). Privates Recht regelt die Beziehungen der Einzelpersonen untereinander (Bürgerliches Gesetzbuch, BGB).

Ein Verstoß gegen geltendes Recht ist rechtswidrig und wird nach dem Strafgesetzbuch bestraft.

DEFINITION

Strafbare Handlungen können in drei Gruppen eingeteilt werden:
Verbrechen: Rechtswidrige Taten, die mit mindestens einem Jahr Gefängnis bestraft werden können.
Vergehen: Taten, die mit bis zu einem Jahr Gefängnis oder einer Geldstrafe geahndet werden können (z. B. das Betreiben einer Apotheke ohne erforderliche Betriebserlaubnis).
Ordnungswidrigkeiten: Diese rechtswidrigen Taten werden nur mit Geldbußen bestraft (z. B. das Führen der Berufsbezeichnung PTA ohne Erlaubnis).

Nach dem Grundgesetz ist die Bundesrepublik Deutschland ein **föderalistischer Bundesstaat**. Durch den Beitritt der ehemaligen DDR am 3. Oktober 1990 kamen zu den elf alten Bundesländern fünf neue Bundesländer hinzu (◻ Tab. 2.1). Die Vertretung der Länder innerhalb des Bundes ist der **Bundesrat**, der an der Gesetzgebung und der Verwaltung beteiligt ist. Die Bundesländer haben entsprechend ihrer Einwohnerzahl unterschiedlich viele Stimmen im Bundesrat (z. B. Baden-Württemberg 6, Hamburg 3). Bei allen Gesetzen und vielen Verordnungen (z. B. der Apothekenbetriebsordnung), die die Bundesländer betreffen, muss der Bundesrat zustimmen.

1.1 Bundesrecht, Landesrecht und europäisches Recht

Die Gesetzgebung liegt in den Händen der jeweiligen Parlamente und vollzieht sich mit der Mehrheit der Stimmen der Abgeordneten (**Legislative**).

◻ **Tab. 1.1** Mitgliedstaaten der Europäischen Union (EU), Stand 2020

Jahr	Bezeichnung	Land
1958	EU der 6	Belgien, Deutschland, Frankreich, Italien, Luxemburg, Niederlande
1973	EU der 9	+ Dänemark, Großbritannien, Irland
1981	EU der 10	+ Griechenland
1986	EU der 12	+ Portugal, Spanien
1995	EU der 15	+ Finnland, Österreich, Schweden
2004	EU der 25	+ Estland, Lettland, Litauen, Polen, Ungarn, Tschechische Republik, Slowakische Republik, Slowenien, Malta, Zypern
2007	EU der 27	+ Bulgarien, Rumänien
2013	EU der 28	+ Kroatien
	Seit längerem warten	Türkei (1987), Schweiz (1992, Beitrittsgesuch ruht), Island (2009)
	Assoziierungs-abkommen mit	Türkei, AKP-Staaten (afrikanische, karibische und pazifische Staaten)
2020	Brexit	− Großbritannien

MERKE

Das Parlament der Bundesrepublik Deutschland, der Bundestag, besteht aus Abgeordneten, die alle vier Jahre neu gewählt werden. Der Bundestag wählt den Bundeskanzler, dieser ernennt die Minister (Bundeskabinett).

Der **Bundestag** verabschiedet nach drei Lesungen und Bearbeitung in Ausschüssen die **Bundesgesetze**, die in allen Bundesländern verbindlich sind. Die überwiegende Mehrzahl der Gesetze, die Apotheken und Arzneimittel betreffen, sind Bundesgesetze. Da bei der Ausführung der Gesetze oft die Bundesländer und ihre ausführenden Organe beteiligt sind, muss meist der **Bundesrat** zustimmen.

MERKE

Der Bundesrat ist die Vertretung der 16 Bundesländer und muss allen Gesetzen zustimmen, die die Bundesländer als Exekutive betreffen (z. B. dem Betäubungsmittelgesetz, ▸Kap. 6.1).

Ländergesetze werden von den **Länderparlamenten** verabschiedet und sind nur im jeweiligen Bundesland gültig (z. B. Schulgesetze). Wenn sich die Interessen des Bundes und der Länder berühren, geht das Bundesrecht vor (**„Bundesrecht bricht Landesrecht"**). Die Parlamente der Länder nennen sich z. B. Landtag oder Bürgerschaft.

In Zukunft werden immer mehr Gesetze europaweit Gültigkeit haben. Diese Gesetze werden vom **Europaparlament** bzw. dem Ministerrat (Rat der Europäischen Union) in Straßburg verabschiedet oder von nationalen Parlamenten an die europaweit gültige Situation angeglichen (z. B. Medizinproduktegesetz, ▸Kap. 5.3). Der Europäischen Union (**EU**) gehören zurzeit 27 Mitgliedstaaten an und mit einigen Staaten bestehen Assoziierungsabkommen (◻ Tab. 1.1). Das **Europäische Arzneibuch** (▸Kap. 5.1.7) gilt in den EU/EWR-Staaten und etlichen weiteren Staaten, die das Übereinkommen über die Ausarbeitung eines Europäischen Arzneibuches unterzeichnet haben.

In den **EWR-Staaten** (Europäischer Wirtschaftsraum) sind die EU und assoziierte Staaten wirtschaftlich vereinigt (zurzeit Island, Liechtenstein, Norwegen).

GUT ZU WISSEN

Der **Europäische Wirtschaftsraum (EWR)** besteht aus dem Zusammenschluss der 27 Staaten der Europäischen Union sowie Island, Liechtenstein und Norwegen. Europäische Arzneimittelregelungen wie beispielsweise die Zulassung (▸Kap. 5.1.4) und die Einfuhr von Arzneimitteln (▸Kap. 5.1.9) betreffen immer alle EWR-Staaten. Informieren Sie sich über den aktuellen Stand Großbritanniens!

In den **EFTA-Staaten** (Europäische Freihandels-Assoziation) sind Island, Liechtenstein, Norwegen und die Schweiz zusammengeschlossen.

1.2   Gesetze und Verordnungen

Gesetze werden von Parlamenten mehrheitlich verabschiedet (**Legislative**) und regeln Allgemeines meist nur im groben Rahmen. Zur Regelung von Einzelheiten werden in den Gesetzen die zuständigen Minister ermächtigt, Näheres zu verordnen (Ermächtigungsparagrafen).

Diese **Verordnungen** können von den zuständigen Bundesministern (z. B. die Approbationsordnung für Apotheker, ▸Kap. 3.1.2, durch den Bundesgesundheitsminister) auf Grundlage von Bundesgesetzen oder von den zuständigen Landesministern auf Grundlage von Landesgesetzen veranlasst werden (◻ Tab. 1.2). In der rechtlichen Verbindlichkeit zwischen einem Gesetz und einer Verordnung gibt es keinen Unterschied.

◻ **Tab. 1.2** Gesetze und Verordnungen (Deutschland)

	Gesetze	Verordnungen
Erstellt vom	Bundestag oder Länder-parlamenten (Legislative)	Zuständigen Bundes- oder Landesmi-nister auf Grundlage von Ermächtigun-gen (Exekutive)
Entstehungs-dauer	Lang (Ausschüsse, Lesungen)	Kürzer, aktueller
Regeln	Allgemeines, Rahmen-bedingungen	Einzelheiten, Ausnahmen, Übergangsre-gelungen
Beispiele	Betäubungsmittelgesetz, Apothekengesetz	Betäubungsmittel-Verschreibungsver-ordnung, Apothekenbetriebsordnung

Erlasse gehören zu den Verwaltungsvorschriften und gelten für den Dienstbetrieb inner-halb von Behörden; die übergeordnete Behörde erlässt Vorschriften für untergeordnete Behörden.

Das **Europäische Parlament** und der Rat der Europäischen Union erlassen europaweit Richtlinien (z. B. die Richtlinie 2002/46/EG vom 10. Juni 2002 zur Angleichung der Rechtsvorschriften der Mitgliedstaaten über Nahrungsergänzungsmittel). EU-Richtlinien müssen bis zu vorgegebenen Terminen in deutsches Recht umgesetzt werden oder werden als Teil eines Gesetzes oder einer Verordnung einbezogen.

ZUSAMMENFASSUNG

- Die gesetzgebende Gewalt (Legislative) wird in der Bundesrepublik Deutschland vom Bundestag und den Landtagen der 16 Bundesländer ausgeübt. Die meis-ten Gesetze und Verordnungen aus dem pharmazeutischen Bereich sind Bun-desgesetze und Bundesverordnungen.
- In den Ermächtigungsparagrafen der Gesetze werden zuständige Minister ermächtigt, nähere Ausführungen in Verordnungen niederzulegen. Verordnun-gen regeln Einzelheiten und sind relativ schnell zu novellieren.
- Mit dem weiteren Zusammenwachsen Europas werden zukünftig immer mehr Regelungen europaweit getroffen werden; das Medizinproduktegesetz z. B. wurde vom Bundestag den europäischen Anforderungen angepasst und auch die Zulassung von Arzneimitteln kann europaweit erfolgen.
- Die Europäische Union umfasst zurzeit 27 Mitgliedstaaten (Kroatien war 2013 der letzte Beitrittsstaat); der Eintritt weiterer ost- und südeuropäischer Länder wird vorbereitet.
- Der EWR besteht aus der Europäischen Union plus Island, Norwegen und Liech-tenstein. Die EFTA besteht aus Island, Norwegen, Liechtenstein und der Schweiz.
- Richtlinien des Europaparlaments und des Europarats müssen in den einzelnen Mitgliedstaaten in nationales Recht umgesetzt werden.

2 Gesundheitswesen und Berufsorganisationen

Öffentliches Gesundheitswesen und pharmazeutische Organisationen: Warum gibt es hier so oft unterschiedliche Strukturen im Bund und in den Bundesländern und was ist dabei wichtig für die Apotheken?

Durch den föderalistischen Aufbau der Bundesrepublik Deutschland sind auch das Gesundheitswesen und die Berufsorganisationen der Apotheker in Bundes- und Länderebenen unterteilt. Apotheker sind Mitglieder in ihren Landesapothekerkammern und diese wiederum sind zusammengeschlossen in der Bundesapothekerkammer und der ABDA.

Dieses Kapitel informiert kurz über die wichtigsten Institutionen des öffentlichen Gesundheitswesens, über Kammern und Verbände der Apotheker, die Berufsordnung und europaweite und internationale Organisationen.

2.1 Öffentliches Gesundheitswesen

Auf Bundesebene ist das **Bundesministerium für Gesundheit** (BMG) für alle Bereiche des Gesundheitswesens zuständig. Der Bundesgesundheitsminister ist verantwortlich für die auf dem Gesundheitssektor anstehenden Verordnungen (z. B. die Approbationsordnung für Apotheker und die Ausbildungs- und Prüfungsverordnung für PTA, ▸ Kap. 3.2.2). Das BMG ist an seinem Dienstsitz in Bonn und an seinem Dienstsitz in Berlin für eine Vielzahl von Politikfeldern zuständig. Dabei konzentriert sich die Arbeit auf die Erarbeitung von Gesetzesentwürfen, Rechtsverordnungen und Verwaltungsvorschriften. Zu den zentralen Aufgaben zählt, die Leistungsfähigkeit der gesetzlichen Krankenversicherung (GKV) sowie der Pflegeversicherung zu erhalten, zu sichern und weiterzuentwickeln. Des Weiteren ist die Reform des Gesundheitssystems eine der wichtigsten Aufgaben des Ministeriums. Ziel ist es, die Qualität des Gesundheitssystems zu verbessern, die Interessen der Patientinnen und Patienten zu stärken, die Wirtschaftlichkeit zu gewährleisten und die Beitragssätze zu stabilisieren.

Das **Bundesgesundheitsamt** (BGA) wurde 1952 in Berlin als Bundesoberbehörde des Bundesgesundheitsministeriums eingerichtet. Im Jahre 1994 wurde das BGA aufgelöst und in Nachfolgeorganisationen im Geschäftsbereich des BMG unterteilt.

Bundesinstitut für Arzneimittel und Medizinprodukte (BfArM, Bonn): Das BfArM ist eine selbstständige Bundesoberbehörde im Geschäftsbereich des BMG und zuständig unter anderem für die Zulassung von Arzneimitteln, Überwachung des BtM-Verkehrs und für Medizinprodukte. Auch die Geschäftsstelle der Deutschen Arzneibuchkommission befindet sich beim BfArM.

Bundesinstitut für Impfstoffe und biomedizinische Arzneimittel (früher Bundesamt für Sera und Impfstoffe (PEI, Paul-Ehrlich-Institut, Langen bei Frankfurt): Es ist wie das BfArM eine selbstständige Bundesoberbehörde und leistet einen wesentlichen Beitrag zur Verfügbarkeit und Sicherheit von wirksamen biomedizinischen Arzneimitteln. Die regulatorischen Aufgaben des Instituts umfassen neben der Zulassung die wissenschaftliche Beratung zur Arzneimittelentwicklung, die Genehmigung klinischer Prüfungen, die experimentelle Produktprüfung und staatliche Chargenfreigabe sowie die Bewertung von Arzneimittelnebenwirkungen.

Bundesamt für Verbraucherschutz und Lebensmittelsicherheit (BVL, Braunschweig): Das BVL wurde im Jahr 2002 als Zulassungs- und Managementbehörde für Lebensmittelsicherheit und Verbraucherschutz gegründet und ist eine eigenständige Bundesoberbehörde im Geschäftsbereich des Bundesministeriums für Ernährung und Landwirtschaft (BMEL). Es nimmt vielfältige Aufgaben im Bereich der Lebensmittelsicherheit wahr und ist für die Zulassung von Tierarzneimitteln zuständig.

Bundesinstitut für Infektionskrankheiten und nichtübertragbare Krankheiten (Robert Koch-Institut, Berlin): Das RKI ist die zentrale Einrichtung des Bundes im Bereich der öffentlichen Gesundheit zur Erkennung, Verhütung sowie Bekämpfung von Krankheiten und das nationale Public-Health-Institut. Es bewertet, analysiert und erforscht dabei Krankheiten von hoher Gefährlichkeit, weitem Verbreitungsgrad oder großer öffentlicher oder gesundheitspolitischer Bedeutung. Stichworte sind z. B. HIV/Aids, Influenza, Krebs und Allergien. Im Hinblick auf das Erkennen neuer gesundheitlicher Risiken nimmt das

RKI eine „Antennenfunktion" im Sinne eines Frühwarnsystems wahr. Beim Robert Koch-Institut sind mehrere wissenschaftliche Kommissionen angesiedelt, z. B. die Ständige Impfkommission (STIKO), die Impfempfehlungen erarbeitet. Außerdem ist es verantwortlich für die inhaltliche Bearbeitung und Koordinierung der Gesundheitsberichterstattung des Bundes und für die Genehmigung von Import und Verwendung humaner embryonaler Stammzellen.

Deutsches Institut für Medizinische Dokumentation und Information (DIMDI, Köln): Das DIMDI bietet über das Internet fundiertes Medizinwissen, betreut wichtige medizinische Klassifikationen und Terminologien, die für die Gesundheitstelematik von Bedeutung sind, und verantwortet ein Programm zur Bewertung gesundheitsrelevanter Verfahren (Health Technology Assessment). Zu den Aufgaben des DIMDI gehören auch die Entwicklung und der Betrieb von datenbankgestützten Informationssystemen für Arzneimittel, Medizinprodukte und Health Technology Assessment und die Bereitstellung von Informationen auf dem Gesamtgebiet der Medizin und ihrer Randgebiete, die Einrichtung und der Betrieb von datenbankgestützten Informationssystemen für Arzneimittel und Medizinprodukte und Herausgabe amtlicher Klassifikationen im Rahmen gesetzlicher Aufgaben sowie der Aufbau einer Dokumentation und eines datenbankgestützten Informationssystems zur gesundheitsökonomischen Evaluation medizinischer Verfahren und Technologien. Das DIMDI soll zukünftig in den Arbeitsbereich des BfArM integriert werden.

Gemeinsamer Bundesausschuss (G-BA, Berlin): Der G-BA legt innerhalb des vom Gesetzgeber im Fünften Buch Sozialgesetzbuch (SGB V, ▶ Kap. 5.4) bereits vorgegebenen Rahmens fest, welche Leistungen der medizinischen Versorgung von der gesetzlichen Krankenversicherung (GKV) im Einzelnen übernommen werden und welche im Einzelnen ausgeschlossen sind. Seit der Gesundheitsreform 2004 hat der G-BA die Befugnis bekommen, Medikamente von der Verordnungsfähigkeit auszuschließen, wenn diese durch besser geeignete Therapien ersetzt werden können.

Der G-BA erfüllt seine Aufgaben im Wesentlichen durch den Beschluss von Richtlinien wie beispielsweise die Richtlinie über die Verordnung von Arzneimitteln in der vertragsärztlichen Versorgung (Arzneimittel-Richtlinie/AM-RL, ▶ Kap. 5.4). Richtlinien haben den Charakter untergesetzlicher Normen und sind für alle gesetzlich Krankenversicherten und Beteiligte in der GKV, auch für Apotheken, rechtlich bindend. Bei seiner Aufgabenerfüllung steht der G-BA unter der Rechtsaufsicht des Bundesministeriums für Gesundheit. Welche genauen Aufgaben der G-BA hat und welche Anforderungen der G-BA in seiner Entscheidungsfindung beachten muss, legt der Gesetzgeber SGB V fest.

In der gesetzlichen Krankenversicherung (GKV) gibt der Gesetzgeber die Rahmenbedingungen für die Ausgestaltung der medizinischen Versorgung vor. Die Einzelheiten werden von der gemeinsamen Selbstverwaltung von Ärzten, Zahnärzten, Krankenhäusern und Krankenkassen festgelegt. Durch die Beteiligung von Patientenorganisationen, insbesondere auch im neu eingerichteten **Institut für Qualität und Wirtschaftlichkeit im Gesundheitswesen** (IQWIG), wird die Transparenz erhöht und werden stärkere Mitsprachemöglichkeiten geschaffen.

◻ **Tab. 2.1** Bundesländer und Gesundheitsbehörden (Stand 2020)

Bundesland	Behörde
Baden-Württemberg	Ministerium für Soziales und Integration
Bayern	Bayrisches Staatsministerium für Gesundheit und Pflege
Berlin	Senatsverwaltung für Gesundheit, Pflege und Gleichstellung
Brandenburg	Ministerium für Arbeit, Soziales, Gesundheit, Frauen und Familie
Bremen	Senatorin für Wissenschaft, Gesundheit und Verbraucherschutz
Hamburg	Behörde für Gesundheit und Verbraucherschutz
Hessen	Ministerium für Soziales und Integration
Mecklenburg-Vorpommern	Ministerium für Wirtschaft, Arbeit und Gesundheit
Niedersachsen	Ministerium für Soziales, Gesundheit und Gleichstellung
Nordrhein-Westfalen	Ministerium für Arbeit, Gesundheit und Soziales
Rheinland-Pfalz	Ministerium für Soziales, Arbeit, Gesundheit und Demografie
Saarland	Ministerium für Soziales, Gesundheit, Frauen und Familie
Sachsen	Sächsisches Staatsministerium für Soziales und Verbraucherschutz
Sachsen-Anhalt	Ministerium für Arbeit, Soziales und Integration
Schleswig-Holstein	Ministerium für Soziales, Gesundheit, Jugend, Familie und Senioren
Thüringen	Ministerium für Arbeit, Soziales, Gesundheit, Frauen und Familie

MERKE

Gesetze und Verordnungen des Bundes (Legislative) werden nach dem Grundgesetz (Art. 83 GG) von den Behörden der einzelnen Bundesländer ausgeführt und überwacht (Exekutive).

Die **obersten Landesgesundheitsbehörden** sind je nach Bundesland unterschiedlichen Ministerien zugeordnet (◻ Tab. 2.1). Diesen obersten Landesgesundheitsbehörden sind die **mittleren Landesgesundheitsbehörden** (z. B. die Regierungspräsidien und Bezirksregierungen) und die **unteren Landesgesundheitsbehörden** (z. B. die Gesundheitsämter) untergeordnet.

Die obersten Landesgesundheitsbehörden üben auch die Fachaufsicht über die Kammern der Heilberufe aus (Landesapothekerkammer, ▸Kap. 2.2.1). Die „Arbeitsgemeinschaft der leitenden Medizinalbeamten der Länder" sorgt hierbei für eine einheitliche Interpretation der Bundesvorschriften auf Länderebene (z. B. bei der amtlichen Besichtigung der Apotheken).

Die **EMA** (**European Medicines Agency**, früher EMEA/European Medicines Evaluation Agency, seit 2018 in Amsterdam, vorher in London, (▸Kap. 5.1.4, ▫Tab. 5.2) ist seit 1995 für die europaweite Zulassung von Arzneimitteln durch die EU-Kommission zuständig und stellt zu allen zugelassenen Arzneimitteln umfangreiche öffentlich zugängliche Bewertungsberichte (European Public Assessment Reports/EPARs) zur Verfügung. Die Verfassung der WHO konstatiert, dass ihr Ziel die Verwirklichung des bestmöglichen Gesundheitsniveaus bei allen Menschen ist. Hauptaufgabe ist dabei die Bekämpfung der Erkrankungen, mit besonderem Schwerpunkt auf Infektionskrankheiten, sowie Förderung der allgemeinen Gesundheit unter Menschen auf der Welt.

> **MERKE**
>
> Die EMA ist eine europäische Behörde mit Sitz in Amsterdam, die für die Beurteilung und Überwachung der Arzneimittel und die Zulassung von Arzneimitteln durch die EU-Kommission im europäischen Wirtschaftsraum (EWR) zuständig ist (▸Kap. 5.1.4).
> Die WHO ist eine internationale Behörde mit Sitz in Genf, die für die Vereinten Nationen (UN) für die weltweite Koordination des Gesundheitswesens zuständig ist.

Die **World Health Organisation** (WHO) ist als Unterorganisation der Vereinten Nationen (UN) in Genf weltweit zuständig für die Ausarbeitung von Grundregeln zur Qualitätssicherung bei der Herstellung von Arzneimitteln (GMP-Richtlinien, ▸Kap. 5.1.7). Die WHO führt u. a. weltweite Statistiken über Infektionskrankheiten und empfiehlt z. B. jährlich die aktuelle Zusammensetzung von Grippeimpfstoffen.

2.2   Pharmazeutische Organisationen und Einrichtungen

Neben staatlichen Institutionen hat die Apothekerschaft zahlreiche Berufsorganisationen, die zum Teil öffentliche Aufgaben in eigener Verantwortung wahrnehmen.

2.2.1   Apothekerkammern und Apothekerverbände

Die Apothekerkammern und die Apothekerverbände sind Einrichtungen auf Länderebene, die aber auch bundesweit zusammengeschlossen sind.

Die **Landesapothekerkammern** (LAKs) aller Bundesländer sind **Körperschaften des öffentlichen Rechts.** Das bedeutet im Einzelnen die Wahrnehmung öffentlicher Aufgaben unter staatlicher Aufsicht und die **Pflichtmitgliedschaft** aller Apothekerinnen und Apo-

2

theker mit Zahlung des Kammerbeitrages. Neben den Apothekerkammern wurden in den einzelnen Bundesländern auf Grundlage des **Kammergesetzes** Ärzte-, Zahnärzte- und Tierärztekammern eingerichtet.

MERKE

In den 16 Bundesländern existieren jeweils 17 Landesapothekerkammern und 17 Landesapothekerverbände, da die Gebiete Nordrhein und Westfalen-Lippe auf Grund der Größe des Bundeslandes Nordrhein-Westfalen jeweils eigene LAKs und LAVs haben. Diese 34 Organisationen sind in der ABDA (▸ Kap. 2.2.2) zusammengeschlossen.

Rechte und Pflichten der Kammern und ihrer Mitglieder werden in den Satzungen der Apothekerkammern geregelt. Die Einhaltung dieser Standespflichten wird von der Kammer überwacht, Verstöße dagegen können von einer eigenen **Berufsgerichtsbarkeit** in einem Kammerverfahren geahndet werden. Die Vertreterversammlung („Standesparlament") wird alle fünf Jahre gewählt.

MERKE

Die Apothekerkammern der Bundesländer sind auch zuständig für die beruflichen Angelegenheiten der PTAs und PKAs.

Die Landesapothekerkammer kann staatliche Aufgaben im Auftrag der zuständigen Behörden wahrnehmen. In Baden-Württemberg ist die Kammer (LAK Baden-Württemberg) z. B. zuständig für die Regelung der Dienstbereitschaft, die Erlaubnis zur Einrichtung von Rezeptsammelstellen (▸ Kap. 4.3) und die begleitenden Unterrichtsveranstaltungen zur Vorbereitung auf den 3. Abschnitt des Pharmazeutischen Staatsexamens (▸ Kap. 3.1).

Die **Bundesapothekerkammer** (BAK) dagegen ist ein freiwilliger Zusammenschluss aller Landesapothekerkammern (Arbeitsgemeinschaft deutscher Apothekerkammern; Bundesapothekerkammer). Hauptaufgabe der BAK ist die Förderung der Zusammenarbeit der Landesapothekerkammern auf einheitlicher Ebene, die Organisation bundesweiter und internationaler Fortbildungsveranstaltungen und die Veröffentlichung von Leitlinien zur Qualitätssicherung in den Apotheken.

Aufgaben der Apothekerkammern

- Wahrnehmung und Förderung der Berufsinteressen der Mitglieder im Rahmen bestehender Gesetze,
- Fortbildung für das gesamte Apothekenpersonal,
- Weiterbildung zum Fachapotheker (▸ Kap. 3.1.2),
- Beratung der Mitglieder in allen berufsbezogenen Fragen (z. B. Apothekeneröffnung, Personalfragen),
- Erstellung von Gutachten für staatliche Behörden,
- Schaffung von Versorgungseinrichtungen für Apotheker und Angehörige (Apothekerversorgungswerke),
- Überwachung der PKA-Ausbildung und Durchführung der Kammerprüfungen,
- Durchführung von Schlichtungs- und Schiedsverfahren, berufsgerichtliche Maßnahmen,
- Erlass einer Berufsordnung über die Standespflichten der Apotheker (siehe unten folgendes Beispiel).

Berufsordnung der Landesapothekerkammer Baden-Württemberg

Vom 17. Oktober 2018

Präambel

„Der Apotheker (aus Gründen der besseren Lesbarkeit wurde auf die Verwendung geschlechtsspezifischer Formulierungen verzichtet. Soweit personenbezogene Bezeichnungen nur in männlicher Form angeführt sind, gelten diese gleichermaßen für jedes Geschlecht.) erfüllt mit seiner Tätigkeit eine öffentliche Aufgabe. Er ist berufen, die Bevölkerung mit Arzneimitteln zu versorgen. Er dient damit der Gesundheit des einzelnen Menschen und der gesamten Bevölkerung.

Mit der Festlegung von Berufspflichten dient diese Berufsordnung, die sich die baden-württembergischen Apothekerinnen und Apotheker geben, dem Ziel,

- die Qualität der pharmazeutischen Tätigkeit im Interesse der Gesundheit der Bevölkerung zu fördern und sicherzustellen,
- das Vertrauensverhältnis zwischen Apothekern und Verbrauchern zu fördern und zu erhalten,
- das Ansehen des Berufsstands zu wahren sowie
- berufsunwürdiges Verhalten zu verhindern.

I. Allgemeine Grundsätze der Berufsausübung

§ 1 Berufsausübung

(1) Der Apotheker hat die öffentliche Aufgabe, die Bevölkerung mit Arzneimitteln zu versorgen. Dieser Auftrag umfasst insbesondere die Entwicklung, Herstellung, Prüfung, Zulassung bzw. Konformitätsbewertung von Arzneimitteln bzw. Medizin-

produkten, die Information und Beratung der Verbraucher, Ärzte und anderer Beteiligter im Gesundheitswesen, die Bevorratung und Abgabe von Arzneimitteln und Medizinprodukten, die Erfassung von Risiken bei Arzneimitteln und Medizinprodukten, kognitive pharmazeutische Leistungen, insbesondere die Medikationsanalyse und das Medikationsmanagement, die Sicherung der Qualität und der effizienten Anwendung von Arzneimitteln, die Organisation und Kontrolle des Umgangs mit Arzneimitteln, präventive Leistungen, die Beratung der Patienten, Verbraucher und Beteiligten im Gesundheitswesen über Arzneimittel, die Forschung und Lehre der pharmazeutischen Wissenschaften sowie weitere pharmazeutische Leistungen. Die Beratung und Information über pharmazeutische-medizinische Themen umfasst auch eine journalistische Tätigkeit beispielsweise in der Fach- und Laienpresse sowie in sonstigen Medien. Er wirkt an qualitätssichernden und präventiven Maßnahmen mit.

(2) Der Apotheker handelt eigenverantwortlich und fachlich unabhängig. Er übt einen freien Heilberuf in unterschiedlichen Tätigkeitsbereichen, insbesondere in der öffentlichen Apotheke, im Krankenhaus, in der pharmazeutischen Industrie, im pharmazeutischen Großhandel, an Prüfinstituten und als Sachverständiger, bei der Bundeswehr, bei Behörden, Körperschaften und Verbänden sowie an Universitäten, Lehranstalten und Berufsschulen aus.

(3) Der Apotheker hat seinen Beruf gewissenhaft auszuüben. Er hat sein Verhalten innerhalb und außerhalb seiner beruflichen Tätigkeit so einzurichten, dass er der Integrität und dem Vertrauen gerecht wird, die sein Beruf erfordert. Er ist sich seiner Verpflichtung, die Interessen des Gemeinwohls zu beachten, bewusst.

(4) Der Apotheker soll mit allen im Gesundheitswesen tätigen Personen und den hierfür bestehenden Einrichtungen zum Wohle des einzelnen Menschen und der Allgemeinheit zusammenarbeiten.

(5) Der Apotheker hat sich über die für seine Berufsausübung geltenden Gesetze, Verordnungen und Satzungen der Kammer zu unterrichten. Zu den Gesetzen und Verordnungen zählen insbesondere das Arzneimittel- und Betäubungsmittelrecht, die Arzneimittel- und Wirkstoffherstellungsverordnung, die Apothekenbetriebsordnung sowie die Arzneimittelpreisverordnung. Er ist verpflichtet, diese Bestimmungen zu beachten und darauf gegründete Anordnungen und Richtlinien zu befolgen.

(6) Der Apotheker hat der Kammer unaufgefordert und unverzüglich die nach den Gesetzen und den Satzungen der Kammer erforderlichen Angaben zu machen und entsprechende Änderungen anzuzeigen. Er hat der Kammer zur Erfüllung ihrer Aufgaben die erforderlichen Auskünfte vollständig zu erteilen und auf Verlangen Urkunden vorzulegen.

§ 2 Kollegialität

(1) Der Apotheker ist verpflichtet, sich gegenüber den Angehörigen seines Berufes kollegial zu verhalten.

(2) Der Apotheker soll versuchen, Unstimmigkeiten mit seinen Berufskollegen durch persönliche Kontaktaufnahme zu bereinigen.

(3) Der Apotheker hat das Ansehen des Berufsstandes und des Betriebes zu wahren, in dem er tätig ist.

§ 3 Eigenverantwortlichkeit

Der Apotheker entscheidet in pharmazeutischen Fragen frei und eigenverantwortlich. Vereinbarungen, Absprachen und Handlungen, die diese Unabhängigkeit beeinträchtigen, sind unzulässig.

§ 4 Fortbildung

(1) Der Apotheker hat die Pflicht, die erforderlichen Fachkenntnisse durch regelmäßige Fortbildung in geeigneter Weise zu erhalten und weiterzuentwickeln.

(2) Der Apotheker muss gegenüber der Landesapothekerkammer seine Fortbildung in geeigneter Form nachweisen können.

§ 5 Qualitätssicherung

Der verantwortliche Apotheker ist verpflichtet Maßnahmen zur Qualitätssicherung zu ergreifen und auf Nachfrage der Kammer gegenüber nachzuweisen. Die Maßnahmen müssen geeignet sein, die Qualität seiner pharmazeutischen Tätigkeiten nach dem Stand von Wissenschaft und Technik zu sichern. Hierzu soll er jährlich an mindestens einer externen Qualitätssicherungsmaßnahme teilnehmen. Dazu zählen beispielsweise die Teilnahme an Ringversuchen, externe Audits im Rahmen einer Zertifizierung oder die Teilnahme am Pseudo Customer-Konzept.

§ 6 Pharmakovigilanz

(1) Der Apotheker wirkt bei der Ermittlung, Erkennung, Erfassung, Weitergabe und Verhinderung von Arzneimittelrisiken und Arzneimittelfälschungen mit. Er hat insbesondere seine Feststellungen oder Beobachtungen betreffend Arzneimittelnebenwirkungen und Interaktionen sowie zu Medizinprodukten und Applikationshilfen der Arzneimittelkommission der Deutschen Apotheker unverzüglich mitzuteilen.

(2) Die Meldepflicht gegenüber der zuständigen Behörde nach § 21 Apothekenbetriebsordnung bleibt unberührt.

II. Apothekerliche Dienstleistungen

§ 7 Belieferung von Verschreibungen

(1) Der Apotheker hat ärztliche Verschreibungen in angemessener Zeit zu beliefern. Für die zeitnahe Anfertigung von Rezepturen ist Sorge zu tragen.

(2) Kann das Arzneimittel oder die Rezeptur nicht zeitnah abgegeben werden, hat der Apotheker die notwendige Hilfestellung zur Erlangung des Arzneimittels oder der Rezeptur zu gewähren oder andere geeignete Maßnahmen zu ergreifen.

§ 8 Beratung

(1) Kunden, Ärzte und Angehörige anderer Berufe im Gesundheitswesen sind über Arzneimittel und Medizinprodukte herstellerunabhängig zu beraten und zu informieren, soweit dies aus Gründen der Arzneimittelsicherheit oder einer sinnvollen Therapiebegleitung erforderlich ist. Einen Beratungsbedarf hat der Apotheker durch geeignete Nachfrage festzustellen.

(2) Die Beratung soll möglichst vertraulich erfolgen.

§ 9 Notdienst

(1) Der verantwortliche Apothekenleiter hat die ordnungsgemäße Teilnahme seines Betriebes am Notdienst im Rahmen der gesetzlichen Bestimmungen und der Anordnungen der Landesapothekerkammer sicherzustellen. Hierfür hat er insbesondere Arzneimittel in einer Art und Menge zu bevorraten, die im Notdienst erfahrungsgemäß benötigt werden.

(2) Kann der Apotheker im Notdienst das erforderliche Arzneimittel nicht abgeben, hat er die notwendige Hilfestellung zur Erlangung des Arzneimittels zu gewähren oder andere geeignete Maßnahmen zu ergreifen. Geeignete Maßnahmen sind insbesondere die Kontaktaufnahme mit dem verordnenden Arzt oder mit einer anderen notdienstbereiten Apotheke.

(3) Der verantwortliche Apothekenleiter bzw. der für die Teilnahme am Notdienst verantwortliche Apotheker ist verpflichtet, die Kammer unverzüglich darüber zu unterrichten, wenn ein von der Kammer angeordneter Notdienst nicht oder nicht vollständig geleistet wurde.

§ 10 Zustellung von Arzneimitteln durch Boten

(1) Bei der Zustellung von Arzneimitteln durch Boten hat der Apotheker Personal der Apotheke einzusetzen. Bestand vor der Zustellung keine Gelegenheit der pharmazeutischen Beratung, hat die Zustellung durch pharmazeutisches Personal zu erfolgen.

(2) Die Pflicht zur Prüfung einer ärztlichen Verschreibung durch pharmazeutisches Personal der Apotheke vor der Abgabe der Arzneimittel bleibt unberührt.

III. Pflichten gegenüber Kunden, Patienten und Dritten

§ 11 Verbot der Heilkunde

Die Ausübung der Heilkunde ist unzulässig. Die bloße Mitteilung von Mess- und Referenzwerten, ggf. mit der Empfehlung einen Arzt aufzusuchen, stellt keine Ausübung der Heilkunde dar.

§ 12 Freie Apothekenwahl

Vereinbarungen, Absprachen und Handlungen, die eine bevorzugte Lieferung bestimmter Arzneimittel, die Zuführung von Patienten, die Zuweisung von Verschreibungen oder die Abgabe von Arzneimitteln ohne vollständige Angabe der Zusammensetzung zum Gegenstand haben oder zur Folge haben können, sind vorbehaltlich gesetzlich geregelter Ausnahmen unzulässig. Hierunter fallen insbesondere Vereinbarungen, Absprachen oder Handlungen, die zum Zwecke haben, dass

a) Arzneimittel unter Decknamen oder Bezeichnungen verordnet werden, die nicht jedem Apotheker die Anfertigung oder bei Fertigarzneimitteln die Abgabe ermöglichen;

b) Kunden an eine bestimmte Apotheke verwiesen werden, soweit dies gesetzlich nicht anders geregelt ist.

§ 13 Arzneimittelmissbrauch

(1) Der Apotheker trägt besondere Verantwortung einem Arzneimittelmissbrauch, insbesondere einem Fehl- oder Mehrgebrauch, vorzubeugen. Er hat hierzu geeignete

Maßnahmen zu ergreifen und bei erkennbarem Verdacht auf Missbrauch die Abgabe von Arzneimitteln zu verweigern.

(2) Der Apotheker trägt bei der Abgabe von Arzneimitteln und Medizinprodukten an Kinder, Jugendliche und in ihrer Einsichtsfähigkeit eingeschränkte Personen eine besondere Verantwortung.

§ 14 Verschwiegenheit und Datenschutz

(1) Der Apotheker ist zur Verschwiegenheit über das, was ihm in Ausübung seines Berufes bekannt geworden ist, verpflichtet.

(2) Der Apotheker ist zur Offenbarung befugt, soweit er von dem Betroffenen oder seinem gesetzlichen Vertreter von der Schweigepflicht entbunden wurde oder soweit die Offenbarung zum Schutze eines höherrangigen Rechtsgutes erforderlich ist. Gesetzliche Aussage- und Anzeigepflichten bleiben davon unberührt.

(3) Er hat alle unter seiner Leitung tätigen Personen, die nicht der Berufsordnung unterliegen, sowie Personen, die an seiner beruflichen oder dienstlichen Tätigkeit mitwirken, zur Verschwiegenheit zu verpflichten und dies schriftlich festzuhalten.

(4) Sowohl die Verarbeitung von personenbezogenen Daten als auch von Gesundheitsdaten bedarf der vorherigen ausdrücklichen Einwilligung des Betroffenen, sofern sie nicht nach Art. 6 bzw. Art. 9 EU-Datenschutzgrundverordnung oder anderen Ermächtigungsgrundlagen zulässig ist oder von Gesetzes wegen gefordert wird.

§ 15 Soziale Verantwortung

(1) Der Apotheker hat im Rahmen seiner persönlichen und betrieblichen Möglichkeiten an der Aus-, Fort- und Weiterbildung mitzuwirken.

(2) Der verantwortliche Apotheker hat die Aus-, Fort- und Weiterbildung seiner Mitarbeiter zu fördern. Er hat seinen Mitarbeitern die für seinen Verantwortungsbereich einschlägigen Rechtsvorschriften, die Rundschreiben und Mitteilungen der Landesapothekerkammer sowie mindestens eine pharmazeutische Fachzeitschrift zugänglich zu machen.

(3) Der verantwortliche Apotheker hat nach dem vereinbarten Beginn des Arbeitsverhältnisses die wesentlichen Vertragsbedingungen schriftlich in einer Art niederzulegen, die den Anforderungen des Nachweisgesetzes entsprechen.

(4) Sofern der verantwortliche Apotheker Auszubildende beschäftigt, hat er unverzüglich nach dem Abschluss des Berufsausbildungsvertrags, spätestens vor Beginn der Berufsausbildung, den wesentlichen Inhalt des Vertrages schriftlich niederzulegen. Für die Ausbildung der Pharmazie- und PTA-Praktikanten gilt Satz 1 entsprechend. Die Niederschrift muss vom verantwortlichen Apotheker, dem Auszubildenden und gegebenenfalls von dessen gesetzlichen Vertretern unterzeichnet werden. Eine Ausfertigung ist dem Auszubildenden und seinem gesetzlichen Vertreter auszuhändigen.

§ 16 Abschluss einer Berufshaftpflichtversicherung

Jeder Apotheker ist verpflichtet, sich ausreichend gegen Haftpflichtansprüche aus seiner beruflichen Tätigkeit zu versichern. Angestellte Apotheker sind davon befreit, wenn ihr Arbeitgeber eine Betriebshaftpflichtversicherung unterhält, die auch Haftpflichtansprüche aus ihrer beruflichen Tätigkeit mit umfasst und dies der Kammer auf Verlangen nachgewiesen wird oder wenn sie nach den Grundsätzen der Amtshaftung von der Haftung freigestellt sind.

§ 17 Führen von Bezeichnungen und Zertifikaten
(1) Apotheker, die eine nach der Weiterbildungsordnung zugelassene Fachgebiets- oder Bereichsbezeichnung führen, ohne hierzu berechtigt zu sein, verstoßen gegen ihre Berufspflichten.
(2) Ein Verstoß gegen die Berufspflichten liegt auch vor, wenn der Apotheker Zertifikate oder Logos der Landesapothekerkammer Baden-Württemberg oder Dritter unberechtigt führt oder verwendet.

IV. Wettbewerb und Werbung

§ 18 Unlauterer Wettbewerb
(1) Der Apotheker hat Wettbewerbsmaßnahmen zu unterlassen, soweit sie unlauter sind. Als unlauter sind solche Wettbewerbsmaßnahmen anzusehen, die nach den wettbewerbsrechtlichen Vorschriften, insbesondere dem Gesetz gegen den unlauteren Wettbewerb und dem Heilmittelwerbegesetz, verboten sind.
(2) Die Bevölkerung soll darauf vertrauen können, dass der Apotheker seinen beruflichen Auftrag, die ordnungsgemäße Versorgung der Bevölkerung mit Arzneimitteln und Medizinprodukten sicherzustellen, erfüllt. Das Vertrauen der Bevölkerung in die berufliche Integrität des Apothekers soll erhalten und gefördert werden.

§ 19 Beispiele unlauteren Wettbewerbs
Unzulässig sind insbesondere folgende Wettbewerbshandlungen:
1. Vortäuschen einer besonderen Stellung der eigenen Apotheke, insbesondere durch irreführende Namensgebung.
2. Überlassen von Flächen der Apotheke gegen Entgelt (Waren oder sonstige Leistungen) für die Empfehlung von apothekenpflichtigen Produkten.
3. Anbieten oder Gewähren von Geschenken oder sonstiger Vorteile (z. B. Rückvergütung) bei Abgabe von Arzneimitteln oder zu einem späteren Zeitpunkt, das geeignet ist, die freie Wahl der Apotheke zu beeinflussen, einzuschränken oder zu beseitigen.
4. Fordern, sich versprechen lassen und annehmen von Geschenken oder anderen Vorteilen für sich oder Dritte, wenn dadurch die apothekerliche Unabhängigkeit beeinflusst wird.
5. Vollständiger oder teilweiser Verzicht auf gesetzlich zwingend vorgeschriebene Eigenanteile der Patienten (z. B. Zuzahlung) und Gebühren oder auf Mehrkosten des Versicherten jeweils im Zusammenhang mit der Abgabe von Arzneimitteln.
6. Kostenlose Abgabe und kostenloses Verblistern oder Stellen von Arzneimitteln sowie kostenloses Durchführen von Untersuchungen jeder Art, z. B. physiologisch-chemische Untersuchungen, Blutdruckmessungen sowie Werbung hierfür.
7. Werbung, die einen Mehrverbrauch oder Fehlgebrauch von Arzneimitteln fördert oder begünstigt.
8. Angebot und Abgabe von nicht apothekenüblichen Waren sowie Werbung für nicht apothekenübliche Waren.
9. Erbringung von nicht apothekenüblichen Dienstleistungen sowie Werbung hierfür.

V. Schlussbestimmungen

§ 20 Berufsgerichtbarkeit und Berufsaufsicht

Verstöße gegen Bestimmungen dieser Berufsordnung werden berufsrechtlich verfolgt.

§ 20a Anwendbarkeit der Berufsordnung

Diese Berufsordnung gilt über die Mitglieder der Kammer hinaus auch für Berufsangehörige, die als Staatsangehörige eines anderen Mitgliedstaates der Europäischen Union oder eines anderen Vertragsstaates des Abkommens über den Europäischen Wirtschaftsraum vom 2. Mai 1992 oder eines Vertragsstaates, dem Deutschland und die Europäische Gemeinschaft oder Deutschland und die Europäische Union vertraglich einen entsprechenden Rechtsanspruch eingeräumt haben, im Rahmen des Dienstleistungsverkehrs nach dem Recht der Europäischen Gemeinschaften ihren Beruf nur gelegentlich und vorübergehend in Baden-Württemberg ausüben, ohne eine berufliche Niederlassung zu haben.

§ 21 Inkrafttreten

Diese Berufsordnung tritt am Tag nach ihrer Bekanntmachung in Kraft."

Die Apothekerverbände (früher „Apothekervereine") der einzelnen Bundesländer sind dagegen keine Körperschaften des öffentlichen Rechts, sondern **Vereine** mit freiwilliger Mitgliedschaft der Apotheker, meistens Apothekenbetreiber. Die 17 **Landesapothekerverbände** (LAVs) sind im **Deutschen Apothekerverband e. V.** (DAV) zusammengeschlossen (Nordrhein und Westfalen-Lippe haben wie bei den Apothekerkammern eigene Landesverbände). Die Aufgabe der Apothekerverbände ist die wirtschaftliche Förderung und Beratung ihrer Mitglieder und die Förderung der Öffentlichkeitsarbeit

Der DAV schließt z.B. Arzneilieferverträge mit den Krankenkassen ab und gibt die **Hilfstaxe** heraus (Arzneimittelpreisverordnung, ▶ Kap. 5.2.3).

GUT ZU WISSEN

Beim Deutschen Patentamt in München ist das „**Apotheken-A**" als Verbandszeichen des Deutschen Apothekerverbandes eingetragen (⊙ Abb. 2.1). Es darf nur von Vereinsmitgliedern und nur als gotisches rotes A auf weißem Grund mit eingezeichnetem Arzneikelch mit Schlange verwendet werden.

⊙ **Abb. 2.1** Das Apotheken-A

2.2.2 Die ABDA und ihr Umfeld

Die 17 Landesapothekerkammern und 17 Landesapothekerverbände sind bundesweit über die BAK und den DAV in der Spitzenorganisation der Apotheker, der ABDA, zusammengeschlossen. Zur ABDA gehören zahlreiche weitere wichtige Organisationen.

> **MERKE**
>
> Bis 1982 bedeutete die Abkürzung ABDA „Arbeitsgemeinschaft der Berufsvertretungen Deutscher Apotheker". Danach stand ABDA für „Bundesvereinigung Deutscher Apothekerverbände – ABDA"; Sitz der ABDA ist seit 2002 Berlin. Im Januar 2016 wurde die ABDA aus steuerlichen Gründen zu einem eingetragenen Verein umgewandelt und führt seitdem den neuen Namen „ABDA – Bundesverband Deutscher Apothekerverbände e. V."

Im § 1 der **Satzung** (Stand: 07.12.2017) werden die Hauptaufgaben der ABDA definiert:

SATZUNG DER ABDA

– Auszüge –

„(1) Die Bundesvereinigung bezweckt die Wahrnehmung und Förderung der gemeinsamen Interessen der in ihr zusammengeschlossenen Apothekerkammern und Apothekervereine/-verbände in der Bundesrepublik Deutschland, soweit sie auf der Basis von Kammerbezirken organisiert sind. Aus jedem Kammerbezirk kann neben der dortigen Apothekerkammer nur ein Apothekerverein/-verband Mitglied der Bundesvereinigung sein. Die Bundesvereinigung führt den Namen „ABDA – Bundesvereinigung Deutscher Apothekerverbände e. V.". Sie ist als Verein in das Vereinsregister einzutragen. Ihr Sitz ist Berlin.

(2) Innerhalb der Bundesvereinigung können sich die Apothekerkammern und Apothekervereine/-verbände je zu einer Organisation (Arbeitsgemeinschaft Deutscher Apothekerkammern (Bundesapothekerkammer) und Deutscher Apothekerverband e. V.) zusammenschließen. Die Zuständigkeit der Apothekerkammern und Apothekervereine/-verbände sowie die ihrer Zusammenschlüsse werden durch die Zugehörigkeit zur Bundesvereinigung nicht beschränkt.

(3) Zur Erreichung ihres Zweckes übernimmt es die Bundesvereinigung insbesondere,

a) den Meinungs- und Erfahrungsaustausch zwischen den Mitgliedsorganisationen der Bundesvereinigung zu vermitteln, sie zu beraten und über alle für die Apothekerin/den Apotheker wichtigen Vorgänge auf dem Gebiet des Gesundheitswesens, des Arzneimittelwesens, des wirtschaftlichen und sozialen Lebens zu unterrichten,

b) in allen Angelegenheiten von allgemeiner, über den Bereich einer Mitgliedsorganisation hinausgehender Bedeutung mit Behörden, Körperschaften, Vereinigungen, Einrichtungen und sonstigen Stellen, welche mit Fragen der Arzneiversorgung zu tun haben, zu verhandeln,

c) Beziehungen zur wissenschaftlichen Pharmazie sowie zu weiteren pharmazeutischen Organisationen des In- und Auslandes herzustellen und zu pflegen,

d) die Zusammengehörigkeit aller deutschen Apothekerinnen und Apotheker zu wahren und zu pflegen,

e) auf einheitliche Grundsätze für die Tätigkeit der Apothekerinnen und Apotheker in öffentlichen Apotheken, Krankenhausapotheken, Hochschulen, Industrie und Behörden, für das Apothekenwesen und den Arzneimittelverkehr sowie für die Beziehungen der Apotheken zu den Trägern der Sozialversicherung hinzuwirken,

f) den Deutschen Apothekertag vorzubereiten und durchzuführen."

Die gemeinsame Geschäftsstelle der ABDA, der BAK und des DAV erledigt die Geschäfte der drei genannten Organisationen gemäß den Weisungen des Geschäftsführenden Vorstandes der ABDA. Ihre ordnungsgemäße Leitung obliegt dem Hauptgeschäftsführer. Die Geschäftsstelle ist in vier Geschäftsbereiche gegliedert. Der Hauptgeschäftsführung sind als Stabsstellen die Kommunikation, die Europavertretung der ABDA und die Stabsstelle Finanzen, Personal und Verwaltung zugeordnet.

▪ Dem **Geschäftsbereich Pharmazie** obliegt die Bearbeitung der für den Verband relevanten pharmazeutischen Sachthemen mit den Schwerpunkten Apotheker und Apotheke.

▪ Dem **Geschäftsbereich Arzneimittel** obliegt die Bearbeitung der für den Verband relevanten arzneimittelbezogenen Sachthemen.

▪ Dem **Geschäftsbereich Ökonomie** obliegt die Bearbeitung aller relevanten wirtschafts-, sozialpolitischen und gesundheitsökonomischen Themen inklusive der Wahrnehmung der Interessen der Apothekerschaft rund um die Themen Digitalisierung und IT in der Apotheke sowie der Vertragsbeziehungen und der damit in Zusammenhang stehenden Rechtsangelegenheiten.

▪ Dem **Geschäftsbereich Recht** obliegt die Bearbeitung aller Rechtsfragen, die die Organe der ABDA, der BAK und des DAV sowie, im Einvernehmen mit diesen, der Tochtergesellschaften der ABDA betreffen, soweit sie nicht dem Geschäftsbereich Wirtschaft, Soziales und Verträge zugeordnet sind.

Die Hauptversammlung der Deutschen Apotheker, die einmal jährlich (**Deutscher Apothekertag**) einberufen wird, dient zur Diskussion und Beschlussfassung aller pharmazeutischen Fragen. Die Delegierten der für Apotheker öffentlichen Hauptversammlung werden von den Mitgliedsorganisationen bestellt.

Avoxa – Mediengruppe Deutscher Apotheker GmbH ist ein Tochterunternehmen der ABDA und richtet unter anderem Messen wie die expopharm und Fortbildungsveranstaltungen wie die pharmacon-Kongresse sowie das DAV-Wirtschaftsforum aus. In seinem Geschäftsbereich **ABDATA** produziert und vertreibt Avoxa Arzneimitteldaten für das Gesundheitswesen. Dazu gehört auch **aponet.de** als Gesundheitsportal für Patienten. Hilfen für den pharmazeutischen Apothekenalltag und Rezepturen geben **DAC/NRF** (Deutscher Arzneimittel-Codex/Neues Rezeptur-Formularium). Zudem gehören Organisationsmittel und Software für die Apotheke sowie IT/EDV und technische Dienstleistungen zum Angebot des Unternehmens. Darüber hinaus verlegt Avoxa Fach- und Kundenzeitschriften wie unter anderem die **Pharmazeutische Zeitung** (finanziert aus Kammerbeiträgen) oder die Neue Apotheken Illustrierte.

2

Zur Avoxa gehört auch der Bereich **Pseudo Customer**, der für Landesapothekerkammern Testkäufe mit anschließender Beratung organisiert. Das Ziel des **Pseudo Customer-Konzepts** ist, sich berufsintern kritisch mit der Qualität der Beratung in öffentlichen Apotheken auseinander zu setzen. Es stellt ein praktikables Instrument zur Qualitätssicherung und Qualitätsverbesserung im Apothekenalltag dar. Damit kann jede Apotheke ihre Beratungsstärke einfach und anonym bestimmen lassen und ein persönliches Feedback mit Verbesserungsvorschlägen für die Beratungspraxis erhalten.

PRAXISBEISPIEL

Ein **Pseudo-Customer** ist eine geschulte Person, die in der Apotheke vorgibt, an einem Symptom zu leiden, ein Arzneimittel, z. B. ein Abführmittel oder ein Migränemedikament, zu benötigen oder ein Rezept einlösen zu wollen. Das Verhalten der Pseudo-Customer bei den Besuchen ist weitestgehend standardisiert. Für diese Aufgabe werden Apotheker und Apothekerinnen mit mehrjähriger Berufserfahrung eingesetzt, die neben ihrem pharmazeutischen Fachwissen auch gute kommunikative Fähigkeiten mitbringen und zusätzlich für ihren Einsatz geschult werden. Selbstverständlich sind alle Pseudo-Customer zu absoluter Diskretion verpflichtet.

Während des Gesprächs beobachtet und bewertet der Pseudo-Customer die Beratung des pharmazeutischen Personals anhand vorgegebener Kriterien. Grundlage dafür sind vor allem die Leitlinien zur Qualitätssicherung der Bundesapothekerkammer „Information und Beratung des Patienten bei der Abgabe von Arzneimitteln" (www.abda.de). Im Anschluss an das Beratungsgespräch erfolgt außerhalb der Apotheke eine Dokumentation des Gesprächs mittels eines standardisierten Fragebogens, der sowohl fachliche als auch kommunikative Bewertungsaspekte beinhaltet. Unmittelbar danach findet in der Apotheke ein ausführliches Gespräch zunächst mit dem Beratenden und anschließend gemeinsam mit dem Apothekenleiter bzw. dem verantwortlichen Apotheker ein zusammenfassendes Gespräch statt. Die Apotheke erhält auf diese Weise ein unmittelbares, konstruktives Feedback, das gleichzeitig ein individuelles Coaching für den Beratenden sowie die Apotheke ist.

Das **Zentrallaboratorium Deutscher Apotheker e.V.** (**ZL**) ist zuständig für alle Qualitätsfragen von Arzneimitteln und apothekenüblichen Waren. Hierzu zählen insbesondere die Charakterisierung von Ausgangsstoffen (einschließlich Primärpackmitteln), Hilfsstoffen und Fertigprodukten/Fertigarzneimitteln sowie biopharmazeutische/pharmakokinetische Untersuchungen von Arzneistoffen und Fertigprodukten. Es überprüft zudem stichprobenweise die Angaben auf den Prüfzertifikaten von Grundstoffen (Apothekenbetriebsordnung, ▸ Kap. 4.3). Das ZL untersucht auch von den Apotheken eingeschickte mangelhafte Arzneimittel und beteiligt sich an der Entwicklung und Prüfung von Verpackungsmaterialien für die Apothekenpraxis. Das zentrale Apothekerlabor nimmt zudem Bioäquivalenzuntersuchungen von Fertigarzneimitteln mit identischen Wirkstoffen vor und veröffentlicht die Ergebnisse in der Fachpresse. Eine der wichtigsten Aufgaben des ZL ist die Erarbeitung von Monographien für den **Deutschen Arzneimittel-Codex** (**DAC**), der als Ergänzung der ABDA zusätzlich zum offiziellen Arzneibuch herausgegeben wird. DAC und NRF gehören seit der letzten Novellierung der Apothekenbetriebsordnung nicht mehr zwingend zu den wissenschaftlichen Hilfsmitteln, die in jeder Apotheke vorgeschrieben sind (Apothekenbetriebsordnung § 5, ▸ Kap. 4.3). Der DAC ist aber weiterhin eine unverzichtbare Ergänzung des Arzneibuchs und kann auch in elektronischer Form vorhanden sein.

Das **Deutsche Arzneiprüfungsinstitut e.V.** (**DAPI**) hat die Förderung von Wissenschaft und Forschung sowie die Verbesserung der Arzneimittelsicherheit zum Satzungszweck. Dazu führt das DAPI Untersuchungen auf dem Gebiet der Arzneimittelversorgung durch. Ihm steht eine einzigartige Datenbasis mit mittlerweile mehr als 5 Mrd. anonymisierten Verordnungen aus der GKV-Arzneimittelabrechnung zur Verfügung. Seit 1994 befindet sich das DAPI im gleichen Gebäude wie das ZL. Hier werden **Untersuchungen von Fertigarzneimitteln** im Auftrag der Arzneimittelkommission der Deutschen Apotheker, die von Apothekenleitern wegen aufgefallener Mängel eingeschickt wurden, durchgeführt. Auch können suchtverdächtige Stoffe vom DAPI analysiert werden.

Die **Arzneimittelkommission der Deutschen Apotheker** (**AMK**) ist ein Fachausschuss der ABDA, erfasst nach § 62 AMG Arzneimittelrisiken und wertet die Beanstandungen hinsichtlich Qualität, Nebenwirkungen und sonstigen Arzneimittelrisiken aus, die aus den Apotheken mithilfe von **Berichtsbögen** gemeldet werden (online oder als Download unter www.abda.de). Es gibt zwei Berichtsbögen: den Berichtsbogen über unerwünschte Arzneimittelwirkungen und den Berichtsbogen für Qualitätsmängel (○ Abb. 2.2, ○ Abb. 2.3).

Wichtige Mitteilungen der AMK wie z. B. Auflistungen bedenklicher Rezepturarzneimittel werden in der Fachpresse veröffentlicht. AMK-Infos über Rückrufe, Chargenüberprüfungen und Arzneimittelrisiken werden auf konventionelle Weise in der Pharmazeutischen Zeitung jeweils auf den ersten beiden Seiten hinter dem Inhaltsverzeichnis publiziert. Daneben können sie aus dem Modul „Aktuelle Info" der ABDA-Datenbank sowie aus dem Internet (www.pharmazeutische-zeitung.de, Benutzername und Passwort entnehmen Sie bitte dem Impressum der PZ) abgerufen werden. Bei der AMK wird zudem der **Missbrauch an Arzneimitteln** statistisch erfasst, gegebenenfalls kann die AMK auch öffentlich Stellung nehmen.

Die **Versicherungsvermittlung für Apotheker GmbH** (**VfA.**) ist ein berufsständisches Unternehmen der ABDA mit Sitz in Eschborn. Es widmet sich der Beratung, Vermittlung und Betreuung von Versicherungsverträgen für Apotheker. Die VfA. steht dem Berufsstand in allen Fragen von betrieblichen und privaten Versicherungen beratend und vermittelnd zur Seite.

Bericht über unerwünschte Arzneimittelwirkungen

(auch Verdachtsfälle)

AMK ARZNEIMITTEL KOMMISSION der Deutschen Apotheker

An die Arzneimittelkommission der Deutschen Apotheker (AMK)
Heidestraße 7 • 10557 Berlin
Telefax: 030 40004-553 • Telefon: 030 40004-552
E-Mail: amk@arzneimittelkommission.de
Internet: www.arzneimittelkommission.de

Speichern
per E-Mail versenden
Drucken

AMK-Eingangsvermerk

Patient / in [1]

Initialen
Geburtsdatum

Geschlecht
w m

Schwangerschaft
. Monat

Gewicht
kg

Größe
cm

Beobachtete unerwünschte Wirkung [2]

Aufgetreten am
Dauer

Arzneimittel / PZN [3]	Ch.-B.	Applikation	Dosierung	Dauer der Anwendung von	bis	Indikation
1						
2						
3						
4						
5						

Vermuteter Zusammenhang mit Arzneimittel Nr. 1 2 3 4 5

Krankheiten und andere anamnestische Besonderheiten [4]
(z.B. Allergien, Rauchen, Alkohol, Leber-/Nierenfunktionsstörungen)

Relevante Untersuchungsergebnisse [5]
(z.B. Laborwerte mit Datum)

Maßnahmen / Therapie [6]

Folgen der vermuteten UAW [7]

☐ Tod
☐ lebensbedrohend
☐ ohne Schaden erholt
☐ Krankenhausaufenthalt
☐ Krankenhausaufenthalt verlängert
☐ noch nicht erholt
☐ bleibende Schäden oder Behinderung
☐ vorübergehend schwer beeinträchtigt
☐ Sonstiges:

Besserung nach Therapieabbruch
○ ja ○ nein ○ keine Angabe

Verschlechterung nach erneuter Gabe
○ ja ○ nein ○ keine Angabe

Apotheke [8]
Anschrift

Telefonnummer	Apothekerkammer
Ansprechpartner/in	Datum

[1]-[8] siehe Erläuterungen

○ **Abb. 2.2** Berichtsbogen zur Meldung von unerwünschten Arzneimittelwirkungen (AMK)

Bericht über Verdachtsfälle auf Qualitätsmängel von Arzneimitteln

A M K ARZNEIMITTEL KOMMISSION der Deutschen Apotheker

Die Verpflichtung nach § 21 Abs. 3 ApBetrO bleibt unberührt.[1]

an die Arzneimittelkommission der Deutschen Apotheker (AMK)
Heidestraße 7 · 10557 Berlin
Telefax: 030 40004-553 · Telefon: 030 40004-552
E-Mail: amk@arzneimittelkommission.de
Internet: www.arzneimittelkommission.de

Speichern

per E-Mail versenden

Drucken

AMK-Eingangsvermerk

Arzneimittel[2]: Genaue Bezeichnung

Packungsgröße

Darreichungsform

PZN

Pharmazeutischer Unternehmer

Bezogen von

Verwendbar bis

Bezugsdatum

Chargen-Bezeichnung[3]:

auf Faltschachtel und innerem Behältnis stimmen überein

☐ ja   ☐ nein

Anbruch bzw. vom Patienten zurückgegeben

☐ ja   ☐ nein

Anbruchsdatum: ☐ . ☐ . ☐

Beanstandung der pharmazeutischen Qualität [4]
z. B. Deklaration, Verpackungsfehler, mechanischer Defekt,
Beschädigung der Oberfläche, Verdunstung, Zersetzung, Verfärbung,
Ausfällung, Trübung, Entmischung
(Einsendung von Originalverpackung oder, falls ausreichend,
von Fotos, Kopien o. ä. wird erbeten).

Welche Maßnahmen / Untersuchungen wurden in der Apotheke durchgeführt (Ergebnisse)? [5]

Wer wurde außerdem benachrichtigt? [6]

☐ örtliche Überwachungsbehörde, bitte nennen:

☐ Pharmazeutischer Unternehmer

☐ Sonstige, bitte nennen:

Hatte der Qualitätsmangel Folgen? [7]

☐ ja   ☐ nein

Wenn ja, welche?

Apotheke [8]
Anschrift

Telefonnummer

Ansprechpartner/in

Apothekerkammer

Datum

[1]-[8] siehe Erläuterungen
Zur Meldung von UAW steht ein eigenes PDF- bzw. Onlineformular zur Verfügung.

○ **Abb. 2.3** Berichtsbogen zur Meldung von Qualitätsmängeln (AMK)

Der **Informationsstelle für Arzneispezialitäten GmbH (IfA)** gehören die Bundesvereinigung Deutscher Apothekerverbände (**ABDA**), der Bundesverband der Pharmazeutischen Industrie e. V. (**BPI**), und der Bundesverband des Pharmazeutischen Großhandels e. V. (**PHAGRO**) an. Die IFA GmbH ist Informationsdienstleister für den Pharmamarkt und liefert Informationsdienste mit wirtschaftlichen, rechtlichen und logistischen Daten zu bundesweit in

Apotheken erhältlichen Waren. Die IfA vergibt u.a. auch die **Pharmazentralnummer** (PZN, ⊙ Abb. 4.7) für Arzneimittel und manche apothekenüblichen Waren.

Die ABDA ist Mitglied des **Zusammenschlusses der Apotheker in der Europäischen Union (ZAEU)**, der die gemeinsamen Interessen bei den Schaltstellen der EU vertritt.

Pharmazeutische Berufsorganisationen aus 132 Ländern, darunter die ABDA, sind Mitglieder der weltweiten **Fédération Internationale Pharmaceutique (FIP)**. Diese Vereinigung verfolgt das Ziel, über die nationalen Grenzen hinaus die Pharmazie als Beruf und Wissenschaft zu fördern.

2.2.3 Weitere pharmazeutische Organisationen und Einrichtungen (Auswahl)

Die **Verrechnungsstelle der Süddeutschen Apotheken GmbH (VSA)** ist eines von mehreren Apotheken-Rechenzentren, die im Auftrag der Apotheken die Rezepte mit den Krankenkassen abrechnen. Vor Einreichung der Rezepte an die Krankenkassen oder die Verrechnungsstellen ist auf die Vollständigkeit aller Angaben zu achten (⊙ Abb. 2.4).

> **GUT ZU WISSEN**
>
> Eine Übersicht über verschiedene **Rezeptformulare und Besonderheiten bei Verordnungen** finden Sie im ▶ Kap. 8.4.2 (Kommentare zu den Prüfungsfragen, ⊡ Tab. 8.1).

⊙ **Abb. 2.4** GKV-Rezept

Das **Deutsche Apothekenportal** (**DAP**) bietet für Apothekenmitarbeiter unter www.deutsch-esapothekenportal.de verschiedene Info-Rubriken, z. B. zu Betäubungsmitteln, Medizinprodukten, Pille danach oder Retaxierungsproblemen sowie zahlreiche Materialien, wie Arbeitshilfen und Beratungskarten, zum kostenlosen Download. Daneben gibt es geschützte Bereiche, die nur von registrierten Apothekenmitarbeitern genutzt werden können.

Die Registrierung bei „**Mein DAP**" ist kostenlos und ermöglicht unter anderem den Zugriff auf den PZN-Checkplus sowie die Datenbank zu verordnungsfähigen Medizinprodukten. Auch die Teilnahme an zertifizierten Fortbildungen ist über „Mein DAP" möglich.

Der **Arbeitgeberverband deutscher Apotheken** (**ADA**, früher: Tarifgemeinschaft der Apothekenleiter) und die **ADEXA** (früher: **Bundesverband der Angestellten in Apotheken** – BVA) sind die Tarifpartner beim Abschluss von Tarifverträgen für öffentliche Apotheken (Bundesrahmentarifvertrag, ▸ Kap. 3.4).

Der **Bundesverband der pharmazeutisch-technischen Assistenten** vertritt die Interessen der PTAs gegenüber ihren Arbeitgebern.

Diese drei Organisationen kümmern sich um die Interessen der Pharmaziestudenten:

- Der **Bundesverband der Pharmaziestudierenden in Deutschland** (**BPhD**), früher Fachverband Pharmazie (FVP), ist der Zusammenschluss der deutschen Pharmazie-Fachschaften. Schwerpunkte des Verbandes sind die Novellierung der Apothekerausbildung, Kontakte mit ausländischen Pharmaziestudenten und die Verbesserung konkreter Probleme innerhalb des Pharmaziestudiums.
- 37 europäische Pharmazie-Fachverbände sind in der **European Pharmaceutical Students Association** (**EPSA**) zusammengeschlossen, die weltweit tätige **International Pharmaceutical Students Federation** (**IPSF**, 70 Staaten) vermittelt vor allem den internationalen Austausch von Pharmaziestudenten.
- Die **Berufsgenossenschaft für Gesundheitsdienst und Wohlfahrtspflege** (**BGW**) ist eine gesetzliche Unfallversicherung zum Schutz der Mitarbeiter in Apotheken und in der pharmazeutischen Industrie. Alle Apothekenleiter sind Pflichtmitglieder, alle Apothekenmitarbeiter sind versichert bei Berufsunfällen und Berufskrankheiten. Die Vorschriften der BGW zur Unfallverhütung sollten in jeder Apotheke ausliegen und beachtet werden.

MERKE
Der Apothekenleiter trägt die Verantwortung für den Arbeitsschutz in seinem Betrieb. Er muss die Gefährdungen am Arbeitsplatz beurteilen und angemessen reagieren. Rechtliche Grundlage ist das Arbeitsschutzgesetz.

Im Fokus der Apotheke stehen dabei zunächst Tätigkeiten mit Gefahrstoffen. Arbeitsschutz erstreckt sich aber beispielsweise auch auf Unfallgefahren im Alltag, physische Belastung durch langes Stehen in der Offizin, Hautschutz, das Risiko einer Virusinfektion bei der Durchführung von Blutuntersuchungen und auch Stress und psychische Belastung.

In § 5 **Arbeitsschutzgesetz** ist die Notwendigkeit von Gefährdungsbeurteilungen festgelegt:

2

- Ermittlung der erforderlichen Maßnahmen des Arbeitsschutzes durch Gefährdungsbeurteilung durch den Arbeitgeber,
- Beurteilung je nach Art der Tätigkeit,
- Eine Gefährdung kann sich insbesondere ergeben durch die Gestaltung und Einrichtung der Arbeitsstätte und des Arbeitsplatzes, physikalische, chemische und biologische Einwirkungen, die Gestaltung, Auswahl und Einsatz von Arbeitsmitteln (Arbeitsstoffen, Maschinen, Geräte und Anlagen und Umgang damit), die Gestaltung von Arbeits- und Fertigungsverfahren, Arbeitsabläufen, Arbeitszeit und deren Zusammenwirken, eine unzureichende Qualifikation und Unterweisung der Beschäftigten und auch psychische Belastungen bei der Arbeit.

Es ist nicht erforderlich, dass der Apothekenleiter einen externen Dienstleister mit der Gefährdungsbeurteilung beauftragt. Für die Umsetzung der Gefährdungsbeurteilung in Apotheken bietet die Berufsgenossenschaft für Gesundheitsdienst und Wohlfahrtspflege (**BGW**) Hilfestellungen an. Diese unterstützen den Apothekenleiter bei der Wahrnehmung seiner Aufgaben im Bereich des Arbeitsschutzes.

ZUSAMMENFASSUNG

- Das Bundesgesundheitsamt (BGA) wurde 1994 aufgelöst; für pharmazeutische Angelegenheiten ist seitdem das Bundesinstitut für Arzneimittel und Medizinprodukte (BfArM) zuständig.
- BfArM, PEI und BVL sind nationale Behörden, deren Aufgaben in ▶ Kap. 5.1 beschrieben werden; EMA und WHO sind europäische bzw. weltweite Organisationen.
- Die Bundesapothekerkammer ist ein freiwilliger Zusammenschluss der 17 Landesapothekerkammern (LAK); die Landesapothekerkammern dagegen sind Körperschaften des öffentlichen Rechts mit Zwangsmitgliedschaft aller Apotheker.
- Die LAKs geben sich Berufsordnungen, in denen die Grundsätze des Apothekerberufs und standeswidriges Verhalten festgelegt sind; Verstöße können durch standesgerichtliche Verfahren geahndet werden.
- Die Bundesvereinigung Deutscher Apothekerverbände (ABDA) ist die Spitzenorganisation der deutschen Apotheker und vertritt auch die Interessen der PTAs; in der ABDA sind alle Apothekerkammern und alle Apothekerverbände zusammengeschlossen, die ABDA gibt u. a. den DAC heraus.
- ADA und ADEXA sind die Verbände der Apothekenleiter und der Angestellten in Apotheken; sie schließen Tarifverträge ab.
- Pharmazeuten im Praktikum (PhiP, Pharmaziepraktikanten) und PTA-Praktikanten sind wie alle Apothekenmitarbeiter über die BGW unfallversichert.
- Der Apothekenleiter trägt die Verantwortung für den Arbeitsschutz in seiner Apotheke; Hilfestellungen bei Gefährdungsbeurteilungen bietet hier die Berufsgenossenschaft Gesundheit und Wohlfahrtspflege an (BGW).

SPICKZETTEL

ABDA	Bundesvereinigung deutscher Apothekerverbände
ADA	Arbeitgeberverband deutscher Apotheken (Arbeitgeber)
Adexa	Apothekengewerkschaft (Arbeitnehmer)
AMK	Arzneimittelkommission der deutschen Apotheker
BAK	Bundesapothekerkammer
BGW	Berufsgenossenschaft für Gesundheit und Wohlfahrtspflege
BMG	Bundesministerium für Gesundheit
BfArM	Bundesinstitut für Arzneimittel und Medizinprodukte
BVL	Bundesinstitut für Verbraucherschutz und Lebensmittelsicherheit
DAV	Deutscher Apothekerverband
DAZ	Deutsche Apotheker Zeitung
EMA	European Medicines Agency
EWR	Europäischer Wirtschaftsraum
EU	Europäische Union
G-BA	Gemeinsamer Bundesausschuss
LAK	Landesapothekerkammer
LAV	Landesapothekerverband
PEI	Paul-Ehrlich-Institut (Bundesinstitut für Impfstoffe und biomedizinische Arzneimittel)
PZ	Pharmazeutische Zeitung
RKI	Robert Koch-Institut (Bundesinstitut für Infektionskrankheiten und nichtübertragbare Krankheiten)
ZL	Zentrallaboratorium deutscher Apotheker

REPETITORIUM 1: GRUNDBEGRIFFE, GESUNDHEITSWESEN UND PHARMAZEUTISCHE ORGANISATIONEN

● leicht ●● mittel ●●● schwer

●
1. Erklären Sie die Unterschiede zwischen einem Gesetz und einer Verordnung an Beispielen (blättern Sie dazu ein wenig)!

2. Was bedeutet „Bundesrecht bricht Landesrecht" in einem föderalistischen Bundesstaat?

3. Welche oberste Landesbehörde ist in Ihrem Bundesland für den Bereich Gesundheit zuständig?

4. Was bedeuten die Abkürzungen „ZL", „DAPI", „DAC", „DAZ" und „BGW"?

●●
1. Erklären Sie die Unterschiede zwischen einer Landesapothekerkammer und dem Landesapothekerverband!

2. Wozu dienen die „Berichtsbögen" in der Apotheke?

3. In welchen Verbänden sind Pharmaziestudenten

a) national,

b) europaweit,

c) international organisiert?

4. Welche Angaben muss ein von Arzt und Apotheke korrekt ausgefülltes Kassenrezept vor der Einreichung bei der Krankenkasse oder Verrechnungsstelle enthalten?

5. Welche Aufgaben haben PEI, BVL, G−BA und DIMDI?

●●●
1. Welche Mitgliedsstaaten gehören zurzeit zur Europäischen Union?

2. Erläutern Sie die Abkürzungen BfArM, EMA und WHO! Wo haben diese Organisationen jeweils ihren Sitz?

3. Nennen Sie fünf Beispiele für standeswidriges Verhalten!

3 Berufsrecht

Traditionell arbeitet das Apothekenpersonal in weißen Kitteln, doch wer verbirgt sich eigentlich dahinter, Apotheker, PTA, PKA oder die Auszubildenden in diesen Berufen?

Das Kapitel Berufsrecht beschäftigt sich mit der Ausbildung, den Gemeinsamkeiten und Unterschieden der verschiedenen Berufe innerhalb des Apothekenpersonals sowie dem Tarifvertrag für Apotheken.

Es unterscheidet die Aufgaben des pharmazeutischen Personals vom nichtpharmazeutischen Personal in der Apotheke, definiert die pharmazeutischen Tätigkeiten und erklärt ausführlich die rechtlichen Grundlagen der Ausbildung zum Apothekerberuf und zum pharmazeutisch-technischen Assistenten.

□ **Tab. 3.1** Übersicht über das Apothekenpersonal – Jahresende 2018 (Quelle: ABDA 2019)

Berufsgruppe	Tätigkeit in der Apotheke	Verantwortung	Anzahl	Frauen-anteil
Apotheker	Pharma-zeutisch	Eigenverant-wortlich	52 048	73,0 %
Pharmazeuten im Prakti-kum (PhiP, Pharmazie-praktikanten)	Pharma-zeutisch	Unter Aufsicht eines Apothekers	1 612	75,1 %
Apothekerassistenten, Pharmazieingenieure	Pharma-zeutisch	Unter Verant-wortung des Apothekenleiters	5 298	96,8 %
Pharmazeutisch-techni-sche Assistenten (PTA inkl. Praktikanten)	Pharma-zeutisch	Unter Aufsicht eines Apothekers	66 906	97,1 %
Apothekenhelfer, Apo-thekenfacharbeiter, pharmazeutisch-kauf-männische Angestellte (PKA inkl. Auszubildende)	Nichtphar-mazeutisch	Hilfspersonal	33 277	98,2 %
Arbeitsplätze insgesamt			159 141	89,2 %

Das **Apothekenpersonal** unterteilt sich in das **pharmazeutische Personal** und das **Hilfspersonal.** Das pharmazeutische Personal ist befugt, **pharmazeutische Tätigkeiten** auszuführen (□ Tab. 3.1).

Pharmazeutische Tätigkeiten für das gesamte pharmazeutische Personal sind nach § 1a der Apothekenbetriebsordnung (▶ Kap. 4.3.1):

- Entwicklung und Herstellung von Arzneimitteln,
- Prüfung von Ausgangsstoffen oder Arzneimitteln,
- Abgabe von Arzneimitteln,
- Information und Beratung über Arzneimittel,
- Überprüfung von Arzneimitteln in Krankenhäusern oder in Heimen,
- Patientenbezogenes Medikationsmanagement.

MERKE

Pharmazeutische Tätigkeiten können unter eigener Verantwortung, unter Ver-antwortung eines Apothekers oder unter der direkten Aufsicht eines Apothe-kers erfolgen. Ausnahme: Das Medikationsmanagement ist ausschließlich Auf-gabe des Apothekers.

Das **nichtpharmazeutische Personal** (Hilfspersonal) unterstützt das pharmazeutische Per-sonal bei der Ausübung der pharmazeutischen Tätigkeiten.

○ **Abb. 3.1** Apothekenpersonal zu Beginn des letzten Jahrhunderts (Kron-Apotheke Biberach a. d. Riß, 1630 bis 2016)

ZUSAMMENFASSUNG

- Pharmazeutische Tätigkeiten dürfen nur vom pharmazeutischen Personal ausgeübt werden.
- Pharmazeutische Tätigkeiten sind nach Apothekenbetriebsordnung die Entwicklung, Herstellung, Prüfung und Abgabe von Arzneimitteln, die Information
  und Beratung über Arzneimittel, die Überprüfung von Arzneimitteln in Krankenhäusern und das Medikationsmanagement.
- Das pharmazeutische Personal arbeitet unter eigener Verantwortung, unter der
  Verantwortung eines Apothekers oder unter der Aufsicht eines Apothekers.

3.1   Beruf und Ausbildung des Apothekers

Es ist umstritten, wann und wo die Berufsbezeichnung „Apotheker" in Europa erstmals
erwähnt wurde. Aus dem Jahre 1180 ist aus Montpellier ein Apothekereid überliefert, als
Geburtsjahr des Apothekerberufes gilt jedoch das Jahr 1241.

In diesem Jahr trennte der Stauferkaiser Friedrich II. (○ Abb. 3.2) im **Edikt von Salerno**
die Berufe des Arztes und des Apothekers und teilte diesen Berufen ihre bis heute gültigen
Aufgabengebiete zu:

3

○ **Abb. 3.2** Stauferkaiser Friedrich II.

DEFINITION

Arzt: **Diagnose** der Krankheiten und **Therapie** des Patienten,
Apotheker: **Herstellung** und **Abgabe** von Arzneimitteln.

Die **Versorgung der Bevölkerung mit Arzneimitteln** ist nach § 1 der Bundesapothekerordnung eine vom Staat an die Apotheker delegierte Aufgabe. Auch die **Approbation** (Zulassung zum Apothekerberuf) wird von staatlichen Behörden erteilt.

Nur der approbierte Apotheker ist zur **Leitung einer Apotheke** befugt (§ 2 des Gesetzes über das Apothekenwesen, ▶ Kap. 4.2). Neben öffentlichen Apotheken finden sich Arbeitsplätze für Apotheker z. B. in Krankenhausapotheken, in der pharmazeutischen Industrie, in Behörden, Universitäten und in PTA-Schulen.

MERKE

Die Bundesapothekerordnung (BApO) regelt den Beruf und die Approbation des Apothekers in 18 Paragrafen und ermächtigt in § 5 den Bundesminister für Gesundheit eine Verordnung (○ Abb. 3.3) zu erlassen, die in 25 Paragrafen und 19 Anlagen die genaue Ausbildung und die Voraussetzungen für die Approbation des Apothekers festlegt (Approbationsordnung für Apotheker).

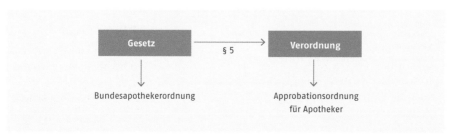

○ **Abb. 3.3** Gesetz und Verordnung (Apotheker)

In den letzten Jahrzehnten hat sich die Ausbildung zum Apotheker mehrmals geändert. So wurde z. B. das Studium verlängert und die praktische Ausbildung verkürzt (◻ Tab. 3.2).

◻ **Tab. 3.2** Geschichte der Apothekerausbildung

	Vor 1968	**1968–1971[1]**	**1971–1989**	**Seit 1989**
Abitur	✓	✓	✓	✓
Praxis vor dem Studium	2 Jahre Apothekerpraktikant	(2 Jahre Apothekerpraktikant)		
Pharmazeutisches Vorexamen	✓[2]	(✓)		
Studium	3 Semester	4 Semester	4 Semester	4 Semester
Praxis im Studium				2 Monate Famulus[3]
Staatsexamen 1. Abschnitt		✓	✓	✓
Studium	3 Semester	3 Semester	3 Semester	4 Semester
Staatsexamen 2. Abschnitt	✓	✓	✓	✓
Praxis nach dem Studium	1 Jahr Kandidat der Pharmazie[4]	(1 Jahr Pharmaziepraktikant)	1 Jahr Pharmaziepraktikant	1 Jahr Pharmazeut im Praktikum (Pharmaziepraktikant)
Staatsexamen 3. Abschnitt		(✓)	✓	✓
Approbation	✓	✓	✓	✓[5]

[1] In dieser Übergangszeit waren beide Ausbildungen parallel möglich.
[2] Nach bestandenem Vorexamen: „**Vorexaminierter**" (heute: **Apothekerassistent**).
[3] Die **Famulatur** muss vor dem Ersten Abschnitt der Pharmazeutischen Prüfung abgeleistet sein.
[4] „**cand. pharm.**"
[5] Die Zusatzausbildung zum **Fachapotheker** für verschiedene Gebiete ist möglich.

3.1.1 Bundesapothekerordnung (BApO)

BApO in der Fassung der Bekanntmachung vom 19. Juli 1989 (BGBl. I S. 1478, 1842), die zuletzt durch Artikel 8 des Gesetzes vom 15. August 2019 (BGBl. I S. 1307) geändert worden ist.

– Auszüge –

„Der **Apotheker** ist berufen, die **Bevölkerung ordnungsgemäß mit Arzneimitteln zu versorgen**. Er dient damit der Gesundheit des einzelnen Menschen und des gesamten Volkes." (**§ 1**)

„(1) Wer im Geltungsbereich dieses Gesetzes den Apothekerberuf ausüben will, bedarf der **Approbation** als Apotheker.
(2) Die Ausübung des Apothekerberufs im Geltungsbereich dieses Gesetzes ist auch auf Grund einer **Erlaubnis** zulässig.
(2a) Apotheker, die Staatsangehörige eines Mitgliedstaats der Europäischen Union oder eines anderen Vertragsstaates des Abkommens über den **Europäischen Wirtschaftsraum** oder eines Vertragsstaates sind, dem Deutschland und die Europäische Gemeinschaft oder Deutschland und die Europäische Union vertraglich einen entsprechenden Rechtsanspruch eingeräumt haben, dürfen den Apothekerberuf im Geltungsbereich dieses Gesetzes **ohne Approbation** als Apotheker oder ohne Erlaubnis zur Ausübung des Apothekerberufs ausüben, sofern sie vorübergehend und gelegentlich als Erbringer von Dienstleistungen im Sinne des Artikels 50 des EG-Vertrages im Geltungsbereich dieses Gesetzes tätig werden. Sie unterliegen jedoch der Meldepflicht nach diesem Gesetz.
(3) Ausübung des Apothekerberufs ist die Ausübung einer pharmazeutischen Tätigkeit, insbesondere die Entwicklung, Herstellung, Prüfung oder Abgabe von Arzneimitteln unter der Berufsbezeichnung „Apotheker" oder „Apothekerin". **Pharmazeutische Tätigkeiten umfassen insbesondere:**
1. Herstellung der Darreichungsformen von Arzneimitteln
2. Arzneimittelforschung, Entwicklung, Herstellung, Prüfung von Arzneimitteln, Tätigkeiten in der Arzneimittelzulassung, Pharmakovigilanz und Risikoabwehr in der pharmazeutischen Industrie,
3. Arzneimittelprüfung in einem Laboratorium für die Prüfung von Arzneimitteln,
4. Lagerung, Qualitätserhaltung und Vertrieb von Arzneimitteln auf der Großhandelsstufe,
5. Bevorratung, Herstellung, Prüfung, Lagerung, Vertrieb und Abgabe von unbedenklichen und wirksamen Arzneimitteln der erforderlichen Qualität in der Öffentlichkeit zugänglichen Apotheken,
6. Herstellung, Prüfung, Lagerung und Abgabe von unbedenklichen und wirksamen Arzneimitteln der erforderlichen Qualität in Krankenhäusern,
7. Information und Beratung über Arzneimittel als solche, einschließlich ihrer angemessenen Verwendung,
8. Meldung von unerwünschten Arzneimittelwirkungen an die zuständigen Behörden,
9. personalisierte Unterstützung von Patienten bei Selbstmedikation,
10. Beiträge zu örtlichen oder landesweiten gesundheitsbezogenen Kampagnen,

3

11. Tätigkeiten im Arzneimittel-, Apotheken- und Medizinproduktewesen der öffentlichen Gesundheitsverwaltung in Behörden des Bundes, der Länder und der Kommunen sowie in Körperschaften des öffentlichen Rechts und in Berufs- und Fachverbänden,

12. Tätigkeiten in Lehre und Forschung an Universitäten sowie in der Lehre an Lehranstalten und Berufsschulen in pharmazeutischen Fachgebieten." (**§ 2**)

„Die **Berufsbezeichnung „Apotheker" oder „Apothekerin"** darf nur führen, wer als Apotheker approbiert oder nach § 2 Abs. 2 oder Abs. 2a zur Ausübung des Apothekerberufs befugt ist." (**§ 3**)

3.1.2 Approbationsordnung für Apotheker (AAppO)

Approbationsordnung für Apotheker vom 19. Juli 1989 (BGBl. I S. 1489), die zuletzt durch Artikel 9 des Gesetzes vom 15. August 2019 (BGBl. I S. 1307) geändert worden ist.

– Auszüge –

„(1) Die **pharmazeutische Ausbildung** umfasst
1. ein Studium der Pharmazie von vier Jahren an einer Universität;
2. eine Famulatur von acht Wochen;
3. eine praktische Ausbildung von zwölf Monaten;
4. die Pharmazeutische Prüfung, die in drei Prüfungsabschnitten abzulegen ist." (**§ 1**)

Die **Famulatur** ist während der ersten vier Semester vorgeschrieben. Mindestens vier dieser acht Wochen müssen in einer öffentlichen Apotheke abgeleistet werden, der Rest ist auch in der pharmazeutischen Industrie oder in Krankenhausapotheken möglich. Für Apothekerassistenten und PTA entfällt die Famulatur.

MERKE

Die einjährige praktische Ausbildung als Pharmazeut im Praktikum, PhiP (Pharmaziepraktikant/in) mit begleitenden Unterrichtsveranstaltungen nach dem Studium muss mindestens sechs Monate in einer öffentlichen Apotheke abgeleistet werden, der Rest ist auch in der Industrie, in Krankenhausapotheken oder in geeigneten wissenschaftlichen Instituten möglich.

„(2) Die **Prüfungsabschnitte der Pharmazeutischen Prüfung** werden abgelegt:
1. der Erste Abschnitt nach einem Studium der Pharmazie von mindestens zwei Jahren,
2. der Zweite Abschnitt nach Bestehen des Ersten Abschnitts der Pharmazeutischen Prüfung und einem Studium der Pharmazie von mindestens vier Jahren,
3. der Dritte Abschnitt nach Bestehen des Zweiten Abschnitts und nach Ableistung der sich anschließenden praktischen Ausbildung nach Absatz 1 Nr. 3.
(3) Die Regelstudienzeit im Sinne des § 10 Abs. 2 des Hochschulrahmengesetzes beträgt vier Jahre." (**§ 1**)

□ **Tab. 3.3** Gliederung des pharmazeutischen Staatsexamens

1. Abschnitt	2. Abschnitt	3. Abschnitt
Schriftliche Prüfungen	Mündliche Prüfungen	Mündliche Prüfungen
Nach mindestens zwei Jahren Studium und Famulatur in der Apotheke	Nach mindestens vier Jahren Studium und Bestehen des 1. Prüfungsabschnitts	Nach der praktischen Ausbildung und Bestehen des 2. Prüfungsabschnitts
■ Allgemeine, anorganische und organische Chemie ■ Grundlagen der pharmazeutischen Biologie ■ Physik und Grundlagen der physikalischen Chemie ■ Grundlagen der pharmazeutischen Analytik	■ Pharmazeutische Chemie ■ Pharmazeutische Biologie ■ Arzneiformenlehre ■ Pharmakologie und Toxikologie ■ Klinische Pharmazie	■ Pharmazeutische Praxis ■ Spezielle Rechtsgebiete für Apotheker

„(1) Der **Dritte Abschnitt der Pharmazeutischen Prüfung** erstreckt sich auf folgende Fächer:
I. Pharmazeutische Praxis,
II. Spezielle Rechtsgebiete für Apotheker.
(2) Die Prüfung soll für einen Prüfling mindestens eine halbe bis höchstens eine Stunde dauern.
(3) Die Prüfungsfragen müssen auf den in der Anlage 15 festgelegten Prüfungsstoff abgestellt sein. In der Prüfung ist festzustellen, ob der Prüfling die zur Ausübung des Apothekerberufs erforderlichen Kenntnisse besitzt." (**§19**)

„(1) Die **praktische Ausbildung** nach § 1 Abs. 1 Nr. 3 findet nach dem Bestehen des Zweiten Abschnitts der Pharmazeutischen Prüfung statt. Sie gliedert sich in eine Ausbildung von
1. sechs Monaten in einer öffentlichen Apotheke, die keine Zweigapotheke ist, und
2. sechs Monaten, die wahlweise in
    a) einer Apotheke nach Nummer 1,
    b) einer Krankenhaus- oder Bundeswehrapotheke,
    c) der pharmazeutischen Industrie,
    d) einem Universitätsinstitut oder in anderen geeigneten wissenschaftlichen Institutionen einschließlich solchen der Bundeswehr,
    e) einer Arzneimitteluntersuchungsstelle oder einer vergleichbaren Einrichtung einschließlich solcher der Bundeswehr
    abzuleisten sind. Drei Monate einer Ausbildung nach Satz 2 Nr. 2 Buchstabe b können auch auf der Station eines Krankenhauses oder Bundeswehrkrankenhauses abgeleistet werden.

(2) Während der **ganztägigen praktischen Ausbildung** sollen die im vorhergehenden Studium erworbenen pharmazeutischen Kenntnisse vertieft, erweitert und praktisch angewendet werden. Zur Ausbildung gehören insbesondere die Entwicklung, Herstellung, Prüfung, Beurteilung und Abgabe von Arzneimitteln, die Sammlung, Bewertung und Vermittlung von Informationen, insbesondere über Arzneimittelrisiken, und die Beratung über Arzneimittel. Die Ausbildung umfasst auch Medizinprodukte, die in den Apotheken in den Verkehr gebracht werden. Die Ausbildung muss von einem Apotheker, der hauptberuflich in der Ausbildungsstätte tätig ist, geleitet werden; sofern sie an einem Universitätsinstitut abgeleistet wird, umfasst sie eine pharmazeutisch-wissenschaftliche Tätigkeit unter der Leitung eines Professors, Hochschul- oder Privatdozenten.

(3) Der Auszubildende hat seine Arbeitskraft zu **regelmäßiger Mitarbeit** zur Verfügung zu stellen und sich auf den Dritten Abschnitt der Pharmazeutischen Prüfung vorzubereiten. Er darf nur zu Tätigkeiten herangezogen werden, die seine Ausbildung fördern. Über die praktische Ausbildung erhält der Auszubildende eine Bescheinigung nach dem Muster der Anlage 5.

(4) Während der praktischen Ausbildung hat der Auszubildende an **begleitenden Unterrichtsveranstaltungen** teilzunehmen, in denen die in der Anlage 8 aufgeführten Stoffgebiete vermittelt werden. Die zuständige Behörde führt die begleitenden Unterrichtsveranstaltungen durch oder benennt eine oder mehrere geeignete Stellen, die diese Unterrichtsveranstaltungen durchführen. Über die Teilnahme an den begleitenden Unterrichtsveranstaltungen erhält der Auszubildende eine Bescheinigung nach dem Muster der Anlage 6.

(5) Auf die Ausbildung nach Absatz 1 werden Unterbrechungen bis zu den durch Bundesrahmentarifvertrag festgelegten Urlaubszeiten angerechnet." (**§4**)

Stoffgebiete, die während der praktischen Ausbildung gelehrt werden

Anlage 8

(zu § 4 Abs. 4 Satz 1 Approbationsordnung für Apotheker)

- Grundprinzipien der Rezeptur und Defektur einschließlich der Beurteilung von Herstellungsvorschriften und -verfahren
- Entwicklung, Zulassung und Herstellung von Fertigarzneimitteln
- Planung, Überwachung und Disposition des Wareneinkaufs; technische Verfahren sowie Probleme der Lagerhaltung
- Beeinflussung der Haltbarkeit von Arzneimitteln und Medizinprodukten, die in den Apotheken in den Verkehr gebracht werden, durch Transport und Lagerung
- Beschaffung, Auswertung, Bewertung und Weitergabe von Informationen über Arzneimittel und Medizinprodukte einschließlich Sicherheitsaspekten
- Information und Beratung von Patienten, Ärzten und Angehörigen anderer Gesundheitsberufe über Arzneimittel und Medizinprodukte, die in den Apotheken in den Verkehr gebracht werden, insbesondere über die sachgemäße Aufbewahrung, Anwendung, Inkompatibilitäten und Wechselwirkungen sowie die Gefahren des Dauergebrauchs und Missbrauchs von Arzneimitteln

- Kommunikationstechniken für den Umgang mit Gesunden, Patienten und deren Angehörigen, Ärzten und Angehörigen anderer Gesundheitsberufe
- Aspekte der Qualitätssicherung und Qualitätskontrolle
- Angewandte Pharmakotherapie; Arzneimittelauswahl in der Selbstmedikation; besondere Therapierichtungen; Grenzen der Selbstmedikation
- Interpretation ärztlicher, zahnärztlicher und tierärztlicher Verschreibungen sowie deren Terminologie
- Pharmazeutische Betreuung; apothekenübliche Dienstleistungen
- Blut und Blutprodukte
- Krankenhaushygiene
- Ökonomische Aspekte des Einsatzes von Arzneimitteln und Medizinprodukten
- Vergleichende Beurteilung von Produkten für die Säuglings- und Kinderernährung; vergleichende Beurteilung von Ernährungsmaßnahmen einschließlich diätetischer Lebensmittel und Nahrungsergänzungsmittel; vergleichende Beurteilung von Produkten zur enteralen und parenteralen Ernährung
- Vergleichende Beurteilung von Produkten und Gegenständen zur Körperpflege, von apothekenüblichen Medizinprodukten sowie von Pflanzenschutz- und Schädlingsbekämpfungsmitteln;
- Besonderheiten der Tierarzneimittel
- Spezielle Aspekte der Gesundheitsförderung
- Unfallverhütung in der Apotheke und in pharmazeutischen Betrieben einschließlich des sachgerechten Umgangs mit Gefahrstoffen, Zytostatika, Radiopharmaka und radioaktiven Diagnostika
- Allgemeine Maßnahmen bei Unfällen und Vergiftungen (Erste Hilfe)
- Betriebswirtschaft für Apotheker unter Berücksichtigung des Handelsrechts, des Steuerrechts und des kaufmännischen Rechnungswesens
- Aufgaben und Tätigkeitsfelder des Apothekers
- Allgemeine Rechtskunde; Berufsrecht; Rechtsvorschriften für den Apothekenbetrieb, den Verkehr mit Arzneimitteln, Betäubungsmitteln, Medizinprodukten, diätetischen Lebensmitteln, Produkten zur Körperpflege, Gefahrstoffen und Pflanzenschutzmitteln; Heilmittelwerberecht
- Besonderheiten des nationalen und internationalen Arzneimittelmarkts
- Aufgaben und Organisation der Gesundheitsverwaltung bei Bund, Ländern und Gemeinden sowie auf internationaler Ebene
- Pharmazeutische Organisationen und Einrichtungen
- Einführung in die Sozialgesetzgebung und das Sozialversicherungswesen.

3

Prüfungsstoff des Dritten Abschnitts der Pharmazeutischen Prüfung

Anlage 15

(zu § 19 Abs. 3 Approbationsordnung für Apotheker)

I. Pharmazeutische Praxis

- Grundprinzipien der Rezeptur und Defektur; Inkompatibilitäten
- Grundprinzipien der Entwicklung, Herstellung und Zulassung von Fertigarzneimitteln
- Konformitätsbewertung von Medizinprodukten
- Möglichkeiten der Beeinflussung der Haltbarkeit von Arzneimitteln
- Beschaffung, Dokumentation, Auswertung, Bewertung und Weitergabe von Informationen über Arzneimittel und Medizinprodukte
- Information und Beratung von Patienten, Ärzten und Angehörigen anderer Gesundheitsberufe über Arzneimittel und Medizinprodukte, die in den Apotheken in den Verkehr gebracht werden, insbesondere über sachgemäße Aufbewahrung und Anwendung, Neben- und Wechselwirkungen
- Gefahren des Dauergebrauchs und Missbrauchs von Arzneimitteln
- Aspekte der Qualitätssicherung
- Angewandte Pharmakotherapie; Arzneimittelberatung und -auswahl in der Selbstmedikation
- Interpretation ärztlicher, zahnärztlicher und tierärztlicher Verschreibungen sowie deren Terminologie
- Praktische Aspekte der pharmazeutischen Betreuung
- Apothekenübliche Dienstleistungen
- Blut- und Blutprodukte
- Krankenhaushygiene
- Ökonomische Aspekte des Einsatzes von Arzneimitteln und Medizinprodukten
- Produkte für die Säuglings- und Kinderernährung sowie für Ernährungsmaßnahmen bei Erkrankungen
- Nahrungsergänzungsmittel; Produkte zur enteralen und parenteralen Ernährung
- Produkte und Gegenstände zur Körperpflege, Pflanzenschutz- und Schädlingsbekämpfungsmittel
- Gesundheitsförderung
- Unfallverhütung, Arbeitsschutz und Maßnahmen der Ersten Hilfe
- Betriebswirtschaftliche Grundlagen des Apothekenbetriebs, insbesondere Buchführung, Jahresabschluss, Rentabilität, Rationalisierung, Steuern.

II. Spezielle Rechtsgebiete für Apotheker

- Überblick über die Abgrenzung folgender Rechtsgebiete: Staatsrecht, Verwaltungsrecht, Strafrecht, bürgerliches Recht, Handelsrecht; Unterscheidung zwischen Gesetz, Rechtsverordnung, Verwaltungsvorschrift, Satzung

- Berufsrecht für Apotheker; Ausbildung und Aufgaben der anderen Berufe in Apotheken, rechtliche Grundlagen; Kammergesetze einschließlich Berufsgerichtsbarkeit
- Apothekenrecht, insbesondere Gesetz über das Apothekenwesen und Apothekenbetriebsordnung; sonstige für den Apothekenbetrieb wichtige Vorschriften aus anderen Rechtsgebieten
- Grundzüge der Geschichte des Apothekenwesens
- Arzneimittel- und Betäubungsmittelrecht, insbesondere Arzneimittelgesetz, Heilmittelwerbegesetz und Betäubungsmittelgesetz sowie dazu erlassene Rechtsverordnungen
- Medizinprodukterecht
- Besonderheiten des nationalen und internationalen Arzneimittelmarkts, insbesondere Feilbieten, Werbung und Preisgefüge
- Vorschriften über den Umgang und Verkehr mit Gefahrstoffen
- Aufgaben und Organisation der Gesundheitsverwaltung bei Bund, Ländern und Gemeinden sowie auf internationaler Ebene
- Rechtliche Grundlagen für die betriebswirtschaftlichen Aspekte der Apothekenführung, Sozialversicherungsrecht.

Nach dem Abschluss der Apothekerausbildung können entsprechend der jeweiligen Kammergesetze der Länder approbierte Apotheker Zusatzbezeichnungen erwerben. In den Weiterbildungsordnungen der Apothekerkammern sind z. B. folgende Weiterbildungen vorgesehen, die zur Bezeichnung „**Fachapotheker**" führen:

- Allgemeinpharmazie,
- Klinische Pharmazie,
- Pharmazeutische Technologie,
- Pharmazeutische Analytik,
- Toxikologie und Ökologie,
- Arzneimittelinformation,
- Klinische Pharmazie,
- Theoretische und praktische Ausbildung,
- Öffentliches Gesundheitswesen,
- Ernährungsberatung,
- Naturheilverfahren und Homöopathie,
- Geriatrische Pharmazie,
- Prävention und Gesundheitsförderung,
- Onkologische Pharmazie,
- Pflegeversorgung.

Nähere Informationen sind bei den ermächtigten Weiterbildungsstätten der Landesapothekerkammern zu erfragen.

ZUSAMMENFASSUNG

- Die staatliche Zulassung zum Apothekerberuf wird als Approbation bezeichnet; ausländische Apotheker erhalten bei gleichwertiger Ausbildung zunächst eine Erlaubnis zur Ausübung des Apothekerberufs.
- Die gesetzliche Aufgabe des Apothekers ist die ordnungsgemäße Versorgung der Bevölkerung mit Arzneimitteln.
- Ein „Vorexaminierter" (Apothekerassistent) hatte zwei Jahre Apothekenpraktikum und das Pharmazeutische Vorexamen abgeleistet; er arbeitet unter Verantwortung des Apothekers.
- Der Pharmaziepraktikant (Pharmazeut im Praktikum) gehört zum pharmazeutischen Personal und arbeitet unter der Aufsicht eines Apothekers.
- Die Pharmazeutische Prüfung unterteilt sich in drei Prüfungsabschnitte; der Dritte Prüfungsabschnitt wird nach der einjährigen praktischen Ausbildung abgelegt.
- Die praktische Ausbildung nach dem Zweiten Prüfungsabschnitt kann in zwei Abschnitte aufgeteilt werden, die an unterschiedlichen Arbeitsstätten abgeleistet werden können.
- Im Dritten Prüfungsabschnitt werden die Fächer Pharmazeutische Praxis und Spezielle Rechtsgebiete für Apotheker mündlich geprüft.

SPICKZETTEL

Apothekerassistent	Arbeitet unter Verantwortung und ist zu Nacht- und Notdienst befugt
Approbation	Erlaubnis nach Approbationsordnung zur Berufsausübung für Apotheker
Bundesapothekerordnung	Gesetz über die Ausbildung des Apothekers und die Ausübung des Apothekerberufes
Famulatur	Praktikum von 8 Wochen vor dem 1. Pharmazeutischen Staatsexamen
Nichtpharmazeutisches Personal	Hilfspersonal in der Apotheke (PKA, PKA-Auszubildende)
Pharmazeutisches Personal	Übt pharmazeutische Tätigkeiten eigenverantwortlich, unter Verantwortung oder unter Aufsicht aus
Pharmaziepraktikant	Einjährige praktische Ausbildung vor dem 3. Pharmazeutischen Staatsexamen

3

REPETITORIUM 2: APOTHEKER

● leicht ●● mittel ●●● schwer

●   1. Was bewirkte das Edikt von Salerno?

        2. Wie heißen das Gesetz und die Verordnung für den Apothekerberuf?

        3. Welche Fächer werden im Zweiten Prüfungsabschnitt mündlich geprüft?

●●   1. Wie ist die Ausbildung des Apothekers gegliedert, wie lange dauert die Famulatur und wann muss sie abgeleistet sein?

        2. Was ist ein Pharmaziepraktikant und wo kann er die praktische Ausbildung ableisten?

●●● 1. Vergleichen Sie die Anzahl der Praxisjahre, der Studienjahre und der Prüfungen bei der Apothekerausbildung früher und heute!

3.2   Beruf und Ausbildung des pharmazeutisch-technischen Assistenten

Der Beruf des pharmazeutisch-technischen Assistenten wurde 1968 geschaffen. Da durch die Novellierung der Approbationsordnung für Apotheker der Beruf des Vorexaminierten (▶ Kap. 3.3) langfristig wegfiel, sollte ein neuer Assistentenberuf zur Unterstützung des Apothekers geschaffen werden. Der PTA ist im Gegensatz zum PKA (▶ Kap. 3.3) zu **pharmazeutischen Tätigkeiten unter der Aufsicht eines Apothekers** befugt.

> **GUT ZU WISSEN**
> Der Bundestag hat am 14. November 2019 das **PTA-Reformgesetz** beschlossen, das die PTA-Ausbildung ab **1. Januar 2023** durch viele grundsätzlichen Neuerungen ändern wird.
> Eine Übersicht der wichtigsten Änderungen für die Ausbildung (ab 2023) und die Prüfungen (ab 2025) finden Sie am Ende des Buchs (▶ Kap. 8.5).

Die ursprüngliche Ausbildungs- und Prüfungsordnung stammt aus dem Jahre 1969 und wurde 1997 aktualisiert. Seit 1998 werden PTAs danach ausgebildet. Das im Folgenden besprochene PTA-Gesetz sowie die Ausbildungs- und Prüfungsordnung für PTA sind noch bis 31.12.2022 gültig.

Zusätzlich zu bundesweitem Gesetz und Verordnung haben die einzelnen Bundesländer die Möglichkeit, in Landesverordnungen weitere Einzelheiten zu regeln. In

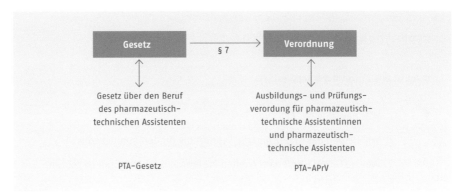

Abb. 3.4 Gesetz und Verordnung (PTA)

Baden-Württemberg z. B. regelt die TAVO (Technische Assistenten-Verordnung) die Aufnahmebedingungen zum Lehrgang, Probezeit und Versetzung, zusätzliche Fächer wie Religion und Aufteilung der Unterrichtsstunden nach Schuljahren („Stundentafel").

3.2.1 Gesetz über den Beruf des pharmazeutisch-technischen Assistenten (PTAG)

PTAG in der Fassung der Bekanntmachung vom 23. September 1997 (BGBl. I S. 2349), das zuletzt durch Artikel 32 des Gesetzes vom 15. August 2019 (BGBl. I S. 1307) geändert worden ist.

– Auszüge –

„Wer eine Tätigkeit unter der Berufsbezeichnung „pharmazeutisch-technischer Assistent" oder „pharmazeutisch-technische Assistentin" ausüben will, bedarf der **Erlaubnis**." (**§ 1,1 PTAG**)

MERKE

Die Berufsbezeichnungen „pharmazeutisch-technischer Assistent" und „pharmazeutisch-technische Assistentin" zählen zu den geschützten Berufsbezeichnungen. Wer diese Berufsbezeichnungen unbefugt führt, begeht eine Ordnungswidrigkeit und kann mit einer Geldbuße bestraft werden (§ 10 Gesetz über den Beruf des PTA).

Voraussetzungen für die Erteilung der Erlaubnis

„Die **Erlaubnis** wird erteilt, wenn der Antragsteller
1. (aufgehoben)
2. sich nicht eines Verhaltens schuldig gemacht hat, aus dem sich die Unzuverlässigkeit zur Ausübung des Berufs ergibt,

3. nicht in gesundheitlicher Hinsicht zur Ausübung des Berufs ungeeignet ist,
4. nach einem zweijährigen Lehrgang und einer halbjährigen praktischen Ausbildung die staatliche Prüfung für pharmazeutisch-technische Assistenten bestanden hat,
5. über die für die Ausübung der Berufstätigkeit erforderlichen Kenntnisse der deutschen Sprache verfügt." (**§ 2,1**)

Im zweiten Absatz dieses Paragrafen und in den Paragrafen 2a und 2b werden außerhalb des Geltungsbereichs dieses Gesetzes **im Ausland erworbene Ausbildungen** ganz oder zum Teil anerkannt, wenn die **Gleichwertigkeit des Ausbildungsstandes** gewährleistet ist. Absolventen ähnlicher Ausbildungen, vor allem innerhalb der Europäischen Union, können durch Anpassungslehrgänge oder Sonderprüfungen die Möglichkeit erhalten, als PTA in Deutschland zu arbeiten.

Die Erlaubnis nach § 2 trifft die **zuständige Behörde des Bundeslandes;** die Landesregierungen bestimmen diese zuständigen Behörden. Nach § 3 des Gesetzes über den Beruf des PTA kann die Erlaubnis zur Ausübung des PTA-Berufes von der zuständigen Behörde gegebenenfalls auch zurückgenommen oder widerrufen werden.

> **DEFINITION**
>
> **Rücknahme:** Bei der Erteilung der Erlaubnis lag eine der Voraussetzungen nicht vor.
> **Widerruf:** nachträgliches Wegfallen einer Voraussetzung.

„(1) Der **Lehrgang** wird an einer Lehranstalt durchgeführt, die als zur Ausbildung geeignet staatlich anerkannt ist.
(2) Zum Lehrgang wird zugelassen, wer eine abgeschlossene Realschulbildung oder eine andere gleichwertige Ausbildung nachweist.
(3) Der Lehrgang umfasst eine theoretische und praktische Ausbildung." (**§ 5**)

Voraussetzung für die Zulassung an einer PTA-Lehranstalt ist ein **mittlerer Bildungsabschluss** (◻ Tab. 3.4). Die PTA-Schulen sind nach Bundesländern unterschiedlich struktu-

◻ **Tab. 3.4** Voraussetzungen für den Beruf des PTA (Auswahl)

Anforderung	Zuständige Behörde des Bundeslandes verlangt zur Zulassung
Deutschkenntnisse	Nachweise über Sprachkurse
Keine Unzuverlässigkeit zur Ausübung des Berufs	Polizeiliches Führungszeugnis
Keine Krankheit oder Sucht, die der Berufsausübung entgegensteht	Ärztliches oder amtsärztliches Attest
Bestehen der staatlichen Prüfung für PTA	Abschlusszeugnis

riert: staatliche Schulen im Bereich der beruflichen Schulen (z. B. in Baden-Württemberg, Hamburg), halbstaatliche Schulen von Landkreisen oder Städten in Zusammenarbeit mit Fördervereinen, gemeinnützige Stiftungen oder Privatschulen.

> „Die **praktische Ausbildung** wird in Apotheken, ausgenommen Zweigapotheken, abgeleistet. Der Apothekenleiter hat für eine ordnungsgemäße praktische Ausbildung des Anwärters zu sorgen. Die Zahl der in der Apotheke auszubildenden Anwärter soll in einem angemessenen Verhältnis zum Umfang des Apothekenbetriebs, insbesondere zur Zahl der in der Apotheke tätigen Apotheker stehen." **(§6)**

Die **halbjährige praktische Ausbildung** kann nur in Apotheken (auch Krankenhausapotheken) und nicht in der Industrie abgeleistet werden. Da Zweigapotheken (Apothekengesetz § 16, ▸ Kap. 4.2) kein Labor vorweisen müssen, kann in diesen Apotheken die praktische Ausbildung nicht absolviert werden.

Die Ausbildungs- und Prüfungsverordnung schreibt für die praktische Ausbildung die Erstellung eines **Tagebuchs** vor (PTA-APrV § 1 Abs. 4, ▸ Kap. 3.2.2).

GUT ZU WISSEN

Im Tarifvertrag (▸ Kap. 3.4) ist die **Ausbildungsbeihilfe** tariflich festgelegt, alle anderen Bestimmungen wie z. B. Urlaub oder Arbeitszeit gelten auch für PTA-Praktikanten.

> „(1) Das Bundesministerium für Gesundheit regelt im Benehmen mit dem Bundesministerium für Bildung und Forschung durch Rechtsverordnung mit Zustimmung des Bundesrates in einer **Ausbildungs- und Prüfungsverordnung für pharmazeutisch-technische Assistenten** die Mindestanforderungen an den Lehrgang, das Nähere über die praktische Ausbildung in der Apotheke und über die staatliche Prüfung. Es kann in dieser Rechtsverordnung auch das Nähere über ein Praktikum außerhalb der schulischen Ausbildung, die Anrechnung gleichwertiger Ausbildungszeiten und Prüfungen sowie die Anrechnung von Unterbrechungen auf die Dauer des Lehrgangs regeln." **(§7,1)**
>
> „Der pharmazeutisch-technische Assistent ist befugt, **in der Apotheke unter der Aufsicht eines Apothekers pharmazeutische Tätigkeiten** auszuüben. Das Nähere bestimmt die Apothekenbetriebsordnung. Zur Vertretung in der Leitung einer Apotheke ist der pharmazeutisch-technische Assistent nicht befugt." **(§8)**

ZUSAMMENFASSUNG

- Im Gegensatz zum pharmazeutisch-kaufmännischen Angestellten (▸ Kap. 3.3) gehört der PTA zum pharmazeutischen Personal und übt pharmazeutische Tätigkeiten unter Aufsicht des Apothekers aus; dies gilt auch während der halbjährigen praktischen Ausbildung. Zur Vertretung des Apothekenleiters ist der PTA nicht befugt.
- Die Zulassung zum Beruf wird auf Antrag von der zuständigen Behörde des jeweiligen Bundeslandes erteilt; missbräuchliches Führen der Berufsbezeichnung kann als Ordnungswidrigkeit geahndet werden.
- Die Ausbildung gliedert sich in eine zweijährige Ausbildung an einer staatlich anerkannten Lehranstalt und einem sechsmonatigen Praktikum in einer öffentlichen Apotheke oder einer Krankenhausapotheke.
- Eine im Ausland erworbene abgeschlossene Ausbildung wird anerkannt, wenn die Gleichwertigkeit des Abschlusses gegeben ist; die Gleichwertigkeit kann durch einen Anpassungslehrgang, Kenntnisprüfungen oder eine verkürzte Ausbildung, jeweils mit Prüfungen, erreicht werden.

3.2.2 Ausbildungs- und Prüfungsverordnung für pharmazeutisch-technische Assistentinnen und pharmazeutisch-technische Assistenten (PTA-APrV)

Vom 23. September 1997 (BGBl. I S. 2352), zuletzt geändert durch Artikel 33 des Gesetzes vom 15. August 2019 (BGBl. I S. 1307).

– Auszüge –

„(1) Die **Ausbildung** für pharmazeutisch-technische Assistentinnen und pharmazeutisch-technische Assistenten umfasst:
1. einen zweijährigen Lehrgang an einer staatlich anerkannten Lehranstalt für pharmazeutisch-technische Assistenten (Lehranstalt),
2. ein Praktikum von 160 Stunden in einer Apotheke,
3. eine Ausbildung in Erster Hilfe von 8 Doppelstunden außerhalb der schulischen Ausbildung,
4. eine praktische Ausbildung von sechs Monaten in der Apotheke.
Die Ausbildung schließt mit der **staatlichen Prüfung** ab.
(2) Der **Lehrgang** nach Absatz 1 Satz 1 Nr. 1 umfasst den in der **Anlage 1 Teil A aufgeführten theoretischen und praktischen Unterricht von 2 600 Stunden**. Über die regelmäßige und erfolgreiche Teilnahme an den Ausbildungsveranstaltungen des Lehrgangs nach Satz 1 erhält der Schüler bei nicht schulrechtlich geregelten Ausbildungen eine Bescheinigung nach dem Muster der Anlage 2 oder, sofern der Lehrgang schulrechtlich geregelt wird, ein Zeugnis der Schule." (**§1**)

◘ **Tab. 3.5** Die PTA-Ausbildung in Einzelschritten (PTA-APrV)

	Ausbildungsschritt
↓	Voraussetzung: mittlerer Bildungsabschluss und Aufnahme an einer PTA-Lehranstalt
↓	Zweijähriger Lehrgang an einer PTA-Lehranstalt
↓	„Schnupperpraktikum" (160 Stunden) in einer oder mehreren Apotheken in der unterrichtsfreien Zeit während des Lehrgangs (Bescheinigung des/der Apothekenleiter)
↓	Ausbildung in Erster Hilfe außerhalb der schulischen Ausbildung
↓	Antrag auf Zulassung zum ersten Prüfungsabschnitt
↓	Schriftliche Prüfung (4 Fächer)
↓	Mündliche Prüfung (3 Fächer)
↓	Praktische Prüfung (3 Fächer)
↓	Halbjährige praktische Ausbildung in einer Apotheke oder Krankenhausapotheke (Arbeitstagebuch, Bescheinigung)
↓	Antrag auf Zulassung zum zweiten Prüfungsabschnitt
↓	Prüfung zweiter Prüfungsabschnitt, Fach „Apothekenpraxis" (mündlich)
↓	Antrag auf Zulassung zum Beruf bei der zuständigen Behörde
↓	Zulassung zum Beruf als PTA

In der Anlage 1 Teil A (◘ Tab. 3.6) werden alle Unterrichtsfächer mit ihren Mindeststundenzahlen aufgeführt. Am Ende des zweijährigen Lehrgangs erhält der Schüler eine **Lehrgangsbescheinigung.** Im Gegensatz zur früheren Ausbildungs- und Prüfungsverordnung gehen diese im Lehrgang erzielten Noten nicht mehr in die Endnote der Prüfung ein.

„(3) Das **Praktikum** nach Absatz 1 Satz 1 Nr. 2 ist **während des Lehrgangs** nach Absatz 1 Satz 1 Nr. 1 **außerhalb der schulischen Ausbildung** in einer Apotheke unter der Aufsicht eines Apothekers abzuleisten. Es soll den Schülern Einblicke in die Betriebsabläufe einer Apotheke und die pharmazeutischen Tätigkeiten vermitteln und in Abschnitten von mindestens fünf Tagen abgeleistet werden. Über die regelmäßige Teilnahme an dem Praktikum erhält der Schüler eine Bescheinigung nach dem Muster der Anlage 3. Für Apothekenhelfer, Apothekenfacharbeiter, pharmazeutische Assistenten und pharmazeutisch-kaufmännische Angestellte entfällt das Praktikum. (4) Die **praktische Ausbildung** in der Apotheke nach Absatz 1 Satz 1 Nr. 4 erstreckt sich auf die in Anlage 1 Teil B aufgeführten Lerngebiete und findet nach dem Bestehen des ersten Abschnitts der staatlichen Prüfung statt. Sie dient der Vorbereitung auf den zweiten Prüfungsabschnitt und darf nur Tätigkeiten umfassen, die die

▢ **Tab. 3.6** Fächerkatalog mit Mindeststundenzahlen

Ausbildungsfächer des Lehrgangs	PTA-APrV (Anlage 1 Teil A)	Prüfung
Theoretische Fächer		
Arzneimittelkunde	280	Schriftlich
Allgemeine und pharmazeutische Chemie	200	Schriftlich
Galenik	140	Schriftlich
Botanik und Drogenkunde	100	Schriftlich
Gefahrstoff-, Pflanzenschutz- und Umweltschutzkunde	80	Mündlich
Medizinproduktekunde	60	Mündlich
Ernährungskunde und Diätetik	40	
Körperpflegekunde	40	
Physikalische Gerätekunde	40	
Mathematik (fachbezogen)	80	
Pharmazeutische Gesetzeskunde, Berufskunde	80	Mündlich
Allgemeinbildende Fächer: Deutsch (einschließlich Kommunikation), Fremdsprache (fachbezogen), Wirtschafts- und Sozialkunde	240	
Praktische Fächer		
Chemisch-pharmazeutische Übungen einschließlich Untersuchung von Körperflüssigkeiten	480	Praktisch
Übungen zur Drogenkunde	120	Praktisch
Galenische Übungen	500	Praktisch
Apothekenpraxis einschließlich EDV	120	Mündlich
Summe der Unterrichtsstunden	2600	

Ausbildung fördern. Insbesondere sollen die im Lehrgang erworbenen pharmazeutischen Kenntnisse vertieft und praktisch angewendet werden. In einem **Tagebuch** sind die Herstellung und Prüfung von je vier Arzneimitteln zu beschreiben und zu zwei weiteren Gebieten der praktischen Ausbildung schriftliche Arbeiten anzufertigen. Über die regelmäßige Teilnahme an der praktischen Ausbildung in der Apotheke erhält der Praktikant eine Bescheinigung nach dem Muster der Anlage 4." (**§1**)

Die Schüler sind während dieses Praktikums über die ausbildende Apotheke gesetzlich
unfallversichert; der Apothekeninhaber ist verpflichtet, die PTA-Praktikanten an die Berufsgenossenschaft für Gesundheitsdienst und Wohlfahrtspflege (BGW) zu melden. Bei Schülern unter 18 Jahren sind die Bestimmungen des Jugendarbeitsschutzgesetzes zu beachten.

Eine Verkürzung der halbjährigen **praktischen Ausbildung** nach der schulischen Ausbildung für PKAs und andere pharmazeutische Berufe ist nicht möglich, da es sich hier
nicht um früher ausgeübte pharmazeutische Tätigkeiten handelt. Dagegen entfällt das
vierwöchige Praktikum für diese Berufsgruppe.

„(1) Die **staatliche Prüfung** nach § 1 Abs. 1 Satz 2 besteht aus zwei Abschnitten. Der
erste Abschnitt der Prüfung findet am Ende des zweijährigen Lehrgangs statt. Er
umfasst einen schriftlichen, mündlichen und praktischen Teil. Der **zweite Abschnitt**
der Prüfung findet nach Abschluss der praktischen Ausbildung in der Apotheke
statt; er besteht aus einer mündlichen Prüfung." (**§ 2**)

„(1) Bei jeder Lehranstalt ist ein **Prüfungsausschuss** zu bilden, der aus folgenden Mitgliedern besteht:
1. einem fachlich geeigneten Vertreter der zuständigen Behörde oder einer von der
   zuständigen Behörde mit der Wahrnehmung dieser Aufgabe betrauten fachlich
   geeigneten Person als Vorsitzender,
2. einem Beauftragten der Schulverwaltung, wenn die Lehranstalt nach den Schulge-
   setzen eines Landes der staatlichen Aufsicht durch die Schulverwaltung untersteht,
3. folgenden Fachprüfern:
   a) mindestens einem Apotheker und weiteren an der Lehranstalt tätigen Unter-
      richtskräften entsprechend den zu prüfenden Fächern,
   b) in Apotheken tätigen Apothekern, die keine Lehrkräfte der Lehranstalt sind;
   dem Prüfungsausschuss sollen diejenigen Lehrkräfte angehören, die den Prüfling in
   dem Prüfungsfach überwiegend ausgebildet haben. Die in Satz 1 Nr. 3 Buchstabe b

genannten Mitglieder des Prüfungsausschusses gehören dem Prüfungsausschuss nur für den zweiten Prüfungsabschnitt als Fachprüfer an." (**§ 3**)

„(1) Der Vorsitzende entscheidet auf Antrag des Prüflings über die **Zulassung** zum ersten und zweiten Abschnitt der Prüfung und setzt die Prüfungstermine im Benehmen mit der Lehranstaltsleitung fest. Der Prüfungsbeginn für den ersten Prüfungsabschnitt soll nicht früher als zwei Monate vor dem Ende des Lehrgangs liegen." (**§ 4**)

3

„(2) Die **Zulassung zum ersten Abschnitt der Prüfung** wird erteilt, wenn folgende Nachweise vorliegen:
1. die Geburtsurkunde oder ein Auszug aus dem Familienbuch der Eltern, bei Verheirateten die Heiratsurkunde oder ein Auszug aus dem für die Ehe geführten Familienbuch,
2. die Bescheinigung nach § 1 Abs. 2 Satz 2 über die Teilnahme an den Ausbildungsveranstaltungen des Lehrgangs oder das Zeugnis,
3. die Bescheinigung über das Praktikum in einer Apotheke außerhalb der schulischen Ausbildung nach § 1 Abs. 3 Satz 3 und
4. ein Nachweis über eine Ausbildung von acht Doppelstunden in Erster Hilfe nach § 1 Abs. 1 Satz 1 Nr. 3.

(3) Die **Zulassung zum zweiten Abschnitt der Prüfung** wird erteilt, wenn folgende Nachweise vorliegen:
1. das Zeugnis über den ersten Prüfungsabschnitt nach § 7 Abs. 2 Satz 1,
2. die Bescheinigung nach § 1 Abs. 4 Satz 5 über die Ableistung der praktischen Ausbildung in der Apotheke,
3. das Tagebuch nach § 1 Abs. 4 Satz 4.

(4) Die Zulassung zu den einzelnen Abschnitten der Prüfung sowie die Prüfungstermine sollen dem Prüfling spätestens zwei Wochen vor Prüfungsbeginn schriftlich mitgeteilt werden." (**§ 4**)

„Die schriftlichen Aufsichtsarbeiten und die Leistungen in den mündlichen und praktischen Prüfungen des ersten Prüfungsabschnitts sowie der zweite Prüfungsabschnitt werden wie folgt **benotet**:
- „sehr gut" (1), wenn die Leistung den Anforderungen in besonderem Maße entspricht,
- „gut" (2), wenn die Leistung den Anforderungen voll entspricht,
- „befriedigend" (3), wenn die Leistung im allgemeinen den Anforderungen entspricht,
- „ausreichend" (4), wenn die Leistung zwar Mängel aufweist, aber im ganzen den Anforderungen noch entspricht,
- „mangelhaft" (5), wenn die Leistung den Anforderungen nicht entspricht, jedoch erkennen lässt, dass die notwendigen Grundkenntnisse vorhanden sind und die Mängel in absehbarer Zeit behoben werden können,
- „ungenügend" (6), wenn die Leistung den Anforderungen nicht entspricht und selbst die Grundkenntnisse so lückenhaft sind, dass die Mängel in absehbarer Zeit nicht behoben werden können.

Satz 1 gilt für die Bildung der Prüfungsnoten in den einzelnen Teilen des ersten Prüfungsabschnitts entsprechend." (**§ 6**)

„(1) Die Prüfung ist **bestanden**, wenn jeder der nach § 2 Abs. 1 Satz 3 für den ersten Prüfungsabschnitt vorgeschriebenen Teile und der zweite Prüfungsabschnitt nach § 2 Abs. 1 Satz 4 bestanden sind.

(2) Über den bestandenen **ersten Prüfungsabschnitt** wird ein **Zeugnis** nach dem Muster der Anlage 5 erteilt. In das Zeugnis nach dem Muster der Anlage 5 werden bei schulrechtlich geregelten Ausbildungsgängen die Fächer und die erzielten Gesamtnoten aufgenommen. Über den bestandenen **zweiten Prüfungsabschnitt** wird ein **Zeugnis** nach dem Muster der Anlage 6 erteilt. Über das Nichtbestehen eines Prüfungsabschnitts erhält der Prüfling vom Vorsitzenden des Prüfungsausschusses eine schriftliche Mitteilung, in der die Prüfungsnoten anzugeben sind.

(3) Aus den Noten des ersten und zweiten Prüfungsabschnitts wird eine **Gesamtnote für die staatliche Prüfung** für pharmazeutisch-technische Assistenten gebildet, indem die Prüfungsnoten für jeden Teil des ersten Prüfungsabschnitts sowie die Note für den zweiten Prüfungsabschnitt addiert und durch die Anzahl der Noten dividiert werden. Die Gesamtnote der staatlichen Prüfung für pharmazeutisch-technische Assistenten wird wie folgt bewertet:

- „sehr gut" bei Werten unter 1,5,
- „gut" bei Werten von 1,5 bis 2,5,
- „befriedigend" bei Werten von über 2,5 bis 3,5,
- „ausreichend" bei Werten von über 3,5 bis 4,0.

Über die bestandene staatliche Prüfung für pharmazeutisch-technische Assistenten wird ein Zeugnis nach dem Muster der Anlage 7 erteilt. In das Zeugnis werden bei schulrechtlich geregelten Ausbildungsgängen die Fächer und die erzielten Gesamtnoten aufgenommen." (**§ 7**)

aha

GUT ZU WISSEN

Die **Endnote der PTA-Prüfung** wird (ohne Berücksichtigung der Leistungen während des Lehrgangs) aus den vier ganzen Noten der schriftlichen, mündlichen und praktischen Prüfungen sowie der ganzen Note für das Fach Apothekenpraxis ermittelt und ergibt wiederum eine ganze Note. Es wird ein Abschlusszeugnis erstellt, aus dem auch die erste Nachkommastelle der erzielten ganzen Note hervorgeht (□ Tab. 3.7).

„(4) Der Prüfling kann jede Aufsichtsarbeit der schriftlichen Prüfung und jedes Fach der mündlichen und praktischen Prüfung sowie die Prüfung nach § 15 **einmal wiederholen**, wenn er – bei schulrechtlich geregelter Ausbildung unter Berücksichtigung der Leistungen während der Ausbildung – die Note „mangelhaft" oder „ungenügend" erhalten hat.

(5) Hat der Prüfling mehr als zwei Aufsichtsarbeiten der schriftlichen Prüfung, die gesamte mündliche Prüfung nach § 13, mehr als ein Fach der praktischen Prüfung oder die Prüfung nach § 15 zu wiederholen, so darf er zur Wiederholungsprüfung nur zugelassen werden, wenn er an einer **weiteren Ausbildung** teilgenommen hat, deren Dauer und Inhalt vom Vorsitzenden des Prüfungsausschusses im Benehmen mit den Fachprüfern und den Beisitzern bestimmt werden. Die weitere Ausbildung nach Satz 1 darf einschließlich der für die Prüfung erforderlichen Zeit die Dauer von

einem Jahr nicht überschreiten. Ein Nachweis über die weitere Ausbildung ist dem Antrag des Prüflings auf Zulassung zur Wiederholungsprüfung beizufügen. Die Wiederholungsprüfung muss spätestens zwölf Monate nach der letzten Prüfung abgeschlossen sein, in begründeten Fällen kann die zuständige Behörde Ausnahmen zulassen." (**§ 7**)

„(1) Tritt ein Prüfling nach seiner Zulassung von der Prüfung zurück, so hat er die Gründe für seinen **Rücktritt** unverzüglich dem Vorsitzenden des Prüfungsausschusses schriftlich mitzuteilen. Genehmigt der Vorsitzende den Rücktritt, so gilt die Prüfung als nicht unternommen. Die Genehmigung ist zu erteilen, wenn wichtige Gründe vorliegen. Im Falle einer Krankheit kann die Vorlage einer ärztlichen Bescheinigung verlangt werden.
(2) Wird die Genehmigung für den Rücktritt nicht erteilt oder unterlässt es der Prüfling, die Gründe für seinen Rücktritt unverzüglich mitzuteilen, so gilt die Prüfung als nicht bestanden. § 7 Abs. 4 gilt entsprechend." (**§ 8**)

„(1) **Versäumt** ein Prüfling einen Prüfungstermin oder gibt er eine Aufsichtsarbeit nicht oder nicht rechtzeitig ab oder unterbricht er die Prüfung, so gilt die Prüfung als nicht bestanden, wenn nicht ein wichtiger Grund vorliegt; § 7 Abs. 4 gilt entsprechend. Liegt ein wichtiger Grund vor, so gilt die Prüfung als nicht unternommen.
(2) Die Entscheidung darüber, ob ein wichtiger Grund vorliegt, trifft der Vorsitzende des Prüfungsausschusses. § 8 Abs. 1 Satz 1 und 4 gilt entsprechend." (**§ 9**)

„(1) Der **schriftliche Teil der Prüfung** erstreckt sich auf folgende Fächer:
1. Arzneimittelkunde,
2. Allgemeine und pharmazeutische Chemie,
3. Galenik,
4. Botanik und Drogenkunde.
Der Prüfling hat in jedem Fach in jeweils einer **Aufsichtsarbeit** ein Thema ausführlich abzuhandeln und zusätzlich schriftlich gestellte Einzelfragen zu beantworten. Die Aufsichtsarbeit dauert im Fach 1 180, in den Fächern 2 bis 4 jeweils 120 Minuten. Der schriftliche Teil der Prüfung soll innerhalb einer Woche abgeschlossen werden. Die Aufsichtsführenden werden von der Schulleitung gestellt.
(2) Die **Aufgaben für die Aufsichtsarbeiten** werden von dem Vorsitzenden des Prüfungsausschusses auf Vorschlag der Fachprüfer gestellt. Jede Aufsichtsarbeit ist von mindestens zwei Fachprüfern zu benoten. Aus den Noten der Fachprüfer bildet der Vorsitzende des Prüfungsausschusses im Benehmen mit den Fachprüfern die Note für die einzelne Aufsichtsarbeit sowie aus den Noten der vier Aufsichtsarbeiten die Prüfungsnote für den schriftlichen Teil der Prüfung. Der schriftliche Teil der Prüfung ist bestanden, wenn jedes Fach mindestens mit „ausreichend" bewertet wird." (**§ 12**)

„(1) Der **mündliche Teil der Prüfung** erstreckt sich auf folgende Fächer:
1. Gefahrstoff-, Pflanzenschutz- und Umweltschutzkunde,
2. Pharmazeutische Gesetzeskunde, Berufskunde,
3. Medizinproduktekunde.

Die Prüflinge werden einzeln oder in Gruppen bis zu vier geprüft. Die Prüfung soll für den einzelnen Prüfling in jedem Fach nicht länger als **15 Minuten** dauern.
(2) Jedes Fach wird vor dem Vorsitzenden von mindestens einem Fachprüfer abgenommen und benotet. Der Vorsitzende kann auch selbst prüfen. Aus den Noten der Fachprüfer bildet der Vorsitzende des Prüfungsausschusses im Benehmen mit den Fachprüfern die Prüfungsnote für den mündlichen Teil der Prüfung. Der mündliche Teil der Prüfung ist bestanden, wenn jedes Fach mindestens mit „ausreichend" bewertet wird." (**§ 13**)

„(1) Der **praktische Teil der Prüfung** erstreckt sich auf folgende Fächer:
1. Chemisch-pharmazeutische Übungen:
   im Fach „Chemisch-pharmazeutische Übungen einschließlich Untersuchung von Körperflüssigkeiten" sind zwei Arzneimittel nach den anerkannten pharmazeutischen Regeln zu prüfen;
1. Übungen zur Drogenkunde:
   im Fach „Übungen zur Drogenkunde" ist eine Droge nach den anerkannten pharmazeutischen Regeln zu prüfen und ein Gemisch von Drogen in seinen Bestandteilen zu bestimmen;
1. Galenische Übungen:
   im Fach „Galenische Übungen" sind vier galenische Zubereitungen, davon zwei Arzneimittel auf Verschreibung (Rezeptur), nach den anerkannten pharmazeutischen Regeln und den Vorschriften der Apothekenbetriebsordnung herzustellen.
(2) Die **Aufgaben** für den praktischen Teil der Prüfung werden von dem Vorsitzenden des Prüfungsausschusses auf Vorschlag der Fachprüfer gestellt. Der praktische Teil der Prüfung wird in jedem einzelnen Fach von mindestens zwei Fachprüfern abgenommen und benotet. Aus den Noten der Fachprüfer bildet der Vorsitzende des Prüfungsausschusses im Benehmen mit den Fachprüfern die Note für das jeweilige Fach der Prüfung sowie aus den Noten der einzelnen Fächer die Prüfungsnote für den praktischen Teil der Prüfung. Der praktische Teil der Prüfung ist bestanden, wenn jedes Fach mindestens mit „ausreichend" benotet wird.
(3) Die Prüfung soll für jedes Fach nicht länger als sechs Stunden dauern." (**§ 14**)

„(1) Der **zweite Prüfungsabschnitt** erstreckt sich auf die Prüfung des Fachs „**Apothekenpraxis**". Der Prüfling soll in einem mündlichen Prüfungsgespräch, das sich auf die in der Anlage 1 Teil B aufgeführten Lerngebiete und das Tagebuch erstreckt, nachweisen, dass er die zur Ausübung des Berufs des pharmazeutisch-technischen Assistenten erforderlichen Kenntnisse besitzt. Die Prüflinge werden einzeln oder in Gruppen bis zu drei geprüft. Die Prüfung soll für den einzelnen Prüfling **mindestens 20 und nicht länger als 30 Minuten** dauern.
(2) Die Prüfung wird vor dem Vorsitzenden von jeweils mindestens einem Fachprüfer nach § 3 Abs. 1 Nr. 3 Buchstabe a und b abgenommen und benotet. Der Vorsitzende kann auch selbst prüfen. Aus den Noten der Fachprüfer bildet der Vorsitzende des Prüfungsausschusses im Benehmen mit den Fachprüfern die Prüfungsnote für den zweiten Prüfungsabschnitt. Der zweite Prüfungsabschnitt ist bestanden, wenn die Prüfung mindestens mit „ausreichend" benotet wird." (**§ 15**)

□ Tab. 3.7 Beispielberechnung der Endnote der PTA-Ausbildung

Prüfungsfächer	Noten	Prüfung
1. Prüfungsabschnitt		
Schriftliche Fächer (ganze Note aus Durchschnitt)	2,5 → 3	
Arzneimittelkunde	2	Schriftlich
Allgemeine und pharmazeutische Chemie	3	Schriftlich
Galenik	3	Schriftlich
Botanik und Drogenkunde	2	Schriftlich
Mündliche Fächer (ganze Note aus Durchschnitt)	2,3 → 2	
Gefahrstoff-, Pflanzenschutz- und Umweltschutzkunde	4	Mündlich
Medizinproduktekunde	2	Mündlich
Pharmazeutische Gesetzeskunde, Berufskunde	1	Mündlich
Praktische Fächer (ganze Note aus Durchschnitt)	1,6 → 2	
Chemisch-pharmazeutische Übungen einschließlich Untersuchung von Körperflüssigkeiten	1	Praktisch
Übungen zur Drogenkunde	2	Praktisch
Galenische Übungen	2	Praktisch
2. Prüfungsabschnitt		
Apothekenpraxis einschließlich EDV	3	Mündlich
Endnote		
(3 + 2 + 2 + 3 = 10, 10 : 4 = 2,5)	gut (2,5)	

Das **Fach „Apothekenpraxis"** wurde vor etlichen Jahren neu in die PTA-APrV aufgenommen und besteht aus dem Unterrichtsfach (einschließlich EDV) während des Lehrgangs und den Inhalten der praktischen halbjährigen Ausbildung in der Apotheke. Aus diesem Grund wird es nach der praktischen Ausbildung in der Apotheke mündlich geprüft. Grundlagen dieser mindestens zwanzigminütigen Prüfung sind die Unterrichtsinhalte aus dem Lehrgang, das Arbeitstagebuch und die **Themengebiete aus Teil B der Anlage 1** der PTA-APrV.

Die Abnahme dieser Prüfung erfolgt durch in Apotheken tätige Fachprüfer gemeinsam mit Lehrkräften der PTA-Lehranstalt. Das Bestehen erfordert mindestens die Note „ausreichend"; diese Note geht zu einem Viertel in die Endnote der staatlichen Prüfung zum PTA ein.

Praktische Ausbildung für pharmazeutisch-technische Assistenten

Anlage 1, Teil B der Ausbildungs- und Prüfungsverordnung für PTA

„Die praktische Ausbildung in der Apotheke nach § 1 Abs. 4 einschließlich des Faches Apothekenpraxis erstreckt sich auf folgende Lerngebiete:

1. Rechtsvorschriften über den Apothekenbetrieb sowie über den Verkehr mit Arzneimitteln, Betäubungsmitteln und Gefahrstoffen, soweit sie die Tätigkeit des pharmazeutisch-technischen Assistenten berühren
2. Fertigarzneimittel, deren Anwendungsgebiete sowie ordnungsgemäße Lagerung
3. Gefahren bei der Anwendung von Arzneimitteln
4. Merkmale eines Arzneimittelmissbrauchs und einer Arzneimittelabhängigkeit
5. Notfallarzneimittel nach den Anlagen 3 und 4 der Apothekenbetriebsordnung
6. Prüfung von Arzneimitteln, Arzneistoffen und Hilfsstoffen in der Apotheke
7. Herstellung von Arzneimitteln in der Apotheke
8. Ausführung ärztlicher Verschreibungen
9. Beschaffung von Informationen über Arzneimittel und apothekenübliche Waren unter Nutzung wissenschaftlicher und sonstiger Nachschlagewerke einschließlich EDV-gestützter Arzneimittelinformationssysteme
10. Berechnung der Preise von Fertigarzneimitteln, Teilmengen eines Fertigarzneimittels, Rezepturarzneimitteln sowie apothekenüblichen Medizinprodukten
11. Informationen bei der Abgabe von Arzneimitteln, insbesondere über die Anwendung und die ordnungsgemäße Aufbewahrung sowie Gefahrenhinweise
12. Aufzeichnungen nach § 22 der Apothekenbetriebsordnung
13. Apothekenübliche Waren, insbesondere diätetische Lebensmittel, Mittel der Säuglings- und Kinderernährung, Mittel und Gegenstände der Körperpflege, Verbandstoffe und andere apothekenübliche Medizinprodukte sowie die Beratung zur sachgerechten Anwendung dieser Waren
14. Umweltgerechte Entsorgung von Arzneimitteln, Chemikalien, Medizinprodukten und Verpackungen sowie rationale Energie- und Materialverwendung."

„(1) Auf die Dauer des Lehrgangs nach § 1 Abs. 1 Satz 1 Nr. 1 werden angerechnet
1. Ferien,
2. Unterbrechungen durch Schwangerschaft, Krankheit oder aus anderen, von der Schülerin oder vom Schüler nicht zu vertretenden Gründen bis zur Gesamtdauer von acht Wochen, bei verkürztem Lehrgang nach § 16 Abs. 1 bis zu höchstens drei Wochen.
Auf Antrag können auch darüber hinausgehende **Fehlzeiten** berücksichtigt werden, soweit eine besondere Härte vorliegt und das Ausbildungsziel durch die Anrechnung nicht gefährdet wird.
(2) Wird die praktische Ausbildung in der Apotheke nach § 1 Abs. 1 Satz 1 Nr. 4 länger als vier Wochen **unterbrochen**, ist die darüber hinausgehende Zeit nachzuholen. Satz 1 gilt entsprechend, wenn die praktische Ausbildung in besonderen Fällen nicht ganztägig abgeleistet werden kann." (**§17**)

ZUSAMMENFASSUNG

- Neben der zweijährigen schulischen Ausbildung sind ein 160-stündiges Praktikum, eine Ausbildung in Erster Hilfe und eine halbjährige praktische Ausbildung in einer Apotheke unter Aufsicht des Apothekenleiters notwendig; die praktische Ausbildung kann auch in einer Krankenhausapotheke abgeleistet werden.
- Der Lehrgang umfasst mindestens 2600 Unterrichtsstunden und ist in theoretische und praktische Unterrichtsfächer aufgeteilt; zehn Fächer werden im ersten Prüfungsabschnitt geprüft, das Fach Apothekenpraxis im zweiten Prüfungsabschnitt.
- Der erste Prüfungsabschnitt besteht aus einem schriftlichen, mündlichen und praktischen Teil, der zweite Prüfungsabschnitt aus der mündlichen Prüfung des Faches Apothekenpraxis.
- Das Arbeitstagebuch und der Themenkatalog der Anlage 1 Teil B sind Grundlage zur Prüfung des Faches Apothekenpraxis im zweiten Prüfungsabschnitt; die Prüfung wird durch Fachlehrer der PTA-Schulen und Apotheker aus öffentlichen Apotheken gemeinsam abgenommen.
- Das Praktikum und die praktische Ausbildung in einer Apotheke erfolgt unter Aufsicht eines Apothekers; der Wortlaut der vorgeschriebenen Bescheinigungen findet sich in den Anlagen zur PTA-APrV.

SPICKZETTEL

Apothekenpraxis	Mündliches Prüfungsfach (2. Prüfungsabschnitt)
Arbeitstagebuch	Wird in der praktischen Ausbildung erstellt und ist Voraussetzung zur Zulassung zum 2. Prüfungsabschnitt
Gesamtnote	Abschlussnote der staatlichen PTA-Prüfung (ganze Note mit Dezimale in Klammern)
Lehrgangsbescheinigung	Ganze Noten aller Unterrichtsfächer über 2 Jahre
Praktikum	160 Stunden in Apotheken während der unterrichtsfreien Zeit (teilbar in bis zu vier Teile)
Praktische Ausbildung	Halbjährige Ausbildung in einer öffentlichen Apotheke oder Krankenhausapotheke vor dem 2. Prüfungsabschnitt der staatlichen PTA-Prüfung
PTA-APrV	Ausbildungs- und Prüfungsverordnung für PTA

REPETITORIUM 3: PTA

● leicht ●● mittel ●●● schwer

●
1. Welche Besonderheiten hat das Fach „Apothekenpraxis"?

2. Beschreiben Sie kurz die Tätigkeitsgebiete eines PTA in der Apotheke im Gegensatz zum Apotheker!

●●
1. Welche Unterlagen müssen beim Antrag auf Zulassung zum Beruf des PTA beigelegt werden?

2. Erklären Sie den Unterschied zwischen dem „Praktikum" und der „praktischen Ausbildung" in der Apotheke!

3. Welche Anforderungen werden an das „Tagebuch" gestellt?

●●●
1. Wie entsteht die Gesamtnote der staatlichen Prüfung zum PTA?

3.3 Weitere pharmazeutische Berufe

Apothekerassistenten hatten nach früheren Ausbildungsordnungen zum Beruf des Apothekers im Anschluss an eine zweijährige Ausbildung in einer Apotheke das pharmazeutische Vorexamen abgelegt (**„Vorexaminierte"**) und die Ausbildung zum Apotheker abgebrochen (◻ Tab. 3.2, ▸ Kap. 3.1).

Sie arbeiten **unter Verantwortung des Apothekers**, sind zum Nacht- und Notdienst berechtigt und können den Apothekenleiter unter besonderen Bedingungen bis zu vier Wochen im Jahr vertreten.

Der **Pharmazieingenieur** hatte ein Studium an einer Ingenieurschule in der ehemaligen DDR abgeleistet, konnte **unter Verantwortung eines Apothekers** arbeiten und den Apothekenleiter vertreten. Diese Befugnisse hat der Pharmazieingenieur auch behalten und ist **dem Apothekerassistenten gleichgestellt.**

MERKE
Apothekerassistenten („Vorexaminierte") und Pharmazieingenieure werden seit vielen Jahren nicht mehr ausgebildet, arbeiten unter Verantwortung des Apothekenleiters, dürfen Nacht- und Notdienste ableisten und den Apothekenleiter bis zu vier Wochen im Jahr vertreten.

Der **Apothekenassistent** hatte eine zweijährige Ausbildung in Leipzig, arbeitet unter **Verantwortung des Apothekers** und hat keine Vertretungsbefugnis.

Der **pharmazeutische Assistent**, ein weiterer Beruf aus der ehemaligen DDR, gehört zum pharmazeutischen Personal. Er arbeitet unter **Aufsicht eines Apothekers**, mit der Einschränkung, keine Arzneimittel abgeben zu dürfen.

> GUT ZU WISSEN
>
> **Pharmakanten** arbeiten in der pharmazeutischen Industrie. Die Ausbildung dauert 3½ Jahre und findet in pharmazeutischen Betrieben und Berufsschulen statt. Grundlage der Ausbildung ist der Hauptschulabschluss, eingesetzt werden die Pharmakanten vor allem in der Produktion von Arzneimitteln in der pharmazeutischen Industrie.

1993 wurde der Beruf des Apothekenhelfers durch den Beruf des **pharmazeutisch-kaufmännischen Angestellten** (PKA) ersetzt. Beide Berufe sind im „dualen System", also in Apotheke und Berufsschule, ausgebildet, setzen den Hauptschulabschluss voraus und schließen mit einer Berufsschulprüfung und einer Prüfung vor der jeweiligen Landesapothekerkammer ab. Die Ausbildungsdauer des PKA wurde von zwei auf drei Jahre verlängert (□ Tab. 3.8).

Apothekenhelfer und PKA gehören zum **nichtpharmazeutischen Personal** (Hilfspersonal) der Apotheke (Apothekenbetriebsordnung § 1a, ▸ Kap. 4.3.1).

Schwerpunkte der Ausbildung sind Bürowirtschaft, Rechnungswesen, Warenbewirtschaftung, Marketing, Fachsprache, Arzneimittel, apothekenübliche Waren, Apothekenbetriebsordnung sowie Gesundheitsschutz und Erste Hilfe.

Die zweijährige Lehrzeit des **Apothekenfacharbeiters** fand in der DDR in Apotheke und Berufsschule statt. Der Apothekenfacharbeiter gehört zum **Hilfspersonal** in der Apotheke.

□ **Tab. 3.8** Unterschiede in der Ausbildung von Apothekenhelfern und PKA

	Apothekenhelfer	PKA
Voraussetzung	Hauptschulabschluss	Hauptschulabschluss
Ausbildungsdauer	2 Jahre dual	3 Jahre dual
Gesetz	Berufsbildungsgesetz vom 14. August 1969	
Verordnung	Verordnung über die Berufsausbildung des Apothekenhelfers vom 28.11.1972	Verordnung über die Berufsausbildung zum PKA vom 01.08.2012

ZUSAMMENFASSUNG

- Ein „Vorexaminierter" ist ein Apothekerassistent; nach einer zweijährigen Aus-bildung in einer Apotheke und dem pharmazeutischen Vorexamen wurde die Ausbildung zum Apotheker nicht fortgeführt.
- Apothekerassistenten und Pharmazieingenieure arbeiten unter Verantwortung des Apothekers und können ihn unter bestimmten Umständen vertreten.
- PTAs üben pharmazeutische Tätigkeiten unter Aufsicht des Apothekers aus, PKAs und Apothekenhelfer gehören nicht zum pharmazeutischen Personal.
- Apothekenhelfer, Apothekenfacharbeiter und pharmazeutisch-kaufmännische Angestellte sind duale Ausbildungen in Betrieb und Berufsschule; die Ausbil-dung der „Helferin" war zweijährig und wurde durch die dreijährige PKA-Aus-bildung ersetzt.

SPICKZETTEL

Apothekenfacharbeiter	Nichtpharmazeutisches Personal (ehemalige DDR)
Pharmakant	Ausbildungsberuf mit dualer Ausbildung für die pharmazeutische Industrie
Pharmazieingenieur	Pharmazeutisches Personal unter Verantwortung des Apothekenleiters mit Befähigung zu Nacht- und Notdienst (Ausbildung in der ehemaligen DDR)
PKA	Pharmazeutisch-kaufmännischer Angestellter mit dreijähriger dualer Ausbildung (nichtpharmazeuti-sches Personal, vormals Apothekenhelfer)
Vorexaminierter	= Apothekerassistent (pharmazeutische Tätigkeiten unter Verantwortung des Apothekenleiters mit Befähigung zu Nacht- und Notdienst)

REPETITORIUM 4: PHARMAZEUTISCHE BERUFE

● leicht ●● mittel ●●● schwer

●
1. Welche Befugnisse hat ein Pharmazieingenieur?

2. Wie lange dauert die Ausbildung eines PKA im Vergleich zum Apothekenhelfer?

●●
1. Wer gehört zum pharmazeutischen Personal und wer davon arbeitet unter Aufsicht des Apothekers?

2. Welche Berufe werden nicht mehr ausgebildet?

3. Wie unterscheidet sich der Apothekerassistent vom Pharmazieingenieur?

●●●
1. Was ist ein „Vorexaminierter"?

3.4   Tarifverträge für Apothekenmitarbeiter

In Tarifverträgen regeln Arbeitgeber und Arbeitnehmer seit der Verabschiedung des **Tarifvertragsgesetzes** (1949) wichtige Grundlagen ihrer Zusammenarbeit, ihre Rechte und Pflichten und die Bezahlung (Gehaltstarif). Für die Angestellten in öffentlichen Apotheken gibt es drei Arten von Tarifverträgen:
- **Bundesrahmentarifvertrag** (**BRTV**, ◻ Tab. 3.9),
- **Gehaltstarifvertrag**,
- **Tarifvertrag zur betrieblichen Altersvorsorge**.

Alle Tarifverträge werden zwischen dem **ADA** (Arbeitgeberverband Deutscher Apotheken e. V.) und der **ADEXA** (früher BVA, Bundesverband der Angestellten in Apotheken) nach Tarifverhandlungen abgeschlossen:

Die Tarifverträge gelten immer, wenn **beide** Beteiligten Mitglieder in ihrer Tarifgemeinschaft sind, also der Angestellte in der ADEXA und der Apothekenleiter im ADA.

o Abb. 3.5 Tarifpartner in der öffentlichen Apotheke

◻ **Tab. 3.9** Übersicht über den Bundesrahmentarifvertrag (Stand 01.01.2015)

Inhalt Tarifvertrag	Paragraf
Geltungsbereich	§ 1
Arbeitsvertrag	§ 2
Arbeitszeit	§ 3
Jahresarbeitszeitkonto	§ 4
Notdienstbereitschaft	§ 5
Vergütung der Notdienstbereitschaft	§ 6
Mehrarbeit, Nacht-, Sonn- und Feiertagsarbeit	§ 7
Vergütung der Mehr-, Nacht-, Sonn- und Feiertagsarbeit	§ 8
Fortzahlung des Gehalts bei Arbeitsverhinderung	§ 9
Fortzahlung des Gehalts im Todesfall	§ 10
Freistellung von der Arbeit aus besonderen Anlässen	§ 10a
Erholungsurlaub	§ 11
Bildungsurlaub	§ 12
Ehrenamtliche Tätigkeit	§ 13
Berufsjahre	§ 14
Vertreter	§ 15
Ausbildungsmittel	§ 16
Gehaltsfestsetzung	§ 17
Sonderzahlung	§ 18
Beendigung des Arbeitsverhältnisses	§ 19
Verfall von Ansprüchen	§ 20
Schiedsvertrag	§ 21
Schlussbestimmungen	§ 22

GUT ZU WISSEN

Die jeweils **aktuelle Version des Tarifvertrags** findet sich auf der Homepage der ADEXA unter www.adexa-online.de

Soll der Tarifvertrag auch für Nichtmitglieder gelten, muss im Arbeitsvertrag eine entsprechende Klausel aufgenommen werden, in der beide Parteien den jeweils geltenden Tarifvertrag als **Bestandteil des Arbeitsvertrags** festlegen. Auch Landesapothekerverbände (z. B. der LAV Baden-Württemberg) sind Mitglieder im ADA und vertreten somit alle LAV-Mitglieder.

3

> „1. Der Arbeitsvertrag soll schriftlich geschlossen werden.
> 2. Im Arbeitsvertrag soll vereinbart werden, in welcher Haupt- und/oder Filialapotheke der Mitarbeiter eingesetzt wird." (**§ 2**)

MERKE

Der Bundesrahmentarifvertrag gilt

- räumlich für die Länder der Bundesrepublik Deutschland (außer Sachsen, wo die Arbeitgeber aus dem Arbeitgeberverband ausgetreten sind und Nordrhein, wo es eigene Tarifverträge gibt),
- fachlich für alle Apotheken mit Ausnahme der Krankenhausapotheken und
- persönlich für die folgenden Apothekenberufe: Apotheker, PTA, Apothekerassistenten, Pharmazieingenieure, Apothekenassistenten, PKA, Apothekenhelfer, Apothekenfacharbeiter und pharmazeutische Assistenten sowie für alle Personen, die sich in der Ausbildung zu diesen Berufen befinden.

Daraus geht hervor, dass Apotheker oder PTAs in einer **Krankenhausapotheke** oder in der Industrie den jeweiligen Tarifverträgen dieser Geltungsbereiche unterliegen.

Die regelmäßige **Arbeitszeit** ausschließlich der Ruhepausen beträgt **40 Wochenstunden**, wobei Beginn und Ende der Arbeitszeit sowie Pausen und Notdienstbereitschaft durch den Apothekenleiter festgelegt werden (§ 3).

GUT ZU WISSEN

aha

Teambesprechungen und Arbeiten bis zu **10 Minuten** täglich, die sich bei Geschäftsschluss im Publikumsverkehr ergeben, zählen zur Arbeitszeit.

In **Apotheken mit mehr als 15 Mitarbeitern** gelten die Regelungen des § 8 des Teilzeit- und Befristungsgesetzes. Danach kann ein Arbeitnehmer, dessen Arbeitsverhältnis länger als sechs Monate besteht, eine Reduzierung der tariflich vereinbarten Arbeitszeit verlangen. Die Mitarbeiter der Haupt- und Filialapotheken werden dabei als Personen unabhängig von der Stundenzahl gerechnet.

Jahresarbeitszeitkonto:
„Abweichend von § 3 kann mit Vollzeitmitarbeitern einvernehmlich eine **flexible wöchentliche Arbeitszeit von 29–48 Stunden** vereinbart werden, wenn die Arbeitszeit im Ausgleichszeitraum von 12 Monaten durchschnittlich 40 Stunden beträgt. Der Ausgleichszeitraum soll dem Kalenderjahr entsprechen.

> Mit Teilzeitmitarbeitern kann eine wöchentliche Arbeitszeit von 75 v. H. bis 130 v. H. ihrer vertraglichen Arbeitszeit vereinbart werden, wenn die Arbeitszeit im Ausgleichszeitraum durchschnittlich die vertraglich vereinbarte wöchentliche Arbeitszeit beträgt. Der Ausgleichszeitraum sollte dem Kalenderjahr entsprechen." (**§ 4**)

- Die **Vereinbarung** und das Führen des Kontos müssen schriftlich erfolgen; Plus- und Minusstunden müssen sich deutlich daraus ergeben.
- Das **Konto** muss für den Mitarbeiter jederzeit einsehbar sein und vom Apothekenleiter wöchentlich abgezeichnet werden.
- **Arbeitszeitänderungen** müssen vom Apothekenleiter vierzehn Tage vorher festgelegt werden.
- Für Nacht-, Sonn- und Feiertagsarbeit wird ein **Zuschlag** berechnet.
- Die Abgeltung des Arbeitszeitkontos erfolgt in **Freizeit**, den Zeitpunkt bestimmt der Apothekeninhaber; einvernehmlich kann auch eine finanzielle Abgeltung vereinbart werden.

> „Die nach der Verordnung über den Betrieb von Apotheken zur Ausübung der **Notdienstbereitschaft** berechtigten Mitarbeiter sind neben der regelmäßigen Arbeitszeit zur Notdienstbereitschaft verpflichtet." (**§ 5**)

Der Apothekenleiter muss für den Nacht- und Notdienst, der nicht länger als 24 Stunden dauern darf, **Freizeit** oder eine im Gehaltstarifvertrag (Spalte 2) aufgeführte **zusätzliche Vergütung** gewähren.

> „Durch ein Gehalt, das um mindestens 13 % über dem Tarifgehalt liegt, ist die Notdienstbereitschaft abgegolten." (**§ 6**)

In begründeten **Ausnahmefällen** kann der Apothekenleiter **Mehrarbeit** im gesetzlichen Rahmen verlangen, die dann vergütet wird.

> „Arbeiten, die sich aus dem Publikumsverkehr vor Geschäftsschluss ergeben, gelten bis zur Dauer von 10 Minuten täglich nicht als Mehrarbeit." (**§ 7**)

Nach § 11 dient der Urlaub der „Erholung und der Erhaltung der Arbeitskraft":

MERKE

Der Urlaubsanspruch beträgt laut Tarifvertrag seit 2020 für alle Apothekenmitarbeiter 34 Werktage im Kalenderjahr. Hierzu wird den Mitarbeitern nach 5-jähriger ununterbrochener Betriebszugehörigkeit ein Zusatzurlaub von einem Werktag gewährt.

Bis 2008 erhielten unter 29-Jährige 31 Tage, darüber 34 Tage Urlaub. Diese Ungerechtigkeit wurde durch das Allgemeine Gleichbehandlungsgesetz (AGG), nach dem niemand wegen seiner Rasse, Geschlechts, Religion, Alter usw. benachteiligt werden darf, beendet.

3

> **DEFINITION**
>
> „**Urlaubsjahr** ist das Kalenderjahr." (§ 11)
> „**Werktag** ist jeder Tag, der nicht Sonn- oder Feiertag ist" (§ 11), der Samstag gilt
> also als ganzer Urlaubstag.

- Für jeden vollen Monat der **Betriebszugehörigkeit** hat der Mitarbeiter Anspruch auf ein Zwölftel des tariflichen Jahresurlaubs.
- **Übertragungen von Urlaubsansprüchen** müssen innerhalb des ersten Quartals des Folgejahres gewährt werden.
- Ist der Mitarbeiter an **weniger als 6 Werktagen** beschäftigt, so ist der Urlaubsanspruch von Werktagen in Arbeitstage umzurechnen.
- Bis zu drei Urlaubstage können „**abgekauft**" werden.
- **Erkrankungen** während des Urlaubs mit ärztlicher Bescheinigung dürfen nicht auf den Jahresurlaub angerechnet werden.
- **Während des Urlaubs** darf der Mitarbeiter keine dem Urlaubszweck widersprechende Erwerbstätigkeit ausführen.
- **Auszubildende** muss der Apothekeninhaber an Prüfungstagen und dem Tag davor freistellen (§ 16).

Teilzeitbeschäftigten steht der gleiche Urlaubsanspruch zu wie Vollzeitbeschäftigten. Die Urlaubsdauer bemisst sich für Mitarbeiter mit 6-Tage-Woche (montags bis samstags) nach Werktagen, sonst nach Arbeitstagen (§ 11 Nr. 13 BRTV). Für Teilzeitkräfte wird der Urlaubsanspruch von Werktagen in Arbeitstage umgerechnet.

> **PRAXISBEISPIEL**
>
> Eine 27 Jahre alte PKA arbeitet an zwei Tagen in der Woche (Montag und Mittwoch) in einer Apotheke. Sie hätte als Vollzeitkraft mit 4-jähriger Betriebszugehörigkeit Anspruch auf 34 Werktage **Urlaub** im Jahr. Da sie teilzeitbeschäftigt ist, rechnet sich ihr Urlaubsanspruch von Werktagen in Arbeitstage um:
> 34 Werktage Gesamturlaub geteilt durch 6-Tage-Woche mal zwei Arbeitstage ergeben 12 Arbeitstage Urlaub. Für ihre zwei Wochen Urlaub im Juli müsste sie also vier Arbeitstage von ihrem Jahresurlaub abziehen.

Dem Pharmazeutischen Personal stehen nach § 12 des Tarifvertrags sechs Werktage **bezahlter Bildungsurlaub** innerhalb von zwei Jahren zu. Allerdings muss der Angestellte bereits sechs Monate in dieser Apotheke gearbeitet haben, nicht genutzter Bildungsurlaub verfällt.

Die **Freistellung von der Arbeit aus besonderen Anlässen** regelt der § 10a. Der Anspruch dafür ist allerdings bis zu einer Dauer von insgesamt 2 Arbeitstagen pro Kalenderjahr begrenzt:

- Eigene Eheschließung: 1 Arbeitstag,
- Eheschließung von Kindern oder Geschwistern: 1 Arbeitstag,
- Niederkunft der Ehefrau: 1 Arbeitstag,

- Tod naher Angehöriger: 1 Arbeitstag,
- Teilnahme an der Beerdigung naher Angehöriger: 1 Arbeitstag,
- Anzeigen auf dem Standesamt, Vorladungen, Arztbesuche (soweit nicht außerhalb der Dienstzeit möglich) und Vorstellungsgespräche bei Stellenwechsel: die dafür notwendige Zeit.

Der **Tarifgehaltsvertrag** wird in kürzeren Abständen neu abgeschlossen und führt das Gehalt jedes betroffenen Berufes getrennt auf. Hierbei werden die **Berufsjahre,** die ein Angestellter bereits abgeleistet hat, berücksichtigt. Seit 1. Januar 2006 beziehen sich die Gehaltsangaben des Tarifgehaltsvertrags auf die 40-Stunden-Woche.

Der Apothekenleiter muss seinen Angestellten eine genaue Abrechnung unter Angabe der Abzüge aushändigen und das Gehalt bis spätestens am vorletzten Banktag des Monats zur Verfügung stellen. (**§17**)

> „Jeder Mitarbeiter, dessen Arbeitsverhältnis länger als sechs Monate besteht, erhält jährlich eine **Sonderzahlung** in Höhe von 100 % seines tariflichen Monatsverdiensts." (**§18**)

Der Zeitpunkt der Auszahlung dieses **„Weihnachtsgelds"** bleibt dem Apothekenleiter vorbehalten, spätestens allerdings mit dem Novembergehalt. Ist der Angestellte weniger als ein Jahr beschäftigt, so stehen ihm für jeden Monat der Betriebszugehörigkeit 1/12 der Sonderzahlung zu, allerdings muss das Dienstverhältnis länger als sechs Monate bestehen. Für den Apothekeninhaber gibt es die Möglichkeit der Kürzung der Sonderzahlung um 50 %, wenn wirtschaftliche Gründe dies erfordern.

Die Tarifgehälter sind nach **Berufsjahren** gestaffelt, die nachweislich im räumlichen Bereich des Tarifvertrags, also in der Bundesrepublik Deutschland, abgeleistet wurden:
- Als Berufsjahre zählen auch die Zeiten eines **Erziehungsurlaubs,** jedoch nicht mehr als 12 Monate je Kind und insgesamt nicht mehr als 24 Monate.
- **Teilzeitbeschäftigung** von mindestens 20 Wochenstunden wird voll auf die Berufsjahre angerechnet, Tätigkeiten von weniger als 20 Wochenstunden werden anteilmäßig angerechnet.
- Zeiten, die eine PTA als **PKA** gearbeitet hat, können bis zu drei Jahren angerechnet werden.

> „Kündigungen müssen schriftlich erfolgen." (**§19**)
> „Die **Kündigungsfrist** beträgt beiderseits einen Monat zum Ende des Kalendermonats. Im Übrigen gelten die Regelungen des § 622 Abs. 2 BGB." (**§19**)

MERKE

Diese Regelungen des § 622 des Bürgerlichen Gesetzbuches (BGB) sind allerdings nur einseitig für Kündigungen seitens des Arbeitgebers bei langjährigen Arbeitsverhältnissen vorgesehen, der hier Kündigungsfristen einhalten muss, die abhängig von der Betriebszugehörigkeit des Mitarbeiters sind (◻Tab. 3.10).

□ **Tab. 3.10** Kündigungsfristen des Arbeitgebers nach § 622 BGB

Betriebszugehörigkeit in Jahren	2	5	8	10	12	15	20
Kündigungsfrist in Monaten	1	2	3	4	5	6	7

3

Bei allen Arbeitsverhältnissen gelten die ersten drei Monate (Verlängerung auf 6 Monate möglich) als **Probezeit.**

> „Während der Probezeit kann das Arbeitsverhältnis mit einer **Frist von einer Woche** gekündigt werden." (**§19**)

Hinweis: Für die **fristlose Kündigung** gelten die Bestimmungen des § 626 BGB.

> „Unter anderem berechtigt die Ausführung fachlicher Arbeiten für eigene Rechnung oder für Rechnung anderer ohne Genehmigung des Apothekenleiters zur **fristlosen Auflösung** des Arbeitsverhältnisses." (**§19**)

Das **Kündigungsschutzgesetz** schützt Arbeitnehmer vor ungerechtfertigter Kündigung ohne Angabe von Gründen und gilt seit 1. Januar 2004 für Betriebe ab zehn Mitarbeitern, also auch für viele Apotheken. Beschäftigungsverhältnisse, die vor dem 01.01.2004 abgeschlossen wurden, fallen unter die alte Regelung (Betriebe ab 5 Mitarbeitern).

PRAXISBEISPIEL

In einer Apotheke sind tätig (außer dem Inhaber):
- 1 Apothekerin: 30 Wochenstunden,
- 1 Apothekerin: 8 Wochenstunden,
- 1 PTA: 38 Wochenstunden,
- 1 PKA: 32 Wochenstunden,
- 1 PKA: 18 Wochenstunden,
- 1 Auszubildende: 38 Wochenstunden,
- 1 Reinemachefrau: 10 Wochenstunden,
- 1 Bote: 6 Wochenstunden.

Ergebnis nach Kündigungsschutzgesetz: Die PTA und eine PKA zählen jeweils voll, eine Approbierte ist zu ¾ die andere zu ½ anzurechnen. Eine PKA, Reinemachefrau und Bote zählen zu je ½, die Auszubildende gar nicht. Die insgesamt acht Beschäftigten sind als ¾ Arbeitnehmer zu zählen. Kündigungsschutzrechtlich werden also nicht mehr als fünf bzw. zehn Mitarbeiter beschäftigt. Das KSchG gilt für diese Apotheke und ihre Mitarbeiter nicht.

Bei Beendigung des Arbeitsverhältnisses muss der Apothekenleiter ein **Zeugnis** ausstellen, auf Wunsch des Mitarbeiters auch ein vorläufiges Zeugnis vor Beendigung des Arbeitsverhältnisses.

„Der Apothekeninhaber hat dem **Auszubildenden** kostenlos die Ausbildungsmittel, die zur Berufsausbildung und zur Ablegung von Zwischen- und Abschlussprüfungen erforderlich sind, zur Verfügung zu stellen. Der Arbeitgeber hat den Auszubildenden sowohl für die Teilnahme an Prüfungen und Ausbildungsmaßnahmen, die auf Grund öffentlich-rechtlicher Maßnahmen oder vertraglicher Bestimmungen außerhalb der Ausbildungsstätte durchzuführen sind, als auch an den Arbeitstagen, die den Abschlussprüfungen unmittelbar vorangehen, **freizustellen.**" (§ 16)

Seit dem 1. Januar 2012 ist der neue **Tarifvertrag zur betrieblichen Altersvorsorge** („Apothekenrente") für alle tarifgebundenen Apotheken in Kraft. Der Vertrag beinhaltet Arbeitgeberbeiträge von 10 bis 27,50 Euro in Abhängigkeit von der wöchentlichen Arbeitszeit des Mitarbeiters. Er gilt für alle Apothekenmitarbeiter mit Ausnahme der Pharmaziepraktikanten und PTA-Praktikanten. Durch diesen Tarifvertrag soll ein Beitrag zur **Verbesserung der Altersbezüge** von Mitarbeitern in Apotheken geleistet werden, indem sie die Möglichkeit zum Aufbau einer zusätzlichen kapitalgedeckten Altersvorsorge schaffen. Sofern die Mitarbeiter der Apotheken darüber hinaus von der Möglichkeit der Entgeltumwandlung Gebrauch machen, erhalten sie einen zusätzlichen Arbeitgeberzuschuss in Höhe von 20 Prozent des umgewandelten Betrags.

Die Apothekenmitarbeiter haben somit die Möglichkeit, mit geringem finanziellem Aufwand eine zusätzliche Altersvorsorge aufzubauen.

3.5   Verschwiegenheitspflicht

Der Apothekenleiter muss seiner Landesapothekerkammer auf einem Formular neu eingestelltes Personal mitteilen. Auf der Rückseite dieses Formulars ist die Unterschrift des neuen Mitarbeiters zur Bestätigung der Kenntnisnahme auf die Pflicht zur Verschwiegenheit (**§ 203 Strafgesetzbuch – Verletzung von Privatgeheimnissen**) vorgesehen. Die pharmazeutisch-technischen Assistenten fallen unter einen Heilberuf, dessen Ausübung und Führung der Berufsbezeichnung staatlich geregelt sind.

„(1) Wer unbefugt ein **fremdes Geheimnis**, namentlich ein zum persönlichen Lebensbereich gehörendes Geheimnis oder ein **Betriebs- oder Geschäftsgeheimnis**, offenbart, das ihm als

1. Arzt, Zahnarzt, Tierarzt oder **Apotheker** oder **Angehörigen eines anderen Heilberufs**, der für die Berufsausübung oder die Führung der Berufsbezeichnung eine staatlich geregelte Ausbildung erfordert, [...]

anvertraut worden oder sonst bekannt geworden ist, wird mit Freiheitsstrafe bis zu einem Jahr oder mit Geldstrafe bestraft." [...]

„(6) Handelt der Täter gegen Entgelt oder in der Absicht, sich oder einen anderen zu bereichern oder einen anderen zu schädigen, so ist die Strafe Freiheitsstrafe bis zu zwei Jahren oder Geldstrafe." (**§ 203 StGB**, Auszüge)

3.6 Datenschutzbeauftragter

Seit dem 25. Mai 2018 gelten die EU-Datenschutzgrundverordnung und das neue **Bundesdatenschutzgesetz** (BDSG). Auch Apotheken müssen sich seitdem den neuen Anforderungen stellen und einen Datenschutzbeauftragten benennen.

> **MERKE**
> Der Datenschutzbeauftragte wird vom Apothekenleiter nach § 38 BDSG bestellt und ist der Geschäftsleitung unmittelbar unterstellt. In der Ausübung seiner Tätigkeit auf dem Gebiet des Datenschutzes ist er weisungsfrei und darf wegen Erfüllung seiner Aufgaben nicht benachteiligt werden. Der Apothekenleiter hat den Datenschutzbeauftragten bei seiner Tätigkeit zu unterstützen und erforderliche Einrichtungen, Geräte und Mittel zur Verfügung zu stellen.

Der § 38 des Bundesdatenschutzgesetzes (BDSG) gab vor, dass der Verantwortliche – bei Apotheken der Inhaber der Betriebserlaubnis – einen Datenschutzbeauftragten benennt, soweit er „in der Regel **mindestens zwanzig Personen** ständig mit der automatisierten Verarbeitung personenbezogener Daten" beschäftigt. Zu zählen sind alle Apotheken-Mitarbeiter, die auf die automatisierte Datenverarbeitung zugreifen, nicht aber zum Beispiel das Reinigungspersonal. Entscheidend ist hier die Anzahl der Mitarbeiter und nicht, ob die Personen teil- oder vollzeitbeschäftigt sind. Hat eine Apotheke mehrere Filialen, sind die Mitarbeiter aller Filialen mitzuzählen.

> **GUT ZU WISSEN**
> Im Juni 2019 wurden vom Bundestag mit dem „Zweiten Datenschutzanpassungs- und Umsetzungsgesetz" die Datenschutzvorgaben weiter an das EU-Recht anpasst: „In § 38 Absatz 1 Satz 1 wird die maßgebliche Personenzahl, ab der ein betrieblicher **Datenschutzbeauftragter** zu benennen ist, von **10 auf 20 angehoben**. Angestrebt wird damit vor allem eine Entlastung kleiner und mittlerer Unternehmen sowie ehrenamtlich tätiger Vereine."

Der **Beauftragte für den Datenschutz** hat nach den Vorgaben des BDSG
- die erforderliche Sachkenntnis und Zuverlässigkeit zu besitzen,
- datenschutzrechtliche Grundkenntnisse z. B. in Schulungen erworben zu haben,
- auf die Einhaltung der Vorschriften über den Datenschutz zu achten,
- die ordnungsgemäße Anwendung der Datenverarbeitungsprogramme zu überwachen,
- die mit der Verarbeitung von Daten beschäftigten Mitarbeiter mit den Vorschriften über den Datenschutz in geeigneter Weise vertraut zu machen,
- die Pflicht zur Verschwiegenheit einzuhalten
- und sich in Zweifelsfällen an die für den Datenschutz zuständige Behörde zu wenden.

ZUSAMMENFASSUNG

- Tarifverträge werden vom ADA (Arbeitgeber) und der ADEXA (Arbeitnehmer) abgeschlossen.
- Mit Ausnahme der Bezahlung gelten für alle aufgeführten Berufe tariflich die gleichen Bedingungen in öffentlichen Apotheken; Krankenhausapotheken unterliegen den jeweiligen Tarifverträgen der Krankenhäuser.
- Die tarifliche Arbeitszeit kann unter Führung eines Jahresarbeitszeitkontos vom Apothekenleiter erhöht oder erniedrigt werden, das Konto muss im Ausgleichs-zeitraum ausgeglichen werden.
- Nacht- und Notdienst kann durch ein höheres Tarifgehalt, durch Freizeit oder Bezahlung ausgeglichen werden.
- Zusätzlich zum Erholungsurlaub stehen den Apothekenmitarbeitern Bildungs-urlaub und Sonderurlaub aus besonderen Anlässen zu.
- Der Erholungsurlaub beträgt für alle Apothekenmitarbeiter 34 Werktage im Kalenderjahr; nach 5-jähriger ununterbrochener Betriebszugehörigkeit kommt ein Tag dazu.
- Das Tarifgehalt hängt ab vom Beruf des Angestellten und seinen Berufsjahren.
- Die ersten drei Monate eines Arbeitsverhältnisses gelten als Probezeit mit besonderem Kündigungsrecht.
- Die begleitenden Unterrichtsveranstaltungen nach der Approbationsordnung für Apotheker (▶Kap. 3.1.2) gehören zur praktischen Ausbildung; es muss kein Urlaub genommen werden.
- Der Prüfungstag und der Tag vor der Prüfung von Auszubildenden sind frei und dürfen nicht auf den Erholungsurlaub angerechnet werden.
- Die jährliche Sonderzahlung kann aus wirtschaftlichen Gründen vom Apothe-kenleiter um die Hälfte gekürzt werden.
- Das Kündigungsschutzgesetz gilt erst für Betriebe ab 10 Mitarbeitern.
- Nach § 203 StGB unterliegen Apotheker und PTA der Verschwiegenheitspflicht.
- Größere Apotheken- und Filialverbände mit 20 und mehr Mitarbeitern, die auf die automatisierte Datenverarbeitung zugreifen können, benötigen nach dem Bundesdatenschutzgesetz einen Datenschutzbeauftragten.
- Der Datenschutzbeauftragte einer Apotheke wird nach BDSG vom Apothekenlei-ter ernannt, muss in Fortbildungen Grundkenntnisse des Datenschutzes erlangt haben und ist zuständig für die Einhaltung der Vorschriften über den Daten-schutz.

SPICKZETTEL

§ 203 StGB	Verschwiegenheitspflicht für Apothekenpersonal (nach Strafgesetzbuch § 203 drohen Freiheitsstrafe bis zu zwei Jahren oder Geldstrafe)
ADA	Arbeitgeberverband deutscher Apotheken (Arbeitgeber)
ADEXA	Apothekengewerkschaft (Arbeitnehmer, Tarifpartner ADA)
Arbeitszeit	Nach Tarif 40 Wochenstunden (Jahresarbeitszeitkonto möglich)
BDSG	Bundesdatenschutzgesetz (verlangt einen Datenschutzbeauftragten in der Apotheke)
Bildungsurlaub	Sechs bezahlte Werktage innerhalb von zwei Jahren (pharmazeutisches Personal)
Kündigungsfrist	Beträgt beiderseits einen Monat zum Ende des Kalendermonats (für Arbeitgeber gilt zusätzlich § 622 BGB)
Probezeit	Bei allen Arbeitsverhältnissen: drei Monate Probezeit mit Kündigungsfrist von einer Woche
Sonderzahlung	Jährlich einmalig 100 % des Monatsverdiensts (Arbeitsverhältnis muss länger als sechs Monate bestehen)
Tarifurlaub	33 Werktage im Kalenderjahr (nach fünfjähriger nicht unterbrochener Betriebszugehörigkeit ein Tag Zusatzurlaub

3

REPETITORIUM 5: TARIFVERTRAG

● leicht ●● mittel ●●● schwer

●
1. Wie heißen die beiden Tarifparteien in öffentlichen Apotheken mit vollem Namen und mit ihren Abkürzungen?

2. Nennen Sie drei Beispiele für eine Freistellung aus besonderem Anlass!

3. Wie viel Bildungsurlaub steht einem angestellten Apotheker zu?

4. Welche Geheimnisse fallen unter den § 203 StGB?

●●
1. Wie viele Urlaubstage benötigt eine Vollzeit-PTA für einen zweiwöchigen Skiurlaub?

2. Besteht ein Anspruch auf Weihnachtsgeld?

3. Was ist ein „Jahresarbeitszeitkonto"?

4. Welche Sonderrechte haben Sie als Pharmaziepraktikant oder PTA-Praktikant?

●●●
1. Wie lange dauert die Probezeit, welche Bedingungen gelten für eine Kündigung?

2. Wann muss der Apothekenleiter einen Datenschutzbeauftragten bestellen und welche Aufgaben hat er?

Apothekenrecht 4

Wie viele Apotheken darf ein Apotheker besitzen? Welche Dokumentationspflichten gelten für Apotheken und wie verhält es sich mit der Beratungspflicht bei Arzneimitteln?

Solche grundsätzliche Themen behandelt das Kapitel Apothekenrecht und beschreibt im Apothekengesetz die aktuellen rechtlichen Grundlagen bei Eröffnung und Betrieb einer oder mehrerer öffentlicher Apotheken, beschäftigt sich mit verschiedenen Betriebsformen wie OHG, Pacht und Verwaltung und nennt die Voraussetzungen für Krankenhaus- und Heimversorgung.

Die konkreten Anforderungen an den Apothekenbetreiber, den Apothekenleiter, das pharmazeutische Personal, den Betrieb von öffentlichen Apotheken und Krankenhausapotheken, Notdienstregelung, Qualitätsmanagement, Hygienemaßnahmen und die pharmazeutischen Tätigkeiten in der Apotheke werden dann in der Apothekenbetriebsordnung aufgeführt.

4.1   Geschichte und Prinzipien des Apothekenrechts

Die geschichtliche Entwicklung des Apothekenrechts lässt sich viele Jahrhunderte zurückverfolgen. Immer jedoch war der Betrieb einer Apotheke an die **Genehmigung** eines Landesherrn oder einer Behörde gebunden. Auch war die Entwicklung in verschiedenen Ländern und Landesteilen oft sehr unterschiedlich, was in der Vergangenheit zu einem Nebeneinander verschiedener Apothekenbetriebsrechte führte.

Städte, Fürsten und Landesherren konnten früher einem Apotheker das Recht zum Betreiben einer Apotheke verleihen. Dieses **„Privileg"** konnte an ein Grundstück gebunden sein und vom Apotheker vererbt oder auch verkauft werden (**Apotheken-Realrecht**).

Dieses Betriebsrecht entwickelte sich durch preußischen Einfluss zu Beginn des 19. Jahrhunderts. Der Staat konnte, wenn ein öffentliches Bedürfnis danach vorlag, einem Apotheker eine Realkonzession erteilen. Diese Art des Apothekenbetriebsrechts beinhaltete das **Präsentationsrecht:** Der Apotheker konnte den Behörden bei seinem Ausscheiden seinen Nachfolger präsentieren, auf den dann die **Realkonzession** überging.

Das Präsentationsrecht wurde am Ende des 19. Jahrhunderts mit der Einführung der **Personalkonzession** abgeschafft. Die Erlaubnis, eine Apotheke zu betreiben, fiel nach dem Ausscheiden des Konzessionsinhabers an den Staat zurück, war also an die **Person gebunden**. Es konnte weder vererbt noch verkauft werden, ein **Ausschreibungsverfahren** führte dann zur Vergabe der Konzession an den Apotheker mit dem höchsten „Betriebsberechtigungsalter".

Nach dem 2. Weltkrieg wurde in den von der US-Armee besetzten Bundesländern die Eröffnung oder Übernahme einer Apotheke nur noch von einer Lizenz abhängig gemacht. Im Prinzip war diese **Apothekenlizenz**, wie für andere Betriebe, nur eine **Betriebsberechtigung,** die jedem approbierten Apotheker erteilt werden musste.

Dies konnte schon damals dazu führen, dass ein Apotheker auch mehrere Apotheken erwerben konnte. Die Zahl der Apotheken in der US-Zone nahm daher auch stark zu.

Seit Gründung der DDR im Jahre 1949 waren die Apotheken bis auf wenige Ausnahmen verstaatlicht, Apothekenleiter und Apothekenpersonal somit Angestellte des Staates. Die erst 1984 auf Kreisebene geschaffenen **„Pharmazeutischen Zentren"** sollten die zentralistische Struktur stärken und mussten nach dem **Einigungsvertrag** bis Mitte 1991 aufgelöst sein. Die **staatlichen Apotheken** wurden durch die Treuhandanstalt verkauft oder zur Verwaltung ausgeschrieben. Diese Verwaltung endete spätestens 1997.

GUT ZU WISSEN
Der Geburtstag des heute geltenden Apothekenrechts ist der **11. Juni 1958,** an dem das Bundesverfassungsgericht die **Niederlassungsfreiheit** der Apotheker als **allein mit dem Grundgesetz vereinbar** erklärte. Somit wurden alle anderen Formen des Apothekenbetriebsrechts in der Bundesrepublik Deutschland verfassungswidrig.

In der Bundesrepublik Deutschland wurde im Jahre 1960 mit dem **Gesetz über das Apothekenwesen** („Apothekengesetz") erstmals ein für alle Bundesländer verbindliches Apothekenbetriebsrecht geschaffen. Durch den am 03.10.1990 in Kraft getretenen **Vertrag**

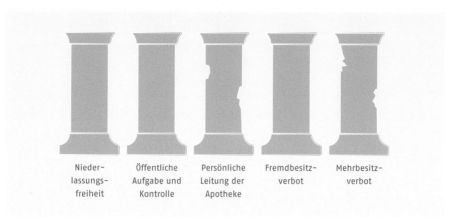

Nieder-   Öffentliche   Persönliche   Fremdbesitz-   Mehrbesitz-
lassungs-   Aufgabe und   Leitung der   verbot   verbot
freiheit   Kontrolle   Apotheke

4

○ **Abb. 4.1** Die (noch) tragenden, aber zum Teil beschädigten Säulen des deutschen Apothekenrechts

zwischen der Bundesrepublik Deutschland und der DDR über die Herstellung der Einheit Deutschlands („Einigungsvertrag") wurde das bundesdeutsche Apothekenrecht, zuerst mit zahlreichen Übergangsbestimmungen, auch für die fünf neuen Bundesländer eingeführt.

Im Jahre 1988 wurde vom Europäischen Gerichtshof die **Gleichstellung der Apotheker** auch innerhalb der Europäischen Union bewirkt („**Niederlassungsfreiheit innerhalb der Europäischen Union**"). Gesetzlich geregelt wurde diese Gleichstellung durch das „Gesetz zur Umsetzung der Apothekenrichtlinien der EG in deutsches Recht" vom 23.07.1988. Allerdings dürfen Apotheker aus anderen EU-Staaten keine Neugründungen von Apotheken vornehmen, bei Übernahmen muss die Apotheke bereits seit drei Jahren betrieben worden sein.

Das **GKV-Modernisierungsgesetz** (GMG) vom 1. Januar 2004 hat tief in die Prinzipen des deutschen Apothekenrechts eingegriffen, zwei der fünf tragenden Säulen sind dadurch brüchig geworden und einsturzgefährdet (○ Abb. 4.1):

- **Mehrbesitzverbot**: Es ist seit 2004 möglich, dass ein Apotheker neben seiner Hauptapotheke bis zu drei Filialapotheken betreibt (□ Tab. 4.1), dazu wurde der Absatz 4 in den § 2 ApoG neu eingefügt (▸ Kap. 4.2).
- **Persönliche Leitung**: Filialapotheken weichen seitdem vom bisherigen Prinzip des „Apothekers in seiner Apotheke" ab, da sie von angestellten Filialapothekern geleitet werden (neu eingefügter Absatz 5 in § 2 ApoG (▸ Kap. 4.2).

Der **Europäische Gerichtshof** (EuGH) hat 2009 das Fremdbesitzverbot in Deutschland als konform mit den Prinzipien der Europäischen Union erklärt.

Im Gegensatz zu den alten Apothekenrechten, die eine zahlenmäßige Beschränkung der Apotheken beinhalteten, **muss** nach dem Grundsatz der Niederlassungsfreiheit **jedem Apotheker,** der die Voraussetzungen des Apothekengesetzes erfüllt, **an jedem Ort,** der die Voraussetzungen der Apothekenbetriebsordnung erfüllt, **die Genehmigung** zum Betreiben einer Apotheke gegeben werden. Die Behörde, die diese **Betriebserlaubnis** vergibt, hat also nicht zu prüfen, ob eine neue Apotheke an ihrem Standort notwendig ist oder nicht. Genauso wenig kann ein Apotheker gegen die Niederlassung eines Kollegen in unmittelbarer Nachbarschaft rechtliche Schritte unternehmen.

◘ **Tab. 4.1** Entwicklung der Apothekenzahl – Jahresende 2018 (Quelle: ABDA 2019)

	1990	2000	2005	2010	2015	2017	2018
Apothekenzahl (inkl. Filialapotheken)	19 898	21 592	21 476	21 441	20 249	19 748	19 423
Davon Haupt- bzw. Einzel-apotheken	19 898	21 592	20 248	17 963	15 968	15 236	14 882
Davon Filialapotheken			1 228	3 478	4 281	4 512	4 541
Neueröffnungen		187	326	263	154	120	97
Schließungen		185	242	370	346	395	422
Apothekenentwicklung		+ 2	+ 84	− 107	− 192	− 275	− 325

◘ **Tab. 4.2** Filialstruktur der Apotheken – Jahresende 2018 (Quelle: ABDA 2019)

	2005	2010	2015	2016	2017	2018
Apotheken ohne Filialen (Einzel-apotheken)	19 148	15 277	12 851	12 399	11 989	11 655
Hauptapotheken mit einer Filiale	989	2 057	2 229	2 290	2 282	2 231
Hauptapotheken mit zwei Filialen	94	466	612	628	665	678
Hauptapotheken mit drei Filialen	17	163	276	290	300	318
Haupt- bzw. Einzelapotheken	20 248	17 963	15 968	15 607	15 236	14 882

In einigen anderen europäischen Ländern gibt es Niederlassungsbeschränkungen, die auf eine bestimmte Anzahl von Apotheken, entweder nach **demographischen Kriterien** (bezogen auf die Bevölkerungsdichte) oder nach **geographischen Kriterien** (bezogen auf die zu versorgende Fläche) festgelegt sind.

Seit dem Urteil des Bundesverfassungsgerichts (1958, BRD ca. 8000 Apotheken) hatte sich die Anzahl der Apotheken deutlich vergrößert, seit 01.01.2004 nehmen die Filialapotheken kontinuierlich zu. Insgesamt geht die Anzahl der Apotheken kontinuierlich zurück (◘ Tab. 4.2). 2019 sank die Zahl weiter auf 19 075 Apotheken (ABDA).

MERKE

Wie schon in den alten Apothekenbetriebsrechten, ist der Betrieb einer Apotheke heute eine öffentliche Aufgabe und nicht nur ein wirtschaftliches Unternehmen. Diese Sicherstellung der Arzneimittelversorgung wird daher von staatlicher Seite durch regelmäßige Apothekenrevisionen überwacht (Arzneimittelgesetz, ▶ Kap. 5.1).

Das Apothekengesetz gewährt den Patienten die **freie Wahl der Apotheke,** in welcher sie ihre Arzneimittel beziehen können. Absprachen und wirtschaftliche Zusammenarbeit zwischen Ärzten und Apothekern, Zuführung von Patienten oder Rezepten und das Sammeln von Rezepten in Arztpraxen sind nicht zulässig (§ 11 Gesetz über das Apothekenwesen, ▸ Kap. 4.2).

Im Gegensatz zu einigen anderen europäischen Apothekenbetriebsordnungen schreibt das deutsche Apothekenrecht die **persönliche Leitung der Apotheke durch den Erlaubnisinhaber** oder bei Filialapotheken durch einen vom Betreiber angestellten Apothekenleiter vor. Abgesehen von Ausnahmen wie Filialapotheken, Zweigapotheken (▸ Kap. 4.2) oder Urlaubsvertretungen (§ 2 Abs. 5 ApBetrO, ▸ Kap. 4.2.2) ist damit in Deutschland die **Anwesenheit des Apothekeninhabers** in seiner Apotheke in den meisten Fällen festgelegt (**Präsenzpflicht**, § 2 Abs. 5 ApoG, ▸ Kap. 4.2).

4

GUT ZU WISSEN

aha

Das Apothekenrecht in Europa ist sehr uneinheitlich: In 17 der 27 EU-Staaten gibt es Regeln für die **Niederlassung**, in 19 Ländern ist irgendeine Form von **Mehrbesitz** inkl. Filialen möglich (auch Deutschland). In 13 EU-Staaten dürfen nur Apotheker Apotheken besitzen, in 12 Ländern ist der Besitz von Apotheken vollkommen liberalisiert (Stand 2019).

Einen Überblick über die Unterschiede bei der Niederlassungsfreiheit und dem Fremdbesitzverbot in Europa gibt ▫ Tab. 4.3.

Gegen das **Fremdbesitzverbot** (nur Apotheker können eine Apotheke besitzen und eine Betriebserlaubnis für eine Apotheke haben) wurden mehrmals Klagen wegen Verfassungswidrigkeit erhoben, jedoch hat das Bundesverfassungsgericht 1964 und der Europäische Gerichtshof 2009 das Apothekengesetz als verfassungsgemäß bestätigt. Seit der Novellierung des Apothekengesetzes 1980 sind auch die sogenannten „stillen Beteiligungen" (stille Gesellschaft), also das rein finanzielle Investieren von fremdem Geld in einen Apothekenbetrieb, unzulässig.

Die **Verantwortung** für einen ordnungsgemäßen Apothekenbetrieb kann nach deutschem Recht nur in den Händen von approbierten Apothekern liegen. Fremdeinflüsse, die wirtschaftliche Interessen in den Vordergrund stellen, sollen so verhindert werden.

MERKE

Der Erlaubnisinhaber ist für seine Apotheke voll verantwortlich und zudem fachlich unabhängig, er darf sich z. B. „nicht verpflichten, bestimmte Arzneimittel ausschließlich oder bevorzugt anzubieten oder abzugeben oder anderweitig die Auswahl der von ihm abzugebenden Arzneimittel auf das Angebot bestimmter Hersteller oder Händler oder von Gruppen von solchen zu beschränken." (§ 10 Gesetz über das Apothekenwesen, ▸ Kap. 4.2).

Auch das **Mehrbesitzverbot** (= „Vielbesitzverbot > 4") gibt es im Apothekenrecht einiger anderer europäischer Staaten nicht.

◻ **Tab. 4.3** Niederlassungsfreiheit und Fremdbesitzverbot in Europa (Beispiele, Quelle: DAZ, 2018)

Land	Niederlassungsfreiheit	Fremdbesitzverbot
Belgien	✓	
Dänemark		✓
Deutschland	✓	✓
Finnland		✓
Frankreich		✓
Griechenland		✓
Großbritannien		
Irland	✓	
Italien		✓
Lettland		✓
Litauen	✓	
Luxemburg		✓
Niederlande	✓	
Österreich		✓
Polen	✓	
Portugal		
Schweden	✓	
Slowakei	✓	
Slowenien		✓
Spanien		✓
Tschechien	✓	
Ungarn		✓
Zypern	✓	✓

Apothekenketten, wie z. B. Boots, Lloydspharmacy (Apothekenkette des deutschen Großhändlers Celesio), Well, Rowlands und Tesco (zusammen etwa 5700 von etwa 15 000 Apotheken in Großbritannien oder Apothekenketten deutscher Pharmagroßhandlungen in Italien, Irland, Niederlande, Norwegen und Tschechien, sind in Deutschland aufgrund

□ Tab. 4.4 Apothekendichte in Europa (Beispiele) – Jahresende 2018 (Quelle: ABDA 2019)

Beispiele	Apotheken je 100 000 Einwohner	Anzahl der Apotheken	Beschäftigte Apotheker pro Apotheke (ca.)
Griechenland	88	9 500	1
Frankreich	32	21 192	2
EU-Durchschnitt	31		
Deutschland	23	19 423	2
Niederlande	12	1 989	13
Dänemark	8	468	7

des deutschen Fremdbesitz- und Mehrbesitzverbots derzeit nicht zulässig. Allerdings dürfen „Apothekerfamilien" so viele „kleine Apothekenketten" (1 + 3) besitzen wie Approbationen (und Betriebserlaubnisse) vorhanden sind. Die „regelmäßige wechselseitige Leitung von Ehegatten-Apotheken" ist nach einem Beschluss des Oberverwaltungsgerichts für das Land Nordrhein-Westfalen vom 7. April 1995 jedoch rechtskräftig unzulässig.

Wörtlich führt das Gericht aus: „Die Pflicht zur persönlichen Leitung der Apotheke gilt auch im Verhältnis von Ehegatten, wenn diese je eine Apotheke betreiben".

ZUSAMMENFASSUNG

- Die Aufgabe der Apotheke ist die Sicherstellung der Arzneimittelversorgung der Bevölkerung im Interesse der Öffentlichkeit.
- Seit dem Einigungsvertrag zwischen der Bundesrepublik Deutschland und der DDR vom 3. Oktober 1990 gilt auch in den fünf neuen Bundesländern das vom Bundesverfassungsgericht im Jahr 1958 festgestellte Prinzip der Niederlassungsfreiheit von Apotheken.
- Von den ehemals fünf stabilen Säulen des Apothekenrechts (○Abb. 4.1) sind das Mehrbesitzverbot und die persönliche Leitung durch den Apothekeninhaber durch das GMG 2004 brüchig geworden; das deutsche Fremdbesitzverbot wurde vom EuGH bestätigt.
- Nach deutschem Recht kann ein Apotheker eine Hauptapotheke und bis zu drei Filialapotheken besitzen; er muss die Hauptapotheke persönlich leiten.
- Apothekenketten über die Anzahl von vier Apotheken sind durch Mehr- und Fremdbesitzverbot in Deutschland derzeit nicht zulässig.
- Wirtschaftliche Zusammenarbeit mit Ärzten und das Sammeln von Rezepten in der Arztpraxis und Zuführung in die Apotheke sind verboten.

4.2   Gesetz über das Apothekenwesen (Apothekengesetz – ApoG)

Apothekengesetz in der Fassung der Bekanntmachung vom 15. Oktober 1980 (BGBl. I S. 1993), das zuletzt durch Artikel 18 des Gesetzes vom 9. August 2019 (BGBl. I S. 1202) geändert worden ist.

4.2.1 Öffentliche Apotheken

– Auszüge –

„(1) Den Apotheken obliegt die im öffentlichen Interesse gebotene Sicherstellung einer ordnungsgemäßen Arzneimittelversorgung der Bevölkerung.

(2) Wer eine **Apotheke und bis zu drei Filialapotheken** betreiben will, bedarf der Erlaubnis der zuständigen Behörde.

(3) Die **Erlaubnis** gilt nur für den Apotheker, dem sie erteilt ist, und für die in der Erlaubnis bezeichneten Räume." **(§1)**

> **MERKE**
> Das Betreiben einer Apotheke ist nur mit einer behördlichen Genehmigung, der Betriebserlaubnis, zulässig. Diese Erlaubnis wird durch die „zuständige Behörde" des jeweiligen Bundeslandes erteilt (in Baden-Württemberg z. B. durch die Regierungspräsidien).

Tab. 4.5 Voraussetzungen für die Betriebserlaubnis (öffentliche Apotheke)

Anforderung an die Person	Anforderung an die Apothekenräume
Apothekengesetz §2	Apothekengesetz §2 Apothekenbetriebsordnung §4
U. a. Approbation	U. a. Offizin mit Beratungsmöglichkeit

Die Betriebserlaubnis ist zu erteilen, wenn **persönliche und räumliche Voraussetzungen** vorliegen:

„(1) Die **Erlaubnis** ist auf Antrag zu erteilen, wenn der Antragsteller
1. (aufgehoben)
2. voll geschäftsfähig ist;
3. die deutsche Approbation als Apotheker besitzt;
4. die für den Betrieb einer Apotheke erforderliche Zuverlässigkeit besitzt; dies ist nicht der Fall, wenn Tatsachen vorliegen, welche die Unzuverlässigkeit des Antragstellers in Bezug auf das Betreiben einer Apotheke dartun, insbesondere wenn

strafrechtliche oder schwere sittliche Verfehlungen vorliegen, die ihn für die Leitung einer Apotheke ungeeignet erscheinen lassen, oder wenn er sich durch gröbliche oder beharrliche Zuwiderhandlung gegen dieses Gesetz, die auf Grund dieses Gesetzes erlassene Apothekenbetriebsordnung oder die für die Herstellung von Arzneimitteln und den Verkehr mit diesen erlassenen Rechtsvorschriften als unzuverlässig erwiesen hat;

5. die eidesstattliche Versicherung abgibt, dass er keine Vereinbarungen getroffen hat, die gegen § 8 Satz 2, § 9 Abs. 1, § 10 oder § 11 verstoßen, und den Kauf- oder Pachtvertrag über die Apotheke sowie auf Verlangen der zuständen Behörde auch andere Verträge, die mit der Einrichtung und dem Betrieb der Apotheke im Zusammenhang stehen, vorlegt;

6. nachweist, dass er im Falle der Erteilung der Erlaubnis über die nach der Apothekenbetriebsordnung (§ 21) vorgeschriebenen Räume verfügen wird;

7. nicht in gesundheitlicher Hinsicht ungeeignet ist, eine Apotheke ordnungsgemäß zu leiten;

8. mitteilt, ob und gegebenenfalls an welchem Ort er in einem anderen Mitgliedstaat der Europäischen Union oder in einem anderen Vertragsstaat des Abkommens über den Europäischen Wirtschaftsraum oder in einem Vertragsstaat, dem Deutschland und die Europäische Union vertraglich einen entsprechenden Rechtsanspruch eingeräumt haben, eine oder mehrere Apotheken betreibt.

(2) Abweichend von Absatz 1 ist einem approbierten Antragsteller, der nicht gemäß § 4 Abs. 1 Nr. 4 der Bundes-Apothekerordnung die pharmazeutische Prüfung im Geltungsbereich dieses Gesetzes bestanden hat, die Erlaubnis nur zu erteilen, wenn sie für eine Apotheke beantragt wird, die seit **mindestens drei Jahren** betrieben wird.

(2a) Absatz 2 gilt nicht für approbierte Antragsteller, deren förmliche Qualifikationen bereits durch die zuständigen Behörden für andere Zwecke anerkannt wurden und die tatsächlich und rechtmäßig die beruflichen Tätigkeiten eines Apothekers mindestens drei Jahre lang ununterbrochen im Geltungsbereich dieses Gesetzes ausgeübt haben.

(3) Hat der Apotheker nach seiner Approbation oder nach Erteilung eines nach § 4 Abs. 1a bis 1d, 2 oder 3 der Bundesapothekerordnung der pharmazeutischen Prüfung gleichwertigen Diploms, Prüfungszeugnisses oder sonstigen Befähigungsnachweises mehr als zwei Jahre lang ununterbrochen keine pharmazeutische Tätigkeit ausgeübt, so ist ihm die Erlaubnis nur zu erteilen, wenn er im letzten Jahr vor der Antragstellung eine solche Tätigkeit **mindestens sechs Monate** lang wieder in einer in einem Mitgliedstaat der Europäischen Union oder in einem anderen Vertragsstaat des Abkommens über den Europäischen Wirtschaftsraum oder in einem Vertragsstaat, dem Deutschland und die Europäische Union vertraglich einen entsprechenden Rechtsanspruch eingeräumt haben, gelegenen Apotheke oder Krankenhausapotheke ausgeübt hat.

(4) Die Erlaubnis zum Betrieb **mehrerer öffentlicher Apotheken** ist auf Antrag zu erteilen, wenn

1. der Antragsteller die Voraussetzungen nach den Absätzen 1 bis 3 für jede der beantragten Apotheken erfüllt und

2. die von ihm zu betreibende Apotheke und die von ihm zu betreibenden Filialapotheken innerhalb desselben Kreises oder derselben kreisfreien Stadt oder in einander benachbarten Kreisen oder kreisfreien Städten liegen.

(5) Für den Betrieb mehrerer öffentlicher Apotheken gelten die Vorschriften dieses Gesetzes mit folgenden Maßgaben entsprechend:

1. Der Betreiber hat eine der Apotheken (**Hauptapotheke**) persönlich zu führen.
2. Für jede weitere Apotheke (**Filialapotheke**) hat der Betreiber schriftlich einen Apotheker als Verantwortlichen zu benennen, der die Verpflichtungen zu erfüllen hat, wie sie in diesem Gesetz und in der Apothekenbetriebsordnung für Apothekenleiter festgelegt sind. Soll die Person des Verantwortlichen im Sinne des Satzes 1 Nummer 2 geändert werden, so ist dies der Behörde von dem Betreiber zwei Wochen vor der Änderung schriftlich anzuzeigen. Bei einem unvorhergesehenen Wechsel der Person des Verantwortlichen muss die Änderungsanzeige nach Satz 2 unverzüglich erfolgen. Soll die Person des Verantwortlichen geändert werden, so ist dies der Behörde von dem Betreiber eine Woche vor der Änderung schriftlich anzuzeigen." (**§ 2**)

> **DEFINITION**
>
> Der Besitzer ist der Betreiber einer oder mehrerer Apotheken und erhält die Betriebserlaubnis (**Apothekenbetreiber**). Er muss die Hauptapotheke persönlich leiten (**Apothekenleiter**).
> Der vom Apothekenbetreiber in der Filialapotheke angestellte Apotheker hat keine Betriebserlaubnis und leitet die Filialapotheke (**Filialleiter**).

- Der Betreiber von bis zu vier räumlich nahe liegenden Apotheken muss eine der Apotheken (**Hauptapotheke**) selbst leiten (**Präsenzpflicht**), für die anderen Apotheken (**Filialapotheken**) muss er verantwortliche **Apothekenleiter** benennen.
- Hauptapotheke und Filialapotheke(n) sind in einer **gemeinsamen Betriebserlaubnis** zusammengefasst, bei Änderung der Apothekenzahl muss eine neue Betriebserlaubnis beantragt werden.
- Approbierte Apotheker, die die pharmazeutische Prüfung im **Ausland** abgelegt haben, können keine neuen Apotheken gründen; die Betriebserlaubnis wird nur für Apotheken erteilt, die schon länger als drei Jahre betrieben wurden.
- Alle Apotheken müssen innerhalb desselben **Landkreises** oder in einander benachbarten Landkreisen liegen.

„Die Erlaubnis **erlischt**
1. durch Tod;
2. durch Verzicht;
3. durch Rücknahme oder Widerruf der Approbation als Apotheker, durch Verzicht auf die Approbation oder durch Widerruf der Erlaubnis nach § 2 Abs. 2 der Bundesapothekerordnung;
4. wenn ein Jahr lang von der Erlaubnis kein Gebrauch gemacht worden ist; die zuständige Behörde kann die Frist verlängern, wenn ein wichtiger Grund vorliegt.
5. (weggefallen)." (**§ 3**)

„(1) Die Erlaubnis ist **zurückzunehmen**, wenn bei ihrer Erteilung eine der Voraussetzungen nach § 2 nicht vorgelegen hat.

(2) Die Erlaubnis ist zu **widerrufen**, wenn nachträglich eine der Voraussetzungen nach § 2 Abs. 1 Nr. 1, 2, 4, 6 oder 7 weggefallen ist. Die Erlaubnis kann widerrufen werden, wenn der Erlaubnisinhaber nachträglich Vereinbarungen getroffen hat, die gegen § 8 Satz 2 auch in Verbindung mit Satz 4, § 9 Abs. 1, § 10 oder § 11 verstoßen." (**§ 4**)

„Wird eine Apotheke **ohne Erlaubnis** betrieben, so hat die zuständige Behörde die Apotheke zu schließen." (**§ 5**)

„Eine Apotheke darf erst eröffnet werden, nachdem die zuständige Behörde bescheinigt hat, dass die Apotheke den gesetzlichen Anforderungen entspricht (**Abnahme**)." (**§ 6**)

„Die Erlaubnis verpflichtet zur **persönlichen Leitung der Apotheke in eigener Verantwortung**. Im Falle des § 2 Abs. 4 obliegen dem vom Betreiber nach § 2 Abs. 5 Nr. 2 benannten Apotheker die Pflichten entsprechend Satz 1; die Verpflichtungen des Betreibers bleiben unberührt. Die persönliche Leitung einer Krankenhausapotheke obliegt dem angestellten Apotheker." (**§ 7**)

> **DEFINITION**
>
> **Rücknahme** der Betriebserlaubnis bedeutet juristisch, dass zum Zeitpunkt der Antragstellung eine für die Betriebserlaubnis notwendige Voraussetzung nicht vorgelegen hat (z. B. gefälschte Approbation oder fehlendes Labor).
> **Widerruf** der Betriebserlaubnis bedeutet juristisch, dass nachträglich eine für die Betriebserlaubnis notwendige Voraussetzung weggefallen ist (z. B. Entzug der Approbation oder Umwandlung des Labors in Lagerraum).
>
> **Hinweis:** Weitere Beispiele zu Rücknahme und Widerruf: § 9,4 ApoG, § 11,1 und 2 ApoG und § 14,2 ApoG.

Die Verpflichtung des § 7 wird oft als **Kernstück des Apothekenbetriebsrechts** angesehen und wurde durch die Änderungen des Mehrbesitzverbots (1 + 3) und der damit verbundenen Lockerung der persönlichen Leitung aufgeweicht (§ 2 Abs. 4 ApoG). Der Sinn dieser Bestimmung besteht im Grundsatz darin, dass eine Aufspaltung der Verantwortung in

◻ **Tab. 4.6** Eröffnung einer Apotheke

	Parameter	Zuständigkeit
↓	Antrag an zuständige Behörde	Apothekenleiter
↓	Erteilung der Betriebserlaubnis	Zuständige Behörde
↓	Abnahme der Apotheke	Zuständige Behörde
↓	Eröffnung der Apotheke	Apothekenleiter
↓	Regelmäßige Kontrolle (Revision)	Zuständige Behörde

eine **gesundheitspolitische** („persönliche Leitung") und eine **wirtschaftliche Leitung** („in eigener Verantwortung") verhindert werden soll.

Das Apothekengesetz lässt für das Betreiben einer Apotheke durch mehrere Apotheker nur die Rechtsform einer **Gesellschaft bürgerlichen Rechts** oder einer **offenen Handelsgesellschaft** (OHG, ▯ Tab. 4.15) zu.

> „In diesen Fällen bedürfen alle Gesellschafter der Erlaubnis." (**§ 8**)

Die Anzahl der Apotheker einer **OHG** ist nicht begrenzt, die meisten OHGs haben jedoch zwei Gesellschafter, die beide Apotheker sein und eine Betriebserlaubnis besitzen müssen. Eine OHG kann seit 2004 ebenfalls bis zu vier Apotheken besitzen.

ZUSAMMENFASSUNG

- Der Betrieb einer Apotheke ist an die Erlaubnis der zuständigen Behörde (Regierungspräsidien, Bezirksregierungen) gebunden, bei einer OHG werden mehrere Betriebserlaubnisse vergeben.
- Der Betreiber mehrerer Apotheken (Hauptapotheke und maximal drei Filialapotheken) erhält eine Betriebserlaubnis für alle Apotheken; alle Apotheken müssen im vorgeschriebenen Umkreis liegen.
- Hauptapotheke und Filialapotheken müssen in räumlicher Nähe liegen; die Hauptapotheke muss vom Betreiber persönlich geleitet werden („Präsenzpflicht").
- Die Erlaubnis erlischt z. B. bei Verlegung oder Verkauf der Apotheke und dem Entzug der Approbation des Apothekenleiters.
- Das Betreiben von Apotheken in Form einer Kommanditgesellschaft (KG), Gesellschaft mit beschränkter Haftung (GmbH) oder Aktiengesellschaft (AG) ist nach dem geltenden Apothekengesetz nicht zulässig.
- In einer OHG hat jeder Gesellschafter eine Betriebserlaubnis; auch eine OHG kann bis zu drei Filialapotheken betreiben.
- Auch nach der Eröffnung werden Apotheken regelmäßig durch die zuständige Behörde oder deren Beauftragte (z. B. Pharmazieräte oder Amtsapotheker) überwacht.

„(1) Die **Verpachtung** einer Apotheke oder von Apotheken nach § 2 Abs. 4 ist nur in folgenden Fällen zulässig:
1. wenn und solange der **Verpächter** im Besitz der Erlaubnis ist und die Apotheke aus einem in seiner Person liegenden **wichtigen Grund** nicht selbst betreiben kann oder die Erlaubnis wegen des Wegfalls einer der Voraussetzungen des § 2 Abs. 1 Nr. 7 widerrufen oder durch Widerruf der Approbation wegen des Wegfalls einer der Voraussetzungen nach § 4 Abs. 1 Satz 1 Nr. 3 der Bundesapothekerordnung erloschen ist;
2. **nach dem Tode** eines Erlaubnisinhabers durch seine **erbberechtigten Kinder** bis zu dem Zeitpunkt, in dem das jüngste der Kinder das 23. Lebensjahr vollendet. Ergreift eines dieser Kinder vor Vollendung des 23. Lebensjahres den Apotheker-

beruf, so kann die Frist auf Antrag verlängert werden, bis es in seiner Person die Voraussetzungen für die Erteilung der Erlaubnis erfüllen kann;

3. durch den überlebenden erbberechtigten **Ehegatten oder Lebenspartner** bis zu dem Zeitpunkt der Heirat oder der Begründung einer Lebenspartnerschaft, sofern er nicht selbst eine Erlaubnis gemäß § 1 erhält.

Die Zulässigkeit der Verpachtung wird nicht dadurch berührt, dass nach Eintritt der in Satz 1 genannten Fälle eine Apotheke innerhalb desselben Ortes, in Städten innerhalb desselben oder in einen angrenzenden Stadtbezirk, verlegt wird oder dass ihre Betriebsräume geändert werden. Handelt es sich im Falle der Verlegung oder der Veränderung der Betriebsräume um eine Apotheke, die nach Satz 1 Nr. 1 verpachtet ist, so bedarf der Verpächter keiner neuen Erlaubnis. § 3 Nr. 5 bleibt unberührt.

(1a) Stirbt der **Verpächter** vor Ablauf der vereinbarten Pachtzeit, so kann die zuständige Behörde zur Vermeidung unbilliger Härten für den Pächter zulassen, dass das Pachtverhältnis zwischen dem Pächter und dem Erben für die Dauer von höchstens **zwölf Monaten** fortgesetzt wird.

(2) Der **Pächter** bedarf der **Erlaubnis** nach § 1. Der Pachtvertrag darf die berufliche Verantwortlichkeit und Entscheidungsfreiheit des pachtenden Apothekers nicht beeinträchtigen.

(3) Für die Dauer der Verpachtung finden auf die Erlaubnis des Verpächters § 3 Nr. 4, § 4 Nr. 2, soweit sich diese Vorschrift auf § 2 Abs. 1 Nr. 6 bezieht, sowie § 7 Satz 1 keine Anwendung.

(4) Die nach Absatz 2 erteilte Erlaubnis ist zurückzunehmen, wenn bei ihrer Erteilung eine der Voraussetzungen nach Absatz 1 nicht vorgelegen hat; sie ist zu widerrufen, wenn nachträglich eine dieser Voraussetzungen weggefallen ist. § 4 bleibt unberührt." (**§ 9**)

PRAXISBEISPIEL

Die Badische Zeitung vom 08.11.1984 berichtet über folgenden, rechtlich immer noch aktuellen Fall: In einer südbadischen Kleinstadt verpachtete die Witwe des ehemaligen Apothekeninhabers die Apotheke mit einem Zehnjahresvertrag an einen Pächter. Doch bereits nach kurzer Zeit waren Verpächterin und Pächter so sehr zerstritten, dass die Verpächterin die Auflösung des Pachtvertrags forderte. Mit Hinweis auf die zehnjährige Laufzeit lehnte der Pächter ab. Trotzdem widerrief kurze Zeit später das zuständige Regierungspräsidium dem Pächter die Erlaubnis und er musste innerhalb weniger Tage die Apotheke räumen.

Grund: Die Witwe hatte wieder geheiratet, die Verpachtung der Apotheke war damit rechtlich nicht mehr zulässig.

Rechtliche Begründung: Zulässigkeit der Verpachtung nach § 9,1, Nr. 3, Satz 1, Erlaubnis des Pächters nach § 9,2 und Widerruf dieser Erlaubnis nach § 9,4 ApoG.

Die Zusammenarbeit von Arzt und Apotheker sowie zwischen den Apotheken bei der **Zytostatikaversorgung** ist möglich. Nach § 11 des Apothekengesetzes durften **Ärzte und Apotheken wirtschaftlich nicht zusammenarbeiten, keine Patienten zugeführt oder Arzneimittel bevorzugt von der Apotheke zum Arzt geliefert** werden. Diese Regelung besteht zwar immer noch, aber durch die Novellierung des Apothekengesetzes im Jahre 2002 wurden die Möglichkeiten der Zusammenarbeit neu gefasst und ein neuer Absatz 2 aufgenommen.

Der ebenfalls neu eingefügte Absatz 3 ermöglicht die Zusammenarbeit von öffentlichen Apotheken und Krankenhausapotheken bei der **Zytostatikaherstellung**. Ein Versorgungsvertrag ist hier nicht notwendig.

„(1) Erlaubnisinhaber und Personal von Apotheken dürfen mit Ärzten oder anderen Personen, die sich mit der Behandlung von Krankheiten befassen, **keine Rechtsgeschäfte** vornehmen oder **Absprachen** treffen, die eine bevorzugte Lieferung bestimmter Arzneimittel, die Zuführung von Patienten, die Zuweisung von Verschreibungen oder die Fertigung von Arzneimitteln ohne volle Angabe der Zusammensetzung zum Gegenstand haben.

(2) Abweichend von Absatz 1 darf der Inhaber einer Erlaubnis zum Betrieb einer öffentlichen Apotheke auf Grund einer Absprache **anwendungsfertige Zytostatikazubereitungen**, die im Rahmen des üblichen Apothekenbetriebes hergestellt worden sind, unmittelbar an den anwendenden **Arzt abgeben**.

(2a) Abweichend von Absatz 1 sind Absprachen und Vereinbarungen mit einer ärztlichen Einrichtung, die auf die Behandlung von Gerinnungsstörungen bei Hämophilie spezialisiert ist, zur Organisation des **Notfallvorrats** nach § 43 Absatz 3a des Arzneimittelgesetzes sowie zur unmittelbaren Abgabe der Arzneimittel zur spezifischen Therapie von **Gerinnungsstörungen** bei Hämophilie an den anwendenden Arzt zulässig. Die Organisation des Notfallvorrats kann auch durch eine Krankenhausapotheke sichergestellt werden; in diesem Fall darf die Krankenhausapotheke im Rahmen der Notfallversorgung Arzneimittel zur spezifischen Therapie von Gerinnungsstörungen bei Hämophilie auch an Patienten oder Einrichtungen der Krankenversorgung abgeben.

(3) Der Inhaber einer Erlaubnis zum Betrieb einer Krankenhausapotheke darf auf Anforderung des Inhabers einer Erlaubnis zum Betrieb einer öffentlichen Apotheke die im Rahmen seiner Apotheke hergestellten anwendungsfertigen Zytostatikazubereitungen an diese öffentliche Apotheke oder auf Anforderung des Inhabers einer Erlaubnis zum Betrieb einer anderen Krankenhausapotheke an diese **Krankenhausapotheke abgeben**. Dies gilt entsprechend für den Inhaber einer Erlaubnis zum Betrieb einer öffentlichen Apotheke für die Abgabe der in Satz 1 genannten Arzneimittel an eine Krankenhausapotheke oder an eine andere öffentliche Apotheke. Eines Vertrages nach § 14 Abs. 3 oder 4 bedarf es nicht." (**§ 11**)

GUT ZU WISSEN

In 20 von 27 Staaten der Europäischen Union (EU) ist der **Versandhandel** mit rezeptpflichtigen Arzneimitteln generell verboten. Nur in Deutschland, Dänemark, Estland, Finnland, Malta, Niederlanden, Schweden (und Großbritannien) ist er erlaubt.

Etwa 3000 deutsche Apotheken besitzen derzeit eine **Versandhandelserlaubnis** nach § 11a ApoG, nur etwa 150 von ihnen betreiben aktiven Versandhandel (Quelle: ABDA 2019).

Die **Zustellung durch Boten** der Apotheke ist **ohne Erlaubnis** nach § 11a ApoG für alle Apotheken auf Kundenwunsch (früher nur im Einzelfall) zulässig (ApBetrO § 17, ▶ Kap. 4.3.1).

Der **Versand** verschreibungspflichtiger Arzneimittel **nach Deutschland** ist nur aus vier europäischen Ländern gestattet, denen vergleichbare Sicherheitsstandards bescheinigt werden: Großbritannien, Niederlande, Schweden und Island.

„Die **Erlaubnis zum Versand** von apothekenpflichtigen Arzneimitteln gemäß § 43 Abs. 1 Satz 1 des Arzneimittelgesetzes ist dem Inhaber einer Erlaubnis nach § 2 auf Antrag zu erteilen, wenn er schriftlich oder elektronisch versichert, dass er im Falle der Erteilung der Erlaubnis folgende **Anforderungen** erfüllen wird:

1. Der **Versand** wird aus einer **öffentlichen Apotheke zusätzlich zu dem üblichen Apo-thekenbetrieb** und nach den dafür geltenden Vorschriften erfolgen, soweit für den Versandhandel keine gesonderten Vorschriften bestehen.

2. Mit einem **Qualitätssicherungssystem** wird sichergestellt, dass
   a) das zu versendende Arzneimittel so verpackt, transportiert und ausgeliefert wird, dass seine Qualität und Wirksamkeit erhalten bleibt,
   b) das versandte Arzneimittel der Person ausgeliefert wird, die von dem Auftrag-geber der Bestellung der Apotheke mitgeteilt wird. Diese Festlegung kann ins-besondere die Aushändigung an eine namentlich benannte natürliche Person oder einen benannten Personenkreis beinhalten,
   c) die Patientin oder der Patient auf das Erfordernis hingewiesen wird, mit dem behandelnden Arzt Kontakt aufzunehmen, sofern Probleme bei der Medika-tion auftreten und
   d) die Beratung durch pharmazeutisches Personal in deutscher Sprache erfolgen wird.

3. Es wird **sichergestellt**, dass
   a) innerhalb von zwei Arbeitstagen nach Eingang der Bestellung das bestellte Arz-neimittel versandt wird, soweit das Arzneimittel in dieser Zeit zur Verfügung steht, es sei denn, es wurde eine andere Absprache mit der Person getroffen, die das Arzneimittel bestellt hat; soweit erkennbar ist, dass das bestellte Arzneimit-tel nicht innerhalb der in Satz 1 genannten Frist versendet werden kann, ist der Besteller in geeigneter Weise davon zu unterrichten,
   b) alle bestellten Arzneimittel geliefert werden, soweit sie im Geltungsbereich des Arzneimittelgesetzes in den Verkehr gebracht werden dürfen und verfügbar sind,

c) für den Fall von bekannt gewordenen Risiken bei Arzneimitteln ein geeignetes System zur Meldung solcher Risiken durch Kunden, zur Information der Kunden über solche Risiken und zu innerbetrieblichen Abwehrmaßnahmen zur Verfügung steht,

d) eine kostenfreie Zweitzustellung veranlasst wird,

e) ein System zur Sendungsverfolgung unterhalten wird und

f) eine Transportversicherung abgeschlossen wird.

Im Falle des elektronischen Handels mit apothekenpflichtigen Arzneimitteln gilt Satz 1 mit der Maßgabe, dass die Apotheke auch über die dafür geeigneten Einrichtungen und Geräte verfügen wird." (**§ 11a**)

„(1) Die Erlaubnis nach § 11a ist zurückzunehmen, wenn bei ihrer Erteilung eine der Voraussetzungen nach § 11a nicht vorgelegen hat.

(2) Die Erlaubnis ist zu widerrufen, wenn nachträglich eine der Voraussetzungen nach § 11a weggefallen ist. Die Erlaubnis kann widerrufen werden, wenn Tatsachen die Annahme rechtfertigen, dass der Erlaubnisinhaber entgegen einer vollziehbaren Anordnung der zuständigen Behörde die Apotheke nicht den Anforderungen des § 11a Satz 1 Nr. 1 bis 3, Satz 2 oder einer Rechtsverordnung nach § 21 entsprechend betreibt.

(3) Wird der Versandhandel ohne Erlaubnis betrieben, gilt § 5 entsprechend." (**§ 11b**)

Kernpunkte sind nach § 11a und b

- Ein **Qualitätssicherungssystem** der Apotheke mit Dokumentation und Möglichkeit der Beratung.
- Die Verpflichtung, das Medikament spätestens zwei Tage nach Eingang der Bestellung sicher zu **versenden**.
- Die Möglichkeit der **Verfolgung** des Liefervorgangs durch den Besteller und der Abschluss einer Transportversicherung.
- Die für den Versand notwendigen **Räumlichkeiten** müssen sich in angemessener Nähe zu den übrigen Betriebsräumen befinden (§ 4 Abs. 4 Satz 2 ApBetrO).
- **Bestellungen** können direkt an die Versandapotheke oder über Internetportale der Apotheken (z. B. www.apotheken.de oder www.aponet.de) an die Versandapotheke geleitet werden.
- Berechnet wird der Versand des Arzneimittels nach **Arzneimittelpreisverordnung** (▸Kap. 5.2.3) plus Versandgebühren.
- Eine eventuell notwendige **Zweitzustellung** muss kostenlos sein.
- Auch **Tierarzneimittel**, die ausschließlich der Behandlung von Tieren, die nicht der Lebensmittelgewinnung dienen, dürfen versandt werden.

PRAXISBEISPIEL

Die „Pille danach" mit den Wirkstoffen **Levonorgestrel** oder **Ulipristalacetat** (beide seit 2015 aus der Verschreibungspflicht entlassen) sowie Fertigarzneimittel, die **Thalidomid**, **Lenalidomid** und **Pomalidomid** (T-Rezept, § 3a AMVV, ▸Kap. 5.2.1) dürfen nicht über den Versandhandel in den Verkehr gebracht werden.

Im Jahre 2003 ist die damals neue Regelung des **§ 12 a** des Apothekengesetzes in Kraft getreten, welche die Versorgung von Bewohnern der Heime im Sinne des Heimgesetzes auf eine gesetzliche Basis stellt.

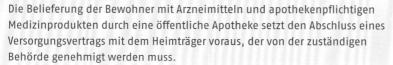

> **MERKE**
>
> Die Belieferung der Bewohner mit Arzneimitteln und apothekenpflichtigen Medizinprodukten durch eine öffentliche Apotheke setzt den Abschluss eines Versorgungsvertrags mit dem Heimträger voraus, der von der zuständigen Behörde genehmigt werden muss.

4

Das Heim ist gemäß **§ 11 Abs. 2 Heimgesetz** verpflichtet, ein Qualitätsmanagement zu betreiben, in dessen Rahmen üblicherweise eine Lieferantenbewertung durchgeführt wird. Zertifizierte Apotheken werden bei der Auswahl hier Marktvorteile haben. Krankenhausapotheken sind zur Heimversorgung nicht zugelassen.

„(1) Der Inhaber einer Erlaubnis zum Betrieb einer öffentlichen Apotheke ist verpflichtet, zur Versorgung von Bewohnern von Heimen im Sinne des § 1 des Heimgesetzes mit Arzneimitteln und apothekenpflichtigen Medizinprodukten mit dem Träger der Heime einen **schriftlichen Vertrag** zu schließen. Der Vertrag bedarf zu seiner Rechtswirksamkeit der **Genehmigung der zuständigen Behörde**. Die Genehmigung ist zu erteilen, wenn

1. die öffentliche Apotheke und die zu versorgenden Heime innerhalb desselben Kreises oder derselben kreisfreien Stadt oder in einander benachbarten Kreisen oder kreisfreien Städten liegen,
2. die ordnungsgemäße Arzneimittelversorgung gewährleistet ist, insbesondere Art und Umfang der Versorgung, das Zutrittsrecht zum Heim sowie die Pflichten zur Überprüfung der ordnungsgemäßen, bewohnerbezogenen Aufbewahrung der von ihm gelieferten Produkte durch pharmazeutisches Personal der Apotheke sowie die Dokumentation dieser Versorgung vertraglich festgelegt sind,
3. die Pflichten des Apothekers zur Information und Beratung von Heimbewohnern und des für die Verabreichung oder Anwendung der gelieferten Produkte Verantwortlichen festgelegt sind, soweit eine Information und Beratung zur Sicherheit der Heimbewohner oder der Beschäftigten des Heimes erforderlich sind,
4. der Vertrag die freie Apothekenwahl von Heimbewohnern nicht einschränkt und
5. der Vertrag keine Ausschließlichkeitsbindung zugunsten einer Apotheke enthält und die Zuständigkeitsbereiche mehrerer an der Versorgung beteiligter Apotheken klar abgrenzt.

Nachträgliche Änderungen oder Ergänzungen des Vertrages sind der zuständigen Behörde unverzüglich anzuzeigen.

(2) Die Versorgung ist vor Aufnahme der Tätigkeit der zuständigen Behörde anzuzeigen.

(3) Soweit Bewohner von Heimen sich selbst mit Arzneimitteln und apothekenpflichtigen Medizinprodukten aus öffentlichen Apotheken versorgen, bedarf es keines Vertrages nach Absatz 1." **(§ 12a)**

„(1) Nach dem Tode des Erlaubnisinhabers dürfen die Erben die Apotheke für längstens **12 Monate** durch einen Apotheker **verwalten** lassen.

(1a) Stirbt der Pächter einer Apotheke vor Ablauf der vereinbarten Pachtzeit, so kann die zuständige Behörde zur Vermeidung unbilliger Härten für den Verpächter zulassen, dass dieser die Apotheke für die Dauer von höchstens zwölf Monaten durch einen Apotheker verwalten lässt.

(1b) Der **Verwalter** bedarf für die Zeit der Verwaltung einer **Genehmigung**. Die Genehmigung ist zu erteilen, wenn er die Voraussetzungen des § 2 Abs. 1 Nr. 1 bis 4, 7 und 8 erfüllt.

(2) Die Genehmigung erlischt, wenn der Verwalter nicht mehr die Approbation als Apotheker besitzt. § 4 ist entsprechend anzuwenden.

(3) Der Verwalter ist für die Beachtung der Apothekenbetriebsordnung und der Vorschriften über die Herstellung von Arzneimitteln und den Verkehr mit diesen verantwortlich." **(§ 13)**

ZUSAMMENFASSUNG

- Eine Verpachtung ist nur unter genau festgelegten Bedingungen möglich; der Pächter bezahlt dabei Pachtzins an den Verpächter.
- Der Pächter benötigt dafür die Erlaubnis der zuständigen Behörde; ein Pächter kann auch bis zu vier Apotheken pachten.
- Verpachten kann der Erlaubnisinhaber, der überlebende erbberechtigte Ehegatte (auch eingetragene Lebenspartner) oder erbberechtigte Kinder, wenn die geforderten Bedingungen des § 9 ApoG erfüllt sind.
- Eine Apotheke kann mit Genehmigung der zuständigen Behörde durch einen Verwalter bis zu zwölf Monate verwaltet werden.
- Die wirtschaftliche Zusammenarbeit und die Zuführung von Patienten oder Rezepten sind zwischen Arzt und Apotheke verboten; ausgenommen davon ist die Herstellung von Zytostatika.
- Zum Versand apothekenpflichtiger Arzneimittel benötigt die Apotheke ein Qualitätssicherungssystem nach § 11a ApoG; verschreibungspflichtige Arzneimittel dürfen nur bei Vorliegen eines Rezepts und unter Berücksichtigung der Arzneimittelpreisverordnung versendet werden.
- Die Belieferung von Heimen durch eine oder mehrere Apotheken setzt einen Heimversorgungsvertrag voraus; dieser Vertrag muss von der zuständigen Behörde genehmigt sein.
- Jeder Heimbewohner hat trotz des Heimversorgungsvertrags das Recht auf freie Apothekenwahl; Krankenhausapotheken dürfen keine Heime versorgen.

4.2.2 Sonderformen von Apotheken

Der zweite Abschnitt des Gesetzes über das Apothekenwesen befasst sich mit den „Sonderformen" von Apotheken, deren Betrieb von dem der „normalen" öffentlichen Apotheken abweicht:

- **Krankenhausapotheken** (§ 14, ▸Kap. 4.3.2, ▫ Tab. 4.14, ▫ Tab. 4.15),

- **Bundeswehrapotheken** (§ 15),
- **Zweigapotheken** (§ 16, ▸Kap. 4.3.2, ▫ Tab. 4.15),
- **Notapotheken** (§ 17, ▸Kap. 4.3.2, ▫Tab. 4.15).

„(1) Dem **Träger eines Krankenhauses** ist auf Antrag die **Erlaubnis zum Betrieb einer Krankenhausapotheke** zu erteilen, wenn er
1. die Anstellung eines **Apothekers**, der die Voraussetzungen nach § 2 Abs. 1 Nr. 1 bis 4, 7 und 8 sowie Abs. 3, auch in Verbindung mit Abs. 2 oder 2a, erfüllt, und
2. die für Krankenhausapotheken nach der Apothekenbetriebsordnung vorgeschriebenen **Räume** nachweist.

Der Leiter der Krankenhausapotheke oder ein von ihm beauftragter Apotheker hat die Ärzte des Krankenhauses über Arzneimittel zu informieren und zu beraten, insbesondere im Hinblick auf eine zweckmäßige und wirtschaftliche Arzneimitteltherapie. Dies gilt auch insoweit, als die ambulante Versorgung berührt ist.

(2) Die Erlaubnis ist zurückzunehmen, wenn nachträglich bekannt wird, dass bei der Erteilung eine der nach Absatz 1 Satz 1 erforderlichen Voraussetzungen nicht vorgelegen hat. Sie ist zu widerrufen, wenn eine der Voraussetzungen nach Absatz 1 weggefallen ist oder wenn der Erlaubnisinhaber oder eine von ihm beauftragte Person den Bestimmungen dieses Gesetzes, der auf Grund des § 21 erlassenen Rechtsverordnung oder den für die Herstellung von Arzneimitteln oder den Verkehr mit diesen erlassenen Rechtsvorschriften gröblich oder beharrlich zuwiderhandelt. Entsprechend ist hinsichtlich der Genehmigung nach Absatz 5 Satz 1 und 3 zu verfahren, wenn die Voraussetzungen nach Absatz 5 Satz 2 nicht vorgelegen haben oder weggefallen sind." (**§ 14**)

> **DEFINITION**
>
> **Krankenhausapotheke:** Die Betriebserlaubnis erhält der Träger des Krankenhauses (z. B. eine Stadt, ein Kreis, das Land, private Träger oder die Kirche), der Apothekenleiter ist ein vom Krankenhausträger angestellter Apotheker. Hierbei handelt es sich um eine Ausnahme des Fremdbesitzverbots.
>
> **Krankenhausversorgende Apotheke:** Die Betriebserlaubnis hat der Betreiber der öffentlichen Apotheke, die zusätzlich auf Grund eines von der zuständigen Behörde genehmigten Liefervertrags ein oder mehrere Krankenhäuser beliefert.

„(3) Wer als Inhaber einer Erlaubnis zum Betrieb einer Krankenhausapotheke nach Absatz 1 beabsichtigt, ein weiteres, nicht von ihm selbst getragenes Krankenhaus mit Arzneimitteln zu versorgen, hat dazu mit dem Träger dieses Krankenhauses einen **schriftlichen Vertrag** zu schließen.

(4) Wer als Träger eines Krankenhauses beabsichtigt, das Krankenhaus von dem Inhaber einer Erlaubnis zum Betrieb einer Apotheke nach § 1 Abs. 2 oder nach den Gesetzen eines anderen Mitgliedstaates der Europäischen Union oder eines anderen Vertragsstaates des Abkommens über den Europäischen Wirtschaftsraum versorgen zu lassen, hat mit dem Inhaber dieser Erlaubnis einen **schriftlichen Vertrag** zu schließen. Erfüllungsort für die vertraglichen Versorgungsleistungen ist der Sitz des Krankenhauses. Anzuwendendes Recht ist deutsches Recht.

(5) Der nach Absatz 3 oder 4 geschlossene Vertrag bedarf zu seiner Rechtswirksamkeit der Genehmigung der zuständigen Behörde. Diese Genehmigung ist zu erteilen, wenn sichergestellt ist, dass das Krankenhaus mit einer Apotheke nach Absatz 3 oder 4 einen Vertrag über die Arzneimittelversorgung des Krankenhauses durch diese Apotheke geschlossen hat, der folgende **Voraussetzungen** erfüllt:

1. die ordnungsgemäße Arzneimittelversorgung ist gewährleistet, insbesondere sind die nach der Apothekenbetriebsordnung oder bei Apotheken, die ihren Sitz in einem anderen Mitgliedstaat der Europäischen Union oder einem anderen Vertragsstaat des Abkommens über den Europäischen Wirtschaftsraum haben, nach den in diesem Staat geltenden Vorschriften erforderlichen Räume und Einrichtungen sowie das erforderliche Personal vorhanden;
2. die Apotheke liefert dem Krankenhaus die von diesem bestellten Arzneimittel direkt oder im Falle des Versandes im Einklang mit den Anforderungen nach § 11a;
3. die Apotheke stellt Arzneimittel, die das Krankenhaus zur akuten medizinischen Versorgung besonders dringlich benötigt, unverzüglich und bedarfsgerecht zur Verfügung;
4. eine persönliche Beratung des Personals des Krankenhauses durch den Leiter der Apotheke nach Absatz 3 oder 4 oder den von ihm beauftragten Apotheker der versorgenden Apotheke erfolgt bedarfsgerecht und im Notfall unverzüglich;
5. die versorgende Apotheke gewährleistet, dass das Personal des Krankenhauses im Hinblick auf eine zweckmäßige und wirtschaftliche Arzneimitteltherapie von ihr kontinuierlich beraten wird;
6. der Leiter der versorgenden Apotheke nach Absatz 3 oder 4 oder der von ihm beauftragte Apotheker ist Mitglied der Arzneimittelkommission des Krankenhauses.

Eine Genehmigung der zuständigen Behörde ist auch für die Versorgung eines anderen Krankenhauses durch eine unter derselben Trägerschaft stehende Krankenhausapotheke erforderlich. Für die Erteilung der Genehmigung gilt Satz 2 entsprechend." (**§ 14**)

Die in den Absätzen 4 und 5 zu § 14 ApoG formulierten Bedingungen für die **Krankenhausbelieferung** durch Apotheken lösen das bis dahin gültige „Regionalprinzip" (Versorgung durch Apotheken des gleichen oder benachbarter Kreise) ab zu Gunsten des von der Europäischen Union durch ein Vertragsverletzungsverfahren geforderten „freien Verkehrs von Waren und Dienstleistungen innerhalb der Europäischen Union".

Bedingung ist der Abschluss eines **Krankenhaus-Versorgungsvertrags,** der vom jeweiligen Bundesland genehmigt werden muss. Voraussetzung dafür ist z.B., dass

- die Apotheke dem Krankenhaus Arzneimittel zur akuten medizinischen Versorgung unverzüglich und bedarfsgerecht zur Verfügung stellen kann,
- im Notfall auch eine unverzügliche persönliche Beratung des Krankenhauspersonals erfolgen kann,
- die beliefernde Apotheke das Krankenhauspersonal kontinuierlich im Hinblick auf eine zweckmäßige und wirtschaftliche Arzneimitteltherapie hinweisen kann,
- der Leiter der versorgenden Apotheke oder der von ihm beauftragte Apotheker Mitglied der Arzneimittelkommission des Krankenhauses sein kann.

Die **Ausschreibung des Versorgungsvertrags** ist innerhalb der gesamten Europäischen Union möglich. Die Forderungen nach kurzfristiger Bereitstellung von Akutarzneimitteln, aktueller Beratung des Personals und ständiger Mitarbeit des Apothekenleiters in der Arzneimittelkommission des Krankenhauses lassen eine Genehmigung der zuständigen Behörde nach Auffassung des EuGH allerdings nur für Apotheken in der Nähe des Krankenhauses zu.

„(6) Der Leiter der Krankenhausapotheke nach Absatz 1 oder einer Apotheke nach Absatz 4 oder ein von ihm beauftragter Apotheker hat die **Arzneimittelvorräte** des zu versorgenden Krankenhauses nach Maßgabe der Apothekenbetriebsordnung zu überprüfen und dabei insbesondere auf die einwandfreie Beschaffenheit und ordnungsgemäße Aufbewahrung der Arzneimittel zu achten. Zur Beseitigung festgestellter Mängel hat er eine angemessene Frist zu setzen und deren Nichteinhaltung der für die Apothekenaufsicht zuständigen Behörde anzuzeigen.

(7) Der Leiter der Krankenhausapotheke nach Absatz 1 oder ein von ihm beauftragter Apotheker oder der Leiter einer Apotheke nach Absatz 4 dürfen nur solche Krankenhäuser **mit Arzneimitteln versorgen**, mit denen rechtswirksame Verträge bestehen oder für deren Versorgung eine Genehmigung nach Absatz 5 Satz 3 erteilt worden ist. Die in Satz 1 genannten Personen dürfen Arzneimittel nur an die einzelnen Stationen und anderen Teileinheiten des Krankenhauses zur Versorgung von Patienten abgeben, die in dem Krankenhaus vollstationär, teilstationär, vor- oder nachstationär (§ 115a des Fünften Buches Sozialgesetzbuch) behandelt, ambulant operiert oder im Rahmen sonstiger stationsersetzender Eingriffe (§ 115b des Fünften Buches Sozialgesetzbuch) versorgt werden, ferner zur unmittelbaren Anwendung bei Patienten an ermächtigte Ambulanzen des Krankenhauses, insbesondere an Hochschulambulanzen (§ 117 des Fünften Buches Sozialgesetzbuch), psychiatrische Institutsambulanzen (§ 118 des Fünften Buches Sozialgesetzbuch), sozialpädiatrische Zentren (§ 119 des Fünften Buches Sozialgesetzbuch), medizinische Behandlungszentren (§ 119c des Fünften Buches Sozialgesetzbuch) und ermächtigte Krankenhausärzte (§ 116 des Fünften Buches Sozialgesetzbuch) sowie an Patienten im Rahmen der ambulanten Behandlung im Krankenhaus, wenn das Krankenhaus hierzu ermächtigt (§ 116a des Fünften Buches Sozialgesetzbuch) oder berechtigt (§§ 116b und 140a Abs. 4 Satz 3 des Fünften Buches Sozialgesetzbuch) ist. Bei der **Entlassung** von Patienten nach stationärer oder ambulanter Behandlung im Krankenhaus darf an diese die **zur Überbrückung benötigte Menge an Arzneimitteln** nur abgegeben werden, wenn im unmittelbaren Anschluss an die Behandlung ein Wochenende oder ein Feiertag folgt. Unbeschadet des Satzes 3 können an Patienten, für die die Verordnung häuslicher Krankenpflege nach § 92 Abs. 7 Satz 1 Nr. 3 des Fünften Buches Sozialgesetzbuch vorliegt, die zur Überbrückung benötigten Arzneimittel für längstens drei Tage abgegeben werden. An **Beschäftigte des Krankenhauses** dürfen Arzneimittel nur für deren unmittelbaren eigenen Bedarf abgegeben werden. Die Versorgung mit Arzneimitteln nach den Sätzen 3 bis 5 umfasst auch Arzneimittel, die verschreibungsfähige Betäubungsmittel sind." (**§ 14**)

4

Die Krankenhausapotheke und die krankenhausversorgende Apotheke unterscheiden sich noch in mehreren Punkten von der öffentlichen Apotheke, z. B. bei der Vertretung des Apothekenleiters und der Vorratshaltung (▸Kap. 4.3.2, ▢ Tab. 4.14, ▢ Tab. 4.15).

MERKE

Das Betreiben der Bundeswehrapotheken (§ 15 ApoG) liegt allein im Zuständigkeitsbereich des Bundesministers der Verteidigung, die er unter Berücksichtigung der besonderen militärischen Gegebenheiten in eigenen Dienstvorschriften regelt.

„(1) Tritt infolge Fehlens einer Apotheke ein Notstand in der Arzneimittelversorgung ein, so kann die zuständige Behörde dem Inhaber einer nahe gelegenen Apotheke auf Antrag die Erlaubnis zum Betrieb einer **Zweigapotheke** erteilen, wenn dieser die dafür vorgeschriebenen Räume nachweist.

(2) Zweigapotheken müssen **verwaltet** werden. § 13 gilt entsprechend.

(3) Die Erlaubnis nach Absatz 1 soll einem Apotheker nicht für mehr als eine Zweigapotheke erteilt werden.

(4) Die Erlaubnis wird für einen Zeitraum von fünf Jahren erteilt; sie kann erneut erteilt werden." (**§ 16**)

Da eine Zweigapotheke (▸Kap. 4.3.2, ▢ Tab. 4.15) **kein Labor** haben muss (Herstellung und Prüfung in der Stammapotheke), kann in dieser Apotheke auch nicht das Praktikum als Pharmaziepraktikant oder PTA-Praktikant abgeleistet werden.

Die Möglichkeit, nach **§ 17** ApoG **Notapotheken** (▸Kap. 4.3.2, ▢ Tab. 4.15) einzurichten, stammt noch aus früheren Zeiten der Arzneimittelunterversorgung großer Gebiete und hat keine praktische Bedeutung mehr. Hierbei könnte eine **Gemeinde** bis zu sechs Monate nach öffentlicher Bekanntmachung eines Arzneimittelnotstandes die Betriebserlaubnis für eine Apotheke erhalten und muss einen **Apothekenleiter** einstellen.

Der **§ 18 des Apothekengesetzes** regelt seit Inkrafttreten des ASNG die Zuständigkeit dieses **Notdienstfonds** zur Sicherstellung des Apothekennotdienstes beim Deutschen Apothekerverband (DAV), die Rechts- und Fachaufsicht wird vom Bundesministerium für Gesundheit (BMG) ausgeübt.

Durch das **Apothekennotdienstsicherstellungsgesetz** (ANSG) wurde der packungsbezogene Fixzuschlag nach § 3 Absatz 1 Satz 1 AMPreisV (▸ Kap. 5.2.3) zum 01.08.2013 um 16 Cent angehoben. Das ANSG betrifft somit die Arzneimittel, die dem § 3 Absatz 1 Satz 1 AMPreisV unterliegen: Fertigarzneimittel, die verschreibungspflichtig sind (Rx-Packungen) und zur Anwendung beim Menschen bestimmt sind und die nicht vom Anwendungsbereich der AMPreisV ausgenommen sind. Hierzu zählen insbesondere auch Abgaben im Rahmen der Heimversorgung mit Versorgungsvertrag, „Eigenentnahmen" sowie Direktabgaben an Ärzte.

„(1) Der im Vereinsregister des Amtsgerichts Frankfurt am Main unter der Registernummer 4485 eingetragene **Deutsche Apothekerverband e.V.** errichtet und verwaltet einen Fonds zur Förderung der Sicherstellung des Notdienstes von Apotheken. Er nimmt die Aufgaben im Zusammenhang mit der Errichtung des Fonds sowie der

Vereinnahmung und Verteilung der Mittel, einschließlich des Erlasses und der Vollstreckung der hierzu notwendigen Verwaltungsakte, als Beliehener nach Maßgabe der §§ 19 und 20 wahr. Der Deutsche Apothekerverband e. V. ist Anordnungsbehörde im Sinne des § 3 des Verwaltungsvollstreckungsgesetzes und Vollzugsbehörde im Sinne des § 7 des Verwaltungsvollstreckungsgesetzes.

(2) Der Deutsche Apothekerverband e. V. hat den Fonds nach Absatz 1 Satz 1 getrennt vom sonstigen Vermögen des Vereins zu errichten und zu verwalten. Die ihm bei der Errichtung und Verwaltung des Fonds entstehenden Ausgaben werden aus den Einnahmen des Fonds gedeckt. Die Finanzmittel sind bei der Bundesrepublik Deutschland Finanzagentur GmbH anzulegen. Der Fonds hat zur Sicherstellung seiner Zahlungsfähigkeit im jeweils laufenden Quartal Betriebsmittel in angemessener Höhe vorzuhalten, die aus Einnahmen des Fonds zu bilden sind. Zur anfänglichen Aufbringung der Betriebsmittel können Darlehen in angemessener Höhe aufgenommen werden, die bis spätestens zum 31. Dezember 2013 aus den Einnahmen des Fonds zurückzuzahlen sind.

(3) Die Rechts- und Fachaufsicht über den Deutschen Apothekerverband e. V. bei der Wahrnehmung der Aufgaben nach Absatz 1 führt das Bundesministerium für Gesundheit. Der Deutsche Apothekerverband e. V. hat der Aufsichtsbehörde auf Verlangen die Rechnungslegung des Fonds offenzulegen." (**§ 18**)

ZUSAMMENFASSUNG

- Zweigapotheken und Notapotheken haben heutzutage keine praktische Bedeutung mehr. Zudem ist der Begriff „Arzneimittelnotstand" im Apothekengesetz nicht näher definiert.
- Eine Krankenhausapotheke wird von einem Krankenhausträger betrieben, von einem angestellten Apotheker geleitet und beliefert ein oder mehrere Krankenhäuser.
- Eine krankenhausversorgende Apotheke ist eine öffentliche Apotheke, die zusätzlich auf Grund von Versorgungsverträgen ein oder mehrere Krankenhäuser beliefert.
- Zwischen dem Krankenhaus und der beliefernden Apotheke wird ein Versorgungsvertrag geschlossen, in dem die Apotheke die sechs Voraussetzungen des § 14 Abs. 5 ApoG gewährleistet.
- Das Krankenhaus darf an entlassene und ambulante Patienten am Wochenende zur Überbrückung Arzneimittel abgeben; an Beschäftigte des Krankenhauses dürfen Arzneimittel nur für deren unmittelbaren eigenen Bedarf abgegeben werden.
- Die Zuständigkeit des DAV für die Sicherstellung des Apothekennotdienstes wurde in das Apothekengesetz aufgenommen; pro verschriebenem Fertigarzneimittel werden derzeit 16 Cent zur Finanzierung dieses Notdienstfonds zurückgelegt und nachträglich an die Apotheken verteilt.

SPICKZETTEL

Betriebserlaubnis	Wird auf Antrag bei Vorliegen aller räumlichen und personellen Voraussetzungen von der zuständigen Behörde für eine Apotheke bzw. einen Apothekenverbund erteilt
Filialapotheke	Muss von einem angestellten Apotheker als Filialleiter geleitet werden (Betriebserlaubnis hat der Betreiber aller Apotheken)
Fremdbesitzverbot	Nur Apotheker dürfen Apotheken besitzen und erhalten eine Erlaubnis zum Betreiben von bis zu vier Apotheken
Hauptapotheke	Muss vom Betreiber des Apothekenverbunds (bis zu vier Apotheken) persönlich geleitet werden
Heimversorgung	Durch öffentliche Apotheke (Heimversorgungsvertrag)
Krankenhausapotheke	Nicht öffentliche Apotheke (Betriebserlaubnis: Träger des Krankenhauses, Leiter: angestellter Apotheker)
Krankenhausversorgende Apotheke	Öffentliche Apotheke, die zusätzlich ein oder mehrere Krankenhäuser mit Arzneimitteln und apothekenpflichtigen Medizinprodukten versorgt (Versorgungsvertrag)
Mehrbesitzverbot	Ein Apotheker darf nur bis zu vier Apotheken besitzen
Niederlassungsfreiheit	Jeder Apotheker kann uneingeschränkt eine Apotheke eröffnen
Notdienstfond	Wird über den Preis von Rx-Arzneimitteln eingezogen, vom DAV verwaltet und an die Apotheken ausbezahlt
OHG	Offene Handelsgesellschaft (mehrere Apotheker betreiben eine Apotheke, mehrere Betriebserlaubnisse)
Pächter	Betreibt die gepachtete Apotheke mit Erlaubnis und bezahlt Pachtzins
Verpächter	Verpachtung nur möglich aus persönlichen Gründen (Alter, Krankheit) oder bei Tod des Apothekenbetreibers durch Erben
Verwalter	Angestellter Apothekenleiter nach dem Tod des Apothekeninhabers mit Genehmigung der Behörde für maximal ein Jahr
Zweigapotheke	Genehmigungspflichtige zusätzliche Apotheke bei Arzneimittelunterversorgung eines Gebiets

REPETITORIUM 6: APOTHEKENGESETZ

● leicht ●● mittel ●●● schwer

●

1. Nennen Sie Unterschiede zwischen einer Krankenhausapotheke und einer krankenhausversorgenden Apotheke!

2. Wo dürfen Sie Ihre praktische Ausbildung ableisten:

   a) Krankenhausapotheke

   b) Zweigapotheke

   c) Pharmaindustrie

   d) Filialapotheke?

3. Nennen Sie Argumente für die Krankenhausversorgung durch eine krankenhausnahe Apotheke!

●●

1. Kennen Sie Ausnahmen vom Mehrbesitzverbot und Fremdbesitzverbot?

2. Wer besitzt die Erlaubnis zum Betreiben folgender Apotheken:

   a) Zweigapotheke

   b) krankenhausversorgende Apotheke

   c) Krankenhausapotheke

   d) Filialapotheke

   e) verpachtete Apotheke

   f) OHG?

3. Darf eine Apotheke mit einem Arzt zusammenarbeiten?

4. Darf ein Krankenhaus nur stationäre Patienten mit Arzneimitteln versorgen?

●●●

1. Unter welchen Bedingungen und wie lange ist die Verpachtung einer Apotheke zulässig?

2. Was muss ein Qualitätssicherungssystem beim Versandhandel sicherstellen?

3. Nennen Sie die fünf Bedingungen für die Genehmigung einer Heimversorgung durch die zuständige Behörde!

4

4.3 Verordnung über den Betrieb von Apotheken (Apothekenbetriebsordnung – ApBetrO)

ApBetrO in der Fassung der Bekanntmachung vom 26. September 1995 (BGBl. I S. 1195), die zuletzt durch Artikel 1 der Verordnung vom 9. Oktober 2019 (BGBl. I S. 1450) geändert worden ist.

Im **§ 21 des Apothekengesetzes** (▶ Kap. 4.2) wird der **Bundesminister für Gesundheit** ermächtigt, mit Zustimmung des Bundesrats eine Rechtsverordnung zu erlassen, „um einen ordnungsgemäßen Betrieb der Apotheken, Zweigapotheken und Krankenhausapotheken zu gewährleisten und um die Qualität der dort herzustellenden und abzugebenden Arzneimittel sicherzustellen. Hierbei sind die von der Weltgesundheitsorganisation aufgestellten Grundregeln für die Herstellung von Arzneimitteln und die Sicherung ihrer Qualität, die Vorschriften des Arzneibuchs und die allgemein anerkannten Regeln der pharmazeutischen Wissenschaft zu berücksichtigen."

Die im Jahr 2012 gründlich novellierte Verordnung über den Betrieb von Apotheken gliedert sich in **4 Abschnitte;** Anlagen wie früher gibt es nicht mehr (▫ Tab. 4.7).

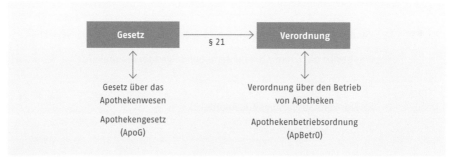

o **Abb. 4.2** Gesetz und Verordnung (Betrieb von Apotheken)

▫ **Tab. 4.7** Apothekenbetriebsordnung (Übersicht)

Abschnitt	Bezeichnung
Erster Abschnitt: Allgemeine Bestimmung	
§ 1	Anwendungsbereich
§ 1a	Begriffsbestimmungen
Zweiter Abschnitt: Der Betrieb von öffentlichen Apotheken	
§ 2	Apothekenleiter
§ 2a	Qualitätsmanagementsystem
§ 3	Apothekenpersonal
§ 4	Beschaffenheit, Größe und Einrichtung der Apothekenbetriebsräume

▫ **Tab. 4.7** Apothekenbetriebsordnung (Übersicht, Fortsetzung)

Abschnitt	Bezeichnung
§4a	Hygienemaßnahmen
§5	Wissenschaftliche und sonstige Hilfsmittel
§6	Allgemeine Vorschriften über die Herstellung und Prüfung
§7	Rezepturarzneimittel
§8	Defekturarzneimittel
§9	(Aufgehoben) vormals: Großherstellung
§10	(Aufgehoben) vormals: Prüfung und Freigabe bei der Großherstellung
§11	Ausgangsstoffe
§11a	Tätigkeiten im Auftrag
§12	Prüfung der nicht in der Apotheke hergestellten Fertigarzneimittel und apothekenpflichtigen Medizinprodukte
§13	Behältnisse
§14	Kennzeichnung
§15	Vorratshaltung
§16	Lagerung
§17	Erwerb und Abgabe von Arzneimitteln und Medizinprodukten
§18	Einfuhr von Arzneimitteln
§19	Erwerb und Abgabe von verschreibungspflichtigen Tierarzneimitteln
§20	Information und Beratung
§21	Arzneimittelrisiken, Behandlung nicht verkehrsfähiger Arzneimittel
§22	Allgemeine Dokumentation
§23	Dienstbereitschaft
§24	Rezeptsammelstellen
§25	(Aufgehoben) vormals: apothekenübliche Waren
§25a	Abwehr von bedrohlichen übertragbaren Krankheiten

4

◻ **Tab. 4.7** Apothekenbetriebsordnung (Übersicht, Fortsetzung)

Abschnitt	Bezeichnung
Dritter Abschnitt: Der Betrieb von Krankenhausapotheken	
§ 26	Anzuwendende Vorschriften
§ 27	Leiter der Krankenhausapotheke
§ 28	Personal der Krankenhausapotheke
§ 29	Räume und Einrichtung der Krankenhausapotheke
§ 30	Vorratshaltung in der Krankenhausapotheke
§ 31	Abgabe in der Krankenhausapotheke
§ 32	Überprüfung der Arzneimittelvorräte und der apothekenpflichtigen Medizinprodukte auf den Stationen
§ 33	Dienstbereitschaft der Krankenhausapotheke
Vierter Abschnitt: Sondervorschriften	
§ 34	Patientenindividuelles Stellen oder Verblistern von Arzneimitteln
§ 35	Herstellung von Arzneimitteln zur parenteralen Anwendung
Fünfter Abschnitt: Ordnungswidrigkeiten, Übergangs- und Schlussvorschriften	
§ 36	Ordnungswidrigkeiten
§ 37	Übergangsvorschriften
Anlagen	(Aufgehoben) vormals: Anlagen 1, 2, 3 und 4

4.3.1 Erster und zweiter Abschnitt: Betrieb von öffentlichen Apotheken und Zweigapotheken

– Auszüge –

„(1) Diese Verordnung findet Anwendung auf den **Betrieb und die Einrichtung** von **öffentlichen Apotheken einschließlich der krankenhausversorgenden Apotheken, Zweig- und Notapotheken sowie von Krankenhausapotheken**. Ihre Vorschriften legen fest, wie die ordnungsgemäße Versorgung der Bevölkerung mit Arzneimitteln und apothekenpflichtigen Medizinprodukten sicherzustellen ist.
(2) Diese Verordnung findet auf den Apothekenbetrieb insoweit keine Anwendung, als eine Erlaubnis nach § 13, § 52a oder § 72 des Arzneimittelgesetzes erteilt worden ist.

(3) Die Medizinprodukte-Betreiberverordnung in der Fassung der Bekanntmachung vom 21. August 2002 (BGBl. I S. 3396) und die Medizinprodukte-Sicherheitsplanverordnung vom 24. Juni 2002 (BGBl. I S. 2131), jeweils in der geltenden Fassung, bleiben unberührt." **(§1)**

Das Arzneimittelgesetz (▶ Kap. 5.1.3) verlangt von einem Apothekenleiter nur dann eine **Erlaubnis zur Herstellung von Arzneimitteln,** wenn er den „Rahmen des üblichen Apothekenbetriebs" (= Abgabe an Kunden der betreffenden Apotheke) überschreitet. Dies ist z. B. der Fall, wenn der Apotheker Präparate für andere Apotheken herstellt, hierbei ist dann neben der Apothekenbetriebsordnung die Arzneimittel- und Wirkstoffherstellungsverordnung maßgeblich. Apotheken, die eine Erlaubnis nach § 52a AMG (▶ Kap. 5.1.6) benötigen, unterliegen für den durch diese Erlaubnis abgedeckten Bereich der Betriebsverordnung für Arzneimittelgroßhandelsbetriebe.

4

> **KURZINFO**
>
> Der § 1a wurde 2012 neu in die Apothekenbetriebsordnung eingefügt und definiert 17 wichtige Begriffe, die später in den einzelnen Abschnitten vorkommen.

„(1) **Krankenhausversorgende Apotheken** sind öffentliche Apotheken, die gemäß § 14 Absatz 4 des Gesetzes über das Apothekenwesen ein Krankenhaus versorgen.
(2) **Pharmazeutisches Personal** sind Apotheker, pharmazeutisch-technische Assistenten, Apothekerassistenten, Pharmazieingenieure, Apothekenassistenten, pharmazeutische Assistenten sowie Personen, die sich in der Ausbildung zum Apothekerberuf oder zum Beruf des pharmazeutisch-technischen Assistenten befinden.
(3) **Pharmazeutische Tätigkeit** ist im Sinne dieser Verordnung
1. die Entwicklung und Herstellung von Arzneimitteln,
2. die Prüfung von Ausgangsstoffen oder Arzneimitteln,
3. die Abgabe von Arzneimitteln,
4. die Information und Beratung über Arzneimittel,
5. die Überprüfung von Arzneimitteln sowie die Beobachtung, Sammlung und Auswertung von Arzneimittelrisiken und Medikationsfehlern in Krankenhäusern oder in den Krankenhäusern gemäß § 14 Absatz 8 Apothekengesetz hinsichtlich der Arzneimittelversorgung gleichgestellten Einrichtungen oder in den zu versorgenden Einrichtungen im Sinne des § 12 a des Apothekengesetzes.
6. das Medikationsmanagement, mit dem die gesamte Medikation des Patienten, einschließlich der Selbstmedikation, wiederholt analysiert wird mit den Zielen, die Arzneimitteltherapiesicherheit und die Therapietreue zu verbessern, indem arzneimittelbezogene Probleme erkannt und gelöst werden." **(§1a)**

Neben den **pharmazeutischen Tätigkeiten** in einer Apotheke gibt es noch andere pharmazeutische Tätigkeitsbereiche, zum Beispiel in der Industrie, in Laboren oder in der Verwaltung. Die Ergänzung „im Sinne dieser Verordnung" stellt klar, dass hier nur pharmazeutische Tätigkeiten im Sinne der Apothekenbetriebsordnung definiert werden.

PRAXISBEISPIEL

Pharmazeutische Tätigkeiten sind immer im Zusammenhang mit Arzneimitteln zu definieren. Es wäre so z. B. möglich, dass eine PTA Glucose nach Arzneibuch prüft (Arzneimittel) und eine PKA den Glucosegehalt in einer Harnprobe oder Weinprobe (Harn und Wein sind keine Arzneimittel) bestimmt.
Anderes Beispiel: Abgabe von Benzin zu Reinigungszwecken (kein Arzneimittel) durch PKAs ist erlaubt, Benzin zur Wundreinigung (Arzneimittel) nicht.

Das neu eingeführte **Medikationsmanagement** ist eine pharmazeutische Tätigkeit. Das Medikationsmanagement umfasst beispielsweise die Überprüfung der Gesamtmedikation des Patienten, die Bewertung von Arzneimittelrisiken und die Optimierung der Arzneimittelanwendung. Damit handelt es sich um eine höchst anspruchsvolle, über die bloße Information und Beratung über Arzneimittel – welche ja bereits eine pharmazeutische Tätigkeit darstellt – hinausgehende Tätigkeit. Wegen des hohen pharmazeutischen Anspruchs ist es daher nur folgerichtig, dass das Medikationsmanagement nach § 3 Absatz 4 der Apothekenbetriebsordnung ausschließlich dem **Apotheker** vorbehalten bleibt.

MERKE

Das Medikationsmanagement ist eine pharmazeutische Tätigkeit, die nach Apothekenbetriebsordnung ausschließlich ein Apotheker ausführen darf. Es umfasst die Überprüfung der Gesamtmedikation eines Patienten, die Bewertung von Arzneimittelrisiken, die Optimierung der Arzneimittelanwendung und schließt auch die Selbstmedikation mit ein.

Als Grundlage für eine optimierte Arzneimittelversorgung hat die Bundesapothekerkammer die Leistungen, die hinter den Begriffen „Medikationsanalyse" und „Medikationsmanagement" stehen, erstmals 2014 detailliert definiert:

DEFINITION

Medikationsanalyse: Gemäß BAK-Definition ist unter Medikationsanalyse eine strukturierte Analyse der aktuellen Gesamtmedikation eines Patienten zu verstehen. Sie hat die Erhöhung der Effektivität der Arzneimitteltherapie und die Minimierung von Arzneimittelrisiken zum Ziel.
Medikationsmanagement: Von Medikationsmanagement ist nur dann die Rede, wenn sich an die Medikationsanalyse eine kontinuierliche Betreuung durch ein interdisziplinäres Team anschließt. Dadurch sollen eine fortlaufende und dauerhafte Verbesserung der Arzneimitteltherapie sowie eine Reduzierung von Arzneimittelrisiken erreicht werden.

Im Dezember 2015 wurde vom Bundestag das **E-Health-Gesetz** verabschiedet, in dem die Apotheker beim Medikationsmanagement gegenüber den Ärzten lediglich eine untergeordnete Rolle erhalten haben. Die konkrete Regelung wurde in den neu eingefügten § 31a (**Medikationsplan**) ins Sozialgesetzbuch V eingefügt (▸ Kap. 5.4, SGB V).

> „(4) **Patientenindividuelles Stellen** ist die auf Einzelanforderung vorgenommene und patientenbezogene manuelle Neuverpackung von Fertigarzneimitteln für bestimmte Einnahmezeitpunkte des Patienten in einem wieder verwendbaren Behältnis.
>
> (5) **Patientenindividuelles Verblistern** ist die auf Einzelanforderung vorgenommene und patientenbezogene manuelle oder maschinelle Neuverpackung von Fertigarzneimitteln für bestimmte Einnahmezeitpunkte des Patienten in einem nicht wieder verwendbaren Behältnis." (**§ 1a**)

Mit den Absätzen 4 und 5 werden Definitionen für Tätigkeiten aufgenommen, die in den Apotheken vermehrt an Bedeutung gewonnen haben oder auch neue Tätigkeiten darstellen werden und für die hier die Kriterien festgelegt werden. Das patientenindividuelle Stellen oder Verblistern (neu eingefügt in den **§ 34 ApBetrO**) sind Herstellungstätigkeiten im Zusammenhang mit Arzneimitteln und gehören daher zu den pharmazeutischen Tätigkeiten. Die Einzelanforderung erfolgt in der Regel durch ärztliche Verschreibung, aber auch auf Kundenwunsch. Die Neuverpackung kann beim Verblistern manuell (z. B. in Blisterkarten) oder automatisiert (z. B. in Schlauchblistern) erfolgen.

> „(6) **Ausgangsstoff** ist jeder bei der Herstellung eines Arzneimittels verwendete Stoff oder jede Zubereitung aus Stoffen, ausgenommen Verpackungsmaterial.
>
> (7) **Primäre Verpackungsmaterialien** sind Behältnisse oder Umhüllungen, die mit den Arzneimitteln in Berührung kommen.
>
> (8) **Rezepturarzneimittel** ist ein Arzneimittel, das in der Apotheke im Einzelfall aufgrund einer Verschreibung oder auf sonstige Anforderung einer einzelnen Person und nicht im Voraus hergestellt wird.
>
> (9) **Defekturarzneimittel** ist ein Arzneimittel, das im Rahmen des üblichen Apothekenbetriebs im Voraus an einem Tag in bis zu hundert abgabefertigen Packungen oder in einer diesen entsprechenden Menge hergestellt wird." (**§ 1a**)

Bei den Defekturarzneimitteln handelt es sich entweder um Fertigarzneimittel, die nach § 21 Absatz 2 Nummer 1 AMG ohne Zulassung in den Verkehr gebracht werden dürfen (sog. Hunderterregel, ▸ Kap. 5.1.4) oder um Nicht-Fertigarzneimittel, die in einer vergleichbaren Menge als Zwischen- oder Endprodukt für eine spätere Weiterverarbeitung oder zum Abfüllen im Voraus hergestellt werden.

> „(10) **Apothekenübliche Waren** sind:
> 1. Medizinprodukte, die nicht der Apothekenpflicht unterliegen,
> 2. Mittel sowie Gegenstände und Informationsträger, die der Gesundheit von Menschen und Tieren unmittelbar dienen oder diese fördern,
> 3. Mittel zur Körperpflege,
> 4. Prüfmittel,
> 5. Chemikalien,
> 6. Reagenzien,

7. Laborbedarf,

8. Schädlingsbekämpfungs- und Pflanzenschutzmittel sowie

9. Mittel zur Aufzucht von Tieren.

(11) **Apothekenübliche Dienstleistungen** sind Dienstleistungen, die der Gesundheit von Menschen oder Tieren dienen oder diese fördern; dazu zählen insbesondere

1. die Beratung

    a) in Gesundheits- und Ernährungsfragen,

    b) im Bereich Gesundheitserziehung und -aufklärung,

    c) zu Vorsorgemaßnahmen,

    d) über Medizinprodukte,

2. die Durchführung von einfachen Gesundheitstests,

3. das patientenindividuelle Anpassen von Medizinprodukten sowie

4. die Vermittlung von gesundheitsbezogenen Informationen." (**§1a**)

Hinsichtlich des **apothekenüblichen Nebensortiments** ist durch die Aufnahme der Mittel zur Körperpflege eine für die Apotheken auch wirtschaftlich sinnvolle Erweiterung vorgenommen worden. Dadurch sollte aber dennoch das Bild der Apotheke als Ort der Arzneimittelabgabe, Krankheitsprävention und Gesundheitsförderung erhalten bleiben.

Noch relativ neu ist die Aufnahme der **apothekenüblichen Dienstleistungen** in die Apothekenbetriebsordnung. Hierzu gehören beispielsweise die Durchführung von Gesundheitstests oder andere Screening-Dienstleistungen, bei denen dem Patienten ein Messwert und gegebenenfalls ein Bezugswert genannt wird (z. B. beim Blutdruckmessen oder der Bestimmung des Blutzucker- oder des Cholesterinwertes) und auch das Anpassen von Medizinprodukten (z. B. von Kompressionsstrümpfen).

„(12) **Inprozesskontrollen** sind Überprüfungen, die während der Herstellung eines Arzneimittels zur Überwachung und erforderlichenfalls Anpassung des Prozesses vorgenommen werden, um zu gewährleisten, dass das Arzneimittel die erwartete Qualität aufweist; bei der Herstellung von sterilen Arzneimitteln, insbesondere Parenteralia, ist die Überwachung der Umgebung oder der Ausrüstung Teil der Inprozesskontrollen.

(13) **Kritische Ausrüstungsgegenstände oder Geräte** sind solche, die mit den Ausgangsstoffen oder Arzneimitteln in Berührung kommen oder einen anderen wesentlichen Einfluss auf die Qualität oder Sicherheit dieser Produkte haben können.

(14) **Kalibrierung** ist ein Arbeitsgang, durch den unter genau bestimmten Bedingungen die Beziehung bestimmt wird zwischen einerseits den Werten, die durch ein Messgerät oder ein Messsystem angezeigt werden, oder den Werten, die sich aus einer Materialmessung ergeben und andererseits den entsprechenden Werten eines Referenzstandards.

(15) **Qualifizierung** ist das Erbringen eines dokumentierten Nachweises, der mit hoher Sicherheit belegt, dass ein spezifischer Ausrüstungsgegenstand oder eine spezifische Umgebungsbedingung für die Herstellung oder Prüfung des Arzneimittels den vorher festgelegten Qualitätsmerkmalen entspricht.

(16) **Validierung** ist das Erbringen eines dokumentierten Nachweises, der mit hoher Sicherheit belegt, dass durch einen spezifischen Prozess oder ein Standardarbeitsverfahren ein Arzneimittel hergestellt und geprüft wird, das den vorher festgelegten Qualitätsmerkmalen entspricht.

(17) **Herstellen im geschlossenen System** ist die Überführung steriler Ausgangsmaterialien oder Lösungen in ein vorsterilisiertes geschlossenes Behältnis, ohne dass der Inhalt dabei mit der äußeren Umgebung in Kontakt kommt." (**§1a**)

KURZINFO

Der § 2 der Apothekenbetriebsordnung regelt die grundsätzlichen Rechte und Pflichten eines Apothekenleiters sowie seine Stellvertretung, zudem enthält die Apothekenbetriebsordnung erstmalig seit 2012 im neuen § 2a eine Verpflichtung zu einem Qualitätsmanagementsystem (QM-System, QMS).

4

„(1) **Apothekenleiter** ist
1. bei einer Apotheke, die nach § 1 Abs. 2 des Gesetzes über das Apothekenwesen betrieben wird, der Inhaber der Erlaubnis nach § 2 des Apothekengesetzes, im Falle der Verpachtung der Pächter,
2. bei einer Apotheke oder Zweigapotheke, die nach § 13 oder § 16 des Gesetzes über das Apothekenwesen verwaltet wird, der Inhaber der Genehmigung,
3. bei einer Apotheke, die nach § 17 des Gesetzes über das Apothekenwesen betrieben wird, der von der zuständigen Behörde angestellte und mit der Leitung beauftragte Apotheker,
4. bei einer Hauptapotheke nach § 2 Abs. 5 Nr. 1 des Apothekengesetzes der Inhaber der Erlaubnis nach § 2 Abs. 4 des Apothekengesetzes,
5. bei einer Filialapotheke nach § 2 Abs. 5 Nr. 2 des Apothekengesetzes der vom Betreiber benannte Verantwortliche."
„(2) Der **Apothekenleiter** hat die Apotheke **persönlich zu leiten**. Er ist dafür verantwortlich, dass die Apotheke unter Beachtung der geltenden Vorschriften betrieben wird. Neben dem Apothekenleiter nach Absatz 1 Nr. 5 ist auch der Betreiber für die Einhaltung der zum Betreiben von Apotheken geltenden Vorschriften verantwortlich."
„(3) Der Apothekenleiter hat der zuständigen Behörde jede weitere berufliche oder gewerbsmäßige Tätigkeit anzuzeigen, bevor sie aufgenommen wird." (**§ 2**)

Diese Anzeigepflicht soll es der in dem jeweiligen Bundesland zuständigen Behörde ermöglichen, festzustellen, ob der Apothekenleiter z. B. auch bei **Betreiben einer oder mehrerer Apotheken innerhalb der EU** seiner gesetzlich vorgeschriebenen Verpflichtung zur persönlichen Leitung der deutschen Apotheke nachkommen kann (Apothekengesetz, ▸ Kap. 4.2).

Anzeigepflichtig ist nach Kommentar des BMG nicht jede Tätigkeit gegen Entgelt. Zur gewerbsmäßigen Ausübung zählen daher nur solche Tätigkeiten, die dazu bestimmt sind, sich auf unbestimmte Zeit oder über einen längeren Zeitraum eine fortlaufende Einnahmequelle zu schaffen.

Bei **Filialapotheken** sind sowohl der **Betreiber** als auch der verantwortliche **Apothekenleiter** der Filialapotheke für die Einhaltung der apothekenrechtlichen Vorschriften verantwortlich. In einer **OHG** (▸ Kap. 4.2.1) kann die Leitung von Filialapotheken auch durch Gesellschafter dieser OHG wahrgenommen werden.

„(4) Der Apothekenleiter darf neben Arzneimitteln und apothekenpflichtigen Medizinprodukten die in § 1a Absatz 10 genannten Waren in der Apotheke nur in einem
Umfang anbieten oder feilhalten, der den **ordnungsgemäßen Betrieb** der Apotheke
und **den Vorrang des Arzneimittelversorgungsauftrages** nicht beeinträchtigt. Satz 1 ist
auf die apothekenüblichen Dienstleistungen nach § 1a Absatz 11 entsprechend anzuwenden." (**§ 2**)

Mit dieser Formulierung soll dem Abgleiten der Apotheke in einen Supermarkt mit Dro-
gerieartikeln vorgebeugt werden. Die Überwachungsbehörden achten auf das Verhältnis
zwischen dem **Auftrag der Apotheke** (Arzneimittelversorgung) und **zusätzlichen Angeboten** mit apothekenüblichen Waren. Die „apothekenüblichen Dienstleistungen" (im § 1a
definiert) sollen ebenfalls im Umfang dem Auftrag und dem Charakter der Apotheke
angepasst sein.

„(5) Der Apothekenleiter muss sich, sofern er seine Verpflichtung zur persönlichen
Leitung der Apotheke vorübergehend nicht selbst wahrnimmt, durch einen **Apotheker vertreten** lassen. Die Vertretung darf insgesamt **drei Monate im Jahr** nicht überschreiten. Die zuständige Behörde kann eine Vertretung über diese Zeit hinaus
zulassen, wenn ein in der Person des Apothekenleiters liegender wichtiger Grund
gegeben ist."
„(6) Kann ein Apothekenleiter seiner Verpflichtung nach Absatz 5 Satz 1 nicht nachkommen, kann er sich von einem **Apothekerassistenten** oder **Pharmazieingenieur** vertreten lassen, sofern dieser insbesondere hinsichtlich seiner Kenntnisse und Fähigkeiten dafür geeignet ist und im Jahre vor dem Vertretungsbeginn mindestens sechs
Monate hauptberuflich in einer öffentlichen Apotheke oder Krankenhausapotheke
beschäftigt war. Der Apothekenleiter darf sich nicht länger als insgesamt **vier Wochen
im Jahr** von Apothekerassistenten oder Pharmazieingenieuren vertreten lassen. Der
Apothekenleiter hat vor Beginn der Vertretung die zuständige Behörde unter Angabe
des Vertreters zu unterrichten.
Die Sätze 1 bis 3 gelten nicht für die Vertretung
1. des Inhabers einer Erlaubnis nach § 2 Absatz 4 des Apothekengesetzes,
2. des Leiters einer krankenhausversorgenden Apotheke sowie
3. des Leiters einer Apotheke, auf die die Sondervorschriften der §§ 34 oder 35
   Anwendung finden." (**§ 2**)

In Absatz 6 wird aus Sicherheitsgründen festgelegt, dass auch in den Apotheken, für die die Sondervorschriften der §§ 34 und 35 ApBetrO gelten (unabhängig davon, ob es sich um Apotheken handelt, für die eine Erlaubnis nach § 1 Absatz 2 in Verbindung mit § 2 Absatz 4 des Apothekengesetzes erteilt wurde oder ob es sich um Krankenhausapotheken handelt) höhere Ansprüche an die Vertretung des Apothekenleiters gestellt werden.

Die **Dauer der Vertretung** des Apothekenleiters ist zeitlich begrenzt und kann nur in Ausnahmefällen von der zuständigen Behörde verlängert werden (z. B. Genesung nach Krankheit, Wehrdienst oder Schwangerschaft).

PRAXISBEISPIEL

Nach § 188 Abs. 2 BGB bedeutet hierbei der Begriff „**Jahr**" nicht **Kalenderjahr**, sondern den Zeitraum von zwölf Monaten. Es ist daher z. B. nicht möglich, dass sich ein Apothekenleiter von Oktober bis März vertreten lässt. Andererseits kann ein Apotheker selbstverständlich in mehreren Apotheken nacheinander jeweils bis zu drei Monaten Vertretungen übernehmen.

„(7) Der mit der Vertretung beauftragte Apotheker oder Apothekerassistent oder Pharmazieingenieur hat während der Dauer der Vertretung die **Pflichten** eines Apothekenleiters." (**§ 2**)

MERKE

Die Leiter von Hauptapotheken, krankenhausversorgenden Apotheken und Krankenhausapotheken (▶ Kap. 4.2) sowie von Apotheken, die Arzneimittel verblistern oder Parenteralia herstellen (§ 34 und § 35 ApBetrO), können nur durch Apotheker vertreten werden.

„(1) Der Apothekenleiter muss ein **Qualitätsmanagementsystem** entsprechend Art und Umfang der pharmazeutischen Tätigkeiten betreiben. Mit dem Qualitätsmanagementsystem müssen die betrieblichen Abläufe festgelegt und dokumentiert werden. Das Qualitätsmanagementsystem muss insbesondere gewährleisten, dass die Arzneimittel nach Stand von Wissenschaft und Technik hergestellt, geprüft und gelagert werden und dass Verwechslungen vermieden werden sowie eine ausreichende **Beratungsleistung** erfolgt.

(2) Der Apothekenleiter hat im Rahmen des Qualitätsmanagementsystems dafür zu sorgen, dass regelmäßig **Selbstinspektionen** durch pharmazeutisches Personal zur Überprüfung der betrieblichen Abläufe vorgenommen werden und erforderlichenfalls Korrekturen vorgenommen werden. Darüber hinaus sollte die Apotheke an regelmäßigen Maßnahmen zu **externen Qualitätsüberprüfungen** teilnehmen.

(3) Der Apothekenleiter ist dafür verantwortlich, dass die Überprüfungen und die Selbstinspektionen nach Absatz 2 sowie die daraufhin erforderlichenfalls ergriffenen Maßnahmen **dokumentiert** werden." (**§ 2a**)

Mit Absatz 1 wird hier festgelegt, dass die Apotheke ein Qualitätsmanagementsystem (QMS) betreiben muss. Dies entspricht auch der Resolution CM/ResAP (2011)1 des Europarats vom 19.01.2011, die neue Regelung wurde auch 2013 in die Monographie „Pharmaceutical preparations" des Europäischen Arzneibuchs übernommen.

> **MERKE**
>
> Eine externe Zertifizierung des QMS wird in der Apothekenbetriebsordnung nicht gefordert, die Dokumentation innerhalb der Apotheke dagegen schon. Das QMS betrifft sowohl die innerbetrieblichen Beziehungen der in der Apotheke tätigen Personen als auch die außerbetrieblichen zu den Lieferanten und den Kunden, die erforderlichen Verfahren, Prozesse und Mittel.

Wesentliche Grundlage des QMS ist die **schriftliche Festlegung der qualitätsbestimmenden Vorgänge und der Nachweis ihrer Einhaltung**. Die Tätigkeiten einschließlich der für diese Tätigkeiten erforderlichen Räume, Ausrüstungen und Personalschulungen sind in das QMS mit einzubeziehen. Ziel des QMS ist es, die Fehlerquote in den Apotheken zu minimieren.

Mit den in Absatz 2 geforderten **Selbstinspektionen** als Teil des QMS werden – wie bei anderen Arzneimittelherstellern auch – eigenverantwortliche Überprüfungen unter Verantwortung des Apothekenleiters ohne Zertifizierung von außen verpflichtend eingeführt. Als externe Qualitätsüberprüfungen kommen beispielsweise Ringversuche in Betracht.

> **KURZINFO**
>
> Der § 3 der Apothekenbetriebsordnung unterscheidet beim Apothekenpersonal die Aufgaben des pharmazeutischen und des nichtpharmazeutischen Personals sowie das Arbeiten unter Verantwortung oder unter Aufsicht eines Apothekers.

„(1) Das **Apothekenpersonal** darf nur entsprechend seiner Ausbildung und seinen Kenntnissen eingesetzt werden und ist über die bei den jeweiligen Tätigkeiten gebotene Sorgfalt **regelmäßig zu unterweisen**. Die Unterweisung muss sich auch auf die Theorie und Anwendung des Qualitätsmanagementsystems erstrecken sowie auf Besonderheiten der Arzneimittel, die hergestellt, geprüft oder gelagert werden.

(2) Zur Gewährleistung eines ordnungsgemäßen Betriebs der Apotheke muss das notwendige Personal, insbesondere auch das **pharmazeutische Personal**, in ausreichender Zahl vorhanden sein. Das zur Versorgung eines Krankenhauses zusätzlich erforderliche Personal ergibt sich aus Art und Umfang einer medizinisch zweckmäßigen und ausreichenden Versorgung des Krankenhauses mit Arzneimitteln und apothekenpflichtigen Medizinprodukten unter Berücksichtigung von Größe, Art und Leistungsstruktur des Krankenhauses. Satz 2 gilt entsprechend für die Versorgung von Einrichtungen nach § 12 a des Apothekengesetzes." (**§ 3**)

Hier ist klargestellt, dass das nichtpharmazeutische Personal keine Arzneimittel an die Kunden abgeben darf. Der **Handverkauf** („HV") durch Apothekenhelfer, PKA und Apothekenfacharbeiter beschränkt sich also auf die Abgabe der apothekenüblichen Waren („**Randsortiment**").

DEFINITION

OTC: Der seit einigen Jahren übliche Begriff „OTC" (over the counter) umfasst die freiverkäuflichen und apothekenpflichtigen Arzneimittel (▸Kap. 5.1, ▸Kap. 5.2.4) und beschreibt vor allem das Gebiet der Selbstmedikation.

Rx: Dieser Begriff umfasst das Gebiet der verschreibungspflichtigen Arzneimittel (▸Kap. 5.2.1), die nur auf ärztliche Verschreibung in der Apotheke abgegeben werden dürfen.

Die in Absatz 1 aufgenommene Forderung nach regelmäßiger Unterweisung des Apothekenpersonals gehört zu den Grundsätzen der Guten Herstellungspraxis (**GMP**, ▸Kap. 5.1.7) und ist Teil jedes QMS. Zum **Apothekenpersonal** gehört insbesondere das pharmazeutische Personal (§ 1a Absatz 2), aber auch weiteres Hilfspersonal, das in der Apotheke tätig sein kann. Zur Gewährleistung eines ordnungsgemäßen Apothekenbetriebs muss nicht nur das pharmazeutische, sondern auch weiteres Personal **in ausreichender Zahl** vorhanden sein. Letzteres, um insbesondere Aufgaben im kaufmännischen oder EDV-Bereich zu übernehmen (z. B. Apothekenhelfer, pharmazeutisch-kaufmännische Angestellte) oder zur Unterstützung des pharmazeutischen Personals bei dessen Aufgaben (Absatz 5a).

Bewertungen und Beratung im Rahmen des **Medikationsmanagements** dürfen nur durch einen Apotheker erfolgen:

„(4) Die Bewertung der Analyse und die Beratung im Rahmen eines Medikationsmanagements müssen durch einen **Apotheker** der Apotheke erfolgen.

(5) Es ist verboten, **pharmazeutische Tätigkeiten** von anderen Personen als **pharmazeutischem Personal** auszuführen oder ausführen zu lassen, soweit nach Absatz 5a nichts anderes bestimmt ist. Die jeweilige Person muss insoweit der deutschen Sprache mächtig sein und über Kenntnis des in Deutschland geltenden Rechts verfügen, wie es für die Ausübung der jeweiligen Tätigkeit notwendig ist.

Pharmazeutische Tätigkeiten, die von pharmazeutisch-technischen Assistenten, pharmazeutischen Assistenten oder Personen, die sich in der Ausbildung zum Apothekerberuf oder zum Beruf des pharmazeutisch-technischen Assistenten befinden, ausgeführt werden, sind vom **Apothekenleiter** zu **beaufsichtigen** oder von diesem durch einen **Apotheker** beaufsichtigen zu lassen. Pharmazeutische Assistenten dürfen keine Arzneimittel abgeben." (**§ 3**)

„(5a) Das Umfüllen einschließlich Abfüllen und Abpacken oder Kennzeichnen von Arzneimitteln darf unter **Aufsicht eines Apothekers** auch durch anderes als das pharmazeutische Personal ausgeführt werden, soweit es sich um **Apothekenhelfer, Apothekenfacharbeiter, pharmazeutisch-kaufmännische Angestellte**, sowie Personen, die sich in der Ausbildung zum Beruf des pharmazeutisch-kaufmännischen Angestellten befinden, handelt. Darüber hinaus darf sich das pharmazeutische Personal von dem in Satz 1 genannten anderen Personal der Apotheke **unterstützen** lassen

1. bei der Herstellung und Prüfung der Arzneimittel,
2. bei der Prüfung der Ausgangsstoffe,
3. durch Bedienung, Pflege und Instandhaltung der Arbeitsgeräte,
4. beim Abfüllen und Abpacken oder Kennzeichnen der Arzneimittel sowie
5. bei der Vorbereitung der Arzneimittel zur Abgabe.

Das zur Herstellung nach Satz 1 oder zur Unterstützung nach Satz 2 eingesetzte Personal muss für diese Aufgaben entsprechend **qualifiziert** sein und über die bei den jeweiligen Tätigkeiten gebotene Sorgfalt nachweislich zu Anfang und danach fortlaufend von pharmazeutischen Personal **unterwiesen** werden."

„(6) Zur Versorgung eines **Krankenhauses** mit Ausnahme der Zustellung darf der Apothekenleiter nur Personal einsetzen, das in seinem Betrieb tätig ist. Satz 1 findet entsprechende Anwendung auf die Versorgung von Bewohnern einer zu versorgenden Einrichtung im Sinne des § 12 a des Apothekengesetzes." (**§ 3**)

Für die **Unterstützung bei pharmazeutischen Tätigkeiten** (z. B. Prüfungen, Defekturen, Herstellung nach der Hunderterregel (Arzneimittelgesetz, ▸ Kap. 5.1), Parenteralia, Verblisterung) kann der Apothekenleiter auch nichtpharmazeutisches Personal als unterstützende Hilfskräfte einsetzen – bei entsprechender kontinuierlicher Schulung und Beaufsichtigung. Dies entspricht den Regelungen, die nach den anerkannten pharmazeutischen Regeln, insbesondere der GMP-Regeln, bestehen. Der Einsatz von nichtpharmazeutischem Personal zur Unterstützung bei pharmazeutischen Tätigkeiten obliegt der **Verantwortung des Apothekenleiters**, der diese grundsätzliche Entscheidung schriftlich festzulegen hat.

ZUSAMMENFASSUNG

- Definitionen wichtiger Begriffe der Apothekenbetriebsordnung sind im § 1a zusammengefasst aufgeführt.
- Der Betreiber (Inhaber der Betriebserlaubnis) aller (maximal vier) Apotheken ist neben dem jeweiligen Apothekenleiter (Filialleiter) für die Einhaltung der apothekenrechtlichen Vorschriften verantwortlich.
- Ein Apothekenleiter kann sich von einem Apotheker bis zu drei Monate im Jahr vertreten lassen, von einem Apothekerassistenten oder einem Pharmazieingenieur unter bestimmten Bedingungen bis zu vier Wochen im Jahr. Die Vertretung darf insgesamt drei Monate im Jahr (nicht Kalenderjahr!) nicht überschreiten.
- Die Leiter von Hauptapotheken, krankenhausversorgenden Apotheken, Krankenhausapotheken und Apotheken nach den Sondervorschriften (§ 35, § 36) dürfen nur von Apothekern vertreten werden. Das pharmazeutische Personal übt pharmazeutische Tätigkeiten unter Verantwortung oder unter Aufsicht des Apothekers aus, das nichtpharmazeutische Personal unterstützt das pharmazeutische Personal.
- Das pharmazeutische Personal muss deutsch sprechen und die geltenden Gesetze kennen; Pharmazeuten im Praktikum (Pharmaziepraktikanten), PTA-Praktikanten und PTAs arbeiten unter der Aufsicht eines Apothekers.

- Der Apothekenleiter muss ein Qualitätsmanagementsystem (QM-System) entsprechend der Art und dem Umfang der pharmazeutischen Tätigkeiten betreiben und schriftlich dokumentieren; die Überprüfung erfolgt vor allem durch regelmäßige Selbstinspektionen unter eigener Verantwortung und Dokumentation des Apothekenleiters, eine Zertifizierungspflicht besteht nicht.
- Bei der Prüfung und Herstellung von Arzneimitteln kann im Rahmen des QM-Systems auch geschultes und qualifiziertes nichtpharmazeutisches Personal unter Aufsicht eines Apothekers unterstützend eingesetzt werden.
- Die Bewertung der Analyse und die Beratung im Rahmen eines Medikationsmanagements müssen durch einen Apotheker der Apotheke erfolgen; diese pharmazeutische Tätigkeit kann nicht von PTAs oder Pharmaziepraktikanten übernommen werden.

KURZINFO

Die **Paragrafen 4 und 4a** der Apothekenbetriebsordnung regeln die Beschaffenheit, Größe und Einrichtung der Apothekenbetriebsräume sowie deren Raumeinheit, Erreichbarkeit und Hygienemaßnahmen.

„(1) Die **Betriebsräume** müssen nach Art, Größe, Zahl, Lage und Einrichtung geeignet sein, einen ordnungsgemäßen Apothekenbetrieb, insbesondere die einwandfreie Entwicklung, Herstellung, Prüfung, Lagerung, Verpackung sowie eine ordnungsgemäße Abgabe von Arzneimitteln oder die Abgabe von apothekenpflichtigen Medizinprodukten und die Information und Beratung über Arzneimittel oder Medizinprodukte, auch mittels Einrichtungen der Telekommunikation, zu gewährleisten. Die **Betriebsräume** sind

1. durch Wände oder Türen abzutrennen
   a) von anderweitig gewerblich oder beruflich genutzten Räumen, auch in Zusammenhang mit Tätigkeiten, für die der Apothekenleiter über eine Erlaubnis nach § 52a des Arzneimittelgesetzes verfügt, sowie
   b) von öffentlichen Verkehrsflächen und Ladenstraßen,
2. durch geeignete Maßnahmen gegen unbefugten Zutritt zu schützen,
3. ausreichend zu beleuchten und zu belüften sowie erforderlichenfalls zu klimatisieren,
4. in einwandfreiem baulichen und hygienischen Zustand zu halten und
5. so anzuordnen, dass jeder Raum ohne Verlassen der Apotheke erreichbar ist (**Raumeinheit**).

Satz 2 Nummer 1 Buchstabe a gilt nicht für die Herstellung von Arzneimitteln, für die eine Erlaubnis nach § 13 des Arzneimittelgesetzes erforderlich ist."
„(2) Die Apotheke muss **mindestens** aus einer Offizin, einem Laboratorium, ausreichendem Lagerraum und einem Nachtdienstzimmer bestehen. Das Laboratorium muss mit einem Abzug mit Absaugvorrichtung oder mit einer entsprechenden Einrichtung, die die gleiche Funktion erfüllt, ausgestattet sein. Die **Grundfläche** der in

Satz 1 genannten Betriebsräume muss **mindestens 110 m²** betragen. Bei der Berechnung der Grundfläche sind die nach § 34 Absatz 3 und § 35 Absatz 3 genannten separaten Räume sowie Räume, die nach Absatz 1 Satz 2 Nummer 1 Buchstabe a von den Betriebsräumen der Apotheke abzutrennen sind, nicht zu berücksichtigen. Für krankenhausversorgende Apotheken gilt § 29 Absatz 1 und 3 entsprechend." **(§ 4)**

In § 4 Absatz 2 werden allgemeine Festlegungen für die aufgeführten **Betriebsräume der Apotheke** getroffen und auch festgelegt, wann die Apotheke größer als die vorgeschriebene Mindestgrundfläche sein muss. Die bereits seit 1987 festgelegte Grundfläche ist eine Mindestforderung, der die zu diesem Zeitpunkt üblichen Apothektätigkeiten zu Grunde lagen. Diese Mindestforderung kann heute dann nicht mehr aufrechterhalten werden, wenn die Apotheke beispielsweise Arzneimittel mit maschinellen Methoden oder besonders kritische Arzneimittel herstellt oder Arzneimittelversand betreibt, für die separate Räume mit besonderen Anforderungen vorhanden sein müssen.

Für **krankenhausversorgende Apotheken** gelten die Vorschriften für Krankenhausapotheken (§ 29 ApBetrO, ▸ Kap. 4.3.2), außer der Mindestfläche.

> MERKE
> Die Mindestfläche von 110 m² gilt ausschließlich für die genannten vier
> Betriebsräume: Offizin, Laboratorium, Lagerraum und Nachtdienstzimmer.

Bei der Berechnung der Grundfläche sind die separaten Räume für die Verblisterung, Sterilherstellung sowie den zusätzlichen Großhandel nach § 52a AMG (Arzneimittelgesetz, ▸ Kap. 5.1.3), die von den Betriebsräumen der Apotheke abzutrennen sind, nicht zu berücksichtigen. Auch weitere Betriebsräume wie externe Lagerräume zur ausschließlichen Arzneimittelversorgung von Krankenhäusern und Heimen, oder externe Räume für den Versandhandel, für die keine Raumeinheit vorgeschrieben ist, sind nicht in der Mindestgrundfläche enthalten.

„(2a) Die **Offizin** muss einen Zugang zu öffentlichen Verkehrsflächen haben und soll barrierefrei erreichbar sein. Sie muss so gestaltet werden, dass der Vorrang des Arzneimittelversorgungsauftrags nicht beeinträchtigt wird und für die in der Offizin ausgeübten wesentlichen Aufgaben, insbesondere die Beratung von Patienten und Kunden, genügend Raum bleibt. Die Offizin muss so eingerichtet sein, dass die **Vertraulichkeit der Beratung**, insbesondere an den Stellen, an denen Arzneimittel an Kunden abgegeben werden, so gewahrt wird, dass das Mithören des Beratungsgesprächs durch andere Kunden weitestgehend verhindert wird.
(2b) Für die **Herstellung von nicht zur parenteralen Anwendung bestimmten Arzneimitteln** ist ein **eigener Arbeitsplatz** vorzusehen. Der Arbeitsplatz ist von mindestens drei Seiten raumhoch von anderen Bereichen der Apotheke abzutrennen, sofern sich dieser Arbeitsplatz nicht in einem Betriebsraum befindet, der gleichzeitig ausschließlich als Laboratorium dient. Seine Wände und Oberflächen sowie der Fußboden müssen leicht zu reinigen sein, damit das umgebungsbedingte Kontaminationsrisiko für die herzustellenden Arzneimittel minimal ist. Der Arbeitsplatz kann auch für die Herstellung von Medizinprodukten oder apothekenüblichen Waren nach § 1a Absatz 10 Nummer 2, 3 oder 9 genutzt werden." **(§ 4)**

Die in § 4 Absatz 2b spezifizierten Anforderungen an den **Rezepturarbeitsplatz** entsprechen im Wesentlichen der Leitlinie der Bundesapothekerkammer zur Qualitätssicherung „Herstellung und Prüfung der nicht zur parenteralen Anwendung bestimmten Rezeptur- und Defekturarzneimittel". Der Rezepturarbeitsplatz kann in einem dafür geeigneten Bereich der übrigen Apothekenräume eingerichtet werden, ein separater Raum wird nicht gefordert, wohl aber eine ausreichende Abtrennung.

> **GUT ZU WISSEN**
>
> Nach Kommentar des BMG ist die **dreiseitig raumhohe Abtrennung des Rezeptur- und Defekturarbeitsplatzes,** der für die Herstellung von nicht zur parenteralen Anwendung bestimmten Arzneimitteln dient, bei einem Arbeitsplatz, der sich in demselben Betriebsraum befindet und der als Laboratorium genutzt wird, verzichtbar. Dies gilt jedoch nur, sofern sich im Laboratorium kein umgewidmeter Arbeitsbereich, zum Beispiel für die Herstellung nach § 4 Absatz 2c ApBetrO („Teerezeptur"), befindet.

„(2c) Für die **Herstellung** von Arzneimitteln, die **Drogen oder Drogenmischungen** sind oder für die sonstige Verarbeitung von Drogen als Ausgangsstoffe ist ein **gesonderter Arbeitsplatz** vorzusehen. Absatz 2b Satz 2 und 3 finden keine Anwendung.
(2d) Der **Lagerraum** muss ausreichend groß sein und eine ordnungsgemäße Lagerung der in der Apotheke vorrätig gehaltenen oder vertriebenen Produkte ermöglichen. Es muss eine Lagerhaltung **unterhalb einer Temperatur von 25 Grad Celsius** möglich sein. Für Arzneimittel oder Ausgangsstoffe, die nach § 21 Absatz 4 Satz 2 abzusondern sind und für Arzneimittel, die nach § 21 Absatz 5 Satz 1 gesichert aufzubewahren sind, ist ein separater und entsprechend gekennzeichneter Lagerbereich vorzusehen. Soweit Arzneimittel außerhalb der Öffnungszeiten der Apotheke angeliefert werden, muss die Einhaltung der erforderlichen Lagertemperaturen für die betreffenden Arzneimittel ständig gewährleistet sein; ein Zugriff Unbefugter muss ausgeschlossen werden. Apotheken, die **Krankenhäuser mit Arzneimitteln versorgen**, müssen für diese Arzneimittel separate Lagerräume oder mindestens separate und entsprechend gekennzeichnete Lagerbereiche vorhalten." (**§ 4**)

Neben den Bestimmungen der Apothekenbetriebsordnung muss der Apothekenleiter zusätzliche Vorschriften über Arbeitssicherheit und Unfallverhütung beachten. Als Unternehmer ist jeder Apothekenleiter Mitglied der **Berufsgenossenschaft Gesundheitsdienst und Wohlfahrtspflege** (BGW), die Angestellten und Praktikanten der Apotheke sind die Versicherten dieser Berufsgenossenschaft.

Der technische Aufsichtsdienst der Berufsgenossenschaft überwacht die Apotheken, oft wird diese Aufgabe auch von ehrenamtlichen Pharmazieräten oder Amtsapothekern mit übernommen. Anforderungen der Berufsgenossenschaft an Apotheken sind beispielsweise:

- Vorhandensein der Aushänge „Gesetzliche Unfallversicherung" und „Unfallverhütungsvorschriften",
- brennbare Flüssigkeiten nur in geringen Mengen in der Rezeptur,
- feuerhemmende Abtrennung des Labors von den übrigen Räumen,

- ätzende Stoffe nicht über Augenhöhe,
- Feuerlöscher in ausreichender Anzahl und regelmäßig geprüft.

„(3) Eine **Zweigapotheke** muss mindestens aus einer Offizin, ausreichendem Lagerraum und einem Nachtdienstzimmer bestehen. Absatz 2 Satz 1 und 3 findet keine Anwendung."

„(4) Absatz 1 Satz 2 Nummer 5 wird nicht angewendet auf

1. Lagerräume, die ausschließlich der Arzneimittelversorgung von **Krankenhäusern** oder zur Versorgung von **Bewohnern von zu versorgenden Einrichtungen** im Sinne des § 12a des Apothekengesetzes dienen,
2. Räume, die den **Versandhandel** einschließlich des elektronischen Handels mit Arzneimitteln sowie die dazugehörige Beratung und Information betreffen,
3. Räume, die für die **Herstellungstätigkeiten nach § 34 oder § 35** genutzt werden oder
4. das **Nachtdienstzimmer**.

Diese Räume müssen jedoch **in angemessener Nähe** zu den übrigen Betriebsräumen liegen. Die Nutzung von Lager- oder Herstellungsräumen innerhalb des zu versorgenden Krankenhauses oder der zu versorgenden Einrichtung im Sinne des § 12a des Apothekengesetzes ist nicht zulässig.

(5) (aufgehoben)

(6) Wesentliche **Veränderungen** der Größe und Lage oder der Ausrüstung der Betriebsräume oder ihrer Nutzung sind der zuständigen Behörde vorher anzuzeigen." **(§ 4)**

> **MERKE**
>
> Seit der Novellierung der Apothekenbetriebsordnung 2004 müssen Nachtdienstzimmer und Betriebsräume zur Krankenhausversorgung, Zytostatikaherstellung und Arzneimittelversand in „angemessener Nähe zu den übrigen Betriebsräumen" liegen (vorher: „in unmittelbarer Nähe").

In § 4,4 werden weitere **Ausnahmen von der Raumeinheit** ermöglicht. Sie betreffen die Räume zur Versorgung von Bewohnern eines Heimes im Sinne des § 1 des Heimgesetzes sowie Räume zur Herstellung bestimmter Arzneimittel (Parenteralia und Arzneimittel, die durch Stellen oder Verblistern hergestellt werden). Diese Räume gehören aber zu den Betriebsräumen der Apotheke, für die insbesondere auch die Anforderungen des Absatzes 1 Satz 1 und Satz 2 Nummer 1 bis 4 gelten. Die Forderung, dass die außerhalb der Raumeinheit liegenden Räume in „angemessener Nähe" zu den übrigen (innerhalb der Raumeinheit liegenden) Betriebsräumen liegen müssen, besteht in der geltenden Apothekenbetriebsordnung unverändert weiter. Die bisher schon für die Lagerung von Arzneimitteln für die Krankenhausversorgung geltende Einschränkung (keine Betriebsräume im Krankenhaus) wurde auf die Versorgung von Heimbewohnern übertragen.

„(7) Die Apotheke muss so mit **Geräten** ausgestattet sein, dass Arzneimittel insbesondere in den Darreichungsformen

1. Lösungen, Emulsionen, Suspensionen,
2. Salben, Cremes, Gele, Pasten,

3. Kapseln, Pulver,

4. Drogenmischungen sowie

5. Zäpfchen und Ovula

ordnungsgemäß hergestellt werden können. Die **Herstellung steriler Arzneimittel** muss möglich sein, soweit es sich nicht um Arzneimittel zur parenteralen Anwendung handelt. Soweit kein Gerät zur Herstellung von **Wasser für Injektionszwecke** vorhanden ist, muss Wasser zur Injektion als Fertigarzneimittel in ausreichender Menge vorrätig gehalten werden.

(8) In der Apotheke müssen **Geräte und Prüfmittel** zur Prüfung der in der Apotheke hergestellten Arzneimittel und ihrer Ausgangsstoffe nach den anerkannten pharmazeutischen Regeln vorhanden sein." **(§4)**

Die Anlage 1 der früheren Apothekenbetriebsordnung, in der alle Geräte und Prüfmaterialien einzeln aufgeführt waren, ist ersatzlos gestrichen worden. Die notwendige **Ausstattung des Labors** liegt in der Verantwortung des Apothekenleiters, der sich so für moderne Prüfgeräte anstelle der bisherigen gesetzlich vorgeschriebenen Auflistung von Prüfgeräten oder Prüfmitteln entscheiden kann. Ein Verzicht auf jegliche Geräte und Prüfmittel zur Prüfung ist aber nicht möglich, auch nicht bei der Neueröffnung einer Apotheke oder in einem Apothekenverbund Hauptapotheke/Filialapotheken.

Messgeräte zur Bestimmung der Masse, des Volumens, des Drucks, der Temperatur, der Dichte und des Gehalts müssen nach dem **Eichgesetz** geeicht sein, wenn sie bei der Herstellung und Prüfung von Arzneimitteln verwendet werden. Die entsprechenden Geräte müssen in unterschiedlichen Abständen geeicht werden, z. B.:

- Volumenmessgeräte aus Glas (z. B. Pipetten, Pyknometer): einmalig.
- Gewichtsstücke, Handwaagen, Präzisionswaagen, Feinwaagen: alle 4 Jahre (Nacheichung).
- Flüssigkeits-Glasthermometer (z. B. Anschütz-Thermometersatz): alle zehn Jahre. Die Eichpflicht von Messgeräten im geschäftlichen Verkehr (z. B. Personenwaage beim Arzt) betrifft nicht die Personenwaage in der Apotheke.

Medizinprodukte werden nicht geeicht: Die „messtechnische Kontrolle" von Medizinprodukten wird in der Medizinproduktebetreiber-Verordnung (MPBetreibV) geregelt.

„Der Apothekenleiter muss für das Personal und die Betriebsräume, die zur Arzneimittelherstellung genutzt werden, geeignete **Hygienemaßnahmen** treffen, mit denen die mikrobiologische Qualität des jeweiligen Arzneimittels sichergestellt wird. Für die Hygienemaßnahmen ist insbesondere Folgendes festzulegen:

1. die Häufigkeit und Art der Reinigung der Herstellungsbereiche oder Herstellungsräume,

2. soweit erforderlich, die Häufigkeit einer Desinfektion der Herstellungsbereiche und Herstellungsräume sowie

3. die einzusetzenden Mittel und Geräte.

Die Maßnahmen sind in einem **Hygieneplan** schriftlich festzulegen. Die Durchführung der Hygienemaßnahmen ist regelmäßig zu **dokumentieren**. Unbeschadet des Hygieneplans müssen Festlegungen über hygienisches Verhalten am Arbeitsplatz und zur Schutzkleidung des Personals getroffen werden." **(§4a)**

Im 2012 neu eingefügten § 4a der Apothekenbetriebsordnung wird die Forderung nach einem einwandfreien hygienischen Zustand der Apothekenbetriebsräume konkretisiert. Zu den genannten **Hygienemaßnahmen** gehören insbesondere die Desinfektion der Arbeitsflächen vor Herstellungsbeginn, das Waschen und Desinfizieren der Hände, das Tragen sauberer Schutzkleidung und erforderlichenfalls von Mundschutz, Haube und Handschuhen.

> **KURZINFO**
>
> Die **Paragrafen 5 und 6** der Apothekenbetriebsordnung schreiben das Vorhandensein der notwendigen wissenschaftlichen Hilfsmittel zur Herstellung, Prüfung, Information und Beratung von Arzneimitteln in der Apotheke vor und geben allgemeine Vorschriften über die Herstellung und Prüfung von Arzneimitteln vor.

„In der Apotheke müssen vorhanden sein
1. wissenschaftliche Hilfsmittel, die zur **Herstellung und Prüfung von Arzneimitteln und Ausgangsstoffen** nach den anerkannten pharmazeutischen Regeln im Rahmen des Apothekenbetriebs notwendig sind, insbesondere das **Arzneibuch**,
2. wissenschaftliche Hilfsmittel, die zur **Information und Beratung des Kunden** über Arzneimittel notwendig sind,
3. wissenschaftliche Hilfsmittel, die zur **Information und Beratung der zur Ausübung der Heilkunde, Zahnheilkunde oder Tierheilkunde** berechtigten Personen über Arzneimittel erforderlich sind,
4. Texte der für den Apothekenbetrieb maßgeblichen **Rechtsvorschriften**.

Die wissenschaftlichen und sonstigen Hilfsmittel sind auf aktuellem Stand zu halten und können auch auf elektronischen Datenträgern verfügbar sein." (**§ 5**)

Das **Arzneibuch** (Ph. Eur., DAB und HAB, (Arzneimittelgesetz § 55, ▶ Kap. 5.1.7) wird in seiner jeweils aktuellen Ausgabe in § 5 der Apothekenbetriebsordnung für jede Apotheke vorgeschrieben, der **DAC/NRF** und das **Synonym-Verzeichnis** sind nicht mehr explizit aufgeführt, sollten aber als pharmazeutische Standards in der jeweils neuesten Fassung in jeder Apotheke vorhanden sein.

> **MERKE**
> Die wissenschaftlichen Hilfsmittel müssen nicht unbedingt in gedruckter Form vorliegen, sondern können auch auf Bild- oder Datenträgern für den Apothekencomputer zur Verfügung stehen, sofern diese unverzüglich lesbar gemacht werden können.

Es wird in Zukunft sicher trotzdem nicht möglich sein, dass alle wissenschaftlichen Hilfsmittel ausschließlich als EDV-Daten vorliegen. Bei Stromausfall oder Computerstörungen muss auf die wichtigste gedruckte Literatur zurückgegriffen werden können.

ZUSAMMENFASSUNG

- Die vier vorgeschriebenen Räume aller öffentlichen Apotheken müssen eine Grundfläche von mindestens 110 m² besitzen, Zweigapotheken könnten auch kleiner sein und müssen kein Labor haben.
- Der Verkaufsraum einer Apotheke ist „die Offizin"; in der Offizin muss die Möglichkeit einer ungestörten Beratung („Beratungsecke") gegeben sein.
- Die Apothekenräume müssen ohne Verlassen der Apotheke zugänglich sein (Raumeinheit); Ausnahme: Nachtdienstzimmer und Räume zur Parenteraliaherstellung, Verblisterung, Arzneimittelversand und Krankenhaus- oder Heimversorgung dürfen in „angemessener Nähe zu den übrigen Betriebsräumen" liegen, aber nicht in Krankenhäusern und Heimen selbst.
- Die Rezeptur muss nach drei Seiten abgetrennt sein; für die Herstellung von Teemischungen muss ein besonderer Arbeitsplatz („Teerezeptur") eingerichtet sein.
- Die Durchführung von Hygienemaßnahmen liegt in der Verantwortung des Apothekenleiters und muss dokumentiert werden (Hygieneplan).
- Barrierefreier Zugang, Vertraulichkeit der Beratung und hygienische Bedingungen sind Grundvoraussetzungen für jede Apotheke. Die Offizin soll den „Eindruck einer Apotheke" vermitteln.
- Die Herstellung der in §4 Abs. 7 aufgeführten Darreichungsformen muss möglich sein, Geräte und Prüfmittel zur Prüfung von Ausgangsstoffen und Arzneimitteln sind nicht mehr einzeln aufgeführt (die ehemalige Liste der Anlage 1 ist gestrichen).
- Thermometer und Waagen müssen in bestimmten Zeitabständen nachgeeicht werden.
- Alle Vorschriften der Apothekenbetriebsordnung gelten gleichermaßen für Haupt- und Filialapotheken. Herstellung und Prüfung von Arzneimitteln muss beispielsweise in allen Apotheken möglich sein.
- Aktuelle wissenschaftliche Hilfsmittel zur Herstellung und Prüfung sowie zur Information und Beratung von Kunden und Ärzten müssen neben den aktuellen rechtlichen Vorschriften in jeder Apotheke vorhanden sein; das Arzneibuch ist in seiner aktuellsten Ausgabe in Buchform oder elektronisch vorgeschrieben.

„(1) **Arzneimittel**, die in der Apotheke **hergestellt** werden, müssen die nach der pharmazeutischen Wissenschaft erforderliche Qualität aufweisen. Sie sind nach den anerkannten pharmazeutischen Regeln herzustellen und zu **prüfen**; enthält das **Arzneibuch** entsprechende Regeln, sind die Arzneimittel nach diesen Regeln herzustellen und zu prüfen. Dabei können für die Prüfung auch andere Methoden angewandt und andere Geräte benutzt werden, als im Deutschen Arzneibuch beschrieben sind, unter der Voraussetzung, dass die gleichen Ergebnisse wie mit den beschriebenen Methoden und Geräten erzielt werden. Soweit erforderlich, ist die Prüfung in angemessenen Zeiträumen zu wiederholen.

(2) Bei der Herstellung von Arzneimitteln ist Vorsorge zu treffen, dass eine gegenseitige nachteilige Beeinflussung der Arzneimittel sowie Verwechslungen der Arz-

neimittel und der Ausgangsstoffe sowie des Kennzeichnungsmaterials vermieden werden." **(§ 6)**

„(3) Die **Prüfung der Arzneimittel** kann unter Verantwortung des Apothekenleiters auch **außerhalb der Apotheke** erfolgen

1. in einem Betrieb, für den eine Erlaubnis nach § 13 des Arzneimittelgesetzes erteilt ist,
2. in einem Betrieb in einem Mitgliedstaat der europäischen Union oder des Europäischen Wirtschaftsraums, für den nach jeweiligem nationalen Recht eine Erlaubnis gemäß Artikel 40 der Richtlinie 2001/83/EG des Europäischen Parlaments und des Rates vom 6. November 2001 zur Schaffung eines Gemeinschaftskodexes für Humanarzneimittel (ABl. L 311 vom 28.11.2001, S. 67), zuletzt geändert durch die Richtlinie 2011/62/EU (ABl. L 174 vom 01.07.2011, S. 74), oder eine Erlaubnis nach Artikel 44 der Richtlinie 2001/82/EG des Europäischen Parlaments und des Rates vom 6. November 2001 zur Schaffung eines Gemeinschaftskodexes für Tierarzneimittel (ABl. L 311 vom 28.11.2001, S. 1), zuletzt geändert durch die Verordnung (EG) Nr. 596/2009 (ABl. L 188 vom 18.07.2009, S. 14), in der jeweils geltenden Fassung erteilt ist,
3. in einem Betrieb, für den eine Erlaubnis nach § 1 Absatz 2 in Verbindung mit § 2 des Apothekengesetzes erteilt ist oder
4. durch einen Sachverständigen im Sinne des § 65 Absatz 4 des Arzneimittelgesetzes.

Der für die Prüfung Verantwortliche des Betriebes oder die Person nach Satz 1 Nummer 4 hat unter Angabe der Charge sowie des Datums und der Ergebnisse der Prüfung zu bescheinigen, dass das Arzneimittel nach den anerkannten pharmazeutischen Regeln geprüft worden ist und die erforderliche Qualität aufweist (**Prüfzertifikat**). Die Ergebnisse aus dem Prüfzertifikat sind der Freigabe in der Apotheke zugrunde zu legen.

In der Apotheke ist **mindestens die Identität** des Arzneimittels festzustellen; über die durchgeführten Prüfungen sind **Aufzeichnungen** zu machen.

(4) Die Vorschriften des Medizinproduktegesetzes über die Herstellung, Sonderanfertigung und Eigenherstellung von Medizinprodukten bleiben unberührt." **(§ 6)**

KURZINFO

Die **Paragrafen 7 und 8** der Apothekenbetriebsordnung unterscheiden bei der Herstellung von Arzneimitteln in der Apotheke die Rezeptur von der Defektur und definieren die protokollarischen Anforderungen an Plausibilität, Herstellung, Prüfung und Freigabe.

Vom Prinzip her ist das **Arzneibuch** die Grundlage aller Arzneimittelprüfungen, jedoch sind andere Methoden zugelassen, wenn gleiche Ergebnisse damit erzielt werden.

> **DEFINITION**
>
> Unter einer **Rezeptur** versteht man das individuelle Herstellen eines Arzneimittels für einen bestimmten Patienten in kleineren Mengen.
>
> Übrigens: In der Apotheke wird auch der Ort innerhalb der Offizin, an dem das Arzneimittel hergestellt wird, Rezeptur genannt. Die Rezeptur wird also in der Rezeptur hergestellt.

4

„(1) Wird ein Arzneimittel auf Grund einer **Verschreibung** von Personen, die zur Ausübung der Heilkunde, Zahnheilkunde oder Tierheilkunde berechtigt sind, hergestellt, muss es der Verschreibung entsprechen. **Andere als die in der Verschreibung genannten Ausgangsstoffe dürfen ohne Zustimmung des Verschreibenden bei der Herstellung nicht verwendet werden.** Dies gilt nicht für Ausgangsstoffe, sofern sie keine eigene arzneiliche Wirkung haben und die arzneiliche Wirkung nicht nachteilig beeinflussen können. Enthält eine Verschreibung einen erkennbaren **Irrtum**, ist sie unleserlich oder ergeben sich sonstige Bedenken, so darf das Arzneimittel nicht hergestellt werden, bevor die Unklarheit beseitigt ist. Bei Einzelherstellung ohne Verschreibung ist Satz 4 entsprechend anzuwenden.

(1a) Ein Rezepturarzneimittel ist nach einer vorher erstellten schriftlichen **Herstellungsanweisung** herzustellen, die von einem Apotheker oder im Vertretungsfall nach § 2 Absatz 6 von der zur Vertretung berechtigten Person der Apotheke zu unterschreiben ist. Die Herstellungsanweisung muss mindestens Festlegungen treffen

1. zur Herstellung der jeweiligen Darreichungsform einschließlich der Herstellungstechnik und der Ausrüstungsgegenstände,
2. zur Plausibilitätsprüfung nach Absatz 1b,
3. zu primären Verpackungsmaterialien und zur Kennzeichnung,
4. zu Inprozesskontrollen, soweit diese durchführbar sind,
5. zur Vorbereitung des Arbeitsplatzes sowie
6. zur Freigabe und zur Dokumentation.

Soweit es sich um standardisierte und allgemeine Herstellungsanweisungen Dritter handelt, sind sie auf den jeweiligen Apothekenbetrieb anzupassen.

(1b) Die Anforderung über die Herstellung eines Rezepturarzneimittels ist von einem Apotheker nach pharmazeutischen Gesichtspunkten zu beurteilen (**Plausibilitätsprüfung**). Die Plausibilitätsprüfung muss insbesondere Folgendes berücksichtigen:

1. die Dosierung,
2. die Applikationsart,
3. die Art, Menge und Kompatibilität der Ausgangsstoffe untereinander sowie deren gleichbleibende Qualität in dem fertig hergestellten Rezepturarzneimittel über dessen Haltbarkeitszeitraum, sowie
4. die Haltbarkeit des Rezepturarzneimittels.

Die Plausibilitätsprüfung ist von einem Apotheker oder im Vertretungsfall nach § 2 Absatz 6 von der zur Vertretung berechtigten Person zu dokumentieren.

(1c) Die Herstellung des Rezepturarzneimittels ist von der herstellenden Person zu dokumentieren (**Herstellungsprotokoll**) und muss insbesondere Folgendes beinhalten

1. die Art und Menge der Ausgangsstoffe und deren Chargenbezeichnungen oder Prüfnummern,

2. die Herstellungsparameter,
3. soweit Inprozesskontrollen vorgesehen sind, deren Ergebnis,
4. den Namen des Patienten und des verschreibenden Arztes oder Zahnarztes,
5. bei Arzneimitteln zur Anwendung bei Tieren den Namen des Tierhalters und der Tierart sowie den Namen des verschreibenden Tierarztes,
6. bei Rezepturarzneimitteln, die auf Kundenanforderung hergestellt werden, den Namen des Kunden, sowie
7. den Namen der Person, die das Rezepturarzneimittel hergestellt hat.

Anstelle des Namens des Patienten, Tierhalters oder Kunden nach Satz 1 Nummer 4, 5 oder 6 kann auch eine Bezug nehmende Herstellnummer dokumentiert werden. Das Herstellungsprotokoll ist von einem Apotheker oder im Vertretungsfall nach § 2 Absatz 6 von der zur Vertretung berechtigten Person mit dem Ergebnis der für die Freigabe vorgenommenen organoleptischen Prüfung und seiner Bestätigung zu ergänzen, dass das angefertigte Arzneimittel dem angeforderten Rezepturarzneimittel entspricht (**Freigabe**). Die Freigabe muss vor der Abgabe an den Patienten erfolgen.

(2) Bei einem Rezepturarzneimittel kann von einer analytischen Prüfung abgesehen werden, sofern die Qualität des Arzneimittels durch das Herstellungsverfahren, die organoleptische Prüfung des fertig hergestellten Arzneimittels und, soweit vorgesehen, durch die Ergebnisse der Inprozesskontrollen gewährleistet ist." (**§ 7**)

■ Mit Ausnahme pharmakologisch unbedenklicher Hilfsstoffe dürfen verschriebene Substanzen nicht ausgetauscht werden („**Substitutionsverbot**"). Das Substitutionsverbot gilt nicht nur in der Rezeptur, sondern bei allen verschriebenen Arzneimitteln und darf nur bei Genehmigung des Arztes (Freilassen des Aut-idem-Kästchens, ○ Abb. 2.4, ▶ Kap. 2.2.3) oder im Notdienst (ApBetrO § 23) umgangen werden.

■ Rezepturen, die erstmalig oder selten angefordert werden, sind von einem Apotheker nach pharmazeutischen Gesichtspunkten zu beurteilen, eine **Plausibilitätsprüfung** durchzuführen und die einzelnen Herstellungsschritte im Voraus festzulegen. Mit der Plausibilitätsprüfung soll festgestellt werden, ob die erhaltenen Vorgaben für die Rezepturarzneimittelherstellung geeignet sind, ein Arzneimittel mit ausreichender Qualität (beispielsweise auch hinsichtlich möglicher wechselseitiger Beeinflussung der Wirkstoffe oder sonstiger Ausgangsstoffe) und Stabilität zu erzeugen.

■ Rezepturen sollen grundsätzlich nach standardisierten und von einem Apotheker unterschriebenen Herstellungsvorschriften hergestellt werden (**Herstellungsanweisung**). Jede Rezepturanfertigung ist zu protokollieren (**Herstellungsprotokoll**). Die Herstellung nach standardisierten Vorschriften geht auch aus der als Empfehlung geltenden Leitlinie der Bundesapothekerkammer zur Qualitätssicherung „Herstellung und Prüfung der nicht zur parenteralen Anwendung bestimmten Rezeptur- und Defekturarzneimittel" hervor.

■ Das Herstellungsprotokoll soll personenbezogen (Patient, Arzt) erfolgen und insbesondere die verwendeten Ausgangsstoffe und die dokumentierten Einwaagen enthalten.

■ Die schriftliche **Freigabe** erfolgt nach der Prüfung der Rezeptur (Mindestanforderung: **Inprozesskontrollen** und organoleptische Prüfung) durch einen Apotheker.

> **DEFINITION**
>
> Unter einer **Defektur** versteht man nach § 8 ApBetrO das Herstellen größerer Mengen auf Vorrat (z. B. 5 kg Zinkpaste zum Auffüllen des Standgefäßes oder 20 Tuben Zinksalbe als Vorrat).

„(1) Ein **Defekturarzneimittel** ist nach einer vorher erstellten schriftlichen Herstellungsanweisung herzustellen, die von einem Apotheker der Apotheke zu unterschreiben ist. Die **Herstellungsanweisung** muss insbesondere Festlegungen treffen:

1. zu den einzusetzenden Ausgangsstoffen, den primären Verpackungsmaterialien und den Ausrüstungsgegenständen,
2. zu den technischen und organisatorischen Maßnahmen, um Kreuzkontaminationen und Verwechslungen zu vermeiden, einschließlich der Vorbereitung des Arbeitsplatzes,
3. zur Festlegung der einzelnen Arbeitsschritte, einschließlich der Sollwerte, und soweit durchführbar, von Inprozesskontrollen,
4. zur Kennzeichnung, einschließlich des Herstellungsdatums und des Verfalldatums oder der Nachprüfung, und, soweit erforderlich, zu Lagerungsbedingungen und Vorsichtsmaßnahmen sowie
5. zur Freigabe zum Inverkehrbringen im Sinne von § 4 Absatz 17 des Arzneimittelgesetzes.

(2) Die Herstellung ist gemäß der Herstellungsanweisung zum Zeitpunkt der Herstellung von der herstellenden Person zu dokumentieren (**Herstellungsprotokoll**); aus dem Inhalt des Protokolls müssen sich alle wichtigen, die Herstellung betreffenden Tätigkeiten rückverfolgen lassen. Das Herstellungsprotokoll muss die zugrunde liegende Herstellungsanweisung nennen und insbesondere Folgendes beinhalten:

1. das Herstellungsdatum und die Chargenbezeichnung,
2. die eingesetzten Ausgangsstoffe sowie deren Einwaagen oder Abmessungen und deren Chargenbezeichnungen oder Prüfnummern,
3. die Ergebnisse der Inprozesskontrollen,
4. die Herstellungsparameter,
5. die Gesamtausbeute und, soweit zutreffend, die Anzahl der abgeteilten Darreichungsformen,
6. das Verfalldatum oder das Nachtestdatum sowie
7. die Unterschrift der Person, die das Arzneimittel hergestellt hat.

Das Herstellungsprotokoll ist von einem Apotheker mit seiner Bestätigung zu ergänzen, dass die angefertigten Arzneimittel der Herstellungsanweisung entsprechen (**Freigabe**).

(3) Für die Prüfung von Defekturarzneimitteln ist eine **Prüfanweisung** anzufertigen, die von einem Apotheker der Apotheke zu unterschreiben ist. Die Prüfanweisung muss mindestens Angaben enthalten zur Probenahme, zur Prüfmethode und zu der Art der Prüfungen, einschließlich der zulässigen Soll- oder Grenzwerte.

(4) Die Prüfung ist gemäß der Prüfanweisung nach Absatz 3 durchzuführen und von der Person zu dokumentieren, die die Prüfung durchgeführt hat (**Prüfprotokoll**). Das

Prüfprotokoll muss die zugrunde liegende Prüfanweisung nennen und insbesondere Angaben enthalten

1. zum Datum der Prüfung,
2. zu den Prüfergebnissen und deren **Freigabe** durch den verantwortlichen Apotheker, der die Prüfung durchgeführt oder beaufsichtigt hat." (**§ 8**)

- Für jede defekturmäßige Herstellung wird – wie bei anderen Arzneimittelherstellungen auch – nach § 8 Absatz 1 der Apothekenbetriebsordnung eine schriftliche **Herstellungsanweisung** als Grundlage für jede Herstellung festgelegt; dabei kann auf bekannte Vorschriften Bezug genommen werden. Auf die Notwendigkeit von Herstellungsanweisungen verweisen beispielsweise auch die Leitlinien der Bundesapothekerkammer zur Qualitätssicherung („Herstellung und Prüfung der nicht zu parenteralen Anwendung bestimmten Rezeptur- und Defekturarzneimittel").
- Für Defekturen muss ein **Herstellungsprotokoll** angefertigt werden. Dieses Protokoll kann formlos, auf Vordrucken oder mit einem Laborprogramm (○ Abb. 4.4) erstellt werden. Es muss vom herstellenden oder beaufsichtigenden Apotheker abgezeichnet werden.
- Die Art der **Chargenbezeichnung** ist nicht vorgeschrieben und kann apothekenintern festgelegt werden. Üblich sind in vielen Apotheken Chargenbezeichnungen, die verschlüsselt das Herstellungsdatum enthalten, z. B. „Ch.-B. 200322/2" (dies wäre die zweite Defektur am 22. März 2020). Laborprogramme vergeben die Chargenbezeichnungen automatisch nach einem festgelegten System (○ Abb. 4.5, Laborprogramm Dr. Lennartz).

○ **Abb. 4.3** Blick in eine Offizin zu Beginn des letzten Jahrhunderts (Kron-Apotheke Biberach a. d. Riß, 1630 bis 2016)

Herstellungsprotokoll
für in der Apotheke hergestellte Rezeptur- oder Defekturarzneimittel

Herstellungsdatum	Kurzname Rezeptur/Defektur	Herstellende Person

Hier ggf. Rezeptkopie einkleben, dann Charge direkt auf Rezeptkopie eintragen

Dokumentation Defektur	Dokumentation Rezeptur	
Chargengröße	Name Patient/Kunde/Tierhalter	☐ Plausibilität geprüft Kurzname der Prüfungs-dokumentation
Chargenbezeichnung	Ggf. Tierart	
	Verschreibender Arzt/Zahnarzt/Tierarzt	

Ausgangsstoffe		Soll-Einwaage	Chargen-/Prüfnummer	Ist-Einwaage	Namens-zeichen

Zugrunde liegende Herstellungsanweisung (HA)	Herstellungsparameter/Anpassungen der Herstellungsanweisung
☐ HA nach Darreichungsform ☐ NRF Rezeptur ☐ Apothekeneigene HA ☐ Andere HA Kurzname o. NRF-Nummer, ggf. Quelle	Bei Defekturherstellung zusätzlich Angabe der Gesamtausbeute nach Anzahl und/oder Menge, Verfall- oder Nachtestdatum, sowie Unterschrift der herstellenden Person

Arbeitsschutzmaßnahmen
☐ Handschuhe
☐ Atemschutzmaske
☐ Schutzbrille

Primärpackmittel

Art der Inprozesskontrolle und/oder der organoleptischen Prüfung	Sollwert	Ergebnis

Freigabe durch Apotheker	
☐ Hergestelltes Arzneimittel entspricht dem angeforderten Rezepturarzneimittel bzw. der Herstellungsanweisung	Datum/Unterschrift Apotheker
☐ Qualität durch Herstellungsverfahren und organoleptische Prüfung gewährleistet (nur bei Rezeptur möglich)	
☐ Qualität geprüft und freigegeben: siehe Prüfprotokoll _____	

Deutscher Apotheker Verlag, Vordruck 121400228/2016

Abb. 4.4 Herstellungsprotokoll nach Apothekenbetriebsordnung (Deutscher Apotheker Verlag Stuttgart)

Prüfprotokoll
für Ausgangsstoffe, Behältnisse, Defekturarzneimittel nach §§ 6, 8, 11, 13 ApBetrO

Muster-Apotheke, Hans Muster, Beispielweg 11, 11223 Musterhausen

Untersucht wurde:	**Natrium sulfuricum purum cryst.**	Interne Prüf-Nr.
	Natriumsulfat-Decahydrat, Glauber-	**1916Q-01920**
	salz, Natrii sulfas decahydricus,	
	$Na_2SO_4 * 10H_2O$	
Hersteller/Lief.:	Caelo	
PZN/Bestell-Nr.:	09886927	
Eingangsdatum:	21.01.2020	
Menge:	250,00 g 4,95 Euro	
Verwendbar bis:	17.12.2024	
	5 Jahre – gerechnet ab	
	Datum des Zertifikats	
Korrekturfaktor:	keine Eingabe	
Hersteller-Ch.-Bez.:	50381235	
Prüfzertifikat:	Bartschat vom 17.12.2019	
	Das Prüfzertifikat wurde kontrolliert.	
Leitmonographie*:	**PH.EUR 8.0**	

<--Hier abziehen
2470   Natrium sulfuricum puriss. cryst.   250 g
Prüfvorschrift   PH.EUR. 9,6
Eigenschaften   Entspricht
-Aussehen   Entspricht
-Löslichkeit   Entspricht
Identität   Entspricht
Reinheit   Entspricht
-Aussehen der Lösung   Entspricht
-Sauer/alkal. reag. Subst.   Entspricht
-Chlorid   < 200 ppm
-Schwermetalle   < 20 ppm
-Trocknungsverlust   54,7 %
Gehalt   100,3 %
Ergebn.entspr.Prüfvorschr.   Ja
17.12.2019
Analysenzertifikat   Ch.-B.: 50381235   Hr.Apoth.Bartschat.
(Prüfzertifikat gemäß §6 (3) ApBetrO) verwendbar bis Ende: 12/2024   Kontrollleitung

Eigenschaft/Prüfmethode/Soll- oder Grenzwerte	Ergebnis
Weißes bis fast weißes, kristallines Pulver oder farblose, durchscheinende Kristalle.	**weißes, kristallines Pulver**
Leicht löslich in Wasser, praktisch unlöslich in Ethanol 96 %.	**leicht löslich in Wasser, praktisch unlöslich in EtOH96%**
Wenn ein gültiges Zertifikat vorliegt, ist eine Identifizierung nach [DAC-Alternat.] (s.u.) möglich.	
A: Identreakt. auf Sulfat (2.3.1): 50 mg Subst. in 5 ml Wasser lösen/1 ml verd. SalzsäureR/1 ml Bariumchlorid-Lsg.R1 – es entsteht ein weißer Nd.	**weißer Niederschlag**
B: Identreakt. auf Natrium (2.3.1): 0,1 g Subst. in 2 ml Wasser lösen/2ml KaliumcarbonatR-Lsg.15%/zum Sieden erhitzen/kein Nd./4 ml Kaliumhexahydroxoantimonat(V)-Lsg.R/zum Sieden erhitzen/in Eis kühlen/mit Glasstab an der Innenwand des Reagenzglases reiben – dichter, weißer Nd.	**dichter Niederschlag nach Kühlen und Reiben mit dem Glasstab**
C: Trocknungsverlust (2.2.32) bei 130°C: 52,0 bis 57,0% (Zertifikat) muss entspr.	**Trocknungsverlust 54,7%**

Die Untersuchung wurde durchgeführt am 22.01.2020 durch: PPTA

Freigabe
Die Qualität der untersuchten Charge entspricht den vorgeschriebenen Anforderungen. Die Identität wurde nachgewiesen. Die Charge wird freigegeben am 22.01.2020 durch AApo.

22.01.2020
Datum   Verantwortliche(r): Anna Apothekerin (AApo)

*Dient als Prüfvorschrift, soweit bei den Prüfmethoden nichts anderes spezifiziert ist

Abb. 4.5 Prüfprotokoll mit aufgeklebtem Prüfzertifikat (Laborprogramm für Apotheken © Dr. Lennartz, Deutscher Apotheker Verlag)

▪ Von einer Prüfung selbst hergestellter Defekturen konnte früher abgesehen werden, wenn dies im Herstellungsprotokoll entsprechend vermerkt wurde (▫ Tab. 4.8). Die neue Apothekenbetriebsordnung verlangt eine schriftliche **Prüfanweisung** und ein **Prüfprotokoll**. Eine organoleptische Prüfung ist nicht ausreichend.

> **MERKE**
> Die Freigabe der Charge bei Rezepturen und Defekturen muss durch einen Apotheker schriftlich und mit eigenhändiger Unterschrift und Datumsangabe vorgenommen werden.

4

Die Großherstellung (ehemals § 9 und § 10), die über den Rahmen der Defektur hinausging, ist ersatzlos gestrichen worden, da sie nach Arzneimittelgesetz für die Apotheken ohne Herstellungserlaubnis nicht mehr möglich wäre (Herstellung im industriellen Maßstab erfordert eine Herstellungserlaubnis nach § 13 AMG (Arzneimittelgesetz, ▸ Kap. 5.1).

> **KURZINFO**
> Nach den **Paragrafen 11, 11a** und **12** der Apothekenbetriebsordnung werden alle in die Apotheke gelieferten Ausgangsstoffe und auch Fertigarzneimittel in der Apotheke geprüft und ein Prüfprotokoll (○ Abb. 4.5) angefertigt.

„(1) Zur Herstellung von Arzneimitteln dürfen nur **Ausgangsstoffe** verwendet werden, deren ordnungsgemäße Qualität festgestellt ist. Auf die Prüfung der Ausgangsstoffe finden die Vorschriften des § 6 Abs. 1 und 3 entsprechende Anwendung.
(2) Werden Ausgangsstoffe bezogen, deren Qualität durch ein **Prüfzertifikat** nach § 6 Abs. 3 nachgewiesen ist, ist in der Apotheke **mindestens die Identität** festzustellen. Das Prüfzertifikat soll auch Auskunft über die GMP-konforme Herstellung des Ausgangsstoffs geben, soweit es sich um einen Wirkstoff handelt. Die Verantwortung des Apothekenleiters für die ordnungsgemäße Qualität der Ausgangsstoffe bleibt unberührt. Über die in der Apotheke durchgeführten Prüfungen sind **Aufzeichnungen** mit Namenszeichen des prüfenden oder die Prüfung beaufsichtigenden Apothekers zu machen.
(3) Werden Arzneimittel, die keine Fertigarzneimittel sind, zur Herstellung anderer Arzneimittel bezogen, gelten die Absätze 1 und 2 entsprechend." (**§11**)

„(1) Soweit die Apotheke die Herstellung von Arzneimitteln gemäß § 21 Absatz 2 Nummer 1b des Arzneimittelgesetzes oder § 11 Absatz 3 oder 4 des Apothekengesetzes von anderen Betrieben durchführen lassen darf, muss dafür ein **schriftlicher Vertrag** zwischen der Apotheke als Auftraggeber und dem anderen Betrieb als Auftragnehmer bestehen, der in beiden Betrieben vorliegen muss. In dem Vertrag sind die Verantwortlichkeiten jeder Seite klar festzulegen. Satz 1 gilt entsprechend für die Prüfung von in der Apotheke hergestellten Arzneimitteln sowie für die Prüfung von in der Apotheke zur Arzneimittelherstellung vorgesehenen Ausgangsstoffen, soweit diese über die Identitätsprüfung hinausgeht.

(2) Der Apothekenleiter darf eine Arzneimittelherstellung erst in Auftrag geben, wenn ihm für das betreffende Arzneimittel eine Verordnung des Arztes vorliegt und sich nach Prüfung der Verordnung keine Bedenken ergeben haben. § 7 ist entsprechend anzuwenden. Die Verantwortung für die Qualität des hergestellten Arzneimittels sowie für die Information und Beratung des verordnenden Arztes verbleibt bei der Apotheke als Auftraggeber." (**§ 11a**)

Die Prüfung der Ausgangsstoffe muss auch in Filialverbünden von jeder der Apotheken durchgeführt werden können.

Für die Qualität eines Ausgangsstoffs müssen **Identität, Reinheit und Gehalt nach Arzneibuch** sichergestellt sein. Liegt ein Prüfzertifikat bei, muss lediglich die Identität nach Arzneibuch oder anderer anerkannter Vorschrift geprüft werden.

Das **Prüfzertifikat** kommt zusammen mit dem Arzneimittel in die Apotheke, meist als Klebeetikett an der Ware. Es kann so problemlos abgezogen und auf das Prüfprotokoll geklebt werden (● Abb. 4.5).

GUT ZU WISSEN

Die Anforderungen an Prüfzertifikate von Prüfungen, die außerhalb der Apotheke stattfinden, hat die Arbeitsgemeinschaft der leitenden Medizinalbeamten der Länder festgelegt. Danach muss ein **Prüfzertifikat** mindestens folgende Angaben enthalten: Bezeichnung des Arzneimittels, angewandte Prüfvorschrift, Chargennummer, Hersteller, Prüfergebnisse und Angabe der erforderlichen Qualität, Datum der Prüfung und Name des für die Prüfung Verantwortlichen.

Herstellung und Prüfung können auch im neu eingefügten § 11a als „**Tätigkeiten im Auftrag**" („Outsourcing") an einen Betrieb mit Herstellungserlaubnis nach § 13 AMG vergeben werden, z. B. das patientenindividuelle Verblistern von Arzneimitteln nach § 34 ApBetrO.

„(1) **Fertigarzneimittel**, die nicht in der Apotheke hergestellt worden sind, sind **stichprobenweise** zu prüfen. Dabei darf von einer über die **Sinnesprüfung** hinausgehenden Prüfung abgesehen werden, wenn sich keine Anhaltspunkte ergeben haben, die Zweifel an der ordnungsgemäßen Qualität des Arzneimittels begründen. Die Sätze 1 und 2 gelten für apothekenpflichtige Medizinprodukte entsprechend.

(2) Das anzufertigende **Prüfprotokoll** muss mindestens enthalten

1. den Namen oder die Firma des pharmazeutischen Unternehmers, bei Medizinprodukten des Herstellers oder seines Bevollmächtigten,
2. die Bezeichnung und bei Arzneimitteln zusätzlich die Darreichungsform,
3. die Chargenbezeichnung oder das Herstellungsdatum,
4. das Datum und die Ergebnisse der Prüfung,
5. das Namenszeichen des prüfenden oder die Prüfung beaufsichtigenden Apothekers." (**§ 12**)

MERKE

Bei Fertigarzneimitteln und apothekenpflichtigen Medizinprodukten genügt eine stichprobenweise organoleptische Prüfung (Sinnesprüfung) in regelmäßigen Abständen, wenn sich keine Anhaltspunkte für die Notwendigkeit weiterer Prüfungen ergeben.

4

Diese organoleptischen Prüfungen können sich z. B. beschränken auf den Vergleich des Beipackzettels mit dem Arzneimittel, die Begutachtung der sichtbaren Qualität und die quantitative Überprüfung des Inhalts. Die Apothekerverbände empfehlen **pro Tag mindestens ein Fertigarzneimittel,** welches nach einem festgelegten Modus aus dem Wareneingang gezogen wird, zu überprüfen. Äußerlich durch die Prüfung beschädigte Packungen können mit einem Etikett versehen werden, welches nach einem Vorschlag der Bundesapothekerkammer folgenden Text haben könnte:

PRAXISBEISPIEL

„Diese Packung wurde von Ihrem Apotheker zum Zweck einer routinemäßigen Kontrolle der Arzneimittelqualität geöffnet. Es wurden keine Mängel festgestellt. Prüfnummer: ...“

▢ **Tab. 4.8** Schriftliche Dokumentationen bei der Herstellung und Prüfung von Arzneimitteln in der Apotheke

	Ausgangsstoff[1]	Rezeptur	Defektur	Fertigarzneimittel[2]
Herstellungsanweisung oder standardisierte Vorschrift		✓	✓	
Plausibilitätsprüfung		✓	✓[4]	
Herstellungsprotokoll		✓	✓	
Prüfanweisung	✓ (Arzneibuch, DAC/NRF)		✓	
Prüfprotokoll	✓	✓[3]	✓	✓
Freigabe durch einen Apotheker	✓	✓	✓	✓

[1] Identitätsprüfung bei vorliegendem Prüfzertifikat
[2] Stichprobenweise Sinnesprüfung (organoleptische Prüfung)
[3] von einer analytischen Prüfung kann abgesehen werden
[4] entfällt bei Arzneibuch- oder DAC/NRF-Vorschriften

ZUSAMMENFASSUNG

- Um die Qualität der Arzneimittel zu gewährleisten, werden in Apotheken Ausgangsmaterialien wie Arzneistoffe und Hilfsstoffe zur Arzneimittelherstellung und Drogen sowie Fertigarzneimittel geprüft und die Ergebnisse in einem Prüfprotokoll festgehalten.
- Arzneimittel können in der Apotheke als Rezeptur oder Defektur hergestellt werden; Rezepturarzneimittel und Defekturarzneimittel benötigen schriftliche Herstellungsanweisungen und Herstellungsprotokolle sowie die schriftliche Freigabe durch einen Apotheker. Defekturen müssen vor der Freigabe geprüft werden (Prüfanweisung, Prüfprotokoll).
- Fertigarzneimittel müssen stichprobenweise (Empfehlung: mindestens eines pro Tag) organoleptisch geprüft und das Ergebnis in einem Prüfprotokoll festgehalten werden.
- Ein Ausgangsstoff mit Prüfzertifikat muss zumindest auf Identität nach Arzneibuch geprüft werden; elektronische Dokumentation ist gestattet.
- Alle Herstellungsanweisungen und Herstellungs- und Prüfprotokolle sind mindestens fünf Jahre aufzubewahren und müssen auf Verlangen der zuständigen Behörde vorgelegt werden.

KURZINFO

Die **Paragrafen 13 und 14** der Apothekenbetriebsordnung stellen rechtliche Anforderungen an die primären Verpackungsmaterialien von in der Apotheke hergestellten Arzneimitteln sowie an die ordnungsgemäße Kennzeichnung und Haltbarkeit von Rezeptur- und Defekturarzneimitteln.

„Zur Herstellung von Arzneimitteln dürfen nur primäre **Verpackungsmaterialien** verwendet werden, die gewährleisten, dass die Arzneimittel vor physikalischen, mikrobiologischen oder chemischen Veränderungen geschützt sind und die daher für die beabsichtigten Zwecke geeignet sind.“ (**§13**)

Früher war die **Wiederverwendung von Gefäßen,** außer für Praxisbedarf, nicht erlaubt. Der § 13 ApBetrO überlässt die Entscheidung über die Wiederverwendung eines Abgabebehältnisses der fachlichen Entscheidung des pharmazeutischen Personals.

„(1) **Rezepturarzneimittel** müssen auf den Behältnissen und, soweit verwendet, den äußeren Umhüllungen, mindestens folgende Angaben aufweisen:
1. Name und Anschrift der abgebenden Apotheke und, soweit unterschiedlich, des Herstellers,
2. Inhalt nach Gewicht, Nennvolumen oder Stückzahl,
3. Art der Anwendung,
4. Gebrauchsanweisung,

5. Wirkstoffe nach Art und Menge und sonstige Bestandteile nach der Art,

6. Herstellungsdatum,

7. Verwendbarkeitsfrist mit dem Hinweis „verwendbar bis" oder mit der Abkürzung „verw. bis" unter Angabe von Tag, Monat und Jahr und, soweit erforderlich, Angabe der Haltbarkeit nach dem Öffnen des Behältnisses oder nach Herstellung der gebrauchsfertigen Zubereitung,

8. soweit erforderlich, Hinweise auf besondere Vorsichtsmaßnahmen, für die Aufbewahrung oder für die Beseitigung von nicht verwendeten Arzneimitteln oder sonstige besondere Vorsichtsmaßnahmen, um Gefahren für die Umwelt zu vermeiden, und

9. soweit das Rezepturarzneimittel auf Grund einer Verschreibung zur Anwendung bei Menschen hergestellt wurde, Name des Patienten.

Die Angaben müssen in **gut lesbarer Schrift** und auf **dauerhafte Weise** angebracht und mit Ausnahme der Nummer 5 in deutscher Sprache verfasst sein. Soweit für das Rezepturarzneimittel ein Fertigarzneimittel als Ausgangsstoff eingesetzt wird, genügt anstelle der Angabe nach Satz 1 Nummer 5 die Angabe der Bezeichnung des Fertigarzneimittels; soweit es sich um eine patientenindividuell hergestellte parenterale Zubereitung handelt, sind zusätzlich zu der Angabe nach Satz 1 Nummer 5 die Bezeichnung des Fertigarzneimittels, die Chargenbezeichnung sowie der Name des pharmazeutischen Unternehmers anzugeben. Die Angaben nach Nummer 8 können auch in einem Begleitdokument gemacht werden.

(1a) Soweit es sich bei den Arzneimitteln um aus Fertigarzneimitteln entnommene Teilmengen handelt, sind neben der vom Arzneimittelgesetz geforderten Kennzeichnung Name und Anschrift der Apotheke anzugeben.

(1b) Für die Kennzeichnung von Arzneimitteln, die zur klinischen Prüfung am Menschen bestimmt sind, ist § 5 der GCP-Verordnung anzuwenden.

(2) Auf **Defekturarzneimittel**, die als **Fertigarzneimittel** in einer zur Abgabe an den Verbraucher bestimmten Packung vorrätig gehalten werden und

1. Arzneimittel im Sinne von § 2 Absatz 1 oder Absatz 2 Nummer 1 des Arzneimittelgesetzes sind und nicht zur klinischen Prüfung am Menschen bestimmt sind oder

2. Arzneimittel im Sinne von § 2 Absatz 2 Nummer 2, 3 oder 4 des Arzneimittelgesetzes sind,

ist § 10 des Arzneimittelgesetzes anzuwenden. Soweit für sie eine Zulassung nach § 21 Absatz 2 Nummer 1 oder eine Registrierung nach § 38 Absatz 1 Satz 3 des Arzneimittelgesetzes nicht erforderlich ist, entfällt die Angabe der Zulassungs- oder Registrierungsnummer. Von den Angaben nach § 10 Absatz 1b des Arzneimittelgesetzes kann abgesehen werden.

(3) In der Apotheke hergestellte Arzneimittel, die keine Fertigarzneimittel und zur **Anwendung bei Tieren, die der Gewinnung von Lebensmitteln dienen**, bestimmt sind, dürfen nur in den Verkehr gebracht werden, wenn die Behältnisse und, soweit verwendet, die äußeren Umhüllungen mit den Angaben entsprechend den §§ 10 und 11 des Arzneimittelgesetzes versehen sind." (**§ 14**)

■ Die Apothekenbetriebsordnung verlangt den **Namen des Patienten** auf dem Etikett (○ Abb. 4.6). Bei **Tierrezepturen** werden Angaben zum Halter, der Tierart und Tiername, der Dosierung und der Wartezeit verlangt.

Kind Lieschen Müller	Diclofenac-Na 0,4 g
	Nipagin M 0,2 g
	Sirupus simplex ad 200,0 g
3 x täglich 1 Messlöffel (5 ml)	(Zucker; Wasser, gereinigt)
nach dem Essen einzunehmen	
	Konserviert mit 0,1% PHB-Ester
Bei Schmerzen oder Fieber ohne	
ärztlichen Rat nicht länger anwenden	Verwendbar bis 14. Juli 2020
als vom Apotheker oder von der	Hergestellt am 15. Januar 2020
Apothekerin empfehlen!	

Herba-Apotheke Apotheker S. Süss Zuckerstr. 1 79999 Freiburg   Tel. 12345

Abb. 4.6 Rezepturetikett

- **Name und Anschrift** der Apotheke sind meist auf den Etiketten aufgedruckt, bei Erstellung von Etiketten mithilfe der EDV sind diese Angaben im Druckprogramm gespeichert (oft sind diese Etiketten in mehreren Größen ausdruckbar).
- Alle Rezepturetiketten müssen die **Art der Anwendung** und eine **Gebrauchsanweisung** enthalten.
- Bei Arzneimitteln müssen **Wirkstoffe nach Art und Menge** und die **sonstigen Bestandteile nach der Art** angegeben werden (es genügt z. B. nicht: „Anionische hydrophile Creme DAB", es müssen die Einzelbestandteile angegeben werden).
- Zu den sonstigen Bestandteilen gehören beispielsweise die **Konservierungsstoffe**, deren notwendige Angabe sich aus dem Europäischen Arzneibuch bzw. der Leitlinie der Bundesapothekerkammer zur Qualitätssicherung „Herstellung und Prüfung der nicht zur parenteralen Anwendung bestimmten Rezeptur- und Defekturarzneimittel" ergibt.
- Hinweise auf besondere Vorsichtsmaßnahmen für die **Aufbewahrung** oder für die Beseitigung von nicht verwendeten Arzneimitteln oder sonstige Vorsichtsmaßnahmen, um Gefahren für die Umwelt zu vermeiden. Um dieser Forderung nachzukommen, sind Rezepturarzneimittel mit gefährlichen physikalischen oder umweltgefährlichen Eigenschaften hinsichtlich dieser Eigenschaften zumindest mit dem entsprechenden **Gefahrenhinweis/Vorsorgehinweis** zu kennzeichnen.
- Unter der Forderung „Art der Anwendung" ist eine möglichst genaue Beschreibung der Applikationsart zu verstehen, früher verwendete Begriffe wie „innerlich" oder „äußerlich" sind hier nicht ausreichend. Geeignete Formulierungen sind z. B. „zum Einnehmen", „zum Einführen in den Darm" oder „zum Auftragen auf die Haut".
- Die **wirksamen Bestandteile** können, im Gegensatz zu den anderen Angaben, auch **lateinisch** aufgeführt werden.

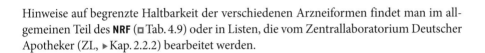

PRAXISBEISPIEL

In Apotheken hergestellte Rezeptur- und Defekturarzneimittel müssen seit Juni 2018 nach der **Analgetika-Warnhinweis-Verordnung** einen Hinweis tragen, der die Patienten daran erinnert, die Rezeptur nicht über einen längeren Zeitraum einzunehmen (●Abb. 4.6).

Diese Verordnung ist anzuwenden auf zur Anwendung bei Menschen bestimmte und ausschließlich zur Behandlung leichter bis mäßig starker Schmerzen oder von Fieber vorgesehene, oral oder rektal anzuwendende, nicht der Verschreibungspflicht nach §48 des Arzneimittelgesetzes unterliegende und die Wirkstoffe **Acetylsalicylsäure, Diclofenac, Ibuprofen, Naproxen, Paracetamol, Phenazon** oder **Propyphenazon** enthaltende Zubereitungen (▸Kap. 5.2.4).

4

Hinweise auf begrenzte Haltbarkeit der verschiedenen Arzneiformen findet man im allgemeinen Teil des **NRF** (□Tab. 4.9) oder in Listen, die vom Zentrallaboratorium Deutscher Apotheker (ZL, ▸Kap. 2.2.2) bearbeitet werden.

DEFINITION

Man unterscheidet bei der Haltbarkeit von Rezepturen die Begriffe **Laufzeit** bzw. **Verwendbarkeitsfrist** (Haltbarkeit vor Anbruch) und **Aufbrauchfrist** (nach Anbruch). Die **Anwendungsdauer** begrenzt die zeitliche Anwendung durch den Patienten („Höchstens 5 Tage anwenden!").

Das NRF (Kapitel I.4.) befasst sich mit der Laufzeit von Zubereitungen und nennt Gründe für eine Laufzeitbegrenzung.

Die **Aufbrauchfrist** bezeichnet die Zeitspanne, die mit dem Anbruch des Arzneimittels beginnt und dessen Verwendung durch den Patienten zeitlich begrenzt. Im NRF steht ein Schema zur Verfügung, das die Zuordnung einer Aufbrauchfrist erleichtert. Kann man abschätzen, dass eine selbst hergestellte Zubereitung physikalisch und chemisch stabil ist, so kann man sich an allgemeinen Richtwerten für Aufbrauchfristen (□Tab. 4.9) orientieren. (Haltbarkeitsangaben für alle NRF-Rezepturen finden Sie in Tabelle I.4.3 im NRF).

Nach der Arzneimittelverschreibungsverordnung (▸Kap. 5.2.1) muss eine **Verschreibung für ein in der Apotheke herzustellendes Arzneimittel** eine **Gebrauchsanweisung** enthalten. Fehlt diese Gebrauchsanweisung oder ist sie unvollständig, kann der Apotheker in dringenden Fällen die Verschreibung fachgerecht ergänzen. Diese Vorschrift gilt nach ApBetrO auch für **nicht verschreibungspflichtige Rezepturen**.

Verschreibungen von **Betäubungsmitteln** müssen nach §6 der Betäubungsmittel-Verschreibungsverordnung (▸Kap. 6.3) immer eine Gebrauchsanweisung enthalten, aus der die **Einzel- und die Tagesgabe** für den Patienten hervorgeht.

■ Bei **Augentropfen** ist der Zusatz „Nach Anbruch 4 Wochen zu verwenden" verlangt, bei Verwendung von **Konservierungsmitteln** „konserviert mit … % …".

■ Suspensionen und Emulsionen werden mit einem zusätzlichen **Umschütteletikett** versehen.

□ **Tab. 4.9** Aufbrauchfristen für Rezepturen (nach NRF)

Darreichungsform	Aufbrauchfrist	Hinweis
Feste Zubereitungen		
Granulate	3 Jahre	–
Kapseln	1 Jahr	–
Pulver	3 Jahre	–
Zäpfchen		
Hartfett-Basis	1 Jahr	Fettreif wird in der Regel nicht als Qualitätsmangel angesehen.
Teemischungen		
Geschnitten, ohne flüchtige Bestandteile	3 Jahre	Zerkleinerungsgrad ≥ 2800
Geschnitten, mit flüchtigen Bestandteilen (ätherischen Ölen)	1 Jahr	Zerkleinerungsgrad ≥ 2800
Gepulvert, ohne flüchtige Bestandteile	6 Monate	–
Gepulvert oder angestoßen, mit flüchtigen Bestandteilen	2 Wochen	–
Halbfeste Zubereitungen zur kutanen, nasalen, rektalen und vaginalen Anwendung sowie zur Anwendung in der Mundhöhle		
Hydrophobe Salben, Wasser aufnehmende Salben, lipophile Gele, Pasten		
In Tuben, in Spenderdosen	3 Jahre	–
Hydrophile Salben		
In Tuben, in Spenderdosen	3 Jahre	–
Hydrophile Cremes, Hydrogele		
Konserviert, in Tuben	1 Jahr	–
Konserviert, in Spenderdosen	6 Monate	–
Nicht konserviert, in Tuben, in Spenderdosen	1 Woche	Starke Abhängigkeit von pH-Wert, Inhaltsstoffen und Aufbewahrungstemperatur; 2 Wochen im Kühlschrank

◘ **Tab. 4.9** Aufbrauchfristen für Rezepturen (nach NRF, Fortsetzung)

Darreichungsform	Aufbrauchfrist	Hinweis
Lipophile Cremes		
Konserviert, in Tuben	1 Jahr	–
Konserviert, in Spenderdosen	6 Monate	–
Nicht konserviert, in Tuben, in Spenderdosen	4 Wochen	–
Flüssige Zubereitungen (Emulsionen, Suspensionen, Lösungen)		
Anwendung am Auge		
Augentropfen, Augenbäder		
Wässrig, konserviert	4 Wochen	Empfehlung laut Ph. Eur.
Wässrig, nicht konserviert	24 Stunden	Möglichst in sterilen Einzeldosis-behältnissen
Ölig (Augentropfen)	4 Wochen	Ausnahme bei nicht konservier-ten immunsuppressiv wirkenden Wirkstoffen: 1 Woche
Kutane, rektale, vaginale Anwendung Oralia, Anwendung in der Mundhöhle		
Konserviert	6 Monate	
Nicht konserviert	1 Woche	Starke Abhängigkeit von pH-Wert, Inhaltsstoffen und Auf-bewahrungstemperatur
Wasserfrei	6 Monate	–
Anwendung in der Nase		
Nasentropfen, Nasenspray		
Konserviert, in Pipettenglas	2 Wochen	Hohes Kontaminationsrisiko bei der Anwendung; höchstens 10 ml je Abgabegefäß
Konserviert, in Flasche mit Druckzerstäuberpumpe	6 Monate	Vergleichsweise geringes Konta-minationsrisiko bei der Anwen-dung
Nicht konserviert	24 Stunden	Möglichst in sterilen Einzeldosis-behältnissen

4

- Rezepturen zur oralen Einnahme, die **Ethanol** enthalten, müssen entsprechend der Arzneimittelwarnhinweisverordnung (▶ Kap. 5.2.2) deklariert werden.
- **Substitutionsmittel als Take-Home-Verordnungen** (▶ Kap. 6.3) müssen zusätzlich deklariert werden: „Nicht zur Injektion, Lebensgefahr!" „Für Kinder unzugänglich aufzubewahren" „Achtung! Die enthaltene Einzeldosis kann für nicht gewöhnte Personen tödlich sein!"
- Nach der **Analgetika-Warnhinweis-Verordnung** (▶ Kap. 5.2.4) müssen Etiketten für nicht Rx-Arzneimittel zur Behandlung leichter bis mäßig starker Schmerzen oder von Fieber, die oral oder rektal angewendet werden, und die Wirkstoffe Acetylsalicylsäure, Diclofenac, Ibuprofen, Naproxen, Paracetamol, Phenazon oder Propyphenazon enthalten, einen **Warnhinweis** enthalten: „Bei Schmerzen oder Fieber ohne ärztlichen Rat nicht länger anwenden als vom Apotheker oder von der Apothekerin empfohlen!"

Umstritten sind die sogenannten **„Sine-confectione-Verordnungen"** (**ohne Verpackung**), bei denen ein Fertigarzneimittel auf Wunsch des Arztes in ein Rezepturarzneimittel umgewandelt (und auch berechnet) wird. Hierbei wird der Inhalt des Fertigarzneimittels in ein neutrales Abgabebehältnis gefüllt, der Beipackzettel entfällt. Die für ein Rezepturetikett vorgeschriebenen Angaben sind auf dem Etikett zu vermerken.

KURZINFO

Die **Paragrafen 15 und 16** der Apothekenbetriebsordnung schreiben allen Apotheken eine Mindestvorratshaltung an Arzneimitteln und Medizinprodukten zur ordnungsgemäßen Versorgung der Bevölkerung sowie Listen mit Notfallarzneimitteln vor. Zudem werden Anforderungen an die Lagerung von Arzneimitteln und Medizinprodukte sowie Vorratsbehältnisse und deren Kennzeichnung gestellt.

„(1) Der Apothekenleiter hat die Arzneimittel und apothekenpflichtigen Medizinprodukte, die zur Sicherstellung einer ordnungsgemäßen Arzneimittelversorgung der Bevölkerung notwendig sind, in einer Menge vorrätig zu halten, die mindestens dem **durchschnittlichen Bedarf für eine Woche** entspricht. Darüber hinaus sind **in der Apotheke** vorrätig zu halten:

1. Analgetika,
2. Betäubungsmittel, darunter Opioide zur Injektion sowie zum Einnehmen mit unmittelbarer Wirkstofffreisetzung und mit veränderter Wirkstofffreisetzung,
3. Glucocorticosteroide zur Injektion,
4. Antihistaminika zur Injektion,
5. Glucocorticoide zur Inhalation zur Behandlung von Rauchgas-Intoxikationen,
6. Antischaum-Mittel zur Behandlung von Tensid-Intoxikationen,
7. medizinische Kohle, 50 Gramm Pulver zur Herstellung einer Suspension,
8. Tetanus-Impfstoff,
9. Tetanus-Hyperimmun-Globulin 250 I. E.,
10. Epinephrin zur Injektion,
11. 0,9 % Kochsalzlösung zur Injektion,
12. Verbandstoffe, Einwegspritzen und -kanülen, Katheter, Überleitungsgeräte für Infusionen sowie Produkte zur Blutzuckerbestimmung.

(2) Der Apothekenleiter muss sicherstellen, dass die Arzneimittel mit folgenden Wirkstoffen **entweder in der Apotheke vorrätig gehalten werden oder kurzfristig beschafft** werden können:

1. Botulismus-Antitoxin vom Pferd,
2. Diphtherie-Antitoxin vom Pferd,
3. Schlangengift-Immunserum, polyvalent, Europa,
4. Tollwut-Impfstoff,
5. Tollwut-Immunglobulin,
6. Varizella-Zoster-Immunglobulin,
7. C1-Esterase-Inhibitor,
8. Hepatitis-B-Immunglobulin,
9. Hepatitis-B-Impfstoff,
10. Digitalis-Antitoxin,
11. Opioide in transdermaler und transmucosaler Darreichungsform." (**§15**)

4

> **GUT ZU WISSEN**
>
> §15,1 Ziffer 8 ApBetrO fordert das Vorrätighalten von **Tetanus-Impfstoff**. Seit 2019 ist monovalenter Tetanus-Impfstoff in Deutschland nicht mehr verfügbar. Die STIKO empfiehlt als Alternative Tetanus-Kombinationsimpfstoffe, z. B. Tdap-Dreifach-impfstoff (Tetanus, Diphterie, azelluläre Pertussis-Komponente).

Einwegspritzen und Einmalkanülen sind neben Verbandstoffen und den 12 Gruppen von Arzneimitteln des Absatzes 1 für den Bedarf einer Woche vorrätig zu halten. Diese Maßnahme ist innerhalb der Apothekerschaft immer noch nicht unumstritten, da sie eigens für die Versorgung opioidabhängiger Apothekenkunden eingeführt wurde.

> **PRAXISBEISPIEL**
>
> **Pro:** „Als Apotheker oder PTA verhindere ich durch Verweigerung der Abgabe von Spritzen und Kanülen an Süchtige nicht den Missbrauch von Betäubungs-mitteln durch abhängige Kranke. Im Gegenteil, dadurch gefährde ich deren Gesundheit, indem unsterile Spritzen mehrmals und von mehreren Personen gemeinsam benutzt werden."
> **Contra:** „Ich habe den Auftrag, die Gesundheit der Bevölkerung zu schützen. Den Fixern noch dabei zu helfen widerspricht dieser Aufgabe, deshalb sind in unserer Apotheke bei Nachfrage Einwegspritzen und Kanülen gerade ausver-kauft."

Zur Sicherstellung der Versorgung von **Palliativpatienten** müssen in allen Apotheken Arzneimittel vorhanden sein, die eine schnelle Schmerzbekämpfung **im Notfall** möglich machen. Dazu gehören neben den üblichen Analgetika auch stark wirksame **Opioide**, die unter das Betäubungsmittelgesetz fallen. Auch Apotheken, die während der normalen Geschäftszeiten nicht unbedingt auf die Versorgung schwerkranker Patienten spezialisiert sind, müssen im Notdienst, nachts oder an Wochenenden und Feiertagen, die dafür notwendigen Schmerzmittel zur Verfügung stellen können: Opioide zur intravenösen Verabreichung und zur peroralen Anwendung in unmittelbarer und daneben auch in veränderter, das heißt mit verzögerter oder verlängerter Wirkstofffreisetzung.

GUT ZU WISSEN

Der § 15,2 Ziffer 11 ApBetrO fordert das Vorrätighalten oder die kurzfristige Beschaffung von „Opioiden zur transdermalen und transmucosalen Applikation" aus dem Notfalldepot. Aus rechtlichen Gründen sind in den **Notfalldepots** aber keine Betäubungsmittel verfügbar, der Apothekenleiter muss zur Sicherstellung der Notfallversorgung transdermale und transmucosale (über die Mundschleimhaut zu applizierende) Opioide in die Präsenznotfallarzneimittel der Apotheke aufnehmen.

„(3) Der Leiter einer **krankenhausversorgenden Apotheke** muss die zur Sicherstellung einer ordnungsgemäßen Arzneimittelversorgung der Patienten des Krankenhauses notwendigen Arzneimittel und, soweit nach dem Versorgungsvertrag vorgesehen, Medizinprodukte in einer Art und Menge vorrätig halten, die mindestens dem **durchschnittlichen Bedarf für zwei Wochen** entspricht. Diese Arzneimittel und Medizinprodukte sind aufzulisten." (**§ 15**)

Die in § 15,1 ApBetrO (früher in den Anlagen 3 und 4) aufgeführten Arzneimittel sind **Notfallarzneimittel,** deren Vorratshaltung für jede Apotheke finanziell und organisatorisch (regelmäßige Überprüfung und Erneuerung) eine Belastung darstellt. Trotzdem ist die Vorsorge auf unvorhergesehene seltene Therapien (z. B. bei Vergiftungen), palliative Versorgung oder das Vorbereitet sein auf Arzneiversorgung im Katastrophenfall ein Bestandteil des öffentlichen Versorgungsauftrags der Apotheken.

MERKE

Für seltene und auch sehr teure Notfallarzneimittel (§ 15,2 ApBetrO) wurden regionale Notfalldepots unter der Verantwortung der LAKs, meist in Krankenhausapotheken, eingerichtet, deren Adressen regelmäßig in einem Merkblatt veröffentlicht werden. Dieses Merkblatt muss an einer gut sichtbaren Stelle in der Apotheke, z. B. am Telefon ausgehängt sein. Informieren Sie sich über Ihr nächstes Notfalldepot!

In der Apothekenpraxis gilt es zwischen den **Standgefäßen**, die der optimalen Lagerung von Arzneimitteln in der Apotheke dienen, und den **Abgabegefäßen,** die die Patienten erhalten, zu unterscheiden. An die Vorratsgefäße werden im Folgenden konkrete Anforderungen gestellt (für die Abgabe von Arzneimitteln gelten § 13 und § 14 ApBetrO). Ein Verfalldatum und gegebenenfalls ein Nachprüfdatum ist anzugeben.

Die Abgabe von Arzneimitteln in der **Lieferverpackung** (z. B. bei Tees) ist nicht zulässig. Das Arzneimittel muss umgepackt und entsprechend etikettiert werden. Auch das Lagern in der Lieferverpackung ist problematisch, weil diese meistens nicht mit der geforderten

◻ **Tab. 4.10** Traditionelle Lagerung und Beschriftung von Rezepturarzneimitteln in der Apotheke (nach Apothekenbetriebsordnung nicht mehr vorgeschrieben)

	Indifferenda	Separanda	Venena[1]
Lagerungshinweis	Hinweis fehlt	„Vorsichtig zu lagern"	„Sehr vorsichtig zu lagern"
Lagerort in der Apotheke	Nicht getrennt	Getrennt	Unter Verschluss
Beschriftung des Vorratsgefäßes	Schwarz auf weiß	Rot auf weiß	Weiß auf schwarz
Beispiele für Rezepturarzneimittel aus dem Arzneibuch	Zincum oxidatum, Natriumsulfat, Lavandelöl	Iodum, Ephedrinum, Paracetamol	Aconitin, Atropinum sulfuricum, Physostigminum

[1] Gleichzeitig GHS06 und/oder GHS08 mit dem Signalwort Gefahr (früher T⁺ oder T) nach Gefahrstoffrecht (◻ Tab. 7.2).

Qualität des Vorratsbehältnisses oder den geforderten Aufschriften übereinstimmt (◻ Tab. 4.10).

> „(1) **Arzneimittel, Ausgangsstoffe, Medizinprodukte** und **apothekenübliche Waren** sind übersichtlich und so zu lagern, dass ihre Qualität nicht nachteilig beeinflusst wird und Verwechslungen vermieden werden. Soweit ihre ordnungsgemäße Qualität nicht festgestellt ist, sind sie unter entsprechender Kenntlichmachung gesondert zu lagern. Dies gilt auch für Behältnisse, äußere Umhüllungen, Kennzeichnungsmaterial, Packungsbeilagen und Packmittel. Die Vorschriften der Gefahrstoffverordnung sowie des Betäubungsmittel- und des Medizinproduktegesetzes einschließlich der hierzu erlassenen Verordnungen bleiben unberührt. Die Lagerungshinweise des Arzneibuchs sind zu beachten.
>
> (2) Die **Vorratsbehältnisse für Arzneimittel und Ausgangsstoffe** müssen so beschaffen sein, dass die Qualität des Inhalts nicht beeinträchtigt wird. Sie müssen mit gut lesbaren und dauerhaften **Aufschriften** versehen sein, die den Inhalt eindeutig bezeichnen. Dabei ist eine gebräuchliche wissenschaftliche Bezeichnung zu verwenden. Der Inhalt ist durch zusätzliche Angaben zu kennzeichnen, soweit dies zur Feststellung der Qualität und zur Vermeidung von Verwechslungen erforderlich ist. Auf den Behältnissen ist das **Verfalldatum** oder gegebenenfalls ein Nachprüfdatum anzugeben." (**§16**)

Grundlage für die richtige Aufschrift auf Vorratsgefäßen ist das **Synonym-Verzeichnis,** welches die verschiedenen lateinischen Bezeichnungen und Synonyme für einen Arzneistoff enthält (▸ Kap. 8.1.1).

PRAXISBEISPIEL

Die Einteilung von Grund- und Arzneistoffen zur Lagerung erfolgte jahrzehnte-
lang in **Indifferenda**, **Separanda** („vorsichtig zu lagern") und **Venena** („sehr
vorsichtig zu lagern"). Eine Übersicht finden Sie in ◻Tab. 4.10.
Diese Einteilung wurde durch die Apothekenbetriebsordnung 2012 ersatzlos
gestrichen, der alte § 16 Absatz 3 gehört nun der Vergangenheit und der Apo-
thekentradition an, da „das Arzneibuch solche Vorgaben nicht mehr enthält."
(Kommentar des BMG im Kabinettsentwurf der ApBetrO).
„Die Aufschriften der Vorratsbehältnisse für Arzneimittel sind in schwarzer
Schrift auf weißem Grund auszuführen, soweit nicht im Arzneibuch etwas
anderes bestimmt ist. Aufschriften von Vorratsbehältnissen für Arzneimittel,
die im Arzneibuch nicht aufgeführt sind, aber in ihrer Zusammensetzung oder
Wirkung den „**vorsichtig**" oder „**sehr vorsichtig**" zu lagernden Mitteln des Arz-
neibuches gleichen oder ähnlich sind, insbesondere Mittel, die der Verschreibungspflicht unterliegen, sind in roter Schrift auf weißem Grund bzw. in weißer Schrift auf schwarzem Grund auszuführen."
(Zitat: ehemaliger § 16,3 der „alten" ApBetrO vom 2. Dezember 2008 (BGBl. I
S. 2338), in der Neufassung 2012 ersatzlos gestrichen).

Die **Lagerung von Grundstoffen und Arzneimitteln** richtet sich jetzt nur noch nach Vorschriften außerhalb der Apothekenbetriebsordnung und des Arzneibuchs, Gefahrstoffe
(Gefahrstoffrecht, ◻Tab. 7.2) sowie Betäubungsmittel müssen beispielsweise unter Verschluss aufbewahrt werden).

ZUSAMMENFASSUNG

- Rezepturetiketten müssen nach § 14 ApBetrO bis zu 10 Angaben enthalten wie
  z. B. eine konkrete Aufbrauchfrist (Datum) und einen Anwendungshinweis mit
  Gebrauchsanweisung; oft werden noch zusätzliche Informationen verlangt
  (Augentropfen, Konservierung, Umschütteln, Alkoholwarnhinweis, Analgeti-
  ka-Warnhinweis).
- Im Neuen Rezeptur Formularium (NRF/Teil des DAC) findet man Hinweise zur
  Haltbarkeit von Rezepturarzneimitteln.
- Als „Laufzeit" wird die Haltbarkeit einer Zubereitung vor Anbruch, als „Auf-
  brauchfrist" die Haltbarkeit nach Anbruch der Packung verstanden. Die
  „Anwendungsdauer" beschränkt die Zeitdauer der therapeutischen Behand-
  lung durch den Patienten.
- Die wichtigsten Arzneimittelgruppen, Medizinprodukte, Verbandstoffe, Einweg-
  spritzen und Einwegkanülen müssen in jeder Apotheke für den Bedarf einer
  Woche bevorratet sein, in krankenhausversorgenden Apotheken für zwei
  Wochen; zusätzlich müssen die Notfallarzneimittel des § 15 Absatz 1 vorrätig
  sein und die des § 15 Absatz 2 kurzfristig beschafft werden können.

- Zur Sicherstellung der Arzneimittelversorgung von Palliativpatienten müssen Opioide zur Injektion und zum Einnehmen sowie zur transdermalen und transmucosalen Applikation vorrätig gehalten werden.
- Arzneimittel und Medizinprodukte müssen in der Apotheke übersichtlich gelagert sein; Rezeptursubstanzen sind in vielen Apotheken noch in Indifferenda, Separanda und Venena eingeteilt, obwohl die Apothekenbetriebsordnung diese Einteilung nicht mehr vorsieht.

4

SPICKZETTEL

Apothekenbetriebsräume (öffentliche Apotheke)	Offizin, Labor, Nachtdienstzimmer und Lagerräume mit zusammen mindestens 110 Quadratmetern
Apothekenübliche Waren	Neun Gruppen von Waren, die in der Apotheke neben Arzneimitteln und apothekenpflichtigen Medizinprodukten verkauft werden dürfen
Apothekenübliche Dienstleistungen	Vier Gruppen von Tätigkeiten, die neben der Beratungspflicht bei der Arzneimittelabgabe in der Apotheke durchgeführt werden dürfen
Freigabe	Abzeichnung des Freigabeprotokolls bei der Herstellung von Rezepturen und Defekturen sowie der Prüfung von Grundstoffen und Fertigarzneimitteln durch einen Apotheker
Herstellungsanweisung	Schriftliche Anweisung oder standardisierte Vorschrift vor der Herstellung von Rezepturen und Defekturen
Herstellungsprotokoll	Schriftliches Protokoll bei der Herstellung von Rezepturen und Defekturen
Laufzeit und Aufbrauchfrist	Laufzeit = Haltbarkeit vor Anbruch, Aufbrauchfrist = Zeitspanne zwischen Anbruch und letzter möglicher Anwendung durch den Patienten
Medikationsmanagement	Die gesamte Medikation inklusive der Selbstmedikation eines Patienten wird analysiert und bewertet und ist eine pharmazeutische Tätigkeit, die nur ein Apotheker ausführen darf
Notfalldepot	Elf Gruppen von Notfallarzneimitteln, die von der Apotheke im Notfall kurzfristig beschafft werden
Organoleptische Prüfung	Sinnesprüfung zur stichprobenweisen Prüfung von Fertigarzneimitteln
Pharmazeutische Tätigkeiten	Sechs Tätigkeiten, die nur das pharmazeutische Personal in der Apotheke ausführen darf wie z. B. Abgabe und Beratung (Arzneimittel)

Plausibilitätsprüfung	Überprüfung von Rezepturen und Defekturen auf Plausi-bilität (z. B. Dosierung) vor der Herstellung
Prüfanweisung	Schriftliche Anweisung zur Prüfung von Defekturen zwischen Herstellung und Freigabe, bei Ausgangsstoffen Identitätsprüfung nach Arzneibuch oder DAC bei Vorliegen eines Prüfzertifikats
Prüfprotokoll	Schriftliches Protokoll während der Prüfung eines Ausgangsstoffs oder Defektur, danach erfolgt die Freigabe
Prüfzertifikat	Zertifikat über vollständige Prüfung eines Ausgangsstoffs, die Prüfung in der Apotheke erfolgt als Identitätsprüfung
Raumeinheit	Die Räume einer Apotheke müssen zusammenhängend sein. Ausnahmen: Nachtdienstzimmer, Heim- und Krankenhausversorgung, Versandhandel, Verblisterung und parenterale Herstellung
Vertretung des Apothekenleiters	Durch Apotheker (3 Monate im Jahr) oder Apothekerassistent/Pharmazieingenieur (1 Monat im Jahr, nur Einzelapotheke oder Filialapotheke)

KURZINFO

Der § 17 der Apothekenbetriebsordnung regelt den Erwerb und die Abgabe von Arzneimitteln und Medizinprodukten in den Apothekenbetriebsräumen, die Zustellung von Arzneimitteln durch Boten oder Versandhandel und die Unterscheidung zwischen Freiwahl und Sichtwahl. Zudem werden das Substitutionsverbot, die Aut-idem-Regelung und die rechtlichen Vorschriften bei der Abgabe von Arzneimitteln auf Verschreibung geregelt.

„(1) **Arzneimittel** dürfen nur von zur Abgabe von Arzneimitteln berechtigten Betrieben **erworben** werden.
(1a) **Arzneimittel** dürfen, außer im Falle des § 11a des Apothekengesetzes und des Absatzes 2a, nur in den **Apothekenbetriebsräumen** in den Verkehr gebracht und nur durch **pharmazeutisches Personal** ausgehändigt werden. Satz 1 ist auf apothekenpflichtige Medizinprodukte entsprechend anzuwenden." (**§ 17**)

Das Prinzip der Abgabe von Arzneimitteln in der Apotheke lässt sich einfach formulieren:

MERKE

Abgabe von allen Arzneimitteln nur innerhalb der Apothekenbetriebsräume und nur durch pharmazeutisches Personal. Ausnahme: Zusätzlicher Versandhandel durch öffentliche Apotheken mit Versandhandelserlaubnis der zuständigen Behörde.

4

Das Aufstellen von **„Verkaufsschütten"** für freiverkäufliche Arzneimittel und apothekenübliche Waren außerhalb der Apotheke ist zulässig (Urteil des BGH vom 11.02.1999).

PRAXISBEISPIEL

Das Bundesverwaltungsgericht hat mit Urteil vom 14. April 2005 festgestellt, dass Apothekenaußenschalter („**Drive-in-Apotheken**") zulässig sind und damit die bis dahin gültige Rechtsprechung aufgehoben.

Dieses Urteil muss im Zusammenhang mit der Öffnung des Arzneimittelvertriebs für den Versandhandel gesehen werden. Mit der Einführung des **Versandhandels mit Arzneimitteln** habe der Gesetzgeber, so das oberste Gericht, eine Form der Medikamentenabgabe zugelassen, bei der das Arzneimittel zwar aus einer Apotheke heraus abgegeben werden müsse, der Kunde aber nicht die Apotheke körperlich betreten müsse. Zudem deute auch die neue Formulierung von § 43 Abs. 3 AMG (▶ Kap. 5.1.6), wonach verschreibungspflichtige Arzneimittel nicht mehr nur **„in"** Apotheken, sondern nur **„von"** Apotheken abgegeben werden dürfen, auf eine geänderte Situation bei der Arzneimittelabgabe durch Apotheken hin.

Seit 2008 können Drogerien (Klageführerin war die dm-Drogeriekette) in Zusammenarbeit mit Versandapotheken einen Bestellservice, auch mit Rezepten, betreiben („**Pick up**", Urteil des Bundesverwaltungsgerichts Leipzig vom 13. März 2008).

GUT ZU WISSEN

Umstritten ist auch das **Verbot der Abgabe nicht apothekenpflichtiger Arzneimittel (Freiwahl)** wie z. B. Vitaminpräparate, die auch außerhalb von Apotheken z. B. in Drogerien verkauft werden dürfen, durch **nichtpharmazeutisches Personal** in der Apotheke. Nach der gültigen Rechtslage dürfen Apothekenhelfer, PKAs und Apothekenfacharbeiter keine Arzneimittel, sondern lediglich apothekenübliche Waren in der Apotheke an Kunden abgeben.

§ 17 Absatz 2a ergänzt den § 2 und die Festlegungen für den nach § 11a ApoG (▶ Kap. 4.2.1) erlaubten Versandhandel mit Arzneimitteln:

> „(2) Die **Zustellung von Arzneimitteln durch Boten** der Apotheke ist **ohne Erlaubnis** nach § 11a des Apothekengesetzes zulässig. Bei der Zustellung durch Boten der Apotheke sind die Arzneimittel für jeden Empfänger getrennt zu verpacken und jeweils mit dessen Namen und Anschrift zu versehen. Absatz 2a Satz 1 Nummer 1, 2 und 8 und Satz 2 gilt entsprechend. Bei einer Zustellung von Arzneimitteln durch Boten der Apotheke hat der Apothekenleiter sicherzustellen, dass die Arzneimittel dem Empfänger in zuverlässiger Weise geliefert werden. Die **Zustellung** muss durch **pharmazeutisches Personal** der Apotheke erfolgen, wenn vor der Auslieferung
>
> 1. bei Arzneimitteln, die der Verschreibungspflicht nach § 48 des Arzneimittelgesetzes unterliegen, die Verschreibung nicht in der Apotheke vorgelegen hat oder
> 2. keine Beratung zu den Arzneimitteln stattgefunden hat.
>
> Hat die Verschreibung vor der Auslieferung nicht in der Apotheke vorgelegen, so muss diese spätestens bei der Aushändigung der Arzneimittel übergeben werden. Hat vor der Auslieferung keine Beratung stattgefunden, so muss diese in unmittelbarem Zusammenhang mit der Aushändigung des Arzneimittels erfolgen. Die **Beratung** kann auch im Wege der Telekommunikation durch die Apotheke erfolgen. § 4 Absatz 1 der Arzneimittelverschreibungsverordnung und § 43 Absatz 5 des Arzneimittelgesetzes bleiben unberührt.
>
> (2a) Bei dem nach § 11a des Apothekengesetzes erlaubten **Versand** hat der **Apothekenleiter sicherzustellen**, dass
>
> 1. das Arzneimittel so verpackt, transportiert und ausgeliefert wird, dass seine Qualität und Wirksamkeit erhalten bleibt; insbesondere müssen die für das Arzneimittel geltenden **Temperaturanforderungen** während des Transports bis zur Abgabe an den Empfänger eingehalten werden; die Einhaltung muss bei besonders temperaturempfindlichen Arzneimitteln, soweit erforderlich, durch mitgeführte Temperaturkontrollen valide nachgewiesen werden,
> 2. das Arzneimittel entsprechend den Angaben des Auftraggebers ausgeliefert und gegebenenfalls die Auslieferung schriftlich bestätigt wird; der Apotheker kann in begründeten Fällen entgegen der Angabe des Auftraggebers, insbesondere wegen der Eigenart des Arzneimittels, verfügen, dass das Arzneimittel nur gegen schriftliche Empfangsbestätigung ausgeliefert wird,
> 3. der Besteller in geeigneter Weise davon unterrichtet wird, wenn erkennbar ist, dass die Versendung des bestellten Arzneimittels nicht innerhalb der in § 11a Nr. 3 Buchstabe a des Apothekengesetzes genannten Frist erfolgen kann,
> 4. alle bestellten Arzneimittel, soweit sie im Geltungsbereich des Arzneimittelgesetzes in den Verkehr gebracht werden dürfen und verfügbar sind, geliefert werden,
> 5. für den Fall von bekannt gewordenen Risiken bei Arzneimitteln dem Kunden Möglichkeiten zur Meldung solcher Risiken zur Verfügung stehen, der Kunde über ihn betreffende Risiken informiert wird und zur Abwehr von Risiken bei Arzneimitteln innerbetriebliche Abwehrmaßnahmen durchgeführt werden,
> 6. die behandelte Person darauf hingewiesen wird, dass sie mit der behandelnden Ärztin oder dem behandelnden Arzt Kontakt aufnehmen soll, sofern Probleme bei der Anwendung des Arzneimittels auftreten,

7. die behandelte Person darauf hingewiesen wird, dass sie als Voraussetzung für die Arzneimittelbelieferung mit ihrer Bestellung eine Telefonnummer anzugeben hat, unter der sie durch pharmazeutisches Personal der Apotheke mit Erlaubnis zum Versand apothekenpflichtiger Arzneimittel nach § 11a des Apothekengesetzes auch mittels Einrichtungen der Telekommunikation ohne zusätzliche Gebühren beraten wird; die Möglichkeiten und Zeiten der Beratung sind ihnen mitzuteilen,

8. eine kostenfreie Zweitzustellung veranlasst wird und

9. ein System zur Sendungsverfolgung unterhalten wird.

Die Versendung darf nicht erfolgen, wenn zur sicheren Anwendung des Arzneimittels ein Informations- oder Beratungsbedarf besteht, der auf einem anderen Wege als einer persönlichen Information oder Beratung durch einen Apotheker nicht erfolgen kann.

(2b) Für Arzneimittel, die die Wirkstoffe **Lenalidomid, Pomalidomid oder Thalidomid** enthalten sowie für zur **Notfallkontrazeption** zugelassene Arzneimittel mit den Wirkstoffen **Levonorgestrel oder Ulipristalacetat**, ist ein Inverkehrbringen im Wege des Versandes nach § 43 Absatz 1 Satz 1 des Arzneimittelgesetzes nicht zulässig." (**§ 17**)

Bei der **Zustellung durch Boten** legt die Apothekenbetriebsordnung fest:

- Der Botendienst ist nicht mehr wie vor 2019 auf Einzelfälle beschränkt, sondern ist zulässig auf **Patientenwunsch** und kann auch nach vorheriger Beratung auf dem Wege der Telekommunikation erfolgen.
- Bei Botengängen von Jugendlichen ist zusätzlich die **Kinderschutzverordnung** vom 01.07.1998 zu beachten.

MERKE

Der Bote muss zum Apothekenpersonal gehören. In Fällen, wo vorher keine Beratung in der Apotheke stattgefunden hat, muss der Bote zum pharmazeutischen Personal gehören und die Beratung muss unmittelbar im Zusammenhang mit der Auslieferung erfolgen (Beratungspflicht). Das ist auch dann nötig, wenn der Apotheke die Originalverschreibung noch nicht vorgelegen hat.

- Arzneimittel mit den Wirkstoffen **Lenalidomid, Pomalidolid und Thalidomid** dürfen nicht über den Versand in den Handel gebracht werden (§ 17, Absatz 2 b).
- Die „**Pille danach**" darf, obwohl seit 2015 nicht mehr verschreibungspflichtig, **nicht im Versandhandel** durch Apotheken geliefert werden (§ 17, Absatz 2 b).
- Versandzustellung und -aushändigung kann durch externes **nichtpharmazeutisches Personal** erfolgen.
- Beim Arzneimittelversand und beim Botendienst müssen die **Temperaturanforderungen** des Arzneimittels während des Transports bis zur Abgabe an den Empfänger eingehalten werden.

„(3) Der Apothekenleiter darf Arzneimittel und Medizinprodukte, die der **Apothekenpflicht** unterliegen, **nicht im Wege der Selbstbedienung** in den Verkehr bringen." (**§ 17**)

MERKE

Alle homöopathischen Arzneimittel (▶Kap. 5.1.5, AMG) sind apothekenpflichtig und dürfen nicht in der Freiwahl zur Selbstbedienung angeboten werden. Es gibt auch verschreibungspflichtige homöopathische Arzneimittel (▶Kap. 5.2.1, § 5 AMVV, nicht in der Sichtwahl oder im Schaufenster) und homöopathische Arzneimittel, die dem Betäubungsmittelgesetz unterliegen (▶Kap. 6.1, BtMG; Tab. 6.5, BtM-Rezept, Aufbewahrung im Tresor).

Es soll durch Absatz 3 klargestellt werden, dass nicht nur **apothekenpflichtige Arzneimittel**, sondern auch **apothekenpflichtige Medizinprodukte** nicht im Wege der **Selbstbedienung** in den Verkehr gebracht werden dürfen. Die Forderung der Apothekenpflicht für bestimmte Medizinprodukte erscheint aber nur dann sinnvoll, wenn sie in der Apotheke hinsichtlich des Selbstbedienungsverbots den gleichen Bestimmungen unterliegen wie apothekenpflichtige Arzneimittel. **Apothekenpflichtige Medizinprodukte** sind gemäß § 1 Absatz 1 der Verordnung über die Vertriebswege für Medizinprodukte (MPVertrV) unter anderem solche, die der Verschreibungspflicht nach § 1 Absatz 1 MPVerschrV unterliegen oder apothekenpflichtige bzw. verschreibungspflichtige Arzneistoffe enthalten. Beispiele sind Intrauterinpessare, Hämodialysekonzentrate und bestimmte oral zu applizierende Sättigungspräparate auf Cellulosebasis.

PRAXISBEISPIEL

In der Apothekenoffizin wird zwischen der Sichtwahl und der Freiwahl unterschieden.

Beispiele Sichtwahl: Acetylsalicylsäure-Brausetabletten, Paracetamol-Zäpfchen, Brand- und Wundgel, Arnica D12 Globuli:
Der Kunde hat zur Sichtwahl mit apothekenpflichtigen, nicht verschreibungspflichtigen Arzneimitteln keinen direkten Zugriff. Zur Sichtwahl zählen auch die Schaufenster.

Beispiele Freiwahl: Multivitamin-Brausetabletten, Fieberthermometer, Zahnpasta:
Der Kunde kann sich bei der Freiwahl mit nicht apothekenpflichtigen Arzneimitteln und Medizinprodukten sowie apothekenüblichen Waren selbst bedienen.
Beide Bereiche werden als HV-Artikel (Handverkauf-Artikel) bezeichnet, die Artikel der Sichtwahl auch als OTC-Sortiment („over the counter").

Arzneimittel und apothekenübliche Waren, die in Schaufenstern oder auf Regalen sichtbar ausgestellt sind, müssen entsprechend der **Verordnung über die Regelung von Preisangaben** (▶Kap. 5.2.4) mit ihrem **Verkaufspreis** ausgezeichnet sein. Verschreibungspflichtige Arzneimittel dürfen nach dem **Heilmittelwerbegesetz** (▶Kap. 5.1.10) nicht werbend ausgestellt werden.

„(4) **Verschreibungen** von Personen, die zur Ausübung der Heilkunde, Zahnheilkunde oder Tierheilkunde berechtigt sind, sind in einer der Verschreibung angemessenen Zeit auszuführen.

(5) Die abgegebenen Arzneimittel müssen den Verschreibungen und den damit verbundenen Vorschriften des Fünften Buches Sozialgesetzbuch zur Arzneimittelversorgung entsprechen. Verordnete Arzneimittel, die an Versicherte in der privaten Krankenversicherung, Beihilfeempfänger und Selbstzahler abgegeben werden, können durch ein **wirkstoffgleiches Arzneimittel** ersetzt werden, das mit dem verordneten Arzneimittel in Wirkstärke und Packungsgröße **identisch** ist, für ein gleiches **Anwendungsgebiet** zugelassen ist und die **gleiche** oder eine austauschbare **Darreichungsform** besitzt, sofern die verordnende Ärztin oder der verordnende Arzt dies nicht ausgeschlossen hat und die Person, für die das Arzneimittel bestimmt ist, einverstanden ist. Enthält eine Verschreibung einen für den Abgebenden erkennbaren Irrtum, ist sie nicht lesbar oder ergeben sich sonstige Bedenken, so darf das Arzneimittel nicht abgegeben werden, bevor die Unklarheit beseitigt ist. Der Apotheker hat jede Änderung auf der Verschreibung zu vermerken und zu unterschreiben oder im Falle der Verschreibung in elektronischer Form der elektronischen Verschreibung hinzuzufügen und das Gesamtdokument mit einer qualifizierten elektronischen Signatur zu versehen. Die Vorschriften der Betäubungsmittel-Verschreibungsverordnung bleiben unberührt.

(5a) Abweichend von Absatz 5 Satz 1 darf der Apotheker bei der **Dienstbereitschaft** während der Zeiten nach § 23 Absatz 1 Satz 2 ein anderes, mit dem verschriebenen Arzneimittel nach Anwendungsgebiet und nach Art und Menge der wirksamen Bestandteile identisches sowie in der Darreichungsform und pharmazeutischen Qualität vergleichbares Arzneimittel abgeben, wenn das verschriebene Arzneimittel **nicht verfügbar** ist und ein dringender Fall vorliegt, der die unverzügliche Anwendung des Arzneimittels erforderlich macht." (**§ 17**)

Schon bereits im Jahr 2002 wurde im Arzneimittelausgaben-Begrenzungs-Gesetz (AABG) die sogenannte **Aut-idem-Regelung** eingeführt:

MERKE

Der Apotheker muss – wenn der Arzt das Aut-idem-Kästchen auf dem Rezept (○Abb. 2.4, ▸Kap. 2.2.3) nicht angekreuzt hat – nach vorgegebenen Richtlinien (z. B. Rabattvertrag mit der betroffenen Krankenkasse) das verschriebene Fertigarzneimittel durch ein gleichwertiges preisgünstigeres Präparat ersetzen (Substitution).

Die Aut-idem-Regelung gilt für Verschreibungen zu Lasten der gesetzlichen Krankenversicherungen (§ 129 SGB V, ▸Kap. 5.4) und der privaten Krankenversicherungen. Auch Privatrezepte dürfen bei Verschreibung des Wirkstoffs, wenn der verschreibende Arzt die Substitution nicht ausgeschlossen hat (z. B. Aut-idem-Kästchen angekreuzt) und mit Einverständnis des Patienten substituiert werden.

„(6) Bei der **Abgabe** der Arzneimittel sind **auf der Verschreibung** und, falls es sich um eine Verschreibung nach § 3a Absatz 1 Satz 1 der Arzneimittelverschreibungsverordnung handelt, auf der Durchschrift der Verschreibung, anzugeben oder im Falle der Verschreibung in elektronischer Form der elektronischen Verschreibung hinzuzufügen

1. der Name oder die Firma des Inhabers der **Apotheke** und deren Anschrift,
2. das **Namenszeichen** des Apothekers, des Apothekerassistenten, des Pharmazieingenieurs oder des Apothekenassistenten, der das Arzneimittel abgegeben, oder des Apothekers, der die Abgabe beaufsichtigt hat; im Falle der Verschreibung in elektronischer Form ist das Namenszeichen durch eine elektronische Signatur nach dem Signaturgesetz zu ersetzen, wobei der Apothekenleiter die Rückverfolgbarkeit zum jeweiligen Unterzeichner und deren Dokumentation sicherzustellen hat,
3. das **Datum** der Abgabe,
4. der **Preis** des Arzneimittels,
5. das in § 300 Abs. 3 Nr. 1 des Fünften Buches Sozialgesetzbuch genannte **bundeseinheitliche Kennzeichen** für das verordnete Fertigarzneimittel, soweit es zur Anwendung beim Menschen bestimmt ist.

Abweichend von Nummer 2 kann der Apothekenleiter nach Maßgabe des § 3 Abs. 5 die **Befugnis zum Abzeichnen** von Verschreibungen auf pharmazeutisch-technische Assistenten übertragen. Der pharmazeutisch-technische Assistent hat in den Fällen des Absatzes 5 Satz 2 und bei Verschreibungen, die nicht in der Apotheke verbleiben, die Verschreibung **vor**, in allen übrigen Fällen unverzüglich **nach** der Abgabe der Arzneimittel einem Apotheker vorzulegen." (**§17**)

> **MERKE**
>
> Kassenrezepte (GKV-Rezepte, rosa) und Privatrezepte (meist blau) sind nach AMVV (Kap. 5.2.1) sechs Monate gültig. Kassenrezepte sind aber nur 28 Tage durch die gesetzlichen Krankenkassen erstattungsfähig, danach werden sie als Privatrezepte behandelt und von der GKV nicht mehr erstattet.
>
> **Hinweis:** Eine Übersicht über Rezeptformulare und Bedingungen finden Sie in □Tab. 8.1 (▸Kap. 8.4.2).

Bei der Abgabe müssen Rezepte mit **Apothekenadresse** und **Datum** bedruckt werden sowie die **Preise** und die **Pharmazentralnummern** der Arzneimittel maschinenlesbar aufgetragen werden. Die Verschreibung wird von abzeichnungsberechtigten Personen mit ihrem Namenskürzel abgezeichnet („paraphiert"). Abzeichnungsberechtigt sind neben den in Nummer 2 des Absatzes 6 genannten Personen auch **PTAs,** die vom Apotheker nach einer Bewährungszeit die **Abzeichnungsbefugnis** erhalten haben.

- Abzeichnungsberechtigte PTAs müssen abgezeichnete Rezepte unverzüglich **nach der Abgabe** dem Apotheker vorzeigen, bei Privatrezepten **vor der Abgabe.** Der Sinn eines Vorzeigens der Verschreibung nach der Abgabe eines Arzneimittels bleibt dahingestellt.
- **Pharmaziepraktikanten** müssen alle Rezepte vor der Abgabe dem verantwortlichen Apotheker vorzeigen, sie haben keine Abzeichnungsbefugnis.

Beispiel für die **PZN 12345678**:

1	2	3	4	5	6	7	= PZN ohne Prüfziffer
1	2	3	4	5	6	7	= Multiplikator

1 + 4 + 9 + 16 + 25 + 36 + 49 = 140 (Summe) : 11 = 12

132

8 = Rest = **Prüfziffer**

Beispiel für die **PZN 03519464** (Sab simplex® 50 Kautabletten):

0	3	5	1	9	4	6	= PZN ohne Prüfziffer
1	2	3	4	5	6	7	= Multiplikator

0 + 6 + 15 + 4 + 45 + 24 + 42 = 136 (Summe) : 11 = 12

132

4 = Rest = **Prüfziffer**

○ **Abb. 4.7** Die Pharmazentralnummer (Ermittlung der Prüfziffer)

- Auf einem **Kassenrezept** (○ Abb. 2.4, ▸ Kap. 2.2.3) müssen die Preise, Pharmazentralnummern (PZN, ○ Abb. 4.7) und Zuzahlungen des Patienten eingetragen werden.
- Die **Pharmazentralnummer** (PZN) wird auf Antrag von der IFA (▸ Kap. 2.2.2) vergeben. Sie besteht aus einer siebenstelligen Zahl und einer Prüfziffer (○ Abb. 4.7).
- Jede **Packungsgröße, Darreichungsform und Stärke** eines Fertigarzneimittels hat eine eigene PZN, die z. B. der Lauer-Taxe entnommen werden kann.
- In der Apotheke müssen die **Pharmazentralnummern** der abgegebenen Arzneimittel auf die Rezeptformulare gedruckt werden (○ Abb. 4.7).

MERKE

Die Pharmazentralnummer ist das in § 300 Abs. 3 Nr. 1 des Fünften Buches Sozialgesetzbuch (▸ Kap. 5.4) genannte „bundeseinheitliche Kennzeichen" für das abgegebene Fertigarzneimittel.

GUT ZU WISSEN

Ab 2013 wurde aus der siebenstelligen Pharmazentralnummer eine **achtstellige PZN** (PZN-8, ○ Abb. 4.7), da der Vorrat an siebenstelligen Kombinationen nahezu verbraucht war:
Seither neu erteilte PZN bestehen aus **sieben Zeichen und** der daraus errechneten **Prüfziffer** als achtes Zeichen. Bisherige siebenstellige PZN bekamen eine **führende Null**, sodass sich bei der Errechnung der Prüfziffer kein Unterschied ergibt.

Bei der **Abgabe von verschreibungspflichtigen Arzneimitteln** (mit Ausnahmen) muss seit dem 9. Februar 2019 in allen Apotheken eine **Echtheitsprüfung** mit dem securPharm-Verfahren durchgeführt werden. Für eine Übergangzeit werden Packungen mit und ohne Sicherheitsmerkmale in Apotheken erhältlich sein.

Das securPharm-Verfahren

Gesetzliche Grundlage für die Arbeit von securPharm e. V. (Mitglieder sind u. a. die ABDA, Avoxa, BPI, IFA und PHAGRO) sind die **Fälschungsschutzrichtlinie 2011/62/EU** und die **Delegierte Verordnung (EU) Nr. 2016/161**. Um Patienten europaweit noch besser vor gefälschten Arzneimitteln in der legalen Lieferkette zu schützen, muss nahezu jedes verschreibungspflichtige Arzneimittel zwei Sicherheitsmerkmale tragen: ein **individuelles Erkennungsmerkmal** (Unique Identifier) in einem **Data Matrix Code**) und einen **Erstöffnungsschutz (Antitempering Device)**, z. B. eine Perforation oder ein Siegel. Dies gilt für verschreibungspflichtige Arzneimittel, die seit Februar 2019 für den Verkehr freigegeben worden sind.

Während der Herstellung versieht der pharmazeutische Unternehmer jede Packung eines verschreibungspflichtigen Arzneimittels mit den beiden Sicherheitsmerkmalen **Data Matrix Code** und **Erstöffnungsschutz (Antitempering Device)**. Die Daten des individuellen Erkennungsmerkmals (Seriennummer, Produktcode, Chargennummer, Verfalldatum) werden in Klarschrift und im Data Matrix Code auf die Packung aufgebracht und in die Datenbank der pharmazeutischen Industrie hochgeladen. Diese Daten nutzt das securPharm-System in den **Apotheken** dann online für die **Echtheitsprüfung**.

In der **Apotheke** wird der Data Matrix Code (◐Abb. 4.8) vor der Abgabe an den Patienten gescannt. Dadurch werden die Daten der Packung mit den Daten online im System abgeglichen. Nur im Fall einer positiven Rückmeldung des Systems darf der Apotheker die Packung abgeben. Fällt die Prüfung negativ aus, darf die Packung nicht abgegeben werden, und der Vorfall wird überprüft. Wird die Packung nach positiver Rückmeldung abgegeben, wird der Status auf „abgegeben" gesetzt. Sollte nun eine zweite Packung mit identischer Serien- und Produktnummer verifiziert werden, fällt auf, dass diese bereits abgegeben wurde.

„(6a) Bei dem Erwerb und der Abgabe von **Blutzubereitungen, Sera aus menschlichem Blut und Zubereitungen aus anderen Stoffen menschlicher Herkunft sowie Arzneimitteln zur spezifischen Therapie von Gerinnungsstörungen bei Hämophilie** sind zum Zwecke der Rückverfolgung folgende Angaben aufzuzeichnen:

1. die Bezeichnung des Arzneimittels,
2. die Chargenbezeichnung und die Menge des Arzneimittels,
3. das Datum des Erwerbs und der Abgabe,
4. Name und Anschrift des verschreibenden Arztes sowie Name oder Firma und Anschrift des Lieferanten und
5. Name, Vorname, Geburtsdatum und Adresse des Patienten oder bei der für die Arztpraxis bestimmten Abgabe der Name und die Anschrift des verschreibenden Arztes.

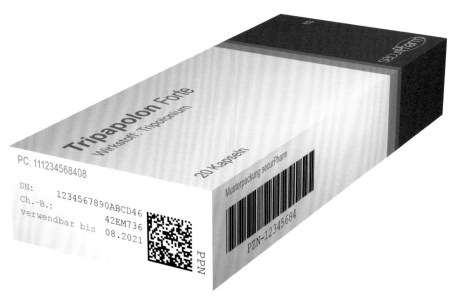

○ **Abb. 4.8** Musterpackung mit Data Matrix Code (Quelle: securPharm e. V.)

Dem verschreibenden Arzt sind von der abgebenden Apotheke folgende Angaben zu melden:

1. die Bezeichnung des Arzneimittels,
2. die Chargenbezeichnung und die Menge des Arzneimittels,
3. das Datum der Abgabe und
4. Name, Vorname, Geburtsdatum und Wohnort des Patienten.

Die Meldung hat elektronisch oder schriftlich nach Abgabe des Arzneimittels zu erfolgen." (**§17**)

Das **Transfusionsgesetz** (TFG), auf das sich der §17 Absatz 6a bezieht, soll u. a. die Möglichkeit einer **patienten- und chargenbezogenen Rückverfolgung** von humanen Blutprodukten (z. B. von Immunglobulinen wie Beriglobin®, Rhophylac® oder Tetagam®) bei unerwünschten Ereignissen gewährleisten.

Pharmazeutischer Unternehmer, Großhandel und abgebende Apotheke (auch Krankenhausapotheke) müssen diese Dokumentation für Blutprodukte durchführen (□ Tab. 4.11). Diese Daten sind in der Apotheke 30 Jahre lang aufzubewahren. Der verschreibende Arzt erhält eine Kopie der Dokumentationen der Apotheke.

„(6b) Bei dem **Erwerb und der Abgabe** von Arzneimitteln mit den Wirkstoffen **Lenalidomid, Pomalidomid oder Thalidomid** und dem Erwerb dieser Wirkstoffe sind folgende Angaben aufzuzeichnen:

1. die Bezeichnung und die Chargenbezeichnung des Arzneimittels oder des Wirkstoffs,
2. die Menge des Arzneimittels oder des Wirkstoffs,
3. das Datum des Erwerbs,
4. das Datum der Abgabe,
5. Name oder die Firma und die Anschrift des Lieferanten,

6. Name und Anschrift der verschreibenden Ärztin oder des verschreibenden Arztes und

7. Name und Anschrift der Person, für die das Arzneimittel bestimmt ist.

Nach dem Versand der Durchschriften der Vordrucke nach § 3a Absatz 7 der Arzneimittelverschreibungsverordnung an das Bundesinstitut für Arzneimittel und Medizinprodukte ist das Datum des Versands den Angaben nach Satz 1 hinzuzufügen." (**§ 17**)

> **MERKE**
>
> Bei den Dokumentationen von Blutzubereitungen nach § 17,6 a ApBetrO sowie der Wirkstoffe Thalidomid, Lenalidomid und Pomalidomid nach § 17,6 b ApBetrO werden Daten der Patienten, Ärzte und Lieferanten sowie Daten zum erworbenen und abgegebenen Arzneimittel schriftlich festgehalten.
>
> Die Dokumentationen nach Absatz 6 a werden 30 Jahre in der Apotheke aufbewahrt, die Dokumentationen nach Absatz 6 b werden von der Apotheke an das Bundesinstitut für Arzneimittel weitergeleitet.

„(6c) Apotheken dürfen **von anderen Apotheken** keine Arzneimittel beziehen. Satz 1 wird nicht angewendet auf Arzneimittel,

1. die gemäß § 52a Absatz 7 des Arzneimittelgesetzes im Rahmen des üblichen Apothekenbetriebs von Apotheken bezogen werden,

2. die von Apotheken bezogen werden, für die dieselbe Erlaubnis nach § 1 Absatz 2 in Verbindung mit § 2 Absatz 4 des Apothekengesetzes erteilt wurde,

3. die von Apotheken gemäß § 11 Absatz 3 oder 4 des Apothekengesetzes bezogen werden dürfen,

4. die nach Schließung einer Apotheke an einen nachfolgenden Erlaubnisinhaber nach dem Apothekengesetz weitergegeben werden oder

5. die in dringenden Fällen von einer Apotheke bezogen werden; ein dringender Fall liegt vor, wenn die unverzügliche Anwendung des Arzneimittels erforderlich ist und wenn das Arzneimittel nicht rechtzeitig bezogen oder hergestellt werden kann.

Werden Arzneimittel von Apotheken bezogen oder von diesen an andere Apotheken weitergegeben, muss zusätzlich die **Chargenbezeichnung** des jeweiligen Arzneimittels **dokumentiert** und auch dem Empfänger mitgeteilt werden." (**§ 17**)

„(7) Soweit **öffentliche Apotheken Krankenhäuser** mit Arzneimitteln versorgen, gelten die Vorschriften der § 31 Abs. 1 bis 3 sowie § 32 entsprechend. Satz 1 gilt für apothekenpflichtige Medizinprodukte entsprechend.

(8) Das pharmazeutische Personal hat einem erkennbaren **Arzneimittelmissbrauch** in geeigneter Weise entgegenzutreten. Bei begründetem Verdacht auf Missbrauch ist die Abgabe zu verweigern." (**§ 17**)

□ **Tab. 4.11** Vorgeschriebene Dokumentationen in der Apotheke (Auswahl)

Dokumentation	Grundlage	Aufbewahrung	Hinweise
Herstellungsprotokolle	§ 7 ApBetrO	Mindestens 5 Jahre (§ 22 ApBetrO)	Für Rezepturen
	§ 8 ApBetrO	Mindestens 5 Jahre (§ 22 ApBetrO)	Für Defekturen
Herstellungsanweisungen (mit Plausibilitätskontrolle)	§ 7 ApBetrO	Mindestens 5 Jahre (§ 22 ApBetrO)	Für Rezepturen
	§ 8 ApBetrO	Mindestens 5 Jahre (§ 22 ApBetrO)	Für Defekturen
Prüfprotokolle	§ 6 ApBetrO	Mindestens 5 Jahre (§ 22 ApBetrO)	Für Ausgangsstoffe (Drogen und Chemikalien)
	§ 12 ApBetrO	Mindestens 5 Jahre (§ 22 ApBetrO)	Für Fertigarzneimittel (Stichproben)
	§ 8 ApBetrO	Mindestens 5 Jahre (§ 22 ApBetrO)	Für Defekturen
Prüfanweisung	§ 8 ApBetrO	Mindestens 5 Jahre (§ 22 ApBetrO)	Für Defekturen
Aufzeichnungen nach § 17 Abs. 6 Satz 1 Nr. 2 Halbsatz 2	§ 17, Abs. 6 ApBetrO	Mindestens 3 Jahre (§ 22 ApBetrO)	Rückverfolgbarkeit elektronischer Rezept-Unterschriften zum Unterzeichner
Verbleibnachweise von Blutzubereitungen; Sera aus menschlichem Blut und gentechnisch hergestellten Plasmaproteinen zur Behandlung von Hämostasestörungen	Transfusionsgesetz, § 17 Abs. 6a ApBetrO	30 Jahre nach der letzten Eintragung (§ 22,4 ApBetrO)	Patienten- und chargenbezogene Dokumentation zum Zwecke der Rückverfolgung, abgebende Apotheke sendet Kopie an verschreibenden Arzt
Erwerb und Abgabe von Lenalidomid, Pomalidomid und Thalidomid	§ 17 Abs. 6b ApBetrO	Mindestens 5 Jahre	T-Rezept
Erwerb und Abgabe einzeln importierter Arzneimittel	§ 18 ApBetrO, § 73,3 oder § 73,3a AMG	Mindestens 5 Jahre	„Einfuhrbuch"

4

◻ **Tab. 4.11** Vorgeschriebene Dokumentationen in der Apotheke (Auswahl, Fortsetzung)

Dokumentation	Grundlage	Aufbewahrung	Hinweise
Erwerb und Abgabe von verschreibungspflichtigen Tierarzneimitteln	§ 19 ApBetrO	Mindestens 5 Jahre	Jährliche Bestandsprüfung
Gefahrstoffabgabe	§ 3 ChemVerbotsV	Mindestens 5 Jahre	T- und T⁺-Gifte u. a.
Gefahrstoffverzeichnis	§ 6,12 GefStoffV	Laufende Aktualisierung	Vorhandene Gefahrstoffe
Betriebsanweisung	§ 14,1 und § 14,2 GefStoffV	Zwei Jahre, jährliche Unterweisung	Arbeitsbereich- und stoffbezogen
Sachkundenachweis für die Abgabe von Stoffen gem. Chemikaliengesetz	§ 11 ChemVerbotsV	Alle 6 Jahre	Pharmazeutisches Personal
BtM-Rezepte	§ 12 Abs. 4 BtMVV	Drei Jahre	Teil I des BtM-Rezepts
BtM-Karteikarten	§§ 13,14 BtMVV	Drei Jahre, monatliche Überprüfung	Bestand für jedes BtM
Patientenkartei bei Substitution	§ 13 Abs. 1 BtMVV	Drei Jahre	Für Apotheken, die Substitution durchführen
Vernichtung von BtM	§ 16 BtMG	Mindestens 3 Jahre	Zwei Zeugen
Stationsüberprüfung	§ 32 ApBetrO	Mindestens 5 Jahre (§ 22 ApBetrO)	Krankenhausversorgende Apotheken
Rückrufe	§ 30 AMG	Mindestens 5 Jahre (§ 22 ApBetrO)	Nicht mehr verkehrsfähige Arzneimittel
Rückgabe	§ 30 AMG	Mindestens 5 Jahre (§ 22 ApBetrO)	Aufgrund von Rückrufen

KURZINFO

Der § 18 der Apothekenbetriebsordnung regelt die Einfuhr von in Deutschland nicht zugelassenen Fertigarzneimitteln, unterscheidet das Verbringen aus EWR-Staaten und den Import aus Drittstaaten und schreibt die Bedingungen für die Dokumentation von Einzelimporten vor.

Arzneimittel, die in der Bundesrepublik Deutschland nicht zugelassen sind, können nur unter bestimmten Bedingungen (AMG § 73 Abs. 3, ▸ Kap. 5.1.9) **importiert** werden.

Wenn sie nicht aus Ländern der Europäischen Union oder anderen Vertragsstaaten des Abkommens über den europäischen Wirtschaftsraum (**EWR-Staaten**) kommen, sind sie prinzipiell verschreibungspflichtig und können nur auf ärztliche Verschreibung hin importiert werden (**Drittstaaten**).

> **MERKE**
>
> Alle Einzelimportarzneimittel müssen nach § 18,1 ApBetrO im Einfuhrbuch (◻Tab. 4.11) manuell oder elektronisch dokumentiert werden.

4

„(1) Werden **Fertigarzneimittel** nach § 73 Abs. 3 oder Absatz 3b des Arzneimittelgesetzes in den Geltungsbereich dieser Verordnung **verbracht** oder **eingeführt**, sind folgende Angaben aufzuzeichnen

1. die Bezeichnung des eingeführten Arzneimittels,
2. der Name oder die Firma und die Anschrift des pharmazeutischen Unternehmers,
3. die Chargenbezeichnung, Menge des Arzneimittels und die Darreichungsform,
4. der Name oder die Firma und die Anschrift des Lieferanten,
5. der Name und die Anschrift der Person, für die das Arzneimittel bestimmt ist,
6. der Name und die Anschrift des verschreibenden Arztes oder des verschreibenden Tierarztes,
7. das Datum der Bestellung und der Abgabe,
8. das Namenszeichen des Apothekers, der das Arzneimittel abgegeben oder die Abgabe beaufsichtigt hat.

Soweit aus Gründen der Arzneimittelsicherheit besondere Hinweise geboten sind, sind diese bei der Abgabe mitzuteilen. Diese Mitteilung ist aufzuzeichnen.

(2) Fertigarzneimittel, die aus einem Mitgliedstaat der Europäischen Gemeinschaften über den Umfang von § 73 Abs. 3 des Arzneimittelgesetzes hinaus in den Geltungsbereich dieser Verordnung verbracht werden, dürfen von einer Apotheke nur dann erstmals in den Verkehr gebracht werden, wenn sie entsprechend § 6 Abs. 3 Satz 1 bis 3 geprüft sind und die erforderliche Qualität bestätigt ist. Von der Prüfung kann abgesehen werden, wenn die Arzneimittel in dem Mitgliedstaat nach den dort geltenden Rechtsvorschriften geprüft sind und dem Prüfprotokoll entsprechende Unterlagen vorliegen.“ (**§18**)

In der Apothekenpraxis sind folgende Anforderungen bei **Einzelimporten** von in Deutschland nicht zugelassenen Arzneimitteln zu beachten (Importe, die über diesen Rahmen hinausgehen, sind im Absatz 2 dieses Paragrafen erwähnt):

- Nur in **geringen Mengen**, nicht auf Vorrat.
- Nur auf Bestellung **konkreter Kunden**, Arzneimittel mit verschreibungspflichtigen Stoffen nur auf ärztliches Rezept.
- „**Verbringen**“ nennt das AMG den Einzelimport aus EU/EWR-Staaten, „**Einfuhr**“ aus Drittstaaten.
- Arzneimittel von außerhalb der Europäischen Union (**Drittstaaten**, z. B. aus den USA) immer **nur mit Rezept**.

- Einzelimport ist prinzipiell nur zulässig, wenn **keine identischen oder vergleichbaren Arzneimittel für diese Indikation oder Dosierung** in Deutschland zur Verfügung stehen.
- **Tierarzneimittel** für Tiere, die nicht der Lebensmittelgewinnung dienen (□ Tab. 4.11), können seit 2011 ebenfalls auf dem Weg des Einzelimports eingeführt werden.
- Vollständiger Eintrag ins **Einfuhrbuch** oder die Einfuhrkartei und Abzeichnung durch einen Apotheker.
- Beachtung des § 73 Abs. 3 AMG (▸ Kap. 5.1.9).

GUT ZU WISSEN

Die rechtliche Stellung der „internationalen Apotheken" unterscheidet sich hierbei nicht von anderen Apotheken. Nach Feststellung des Landgerichts Saarbrücken vom Dezember 1997 stellt die Zusatzbezeichnung „internationale Apotheke" eine wettbewerbsrelevante Irreführung dar, da sie beim durchschnittlichen Kunden den Eindruck erweckt, diese Apotheke sei besser als andere Apotheke für den Import ausländischer Arzneimittel ausgerüstet. Die Vorgaben des § 73 Abs. 3 AMG und des § 18 ApBetrO gelten jedoch ohne Unterscheidung für alle Apotheken gleichermaßen.

Unterstützt wird das Urteil auch durch den 13. Senat des Oberverwaltungsgerichts für das Land Nordrhein – Westfalen mit Beschluss vom 11. Dezember 2006. Nach Ansicht des Gerichts ist die Bezeichnung „Internationale Apotheke" eine irreführende Werbung und somit nicht erlaubt.

KURZINFO

Im § 19 der Apothekenbetriebsordnung werden die Anforderungen an Erwerb, Abgabe und Dokumentation von OTC- und Rx-Tierarzneimitteln in der Apotheke gestellt. Dazu ist die Unterscheidung in Heimtiere und Lebensmitteltiere notwendig.

„(1) Über den **Erwerb** und die **Abgabe** von **verschreibungspflichtigen Arzneimitteln**, die zur Anwendung bei **Tieren** zugelassen sind, oder die außerhalb ihrer Zulassung zur Anwendung bei Tieren bestimmt sind, sind zeitlich geordnete Nachweise zu führen. Als ausreichender Nachweis ist anzusehen:

1. für den **Erwerb** die geordnete Zusammenstellung der Lieferscheine, Rechnungen oder Warenbegleitscheine, aus denen sich ergibt:
   a) Name oder Firma und Anschrift des Lieferanten,
   b) Bezeichnung und Menge des Arzneimittels, einschließlich seiner Chargenbezeichnung,
   c) das Datum des Erwerbs;
2. für die **Abgabe** ein Doppel oder eine Ablichtung der Verschreibung mit Aufzeichnungen über
   a) Name und Anschrift des Empfängers,
   b) Name und Anschrift des verschreibenden Tierarztes,

c) Bezeichnung und Menge des Arzneimittels einschließlich seiner Chargenbezeichnung,

d) das Datum der Abgabe.

Soweit nach § 4 Abs. 2 der Arzneimittelverschreibungsverordnung eine Verschreibung nicht in schriftlicher oder elektronischer Form vorgelegt wird, sind bei der Abgabe die Angaben nach Satz 2 Nr. 2, auch in Verbindung mit Satz 4, zu **dokumentieren**. Soweit in den Fällen des Satzes 2 Nr. 1 Buchstabe b und Nr. 2 Buchstabe c das Arzneimittel nicht in Chargen in den Verkehr gebracht wird und ein Herstellungsdatum trägt, ist dieses anzugeben.

(2) Verschreibungspflichtige Arzneimittel, die zur Anwendung bei Tieren, die der **Gewinnung von Lebensmitteln** dienen, bestimmt sind, dürfen nur auf eine Verschreibung, die in **zweifacher Ausfertigung** vorgelegt wird, abgegeben werden. Das Original der Verschreibung ist für den Tierhalter bestimmt, die Durchschrift verbleibt in der Apotheke. Auf dem Original ist die **Chargenbezeichnung** des abgegebenen Arzneimittels anzugeben; soweit es nicht in Chargen in den Verkehr gebracht wird und ein Herstellungsdatum trägt, ist dieses anzugeben.

3) Der Apothekenleiter hat mindestens **einmal jährlich** die **Ein- und Ausgänge** der zur Anwendung bei Tieren bestimmten verschreibungspflichtigen Arzneimittel gegen den vorhandenen **Bestand** dieser Arzneimittel aufzurechnen und Abweichungen festzustellen." (**§ 19**)

> **MERKE**
> In Deutschland haben Tierärzte das Dispensierrecht und dürfen Tierarzneimittel für die von ihnen behandelten Tiere herstellen und abgeben. Aus diesem Grund gelangen relativ wenige Rezepte über Tierarzneimittel in die Apotheke.

Für nicht verschreibungspflichtige Tierarzneimittel besteht keine Dokumentationspflicht in der Apotheke.

Für alle verschreibungspflichtigen Tierarzneimittel müssen Erwerb und Abgabe dokumentiert werden, bei Nutztieren muss zusätzlich die Chargenbezeichnung auf dem Original der Verschreibung angegeben werden.

Botendienst: Für Tierarzneimittel nicht erlaubt.

Erwerb: Geordnete Zusammenstellung der Lieferscheine, Rechnungen und Warenbegleitscheine aus denen sich ergibt: Lieferant, Bezeichnung und Menge (mit Ch.-B.) des Arzneimittels und das Datum des Erwerbs.

Abgabe: Doppel oder Ablichtung der Verschreibung mit Aufzeichnungen über Empfänger, verschreibenden Tierarzt, Bezeichnung und Menge (mit Ch.-B.) des Arzneimittels und das Datum der Abgabe.

Versand: Nach § 43,5 AMG nur Tierarzneimittel, die „ausschließlich bei Tieren, die nicht der Gewinnung von Lebensmitteln, zugelassen sind" (erkennbar an der fehlenden Wartezeitangabe).

Abgabe an einen Tierarzt ohne Verschreibung: Diese Angaben sind zu dokumentieren, die Pflicht zur Aufbewahrung einer Rezeptkopie entfällt.

☐ **Tab. 4.12** Arzneimittelrechtliche Einteilung von Tieren (Beispiele)

Heimtiere	Equiden	Lebensmitteltiere (Nutztiere)
Zierfische, Singvögel, Brieftauben, Hunde, Katzen, Kaninchen (nicht zur Lebensmittelgewinnung)	Pferde und andere Einhufer mit Equidenpass, der die Festlegung als Heimtier oder Lebensmitteltier bescheinigt	Tiere, die der Lebensmittelgewinnung dienen z. B. Rind, Schwein, Geflügel, Bienen, Kaninchen, Speisefische
Heimtier	Heimtier **oder** Lebensmitteltier (Angabe der Wartezeit)	Lebensmitteltier (Angabe der Wartezeit)

Jährliche Rx-Bilanz: Ein- und Ausgänge, Bestand an verschreibungspflichtigen Tierarzneimitteln.

Dokumentation: Die genannten Aufzeichnungen sind fünf Jahre aufzubewahren.

ZUSAMMENFASSUNG

- Arzneimittel dürfen nur vom pharmazeutischen Personal in den Apothekenräumen abgegeben werden, Selbstbedienung ist nur bei nicht apothekenpflichtigen Arzneimitteln und apothekenüblichen Waren gestattet.
- Die Zustellung von Arzneimitteln durch zuverlässige Boten der Apotheke ist auf Kundenwunsch ohne Erlaubnis möglich; der Bote muss zum pharmazeutischen Personal gehören, falls die Beratung vor Ort stattfindet und vorher keine Beratung stattgefunden hat.
- Beim Versandhandel muss der Apothekenleiter zusätzlich zu den Vorschriften des §11a ApoG (▶Kap. 4.2.1) neun Bedingungen erfüllen, z. B. kostenfreie Zweitzustellung bei Nichterreichen des Patienten. Der Patient muss der Apotheke seine Telefonnummer zur Verfügung stellen (§17, 2a ApBetrO).
- Bei der Abgabe müssen auf dem Rezept von der Apotheke fünf Eintragungen nach ApBetrO §17,6 gemacht werden: Apothekendaten, Namenszeichen, Abgabedatum, Preise und Pharmazentralnummern (PZN).
- Pharmaziepraktikanten und PTAs müssen alle Rezepte vorzeigen („unter Aufsicht"); PTAs können vom Apothekenleiter die Abzeichnungsbefugnis erhalten, die aber nicht von der Vorzeigepflicht entbindet.
- Die PZN ist eine achtstellige Zahl, die von der IfA (▶Kap. 2.2.2) vergeben wird, die achte Ziffer ist dabei eine Prüfziffer (⊙Abb. 4.7).
- Mit dem securPharm-System muss jede Apotheke auf Grund von EU-Vorschriften bei Rx-Fertigarzneimitteln durch Scannen eines Codes (⊙Abb. 4.8) bei der Abgabe Arzneimittelfälschungen ausschließen. Zusätzlich ist immer ein Erstöffnungsschutz zu überprüfen.
- Importe von Arzneimitteln, Erwerb und Abgabe von Tierarzneimitteln und von Arzneimitteln aus Blutprodukten müssen schriftlich dokumentiert und die Dokumente zwischen fünf und dreißig Jahren aufbewahrt werden.

KURZINFO

Der § 20 der Apothekenbetriebsordnung definiert und konkretisiert die Informations- und Beratungspflicht des Apothekers und des pharmazeutischen Personals gegenüber Patienten und Ärzten im Rahmen des Qualitätsmanagements der Apotheke. Dabei werden die rechtlichen Anforderungen an die Informationspflicht, die aktive Beratungspflicht und die Beratung nach Nachfrage sowohl bei Rx- als auch bei OTC-Arzneimitteln und Medizinprodukten dargestellt.

4

„(1) Der Apothekenleiter muss im Rahmen des **Qualitätsmanagementsystems** sicherstellen, dass Patienten und andere Kunden sowie die zur Ausübung der Heilkunde, Zahnheilkunde oder Tierheilkunde berechtigten Personen hinreichend über **Arzneimittel und apothekenpflichtige Medizinprodukte informiert und beraten** werden. Die Verpflichtung zur Information und Beratung über Arzneimittel muss durch **Apotheker** der Apotheke ausgeübt werden, sie kann durch andere Angehörige des **pharmazeutischen Personals** der Apotheke übernommen werden, wenn der Apothekenleiter dies zuvor schriftlich oder elektronisch festgelegt hat. Dabei hat er auch zu definieren, in welchen Fällen ein Apotheker der Apotheke grundsätzlich hinzuzuziehen ist.
(1a) Durch die Information und Beratung der Patienten und anderer Kunden darf die **Therapie** der zur Ausübung der Heilkunde, Zahnheilkunde oder Tierheilkunde berechtigten Personen **nicht beeinträchtigt** werden. Soweit Arzneimittel **ohne Verschreibung** abgegeben werden, hat der Apotheker dem Patienten und anderen Kunden die zur sachgerechten Anwendung erforderlichen **Informationen** zu geben.
(2) Bei der Information und Beratung über Arzneimittel müssen insbesondere Aspekte der Arzneimittelsicherheit berücksichtigt werden. Die **Beratung** muss die notwendigen Informationen über die sachgerechte Anwendung des Arzneimittels umfassen, soweit erforderlich, auch über eventuelle Nebenwirkungen oder Wechselwirkungen, die sich aus den Angaben auf der Verschreibung sowie den Angaben des Patienten oder Kunden ergeben, und über die sachgerechte Aufbewahrung oder Entsorgung des Arzneimittels. Bei der Abgabe von Arzneimitteln an einen Patienten oder anderen Kunden ist durch Nachfrage auch festzustellen, inwieweit dieser gegebenenfalls weiteren Informations- und **Beratungsbedarf** hat und eine entsprechende Beratung anzubieten. Im Falle der **Selbstmedikation** ist auch festzustellen, ob das gewünschte Arzneimittel zur Anwendung bei der vorgesehenen Person geeignet erscheint oder in welchen Fällen anzuraten ist, gegebenenfalls einen Arzt aufzusuchen. Die Sätze 1 bis 4 sind auf apothekenpflichtige **Medizinprodukte** entsprechend anzuwenden." (§ 20)

In Absatz 1 wird die **Beratungspflicht** gegenüber **Patienten, anderen Kunden und Ärzten** konkretisiert. Die Information und Beratung ist wie bisher eine **Verpflichtung des Apothekers**, auch wenn sie nach § 1a Nummer 3 zu den pharmazeutischen Tätigkeiten zählt und somit **auch von anderen Angehörigen des pharmazeutischen Personals** wahrgenommen werden kann. Insofern müssen die Zuständigkeiten des approbierten und nicht approbierten Personals in der einzelnen Apotheke **schriftlich geregelt** und Grenzen festgelegt werden (○ Abb. 4.9).

Informations- und Beratungsbefugnis
gem. § 20 ApBetrO für nicht approbierte Angehörige des pharmazeutischen Personals

Herr/Frau _____ ist berechtigt, im Rahmen des üblichen Apothekenbetriebs

in der _____ Informations- und Beratungspflichten zu übernehmen.
                    Name der Apotheke

Diese Befugnis gilt für folgende Arzneimittelgruppe(n)   (bitte ankreuzen):

☐ nicht verschreibungspflichtige Arzneimittel

☐ verschreibungspflichtige Arzneimittel

☐ Betäubungsmittel

Apothekervorbehalt

Die Information und Beratung im Rahmen des Medikationsmanagements gem. § 1a Abs. 3 Nr. 6 ApBetrO
ist ausschließlich Apothekern/Apothekerinnen vorbehalten.
Immer wenn sich der Mitarbeiter/die Mitarbeiterin unsicher fühlt, ist ein Apotheker/eine Apothekerin hinzuzuziehen.

Des Weiteren ist in folgenden Fällen grundsätzlich ein Apotheker/eine Apothekerin hinzuzuziehen (falls zutreffend,
bitte ankreuzen):

☐ zur Information und Beratung von Angehörigen der Heilberufe

☐ zur Information und Beratung des Personals von Kranken- und Pflegeeinrichtungen

☐ wenn in der Apothekensoftware eine schwerwiegende Wechselwirkung angezeigt wird

☐ _____

☐ _____

☐ _____

Diese Befugnis gilt ab dem   _____ .   Sie wird ungültig mit Abschluss einer neuen Festlegung.

_____ , den _____   _____
Ort   Datum   Unterschrift des Mitarbeiters/der Mitarbeiterin

                                                      _____
                                                      Unterschrift des Apothekenleiters/der Apothekenleiterin

Deutscher Apotheker Verlag, Vordruck 1214v0119w/2012

o Abb. 4.9 Festlegung zur Informations- und Beratungsbefugnis (Deutscher Apotheker Verlag)

In **krankenhausversorgenden Apotheken** (Absatz 4) ist der Leiter der Apotheke verantwortlich für die Information und Beratung der Ärzte.

> **DEFINITION**
>
> Den Unterschied zwischen einer „**Information**" und einer „**Beratung**" in der Apotheke sehen die Kommentare zur Apothekenbetriebsordnung vor allem darin, dass eine **Information** kurz, knapp und wertfrei sein kann, eine **Beratung** dagegen ausführlicher, persönlicher und verknüpft mit Wertungen und Meinungen des Beraters.

4

In Absatz 2 werden Einzelheiten zur **Beratungspflicht** festgelegt. Die Verpflichtung zur Information und Beratung über Arzneimittel und apothekenpflichtige Medizinprodukte besteht nach Auffassung des Bundesministeriums für Gesundheit uneingeschränkt, dabei kann aber der erforderliche Umfang unterschiedlich sein. Auf das Angebot einer Beratung darf somit auch z. B. bei einer Dauermedikation nicht von vornherein verzichtet werden, da sich die Umstände bei dem betroffenen Patienten möglicherweise geändert haben könnten, beispielsweise durch zusätzlich aufgetretene Erkrankungen oder geänderte Ernährungsgewohnheiten.

> **MERKE**
>
> Mit Nachfragen soll bei der Arzneimittelabgabe insbesondere festgestellt werden, ob sich der Patient mit der Medikation bereits auskennt und ob Sachverhalte vorliegen, die gegebenenfalls gegen diese Medikation oder die vorgesehene Dosierung sprechen könnten. Das gilt auch bei einer Dauermedikation und bei der Selbstmedikation.

„(3) Der **Apothekenleiter** muss einschlägige **Informationen bereitstellen**, um Patienten und anderen Kunden zu helfen, eine sachkundige Entscheidung zu treffen, auch in Bezug auf Behandlungsoptionen, Verfügbarkeit, Qualität und Sicherheit der von ihm erbrachten Leistungen; er stellt ferner klare Rechnungen und klare Preisinformationen sowie Informationen über den Erlaubnis- oder Genehmigungsstatus der Apotheke, den Versicherungsschutz oder andere Formen des persönlichen oder kollektiven Schutzes in Bezug auf seine Berufshaftpflicht bereit.
(4) Dem Leiter einer **krankenhausversorgenden Apotheke** oder dem von ihm beauftragten Apotheker obliegt die Information und Beratung der Ärzte des Krankenhauses über Arzneimittel und apothekenpflichtige Medizinprodukte. Er ist Mitglied der Arzneimittelkommission des Krankenhauses." (**§ 20**)

Mit Absatz 3 werden die Vorgaben des § 4 Absatz 2a Satz 2 ApBetrO ergänzt. Mit der Gewährleistung einer vertraulichen Atmosphäre soll dem Kunden ermöglicht werden, die erforderlichen Informationen über das jeweilige Arzneimittel oder Medizinprodukt zu erhalten und, soweit erforderlich, Fragen zu stellen. Die **Gewährleistung der Vertraulich-**

keit bei der Beratung entspricht dem Wunsch der Patienten und sollte gerade bei persönlichen Belangen der Gesundheit in der Apotheke eine Selbstverständlichkeit sein.

KURZINFO

Die **Paragrafen 21 und 22** der Apothekenbetriebsordnung legen Maßnahmen bei Arzneimittelrisiken, nicht mehr verkehrsfähigen oder gefälschten Arzneimitteln sowie die Anforderungen an allgemeine Dokumentationen und deren Aufbewahrungsfristen fest (□Tab. 4.11).

„(1) Der **Apothekenleiter** hat dafür zu sorgen, dass bei Arzneimittelrisiken und nicht verkehrsfähigen Arzneimitteln die Verpflichtungen nach Absatz 2 Satz 2, Absatz 3 Satz 3 und den Absätzen 4 und 5 erfüllt werden.

(2) Der Apothekenleiter hat sicherzustellen, dass das **pharmazeutische Personal** ihm oder dem von ihm beauftragten Apotheker **alle Informationen über Beanstandungen bei Arzneimitteln**, insbesondere über Arzneimittelrisiken wie Qualitäts- und Verpackungsmängel, Mängel der Kennzeichnung und Packungsbeilage, Nebenwirkungen, Wechselwirkungen mit anderen Arzneimitteln, Gegenanzeigen und missbräuchliche Anwendung unverzüglich **mitteilt**. Der Apothekenleiter oder der von ihm beauftragte Apotheker hat die Informationen zu überprüfen und die erforderlichen Maßnahmen zur Gefahrenabwehr zu veranlassen.

(3) Ist bei Arzneimitteln oder Ausgangsstoffen, die die Apotheke bezogen hat, die Annahme gerechtfertigt, dass **Qualitätsmängel** vorliegen, die vom Hersteller verursacht sind, hat der Apothekenleiter die zuständige Behörde unverzüglich zu benachrichtigen. Bei Rückrufen

von Arzneimitteln, die in der Apotheke hergestellt worden sind, hat der Apothekenleiter die zuständige Behörde unter Angabe des Grundes unverzüglich zu benachrichtigen. Über Arzneimittelrisiken, die in der Apotheke festgestellt werden, sowie über die daraufhin

veranlassten Überprüfungen, Maßnahmen und Benachrichtigungen hat der Apothekenleiter oder das von ihm beauftragte Personal Aufzeichnungen zu machen. Bei krankenhausversorgenden Apotheken hat der Apothekenleiter unbeschadet des Absatzes 2 und der Sätze 1 bis 3 die ihm bekannt werdenden Arzneimittelrisiken unverzüglich den leitenden Ärzten und der Arzneimittelkommission des Krankenhauses mitzuteilen.

(4) Arzneimittel oder Ausgangsstoffe, die **nicht verkehrsfähig** sind oder für die eine Aufforderung zur Rückgabe vorliegt, hat der Apothekenleiter oder das von ihm beauftragte Personal umzuarbeiten, zurückzugeben oder zu vernichten. Sofern sie nicht sofort umgearbeitet, zurückgegeben oder vernichtet werden, hat der Apothekenleiter oder das von ihm beauftragte Personal sie als solche kenntlich zu machen und abzusondern. Über die Maßnahmen hat der Apothekenleiter oder das von ihm beauftragte Personal Aufzeichnungen zu machen.

(5) Im Vertriebsnetz festgestellte **gefälschte Arzneimittel** und im Vertriebsnetz festgestellte Arzneimittel, bei denen ein Verdacht besteht, dass sie gefälscht sind, hat der Apothekenleiter oder das von ihm beauftragte Personal bis zur Entscheidung über das weitere Vorgehen getrennt von verkehrsfähigen Arzneimitteln und gesichert auf-

zubewahren, um Verwechslungen zu vermeiden und einen unbefugten Zugriff zu verhindern. Der Apothekenleiter oder das von ihm beauftragte Personal hat diese Arzneimittel eindeutig als nicht zum Verkauf bestimmte Arzneimittel zu kennzeichnen. Über das Auftreten von Fälschungen eines Arzneimittels, das nicht die Sicherheitsmerkmale nach § 10 Absatz 1c des Arzneimittelgesetzes trägt, sowie über den Verdacht von Fälschungen eines solchen Arzneimittels hat der Apothekenleiter die zuständige Behörde unverzüglich zu informieren. Er oder das von ihm beauftragte Personal hat die getroffenen Maßnahmen zu dokumentieren." (**§ 21**)

Unter **„nicht verkehrsfähigen Arzneimittel"** versteht man Arzneimittel, die aus mehreren Gründen in den Apotheken nicht mehr verkauft werden dürfen. Diese Gründe können z. B. sein:

- Erwiesene schädliche Wirkungen bei bestimmungsgemäßem Gebrauch (§ 5 Arzneimittelgesetz, ▸ Kap. 5.1),
- Fertigarzneimittel mit abgelaufenem Verfalldatum,
- Arzneimittel, für die die Überwachungsbehörde einen Rückruf veranlasst hat (veröffentlicht in der Fachpresse oder durch „Rote-Hand-Briefe" der Hersteller),
- Arzneimittel, deren Zulassung zurückgenommen oder widerrufen worden ist (§ 30 Arzneimittelgesetz, ▸ Kap. 5.1).
- Gefälschte Arzneimittel, die im Securpharm-Verfahren in der Apotheke (▸ Kap. 4.3.1, ○ Abb. 4.8) identifiziert wurden.

Der Apotheker hat die Möglichkeit, auffällige Arzneimittel an die **Arzneimittelkommission** der Deutschen Apotheker (AMK, ▸ Kap. 2.2.2) zur Begutachtung einzusenden. Gegebenenfalls leitet diese Kommission Beanstandungen an das **Zentrallabor** Deutscher Apotheker (ZL, ▸ Kap. 2.2.2) zur Untersuchung weiter. Solche Meldungen sollten auf den Berichtsbögen an die Arzneimittelkommission der Deutschen Apotheker (○ Abb. 2.2, ○ Abb. 2.3) oder dem Formular „Bericht über unerwünschte Arzneimittelwirkungen" (herausgegeben vom BfArM) verfasst werden.

„(1) **Alle Aufzeichnungen** über die **Herstellung, Prüfung, Überprüfung der Arzneimittel im Krankenhaus und in zu versorgenden Einrichtungen** im Sinne von § 12a des Apothekengesetzes, **Lagerung, Einfuhr, das Inverkehrbringen, den Rückruf, die Rückgabe der Arzneimittel** auf Grund eines Rückrufes, die Bescheinigungen nach § 6 Abs. 3 Satz 2 und § 11 Abs. 2 Satz 1 sowie die Nachweise nach § 19 sind **vollständig und mindestens bis ein Jahr nach Ablauf des Verfalldatums**, jedoch **nicht weniger als fünf Jahre** lang, aufzubewahren. Der ursprüngliche Inhalt einer Eintragung darf nicht unkenntlich gemacht werden. Es dürfen keine Veränderungen vorgenommen werden, die nicht erkennen lassen, ob sie bei oder nach der ursprünglichen Eintragung vorgenommen worden sind."
„(1b) Aufzeichnungen nach § 17 Abs. 6 Satz 1 Nr. 2 Halbsatz 2 sind nach der letzten Eintragung drei Jahre lang aufzubewahren.
(2) Aufzeichnungen können auch auf **Bild- oder Datenträgern** vorgenommen und aufbewahrt werden. Hierbei muss sichergestellt sein, dass die Daten während der Aufbewahrungsfrist verfügbar sind und innerhalb einer angemessenen Frist lesbar gemacht werden können. Bei einer Aufzeichnung und Aufbewahrung ausschließlich auf Datenträgern ist ein nach dieser Verordnung gefordertes Namenszeichen durch

eine elektronische Signatur und eine eigenhändige Unterschrift durch eine qualifizierte elektronische Signatur nach dem Signaturgesetz zu ersetzen.
(3) Die Aufzeichnungen und Nachweise sind der zuständigen Behörde auf Verlangen vorzulegen.
(4) Abweichend von Absatz 1 sind die Aufzeichnungen nach § 17 Abs. 6a mindestens **dreißig Jahre** aufzubewahren oder zu speichern und zu vernichten oder zu löschen, wenn die Aufbewahrung oder Speicherung nicht mehr erforderlich ist. Werden die Aufzeichnungen länger als dreißig Jahre aufbewahrt oder gespeichert, sind sie zu anonymisieren." (**§ 22**)

MERKE

Die Apotheken sind verpflichtet, den Erwerb, die Abgabe, die Rückgabe und die Vernichtung von Blutzubereitungen, Sera aus Humanblut und gentechnisch hergestellten Plasmaproteinen dreißig Jahre lang sowohl chargen- als auch personenbezogen zu dokumentieren und die Dokumentation in Kopie dem verschreibenden Arzt zuzusenden.

KURZINFO

Der § 23 der Apothekenbetriebsordnung legt die Bedingungen für den Nacht- und Notdienst der Apotheken fest.

„(1) Apotheken sind zur **ständigen Dienstbereitschaft** verpflichtet. Die zuständige Behörde befreit einen Teil der Apotheken ganz oder teilweise zu folgenden Zeiten von der Pflicht zur Dienstbereitschaft:
1. montags bis sonnabends von 0:00 Uhr bis 8:00 Uhr,
2. montags bis freitags von 18:30 Uhr bis 24:00 Uhr,
3. sonnabends von 14:00 Uhr bis 24:00 Uhr,
4. am 24. und 31. Dezember von 14:00 Uhr bis 24:00 Uhr,
5. sonntags und an gesetzlichen Feiertagen.
(2) Von der Verpflichtung zur Dienstbereitschaft kann die zuständige Behörde für die Dauer der ortsüblichen Schließzeiten, der Mittwochnachmittage, Sonnabende oder der Betriebsferien und, sofern ein berechtigter Grund vorliegt, auch außerhalb dieser Zeiten befreien, wenn die Arzneimittelversorgung in dieser Zeit durch eine andere Apotheke, die sich auch in einer anderen Gemeinde befinden kann, sichergestellt ist." (**§ 23**)

Abgesehen von Krankenhausapotheken müssen vom Prinzip her alle öffentlichen Apotheken **ständig dienstbereit** sein. Die in den einzelnen Bundesländern zuständigen Behörden (in Baden-Württemberg z. B. übernimmt die Landesapothekerkammer im Auftrag der zuständigen Behörde diese Aufgabe) können für die Zeiten der ortsüblichen Schließzeiten einer **Notdienstregelung** zustimmen; der entsprechende Notdienstplan muss an gut sichtbarer Stelle ausgehängt sein.

□ Tab. 4.13 Apothekenöffnungszeiten (am Beispiel Baden-Württemberg)

Die Apotheke	Muss geöffnet haben	Kann geöffnet haben
montags	09.00 Uhr bis 12.00 Uhr 15.00 Uhr bis 18.00 Uhr	00.00 Uhr bis 24.00 Uhr
dienstags	09.00 Uhr bis 12.00 Uhr 15.00 Uhr bis 18.00 Uhr	00.00 Uhr bis 24.00 Uhr
mittwochs	09.00 Uhr bis 12.00 Uhr	00.00 Uhr bis 24.00 Uhr
donnerstags	09.00 Uhr bis 12.00 Uhr 15.00 Uhr bis 18.00 Uhr	00.00 Uhr bis 24.00 Uhr
freitags	09.00 Uhr bis 12.00 Uhr 15.00 Uhr bis18.00 Uhr	00.00 Uhr bis 24.00 Uhr
samstags	09.00 Uhr bis 12.00 Uhr	00.00 Uhr bis 24.00 Uhr

Durch das Gesetz zur Änderung des Grundgesetzes vom 28. August 2006 (BGBl. I S. 2034) haben die Bundesländer die Gesetzgebungskompetenz für das Ladenschlussrecht erhalten. Für Länder, in denen seitdem keine eigenen Ladenschlussregelungen getroffen wurden, bleibt bis auf weiteres das **Ladenschlussgesetz** in Kraft. Durch das Gesetz über den Ladenschluss (LadSchlG), zuletzt geändert am 31. August 2015 (BGBl. I S. 1474) und die zusätzlichen Bestimmungen der einzelnen Bundesländer gelten für Apotheken folgende Regelungen:

- Die Landesapothekerkammern der einzelnen Bundesländer regeln für die zuständigen Behörden in **Allgemeinverfügungen** ortsübliche Öffnungszeiten für alle Apotheken (□ Tab. 4.13).
- In **Filialverbünden** kann nicht nur eine der Apotheken für alle Apotheken die Dienstbereitschaft übernehmen; alle Apotheken des Filialverbunds sind an der Teilnahme am Notdienst verpflichtet und müssen ein Nachtdienstzimmer haben.
- Apotheken dürfen an den **Sonn- und Feiertagen**, die aus Anlass von Märkten, Messen und ähnlichen Veranstaltungen zur Offenhaltung freigegeben sind, geöffnet werden (vgl. Aufhebung von § 14 Abs. 4 Ladenschlussgesetz, vgl. auch BVerfGE vom 16.01.2002, AZ: 1 BvR 1236/99).

MERKE

Die Notdienstgebühr von 2,50 Euro kann am Sonntag und an Werktagen zwischen 20 Uhr und 6 Uhr erhoben werden (▶ Kap. 5.2.3). Hat der Arzt das Feld „Noctu" (○ Abb. 2.4, ▶ Kap. 2.2.3) angekreuzt, bezahlt die Krankenkasse die Gebühr, ansonsten der Patient.

LADENSCHLUSSGESETZ

Gesetz über den Ladenschluß in der Fassung der Bekanntmachung vom 2. Juni 2003 (BGBl. I S. 744), das zuletzt durch Artikel 430 der Verordnung vom 31. August 2015 (BGBl. I S. 1474) geändert worden ist.

– Auszüge –

§ 4 Apotheken

„(1) Abweichend von den Vorschriften des § 3 dürfen **Apotheken** an allen Tagen während des ganzen Tages geöffnet sein. An **Werktagen** während der allgemeinen Ladenschlusszeiten (§ 3) und an **Sonn- und Feiertagen** ist nur die Abgabe von Arznei-, Krankenpflege-, Säuglingspflege- und Säuglingsnährmitteln, hygienischen Artikeln sowie Desinfektionsmitteln gestattet.

(2) Die nach Landesrecht zuständige Verwaltungsbehörde hat für eine Gemeinde oder für benachbarte Gemeinden mit mehreren Apotheken anzuordnen, dass während der allgemeinen Ladenschlusszeiten (§ 3) abwechselnd ein Teil der Apotheken geschlossen sein muss. An den geschlossenen Apotheken ist an sichtbarer Stelle ein **Aushang** anzubringen, der die zurzeit offenen Apotheken bekannt gibt. Dienstbereitschaft der Apotheken steht der Offenhaltung gleich."

§ 14 Weitere Verkaufssonntage

„(1) Abweichend von der Vorschrift des § 3 Abs. 1 Nr. 1 dürfen Verkaufsstellen aus Anlass von Märkten, Messen oder ähnlichen Veranstaltungen an **jährlich höchstens vier Sonn- und Feiertagen** geöffnet sein. Diese Tage werden von den Landesregierungen oder den von ihnen bestimmten Stellen durch Rechtsverordnungen freigegeben.

(2) Bei der Freigabe kann die Offenhaltung auf bestimmte Bezirke und Handelszweige beschränkt werden. Der Zeitraum, während dessen die Verkaufsstellen geöffnet sein dürfen, ist anzugeben. Er darf fünf zusammenhängende Stunden nicht überschreiten, muss spätestens um 18 Uhr enden und soll außerhalb der Zeit des Hauptgottesdienstes liegen.

(3) Sonn- und Feiertage im Dezember dürfen nicht freigegeben werden. In Orten, für die eine Regelung nach § 10 Abs. 1 Satz 1 getroffen ist, dürfen Sonn- und Feiertage nach Absatz 1 nur freigegeben werden, soweit die Zahl dieser Tage zusammen mit dem § 10 Abs. 1 Nr. 1 freigegebenen Sonn- und Feiertagen vierzig nicht übersteigt."

Die sogenannten **Allgemeinverfügungen** (hier am Beispiel der Landesapothekerkammer Baden-Württemberg als zuständige Behörde nach § 23 Abs. 2 ApBetrO) sprechen eine Befreiung von der Dienstbereitschaft für bestimmte ortsübliche Öffnungszeiten aus (◻ Tab. 4.13).

„(3) Während der Zeiten nach Absatz 1 Satz 2 genügt es zur Gewährleistung der Dienstbereitschaft, wenn sich der **Apothekenleiter** oder eine **vertretungsberechtigte Person** in **unmittelbarer Nachbarschaft zu den Apothekenbetriebsräumen** aufhält und **jederzeit erreichbar** ist. Die zuständige Behörde kann in begründeten Einzelfällen einen Apothekenleiter auf Antrag von der Verpflichtung nach Satz 1 befreien, wenn der Apothekenleiter oder eine vertretungsberechtigte Person jederzeit erreichbar und die Arzneimittelversorgung in einer für den Kunden zumutbaren Weise sichergestellt ist." (**ApBetrO § 23**)

Die Wahrnehmung von Nacht- und Notdiensten kann nur durch Apotheker, Apothekerassistenten oder Pharmazieingenieure erfolgen; das übrige Personal kann zur Unterstützung bei Bedarf hinzugezogen werden. Der Apotheker oder sein Vertreter muss sich in **unmittelbarer Nachbarschaft** der Apotheke aufhalten und jederzeit erreichbar sein. Es ist also zulässig, über eine Gegensprechanlage oder Telefonschaltung an der Apothekentüre in der benachbarten Wohnung erreichbar zu sein.

MERKE

Neben Arzneimitteln dürfen nach § 4 Abs. 1 des Ladenschlussgesetzes im Nacht- und Notdienst nur Artikel zur Kranken- und Säuglingspflege, Hygieneartikel und Desinfektionsmittel abgegeben werden.

„(5) An nicht dienstbereiten Apotheken ist für Patienten oder andere Kunden an deutlich sichtbarer Stelle einen gut lesbaren **Hinweis** auf die nächstgelegenen dienstbereiten Apotheken anbringen.
(6) Apotheken, die **Krankenhäuser** mit Arzneimitteln und apothekenpflichtigen Medizinprodukten versorgen, haben unbeschadet der Vorschriften der Absätze 1 bis 4 mit dem Träger des Krankenhauses eine Dienstbereitschaftsregelung zu treffen, die die ordnungsgemäße Arzneimittelversorgung des Krankenhauses und Beratung durch einen Apotheker der Apotheke gewährleistet." (**§ 23**)

KURZINFO

Die **Paragrafen 24 und 25 a** der Apothekenbetriebsordnung schreiben die Bedingungen für das Betreiben einer Rezeptsammelstelle und der Abwehr bedrohlicher Krankheiten (Pandemien) vor; der alte § 25 (apothekenübliche Waren) ist gestrichen und in den § 1a ApBetrO überführt worden.

„(1) Einrichtungen zum Sammeln von Verschreibungen (**Rezeptsammelstellen**) dürfen nur **mit Erlaubnis der zuständigen Behörde** unterhalten werden. Die Erlaubnis ist dem Inhaber einer Apotheke auf Antrag zu erteilen, wenn zur ordnungsgemäßen Arzneimittelversorgung von abgelegenen Orten oder Ortsteilen ohne Apotheken eine Rezeptsammelstelle erforderlich ist. Die Erlaubnis ist zu befristen und darf die Dauer von drei Jahren nicht überschreiten. Eine wiederholte Erteilung ist zulässig.
(2) Rezeptsammelstellen dürfen **nicht in Gewerbebetrieben oder bei Angehörigen der Heilberufe** unterhalten werden.
(3) Die Verschreibungen müssen in einem **verschlossenen Behälter** gesammelt werden, der vor dem Zugriff unberechtigter Personen geschützt ist. Auf dem Behälter müssen deutlich sichtbar der Name und die Anschrift der Apotheke sowie die Abholzeiten angegeben werden. Ferner ist auf oder unmittelbar neben dem Behälter ein deutlicher Hinweis darauf anzubringen, dass die Verschreibung mit Namen, Vorna-

men, Wohnort, Straße und Hausnummer des Empfängers und mit der Angabe, ob die Bestellung in der Apotheke abgeholt oder dem Empfänger überbracht werden soll, zu versehen ist. Der Behälter muss zu den auf ihm angegebenen Zeiten durch einen **Boten**, der zum Personal der Apotheke gehören muss, geleert oder abgeholt werden. (4) Die Arzneimittel sind in der Apotheke für jeden Empfänger getrennt zu verpacken und jeweils mit dessen Namen und Anschrift zu versehen. Sie sind, sofern sie nicht abgeholt werden, dem Empfänger **in zuverlässiger Weise im Wege der Botenzustellung** nach § 17 Absatz 2 auszuliefern." (**§ 24**)

Eine **Rezeptsammelstelle** kann auf Antrag von einem Apothekenleiter nur mit Erlaubnis der zuständigen Behörde betrieben werden. Auch das turnusmäßige Abwechseln mehrerer Apotheken ist möglich. Als „abgelegen" für die zuständige Behörde kann gelten, wenn ein Ort oder Ortsteil z. B. 6 km oder mehr von der nächsten Apotheke entfernt ist; allerdings berücksichtigen die Behörden bei der Erlaubnis auch die Verkehrsverhältnisse und den Zeitaufwand, den die Kunden zum Erreichen der nächsten Apotheke benötigen.

> **MERKE**
>
> Das Abholen aus den Sammelkästen (nicht bei Ärzten oder in Gewerbebetrieben und geschützt vor dem Zugriff unberechtigter Personen) muss durch ein Mitglied des Apothekenpersonals erfolgen, die Auslieferung der einzeln verpackten und beschrifteten Medikamente erfolgt im Wege der Botenzustellung nach § 17 Abs. 2 ApBetrO.

„Im Falle einer **bedrohlichen übertragbaren Krankheit**, deren **Ausbreitung eine sofortige und das übliche Maß erheblich überschreitende Bereitstellung von spezifischen Arzneimitteln erforderlich macht**, findet § 11 Abs. 2 keine Anwendung auf Ausgangsstoffe, die zur Herstellung von Arzneimitteln im Sinne von § 21 Abs. 2 Nr. 1c des Arzneimittelgesetzes verwendet werden, sofern

1. deren Qualität durch ein Prüfzertifikat nach § 6 Abs. 3 nachgewiesen ist,
2. das Behältnis so verschlossen ist, dass ein zwischenzeitliches Öffnen des Behältnisses ersichtlich wäre und
3. weder das Behältnis noch der Verschluss beschädigt sind.

Sofern das Behältnis durch einen Betrieb in einem Mitgliedstaat der Europäischen Union oder des Europäischen Wirtschaftsraums, der nach jeweiligem nationalen Recht über eine Genehmigung nach Artikel 77 der Richtlinie 2001/83/EG verfügt, zum Zwecke des Umfüllens oder Abpackens des Ausgangsstoffes in unveränderter Form geöffnet wurde, findet § 11 Abs. 2 dann keine Anwendung, wenn der Apotheke eine Kopie des Prüfzertifikats nach § 6 Abs. 3, sowie eine schriftliche Bestätigung des Betriebs oder der Einrichtung vorliegt, dass bei Öffnung des Gefäßes die Voraussetzungen nach Satz 1 Nr. 1 bis 3 vorlagen und die Ausgangsstoffe in geeignete Behältnisse umgefüllt oder abgepackt wurden. Bei einer bedrohlichen übertragbaren Krankheit, deren Ausbreitung eine sofortige und das übliche Maß überschreitende Bereitstellung von spezifischen Arzneimitteln erforderlich macht, wird § 17 Absatz 1 nicht für Arzneimittel angewendet, die von den zuständigen Behörden des Bundes oder der Länder zur Verfügung gestellt werden." (**§ 25a**)

SPICKZETTEL

Abzeichnungs-befugnis	Der Apothekenleiter kann dem PTA die Befugnis zum Abzeichnen von Verschreibungen bei der Abgabe übertragen, der PTA muss jedoch jedes Rezept vor der Abgabe einem Apotheker vorzeigen.
Aut idem	Wenn der Arzt das Aut-idem-Kreuz auf dem Rezept nicht angekreuzt hat, muss in der Apotheke – je nach Rabattvertrag der GKV-Krankenkasse – ein preisgünstigeres Medikament abgegeben werden.
Beratungspflicht	Bei der Abgabe eines OTC- oder Rx-Arzneimittels in der Apotheke muss eine Beratung durch das pharmazeutische Personal erfolgen.
Dienstbereitschaft	Die Notdienstregelung wird von der im jeweiligen Bundesland zuständigen Behörde festgelegt und ein Notdienstplan muss in der Apotheke aushängen. Die Notdienstgebühr kann am Sonntag und an Werktagen zwischen 20 Uhr und sechs Uhr erhoben werden.
Einfuhrbuch	Einzeln importierte Fertigarzneimitteln aus dem EWR und Drittstaaten erfordern eine ausführliche Dokumentation des importierten Arzneimittels, des verschreibenden Arztes, des Herstellers und Importeurs, des Patienten und der abgebenden Apotheke.
Freiwahl und Sichtwahl	Freiwahl (Selbstbedienung) ist in der Apotheke nur zulässig bei apothekenüblichen Waren und nicht apothekenpflichtigen Arzneimitteln. Die Sichtwahl betrifft das OTC-Arzneimittelsortiment der apothekenpflichtigen Arzneimittel.
Import von Arzneimitteln	Bedeutet die Einfuhr aus Drittstaaten, die Einfuhr aus den Mitgliedsstaaten des EWR wird als Verbringen bezeichnet.
Lebensmitteltiere	sind Tiere, die selbst oder durch ihre Produkte der Lebensmittelgewinnung dienen, Equiden benötigen einen Pass, der sie als Heimtier oder Lebensmittelteil ausweist.
PZN	Die Pharmazentralnummer besteht aus 8 Ziffern und charakterisiert ein Fertigarzneimittel in einer bestimmten Darreichungsform und Packungsgröße.
Rezept-sammelstelle	Eine Apotheke kann mit Genehmigung der zuständigen Behörde bei einer Apothekenunterversorgung eine oder mehrere Rezeptsammelstellen betreiben, die Rezepte werden zu festgelegten Zeiten abgeholt und den Patienten nach Hause gebracht.
securPharm-Verfahren	Durch Scannen eines Codes und Überprüfung der Unversehrtheit der Packung werden europaweit Arzneimittelfälschungen erkannt.

4

T–Rezept	Pomalidomid, Lenalidomid und Thalidomid sind teratogen und erfordern bei Verschreibung ein Sonderrezept in zweifacher Ausführung. Das Duplikat erhält das BfArM von der abgebenden Apotheke.
Tierarzneimittel	Sie können vom Tierarzt direkt an den Tierhalter abgegeben werden. In der Apotheke benötigen Arzneimittel für Lebensmitteltiere ein doppeltes Rezept. Erwerb, Abgabe und Bestand von Rx–Tierarzneimitteln werden dokumentiert.
Verkehrsfähigkeit	Zugelassene Fertigarzneimittel sind verkehrsfähig (im Handel), nicht verkehrsfähige Arzneimittel (ohne Zulassung, über dem Verfalldatum, außer Handel) dürfen nicht abgegeben werden.
Versandhandel	Jede öffentliche Apotheke darf mit einer Erlaubnis der zuständigen Behörde (Versandhandelserlaubnis) Arzneimittel im Versand abgeben, hierfür sind Auflagen wie z. B. telefonische Erreichbarkeit zur Beratung festgelegt.
Zustellung durch Boten	Die Lieferung von Arzneimitteln durch einen Boten der Apotheke ist auf Kundenwunsch uneingeschränkt möglich. Wenn der Bote nicht zum pharmazeutischen Personal gehört muss die Beratung zuvor in der Apotheke stattfinden.

ZUSAMMENFASSUNG

- Information und Beratung von Kunden und Ärzten gehört zu den pharmazeutischen Tätigkeiten des Apothekers; aktuelle Bücher und elektronische Hilfsmittel sind hierfür unumgänglich.

- Bei der Abgabe von Arzneimitteln an einen Kunden ist dessen Informations- und Beratungsbedarf durch Nachfrage festzustellen und immer eine Beratung anzubieten. Der Kunde soll dabei aktiv in das Gespräch eingebunden werden, damit der Apotheker dessen Informations- und Beratungsbedarf erkennen und auf seine individuellen Bedürfnisse eingehen kann.

- Die Beratung muss die notwendigen Informationen über die sachgerechte Anwendung des Arzneimittels enthalten. Soweit erforderlich, ist auch über eventuelle Nebenwirkungen oder Wechselwirkungen sowie über die sachgerechte Aufbewahrung des Arzneimittels zu informieren.

- Bei Erkennung von Arzneimittelrisiken kann sich der Apothekenleiter an die AMK, das DAPI oder das ZL wenden.

- Vorgeschriebene Dokumentationen können auch auf Bild- oder Datenträgern aufbewahrt werden, Verfügbarkeit und kurzfristiger Ausdruck muss gewährleistet sein.

- Apotheken sind bis auf Zeiten, für die von der zuständigen Behörde ein Notdienstplan erstellt worden ist, ständig dienstbereit; der Apotheker muss sich dazu in unmittelbarer Nähe der Apotheke aufhalten.

- Eine Apotheke kann außer sonntags täglich von 0 Uhr bis 24 Uhr geöffnet haben; die LAKs legen in Allgemeinverfügungen Mindestöffnungszeiten fest.

4.3.2 Dritter Abschnitt: Betrieb von Krankenhausapotheken

– Auszüge –

„(1) Die **Krankenhausapotheke** ist die Funktionseinheit eines Krankenhauses, der die Sicherstellung der ordnungsgemäßen Versorgung von **einem oder mehreren Krankenhäusern** mit Arzneimitteln und apothekenpflichtigen Medizinprodukten sowie die **Information und Beratung** über diese Produkte, insbesondere von Ärzten, Pflegekräften und Patienten obliegt.

(2) Die Vorschriften der §§ 1a und 2a sowie der §§ 4a, 5 bis 8 und 11 bis 14, 16, 17 Absatz 1 und Absatz 6c, der §§ 18, 20 Abs. 1 und der §§ 21, 22 und 25a gelten für den Betrieb von Krankenhausapotheken entsprechend." (**§ 26**)

> **KURZINFO**
>
> In den **Paragrafen 27, 28 und 29** der Apothekenbetriebsordnung werden die Voraussetzungen für den Leiter und das Personal in Krankenhausapotheken (◻ Tab. 4.14) rechtlich festgelegt sowie die Anforderungen an notwendige Räume und Einrichtung von Krankenhausapotheken näher beschrieben.

„(1) **Apothekenleiter** ist der vom **Träger des Krankenhauses angestellte** und mit der Leitung beauftragte Apotheker.

(2) Der Leiter der Krankenhausapotheke ist dafür **verantwortlich**, dass die Apotheke unter Beachtung der geltenden Vorschriften betrieben wird. Er hat insbesondere dafür zu sorgen, dass

1. die bestellten Arzneimittel und apothekenpflichtigen Medizinprodukte bedarfsgerecht bereitgestellt und Arzneimittel, die zur akuten medizinischen Versorgung besonders dringlich benötigt werden, unverzüglich zur Verfügung gestellt werden,
2. die im Krankenhaus lagernden Arzneimittel und apothekenpflichtigen Medizinprodukte regelmäßig überprüft und die Überprüfungen dokumentiert werden,
3. ein Apotheker der Apotheke
   a) das Personal des Krankenhauses im Hinblick auf eine sichere, zweckmäßige und wirtschaftliche Arzneimitteltherapie und Anwendung der Arzneimittel oder apothekenpflichtigen Medizinprodukte und
   b) soweit erforderlich, den Patienten in Hinblick auf eine sichere Arzneimittelanwendung, insbesondere in Zusammenhang mit seiner Entlassung aus dem Krankenhaus berät. Der Leiter der Krankenhausapotheke ist Mitglied der Arzneimittelkommission des Krankenhauses.

(3) Der Leiter der Krankenhausapotheke kann **nur von einem Apotheker vertreten** werden. Dieser hat während der Dauer der Vertretung die Pflichten des Apothekenleiters.

(4) Die Vorschriften des § 2 Abs. 3 und 5 gelten entsprechend." (**§ 27**)

„(1) Das für einen ordnungsgemäßen Betrieb der Krankenhausapotheke notwendige **Personal**, insbesondere auch das pharmazeutische Personal, muss in ausreichender Zahl vorhanden sein. Der Personalbedarf ergibt sich aus Art und Umfang einer medizinisch zweckmäßigen und ausreichenden Versorgung des Krankenhauses mit Arzneimitteln und apothekenpflichtigen Medizinprodukten unter Berücksichtigung von Größe, Art und Leistungsstruktur des Krankenhauses. Satz 2 gilt entsprechend, soweit die Krankenhausapotheke auch andere Krankenhäuser versorgt.

(2) Für den Einsatz des Apothekenpersonals ist der **Leiter** der Krankenhausapotheke verantwortlich.

(3) Die Vorschriften des § 3 Abs. 1, 5 und 6 gelten entsprechend." (**§ 28**)

„(1) Die für einen ordnungsgemäßen Betrieb der Krankenhausapotheke notwendigen **Räume** müssen vorhanden sein. Dabei sind Art, Beschaffenheit, Größe und Zahl der Räume sowie die Einrichtung der Krankenhausapotheke an den Maßstäben des § 28 Abs. 1 Satz 2 auszurichten.

(2) Die Krankenhausapotheke soll **mindestens** aus einer **Offizin, zwei Laboratorien, einem Geschäftsraum und einem Nebenraum** bestehen und muss über ausreichenden **Lagerraum** verfügen; in einem Laboratorium muss sich ein Abzug mit Absaugvorrichtung befinden. Eine Lagerung unterhalb einer Temperatur von 25 °C muss möglich sein. Die Grundfläche dieser Betriebsräume muss insgesamt **mindestens 200 m²** betragen. Die Regelungen des § 4 Absatz 1 Satz 1, Satz 2 Nummer 1 bis 4 und Satz 3, Absatz 2 Satz 4, Absatz 2b, Absatz 2c, Absatz 2d, Absatz 4 Satz 3 und Absatz 6 gelten entsprechend.

(3) Art und Anzahl der **Geräte** zur Herstellung, Prüfung und Bestimmung von Ausgangsstoffen und Arzneimitteln sowie Art und Anzahl der Prüfmittel haben sich an Größe, Art und Leistungsstruktur des Krankenhauses auszurichten. Die Vorschriften des § 4 Abs. 7 und 8 finden Anwendung." (**§ 29**)

KURZINFO

In den **Paragrafen 30 und 31** der Apothekenbetriebsordnung werden Mindestanforderungen an die Vorratshaltung von Arzneimitteln und Medizinprodukten in Krankenhausapotheken gefordert sowie rechtliche Festlegungen zu deren Abgabe getroffen.

„Die zur Sicherstellung einer ordnungsgemäßen Versorgung der Patienten des Krankenhauses notwendigen **Arzneimittel und apothekenpflichtigen Medizinprodukte** müssen in ausreichender Menge vorrätig gehalten werden, die mindestens dem durchschnittlichen **Bedarf für zwei Wochen** entsprechen muss. Diese Arzneimittel und apothekenpflichtige Medizinprodukte sind aufzulisten." (**§ 30**)

„(1) **Arzneimittel und apothekenpflichtige Medizinprodukte** dürfen an Stationen oder andere Teileinheiten des Krankenhauses nur auf Grund einer **Verschreibung im Einzelfall** oder auf Grund einer **schriftlichen Anforderung** abgegeben werden. Dies gilt für Verschreibungen oder Anforderungen in elektronischer Form entsprechend.

(2) Bei der **Abgabe an Stationen** und andere Teileinheiten des Krankenhauses sind die Arzneimittel und apothekenpflichtigen Medizinprodukte vor dem Zugriff Unbefugter zu schützen. Sie sind in einem geeigneten, verschlossenen Behälter abzugeben, auf dem die Apotheke und der Empfänger anzugeben sind. Teilmengen von Fertigarzneimitteln, die an Patienten im Zusammenhang mit einer vor- oder nachstationären

Behandlung oder einer ambulanten Operation zur Anwendung außerhalb des Krankenhauses ausgehändigt werden sollen, sind nach Maßgabe des § 14 Abs. 1 Satz 2 zu kennzeichnen und mit einer Packungsbeilage zu versehen.

(3) Arzneimittel aus zur **Abgabe an den Verbraucher** bestimmten Packungen dürfen nur dann ohne äußere Umhüllung abgegeben werden, wenn auf dem Behältnis die Bezeichnung des Arzneimittels, die Chargenbezeichnung und, soweit für das Arzneimittel vorgeschrieben, das Verfalldatum sowie Aufbewahrungshinweise angegeben sind und die Packungsbeilage hinzugefügt wird.

(4) Die Vorschriften des § 17 Absatz 1, 1a, 4, 5, 6 Satz 1 Nummer 1 bis 3 sowie Satz 2 und 3 und Absatz 6a bis 6c gelten entsprechend." (**§ 31**)

4

KURZINFO

Die **Paragrafen 32 und 33** der Apothekenbetriebsordnung legen die Verantwortlichkeit und das Dokumentationsverfahren bei der Überprüfung der Vorräte an Arzneimitteln und apothekenpflichtigen Medizinprodukten auf den Stationen des Krankenhauses und die Dienstbereitschaft der Krankenhausapotheke fest.

„(1) Die Verpflichtung des **Leiters der Krankenhausapotheke** oder eines von ihm beauftragten Apothekers der Apotheke zur **Überprüfung der Arzneimittelvorräte** nach § 14 Abs. 6 des Gesetzes über das Apothekenwesen erstreckt sich auf alle auf den Stationen und in anderen Teileinheiten des Krankenhauses vorrätig gehaltenen Arzneimittel; die Überprüfung der Arzneimittelvorräte muss mindestens **halbjährlich** erfolgen. Satz 1 gilt entsprechend für apothekenpflichtige Medizinprodukte.

(2) Der überprüfende Apotheker und das ihn unterstützende Apothekenpersonal sind befugt, die Räume zu betreten, die der Arzneimittelversorgung dienen. Die Krankenhausleitung und das übrige Krankenhauspersonal haben die Durchführung der **Überprüfung** zu unterstützen.

(3) Der Leiter der Krankenhausapotheke oder der von ihm beauftragte Apotheker der Apotheke hat über jede Überprüfung ein **Protokoll in vierfacher Ausfertigung** anzufertigen. Das Protokoll muss mindestens enthalten

1. das Datum der Überprüfung,
2. die Bezeichnung der Station oder der anderen Teileinheit des Krankenhauses,
3. den Namen des Apothekers und der anderen an der Überprüfung beteiligten Personen,
4. die Art und den Umfang der Überprüfung, insbesondere bezüglich
   a) der allgemeinen Lagerungs- und Aufbewahrungsbedingungen,
   b) der Lagerung und Aufbewahrung der Arzneimittel und Medizinprodukte nach den anerkannten pharmazeutischen Regeln,
   c) der Beschaffenheit einschließlich der Kennzeichnung der Arzneimittel und Medizinprodukte,
   d) der Verfalldaten,
5. die festgestellten Mängel,
6. die zur Beseitigung der Mängel veranlassten Maßnahmen,
7. den zur Beseitigung der Mängel gesetzten Termin,

8. Angaben über die Beseitigung früher festgestellter Mängel, die Unterschrift mit Datum des für die Überprüfung verantwortlichen Apothekers.

Eine Ausfertigung des Protokolls ist der **Krankenhausleitung** spätestens vier Wochen, bei schwerwiegenden Mängeln unmittelbar nach Durchführung der Überprüfung zuzuleiten, jeweils eine weitere ist dem **Arzt** sowie der **Pflegedienstleitung** auszuhändigen, die für die Arzneimittelversorgung der Station oder der anderen Teileinheit des Krankenhauses zuständig ist, und die vierte ist in der **Apotheke** aufzubewahren." (**§ 32**)

„Eine die ordnungsgemäße Arzneimittelversorgung des Krankenhauses gewährleistende **Dienstbereitschaft** ist durch den Inhaber der Erlaubnis sicherzustellen. Dies schließt auch ein, dass die **Beratung** durch einen Apotheker der Apotheke gewährleistet ist." (**§ 33**)

▫ **Tab. 4.14** Vergleich von Apothekenarten

	Öffentliche Apotheke (Haupt- und Filialapotheken)	Krankenhausversorgende Apotheke	Krankenhausapotheke
Größe[1]	Mindestens 110 m^2	Mindestens[2] 110 m^2	Mindestens 200 m^2
Räume (Hinweise)	Zusammenhängend (mit Ausnahmen)	Für Krankenhausversorgung in unmittelbarer Nähe	Kein Nachtdienstzimmer
	1 Labor[3]	1 Labor	2 Labors
Betriebserlaubnis	Inhaber	Inhaber	Krankenhausträger
Apothekenleiter	Inhaber/angestellter Apotheker	Inhaber/angestellter Apotheker	Angestellter Apotheker
Vertretung des Apothekenleiters	Durch Apotheker/Apothekerassistent[4]	Nur durch Apotheker	
Vorratshaltung[5]	Bedarf für eine Woche	Bedarf für zwei Wochen	

[1] Die Angaben beziehen sich nur auf die in der Apothekenbetriebsordnung verlangten Räume, Zweigapotheken ohne Mindestgröße.

[2] Die Anforderungen an die Größe entsprechen denen einer „normalen" öffentlichen Apotheke, zusätzliche Räume für die Krankenhausversorgung.

[3] Bei Zweigapotheken kann das Labor entfallen.

[4] Vertretung durch Apothekerassistenten nur, wenn kein Apotheker gefunden wird und maximal 4 Wochen im Jahr (Hauptapotheken und Apotheken nach §§ 34, 35 nur durch Apotheker).

[5] Arzneimittel und apothekenpflichtige Medizinprodukte

□ **Tab. 4.15** Spezifische Apothekenformen – Jahresende 2018 (Quelle: ABDA 2019)

	2015	2016	2017	2018
Krankenhausapotheken (§ 14 ApoG)	390	384	379	375
Krankenhausversorgende Apotheken (§ 1a ApBetrO)	183	178	171	196
OHG-Apotheken (§ 8 ApoG)	662	689	709	722
Pachtapotheken (§ 9 ApoG)	880	832	774	732
Zweigapotheken (§ 16 ApoG9	11	12	12	11
Notapotheken (§ 17 ApoG)	0	0	0	0

4.3.3 Vierter Abschnitt: Sondervorschriften

– Auszüge –

Dieser für alle Apotheken gültige Abschnitt wurde 2012 völlig neu in die Apothekenbetriebsordnung eingefügt und behandelt die in § 1a (▸ Kap. 4.3.1) neu definierten Begriffe „**Patientenindividuelles Stellen**", „**Patientenindividuelles Verblistern**" und die „**Herstellung von Arzneimitteln zur parenteralen Anwendung**".

> **KURZINFO**
>
> Im § 34 der Apothekenbetriebsordnung werden Festlegungen für patientenindividuelles Stellen von Arzneimitteln und maschinelle Arzneimittelverblisterung getroffen, die in den Apotheken vermehrt Bedeutung erlangt hat. Es ist bei der Verblisterung zu unterscheiden, ob jedes Arzneimittel einzeln verblistert wird („unit dose") oder ob verschiedene Arzneimittel, die zum gleichen Zeitpunkt eingenommen werden sollen, gemeinsam verpackt werden sollen („multi dose").

„(1) Im **Qualitätsmanagementsystem** nach § 2a sind insbesondere folgende Festlegungen zu treffen:
1. zur Auswahl der Arzneimittel, die für ein Stellen oder eine Neuverblisterung grundsätzlich in Frage kommen oder die nicht für das Stellen oder die Neuverblisterung geeignet sind,
2. zur Entscheidung, welche Arzneimittel für eine gleichzeitige Einnahme gegebenenfalls nicht in demselben Einzelbehältnis aufbewahrt oder im selben Einzelblister verblistert werden können,

3. zur Entscheidung, in welchen Ausnahmefällen einer schriftlichen ärztlichen Anforderung über eine vor dem Stellen oder Verblistern vorzunehmende Teilung von Tabletten, soweit ansonsten die Versorgung nicht gesichert werden kann und bei nachgewiesener Validierung der Stabilität ihrer Qualität über den Haltbarkeitszeitraum des Blisters oder des wieder verwendbaren Behältnisses gegebenenfalls gefolgt werden kann, obwohl das nachträgliche Verändern des Fertigarzneimittels grundsätzlich verhindert werden sollte,

4. zur Zwischenlagerung und Kennzeichnung der entblisterten Arzneimittel,

5. zu den technischen und organisatorischen Maßnahmen, um die Qualität der entblisterten Arzneimittel zu erhalten und um insbesondere Kreuzkontaminationen und Verwechslungen zu vermeiden, einschließlich der Überprüfung ihrer Wirksamkeit,

6. zur Kalibrierung, Qualifizierung, Wartung und Reinigung der Blisterautomaten, soweit verwendet, oder sonstiger kritischer Ausrüstungsgegenstände oder Geräte,

7. zu den primären Verpackungsmaterialien und ihren Qualitätsprüfungen,

8. zu den Herstellungsanweisungen und den Herstellungsprotokollen gemäß § 7,

9. zum Hygieneplan, sowie

10. zum hygienischen Verhalten des Personals am Arbeitsplatz und zur Art der Schutzkleidung für die Arzneimittelherstellung, einschließlich der Art und Weise und der Häufigkeit der Umkleidevorgänge.

(2) Das **Personal** muss für die Tätigkeiten ausreichend qualifiziert sein und regelmäßig geschult werden; die **Schulungsmaßnahmen** sind zu dokumentieren. Das hinsichtlich § 3 Absatz 2 Satz 1 erforderliche Personal ergibt sich aus dem Umfang der Herstellung.

(3) Das **patientenindividuelle Stellen oder Verblistern** ist abweichend von § 4 Absatz 2b in einem **separaten Raum** vorzunehmen, der ausschließlich diesem Zweck dienen darf. Der Raum muss von angemessener Größe sein, um die einzelnen Arbeitsgänge in spezifisch zugeordneten Bereichen durchführen zu können. Seine Wände und Oberflächen sowie der Fußboden müssen leicht zu reinigen sein, damit das umgebungsbedingte Kontaminationsrisiko für die Arzneimittel minimal ist. Der Zugang und das Einbringen der Materialien sollen zumindest bei der maschinellen Verblisterung über einen Zwischenraum (Schleuse) zur Aufrechterhaltung einer im Herstellungsraum geeigneten Raumqualität erfolgen. § 4a ist entsprechend anzuwenden. Von Satz 1 und Satz 4 kann abgewichen werden, wenn das Stellen oder das manuell vorgenommene Verblistern von Arzneimitteln im Ausnahmefall für einen einzelnen Patienten vorgenommen werden soll.

(4) Aus der **Kennzeichnung des neu verpackten Arzneimittels** müssen folgende Angaben hervorgehen:

1. der Name des Patienten,

2. die enthaltenen Arzneimittel und ihre Chargenbezeichnungen,

3. das Verfalldatum des neu zusammengestellten Arzneimittels und seine Chargenbezeichnung,

4. die Einnahmehinweise,

5. eventuelle Lagerungshinweise sowie

6. die abgebende Apotheke und, soweit unterschiedlich, des Herstellers.

Dem neu verpackten Arzneimittel sind die **Packungsbeilagen** der enthaltenen Fertigarzneimittel gemäß § 11 Absatz 7 des Arzneimittelgesetzes beizufügen." (**§ 34**)

Die Apotheke muss ein funktionierendes **Qualitätsmanagementsystem** (QM-System) betreiben (eine Zertifizierung des QM-Systems wird nicht gefordert). Die patientenindividuelle Verblisterung, einschließlich der für diese Tätigkeit erforderlichen Räume, Ausrüstungen und Personalschulungen sind in das QM-System einzubeziehen.

Zu den in Frage kommenden Arzneimitteln gehören nach der Kommentierung des BMG nur solche, die im Geltungsbereich des Arzneimittelgesetzes als **Fertigarzneimittel** in den Verkehr gebracht werden dürfen. Darüber hinaus ist auch zu berücksichtigen, ob das Arzneimittel ein hohes sensibilisierendes Potenzial hat, ein Hormon, Antibiotikum oder Zytostatikum ist, das Arzneimittel hygroskopisch, oxidationsempfindlich, lichtempfindlich oder bruchempfindlich ist und ob seine Kompatibilität mit dem verwendeten Verpackungsmaterial (im Hinblick auf mögliche Interaktionen) gegeben ist. Sofern die zur Neuverblisterung vorgesehenen Arzneimittel sich durch Farbe, Form und Größe oder Gewicht nicht unterscheiden, sollte die Neuverblisterung nicht im selben Einzelblister erfolgen wegen der fehlenden Unterscheidbarkeit der Darreichungsformen sowohl bei der Blisterfreigabe vor der Abgabe als auch bei der Einnahme durch den Patienten.

Die Entscheidung, ob **Tabletten** geteilt werden dürfen, ist von verschiedenen Faktoren abhängig zu machen. Eine Teilung von Tabletten mit Bruchrille kann nur in Frage kommen, wenn die Bruchrille laut Angabe in der Gebrauchsanweisung einer Teilbarkeit im Sinne der Dosierung dient.

Zu den Festlegungen zur **Zwischenlagerung** gehören nach Auffassung des BMG die jeweiligen Standzeiten und Lagerbedingungen der entblisterten Arzneimittel aufgrund von Stabilitätsdaten, die z. B. durch Angaben aus der Literatur, des Zulassungsinhabers oder durch eigene Untersuchungen gewonnen werden können. Aus der Kennzeichnung der entblisterten Arzneimittel muss insbesondere das Datum der Entblisterung sowie die eindeutige Charakterisierung des jeweiligen Arzneimittels (z. B. Bezeichnung, Stärke, Darreichungsform, Chargenbezeichnung, Verfalldatum) sowie das Enddatum für die Zwischenlagerung hervorgehen.

Zu den genannten Maßnahmen zur Verhinderung von Kreuzkontaminationen und Verwechslungen gehört nach Auffassung des BMG z. B. vor Beginn jeder Herstellung des patientenindividuellen Blisters (Blistercharge) die **Prüfung**, ob der Blisterautomat und damit gegebenenfalls in Verbindung stehende Verpackungsmaschinen sowie die unmittelbare Umgebung sauber und frei von Rückständen, insbesondere früherer Blisterchargen sind.

Zu weiteren Festlegungen gehören insbesondere die **Qualifizierung der Ausrüstungen** vor der erstmaligen Inbetriebnahme sowie nach Reparaturen und anderen Maßnahmen, die die Funktion der Ausrüstungen beeinträchtigen können.

Das gesamte Personal arbeitet unter der **Aufsicht** eines Apothekers.

MERKE

Der Apothekenleiter dieser verblisternden Apotheke kann, genauso wie der Leiter einer Apotheke, die Parenteralia nach § 35 ApBetrO herstellt, nur durch einen Apotheker vertreten werden.

In Absatz 3 werden die besonderen **Anforderungen an den Herstellungsraum** für die maschinelle Verblisterung festgelegt. Zu den spezifisch zugeordneten Bereichen gehört die Lagerung der neu zu verblisternden Arzneimittel und des Verpackungsmaterials, das Entblistern, die Zwischenlagerung nach dem Entblistern, das Neuverblistern, die Kontrolle der neuverblisterten Ware und die Lagerung der Blisterchargen.

> **KURZINFO**
>
> Der § 35 der Apothekenbetriebsordnung legt für alle Apotheken die Voraussetzungen und QM-Dokumentation für die Herstellung von parenteralen Arzneiformen in einem separaten Raum fest.

Diese neuen Regelungen zur Herstellung von Arzneimitteln zur parenteralen Anwendung waren wie Stellen und Verblistern nach Ansicht des BMG erforderlich, weil die bisherigen allgemeinen Herstellungsvorschriften auf die 1987 in Apotheken üblichen Arzneimittelherstellungen ausgerichtet waren und daher für spezielle Herstellungstätigkeiten nicht mehr ausreichend und zeitgemäß sind.

> **GUT ZU WISSEN**
>
> Die Vorschriften orientieren sich am **Arzneibuch** sowie an den **Leitlinien der Bundesapothekerkammer** zur Qualitätssicherung „Herstellung und Prüfung applikationsfertiger Parenteralia ohne toxisches Potenzial/mit toxischem Potenzial" bzw. an der Leitlinie des Bundesverbandes Deutscher Krankenhausapotheker e. V. (ADKA) „Aseptische Herstellung und Prüfung applikationsfertiger Parenteralia".

Nach dem **Arzneimittelgesetz** (§ 55 Absatz 8, ▸ Kap. 5.1.7) sind die **anerkannten pharmazeutischen Regeln bei jeder Arzneimittelherstellung** einzuhalten; das Arzneibuch ist nach § 55 Absatz 1 AMG eine Sammlung anerkannter pharmazeutischer Regeln. Das Arzneibuch setzt voraus, dass die GMP-Richtlinien beachtet werden, insbesondere der Einsatz qualifizierten Personals und adäquater Räumlichkeiten, eine geeignete Ausstattung für die Herstellung, validierte Verfahren für alle kritischen Herstellungsschritte und die Aufzeichnung der Umgebungskontaminationen sowie Inprozessverfahren.

„(1) Im **Qualitätsmanagementsystem** nach § 2a sind insbesondere Festlegungen zu treffen
1. zu den einzusetzenden Arzneimitteln sowie den primären Verpackungsmaterialien und ihren Qualitätsprüfungen,
2. zu den technischen und zu den organisatorischen Maßnahmen, um Kontaminationen, Kreuzkontaminationen und Verwechslungen zu vermeiden, einschließlich der Überprüfung ihrer Wirksamkeit,
3. zur Kalibrierung, Qualifizierung, Wartung und Reinigung der Ausrüstungen und des Herstellungsraums,
4. zur Validierung der die Produktqualität beeinflussenden Prozesse, Methoden und Systeme und zur Revalidierung; bei aseptischen Herstellungsprozessen am Ende jedes Arbeitstages unter Einbeziehung des betroffenen Herstellungspersonals,
5. zu den kritischen Ausrüstungsgegenständen oder Geräten,

6. zu den Herstellungsanweisungen und Herstellungsprotokollen gemäß § 7 oder § 8,

7. zu einem eventuellen Transport der hergestellten Arzneimittel,

8. zu den Hygienemaßnahmen sowie

9. zum hygienischen Verhalten des Personals am Arbeitsplatz und zur Art der Schutzkleidung für die Arzneimittelherstellung, einschließlich der Art und Weise und der Häufigkeit der Umkleidevorgänge.

(2) Das **Personal** muss für die Tätigkeiten ausreichend qualifiziert sein und regelmäßig geschult werden; die **Schulungsmaßnahmen** sind zu dokumentieren. Das nach § 3 Absatz 2 Satz 1 erforderliche Personal ergibt sich aus Art und Umfang der Herstellung.

(3) Die Herstellung parenteraler Arzneimittel ist in einem **separaten Raum** vorzunehmen, der nicht für andere Tätigkeiten genutzt werden darf, soweit es sich nicht um die Herstellung von anderen sterilen Zubereitungen gemäß Arzneibuch handelt. Der Zugang zu diesem Raum sowie das Einbringen von Materialien müssen über einen Zwischenraum (**Schleuse**) erfolgen, der für die Aufrechterhaltung der im Herstellungsraum erforderlichen Reinraumklassen geeignet ist. Der Raum muss ausschließlich dem Zweck der Herstellung parenteraler Arzneimittel dienen, von angemessener Größe sein, um die einzelnen Arbeitsgänge in spezifisch zugeordneten Bereichen durchführen zu können und die Belüftung muss über Filter angemessener Wirksamkeit erfolgen. Seine Wände und Oberflächen sowie der Fußboden müssen leicht zu reinigen sein, damit das umgebungsbedingte Kontaminationsrisiko für die Arzneimittel minimal ist. In dem Raum dürfen sich zum Zeitpunkt der Herstellung nur Mitarbeiter aufhalten, die dort entsprechende Tätigkeiten ausüben; ihre Schutzkleidung ist den Tätigkeiten anzupassen und mindestens arbeitstäglich zu wechseln. § 4a ist entsprechend anzuwenden.

(4) Soweit die Arzneimittel keinem **Sterilisationsverfahren im Endbehältnis** unterzogen werden und sie nicht im geschlossenen System hergestellt werden, ist während der Zubereitung und Abfüllung

1. in der lokalen Zone für die Arbeitsgänge ein Luftreinheitsgrad für Keimzahl und Partikelzahl entsprechend Klasse A der Definition des EU-GMP-Leitfadens, Anhang 1, der vom Bundesministerium im Bundesanzeiger in der jeweils aktuellen Fassung bekannt gemacht wird, einzuhalten und

2. eine geeignete Umgebung erforderlich, die in Bezug auf Partikel- und Keimzahl
   a) mindestens der Klasse B des Anhangs des Leitfadens entspricht,
   b) oder abweichend von Klasse B mindestens der Klasse C des Anhangs des Leitfadens entspricht, wenn die Arzneimittelqualität durch das angewendete Verfahren nachweislich gewährleistet wird und durch entsprechende Validierung des Verfahrens belegt ist,
   c) oder bei Einsatz eines Isolators, der Klasse D des Anhangs des Leitfadens entspricht.

Für die Zubereitung von Arzneimitteln, die nicht im geschlossenen System hergestellt, aber einem Sterilisationsverfahren im Endbehältnis unterzogen werden, ist abweichend von Satz 1 Nummer 2 Buchstabe a eine Umgebung erforderlich, die in Bezug auf Partikel- und Keimzahl mindestens der Klasse D des Anhangs des Leitfadens entspricht; für die Abfüllung dieser Arzneimittel ist ein Luftreinheitsgrad der Klasse C einzuhalten.

(5) Die **Reinraumbedingungen** sind durch geeignete Kontrollen der Luft, kritischer Oberflächen und des Personals anhand von Partikel- und Keimzahlbestimmungen während der Herstellung in offenen Systemen zu überprüfen. Von dem für das Freigabeverfahren verantwortlichen Apotheker sind dafür entsprechende Warn- und Aktionsgrenzen festzulegen.

(6) Auf die Herstellung der parenteralen Arzneimittel sind die §§ 6 bis 8 anzuwenden. Die **Plausibilitätsprüfung** der ärztlichen Verordnung muss insbesondere auch patientenindividuelle Faktoren sowie die Regeldosierung und die daraus möglicherweise resultierende individuelle Dosis beinhalten. Die **Herstellungsanweisung** muss auch eine Kontrolle der Berechnungen, der Einwaagen und der einzusetzenden Ausgangsstoffe durch eine zweite Person oder durch validierte elektronische Verfahren sowie eine Dichtigkeitsprüfung des befüllten Behältnisses vorsehen." (**§ 35**)

Die Apotheke muss ein funktionierendes Qualitätsmanagementsystem (**QM-System**) betreiben (die Forderung nach einem QM-System besteht beispielsweise auch nach den Leitlinien der Bundesapothekerkammer zur Qualitätssicherung „Herstellung und Prüfung applikationsfertiger Parenteralia ohne toxisches/mit toxischem Potenzial", die Anleitungen für das QM-System geben). Die einzusetzenden Arzneimittel müssen verkehrsfähig sein, die Qualität der **Primärverpackungen** muss gewährleistet sein.

Zu den genannten Maßnahmen zur Verhinderung von Kreuzkontaminationen und Verwechslungen gehört nach Auffassung des BMG z. B. vor Beginn jeder Herstellung die Prüfung, ob der **Arbeitsbereich** sowie die unmittelbare Umgebung sauber und frei von Rückständen, insbesondere früherer Herstellungsvorgänge, ist. Die Festlegungen zur **Validierung** entsprechen den guten pharmazeutischen Regeln, insbesondere der Guten Herstellungspraxis. Die grundsätzlichen Anforderungen an den **Herstellungsraum** sind festgelegt, dazu gehört auch eine Schleuse für Umkleidevorgänge.

Der **Apothekenleiter** dieser Apotheke kann nur durch einen Apotheker vertreten werden.

GUT ZU WISSEN

Der Verordnungstext deutet an, dass nach § 35,2 ApBetrO unter den gegebenen Voraussetzungen auch geschultes **nichtpharmazeutisches Personal** unter der Aufsicht eines anwesenden Apothekers für die **Herstellung von Parenteralia** eingesetzt werden könnte. Sinnvoll wäre dagegen, dass die dort geforderte Qualifizierung das pharmazeutische Personal betrifft.

SPICKZETTEL

Apothekenbetriebs-räume (Krankenhaus-apotheke)	Offizin, zwei Labors, Geschäftsraum, Nebenraum, ausreichender Lagerraum mit Grundfläche von mindestens 200 Quadratmeter.
Ausnahmen von der Raumeinheit	Die zwei Sondervorschriften des 4. Abschnitts der ApBetrO beinhalten auch Ausnahmen von der Raumeinheit einer Apotheke (diese Räume können in erreichbarer Nähe ausgelagert sein). Betroffen sind hier Räume zum patientenindividuellen Stellen oder Verblistern sowie zur Herstellung parenteraler Arzneiformen. Zudem können das Nachtdienstzimmer, Räume zur Heim- und Krankenhausversorgung und zum Arzneimittelversand aus der Raumeinheit ausgenommen sein.
Betriebserlaubnis (Krankenhausapotheke)	Die Erlaubnis zum Betreiben einer Krankenhausapotheke erhält der Träger des jeweiligen Krankenhauses (z. B. wird die Apotheke des Universitätsklinikums Freiburg vom Land Baden-Württemberg betrieben).
Herstellung parenteraler Arzneimittel	Die Herstellung von Parenteralia benötigt einen besonderen zusätzlichen Raum mit Schleuse, eine geeignete Ausstattung und den Einsatz von qualifiziertem und geschultem Personal.
Leiter (Krankenhausapotheke)	Eine Krankenhausapotheke wird von einem Apotheker geleitet, der vom Krankenhausträger angestellt ist.
Stellen und Verblistern	Patientenindividuelles Stellen und Verblistern erfordert einen zusätzlichen Raum und den Einsatz von geschultem und fortgebildetem Personal.
Überprüfung der Arzneimittelvorräte (Krankenhausapotheke)	ist eine pharmazeutische Tätigkeit und muss vierfach protokolliert werden. Der überprüfende Apotheker und das unterstützende Apothekenpersonal sind befugt, alle entsprechenden Räume zu betreten.
Vertretung des Apothekenleiters	Der Apothekenleiter einer Krankenhausapotheke kann nur von einem Apotheker vertreten werden.
Vorratshaltung (Krankenhausapotheke)	Im Gegensatz zur öffentlichen Apotheke (eine Woche) muss die Krankenhausapotheke für den Bedarf von zwei Wochen mit Arzneimitteln und Medizinprodukten bevorratet sein.

REPETITORIUM 7: APOTHEKENBETRIEBSORDNUNG

● leicht ●● mittel ●●● schwer

● 1. Wie ist die Apothekenbetriebsordnung aufgebaut?

2. Welche Personen des pharmazeutischen Personals arbeiten unter Aufsicht, welche unter Verantwortung des Apothekers?

3. Welche Räume sind für eine öffentliche Apotheke vorgeschrieben?

4. Unterscheiden Sie die Begriffe Rezeptur und Defektur!

5. Wie werden Fertigarzneimittel in der Apotheke geprüft?

6. Erklären Sie den Begriff „Abzeichnungsbefugnis"!

7. Wie lange kann eine Apotheke am Samstag geöffnet haben?

8. Definieren Sie den Begriff „apothekenübliche Waren"!

9. Was wird mit dem securPharm-Verfahren wann und wie geprüft?

●● 1. Durch wen und wie lange darf sich ein Apothekenleiter vertreten lassen?

2. Nennen Sie Ausnahmen Ihrer Antwort von Frage 1!

3. Dürfen Arzneimittel durch Boten zu den Patienten gebracht werden?

4. Zählen Sie fünf Vorgänge auf, die in der Apotheke schriftlich dokumentiert werden müssen!

5. Welche Räume benötigt eine Krankenhausapotheke?

6. Wer handelt ordnungswidrig und kann bestraft werden, wenn ein PTA oder Pharmaziepraktikant entgegen den Vorschriften des § 14 Arzneimittel ohne die vorgeschriebene Kennzeichnung abgibt?

●●● 1. Wann muss in der Apotheke eine Herstellungsanweisung, ein Herstellungsprotokoll, wann ein Prüfprotokoll angefertigt werden?

2. Wie ist das Standgefäß der Rezeptursubstanz Aconitin etikettiert und zu lagern, die früher mit dem Hinweis „sehr vorsichtig zu lagern" im Arzneibuch aufgeführt war?

3. Wer vergibt die Pharmazentralnummer für Arzneimittel? Überprüfen Sie die Kontrollziffern der PZN an den Beispielen SAB simplex Kautabletten 20 Stück (PZN 03519458) und 100 Stück (PZN 03519470)!

4. Erklären Sie die rechtlichen Grundlagen eines „Einzelimportes aus einem Drittland"!

5. Welche Sonderregelungen für Tierarzneimittel und Blutzubereitungen nach Transfusionsgesetz in der Apotheke kennen Sie?

6. Welche Anforderungen werden beim Verblistern von Arzneimitteln gestellt?

Am 27. November 1961 wurde das Schlafmittel Contergan® aus
dem Handel genommen. Grund: Schwerwiegende Schädigungen
von Neugeborenen, deren Mütter in der Schwangerschaft die tera-
togene Substanz Thalidomid eingenommen hatten.

Wie war das möglich? Wurde das nicht getestet? Vor dem Inkrafttreten des ersten Arzneimittelgesetzes 1961, als Folge der Conter-
gan®-Missbildungen, gab es keine einheitlichen rechtlichen Regelungen zur industriellen Herstellung von Arzneimitteln. Es war
möglich, ohne Arzneimittelprüfungen und ohne Zulassung Arzneimittel auf den Markt zu bringen.

Im aktuellen Arzneimittelgesetz werden Arzneimittel nicht nur wie
damals formal registriert, sondern müssen Qualität, Wirksamkeit
und Unbedenklichkeit vor ihrer Zulassung in Tierversuchen und
klinischen Prüfungen nachweisen.

Dieses Kapitel behandelt die Schwerpunkte und Vorschriften des
Arzneimittelrechts vom Zulassungsverfahren über die Qualitätssi-
cherung bis zum Arzneimittelimport, sowie die wichtigsten
Gesetze und Verordnungen im Zusammenhang mit Arzneimitteln.

5.1 Gesetz über den Verkehr mit Arzneimitteln (Arzneimittelgesetz – AMG)

AMG in der Fassung der Bekanntmachung vom 12. Dezember 2005 (BGBl. I S. 3394), das zuletzt durch Artikel 3c des Gesetzes vom 10. Februar 2020 (BGBl. I S. 148) geändert worden ist.

5.1.1 Erster Abschnitt: Zweck des Gesetzes, Begriffsbestimmungen

– Auszüge –

> **KURZINFO**
>
> Der § 1 des Arzneimittelgesetzes nennt den Zweck des Gesetzes für die Arzneimittelversorgung von Mensch und Tier. Im § 2 wird der Begriff „Arzneimittel" ausführlich eingeteilt und definiert, im § 3 der Begriff „Stoff".

„Es ist der **Zweck dieses Gesetzes**, im Interesse einer ordnungsgemäßen Arzneimittelversorgung von **Mensch und Tier** für die Sicherheit im Verkehr mit Arzneimitteln, insbesondere für die **Qualität, Wirksamkeit und Unbedenklichkeit der Arzneimittel** nach Maßgabe der folgenden Vorschriften zu sorgen." (**§ 1**)

„(1) **Arzneimittel sind** Stoffe oder Zubereitungen aus Stoffen,
1. die zur Anwendung im oder am menschlichen oder tierischen Körper bestimmt sind und als Mittel mit Eigenschaften zur Heilung oder Linderung oder zur Verhütung menschlicher oder tierischer Krankheiten oder krankhafter Beschwerden bestimmt sind oder
2. die im oder am menschlichen oder tierischen Körper angewendet oder einem Menschen oder einem Tier verabreicht werden können, um entweder
   a) die physiologischen Funktionen durch eine pharmakologische, immunologische oder metabolische Wirkung wiederherzustellen, zu korrigieren oder zu beeinflussen oder
   b) eine medizinische Diagnose zu erstellen.

(2) **Als Arzneimittel gelten**
1. Gegenstände, die ein Arzneimittel nach Absatz 1 enthalten oder auf die ein Arzneimittel nach Absatz 1 aufgebracht ist und die dazu bestimmt sind, dauernd oder vorübergehend mit dem menschlichen oder tierischen Körper in Berührung gebracht zu werden,
2. tierärztliche Instrumente, soweit sie zur einmaligen Anwendung bestimmt sind und aus der Kennzeichnung hervorgeht, dass sie einem Verfahren zur Verminderung der Keimzahl unterzogen worden sind,

□ **Tab. 5.1** Übersicht über das Arzneimittelgesetz

Arzneimittelgesetz			
1.	Abschnitt	Zweck des Gesetzes und Begriffsbestimmungen	§1–4b
2.	Abschnitt	Anforderungen an die Arzneimittel (mit Anlage zu §6)	§5–12
3.	Abschnitt	Herstellung von Arzneimitteln	§13–20d
4.	Abschnitt	Zulassung der Arzneimittel	§21–37
5.	Abschnitt	Registrierung homöopathischer Arzneimittel	§38–39d
6.	Abschnitt	Schutz des Menschen bei der klinischen Prüfung	§40–42b
7.	Abschnitt	Abgabe von Arzneimitteln	§43–53
8.	Abschnitt	Sicherung und Kontrolle der Qualität	§54–55a
9.	Abschnitt	Sondervorschriften für Arzneimittel, die zur Anwendung bei Tieren bestimmt sind	§56–61
10.	Abschnitt	Beobachtung, Sammlung und Auswertung von Arzneimittelrisiken	§62–63k
11.	Abschnitt	Überwachung	§64–69b
12.	Abschnitt	Sondervorschriften für Bundeswehr, Bundespolizei, Bereitschaftspolizei, Zivilschutz	§70–71
13.	Abschnitt	Einfuhr und Ausfuhr	§72–74
14.	Abschnitt	Informationsbeauftragter, Pharmaberater	§74a–76
15.	Abschnitt	Bestimmung der zuständigen Bundesoberbehörden und sonstige Bestimmungen	§77–83b
16.	Abschnitt	Haftung für Arzneimittelschäden	§84–94a
17.	Abschnitt	Straf- und Bußgeldvorschriften	§95–98a
18.	Abschnitt	Überleitungs- und Übergangsvorschriften	§99–147

5

3. Gegenstände, die, ohne Gegenstände nach Nummer 1 oder 1a zu sein, dazu bestimmt sind, zu den in Absatz 1 bezeichneten Zwecken in den tierischen Körper dauernd oder vorübergehend eingebracht zu werden, ausgenommen tierärztliche Instrumente,

4. Verbandstoffe und chirurgische Nahtmaterialien, soweit sie zur Anwendung am oder im tierischen Körper bestimmt und nicht Gegenstände der Nummer 1, 1a oder 2 sind,

5. Stoffe und Zubereitungen aus Stoffen, die, auch im Zusammenwirken mit anderen Stoffen oder Zubereitungen aus Stoffen, dazu bestimmt sind, ohne am oder im tierischen Körper angewendet zu werden, die Beschaffenheit, den Zustand oder die Funktion des tierischen Körpers erkennen zu lassen oder der Erkennung von Krankheitserregern bei Tieren zu dienen.

(3) Arzneimittel sind nicht

1. Lebensmittel im Sinne des § 2 Abs. 2 des Lebensmittel- und Futtermittelgesetzbuches,

2. kosmetische Mittel im Sinne des § 2 Abs. 5 des Lebensmittel- und Futtermittelgesetzbuches,

3. Tabakerzeugnisse im Sinne des § 3 des Vorläufigen Tabakgesetzes,

4. Stoffe oder Zubereitungen aus Stoffen, die ausschließlich dazu bestimmt sind, äußerlich am Tier zur Reinigung oder Pflege oder zur Beeinflussung des Aussehens oder des Körpergeruchs angewendet zu werden, soweit ihnen keine Stoffe oder Zubereitungen aus Stoffen zugesetzt sind, die vom Verkehr außerhalb der Apotheke ausgeschlossen sind,

5. Biozid-Produkte nach Artikel 3 Absatz 1 Buchstabe a der Verordnung (EU) Nr. 528/2012 des Europäischen Parlaments und des Rates vom 22. Mai 2012 über die Bereitstellung auf dem Markt und die Verwendung von Biozidprodukten (ABl. L 167 vom 27.6.2012, S. 1),

6. Futtermittel im Sinne des § 3 Nr. 12 bis 16 des Lebensmittel- und Futtermittelgesetzbuches,

7. Medizinprodukte und Zubehör für Medizinprodukte im Sinne des § 3 des Medizinproduktgesetzes, es sei denn, es handelt sich um ein Arzneimittel im Sinne des § 2 Abs. 1 Nr. 2,

8. Organe im Sinne des § 1a Nr. 1 des Transplantationsgesetzes, wenn sie zur Übertragung auf menschliche Empfänger bestimmt sind.

(3a) Arzneimittel sind auch Erzeugnisse, die Stoffe oder Zubereitungen aus Stoffen sind oder enthalten, die unter Berücksichtigung aller Eigenschaften des Erzeugnisses unter eine Begriffsbestimmung des Absatzes 1 fallen und zugleich unter die Begriffsbestimmung eines Erzeugnisses nach Absatz 3 fallen können.

(4) Solange ein Mittel nach diesem Gesetz als Arzneimittel zugelassen oder registriert oder durch Rechtsverordnung von der Zulassung oder Registrierung freigestellt ist, gilt es als Arzneimittel. Hat die zuständige Bundesoberbehörde die Zulassung oder Registrierung eines Mittels mit der Begründung abgelehnt, dass es sich um kein Arzneimittel handelt, so gilt es nicht als Arzneimittel." (**§ 2**)

PRAXISBEISPIEL

„Arzneimittel" nach AMG in der Apotheke sind beispielsweise

§ 2,1

zu 1: Wundsalbe, Hustensaft, Magentabletten,

zu 2: Röntgenkontrastmittel,

zu 3: Verdauungsfermente, z. B. Pepsin,

zu 4: Desinfektionsmittel, z. B. Iodtinktur, Mittel gegen Kopfläuse,

zu 5: chemische Mittel zur Schwangerschaftsverhütung, Stärkungsmittel.

§ 2,2

zu 1: ABC-Pflaster, Hühneraugenpflaster

zu 2: Vor 1994 als fiktive Arzneimittel eingestufte Gegenstände wie Einmalspritzen oder Zahnprothesen sind inzwischen als Medizinprodukte eingestuft
worden, allerdings nicht für den veterinärärztlichen Bereich,

zu 3: Verbandstoffe, chirurgisches Nahtmaterial usw. für Tiere.

„**Stoffe** im Sinne dieses Gesetzes sind

1. chemische Elemente und chemische Verbindungen sowie deren natürlich vorkommende Gemische und Lösungen,
2. Pflanzen, Pflanzenteile und Pflanzenbestandteile, Algen; Pilze und Flechten in
bearbeitetem oder unbearbeitetem Zustand,
3. Tierkörper, auch lebender Tiere, sowie Körperteile, -bestandteile und Stoffwech-
selprodukte von Mensch oder Tier in bearbeitetem oder unbearbeitetem Zustand,
4. Mikroorganismen einschließlich Viren sowie deren Bestandteile oder Stoffwech-
selprodukte." (**§ 3**)

PRAXISBEISPIEL

„Stoffe" nach AMG in der Apotheke sind beispielsweise

zu 1: Iod, Bittersalz, Ethanol,

zu 2: Pflanzliche Drogen z. B. Baldrianwurzel, ätherische Öle,

zu 3: Blutegel, Insulin, Lebertran,

zu 4: Penicillin.

„Zubereitungen" aus diesen Stoffen sind dann z. B. Iodtinktur, Baldriantinktur, Lebertran-
salbe oder Penicillintabletten.

KURZINFO

Im § 4 des Arzneimittelgesetzes werden 41 Begriffe definiert, die im Laufe des
Arzneimittelgesetzes vorkommen und dort als vorausgesetzt behandelt werden
(auszugsweise aufgeführt).

„(1) **Fertigarzneimittel** sind Arzneimittel, die im Voraus hergestellt und in einer zur Abgabe an den Verbraucher bestimmten Packung in den Verkehr gebracht werden oder andere zur Abgabe an Verbraucher bestimmte Arzneimittel, bei deren Zubereitung in sonstiger Weise ein industrielles Verfahren zur Anwendung kommt oder die, ausgenommen in Apotheken, gewerblich hergestellt werden. Fertigarzneimittel sind nicht Zwischenprodukte, die für eine weitere Fertigarzneimittel Verarbeitung durch einen Hersteller bestimmt sind.

(2) **Blutzubereitungen** sind Arzneimittel, die aus Blut gewonnene Blut-, Plasma- oder Serumkonserven, Blutbestandteile oder Zubereitungen aus Blutbestandteilen sind oder als Wirkstoffe enthalten.

(3) **Sera** sind Arzneimittel im Sinne des § 2 Absatz 1, die Antikörper, Antikörperfragmente oder Fusionsproteine mit einem funktionellen Antikörperbestandteil als Wirkstoff enthalten und wegen dieses Wirkstoffs angewendet werden. Sera gelten nicht als Blutzubereitungen im Sinne des Absatzes 2 oder als Gewebezubereitungen im Sinne des Absatzes 30.

(4) **Impfstoffe** sind Arzneimittel im Sinne des § 2 Abs. 1, die Antigene oder rekombinante Nukleinsäuren enthalten und die dazu bestimmt sind, bei Mensch oder Tier zur Erzeugung von spezifischen Abwehr- und Schutzstoffen angewendet zu werden und, soweit sie rekombinante Nukleinsäuren enthalten, ausschließlich zur Vorbeugung oder Behandlung von Infektionskrankheiten bestimmt sind."

„(12) Die **Wartezeit** ist die Zeit, die bei bestimmungsgemäßer Anwendung des Arzneimittels nach der letzten Anwendung des Arzneimittels bei einem Tier bis zur Gewinnung von Lebensmitteln, die von diesem Tier stammen, zum Schutz der öffentlichen Gesundheit einzuhalten ist und die sicherstellt, dass Rückstände in diesen Lebensmitteln die im Anhang der Verordnung (EU) Nr. 37/2010 der Kommission vom 22. Dezember 2009 über pharmakologisch wirksame Stoffe und ihre Einstufung hinsichtlich der Rückstandshöchstmengen in Lebensmitteln tierischen Ursprungs (ABl. L 15 vom 20.1.2010, S. 1) in der jeweils geltenden Fassung festgelegten zulässigen Höchstmengen für pharmakologisch wirksame Stoffe nicht überschreiten.

(13) **Nebenwirkungen** sind bei Arzneimitteln, die zur Anwendung bei Menschen bestimmt sind, schädliche und unbeabsichtigte Reaktionen auf das Arzneimittel. Nebenwirkungen sind bei Arzneimitteln, die zur Anwendung bei Tieren bestimmt sind, schädliche und unbeabsichtigte Reaktionen bei bestimmungsgemäßem Gebrauch. **Schwerwiegende Nebenwirkungen** sind Nebenwirkungen, die tödlich oder lebensbedrohend sind, eine stationäre Behandlung oder Verlängerung einer stationären Behandlung erforderlich machen, zu bleibender oder schwerwiegender Behinderung, Invalidität, kongenitalen Anomalien oder Geburtsfehlern führen. Für Arzneimittel, die zur Anwendung bei Tieren bestimmt sind, sind schwerwiegend auch Nebenwirkungen, die ständig auftretende oder lang anhaltende Symptome hervorrufen. **Unerwartete Nebenwirkungen** sind Nebenwirkungen, deren Art, Ausmaß oder Ergebnis von der Fachinformation des Arzneimittels abweichen.

(14) **Herstellen** ist das Gewinnen, das Anfertigen, das Zubereiten, das Be- oder Verarbeiten, das Umfüllen einschließlich Abfüllen, das Abpacken, das Kennzeichnen und die Freigabe; nicht als Herstellen gilt das Mischen von Fertigarzneimitteln mit Futtermitteln durch den Tierhalter zur unmittelbaren Verabreichung an die von ihm gehaltenen Tiere.

(15) **Qualität** ist die Beschaffenheit eines Arzneimittels, die nach Identität, Gehalt, Reinheit, sonstigen chemischen, physikalischen, biologischen Eigenschaften oder durch das Herstellungsverfahren bestimmt wird.

(16) Eine **Charge** ist die jeweils aus derselben Herstellungsmenge in einem einheitlichen Herstellungsvorgang oder bei einem kontinuierlichen Herstellungsverfahren in einem bestimmten Zeitraum erzeugte Menge eines Arzneimittels.

(17) **Inverkehrbringen** ist das Vorrätighalten zum Verkauf oder zu sonstiger Abgabe, das Feilhalten, das Feilbieten und die Abgabe an andere.

(18) Der **pharmazeutische Unternehmer** ist bei zulassungs- oder registrierungspflichtigen Arzneimitteln der Inhaber der Zulassung oder Registrierung. Pharmazeutischer Unternehmer ist auch, wer Arzneimittel im Parallelvertrieb oder sonst unter seinem Namen in den Verkehr bringt, außer in den Fällen des § 9 Abs. 1 Satz 2.

19) **Wirkstoffe** sind Stoffe, die dazu bestimmt sind, bei der Herstellung von Arzneimitteln als arzneilich wirksame Bestandteile verwendet zu werden oder bei ihrer Verwendung in der Arzneimittelherstellung zu arzneilich wirksamen Bestandteilen der Arzneimittel zu werden."

„(22) **Großhandel mit Arzneimitteln** ist jede berufs- oder gewerbsmäßige zum Zwecke des Handeltreibens ausgeübte Tätigkeit, die in der Beschaffung, der Lagerung, der Abgabe oder Ausfuhr von Arzneimitteln besteht, mit Ausnahme der Abgabe von Arzneimitteln an andere Verbraucher als Ärzte, Zahnärzte, Tierärzte oder Krankenhäuser.

(23) **Klinische Prüfung** bei Menschen ist jede am Menschen durchgeführte Untersuchung, die dazu bestimmt ist, klinische oder pharmakologische Wirkungen von Arzneimitteln zu erforschen oder nachzuweisen oder Nebenwirkungen festzustellen oder die Resorption, die Verteilung, den Stoffwechsel oder die Ausscheidung zu untersuchen, mit dem Ziel, sich von der Unbedenklichkeit oder Wirksamkeit der Arzneimittel zu überzeugen. Satz 1 gilt nicht für eine Untersuchung, die eine nichtinterventionelle Prüfung ist. Nichtinterventionelle Prüfung ist eine Untersuchung, in deren Rahmen Erkenntnisse aus der Behandlung von Personen mit Arzneimitteln anhand epidemiologischer Methoden analysiert werden; dabei folgt die Behandlung einschließlich der Diagnose und Überwachung nicht einem vorab festgelegten Prüfplan, sondern ausschließlich der ärztlichen Praxis; soweit es sich um ein zulassungspflichtiges oder nach § 21a Absatz 1 genehmigungspflichtiges Arzneimittel handelt, erfolgt dies ferner gemäß den in der Zulassung oder der Genehmigung festgelegten Angaben für seine Anwendung."

„(26) **Homöopathisches Arzneimittel** ist ein Arzneimittel, das nach einem im Europäischen Arzneibuch oder, in Ermangelung dessen, nach einem in den offiziell gebräuchlichen Pharmakopöen der Mitgliedstaaten der Europäischen Union beschriebenen homöopathischen Zubereitungsverfahren hergestellt worden ist. Ein homöopathisches Arzneimittel kann auch mehrere Wirkstoffe enthalten.

(27) Ein mit der Anwendung des Arzneimittels verbundenes **Risiko** ist

a) jedes Risiko im Zusammenhang mit der Qualität, Sicherheit oder Wirksamkeit des Arzneimittels für die Gesundheit der Patienten oder die öffentliche Gesundheit, bei zur Anwendung bei Tieren bestimmten Arzneimitteln für die Gesundheit von Mensch oder Tier,

b) jedes Risiko unerwünschter Auswirkungen auf die Umwelt.

(28) Das **Nutzen-Risiko-Verhältnis** umfasst eine Bewertung der positiven therapeutischen Wirkungen des Arzneimittels im Verhältnis zu dem Risiko nach Absatz 27 Buchstabe a, bei zur Anwendung bei Tieren bestimmten Arzneimitteln auch nach Absatz 27 Buchstabe b.

(29) **Pflanzliche Arzneimittel** sind Arzneimittel, die als Wirkstoff ausschließlich einen oder mehrere pflanzliche Stoffe oder eine oder mehrere pflanzliche Zubereitungen oder eine oder mehrere solcher pflanzlichen Stoffe in Kombination mit einer oder mehreren solcher pflanzlichen Zubereitungen enthalten."

„(32) **Verbringen** ist jede Beförderung in den, durch den oder aus dem Geltungsbereich des Gesetzes. **Einfuhr** ist die Überführung von unter das Arzneimittelgesetz fallenden Produkten aus Drittstaaten, die nicht Vertragsstaaten des Abkommens über den Europäischen Wirtschaftsraum sind, in den zollrechtlich freien Verkehr. Produkte gemäß Satz 2 gelten als eingeführt, wenn sie entgegen den Zollvorschriften in den Wirtschaftskreislauf überführt wurden. **Ausfuhr** ist jedes Verbringen in Drittstaaten, die nicht Vertragsstaaten des Abkommens über den Europäischen Wirtschaftsraum sind."

„(38) Das **Pharmakovigilanz-System** ist ein System, das der Inhaber der Zulassung und die zuständige Bundesoberbehörde anwenden, um insbesondere den im Zehnten Abschnitt aufgeführten Aufgaben und Pflichten nachzukommen, und das der Überwachung der Sicherheit zugelassener Arzneimittel und der Entdeckung sämtlicher Änderungen des Nutzen-Risiko-Verhältnisses dient." (**§4**, Auszüge)

DEFINITION

Der Begriff **Pharmakovigilanz** (Arzneimittelsicherheit) leitet sich aus dem griechischen Wort pharmakon (Heilmittel, Gift, Zaubermittel) und dem lateinischen Wort vigilantia (Wachsamkeit, Fürsorge) ab und beschreibt die laufende und systematische Beobachtung und Überwachung der Sicherheit eines zugelassenen Arzneimittels nach seiner Markteinführung mit dem Ziel, dessen unerwünschte Arzneimittelwirkungen (UAW) zu entdecken, zu sammeln, zu beurteilen, zu verstehen und auszuwerten, um entsprechende Maßnahmen zur Minimierung von Arzneimittelrisiken ergreifen zu können.

Ein einheitlicher Arzneimittelbegriff in den Mitgliedstaaten der **Europäischen Union** ist Voraussetzung für eine weitere Vereinheitlichung des europäischen Arzneimittelrechts. Schon 1965 wurden in der ersten pharmazeutischen Richtlinie 65/65 EWG (damals noch EWG = Europäische Wirtschaftsgemeinschaft) die wesentlichen Begriffe definiert (**proprietary medicinal product** = Fertigarzneimittel, **medicinal product** = Arzneimittel, **substance** = Stoff) und ins deutsche Arzneimittelrecht übernommen.

5.1.2 Zweiter Abschnitt: Anforderungen an Arzneimittel

„(1) Es ist verboten, **bedenkliche Arzneimittel** in den Verkehr zu bringen oder bei einem anderen Menschen anzuwenden.

(2) Bedenklich sind Arzneimittel, bei denen nach dem jeweiligen Stand der wissenschaftlichen Erkenntnisse der begründete Verdacht besteht, dass sie bei bestimmungsgemäßem Gebrauch **schädliche Wirkungen** haben, die über ein nach den Erkenntnissen der medizinischen Wissenschaft vertretbares Maß hinausgehen." (**§5**)

„(1) Es ist verboten, ein Arzneimittel herzustellen, in Verkehr zu bringen oder bei Menschen oder Tieren anzuwenden, wenn bei der Herstellung des Arzneimittels einer durch Rechtsverordnung nach Absatz 2 angeordneten Bestimmung über die Verwendung von Stoffen, Zubereitungen aus Stoffen oder Gegenständen, die in der **Anlage** genannt sind, zuwidergehandelt wird.

(2) Das Bundesministerium für Gesundheit (Bundesministerium) wird ermächtigt, durch Rechtsverordnung mit Zustimmung des Bundesrates die Verwendung der in der **Anlage** genannten Stoffe, Zubereitungen aus Stoffen oder Gegenstände bei der Herstellung von Arzneimitteln vorzuschreiben, zu beschränken oder zu verbieten, soweit es zur Verhütung einer Gefährdung der Gesundheit von Mensch oder Tier (**Risikovorsorge**) oder zur Abwehr einer unmittelbaren oder mittelbaren Gefährdung der Gesundheit von Mensch oder Tier durch Arzneimittel geboten ist." (**§6**, Auszüge)

> **MERKE**
>
> Die zu §6 Absatz 2 neu eingeführte Anlage enthält folgende Stoffe: Aflatoxine, Ethylenoxid, Farbstoffe, Frischzellen sowie Stoffe und Zubereitungen aus Stoffen oder Gegenstände tierischer Herkunft mit dem Risiko der Übertragung transmissibler spongiformer Enzephalopathien.
>
> **Hinweis:** Transmissible spongiforme Enzephalopathie (TSE, übertragbares schwammartiges Hirnleiden) ist die Bezeichnung für eine Reihe von Hirnerkrankungen, bei denen es zu einer schwammartigen Veränderung des Gehirngewebes kommt. Diese Erkrankungen finden sich sowohl bei Menschen als auch bei Tieren.

„(1) Es ist verboten, Arzneimittel oder Wirkstoffe herzustellen oder in den Verkehr zu bringen, die

1. durch Abweichung von den anerkannten pharmazeutischen Regeln in ihrer **Qualität** nicht unerheblich gemindert sind oder
2. mit **irreführender Bezeichnung**, Angabe oder Aufmachung versehen sind. Reine Irreführung liegt insbesondere dann vor, wenn
   a) Arzneimitteln eine therapeutische Wirksamkeit oder Wirkungen oder Wirkstoffen eine Aktivität beigelegt werden, die sie nicht haben,
   b) fälschlich der Eindruck erweckt wird, dass ein Erfolg mit Sicherheit erwartet werden kann oder dass nach bestimmungsgemäßem oder längerem Gebrauch keine schädlichen Wirkungen eintreten,

c) zur Täuschung über die Qualität geeignete Bezeichnungen, Angaben oder Aufmachungen verwendet werden, die für die Bewertung des Arzneimittels oder Wirkstoffs mitbestimmend sind.

(2) Es ist verboten, **gefälschte Arzneimittel** oder gefälschte Wirkstoffe herzustellen, in den Verkehr zu bringen oder sonst mit ihnen Handel zu treiben.

(3) Es ist verboten, Arzneimittel, deren **Verfalldatum** abgelaufen ist, in den Verkehr zu bringen." (**§ 8**)

KURZINFO

In den **Paragrafen 10 bis 12** sieht das Arzneimittelgesetz drei schriftliche Informationen über Fertigarzneimittel vor: die Kennzeichnung auf Behältnis und äußerer Umhüllung, die Packungsbeilage (= Gebrauchsinformation), die jedem Fertigarzneimittel beiliegen muss und die ausführliche Fachinformation für Ärzte und Apotheker.

„(1) **Fertigarzneimittel**, die Arzneimittel im Sinne des § 2 Abs. 1 oder Abs. 2 Nr. 1 und nicht zur klinischen Prüfung bei Menschen bestimmt oder nach § 21 Abs. 2 Nr. 1a, 1b oder 6 von der Zulassungspflicht freigestellt sind, dürfen im Geltungsbereich dieses Gesetzes nur in den Verkehr gebracht werden, wenn auf den **Behältnissen** und, soweit verwendet, auf den **äußeren Umhüllungen** in gut lesbarer Schrift, allgemeinverständlich in deutscher Sprache und auf dauerhafte Weise und in Übereinstimmung mit den Angaben nach § 11 a angegeben sind

1. der Name oder die Firma und die Anschrift des pharmazeutischen Unternehmers und, soweit vorhanden, der Name des von ihm benannten örtlichen Vertreters,
2. die Bezeichnung des Arzneimittels, gefolgt von der Angabe der Stärke und der Darreichungsform, und soweit zutreffend, dem Hinweis, dass es zur Anwendung für Säuglinge, Kinder oder Erwachsene bestimmt ist, es sei denn, dass diese Angaben bereits in der Bezeichnung enthalten sind; enthält das Arzneimittel bis zu drei Wirkstoffe, muss der internationale Freiname (INN) aufgeführt werden oder, falls dieser nicht existiert, die gebräuchliche Bezeichnung; dies gilt nicht, wenn in der Bezeichnung die Wirkstoffbezeichnung nach Nummer 8 enthalten ist,
3. die Zulassungsnummer mit der Abkürzung „Zul.-Nr.",
4. die Chargenbezeichnung, soweit das Arzneimittel in Chargen in den Verkehr gebracht wird, mit der Abkürzung „Ch.-B.", soweit es nicht in Chargen in den Verkehr gebracht werden kann, das Herstellungsdatum,
5. die Darreichungsform,
6. der Inhalt nach Gewicht, Nennvolumen oder Stückzahl,
7. die Art der Anwendung,
8. die Wirkstoffe nach Art und Menge und weitere Bestandteile nach der Art, soweit dies durch Auflage der zuständigen Bundesoberbehörde nach § 28 Abs. 2 Nr. 1 angeordnet oder durch Rechtsverordnung nach § 12 Abs. 1 Nr. 4 oder nach § 36 Abs. 1 vorgeschrieben ist; bei Arzneimitteln zur parenteralen oder zur topischen Anwendung, einschließlich der Anwendung am Auge, alle Bestandteile nach der Art,

8a. bei gentechnologisch gewonnenen Arzneimitteln der Wirkstoff und die Bezeichnung des bei der Herstellung verwendeten gentechnisch veränderten Organismus oder die Zelllinie,

9. das Verfalldatum mit dem Hinweis „verwendbar bis" oder mit der Abkürzung „verw. bis",

10. bei Arzneimitteln, die nur auf ärztliche, zahnärztliche oder tierärztliche Verschreibung abgegeben werden dürfen, der Hinweis „Verschreibungspflichtig", bei sonstigen Arzneimitteln, die nur in Apotheken an Verbraucher abgegeben werden dürfen, der Hinweis „Apothekenpflichtig",

11. bei Mustern der Hinweis „Unverkäufliches Muster",

12. der Hinweis, dass Arzneimittel unzugänglich für Kinder aufbewahrt werden sollen, es sei denn, es handelt sich um Heilwässer,

13. soweit erforderlich besondere Vorsichtsmaßnahmen für die Beseitigung von nicht verwendeten Arzneimitteln oder sonstige besondere Vorsichtsmaßnahmen, um Gefahren für die Umwelt zu vermeiden,

14. Verwendungszweck bei nicht verschreibungspflichtigen Arzneimitteln.

Sofern die Angaben nach Satz 1 zusätzlich in einer anderen Sprache wiedergegeben werden, müssen in dieser Sprache die gleichen Angaben gemacht werden. Ferner ist Raum für die Angabe der verschriebenen Dosierung vorzusehen; dies gilt nicht für die in Absatz 8 Satz 3 genannten Behältnisse und Ampullen und für Arzneimittel, die dazu bestimmt sind, ausschließlich durch Angehörige der Heilberufe angewendet zu werden. Weitere Angaben sind zulässig, soweit sie mit der Anwendung des Arzneimittels in Zusammenhang stehen, für die gesundheitliche Aufklärung der Patienten wichtig sind und den Angaben nach § 11a nicht widersprechen.

(1a) (weggefallen)

(1b) Bei Arzneimitteln, die zur Anwendung bei Menschen bestimmt sind, ist die Bezeichnung des Arzneimittels auf den äußeren Umhüllungen auch in **Blindenschrift** anzugeben. Die in Absatz 1 Satz 1 Nr. 2 genannten sonstigen Angaben zur Darreichungsform und zu der Personengruppe, für die das Arzneimittel bestimmt ist, müssen nicht in Blindenschrift aufgeführt werden; dies gilt auch dann, wenn diese Angaben in der Bezeichnung enthalten sind. Satz 1 gilt nicht für Arzneimittel,

1. die dazu bestimmt sind, ausschließlich durch Angehörige der Heilberufe angewendet zu werden oder

2. die in Behältnissen von nicht mehr als 20 Milliliter Nennvolumen oder einer Inhaltsmenge von nicht mehr als 20 Gramm in Verkehr gebracht werden.

(1c) Bei Arzneimitteln, die zur Anwendung bei Menschen bestimmt sind, sind auf den äußeren Umhüllungen **Sicherheitsmerkmale** sowie eine Vorrichtung zum Erkennen einer **möglichen Manipulation** der äußeren Umhüllung anzubringen, sofern dies durch Artikel 54a der Richtlinie 2001/83/EG des Europäischen Parlaments und des Rates vom 6. November 2001 zur Schaffung eines Gemeinschaftskodexes für Humanarzneimittel (ABl. L 311 vom 28.11.2001, S. 67), die zuletzt durch die Richtlinie 2011/62/EU (ABl. L 174 vom 1.7.2011, S. 74) geändert worden ist, vorgeschrieben oder auf Grund von Artikel 54a der Richtlinie 2001/83/EG festgelegt wird.

(2) Es sind ferner Warnhinweise, für die Verbraucher bestimmte Aufbewahrungshinweise und für die Fachkreise bestimmte Lagerhinweise anzugeben, soweit dies nach dem jeweiligen Stand der wissenschaftlichen Erkenntnisse erforderlich oder

durch Auflagen der zuständigen Bundesoberbehörde nach § 28 Abs. 2 Nr. 1 angeordnet oder durch Rechtsverordnung vorgeschrieben ist." (**§10**)

„(4) Bei Arzneimitteln, die in das Register für **homöopathische Arzneimittel** eingetragen sind, sind an Stelle der Angaben nach Absatz 1 Satz 1 Nr. 1 bis 14 und außer dem deutlich erkennbaren Hinweis „Homöopathisches Arzneimittel" die folgenden Angaben zu machen:

1. Ursubstanzen nach Art und Menge und der Verdünnungsgrad; dabei sind die Symbole aus den offiziell gebräuchlichen Pharmakopöen zu verwenden; die wissenschaftliche Bezeichnung der Ursubstanz kann durch einen Phantasienamen ergänzt werden,
2. Name und Anschrift des pharmazeutischen Unternehmers und, soweit vorhanden, seines Vertreters,
3. Art der Anwendung,
4. Verfalldatum; Absatz 1 Satz 1 Nr. 9 und Absatz 7 finden Anwendung,
5. Darreichungsform,
6. der Inhalt nach Gewicht, Nennvolumen oder Stückzahl,
7. Hinweis, dass Arzneimittel unzugänglich für Kinder aufbewahrt werden sollen, weitere besondere Vorsichtsmaßnahmen für die Aufbewahrung und Warnhinweise, einschließlich weiterer Angaben, soweit diese für eine sichere Anwendung erforderlich oder nach Absatz 2 vorgeschrieben sind,
8. Chargenbezeichnung,
9. Registrierungsnummer mit der Abkürzung „Reg.-Nr." und der Angabe „Registriertes homöopathisches Arzneimittel, daher ohne Angabe einer therapeutischen Indikation",
10. der Hinweis an den Anwender, bei während der Anwendung des Arzneimittels fortdauernden Krankheitssymptomen medizinischen Rat einzuholen,
11. bei Arzneimitteln, die nur in Apotheken an Verbraucher abgegeben werden dürfen, der Hinweis „Apothekenpflichtig",
12. bei Mustern der Hinweis „Unverkäufliches Muster". (**§10**)

> **MERKE**
> Homöopathische Arzneimittel benötigen keine Angabe der Indikation(en) und tragen die Aufschrift „Registriertes homöopathisches Arzneimittel, daher ohne Angabe einer therapeutischen Indikation". Sie sind von der zuständigen Behörde registriert und tragen statt der Zulassungsnummer eine Registriernummer (§ 38 AMG).

Tierarzneimittel tragen die Aufschrift „Für Tiere" und die Tierart, bei der das Arzneimittel angewendet werden soll. Bei Arzneimittel für Tiere, die der Lebensmittelgewinnung dienen, muss – wenn vorgesehen – die Wartezeit angegeben sein.

> **MERKE**
> Das Verfalldatum auf Fertigarzneimitteln ist mit Monat und Jahr anzugeben, bei selbst hergestellten Rezepturen mit Tag, Monat und Jahr.

Die Deklaration der Inhaltsstoffe von Kosmetika war bis 1997 nicht vorgeschrieben und erfolgte zum Teil auf freiwilliger Basis. Am 1. Januar 1997 traten innerhalb der Europäischen Union neue Bestimmungen für kosmetische Mittel in Kraft, die unter anderem eine **Kennzeichnungspflicht** vorschreiben. Jeder Hersteller muss die Inhaltsstoffe seiner Präparate unter Verwendung einer einheitlichen Nomenklatur, den **INCI-Index,** auf der Verpackung angeben.

Auszug aus der **Verordnung über die Kennzeichnung von Arzneimitteln in Blindenschrift bei Kleinstmengen** vom 14. Juli 2006, ergänzend zu § 10, Absatz 1b AMG:

„**§ 1 Anwendungsbereich**
Diese Verordnung gilt für zur Anwendung bei Menschen bestimmte Fertigarzneimittel, die den arzneimittelrechtlichen Vorschriften über die Kennzeichnung in Blindenschrift unterliegen und von einem pharmazeutischen Unternehmer in Kleinstmengen bis zu 7000 Packungen in einem Jahr in den Verkehr gebracht werden.

§ 2 Kennzeichnung von Kleinstmengen
Für die in § 1 genannten Arzneimittel müssen die nach § 10 Abs. 1b des Arzneimittelgesetzes vorgeschriebenen Angaben nicht angebracht werden, sofern bei einer Abgabe der Arzneimittel durch die Apotheke an blinde oder sehbehinderte Personen diese Angaben in Blindenschrift und normaler Schrift auf einem Klebeetikett auf der Packung angebracht werden oder, falls dies wegen des Umfangs der Bezeichnung nicht möglich ist, separat auf einem Informationsblatt übermittelt werden; es können geeignete Abkürzungen verwendet werden. Die Information in Blindenschrift nach Satz 1 ist vom pharmazeutischen Unternehmer bereitzustellen.“

„Fertigarzneimittel, die Arzneimittel im Sinn des § 2 Abs. 1 oder Abs. 2 Nr. 1 sind und die nicht zur klinischen Prüfung oder Rückstandsprüfung bestimmt oder nach § 21 Abs. 2 Nr. 1a, 1b oder 6 von der Zulassungspflicht freigestellt sind, dürfen im Geltungsbereich dieses Gesetzes nur mit einer **Packungsbeilage** in den Verkehr gebracht werden, die die Überschrift „**Gebrauchsinformation**" trägt sowie folgende Angaben in der nachstehenden Reihenfolge allgemeinverständlich in deutscher Sprache, in gut lesbarer Schrift und in Übereinstimmung mit den Angaben nach § 11a enthalten muss:
1. zur Identifizierung des Arzneimittels:
   a) die Bezeichnung des Arzneimittels, § 10 Abs. 1 Satz 1 Nr. 2 finden entsprechende Anwendung,
   b) die Stoff- oder Indikationsgruppe oder die Wirkungsweise;
2. die Anwendungsgebiete;
3. eine Aufzählung von Informationen, die vor der Einnahme des Arzneimittels bekannt sein müssen:
   a) Gegenanzeigen,
   b) entsprechende Vorsichtsmaßnahmen für die Anwendung,
   c) Wechselwirkungen mit anderen Arzneimitteln oder anderen Mitteln, soweit sie die Wirkung des Arzneimittels beeinflussen können,
   d) Warnhinweise, insbesondere soweit dies durch Auflage der zuständigen Bundesoberbehörde nach § 28 Abs. 2 Nr. 2 angeordnet oder auf Grund von § 7 des

Anti-Doping-Gesetzes oder durch Rechtsverordnung nach § 12 Abs. 1 Nr. 3 vorgeschrieben ist;

4. die für eine ordnungsgemäße Anwendung erforderlichen Anleitungen über
   a) Dosierung,
   b) Art der Anwendung,
   c) Häufigkeit der Verabreichung, erforderlichenfalls mit Angabe des genauen Zeitpunkts, zu dem das Arzneimittel verabreicht werden kann oder muss, sowie, soweit erforderlich und je nach Art des Arzneimittels:
   d) Dauer der Behandlung, falls diese festgelegt werden soll,
   e) Hinweise für den Fall der Überdosierung, der unterlassenen Einnahme oder Hinweise auf die Gefahr von unerwünschten Folgen des Absetzens,
   f) die ausdrückliche Empfehlung, bei Fragen zur Klärung der Anwendung den Arzt oder Apotheker zu befragen;

5. eine Beschreibung der Nebenwirkungen, die bei bestimmungsgemäßem Gebrauch des Arzneimittels eintreten können; bei Nebenwirkungen zu ergreifende Gegenmaßnahmen, soweit dies nach dem jeweiligen Stand der wissenschaftlichen Erkenntnis erforderlich ist; bei allen Arzneimitteln, die zur Anwendung bei Menschen bestimmt sind, ist zusätzlich ein Standardtext aufzunehmen, durch den die Patienten ausdrücklich aufgefordert werden, jeden Verdachtsfall einer Nebenwirkung ihren Ärzten, Apothekern, Angehörigen von Gesundheitsberufen oder unmittelbar der zuständigen Bundesoberbehörde zu melden, wobei die Meldung in jeder Form, insbesondere auch elektronisch, erfolgen kann;

6. einen Hinweis auf das auf der Verpackung angegebene Verfalldatum sowie
   a) Warnung davor, das Arzneimittel nach Ablauf dieses Datums anzuwenden,
   b) soweit erforderlich besondere Vorsichtsmaßnahmen für die Aufbewahrung und die Angabe der Haltbarkeit nach Öffnung des Behältnisses oder nach Herstellung der gebrauchsfertigen Zubereitung durch den Anwender,
   c) soweit erforderlich Warnung vor bestimmten sichtbaren Anzeichen dafür, dass das Arzneimittel nicht mehr zu verwenden ist,
   d) vollständige qualitative Zusammensetzung nach Wirkstoffen und sonstigen Bestandteilen sowie quantitative Zusammensetzung nach Wirkstoffen unter Verwendung gebräuchlicher Bezeichnungen für jede Darreichungsform des Arzneimittels; § 10 Abs. 6 findet Anwendung,
   e) Darreichungsform und Inhalt nach Gewicht, Nennvolumen oder Stückzahl für jede Darreichungsform des Arzneimittels,
   f) Name und Anschrift des pharmazeutischen Unternehmers und, soweit vorhanden, seines Vertreters,
   g) Name und Anschrift des Herstellers, der das Fertigarzneimittel für das Inverkehrbringen freigegeben hat;

7. bei einem Arzneimittel, das unter anderen Bezeichnungen in anderen Mitgliedstaaten der Europäischen Union nach den Artikeln 28 bis 39 der Richtlinie 2001/83/EG des Europäischen Parlaments und des Rates vom 6. November 2001 zur Schaffung eines Gemeinschaftskodexes für Humanarzneimittel (ABl. L 311 vom 28.11.2001, S. 67), die zuletzt durch die Richtlinie 2012/26/EU (ABl. L 299 vom 27.10.2012, S. 1) geändert worden ist, für das Inverkehrbringen genehmigt ist, ein Verzeichnis der in den einzelnen Mitgliedstaaten genehmigten Bezeichnungen;

8. das Datum der letzten Überarbeitung der Packungsbeilage." (**§ 11**)

Die Packungsbeilage kann entfallen, wenn die vorgeschriebenen Angaben auf dem Behältnis oder der äußeren Umhüllung angebracht sind; **Hilfsstoffe** müssen schon seit 1992 in der Packungsbeilage deklariert werden. Für homöopathische Arzneimittel und Tierarzneimittel gelten die Regelungen des § 10 entsprechend. Die ausführlichere **Fachinformation** für Ärzte und Apotheker wird in § 11a geregelt.

5.1.3 Dritter Abschnitt: Herstellung von Arzneimitteln

– Auszüge –

5

KURZINFO

Die **Paragrafen 13 bis 19** des Arzneimittelgesetzes legen die Bedingungen für die Herstellungserlaubnis zur Herstellung von Arzneimitteln und die Anforderungen an die Sachkenntis und Verantwortung der sachkundigen Person fest.

„(1) Wer
1. **Arzneimittel** im Sinne des § 2 Abs. 1 oder Abs. 2 Nr. 1,
2. Testsera oder Testantigene
3. Wirkstoffe, die menschlicher, tierischer oder mikrobieller Herkunft sind oder auf gentechnischem Wege hergestellt werden, oder
4. andere zur Arzneimittelherstellung bestimmte Stoffe menschlicher Herkunft gewerbs- oder berufsmäßig zum Zwecke der Abgabe an andere herstellen will, bedarf einer **Erlaubnis der zuständigen Behörde**. Das Gleiche gilt für juristische Personen, nicht rechtsfähige Vereine und Gesellschaften des bürgerlichen Rechts, die Arzneimittel zum Zwecke der Abgabe an ihre Mitglieder herstellen. Satz 1 findet auf eine Prüfung, auf deren Grundlage die Freigabe des Arzneimittels für das Inverkehrbringen erklärt wird, entsprechende Anwendung. § 14 Absatz 4 bleibt unberührt.
(2) Einer Erlaubnis nach Absatz 1 bedarf nicht
1. der **Inhaber einer Apotheke** für die Herstellung von Arzneimitteln **im Rahmen des üblichen Apothekenbetriebs**, …
2. der **Träger eines Krankenhauses**, soweit er nach dem Gesetz über das Apothekenwesen Arzneimittel abgeben darf, …
3. der **Tierarzt** im Rahmen des Betriebes einer tierärztlichen Hausapotheke für
    a) das Umfüllen, Abpacken oder Kennzeichnen von Arzneimitteln in unveränderter Form,
    b) die Herstellung von Arzneimitteln, die ausschließlich für den Verkehr außerhalb der Apotheken freigegebene Stoffe oder Zubereitungen aus solchen Stoffen enthalten,
    c) die Herstellung von homöopathischen Arzneimitteln, die, soweit sie zur Anwendung bei Tieren bestimmt sind, die der Gewinnung von Lebensmitteln dienen, ausschließlich Wirkstoffe enthalten, die in Anhang II der Verordnung (EU) Nr. 37/2010 als Stoffe aufgeführt sind, für die eine Festlegung von Höchstmengen nicht erforderlich ist,

d) das Zubereiten von Arzneimitteln aus einem Fertigarzneimittel und arzneilich nicht wirksamen Bestandteilen,

e) das Mischen von Fertigarzneimitteln für die Immobilisation von Zoo-, Wild- und Gehegetieren, soweit diese Tätigkeiten für die von ihm behandelten Tiere erfolgen,

4. der **Großhändler** für

a) das Umfüllen von flüssigem Sauerstoff in mobile Kleinbehältnisse für einzelne Patienten in Krankenhäusern oder bei Ärzten einschließlich der erforderlichen Kennzeichnung,

b) das Umfüllen, Abpacken oder Kennzeichnen von sonstigen Arzneimitteln in unveränderter Form, soweit es sich nicht um Packungen handelt, die zur Abgabe an den Verbraucher bestimmt sind,

5. der **Einzelhändler**, der die Sachkenntnis nach § 50 besitzt, für das Umfüllen, Abpacken oder Kennzeichnen von Arzneimitteln zur Abgabe in unveränderter Form unmittelbar an den Verbraucher,

6. der Hersteller von Wirkstoffen, die für die Herstellung von Arzneimitteln bestimmt sind, die nach einer im **Homöopathischen Teil des Arzneibuches** beschriebenen Verfahrenstechnik hergestellt werden." (**§ 13**, Auszüge)

„(1) Die Erlaubnis darf nur **versagt** werden, wenn

1. nicht mindestens eine Person mit der nach § 15 erforderlichen Sachkenntnis (sachkundige Person nach § 14) vorhanden ist, die für die in § 19 genannte Tätigkeit verantwortlich ist,

2. (aufgehoben)

3. die sachkundige Person nach Nummer 1 oder der Antragsteller die zur Ausübung ihrer Tätigkeit erforderliche Zuverlässigkeit nicht besitzt,

4. die sachkundige Person nach Nummer 1 die ihr obliegenden Pflichten nicht ständig erfüllen kann …" (**§ 14**, Auszüge)

„(1) Der Nachweis der erforderlichen **Sachkenntnis als sachkundige Person** nach § 14 wird erbracht durch

1. die Approbation als Apotheker oder

2. das Zeugnis über eine nach abgeschlossenem, vierjährigem Hochschulstudium der Pharmazie, der Chemie, der pharmazeutischen Chemie und Technologie, der Biologie, der Human- oder der Veterinärmedizin abgelegte Prüfung sowie eine mindestens zweijährige praktische Tätigkeit auf dem Gebiet der qualitativen und quantitativen Analyse sowie sonstiger Qualitätsprüfungen von Arzneimitteln. Die Mindestdauer des Hochschulstudiums kann dreieinhalb Jahre betragen, wenn auf das Hochschulstudium eine theoretische und praktische Ausbildung von mindestens einem Jahr folgt, die ein Praktikum von mindestens sechs Monaten in einer öffentlichen Apotheke umfasst und durch eine Prüfung auf Hochschulniveau abgeschlossen wird. Die Dauer der praktischen Tätigkeit nach Satz 1 kann um ein Jahr herabgesetzt werden, wenn das Hochschulstudium mindestens fünf Jahre umfasst, und um eineinhalb Jahre, wenn das Hochschulstudium mindestens sechs Jahre umfasst. Bestehen zwei akademische oder als gleichwertig anerkannte Hochschulstudiengänge, von denen sich der eine über vier, der andere über drei Jahre erstreckt, so ist davon auszugehen, dass das Zeugnis über den akademischen oder den als gleichwertig anerkannten Hochschulstudiengang von drei Jahren Dauer

die Anforderung an die Dauer nach Satz 2 erfüllt, sofern die Zeugnisse über die beiden Hochschulstudiengänge als gleichwertig anerkannt werden." (**§15**)

„Die **sachkundige Person** nach § 14 ist dafür verantwortlich, dass jede Charge des Arzneimittels entsprechend den Vorschriften über den Verkehr mit Arzneimitteln hergestellt und geprüft wurde. Sie hat die Einhaltung dieser Vorschriften für jede Arzneimittelcharge in einem fortlaufenden Register oder einem vergleichbaren Dokument vor deren Inverkehrbringen zu bescheinigen." (**§17**)

Hinweis: Seit der 14. AMG-Novelle (2005) wurden die traditionellen Verantwortlichen (Herstellungsleiter, Kontrollleiter, Vertriebsleiter) wie in den anderen EU-Staaten umstrukturiert:

- Die **Qualified Person** (Sachkundige Person nach § 14 AMG mit Sachkenntnis nach § 15 AMG) entscheidet über die Freigabe einer Fertigarzneimittelcharge (Freigabe ist Bestandteil des Begriffs „Herstellen" § 4, 14 AMG). Die Qualified Person ist auch dafür verantwortlich, dass jede Charge ordnungsgemäß hergestellt und geprüft wurde. Das früher im AMG dafür aufgeführte „Personal mit ausreichender fachlicher Qualifikation und praktischer Erfahrung", das den Herstellungs- und Kontrollleiter ersetzt hatte, ist nach § 14 Absatz 2 aufgehoben.
- Der **Stufenplanbeauftragte** eines Herstellungsbetriebes muss nach § 63a AMG alle Meldungen über Arzneimittelrisiken sammeln, auswerten und die im Stufenplan vorgesehenen Maßnahmen einleiten. In diesem vom Bundesgesundheitsministerium geschaffenen Stufenplan wird die Zusammenarbeit der beteiligten Behörden und Firmen auf verschiedenen Gefahrenstufen festgelegt und Informationswege festgelegt.
- Der **Informationsbeauftragte** einer Herstellerfirma ist für wissenschaftliche Informationen (z. B. Fachinformationen) und Werbung verantwortlich (§ 74a AMG).
- Der **Pharmaberater** (§ 75, 76 AMG) informiert Ärzte über Arzneimittel, nimmt Mitteilungen über Nebenwirkungen oder sonstige Risiken entgegen und gibt in begrenztem Umfang Ärztemuster an Ärzte ab.

ZUSAMMENFASSUNG

- Wichtige Begriffe wie „Arzneimittel", „Stoff", „Nebenwirkung", „Charge", „Wirkstoff", „homöopathisches Arzneimittel" oder „Fertigarzneimittel" werden am Anfang des Arzneimittelgesetzes definiert.
- Der Begriff „Arzneimittel" wird ausführlich definiert („Arzneimittel sind ...", „als Arzneimittel gelten ...", „Arzneimittel sind nicht ...").
- Bedenkliche Arzneimittel dürfen nicht hergestellt oder in den Handel gebracht werden; Arzneimittel und andere Wirkstoffe dürfen nicht zu Dopingzwecken eingesetzt werden.
- Ein Apothekenleiter benötigt im Rahmen des üblichen Apothekenbetriebes keine Herstellungserlaubnis.
- Die Sachkundige Person (Qualified Person) ist verantwortlich für die Herstellung, die Qualitätskontrolle und die Freigabe einer Charge.
- Die Packungsbeilage („Gebrauchsinformation") und die Verpackung selbst („äußere Umhüllung") müssen dem Arzneimittelgesetz entsprechen.

5.1.4 Vierter Abschnitt: Zulassung von Arzneimitteln

– Auszüge –

Bei der Novellierung des Arzneimittelgesetzes 1978 trat an die Stelle des bis dahin angewandten formellen Registrierungsverfahrens das Zulassungsverfahren durch das damalige **Bundesgesundheitsamt** in Berlin (BGA). Nachweise über Qualität, Wirksamkeit und Unbedenklichkeit wurden verlangt. Gleichzeitig wurde der Begriff „Arzneispezialität" durch „Fertigarzneimittel" ersetzt und die Zulassungsnummer eingeführt. Homöopathische Arzneimittel wurden weiterhin registriert.

Arzneispezialitäten, die beim Inkrafttreten des AMG am 01.01.1978 registriert waren, galten als „fiktiv zugelassen"; für sie war eine **Nachzulassung** beim BfArM (▶ Kap. 2.1) erforderlich. Diese Nachzulassungen mussten bis Jahresende 2004 abgeschlossen sein („2004-Regelung"), wegen großen Andrangs wurde die Frist immer wieder verlängert. Inzwischen gibt es nur noch von den jetzt zuständigen Behörden zugelassene Fertigarzneimittel, klassische homöopathische Arzneimittel ohne Indikation werden aber weiterhin nur registriert (◻ Tab. 5.2).

Europaweit können bestimmte Arzneimittel von der EU-Kommission in Zusammenarbeit mit der EMA (▶ Kap. 2.1) zugelassen werden.

MERKE

- BfArM: Zulassung von „normalen" Fertigarzneimitteln und Registrierung homöopathischer Arzneimittel ohne Indikationsangaben
- PEI: Zulassung von Sera, Impfstoffen und Blutprodukten,
- EMA/EU-Kommission: Zulassung von innovativen und gentechnologisch hergestellten Fertigarzneimitteln innerhalb des EWR,
- BVL: Zulassung von Tierarzneimitteln.

◻ **Tab. 5.2** Zuständigkeiten der Zulassungsbehörden (▶ Kap. 2.1)

Art	Behörde	Zuständigkeit
Zulassungsnummer	BfArM	Nationale Zulassung (seit 1978), Standardzulassungen, Homöopathische Arzneimittel mit Indikationsangaben
	PEI	Blutprodukte, Sera, Impfstoffe (staatliche Chargenprüfung)
	BVL	Tierarzneimittel
Registriernummer	BfArM	Homöopathische Arzneimittel ohne Indikationsangabe, traditionelle pflanzliche Arzneimittel
EU-Nummer	EMA	EU/EWR-Zulassung (seit 1995) für innovative und gentechnologisch hergestellte Arzneimittel

Seit dem 1. Januar 1995 haben Arzneimittelhersteller drei Möglichkeiten, Zulassungen für ihre Medikamente zu erhalten.

Die **zentrale europaweite Zulassung** der EU-Kommission durch die **EMA** (European Medicines Agency, für alle Staaten der Europäischen Union. Ein von der EMA zugelassenes Arzneimittel erkennt man an seiner Zulassungsnummer, z. B. EU/1/98/077/006: Die „1" steht für Humanarzneimittel (die „2" wäre ein Tierarzneimittel), die „98" für das Jahr der Zulassung (1998), dann folgt eine Indikationsgruppennummer (hier: erektile Dysfunktion) und schließlich eine dreistellige Zahl, die die Applikationsform, Stärke und Anzahl festlegt.

> PRAXISBEISPIEL
> - Viagra® 50 mg 4 Stück „EU/1/98/077/006"
> - Viagra® 50 mg 12 Stück „EU/1/98/077/008"
> - Viagra® 100 mg 12 Stück „EU/1/98/077/012"

Dieses Zulassungsverfahren ist nur möglich für innovative und gentechnologisch hergestellte Arzneimittel für Menschen und Tiere.

Das **dezentrale Zulassungsverfahren,** welches auf dem Prinzip der gegenseitigen Anerkennung von nationalen Zulassungen beruht (Deutschland: **BfArM**).

Die **zentrale nationale Zulassung** durch einen Hersteller, der ein Medikament nur in einem einzigen EU-Staat auf den Markt bringen will (Deutschland: **BfArM**).

> MERKE
> Eine Zulassung erfolgt immer für einen bestimmten Wirkstoff und für bestimmte Indikationen. In Ausnahmefällen kann der Arzt den Wirkstoff außerhalb der zugelassenen Indikationen anwenden, der Fachbegriff dafür heisst „Off-Label-Use".

> KURZINFO
> Die Paragrafen 21 und 22 des Arzneimittelgesetzes beschäftigen sich mit der Zulassungspflicht von Arzneimitteln, mit deren Ausnahmen und mit den vorgeschriebenen Zulassungsunterlagen und Prüfungen.

„(1) Fertigarzneimittel, die Arzneimittel im Sinne des § 2 Abs. 1 oder Abs. 2 Nr. 1 sind, dürfen im Geltungsbereich dieses Gesetzes **nur in den Verkehr gebracht** werden, wenn sie durch die zuständige Bundesoberbehörde **zugelassen** sind oder wenn für sie die Europäische Gemeinschaft oder die Europäische Union eine Genehmigung für das Inverkehrbringen gemäß Artikel 3 Abs. 1 oder 2 der Verordnung (EG) Nr. 726/2004 auch in Verbindung mit der Verordnung (EG) Nr. 1901/2006 des Europäischen Parlaments und des Rates vom 12. Dezember 2006 über Kinderarzneimittel und zur Änderung der Verordnung (EWG) Nr. 1768/92, der Richtlinien 2001/20/EG und 2001/83/EG sowie der Verordnung (EG) Nr. 726/2004 (ABl. L 378 vom 27.12.2006, S. 1) oder der Verordnung (EG) Nr. 1394/2007 erteilt hat. Das gilt auch für Arzneimittel, die keine Fertigarzneimittel und zur Anwendung bei Tieren bestimmt sind, sofern sie nicht an pharmazeutische Unternehmer abgegeben werden sollen, die eine Erlaubnis zur Herstellung von Arzneimitteln besitzen.

(2) Einer Zulassung bedarf es **nicht** für Arzneimittel, die

1. zur Anwendung bei Menschen bestimmt sind und auf Grund nachweislich häufiger ärztlicher oder zahnärztlicher Verschreibung in den wesentlichen Herstellungsschritten in einer Apotheke in einer Menge **bis zu hundert abgabefertigen Packungen** an einem Tag im Rahmen des üblichen Apothekenbetriebs hergestellt werden und zur Abgabe im Rahmen der bestehenden Apothekenbetriebserlaubnis bestimmt sind, [...]“. (**§ 21**, Auszüge)

„(1) Dem Antrag auf Zulassung müssen vom Antragsteller **folgende Angaben** beigefügt werden:

1. der Name oder die Firma und die Anschrift des Antragstellers und des Herstellers,
2. die Bezeichnung des Arzneimittels,
3. die Bestandteile des Arzneimittels nach Art und Menge; § 10 Abs. 6 findet Anwendung,
4. die Darreichungsform,
5. die Wirkungen,
6. die Anwendungsgebiete,
7. die Gegenanzeigen,
8. die Nebenwirkungen,
9. die Wechselwirkungen mit anderen Mitteln,
10. die Dosierung,
11. die Herstellungsweise des Arzneimittels,
12. die Art der Anwendung und bei Arzneimitteln, die nur begrenzte Zeit angewendet werden sollen, die Dauer der Anwendung,
13. die Packungsgrößen,
14. die Art der Haltbarmachung, die Dauer der Haltbarkeit, die Art der Aufbewahrung, die Ergebnisse von Haltbarkeitsversuchen,
15. die Methoden zur Kontrolle der Qualität (Kontrollmethoden). [...]“

„(2) Es sind ferner vorzulegen:

1. die Ergebnisse physikalischer, chemischer, biologischer oder mikrobiologischer Versuche und die zu ihrer Ermittlung angewandten Methoden (analytische Prüfung),
2. die Ergebnisse der pharmakologischen und toxikologischen Versuche,
3. die Ergebnisse der klinischen Prüfungen oder sonstigen ärztlichen, zahnärztlichen oder tierärztlichen Erprobung,
4. eine Erklärung, dass außerhalb der Europäischen Union durchgeführte klinische Prüfungen unter ethischen Bedingungen durchgeführt wurden, die mit den ethischen Bedingungen der Richtlinie 2001/20/EG des Europäischen Parlaments und des Rates vom 4. April 2001 zur Angleichung der Rechts- und Verwaltungsvorschriften der Mitgliedstaaten über die Anwendung der guten klinischen Praxis bei der Durchführung von klinischen Prüfungen mit Humanarzneimitteln (ABl. EG Nr. L 121 vom 1.5.2001, S. 34) gleichwertig sind, [...]“. (**§ 22,** Auszüge)

> **GUT ZU WISSEN**
>
> Bei der **Registrierung von homöopathischen Arzneimitteln ohne Indikation** nach
> § 38 AMG (derzeit etwa 3600 Fertigarzneimittel) ist seit 2005 eine Verpflichtung zur
> Vorlage der Unterlagen zur Pharmakologie und Toxikologie, soweit sich die Unbe-
> denklichkeit des Arzneimittels nicht anderweitig, insbesondere durch einen hohen
> Verdünnungsgrad ergibt, eingeführt worden (▶ Kap. 5.1.5). Die klinische Prüfung
> entfällt bei homöopathischen Arzneimitteln. Angaben über Wirkungen und
> Anwendungsgebiete müssen nicht gemacht werden (§ 38 AMG).
> **Homöopathische Arzneimittel mit Indikation** (derzeit etwa 1250 Fertigarzneimit-
> tel) durchlaufen das „normale" Zulassungsverfahren nach § 21 AMG (▶ Kap. 5.1.4).

5

Die **klinischen Prüfungen** (sechster Abschnitt AMG – nicht abgedruckt –) dürfen beim
Menschen nur durchgeführt werden, wenn
- das Risiko ärztlich vertretbar ist (§ 40, 1),
- der Patient nach ausführlicher Information seine Einwilligung gegeben hat und diese
  jederzeit widerrufen kann (§ 40, 1),
- eine Versicherung zugunsten der von der klinischen Prüfung betroffenen Person abgeschlossen ist (§ 40, 3),
- besondere Vorschriften für Minderjährige (§ 40, 4) beachtet wurden,
- die pharmakologisch-toxikologischen Untersuchungen und Tierversuche abgeschlossen sind (§ 40, 1),
- der durchführende Arzt mindestens zwei Jahre Erfahrung hat (§ 40, 1),
- eine unabhängige Ethik-Kommission eine zustimmende Bewertung abgegeben hat
  (§ 40, 1).

> **KURZINFO**
>
> Der § 32 des Arzneimittelgesetzes legt zusätzliche Vorschriften bei der Freigabe
> von Impfstoffen, Sera und Allergenen fest. Der § 36 des Arzneimittelgesetzes
> beschreibt die Möglichkeit von standardisierten Zulassungen durch das Bun-
> desgesundheitsministerium.

„(1) Die Charge eines **Serums**, eines **Impfstoffes** oder eines **Allergens** darf unbeschadet
der Zulassung nur in den Verkehr gebracht werden, wenn sie von der zuständigen
Bundesoberbehörde freigegeben ist. Die Charge ist freizugeben, wenn eine Prüfung
(**staatliche Chargenprüfung**) ergeben hat, dass die Charge nach Herstellungs- und
Kontrollmethoden, die dem jeweiligen Stand der wissenschaftlichen Erkenntnisse
entsprechen, hergestellt und geprüft worden ist und dass sie die erforderliche Qualität, Wirksamkeit und Unbedenklichkeit aufweist. Die Charge ist auch dann freizugeben, soweit die zuständige Behörde eines anderen Mitgliedstaates der Europäischen Union nach einer experimentellen Untersuchung festgestellt hat, dass die in
Satz 2 genannten Voraussetzungen vorliegen." (**§ 32**)

Sera, Impfstoffe und Allergene werden nicht vom BfArM (Bundesinstitut für Arzneimittel und Medizinprodukte), sondern vom **Paul-Ehrlich-Institut** (PEI, Bundesinstitut für Impfstoffe und biomedizinische Arzneimittel, ▸ Kap. 2.1) zugelassen („**Zulassung**"). Diese Bundesoberbehörde führt auch die Prüfung jeder Charge durch (**„staatliche Chargenprüfung"**) und gibt sie frei („**Freigabe**"). Zu den Aufgaben des PEI zählt auch die Kontrolle von Arzneimitteln aus Blut und Blutprodukten.

MERKE

Das Paul-Ehrlich-Institut hat gegenüber dem BfArM eine zusätzliche Aufgabe: Jede Charge muss von dieser Bundesoberbehörde geprüft und freigegeben werden („staatliche Chargenprüfung").

„(1) Das **Bundesministerium** wird ermächtigt, durch Rechtsverordnung ohne Zustimmung des Bundesrates bestimmte Arzneimittel oder Arzneimittelgruppen oder Arzneimittel in bestimmten Abgabeformen von der **Pflicht zur Zulassung freizustellen**, soweit eine unmittelbare oder mittelbare Gefährdung der Gesundheit von Mensch und Tier nicht zu befürchten ist, weil die Anforderungen an die erforderliche Qualität, Wirksamkeit und Unbedenklichkeit erwiesen sind. Das Bundesministerium kann diese Ermächtigung durch Rechtsverordnung ohne Zustimmung des Bundesrates auf die zuständige Bundesoberbehörde übertragen. Die Freistellung kann zum Schutz der Gesundheit von Mensch oder Tier von einer bestimmten Herstellung, Zusammensetzung, Kennzeichnung, Packungsbeilage, Fachinformation oder Darreichungsform abhängig gemacht sowie auf bestimmte Anwendungsarten, Anwendungsgebiete oder Anwendungsbereiche beschränkt werden. Die Angabe weiterer Gegenanzeigen, Nebenwirkungen und Wechselwirkungen durch den pharmazeutischen Unternehmer ist zulässig.

(2) Bei der Auswahl der Arzneimittel, die von der Pflicht zur Zulassung freigestellt werden, muss den berechtigten Interessen der Arzneimittelverbraucher, der Heilberufe und der pharmazeutischen Industrie Rechnung getragen werden. In der Wahl der Bezeichnung des Arzneimittels ist der pharmazeutische Unternehmer frei."

(**§ 36**)

Prinzipiell sind alle Arzneimittel, die im Voraus hergestellt und abgabefertig verpackt sind, rechtlich **Fertigarzneimittel** (Definition § 4, 1 AMG, ▸ Kap. 5.1.1) und müssten von der zuständigen Behörde zugelassen werden.

Um aber den Apotheken die Einzelzulassung häufig gebrauchter Fertigarzneimittel (z. B. abgefüllte alkoholische Iodlösung, fertig verpackte Kamillenblüten oder vorrätig gehaltene, selbst hergestellte Vitamin-C-Kapseln) zu ersparen, wurden **Standardzulassungen** eingeführt. Sie werden jeweils im Bundesgesetzblatt veröffentlicht und liegen in den Apotheken in Loseblatt-Ordnern vor (Verordnung über Standardzulassungen von Arzneimitteln, ▸ Kap. 5.2.4).

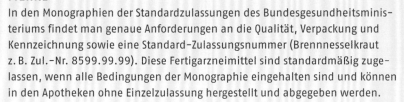

MERKE
In den Monographien der Standardzulassungen des Bundesgesundheitsministeriums findet man genaue Anforderungen an die Qualität, Verpackung und Kennzeichnung sowie eine Standard-Zulassungsnummer (Brennnesselkraut z. B. Zul.-Nr. 8599.99.99). Diese Fertigarzneimittel sind standardmäßig zugelassen, wenn alle Bedingungen der Monographie eingehalten sind und können in den Apotheken ohne Einzelzulassung hergestellt und abgegeben werden.

Apotheken müssen die Nutzung apothekenüblicher und freiverkäuflicher Standardzulassungen ebenso wie Änderungen oder Verzicht auf die Nutzung einer Standardzulassung gemäß § 67 Abs. 5 AMG gegenüber dem BfArM und der jeweils zuständigen Überwachungsbehörde schriftlich anzeigen. Dazu muss eine **pharmazeutische Unternehmernummer** (PNR) vorliegen, um Anzeigen, Änderungen oder Löschungen von Standardzulassungen auf elektronischem Wege vornehmen zu können.

5.1.5 Fünfter Abschnitt: Registrierung homöopathischer Arzneimittel

– Auszüge –

„(1) Fertigarzneimittel, die Arzneimittel im Sinne des § 2 Abs. 1 oder Abs. 2 Nr. 1 sind, dürfen als **homöopathische Arzneimittel** im Geltungsbereich dieses Gesetzes nur in den Verkehr gebracht werden, wenn sie in ein bei der zuständigen Bundesoberbehörde zu führendes Register für homöopathische Arzneimittel eingetragen sind (**Registrierung**). Einer Zulassung bedarf es nicht; § 21 Abs. 1 Satz 2 und Abs. 3 findet entsprechende Anwendung. Einer Registrierung bedarf es nicht für Arzneimittel, die von einem pharmazeutischen Unternehmer in Mengen bis zu 1000 Packungen in einem Jahr in den Verkehr gebracht werden, es sei denn, es handelt sich um Arzneimittel,

1. die Zubereitungen aus Stoffen gemäß § 3 Nr. 3 oder 4 enthalten,
2. die mehr als den hundertsten Teil der in nicht homöopathischen, der Verschreibungspflicht nach § 48 oder § 49 unterliegenden Arzneimittel verwendeten kleinsten Dosis oder bei denen die Tatbestände nach § 39 Abs. 2 Nr. 3, 4, 5, 6, 7, oder 9 vorliegen.

(2) Dem Antrag auf Registrierung sind die in den §§ 22 bis 24 bezeichneten Angaben, Unterlagen und Gutachten beizufügen. Das gilt nicht für die Angaben über die Wirkungen und Anwendungsgebiete, für die Unterlagen und Gutachten über die klinische Prüfung sowie für Angaben nach § 22 Absatz 2 Nummer 5 und 5a und Absatz 7 Satz 2. Die Unterlagen über die pharmakologisch-toxikologische Prüfung sind vorzulegen, soweit sich die Unbedenklichkeit des Arzneimittels nicht anderweitig, insbesondere durch einen angemessen hohen Verdünnungsgrad ergibt. § 22 Absatz 1a gilt entsprechend.“ (**§ 38**)

MERKE

Ein homöopathisches Arzneimittel kann von der Registrierung freigestellt werden, wenn nur bis zu 1000 Packungen pro Jahr in den Verkehr gebracht werden ("Tausenderregel"), wenn die Ziffern 1 und 2 des § 38,1 nicht zutreffen.

In den Paragrafen 39 bis 39d werden die Entscheidung über die Registrierung homöopathischer Arzneimittel und die Registrierung traditioneller pflanzlicher Arzneimittel behandelt.

ZUSAMMENFASSUNG

- Ein europäischer Arzneimittelhersteller hat prinzipiell drei Möglichkeiten der Zulassung; die zentrale EU-Zulassung der EU-Kommission erfolgt organisatorisch durch die EMA für innovative oder für gentechnologisch hergestellte Arzneimittel für Mensch und Tier; die von der EMA vergebene EU-Nr. enthält Angaben zur Dosierungsstärke und Packungsgröße.
- Das BfArM ist zuständig für die nationale Zulassung von Arzneimitteln und die Registrierung homöopathischer Arzneimittel in Deutschland; Tierarzneimittel werden hier vom BVL zugelassen.
- Der Zulassung gehen analytische, pharmakologisch-toxikologische und klinische Prüfungen voraus; bei der Registrierung homöopathischer Arzneimittel ohne Indikationsangabe entfällt die klinische Prüfung, die pharmakologisch-toxikologische Prüfung kann bei Bedenken angefordert werden.
- Homöopathische Arzneimittel mit Indikationsangabe müssen zugelassen werden und bekommen vom BfArM eine Zulassungsnummer.
- Sera und Impfstoffe (auch für Tiere) werden nicht vom BfArM, sondern vom PEI (Bundesinstitut für Impfstoffe und biomedizinische Arzneimittel) zugelassen, jede Charge wird dort zusätzlich geprüft und anschließend freigegeben.
- Nachweislich häufig verschriebene Arzneimittel dürfen in Chargengrößen bis zu hundert abgabefertigen Packungen pro Tag im Rahmen des üblichen Apothekenbetriebs ohne Zulassung unter Angabe einer Chargenbezeichnung hergestellt werden ("Hunderter-Regelung" = "verlängerte Rezeptur").
- Bekannte und bewährte Fertigarzneimittel wie Baldriantinktur oder Teemischungen dürfen in der Apotheke, wenn sie den Monographien der Standardzulassungen entsprechen, abgabefertig vorrätig gehalten werden; sie erhalten eine (Standard-)Zulassungsnummer.

5.1.6 Siebter Abschnitt: Abgabe von Arzneimitteln

– Auszüge –

Prinzipiell sind alle Arzneimittel apothekenpflichtig und dürfen daher nur in Apotheken abgegeben werden. Allerdings sind **Ausnahmen** von dieser Regel möglich, wenn eine Gefährdung der Gesundheit von Mensch und Tier ausgeschlossen werden kann (freiverkäufliche Arzneimittel). Diese Ausnahmen von der Apothekenpflicht (§§ 44, 45 AMG) werden durch das Arzneimittelgesetz selbst und durch die **Verordnung über apothekenpflichtige und freiverkäufliche Arzneimittel** (▶ Kap. 5.2.4) geregelt und gelten beispielsweise für Drogerien und Supermärkte. Zur Umsatzstruktur einer durchschnittlichen Apotheke hinsichtlich ihrer unterschiedlichen Warengruppen siehe ○ Abb. 5.1.

Diese Verordnung enthält verschiedene Positiv- und Negativlisten (z. B. eine Positivliste über Wirkstoffe freiverkäuflicher Abführmittel oder eine Negativliste stark wirksamer Pflanzen wie z. B. Schöllkraut, die alle apothekenpflichtig sind).

> **MERKE**
> Arzneimittel auf Verschreibung dürfen prinzipiell nur in Apotheken abgegeben werden, auch homöopathische Arzneimittel unterliegen immer der Apothekenpflicht (§ 43,3 AMG).
> Tierärzte dürfen im Rahmen ihres Dispensierrechts alle Tierarzneimittel an die Halter der von ihnen behandelten Tiere abgeben (§ 43,4 AMG).

Für den Umgang mit freiverkäuflichen Arzneimitteln außerhalb der Apotheke fordert das Arzneimittelgesetz einen **Sachkundenachweis** als Mindestqualifikation. Als sachkundig gelten z. B. PTA, Apothekenhelfer und Drogist; die Sachkundeprüfung für andere Berufe kann vor der Industrie- und Handelskammer abgelegt werden.

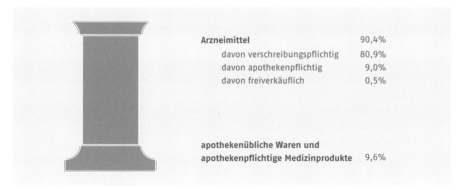

Arzneimittel	90,4%
davon verschreibungspflichtig	80,9%
davon apothekenpflichtig	9,0%
davon freiverkäuflich	0,5%
apothekenübliche Waren und apothekenpflichtige Medizinprodukte	9,6%

○ **Abb. 5.1** Umsatzstruktur einer durchschnittlichen Apotheke 2018 (ABDA 2019)

GUT ZU WISSEN

Arzneimittel mit den Wirkstoffen **Mifepriston** (Schwangerschaftsabbruch, ▸Kap. 5.2.1, § 2,3 AMVV) und **Diamorphin** (Opioidabhängigkeit, ▸Kap. 6.3, § 5a BtMVV) werden vom Hersteller unter **Umgehung der Apothekenpflicht** direkt an verordnende Ärzte und Kliniken geliefert.

Seit 1999 sieht das AMG für Arzneimittel zum Abbruch einer Schwangerschaft den **direkten Vertriebsweg** unter Umgehung der Apothekenpflicht vom Hersteller direkt bis zur Einrichtung, die den Schwangerschaftsabbruch durchführt, vor. Die Arzneimittelpackungen müssen fortlaufend nummeriert sein; Verschreibung, Abgabe und Anwendung müssen lückenlos dokumentiert werden. Mifepriston (Mifegyne®) wurde zum medikamentösen Schwangerschaftsabbruch vom BfArM zugelassen.

KURZINFO

Die **Paragrafen 43 und 44** des Arzneimittelgesetzes treffen Festlegungen zur Apothekenpflicht von Arzneimitteln, dem Inverkehrbringen durch Tierärzte und zu Ausnahmen von der Apothekenpflicht.

„(1) **Arzneimittel** im Sinne des § 2 Abs. 1 oder Abs. 2 Nr. 1, die nicht durch die Vorschriften des § 44 oder der nach § 45 Abs. 1 erlassenen Rechtsverordnung für den Verkehr außerhalb der Apotheken freigegeben sind, dürfen außer in den Fällen des § 47 berufs- oder gewerbsmäßig für den Endverbrauch **nur in Apotheken** und **ohne behördliche Erlaubnis nicht im Wege des Versandes** in den Verkehr gebracht werden; das Nähere regelt das Apothekengesetz. Außerhalb der Apotheken darf außer in den Fällen des Absatzes 4 und des § 47 Abs. 1 mit den nach Satz 1 den Apotheken vorbehaltenen Arzneimitteln kein Handel getrieben werden.

(2) Die nach Absatz 1 Satz 1 den Apotheken vorbehaltenen Arzneimittel dürfen von juristischen Personen, nicht rechtsfähigen Vereinen und Gesellschaften des bürgerlichen Rechts und des Handelsrechts an ihre Mitglieder nicht abgegeben werden, es sei denn, dass es sich bei den Mitgliedern um Apotheken oder um die in § 47 Abs. 1 genannten Personen und Einrichtungen handelt und die Abgabe unter den dort bezeichneten Voraussetzungen erfolgt.

(3) Auf **Verschreibung** dürfen Arzneimittel im Sinne des § 2 Abs. 1 oder Abs. 2 Nr. 1 nur von Apotheken abgegeben werden. § 56 Abs. 1 bleibt unberührt.

(4) Arzneimittel im Sinne des § 2 Abs. 1 oder Abs. 2 Nr. 1 dürfen ferner im Rahmen des Betriebes einer tierärztlichen Hausapotheke durch **Tierärzte** an Halter der von ihnen behandelten Tiere abgegeben und zu diesem Zweck vorrätig gehalten werden. Dies gilt auch für die Abgabe von Arzneimitteln zur Durchführung tierärztlich gebotener und tierärztlich kontrollierter krankheitsvorbeugender Maßnahmen bei Tieren, wobei der Umfang der Abgabe den auf Grund tierärztlicher Indikation festgestellten Bedarf nicht überschreiten darf. Weiterhin dürfen Arzneimittel im Sinne des § 2 Abs. 1 oder Abs. 2 Nr. 1, die zur Durchführung tierseuchenrechtlicher Maßnahmen bestimmt und nicht verschreibungspflichtig sind, in der jeweils erforderlichen

Menge durch Veterinärbehörden an Tierhalter abgegeben werden. Mit der Abgabe ist dem Tierhalter eine schriftliche Anweisung über Art, Zeitpunkt und Dauer der Anwendung auszuhändigen.

(5) Zur Anwendung bei **Tieren** bestimmte Arzneimittel, die nicht für den Verkehr außerhalb der Apotheken freigegeben sind, dürfen an den Tierhalter oder an andere in § 47 Abs. 1 nicht genannte Personen nur in der Apotheke oder tierärztlichen Hausapotheke oder durch den Tierarzt ausgehändigt werden. Dies gilt nicht für Fütterungsarzneimittel und für Arzneimittel im Sinne des Absatzes 4 Satz 3. Abweichend von Satz 1 dürfen Arzneimittel, die ausschließlich zur Anwendung **bei Tieren, die nicht der Gewinnung von Lebensmitteln dienen**, zugelassen sind, von Apotheken, die eine behördliche Erlaubnis nach Absatz 1 haben, im Wege des **Versandes** abgegeben werden. Ferner dürfen in Satz 3 bezeichnete Arzneimittel im Rahmen des Betriebs einer tierärztlichen Hausapotheke im Einzelfall in einer für eine kurzfristige Weiterbehandlung notwendigen Menge für vom Tierarzt behandelte Einzeltiere im Wege des Versandes abgegeben werden. Sonstige Vorschriften über die Abgabe von Arzneimitteln durch Tierärzte nach diesem Gesetz und der Verordnung über tierärztliche Hausapotheken bleiben unberührt.

(6) Arzneimittel dürfen im Rahmen der Übergabe einer tierärztlichen Praxis an den Nachfolger im Betrieb der tierärztlichen Hausapotheke abgegeben werden." (**§ 43**)

Der Hinweis **„Apothekenpflichtig"** muss nach den Kennzeichnungspflichten des § 10 AMG auf jeder Packung angebracht sein. Verschreibungspflichtige Arzneimittel und bestimmte Darreichungsformen wie Zäpfchen oder Implantate sind immer apothekenpflichtig.

Somit ist festgelegt, dass apothekenpflichtige Arzneimittel (auch vom Arzt oder Krankenhaus) nur über Apotheken bezogen werden können.

PRAXISBEISPIEL

Ein 15-Jähriger möchte Nicorette® Kaugummis zur Raucherentwöhnung in der Apotheke kaufen. Darf das Arzneimittel ohne Zustimmung der Eltern abgegeben werden?

Apothekenpflichtige Nicorette® Kaugummis sollten nach den Angaben in der Fachinformation bei Jugendlichen (ab 12 Jahren und unter 18 Jahren) nur mit ärztlicher Empfehlung anwendet werden. Denn die Erfahrungen zur Anwendung von Nicotinkaugummis bei Personen unter 18 Jahren sind begrenzt. Bei Kindern unter 12 Jahren darf Nicotinkaugummi nicht angewendet werden. Eine Raucherentwöhnung sollte daher bei einem 15 Jährigen von einem Arzt begleitet werden.

Hinzu kommt, dass Tabakwaren an unter 18-Jährige nicht verkauft werden dürfen und Eltern von Kindern, die dennoch an Tabakwaren gelangen, deshalb in die Thematik eingebunden werden müssten. Wir raten daher von einer Abgabe von Nicotin-Kaugummis an Jugendliche ohne Vorlage eines ärztlichen Rezepts oder ohne Einbindung der Eltern ab. (Quelle: LAK Baden/Württemberg)

„(1) Arzneimittel, die von dem pharmazeutischen Unternehmer ausschließlich zu anderen Zwecken als zur Beseitigung oder Linderung von Krankheiten, Leiden, Körperschäden oder krankhaften Beschwerden zu dienen bestimmt sind, sind für den **Verkehr außerhalb der Apotheken** freigegeben.

(2) Ferner sind für den **Verkehr außerhalb der Apotheken** freigegeben:

1. a) natürliche Heilwässer sowie deren Salze, auch als Tabletten oder Pastillen,
   b) künstliche Heilwasser sowie deren Salze, auch als Tabletten oder Pastillen, jedoch nur, wenn sie in ihrer Zusammensetzung natürlichen Heilwässern entsprechen
2. Heilerde, Bademoore und andere Peloide, Zubereitungen zur Herstellung von Bädern, Seifen zum äußeren Gebrauch,
3. mit ihren verkehrsüblichen deutschen Namen bezeichnete
   a) Pflanzen und Pflanzenteile, auch zerkleinert,
   b) Mischungen aus ganzen oder geschnittenen Pflanzen oder Pflanzenteilen als Fertigarzneimittel,
   c) Destillate aus Pflanzen und Pflanzenteilen,
   d) Presssäfte aus frischen Pflanzen und Pflanzenteilen, sofern sie ohne Lösungsmittel mit Ausnahme von Wasser hergestellt sind,
4. Pflaster
5. ausschließlich oder überwiegend zum äußeren Gebrauch bestimmte Desinfektionsmittel sowie Mund- und Rachendesinfektionsmittel.

(3) Die Absätze 1 und 2 gelten nicht für Arzneimittel, die

1. nur auf ärztliche, zahnärztliche oder tierärztliche Verschreibung abgegeben werden dürfen oder
2. durch Rechtsverordnung nach § 46 vom Verkehr außerhalb der Apotheken ausgeschlossen sind." (**§ 44**)

Freiverkäufliche Arzneimittel (= nicht apothekenpflichtig) erhält man beispielsweise auch in Drogerien und Fachabteilungen von Supermärkten (z. B. Vitaminpräparate, Rheumapflaster, leichte Abführmittel und Stärkungsmittel).

Pharmazeutische Unternehmer und der **pharmazeutische Großhandel** dürfen nach § 47 AMG apothekenpflichtige Arzneimittel außer an Apotheken nur an andere pharmazeutische Unternehmer, Großhandlungen und unter bestimmten Voraussetzungen an Tierärzte abgeben. **Krankenhäuser** und **Ärzte** dürfen nur aufgeführte Zubereitungen wie z. B. Blutzubereitungen, Infusionen und Arzneimittel zum Abbruch einer Schwangerschaft (Mifepriston, **Mifegyne**®) unter Umgehung einer Apotheke direkt beziehen.

Muster von Fertigarzneimitteln (**„Ärztemuster"**) dürfen nur auf Anforderung und in geringer Zahl unentgeltlich an Ärzte abgegeben werden (▸Kap. 5.1.10, §§ 75 und 76 AMG, Pharmaberater).

> **KURZINFO**
>
> Der §48 des Arzneimittelgesetzes legt den Grundstein für die Verschreibungs-
> pflicht von Arzneimitteln sowie deren Ausnahmen und ermächtigt den Bun-
> desgesundheitsminister zur Arzneimittelverschreibungsverordnung (AMVV,
> ▸Kap. 5.2.1).

„(1) Arzneimittel, die

1. durch Rechtsverordnung nach Absatz 2, auch in Verbindung mit den Absätzen 4 und 5, bestimmte Stoffe, Zubereitungen aus Stoffen oder Gegenstände sind oder denen solche Stoffe oder Zubereitungen aus Stoffen zugesetzt sind,
2. nicht unter Nummer 1 fallen und zur Anwendung bei Tieren, die der Gewinnung von Lebensmitteln dienen, bestimmt sind oder
3. Arzneimittel im Sinne des § 2 Absatz 1 oder Absatz 2 Nummer 1 sind, die Stoffe mit in der medizinischen Wissenschaft nicht allgemein bekannten Wirkungen oder Zubereitungen solcher Stoffe enthalten, dürfen nur **bei Vorliegen einer ärztlichen, zahnärztlichen oder tierärztlichen Verschreibung** an Verbraucher abgegeben werden. Satz 1 Nummer 1 gilt nicht für die Abgabe durch Apotheken zur Ausstattung der Kauffahrteischiffe im Hinblick auf die Arzneimittel, die auf Grund seearbeitsrechtlicher Vorschriften für den Schutz der Gesundheit der Personen an Bord und deren unverzügliche angemessene medizinische Betreuung an Bord erforderlich sind. Satz 1 Nummer 3 gilt auch für Arzneimittel, die Zubereitungen aus in ihren Wirkungen allgemein bekannten Stoffen sind, wenn die Wirkungen dieser Zubereitungen in der medizinischen Wissenschaft nicht allgemein bekannt sind, es sei denn, dass die Wirkungen nach Zusammensetzung, Dosierung, Darreichungsform oder Anwendungsgebiet der Zubereitung bestimmbar sind. Satz 1 Nummer 3 gilt nicht für Arzneimittel, die Zubereitungen aus Stoffen bekannter Wirkungen sind, soweit diese außerhalb der Apotheken abgegeben werden dürfen. An die Stelle der Verschreibungspflicht nach Satz 1 Nummer 3 tritt mit der Aufnahme des betreffenden Stoffes oder der betreffenden Zubereitung in die Rechtsverordnung nach Absatz 2 Nummer 1 die Verschreibungspflicht nach der Rechtsverordnung.“ (**§48**)

„(2) Das **Bundesministerium** wird ermächtigt, im Einvernehmen mit dem Bundesministerium für Wirtschaft und Energie durch **Rechtsverordnung** mit Zustimmung des Bundesrates

1. Stoffe oder Zubereitungen aus Stoffen zu bestimmen, bei denen die Voraussetzungen nach Absatz 1 Satz 1 Nummer 3 auch in Verbindung mit Absatz 1 Satz 3 vorliegen.
2. Stoffe, Zubereitungen aus Stoffen oder Gegenstände zu bestimmen,
   a) die die Gesundheit des Menschen oder, sofern sie zur Anwendung bei Tieren bestimmt sind die Gesundheit des Tieres, des Anwenders oder die Umwelt auch bei bestimmungsgemäßem Gebrauch unmittelbar oder mittelbar gefährden können, wenn sie ohne ärztliche, zahnärztliche oder tierärztliche Überwachung angewendet werden,

b) die häufig in erheblichem Umfang nicht bestimmungsgemäß gebraucht werden, wenn dadurch die Gesundheit von Mensch oder Tier unmittelbar oder mittelbar gefährdet werden kann, oder

c) sofern sie zur Anwendung bei Tieren bestimmt sind, deren Anwendung eine vorherige tierärztliche Diagnose erfordert oder Auswirkungen haben kann, die die späteren diagnostischen oder therapeutischen Maßnahmen erschweren oder überlagern,

3. die **Verschreibungspflicht** für Arzneimittel **aufzuheben**, wenn auf Grund der bei der Anwendung des Arzneimittels gemachten Erfahrungen die Voraussetzungen nach Nummer 2 nicht oder nicht mehr vorliegen; bei Arzneimitteln nach Nummer 1 kann frühestens drei Jahre nach Inkrafttreten der zugrunde liegenden Rechtsverordnung die Verschreibungspflicht aufgehoben werden,

4. für Stoffe oder Zubereitungen aus Stoffen vorzuschreiben, dass sie nur abgegeben werden dürfen, wenn in der Verschreibung bestimmte **Höchstmengen** für den Einzel- und Tagesgebrauch nicht überschritten werden oder wenn die Überschreitung vom Verschreibenden ausdrücklich kenntlich gemacht worden ist,

5. zu bestimmen, ob und wie oft ein Arzneimittel auf diese Verschreibung **wiederholt** abgegeben werden darf,

6. vorzuschreiben, dass ein Arzneimittel nur auf eine Verschreibung von **Ärzten eines bestimmten Fachgebietes** oder zur Anwendung in für die Behandlung mit dem Arzneimittel zugelassenen Einrichtungen abgegeben werden darf oder über die Verschreibung, Abgabe und Anwendung Nachweise geführt werden müssen,

7. Vorschriften über **die Form und den Inhalt der Verschreibung**, einschließlich der Verschreibung in elektronischer Form, zu erlassen.

Die Rechtsverordnungen nach Satz 1 Nummer 2 bis 7 werden nach Anhörungen von Sachverständigen erlassen, es sei denn, es handelt sich um Arzneimittel, die nach Artikel 3 Absatz 1 oder 2 der Verordnung (EG) Nr. 726/2004 zugelassen sind oder die solchen Arzneimitteln im Hinblick auf Wirkstoff, Indikation, Wirkstärke und Darreichungsform entsprechen. In der Rechtsverordnung nach Satz 1 Nummer 7 kann für Arzneimittel, deren Verschreibung die Beachtung besonderer Sicherheitsanforderungen erfordert, vorgeschrieben werden, dass

1. die Verschreibung nur auf einem amtlichen Formblatt (**Sonderrezept**), das von der zuständigen Bundesoberbehörde auf Anforderung eines Arztes ausgegeben wird, erfolgen darf,

2. das Formblatt Angaben zur Anwendung sowie Bestätigungen enthalten muss, insbesondere zu Aufklärungspflichten über Anwendung und Risiken des Arzneimittels, und

3. eine Durchschrift der Verschreibung durch die Apotheke an die zuständige Bundesoberbehörde zurückzugeben ist." (**§ 48**)

„(3) Die Rechtsverordnung nach Absatz 2, auch in Verbindung mit den Absätzen 4 und 5, kann auf bestimmte **Dosierungen, Potenzierungen, Darreichungsformen, Fertigarzneimittel oder Anwendungsbereiche** beschränkt werden. Ebenso kann eine Ausnahme von der Verschreibungspflicht für die Abgabe an **Hebammen** und Entbindungspfleger vorgesehen werden, soweit dies für eine ordnungsgemäße Berufsausübung erforderlich ist. Die Beschränkung auf bestimmte Fertigarzneimittel zur Anwendung am Menschen nach Satz 1 erfolgt, wenn gemäß Artikel 74a der Richtlinie 2001/83/EG die Aufhebung der Verschreibungspflicht auf Grund signifikanter vorklinischer oder klinischer Versuche erfolgt ist; dabei ist der nach Artikel 74a vorgesehene Zeitraum von einem Jahr zu beachten.

(4) Die Rechtsverordnung wird vom Bundesministerium für Ernährung und Landwirtschaft im Einvernehmen mit dem Bundesministerium und dem Bundesministerium für Wirtschaft und Arbeit erlassen, soweit es sich um Arzneimittel handelt, die zur Anwendung bei **Tieren** bestimmt sind.

(5) Die Rechtsverordnung ergeht im Einvernehmen mit dem Bundesministerium für Umwelt, Naturschutz, Bau und Reaktorsicherheit, soweit es sich um **radioaktive Arzneimittel** und um Arzneimittel handelt, bei deren Herstellung ionisierende Strahlen verwendet werden.

(6) Das Bundesministerium für Ernährung und Landwirtschaft wird ermächtigt, im Einvernehmen mit dem Bundesministerium durch Rechtsverordnung ohne Zustimmung des Bundesrates im Falle des Absatzes 1 Satz 1 Nr. 2 Arzneimittel von der Verschreibungspflicht auszunehmen, soweit die auf Grund des Artikels 67 Doppelbuchstabe aa der Richtlinie 2001/82/EG festgelegten Anforderungen eingehalten sind." (**§ 48**)

5

GUT ZU WISSEN

Auf Arzneimittel, die **neue Wirkstoffe** enthalten sowie für **neue Indikationen** zugelassen sind, trifft § 48 Abs. 2 Punkt 3 zu, nach dem sie verschreibungspflichtig sind und **frühestens nach drei Jahren** aus der Verschreibungspflicht entlassen werden können.

aha

KURZINFO

Die **Paragrafen 50, 51 und 52** des Arzneimittelgesetzes legen Regelungen für die Abgabe freiverkäuflicher, nicht apothekenpflichtiger, Arzneimittel außerhalb der Apotheke fest sowie das Selbstbedienungsverbot mit dieser Arzneimittelgruppe.

„(1) **Einzelhandel außerhalb von Apotheken** mit Arzneimitteln im Sinne des § 2 Abs. 1 oder Abs. 2 Nr. 1, die zum Verkehr außerhalb der Apotheken freigegeben sind, darf nur betrieben werden, wenn der Unternehmer, eine zur Vertretung des Unternehmens gesetzlich berufene oder eine von dem Unternehmer mit der Leitung des Unternehmens oder mit dem Verkauf beauftragte Person die erforderliche **Sachkenntnis** besitzt. Bei Unternehmen mit mehreren Betriebsstellen muss für jede Betriebsstelle eine Person vorhanden sein, die die erforderliche Sachkenntnis besitzt.

(2) Die erforderliche Sachkenntnis besitzt, wer **Kenntnisse und Fertigkeiten** über das ordnungsgemäße Abfüllen, Abpacken, Kennzeichnen, Lagern und Inverkehrbringen von Arzneimitteln, die zum Verkehr außerhalb der Apotheken freigegeben sind, sowie Kenntnisse über die für diese Arzneimittel geltenden Vorschriften nachweist. Das Bundesministerium wird ermächtigt, im Einvernehmen mit dem Bundesministerium für Wirtschaft und Energie und dem Bundesministerium für Bildung und Forschung durch Rechtsverordnung mit Zustimmung des Bundesrates Vorschriften

darüber zu erlassen, wie der Nachweis der erforderlichen Sachkenntnis zu erbringen ist, um einen ordnungsgemäßen Verkehr mit Arzneimitteln zu gewährleisten. Es kann dabei Prüfungszeugnisse über eine abgeleistete berufliche Aus- oder Fortbildung als Nachweis anerkennen. Es kann ferner bestimmen, dass die Sachkenntnis durch eine **Prüfung vor der zuständigen Behörde** oder einer von ihr bestimmten Stelle nachgewiesen wird und das Nähere über die Prüfungsanforderungen und das Prüfungsverfahren regeln. Die Rechtsverordnung wird, soweit es sich um Arzneimittel handelt, die zur Anwendung bei Tieren bestimmt sind, vom Bundesministerium für Ernährung und Landwirtschaft im Einvernehmen mit dem Bundesministerium, dem Bundesministerium für Wirtschaft und Energie und dem Bundesministerium für Bildung und Forschung erlassen.

(3) Einer **Sachkenntnis** nach Absatz 1 bedarf **nicht**, wer Fertigarzneimittel im Einzelhandel in den Verkehr bringt, die

1. im Reisegewerbe abgegeben werden dürfen,
2. zur Verhütung der Schwangerschaft oder von Geschlechtskrankheiten beim Menschen bestimmt sind,
3. (weggefallen)
4. ausschließlich zum äußeren Gebrauch bestimmte Desinfektionsmittel oder
5. Sauerstoff sind." (**§ 50**)

Nach § 50 des Arzneimittelgesetzes bedarf es für den Einzelhandel mit Arzneimitteln, die zum Verkehr außerhalb von Apotheken freigegeben sind (sogenannte **freiverkäufliche Arzneimittel**), der Sachkenntnis des Unternehmers oder einer von ihm mit der Leitung des Unternehmens oder mit dem Verkauf beauftragten Person. Bei Unternehmen mit mehreren Betriebsstellen muss **in jeder Betriebsstelle** während der gesamten Öffnungszeit eine sachkundige Person anwesend sein. Die erforderliche Sachkenntnis ist grundsätzlich durch eine **Prüfung vor der Industrie- und Handelskammer** nachzuweisen.

MERKE
Der Nachweis der Sachkenntnis für den Einzelhandel außerhalb von Apotheken mit freiverkäuflichen Arzneimitteln kann durch eine Prüfung nach den §§ 2 bis 9 der Verordnung über den Nachweis der Sachkenntnis im Einzelhandel mit freiverkäuflichen Arzneimitteln (AM-SachKV) erbracht werden.

Durch diese Sachkenntnisprüfung soll festgestellt werden, ob der Prüfungsteilnehmer folgende Kenntnisse und Fertigkeiten besitzt:

- Kenntnisse über in freiverkäuflichen Arzneimitteln verwendete Pflanzen und Chemikalien, Begriffsbestimmungen, Darreichungsformen, Beschaffenheit, Zubereitungsformen, Inhaltsstoffe,
- Kenntnisse über Lagerung und Verfall von freiverkäuflichen Arzneimitteln,
- Kenntnisse über ordnungsgemäßes Abfüllen, Abpacken und die Abgabe freiverkäuflicher Arzneimittel,
- Kenntnisse über den unsachgemäßen Umgang mit freiverkäuflichen Arzneimitteln und damit verbundene Gefahren,
- Kenntnisse über Arzneimittelrecht und Heilmittelwerbegesetz.

„(1) Arzneimittel im Sinne des § 2 Abs. 1 oder Abs. 2 Nr. 1 dürfen
1. nicht durch **Automaten** und
2. nicht durch andere Formen der **Selbstbedienung** in den Verkehr gebracht werden.
(2) Absatz 1 gilt **nicht** für Fertigarzneimittel, die
1. im Reisegewerbe abgegeben werden dürfen,
2. zur Verhütung der Schwangerschaft oder von Geschlechtskrankheiten beim Menschen bestimmt und zum Verkehr außerhalb der Apotheken freigegeben sind,
3. (weggefallen)
4. ausschließlich zum äußeren Gebrauch bestimmte Desinfektionsmittel oder
5. Sauerstoff.
6. (weggefallen)
(3) Absatz 1 Nr. 2 gilt ferner nicht für Arzneimittel, die für den Verkehr außerhalb der Apotheken freigegeben sind, wenn eine Person, die die **Sachkenntnis** nach § 50 besitzt, zur Verfügung steht." (**§ 52**)

5

ZUSAMMENFASSUNG

- Apothekenpflichtige Arzneimittel dürfen nur durch Apotheken, freiverkäufliche („nicht apothekenpflichtige") Arzneimittel auch außerhalb der Apotheken in den Verkehr gebracht werden; Selbstbedienung von apothekenpflichtigen Arzneimitteln ist nicht gestattet.
- In der „Freiwahl" der Apotheke stehen freiverkäufliche Arzneimittel und apothekenübliche Waren nach § 1a Apothekenbetriebsordnung (Selbstbedienung), apothekenpflichtige Arzneimittel dürfen in der „Sichtwahl" angeboten werden; verschreibungspflichtige Arzneimittel dürfen weder in der Freiwahl noch in der Sichtwahl oder im Schaufenster stehen.
- Personen, die außerhalb von Apotheken mit freiverkäuflichen Arzneimitteln handeln, müssen eine anerkannte Ausbildung oder eine behördliche Sachkenntnisprüfung nachweisen.
- Tierärzte dürfen Arzneimittel für die von ihnen behandelten Tiere herstellen und abgeben (Dispensierrecht).
- Das zuständige Bundesministerium kann Arzneistoffe für Mensch und Tier der Verschreibungspflicht unterstellen; die Verschreibungspflicht eines verschreibungspflichtigen Arzneimittels kann frühestens nach drei Jahren aufgehoben werden.
- Die Verschreibungspflicht kann auch von der Dosierung, Potenzierung, Darreichungsform oder dem Anwendungsbereich des Arzneistoffs abhängig gemacht werden; Näheres regelt die Anlage 1 der Arzneimittelverschreibungsverordnung (▸ Kap. 5.2.1).

5.1.7 Achter Abschnitt: Sicherung und Kontrolle der Qualität

Die Sicherung und Kontrolle der Qualität bei der Arzneimittelherstellung beruht in diesem Abschnitt des Arzneimittelgesetzes auf dem Erlass von Betriebsverordnungen für die pharmazeutischen Unternehmer (§ 54 AMG), in denen Vorschriften über Räume, Einrichtung und Personal gemacht werden, und auf der Herausgabe von Vorschriften zur Herstellung und Prüfung von Arzneimitteln.

> **DEFINITION**
>
> Das **Arzneibuch** (□Tab. 5.3) besteht aus
> - einem Band (Loseblattwerk) des **Deutschen Arzneibuchs (DAB)**,
> - drei Bänden (Grundwerk) und den kumulativen Nachträgen des **Europäischen Arzneibuchs (Ph. Eur.)**,
> - sowie den beiden Bänden (Loseblattwerk) des **Homöopathischen Arzneibuchs (HAB)**.

□ **Tab. 5.3** Arzneibuchsituation (Stand März 2020)

Arzneibuch	Abkürzung	Hinweis
Europäisches Arzneibuch	Ph. Eur. 9.0–9.8 (3 Bände + 8 Nachträge)	3 Grundwerke mit ca. 3 Nachträgen/Jahr
Deutsches Arzneibuch	DAB 2019 (Loseblattband)	Jährliche Aktualisierung
Homöopathisches Arzneibuch	HAB 2019 (2 Loseblattbände)	Jährliche Aktualisierung

Der **Deutsche Arzneimittel-Codex** (DAC) gehört zu den anerkannten pharmazeutischen Regelwerken über die Qualität von Arzneimitteln und wird von der **ABDA** herausgegeben. Den Überblick über die Monographien des Arzneibuchs und des DAC vermittelt das **Synonymverzeichnis**, das in jeder Apotheke vorhanden sein sollte (ApBetrO § 5, ▶ Kap. 4.3.1).

> **MERKE**
>
> Der Deutsche Arzneimittel-Codex (DAC) wird als Ergänzung des Arzneibuchs von der ABDA (▶ Kap. 4.3.1.) herausgegeben, besteht aus sieben Ringordnern und enthält das Neue Rezeptur-Formularium (NRF). Mit enthalten ist ein Zugangscode für den Online-Service des DAC/NRF.

– Auszüge –

„(1) Das **Arzneibuch** ist eine vom Bundesinstitut für Arzneimittel und Medizinprodukte im Einvernehmen mit dem Paul-Ehrlich-Institut und dem Bundesamt für Verbraucherschutz und Lebensmittelsicherheit bekannt gemachte **Sammlung anerkann-**

ter pharmazeutischer Regeln über die Qualität, Prüfung, Lagerung, Abgabe und Bezeichnung von Arzneimitteln und den bei ihrer Herstellung verwendeten Stoffen. Das Arzneibuch enthält auch Regeln für die Beschaffenheit von Behältnissen und Umhüllungen.

(2) Die Regeln des Arzneibuchs werden von der Deutschen Arzneibuch-Kommission oder der Europäischen Arzneibuch-Kommission beschlossen. Die Bekanntmachung der Regeln kann aus rechtlichen oder fachlichen Gründen abgelehnt oder rückgängig gemacht werden.

(3) Die Deutsche Arzneibuch-Kommission hat die Aufgabe, über die Regeln des Arzneibuches zu beschließen und die zuständige Bundesoberbehörde bei den Arbeiten im Rahmen des Übereinkommens über die Ausarbeitung eines Europäischen Arzneibuches zu unterstützen.

(4) Die Deutsche **Arzneibuch-Kommission** wird beim Bundesinstitut für Arzneimittel und Medizinprodukte gebildet. Das Bundesinstitut für Arzneimittel und Medizinprodukte beruft im Einvernehmen mit dem Paul-Ehrlich-Institut und dem Bundesamt für Verbraucherschutz und Lebensmittelsicherheit die Mitglieder der Deutschen Arzneibuch-Kommission aus Sachverständigen der medizinischen und pharmazeutischen Wissenschaft, der Heilberufe, der beteiligten Wirtschaftskreise und der Arzneimittelüberwachung im zahlenmäßig gleichen Verhältnis, stellt den Vorsitz und erlässt eine Geschäftsordnung. Die Geschäftsordnung bedarf der Zustimmung des Bundesministeriums im Einvernehmen mit dem Bundesministerium für Ernährung und Landwirtschaft. Die Mitglieder sind zur Verschwiegenheit verpflichtet.

(5) Die Deutsche Arzneibuch-Kommission soll über die Regeln des Arzneibuches grundsätzlich einstimmig beschließen. Beschlüsse, denen nicht mehr als drei Viertel der Mitglieder der Kommission zugestimmt haben, sind unwirksam. Das Nähere regelt die Geschäftsordnung.

(6) Die Absätze 2 bis 5 finden auf die Tätigkeit der Deutschen **Homöopathischen Arzneibuch-Kommission** entsprechende Anwendung.

(7) Die Bekanntmachung erfolgt im Bundesanzeiger. Sie kann sich darauf beschränken, auf die Bezugsquelle der Fassung des Arzneibuches und den Beginn der Geltung der Neufassung hinzuweisen.

(8) Bei der **Herstellung** von Arzneimitteln dürfen nur Stoffe und die Behältnisse und Umhüllungen, soweit sie mit den Arzneimitteln in Berührung kommen, verwendet werden und nur Darreichungsformen angefertigt werden, die den anerkannten pharmazeutischen Regeln entsprechen. Satz 1 findet bei Arzneimitteln, die ausschließlich für den Export hergestellt werden, mit der Maßgabe Anwendung, dass die im Empfängerland geltenden Regelungen berücksichtigt werden können.

(9) Abweichend von Absatz 1 Satz 1 erfolgt die Bekanntmachung durch das Bundesamt für Verbraucherschutz und Lebensmittelsicherheit im Einvernehmen mit dem Bundesinstitut für Arzneimittel und Medizinprodukte und dem Paul-Ehrlich-Institut, soweit es sich um Arzneimittel handelt, die zur Anwendung bei **Tieren** bestimmt sind." (**§ 55**)

Bis 1994 war das Arzneibuch eine **Verordnung** des Bundesgesundheitsministers auf Grundlage des § 55 AMG und wurde im Bundesgesetzblatt veröffentlicht. Mit der Einführung des 3. Nachtrages zum DAB 10 wurde das Arzneibuch eine vom Bundesgesundheitsministerium bekannt gemachte **verbindliche Sammlung anerkannter pharmazeutischer**

Regeln über die Qualität, Prüfung, Lagerung, Abgabe und Bezeichnung von Arzneimitteln.
Inzwischen wird das Arzneibuch von den drei zuständigen Bundesoberbehörden bekannt
gemacht (BfArM, PEI, BVL, ▶ Kap. 2.1).

> **MERKE**
> Das Europäische Arzneibuch ist eine vereinheitlichte Sammlung von Monogra-
> phien zu Arzneistoffen, Arzneiformen und Analysemethoden zur Gewährung
> der Arzneimittelqualität im europäischen Raum und wird von der Europäischen
> Arzneibuchkommission (Europarat) erstellt.
> Es ist Teil des Arzneibuchs nach § 55 des Arzneimittelgesetzes (AMG), bestehend
> aus dem Europäischen (Ph. Eur.), Deutschen (DAB) und Homöopathischen Arz-
> neibuch (HAB).

Neben dem Arzneibuch schreiben die **GMP-Richtlinien** (Good Manufacturing Practices)
Grundregeln für Herstellung und Qualitätskontrolle bei der Arzneimittelproduktion vor.
Die GMP-Richtlinien wurden 1968 von der **WHO** (World Health Organisation, (▶ Kap. 2.1),
einer Unterorganisation der Vereinten Nationen (UN), beschlossen und im Januar 1978
im Bundesanzeiger als **Grundregeln für die Herstellung von Arzneimitteln und die Sicherung ihrer Qualität** veröffentlicht. Seitdem wurden die GMP-Richtlinien in EU-Regularien
ständig praxisbezogen weiter entwickelt (Richtlinien, EG-GMP-Leitfaden und ergänzende Leitlinien/Annexe).

> **DEFINITION**
> Unter **GMP** (**G**ood **M**anufacturing **P**ractice, Gute Herstellungspraxis) versteht man
> Richtlinien zur Qualitätssicherung der Produktionsabläufe und Herstellungsumge-
> bung in der Produktion von Arzneimitteln, Wirkstoffen und Medizinprodukten,
> aber auch bei Lebens- und Futtermitteln. Ein GMP-gerechtes Qualitätsmanage-
> mentsystem dient der Gewährleistung der Produktqualität und der Erfüllung der
> für die Vermarktung verbindlichen Anforderungen der Gesundheitsbehörden.

Ziel von GMP ist, die Gesundheit der Bevölkerung zu sichern und die Verbraucher bzw.
Patienten vor zweifelhaften oder gefährlichen Produkten zu schützen. Im Sinne des AMG
heißt das, qualitativ hochwertige, unbedenkliche und wirksame Arzneimittel für Mensch
und Tier zur Verfügung stellen.

Schwerpunkte von GMP sind u. a. Anforderungen an Räumlichkeiten, an die Ausrüstung, an die Hygiene, an Validierung, an Dokumentation und Kontrollen. Verwechselun-
gen, Cross Contamination und mikrobiologische Verunreinigungen sollen vermieden
werden.

Der **EG-GMP-Leitfaden für Human- und Tierarzneimittel** konkretisiert die Richtlinie
2003/94/EG zur Festlegung der Grundsätze und Leitlinien der Guten Herstellungspraxis
für Humanarzneimittel und für zur Anwendung beim Menschen bestimmte Prüfpräpa-
rate sowie die Richtlinie 1991/412/EWG zur Festlegung der Grundsätze und Leitlinien
der Guten Herstellungspraxis für Tierarzneimittel und ist wie folgt gegliedert:

- Part I: Qualitätsmanagement, Personal, Räume und Einrichtungen, Dokumentation, Herstellung, Prüfung, Herstellung und Prüfung im Auftrag, Beschwerden und Produktrückrufe, Selbstinspektionen,
- Part II: GMP-Anforderungen für Wirkstoffe,
- Annexe: z. B. Herstellung von sterilen Arzneimitteln, Herstellung von biologischen Arzneimitteln zur Anwendung bei Menschen, Proben von Ausgangs- und Packmaterial, Herstellung von flüssigen, halbflüssigen Darreichungsformen sowie Salben, Qualifizierung und Validierung, Chargenzertifizierung und -freigabe durch die sachkundige Person, Referenz- und Rückstellmuster.

5.1.8 Elfter Abschnitt: Überwachung

– Auszüge –

„(1) **Betriebe** und Einrichtungen, in denen **Arzneimittel** hergestellt, geprüft, gelagert, verpackt oder in den Verkehr gebracht werden, in denen sonst mit ihnen Handel getrieben wird oder die Arzneimittel einführen oder in denen mit den genannten Tätigkeiten im Zusammenhang stehende Aufzeichnungen aufbewahrt werden, unterliegen insoweit der **Überwachung durch die zuständige Behörde**; das Gleiche gilt für Betriebe und Einrichtungen, die Arzneimittel entwickeln, klinisch prüfen, einer Rückstandsprüfung unterziehen oder Arzneimittel nach § 47a Abs. 1 Satz 1 oder zur Anwendung bei Tieren bestimmte Arzneimittel erwerben oder anwenden oder in denen mit den genannten Tätigkeiten im Zusammenhang stehende Aufzeichnungen aufbewahrt werden oder die einen Datenspeicher einrichten oder verwalten, der zum Datenspeicher- und -abrufsystem nach Artikel 31 der Delegierten Verordnung (EU) 2016/161 der Kommission vom 2. Oktober 2015 zur Ergänzung der Richtlinie 2001/83/EG des Europäischen Parlaments und des Rates durch die Festlegung genauer Bestimmungen über die Sicherheitsmerkmale auf der Verpackung von Humanarzneimitteln (ABl. L 32 vom 9.2.2016, S. 1) gehört. Die Entwicklung, Herstellung, Prüfung, Lagerung, Verpackung, Einfuhr und das Inverkehrbringen von Wirkstoffen und anderen zur Arzneimittelherstellung bestimmten Stoffen und von Gewebe, der sonstige Handel mit diesen Wirkstoffen und Stoffen sowie die mit den genannten Tätigkeiten im Zusammenhang stehende Aufbewahrung von Aufzeichnungen unterliegen der Überwachung, soweit sie durch eine Rechtsverordnung nach § 54, nach § 12 des Transfusionsgesetzes oder nach § 16a des Transplantationsgesetzes geregelt sind. Im Fall des § 14 Absatz 4 Nummer 4 und des § 20b Absatz 2 unterliegen die Entnahmeeinrichtungen und Labore der Überwachung durch die für sie örtlich zuständige Behörde; im Fall des § 20c Absatz 2 Satz 2 unterliegen die beauftragten Betriebe der Überwachung durch die für sie örtlich zuständige Behörde. Satz 1 gilt auch für Personen, die diese Tätigkeiten berufsmäßig ausüben oder Arzneimittel nicht ausschließlich für den Eigenbedarf mit sich führen, für den Sponsor einer klinischen Prüfung oder seinen Vertreter nach § 40 Abs. 1 Satz 3 Nr. 1 sowie für Personen oder Personenvereinigungen, die Arzneimittel für andere sammeln. Satz 1 findet keine Anwendung auf die Rekonstitution, soweit es sich nicht um Arzneimittel handelt, die zur klinischen Prüfung bestimmt sind.

(2) Die mit der **Überwachung** beauftragten Personen müssen diese Tätigkeit **hauptberuflich** ausüben. Die zuständige Behörde kann **Sachverständige** beiziehen. Sie soll Angehörige der zuständigen Bundesoberbehörde als Sachverständige beteiligen, soweit es sich um Blutzubereitungen, Gewebe und Gewebezubereitungen, radioaktive Arzneimittel, gentechnisch hergestellte Arzneimittel, Sera, Impfstoffe, Allergene, Arzneimittel für neuartige Therapien, xenogene Arzneimittel oder um Wirkstoffe oder andere Stoffe, die menschlicher, tierischer oder mikrobieller Herkunft sind oder die auf gentechnischem Wege hergestellt werden, handelt. Bei **Apotheken**, die keine Krankenhausapotheken sind oder die einer Erlaubnis nach § 13 nicht bedürfen, kann die zuständige Behörde **Sachverständige** mit der Überwachung beauftragen.

(3) Die zuständige Behörde hat sich davon zu überzeugen, dass die Vorschriften über Arzneimittel, Wirkstoffe und andere zur Arzneimittelherstellung bestimmte Stoffe sowie über Gewebe, über die Werbung auf dem Gebiete des Heilwesens, des Zweiten Abschnitts des Transfusionsgesetzes, der Abschnitte 2, 3 und 3a des Transplantationsgesetzes und über das Apothekenwesen beachtet werden. Sie hat dafür auf der Grundlage eines Überwachungssystems unter besonderer Berücksichtigung möglicher Risiken in angemessenen Zeitabständen und in angemessenem Umfang sowie erforderlichenfalls auch **unangemeldet Inspektionen** vorzunehmen und wirksame Folgemaßnahmen festzulegen. Sie hat auch **Arzneimittelproben** amtlich untersuchen zu lassen. Unangemeldete Inspektionen sind insbesondere erforderlich
1. bei Verdacht von Arzneimittel- oder Wirkstofffälschungen,
2. bei Hinweis auf schwerwiegende Mängel von Arzneimitteln oder Wirkstoffen sowie
3. in angemessenen Zeitabständen im Rahmen der Überwachung der Arzneimittelherstellung nach § 35 der Apothekenbetriebsordnung und der Herstellung von Arzneimitteln zur parenteralen Anwendung für Apotheken." [...]

„(4) Die mit der **Überwachung beauftragten Personen** sind befugt
1. Grundstücke, Geschäftsräume, Betriebsräume, Beförderungsmittel und zur Verhütung dringender Gefahr für die öffentliche Sicherheit und Ordnung auch Wohnräume zu den üblichen Geschäftszeiten zu betreten, zu besichtigen sowie in Geschäftsräumen, Betriebsräumen und Beförderungsmitteln zur Dokumentation Bildaufzeichnungen anzufertigen, in denen eine Tätigkeit nach Absatz 1 ausgeübt wird; das Grundrecht des Artikels 13 des Grundgesetzes auf Unverletzlichkeit der Wohnung wird insoweit eingeschränkt,
2. **Unterlagen** über Entwicklung, Herstellung, Prüfung, klinische Prüfung oder Rückstandsprüfung, Erwerb, Einfuhr, Lagerung, Verpackung, Inverkehrbringen und sonstigen Verbleib der Arzneimittel sowie über das im Verkehr befindliche Werbematerial und über die nach § 94 erforderliche Deckungsvorsorge einzusehen,
2a. Abschriften oder Ablichtungen von Unterlagen nach Nummer 2 oder Ausdrucke oder Kopien von Datenträgern, auf denen Unterlagen nach Nummer 2 gespeichert sind, anzufertigen oder zu verlangen, soweit es sich nicht um personenbezogene Daten von Patienten handelt,
3. von natürlichen und juristischen Personen und nicht rechtsfähigen Personenvereinigungen alle erforderlichen Auskünfte, insbesondere über die in Nummer 2 genannten Betriebsvorgänge zu verlangen,
4. vorläufige **Anordnungen**, auch über die Schließung des Betriebes oder der Einrichtung zu treffen, soweit es zur Verhütung dringender Gefahren für die öffentliche Sicherheit und Ordnung geboten ist." (**§ 64**)

Nach der Abnahme und der Eröffnung (Apothekengesetz, ▸ Kap. 4.2) wird jede Apotheke in regelmäßigen Abständen einer **Apothekenrevision** durch die zuständige Behörde (Regierungspräsidien, Bezirksregierungen) unterzogen. Diese Behörde kann auch ehrenamtliche Beauftragte (in Baden-Württemberg werden die Apothekenrevisionen meist durch ehrenamtliche **Pharmazieräte** im Auftrage der Regierungspräsidien vorgenommen, in anderen Bundesländern z. B. durch **Amtsapotheker**).

- In der Regel finden die Besichtigungen alle zwei Jahre während der üblichen Geschäftszeiten statt.
- Die mit der Überwachung beauftragten Personen haben Zutritt zu allen Betriebsräumen und können Einsicht verlangen in alle Unterlagen, die mit dem Apothekenbetrieb und den Apothekenbeschäftigten zu tun haben (z. B. Herstellungs- und Prüfprotokolle, Betriebsunterlagen und Personalunterlagen).
- Entsprechend den Anforderungen der Apothekenbetriebsordnung (▸ Kap. 4.3) können sie z. B. das Vorhandensein notwendiger Geräte und Arzneimittel, sowie die Etikettierung der Gefäße nach der Gefahrstoffverordnung überprüfen.
- Alle Betriebsangehörigen sind verpflichtet, diese Maßnahmen zu dulden und zu unterstützen.
- Die Beauftragten können vorläufige Anordnungen bis hin zur Schließung des Betriebes treffen, soweit es zur Verhütung dringender Gefahren für die öffentliche Sicherheit geboten ist.

> **MERKE**
> Bei der Revision können Proben, z. B. Ethanol 70 % aus dem Standgefäß, genommen werden, wobei eine Probe zur Untersuchung mitgenommen und die zweite Probe („Gegenprobe") versiegelt mit dem Datum versehen in der Apotheke zurückgelassen wird. Diese Gegenprobe dient einer eventuell notwendigen Zweituntersuchung.

5.1.9 Dreizehnter Abschnitt: Einfuhr und Ausfuhr

– Auszüge –

„(1) Arzneimittel, die der Pflicht zur Zulassung oder Genehmigung nach § 21a oder zur Registrierung unterliegen, dürfen in den Geltungsbereich dieses Gesetzes nur verbracht werden, wenn sie zum **Verkehr im Geltungsbereich dieses Gesetzes zugelassen**, nach § 21a genehmigt, registriert oder von der Zulassung oder der Registrierung freigestellt sind und

1. der Empfänger in dem Fall des **Verbringens** aus einem Mitgliedstaat der **Europäischen Union** oder einem anderen Vertragsstaat des Abkommens über den **Europäischen Wirtschaftsraum** pharmazeutischer Unternehmer, Großhändler oder Tierarzt ist, eine Apotheke betreibt oder als Träger eines Krankenhauses nach dem Apothekengesetz von einer Apotheke eines Mitgliedstaates der Europäischen Union oder eines anderen Vertragsstaates des Abkommens über den Europäischen Wirtschaftsraum mit Arzneimitteln versorgt wird,

1a. im Falle des Versandes an den Endverbraucher das Arzneimittel von einer Apotheke eines Mitgliedstaates der Europäischen Union oder eines anderen Vertragsstaates des Abkommens über den Europäischen Wirtschaftsraum, welche für den **Versandhandel** nach ihrem nationalen Recht, soweit es dem deutschen Apothekenrecht im Hinblick auf die Vorschriften zum Versandhandel entspricht, oder nach dem deutschen Apothekengesetz befugt ist, entsprechend den deutschen Vorschriften zum Versandhandel oder zum elektronischen Handel versandt wird oder

2. der Empfänger in dem Fall des **Verbringens** aus einem Staat, der nicht Mitgliedstaat der Europäischen Union oder ein anderer Vertragsstaat des Abkommens über den Europäischen Wirtschaftsraum ist, eine Erlaubnis nach § 72, § 72b oder § 72c besitzt.

Die in § 47a Abs. 1 Satz 1 genannten Arzneimittel dürfen nur in den Geltungsbereich dieses Gesetzes verbracht werden, wenn der Empfänger eine der dort genannten Einrichtungen ist. Das Bundesministerium veröffentlicht in regelmäßigen Abständen eine aktualisierte Übersicht über die Mitgliedstaaten der Europäischen Union und die anderen Vertragsstaaten des Europäischen Wirtschaftsraums, in denen für den Versandhandel und den elektronischen Handel mit Arzneimitteln dem deutschen Recht vergleichbare Sicherheitsstandards bestehen.

(1a) **Fütterungsarzneimittel** dürfen in den Geltungsbereich dieses Gesetzes nur verbracht werden, wenn sie

1. den im Geltungsbereich dieses Gesetzes geltenden arzneimittelrechtlichen Vorschriften entsprechen und

2. der Empfänger zu den in Absatz 1 genannten Personen gehört oder im Falle des § 56 Abs. 1 Satz 1 Tierhalter ist.

(1b) Es ist verboten, gefälschte Arzneimittel oder gefälschte Wirkstoffe in den Geltungsbereich dieses Gesetzes zu verbringen. Die zuständige Behörde kann in begründeten Fällen, insbesondere zum Zwecke der Untersuchung oder Strafverfolgung, Ausnahmen zulassen.

(2) Absatz 1 Satz 1 gilt **nicht** für Arzneimittel, die

1. im Einzelfall in geringen Mengen für die Arzneimittelversorgung bestimmter Tiere bei Tierschauen, Turnieren oder ähnlichen Veranstaltungen bestimmt sind,

2. für den Eigenbedarf der Einrichtungen von Forschung und Wissenschaft bestimmt sind und zu wissenschaftlichen Zwecken benötigt werden, mit Ausnahme von Arzneimitteln, die zur klinischen Prüfung bei Menschen bestimmt sind,

2a. in geringen Mengen von einem pharmazeutischen Unternehmer, einem Betrieb mit einer Erlaubnis nach § 13 oder von einem Prüflabor als Anschauungsmuster oder zu analytischen Zwecken benötigt werden,

2b. von einem Betrieb mit Erlaubnis nach § 13 entweder zum Zweck der Be- oder Verarbeitung und des anschließenden Weiter- oder Zurückverbringens oder zum Zweck der Herstellung eines zum Inverkehrbringen im Geltungsbereich zugelassenen oder genehmigten Arzneimittels aus einem Mitgliedstaat der Europäischen Union oder einem anderen Vertragsstaat des Abkommens über den Europäischen Wirtschaftsraum verbracht werden,

3. unter zollamtlicher Überwachung durch den Geltungsbereich des Gesetzes befördert oder in ein Zolllagerverfahren oder eine Freizone des Kontrolltyps II über-

geführt oder in eine Freizone des Kontrolltyps I oder ein Freilager verbracht werden,

3a. in einem Mitgliedstaat der Europäischen Union oder einem anderen Vertragsstaat des Abkommens über den Europäischen Wirtschaftsraum zugelassen sind und nach Zwischenlagerung bei einem pharmazeutischen Unternehmer, Hersteller oder Großhändler wiederausgeführt oder weiterverbracht oder zurückverbracht werden,

4. für das Oberhaupt eines auswärtigen Staates oder seine Begleitung eingebracht werden und zum Gebrauch während seines Aufenthalts im Geltungsbereich dieses Gesetzes bestimmt sind,

5. zum persönlichen Gebrauch oder Verbrauch durch die Mitglieder einer diplomatischen Mission oder konsularischen Vertretung im Geltungsbereich dieses Gesetzes oder Beamte internationaler Organisationen, die dort ihren Sitz haben, sowie deren Familienangehörige bestimmt sind, soweit diese Personen weder Deutsche noch im Geltungsbereich dieses Gesetzes ständig ansässig sind,

6. bei der Einreise in den Geltungsbereich dieses Gesetzes in einer dem üblichen persönlichen Bedarf oder dem üblichen Bedarf der bei der Einreise mitgeführten nicht der Gewinnung von Lebensmitteln dienenden Tiere entsprechenden Menge eingebracht werden,

6a. im Herkunftsland in Verkehr gebracht werden dürfen und ohne gewerbs- oder berufsmäßige Vermittlung in einer dem üblichen persönlichen Bedarf entsprechenden Menge aus einem Mitgliedstaat der Europäischen Union oder einem anderen Vertragsstaat des Abkommens über den Europäischen Wirtschaftsraum bezogen werden,

7. in Verkehrsmitteln mitgeführt werden und ausschließlich zum Gebrauch oder Verbrauch der durch diese Verkehrsmittel beförderten Personen bestimmt sind,

8. zum Gebrauch oder Verbrauch auf Seeschiffen bestimmt sind und an Bord der Schiffe verbraucht werden,

9. als Proben der zuständigen Bundesoberbehörde zum Zwecke der Zulassung oder der staatlichen Chargenprüfung übersandt werden,

9a. als Proben zu analytischen Zwecken von der zuständigen Behörde im Rahmen der Arzneimittelüberwachung benötigt werden,

10. durch Bundes- oder Landesbehörden im zwischenstaatlichen Verkehr bezogen werden.

(3) Abweichend von Absatz 1 Satz 1 dürfen Fertigarzneimittel, die zur **Anwendung bei Menschen** bestimmt sind und nicht zum Verkehr im Geltungsbereich dieses Gesetzes zugelassen, genehmigt, registriert oder von der Zulassung oder Registrierung freigestellt sind, in den Geltungsbereich dieses Gesetzes verbracht werden, wenn

1. sie von **Apotheken** auf vorliegende **Bestellung einzelner Personen in geringer Menge** bestellt und von diesen Apotheken im Rahmen der bestehenden Apothekenbetriebserlaubnis abgegeben werden,

2. sie in dem Staat rechtmäßig in Verkehr gebracht werden dürfen, aus dem sie in den Geltungsbereich dieses Gesetzes verbracht werden, und

3. für sie hinsichtlich des **Wirkstoffs identische und hinsichtlich der Wirkstärke vergleichbare Arzneimittel** für das betreffende Anwendungsgebiet im Geltungsbereich des Gesetzes nicht zur Verfügung stehen

oder wenn sie in angemessenem Umfang, der zur Sicherstellung einer ordnungsgemäßen Versorgung der Patienten des **Krankenhauses** notwendig ist, zum Zwecke der vorübergehenden Bevorratung von einer Krankenhausapotheke oder krankenhausversorgenden Apotheke unter den Voraussetzungen der Nummer 2 bestellt und von dieser Krankenhausapotheke oder krankenhausversorgenden Apotheke unter den Voraussetzungen der Nummer 3 im Rahmen der bestehenden Apothekenbetriebserlaubnis zum Zwecke der Verabreichung an einen Patienten des Krankenhauses unter der unmittelbaren persönlichen Verantwortung einer ärztlichen Person abgegeben werden oder sie nach den apothekenrechtlichen Vorschriften oder berufsgenossenschaftlichen Vorgaben oder im Geschäftsbereich des Bundesministeriums der Verteidigung für Notfälle vorrätig zu halten sind oder kurzfristig beschafft werden müssen, wenn im Geltungsbereich dieses Gesetzes Arzneimittel für das betreffende Anwendungsgebiet nicht zur Verfügung stehen. Die Bestellung nach Satz 1 Nummer 1 und die Abgabe der nach Satz 1 in den Geltungsbereich dieses Gesetzes verbrachten Arzneimittel bedürfen der ärztlichen oder zahnärztlichen **Verschreibung** für Arzneimittel, die **nicht** aus Mitgliedstaaten der Europäischen Union oder anderen Vertragsstaaten des Abkommens über den Europäischen Wirtschaftsraum bezogen worden sind. Das Nähere regelt die Apothekenbetriebsordnung." (**§ 73**)

> **DEFINITION**
>
> **Verbringen** ist jede Beförderung nach, durch oder aus Deutschland.
> **Einfuhr** ist die Überführung aus Nicht-EWR-Staaten (Drittstaaten, ▶ Kap. 1.1) nach Deutschland.
> **Ausfuhr** ist die Überführung aus Deutschland in Drittstaaten.
> Quelle: AMG § 4, Ziffer 32 (▶ Kap. 5.1.1)

Bei der Einfuhr eines Fertigarzneimittels aus einem Land außerhalb der Europäischen Union bzw. Staaten außerhalb des Abkommens über den Europäischen Wirtschaftsraum ist immer ein **ärztliches Rezept** notwendig, auch wenn das Arzneimittel nicht verschreibungspflichtig ist. Zudem ist ein Einzelimport aus diesen Staaten seit der 14. AMG-No-

▣ **Tab. 5.4** Einzelimport von Arzneimitteln (§ 73 AMG/§ 18 ApBetrO)

Aus EU/EWR-Staaten	Aus Drittstaaten
AMG: „Verbringen"	AMG: „Einfuhr"
OTC/Rx-Status wie in Deutschland	Nur auf ärztliche Verschreibung
Arzneimittel muss im Herkunftsland verkehrsfähig sein	
Nur in kleinen Mengen für einen bestimmten Patienten, kein Vorrat	
Nur, wenn es kein anderes vergleichbares Arzneimittel in Deutschland gibt bzgl. Dosierung oder Indikation	
Eintragung ins Einfuhrbuch (ApBetrO), Aufbewahrung 5 Jahre	

velle 2005 nur noch zulässig, soweit keine hinsichtlich des **Wirkstoffs** identischen und hinsichtlich der **Wirkstärke** vergleichbaren Fertigarzneimittel für das betreffende Anwendungsgebiet in Deutschland zur Verfügung stehen. Das Gleiche gilt für den Einzelimport von Tierarzneimitteln.

> **MERKE**
> In allen Fällen des Arzneimittelimportes muss das Arzneimittel im Herkunftsland verkehrsfähig sein und darf nur für einen bestimmten Patienten und nicht auf Vorrat bestellt werden. Für alle verbrachten und importierten Arzneimittel ist eine Dokumentation durchzuführen (Apothekenbetriebsordnung ▸ Kap. 4.3.1 bzw. ▫Tab. 4.11).

5

5.1.10 Vierzehnter Abschnitt: Informationsbeauftragter, Pharmaberater

– Auszüge –

„(1) Wer als pharmazeutischer Unternehmer Fertigarzneimittel, die Arzneimittel im Sinne des § 2 Abs. 1 oder Abs. 2 Nr. 1 sind, in den Verkehr bringt, hat eine Person mit der erforderlichen **Sachkenntnis** und der zur Ausübung ihrer Tätigkeit erforderlichen **Zuverlässigkeit** zu beauftragen, die Aufgabe der **wissenschaftlichen Information** über die Arzneimittel verantwortlich wahrzunehmen (**Informationsbeauftragter**). Der Informationsbeauftragte ist insbesondere dafür verantwortlich, dass das Verbot des § 8 Abs. 1 Nr. 2 beachtet wird und die Kennzeichnung, die Packungsbeilage, die Fachinformation und die Werbung mit dem Inhalt der Zulassung oder der Registrierung oder, sofern das Arzneimittel von der Zulassung oder Registrierung freigestellt ist, mit den Inhalten der Verordnungen über die Freistellung von der Zulassung oder von der Registrierung nach § 36 oder § 39 Abs. 3 übereinstimmen. Satz 1 gilt nicht für Personen, soweit sie nach § 13 Abs. 2 Satz 1 Nr. 1, 2, 3 oder 5 keiner Herstellungserlaubnis bedürfen. Andere Personen als in Satz 1 bezeichnet dürfen eine Tätigkeit als Informationsbeauftragter nicht wahrnehmen.
(2) Der Informationsbeauftragte kann gleichzeitig **Stufenplanbeauftragter** sein.
(3) Der pharmazeutische Unternehmer hat der zuständigen Behörde den Informationsbeauftragten und jeden Wechsel vorher mitzuteilen. Bei einem unvorhergesehenen Wechsel des Informationsbeauftragten hat die Mitteilung unverzüglich zu erfolgen." (**§ 74a**)

Im Artikel 13 der Werberichtlinie der Europäischen Union für Humanarzneimittel wird vorgeschrieben, dass innerhalb eines pharmazeutischen Unternehmens eine wissenschaftliche Stelle errichtet werden soll, die mit der Information über die von der betreffenden Firma in den Verkehr gebrachten Arzneimittel beauftragt wird. Das Arzneimittelgesetz hat im § 74a diese Richtlinie der EU übernommen.

MERKE

Der Informationsbeauftragte ist für die Kennzeichnung, die Packungsbeilage, die Fachinformation sowie für deren Übereinstimmung mit dem Inhalt der Zulassung verantwortlich und kann gleichzeitig Stufenplanbeauftragter sein.

„(1) Pharmazeutische Unternehmer dürfen nur Personen, die die in Absatz 2 bezeichnete **Sachkenntnis** besitzen, beauftragen, hauptberuflich **Angehörige von Heilberufen** aufzusuchen, um diese über Arzneimittel im Sinne des § 2 Abs. 1 oder Abs. 2 Nr. 1 fachlich zu informieren (**Pharmaberater**). Satz 1 gilt auch für eine fernmündliche Information. Andere Personen als in Satz 1 bezeichnet dürfen eine Tätigkeit als Pharmaberater nicht ausüben.

(2) Die **Sachkenntnis** besitzen

1. Apotheker oder Personen mit einem Zeugnis über eine nach abgeschlossenem Hochschulstudium der Pharmazie, der Chemie, der Biologie, der Human- oder der Veterinärmedizin abgelegte Prüfung,
2. Apothekerassistenten sowie Personen mit einer abgeschlossenen Ausbildung als technische Assistenten in der Pharmazie, der Chemie, der Biologie, der Human- oder Veterinärmedizin,
3. Pharmareferenten.

(3) Die zuständige Behörde kann eine abgelegte Prüfung oder abgeschlossene Ausbildung als ausreichend anerkennen, die einer der Ausbildungen der in Absatz 2 genannten Personen mindestens gleichwertig ist." (**§ 75**)

Der Beruf des **Pharmaberaters** ist ein **Ausbildungsberuf,** d. h. dass eine entsprechende Ausbildung als Voraussetzung zur Berufsausübung ausreicht. Im Gegensatz dazu ist der **Pharmareferent** ein **Fortbildungsberuf** (Verordnung über die berufliche Fortbildung zum Geprüften Pharmareferenten). Nach einer vorgeschriebenen Zeit Berufstätigkeit findet eine meist einjährige Ausbildung mit einer Prüfung vor der Industrie- und Handelskammer statt. Die berufliche Tätigkeit des Pharmareferenten unterscheidet sich nicht vom Pharmaberater:

- Information der Ärzte über Arzneimittel, Vorlage von Fachinformationen,
- Entgegennahme und schriftliche Weiterleitung von Arzneimittelrisiken, Kontraindikationen und Nebenwirkungen,
- Abgabe von Arzneimittelmustern nach schriftlicher Aufforderung und Dokumentation der Musterabgabe (Art, Umfang, Zeitpunkt),
- Es dürfen pro Fertigarzneimittel und pro Darreichungsform höchstens zwei kleine Packungen (N1) pro Jahr an einen Arzt abgegeben werden.

MERKE

Für die Arzneimittelwerbung wurde das Gesetz über die Werbung auf dem Gebiete des Heilwesens („Heilmittelwerbegesetz", HWG) geschaffen.

- Die Richtlinien werden nach Heilmittelwerbegesetz unterschieden in Werbung innerhalb und außerhalb der „Fachkreise" (Publikumswerbung). So darf für verschreibungspflichtige Arzneimittel nur bei Ärzten, Zahnärzten, Tierärzten und Apothekern geworben werden.
- Irreführende Werbung ist im HWG verboten (z. B. wenn fälschlich der Eindruck erweckt wird, dass ein Erfolg mit Sicherheit zu erwarten ist).
- „Nach einer Werbung in audiovisuellen Medien ist folgender Text einzublenden, der im Fernsehen vor neutralem Hintergrund gut lesbar wiederzugeben und gleichzeitig zu sprechen ist: Zu Risiken und Nebenwirkungen lesen Sie die Packungsbeilage und fragen Sie Ihren Arzt oder Apotheker."
- Dieser Satz kann bei einer „Erinnerungswerbung" fehlen, die ausschließlich mit dem Namen des Arzneimittels wirbt.
- In Packungsbeilagen ist die Werbung für andere Arzneimittel verboten.
- Arzneimittel gegen Schlaflosigkeit oder psychische Störungen dürfen außerhalb der Fachkreise nicht beworben werden.
- Publikumswerbung im Zusammenhang mit z. B. Geisteskrankheiten, Trunksucht, Komplikationen in der Schwangerschaft ist verboten.

GUT ZU WISSEN

Für die apothekenpflichtige **„Pille danach"** mit den Wirkstoffen Levonorgestrel oder Ulipristalacetat (beide seit 2015 aus der Verschreibungspflicht entlassen) darf nur **Werbung** in Fachzeitschriften, also keine Publikumswerbung, gemacht werden. Zudem sind diese Arzneimittel für den **Versandhandel** ausgeschlossen und erfordern eine eingehende Beratung in der Apotheke.

5.1.11 Fünfzehnter Abschnitt: Bestimmungen der zuständigen Bundesoberbehörden und sonstige Bestimmungen

– Auszüge –

KURZINFO

Der § 78 des Arzneimittelgesetzes regelt die grundsätzlichen Bestimmungen für die Preisbildung bei Arzneimitteln und ermächtigt die zuständigen Bundesministerien zu konkreten Vorschriften in einer Verordnung (Arzneimittelpreisverordnung, ▸ Kap. 4.3.1).

„(1) Das Bundesministerium für Wirtschaft und Energie wird ermächtigt, im Einvernehmen mit dem Bundesministerium und, soweit es sich um Arzneimittel handelt, die zur Anwendung bei Tieren bestimmt sind, im Einvernehmen mit dem Bundesministerium für Ernährung und Landwirtschaft durch Rechtsverordnung mit Zustimmung des Bundesrates

1. **Preisspannen für Arzneimittel**, die im Großhandel, in Apotheken oder von Tierärzten im Wiederverkauf abgegeben werden,
2. **Preise für Arzneimittel**, die in Apotheken oder von Tierärzten hergestellt und abgegeben werden, sowie für Abgabegefäße,
3. **Preise für besondere Leistungen** der Apotheken bei der Abgabe von Arzneimitteln festzusetzen.

Abweichend von Satz 1 wird das Bundesministerium für Wirtschaft und Energie ermächtigt, im Einvernehmen mit dem Bundesministerium durch Rechtsverordnung, die nicht der Zustimmung des Bundesrates bedarf, den Anteil des **Festzuschlags**, der nicht der Förderung der Sicherstellung des Notdienstes dient, entsprechend der Kostenentwicklung der Apotheken bei wirtschaftlicher Betriebsführung anzupassen. Die Preisvorschriften für den Großhandel aufgrund von Satz 1 Nummer 1 gelten auch für pharmazeutische Unternehmer oder andere natürliche oder juristische Personen, die eine Tätigkeit nach § 4 Absatz 22 ausüben bei der Abgabe an Apotheken, die die Arzneimittel zur Abgabe an den Verbraucher beziehen. Die Arzneimittelpreisverordnung, die auf Grund von Satz 1 erlassen worden ist, gilt auch für Arzneimittel, die gemäß § 73 Absatz 1 Satz 1 Nummer 1a in den Geltungsbereich dieses Gesetzes verbracht werden.

(2) Die Preise und Preisspannen müssen den berechtigten Interessen der **Arzneimittelverbraucher**, der **Tierärzte**, der **Apotheken** und des **Großhandels** Rechnung tragen; zu den berechtigten Interessen der Arzneimittelverbraucher gehört auch die Sicherstellung der Versorgung sowie die Bereitstellung von Arzneimitteln nach § 52b. Ein einheitlicher Apothekenabgabepreis für Arzneimittel, die vom Verkehr außerhalb der Apotheken ausgeschlossen sind, ist zu gewährleisten. Satz 2 gilt nicht für nicht verschreibungspflichtige Arzneimittel, die nicht zu Lasten der gesetzlichen Krankenversicherung abgegeben werden.

(3) Für Arzneimittel nach Absatz 2 Satz 2, für die durch die Verordnung nach Absatz 1 Preise und Preisspannen bestimmt sind, haben die pharmazeutischen Unternehmer einen **einheitlichen Abgabepreis** sicherzustellen; für **nicht verschreibungspflichtige Arzneimittel**, die zu Lasten der gesetzlichen Krankenversicherung abgegeben werden, haben die pharmazeutischen Unternehmer zum Zwecke der Abrechnung der Apotheken mit den Krankenkassen ihren einheitlichen Abgabepreis anzugeben, von dem bei der Abgabe im Einzelfall abgewichen werden kann. Sozialleistungsträger, private Krankenversicherungen sowie deren jeweilige Verbände können mit pharmazeutischen Unternehmern für die zu ihren Lasten abgegebenen verschreibungspflichtigen Arzneimittel Preisnachlässe auf den einheitlichen Abgabepreis des pharmazeutischen Unternehmers vereinbaren. Bei der Abgabe von Arzneimitteln, bei der die Preise und Preisspannen gemäß der Verordnung nach Absatz 1 von der Festsetzung ausgenommen sind, darf der einheitliche Abgabepreis nach Satz 1 nicht überschritten werden.

(3a) Gilt für ein Arzneimittel ein Erstattungsbetrag nach § 130b des Fünften Buches Sozialgesetzbuch, gibt der pharmazeutische Unternehmer das Arzneimittel zum Erstattungsbetrag ab. Abweichend von Satz 1 kann der pharmazeutische Unternehmer das Arzneimittel zu einem Betrag unterhalb des Erstattungsbetrags abgeben; die Verpflichtung in Absatz 3 Satz 1 erster Halbsatz bleibt unberührt. Der Abgabepreis nach Satz 1 oder Satz 2 gilt auch für Personen, die das Arzneimittel nicht als Versicherte einer gesetzlichen Krankenkasse im Wege der Sachleistung erhalten.

(4) Bei Arzneimitteln, die im Fall einer bedrohlichen übertragbaren Krankheit, deren Ausbreitung eine sofortige und das übliche Maß erheblich überschreitende Bereitstellung von spezifischen Arzneimitteln erforderlich macht, durch Apotheken abgegeben werden und die zu diesem Zweck nach § 47 Abs. 1 Satz 1 Nr. 3c bevorratet wurden, gilt als Grundlage für die nach Absatz 2 festzusetzenden Preise und Preisspannen der Länderabgabepreis. Entsprechendes gilt für Arzneimittel, die aus für diesen Zweck entsprechend bevorrateten Wirkstoffen in Apotheken hergestellt und in diesen Fällen abgegeben werden. In diesen Fällen gilt Absatz 2 Satz 2 auf Länderebene." (**§ 78**)

> **PRAXISBEISPIEL**
>
> Der Bundesgerichtshof hat am 6. Juni 2019 entschieden, dass es wettbewerbsrechtlich unzulässig ist, wenn Apotheken ihren Kunden beim **Erwerb von verschreibungspflichtigen Arzneimitteln** geringwertige Werbegaben wie einen Brötchengutschein oder einen Ein-Euro-Gutschein gewähren. Beide Werbegaben verstoßen nach Auffassung des BGH gegen die geltenden Rx-Preisbindungsvorschriften des § 78 Absatz 2 und 3 AMG und nehmen Einfluss auf den vorgeschriebenen einheitlichen Festpreis von verschreibungspflichtigen Arzneimitteln.
>
> **Erlaubt** sind, nach Auffassung der LAK Baden-Württemberg, das Mitgeben einer Kundenzeitschrift, Erstattung von Parkgebühren, Mitgeben eines Kühlpacks bei kühlpflichtigen Arzneimitteln oder Botendienst.
>
> **Unzulässig** dagegen sind Stempel oder Bons, die im Zusammenhang mit der Rezepteinlösung in ein Gutscheinheft eingetragen werden, um später eine Prämie wählen zu können. Ebenso unzulässig sind Barrabatte auf Rx-Arzneimittel.
>
> Auch geringwertige Zugaben wie Taschentücher, Traubenzucker oder Duschgel sieht das Urteil im ausschließlichen Zusammenhang mit der Rx-Rezepteinlösung als nicht erlaubt und zugleich unerwünschten Preiswettbewerb zwischen Apotheken an.
>
> (Quelle: BGH (Az I ZR 206/17, I ZR 60/18)

5

Der § 78 AMG ist die rechtliche Grundlage für die **Arzneimittelpreisverordnung** (AMPreisV, ▶ Kap. 5.2.3). In dieser Verordnung werden neben den **Preisspannen** von Großhandel, Tierärzten und Apotheken für Arzneimittel auch die Preise für die Berechnung von Rezepturen (**„Taxieren"**) und Aufschläge auf die Arzneimittelpreise (z. B. die **„Nachttaxe"**) geregelt. Seit 1. Januar 2004 ist der „einheitliche Apothekenabgabepreis" des § 78 Abs. 2 AMG nur noch für verschreibungspflichtige Arzneimittel und für Ausnahmen bei apothekenpflichtigen Arzneimitteln rechtlich vorgeschrieben.

ZUSAMMENFASSUNG

- Das Arzneibuch ist eine von EMA (Europarat), BfArM, PEI und BVL bekannt gemachte Sammlung anerkannter pharmazeutischer Regeln; es wird von Arzneibuch-Kommissionen bearbeitet.
- Die GMP-Richtlinien sind weltweit gültige Regeln für Herstellung und Qualitätskontrolle bei der Arzneimittelherstellung und gelten für das gesamte Fabrikationsverfahren; sie sind in der EU durch Richtlinien, den EG-GMP-Leitfaden und ergänzende Leitlinien (Annexe) erweitert worden.
- Pharmazeutische Betriebe und Apotheken werden regelmäßig von Sachverständigen der zuständigen Behörde überwacht; es können Untersuchungsproben genommen werden.
- Apotheken können für bestimmte Patienten unter Auflagen Arzneimittel in kleinen Mengen importieren; für Importe aus Nicht-EU/EWR-Staaten wird immer eine ärztliche Verschreibung benötigt.
- Apotheker und PTAs können als Pharmaberater arbeiten; Pharmaberater informieren Ärzte, nehmen Rückmeldungen entgegen und geben Ärztemuster ab.
- Pharmaberater dürfen auf schriftliche Aufforderung einem Arzt jährlich zwei Ärztemuster pro Arzneiform in der kleinsten Packungsgröße kostenlos abgeben.
- Das Heilmittelwerbegesetz reguliert die Werbebedingungen für Arzneimittel; außerhalb der Fachkreise (Publikumswerbung) darf beispielsweise nicht für Rx-Arzneimittel geworben werden.
- Die Arzneimittelpreise werden auf Grundlage des Ermächtigungsparagrafen § 78 AMG von den Bundesministerien für Wirtschaft und Energie sowie Gesundheit in der Arzneimittelpreisverordnung festgelegt.

SPICKZETTEL

Apotheken-pflicht	Alle Arzneimittel mit Ausnahme der freiverkäuflichen Arzneimittel und apothekenpflichtige Medizinprodukte dürfen nur in Apotheken abgegeben werden.
Arzneibuch	Das Arzneibuch besteht aus drei Teilen: Europäisches Arzneibuch (Ph. Eur.), Deutsches Arzneibuch (DAB) und Homöopathisches Arzneibuch (HAB).
BfArM	Bundesinstitut für Arzneimittel und Medizinprodukte
BVL	Bundesamt für Verbraucherschutz und Lebensmittelsicherheit
Charge	Eine Charge ist die jeweils aus derselben Herstellungsmenge in einem einheitlichen Herstellungsvorgang in einem bestimmten Zeitraum erzeugte Menge eines Arzneimittels.
DAC	Der Deutsche Arzneimittel-Codex enthält das NRF und wird als Ergänzung zum Arzneibuch von der ABDA herausgegeben.
Dispensierrecht	ist das Recht, Arzneimittel zu verkaufen. Ärzte haben kein Dispensierrecht, Tierärzte dürfen Tierarzneimittel an die Tierhalter der von ihnen behandelten Tiere verkaufen.

Einzelimport	Im Ausland verkehrsfähige Arzneimittel dürfen unter strengen Auflagen und Dokumentation in kleinen Mengen für konkrete Patienten nach Deutschland importiert werden.
EMA	European Medicines Agency
EU-Nummer	Zulassungsnummer der EWR-weiten Zulassung von Arzneimitteln durch die EMA im Auftrag der Europäischen Kommission.
Fertigarzneimittel	Ein Fertigarzneimittel ist ein im voraus hergestelltes und abgabefertig verpacktes Arzneimittel. Es muss von der zuständigen Behörde zugelassen sein und erhält eine Zulassungsnummer.
GMP	Richtlinien und Grundregeln der Weltgesundheitsorganisation (WHO) zur Herstellung und Qualitässicherung von Arzneimitteln (Good Manufacturing Practice).
Herstellungserlaubnis	Arzneimittelhersteller benötigen eine Erlaubnis der zuständigen Landesbehörde (z. B. Regierungspräsidium). Apotheken sind für die Herstellung im Rahmen des üblichen Apothekenbetriebs ausgenommen.
Hunderterregel	Die Hunderterregel ist eine Ausnahme der Zulassungspflicht von Fertigarzneimitteln, wenn auf Grund nachweislich häufiger ärztlicher Verschreibung in einer Apotheke im Rahmen des üblichen Apothekenbetriebs bis zu 100 abgabefertige Packungen an einem Tag im voraus abgabefertig hergestellt werden.
Klinische Prüfung	Dient der Beurteilung eines neuen Arzneimittels im Zulassungsverfahren, nach der analytischen und der pharmakologisch-toxikologischen Prüfung, durch Erprobung am Menschen.
PEI	Paul-Ehrlich-Institut (Bundesamt für Impfstoffe und biomedizinische Arzneimittel)
Pharmakovigilanz	Das Pharmakovigilanz-System überwacht die Sicherheit zugelassener Arzneimittel und dient der Entdeckung von Änderungen des Nutzen-Risiko-Verhältnisses eines Arzneimittels.
Qualified Person	Die sachkundige Person in der pharmazeutischen Industrie ist dafür verantwortlich, dass jede Charge eines Arzneimittels entsprechend den Vorschriften hergestellt und geprüft wurde.
Registriernummer	Homöopathische Arzneimittel ohne Angabe einer Indikation benötigen keinen Wirksamkeitsnachweis durch klinische Prüfungen und werden registriert. Homöopathische Arzneimittel mit Indikation werden zugelassen.
Revision	Regelmäßige Überprüfung von Apotheken durch Vertreter der zuständigen Überwachungsbehörden der Bundesländer (Pharmazieräte, Amtsapotheker).
Wartezeit	Die Wartezeit bei Arzneimitteln zur Anwendung an Tieren, die der Lebensmittelgewinnung dienen, ist die Zeitspanne von der letzten Anwendung des Arzneimittels bis zur festgelegten Zeit, an der das Tier oder seine Produkte wieder zur Lebensmittelgewinnung verwendet werden dürfen.
Zulassungsnummer	Fertigarzneimittel erhalten bei der Zulassung von der zuständigen Behörde (BfArM, PEI, BVL) eine Zulassungsnummer und sind damit in Deutschland verkehrsfähig.

5

REPETITORIUM 8: ARZNEIMITTELGESETZ

● leicht ●● mittel ●●● schwer

●
1. Definieren Sie die Begriffe „Fertigarzneimittel", „Charge" und „Neben-wirkung" im Sinne des Arzneimittelgesetzes!

2. Welche Unterschiede kennen Sie zwischen dem Deutschen Arzneibuch und dem Deutschen Arzneimittel-Codex?

3. Was sind Standardzulassungen? Nennen Sie Beispiele!

4. Nennen Sie Unterschiede und Gemeinsamkeiten zwischen einem Phar-maberater und einem Pharmareferenten!

5. Dürfen Sie ein Rezept mit bedenklichen Arzneimitteln herstellen bzw. abgeben?

6. Dürfen Ärzte und Tierärzte Arzneimittel abgeben?

7. Wie erkennen Sie die Verschreibungspflicht eines Arzneistoffs?

8. Darf für Arzneimittel geworben werden?

●●
1. Nennen Sie Beispiele für echte und fiktive Arzneimittel!

2. Welche Unterschiede kennen Sie bei der Zulassung eines Arzneimittels und der Registrierung eines homöopathischen Arzneimittels?

3. Welche Behörde lässt Arzneimittel zu? Welche andere Behörde kümmert sich um Zulassung und Freigabe von Sera und Impfstoffen? Wer lässt die Tierarzneimittel zu?

4. Was versteht man unter einer Apothekenrevision und wo finden Sie die rechtlichen Grundlagen dafür?

5. Unter welchen Bedingungen darf eine Apotheke Arzneimittel versenden?

6. Wie kommen die Preise von Arzneimitteln zustande?

●●●
1. Erklären Sie den Unterschied zwischen einer „Arzneispezialität" des alten Arzneimittelgesetzes und einem „Fertigarzneimittel" des gültigen Arzneimittelgesetzes!

2. Welche Qualifikation und welche Aufgaben haben die „Qualified Person" und der Informationsbeauftragte in einem pharmazeutischen Betrieb?

3. Welche Möglichkeiten der Arzneimittelzulassung gibt es innerhalb der Europäischen Union? Warum hat Xenical® 120 mg (42 Kapseln) eine andere EU-Nummer als Xenical® 120 mg (84 Kapseln)?

4. Welche rechtlichen Vorschriften gelten für den Einzelimport von Arznei-mitteln durch Apotheken?

5.2   Wichtige Verordnungen des Arzneimittelgesetzes

Das Arzneimittelgesetz enthält einige Ermächtigungsparagrafen, in denen die zuständigen Minister zum Erlass von Verordnungen ermächtigt werden (Beispiel ○ Abb. 5.2).

5.2.1 Verordnung über die Verschreibungspflicht von Arzneimitteln (Arzneimittelverschreibungsverordnung, AMVV)

AMVV vom 21. Dezember 2005 (BGBl. I S. 3632), die zuletzt durch Artikel 3d des Gesetzes vom 10. Februar 2020 (BGBl. I S. 148) geändert worden ist.

> „Arzneimittel,
> 1. die in der **Anlage 1** zu dieser Verordnung bestimmte Stoffe oder Zubereitungen aus Stoffen sind oder
> 2. die Zubereitungen aus den in der Anlage 1 bestimmten Stoffen oder Zubereitungen aus Stoffen sind oder
> 3. denen die unter Nummer 1 oder 2 genannten Stoffe und Zubereitungen aus Stoffen zugesetzt sind oder
> 4. die in den Anwendungsbereich des § 48 Abs. 1 Satz 1 Nr. 2 des Arzneimittelgesetzes fallen,
>
> dürfen nur bei **Vorliegen** einer ärztlichen, zahnärztlichen oder tierärztlichen **Verschreibung** abgegeben werden (**verschreibungspflichtige Arzneimittel**), soweit in den nachfolgenden Vorschriften nichts anderes bestimmt ist." (**§ 1**)

Verschreibungen von Ärzten, die in einem **EU-Mitgliedstaat** approbiert und zugelassen sind, sind denen deutscher Ärzte gleichgestellt. Weiterhin dürfen auch Verschreibungen von Ärzten beliefert werden, die in einem der Staaten des **Vertrags über den Europäischen Wirtschaftsraum** (▶ Kap. 1.1) approbiert und zugelassen sind.

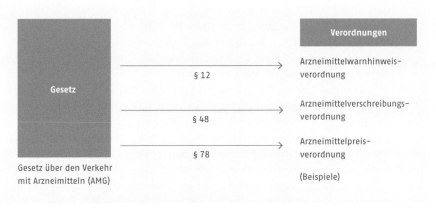

○ **Abb. 5.2** Das Arzneimittelgesetz und drei wichtige Verordnungen (Beispiele)

Daneben dürfen Verschreibungen Schweizer Ärzte in Grenzgebieten auf der Grundlage des bilateralen Übereinkommens zwischen Deutschland und der Schweiz beliefert werden.

„(1) Die **Verschreibung** muss enthalten:

1. Name, Vorname, Berufsbezeichnung und Anschrift der Praxis oder der Klinik der verschreibenden ärztlichen, tierärztlichen oder zahnärztlichen Person (verschreibende Person) einschließlich einer Telefonnummer zur Kontaktaufnahme,
2. Datum der Ausfertigung,
3. Name und Geburtsdatum der Person, für die das Arzneimittel bestimmt ist,
4. Bezeichnung des Fertigarzneimittels oder des Wirkstoffes einschließlich der Stärke,
4a. bei einem Arzneimittel, das in der Apotheke hergestellt werden soll, die Zusammensetzung nach Art und Menge oder die Bezeichnung des Fertigarzneimittels, von dem eine Teilmenge abgegeben werden soll, sowie eine Gebrauchsanweisung; einer Gebrauchsanweisung bedarf es nicht, wenn das Arzneimittel unmittelbar an die verschreibende Person abgegeben wird,
5. Darreichungsform, sofern dazu die Bezeichnung nach Nummer 4 oder Nummer 4a nicht eindeutig ist,
6. abzugebende Menge des verschriebenen Arzneimittels,
6a. sofern das Arzneimittel zur wiederholten Abgabe auf dieselbe Verschreibung bestimmt sein soll, einen Vermerk mit der Anzahl der Wiederholungen.
7. die Dosierung; dies gilt nicht, wenn dem Patienten ein Medikationsplan, der das verschriebene Arzneimittel umfasst, oder eine entsprechende schriftliche Dosierungsanweisung einer verschreibenden Person vorliegt und wenn die verschreibende Person dies in der Verschreibung kenntlich gemacht hat oder wenn das verschriebene Arzneimittel unmittelbar an die verschreibende Person abgegeben wird,
8. Gültigkeitsdauer der Verschreibung,
9. bei tierärztlichen Verschreibungen zusätzlich
   a) die Dosierung pro Tier und Tag,
   b) die Dauer der Anwendung und
   c) sofern das Arzneimittel zur Anwendung bei Tieren verschrieben wird, die der Gewinnung von Lebensmitteln dienen, die Indikation und die Wartezeit, sowie anstelle der Angaben nach Nummer 3 der Name des Tierhalters und Zahl und Art der Tiere, bei denen das Arzneimittel angewendet werden soll, sowie bei Verschreibungen für Tiere, die der Gewinnung von Lebensmitteln dienen, die Identität der Tiere,
10. die eigenhändige Unterschrift der verschreibenden Person oder, bei Verschreibungen in elektronischer Form deren qualifizierte elektronische Signatur.

(1a) Den aus Deutschland stammenden ärztlichen oder zahnärztlichen Verschreibungen sind entsprechende **Verschreibungen** aus den Mitgliedstaaten der Europäischen Union, aus den Vertragsstaaten des Abkommens über den **Europäischen Wirtschaftsraum und aus der Schweiz gleichgestellt**, sofern diese die Angaben nach Absatz 1 aufweisen und dadurch ihre Authentizität und ihre Ausstellung durch eine dazu berechtigte ärztliche oder zahnärztliche Person nachweisen. Die Regelungen des § 3a sowie der Betäubungsmittel-Verschreibungsverordnung bleiben unberührt.

(1b) Eine ärztliche oder zahnärztliche **Verschreibung**, die zu dem Zweck ausgestellt wird, in einem anderen Mitgliedstaat der Europäischen Union, in einem Vertragsstaat des Abkommens über den Europäischen Wirtschaftsraum oder in der Schweiz **eingelöst** zu werden, hat folgende Angaben zu enthalten:

1. Name, Vorname und Geburtsdatum der Person, für die das Arzneimittel bestimmt ist,
2. Datum der Ausfertigung,
3. Name, Vorname sowie eine die berufliche Qualifikation erkennen lassende Berufsbezeichnung der verschreibenden ärztlichen oder zahnärztlichen Person (verschreibende Person),
4. Anschrift der verschreibenden Person einschließlich der Bezeichnung des Mitgliedstaates, ihrer Telefon- oder Telefaxnummer unter Angabe der Ländervorwahl und ihrer E-Mail-Adresse,
5. handschriftliche oder digitale Unterschrift der verschreibenden Person je nach Medium der Verschreibung,
6. die nach Artikel 1 Nummer 21 der Richtlinie 2001/83/EG des Europäischen Parlaments und des Rates vom 6. November 2001 zur Schaffung eines Gemeinschaftskodexes für Humanarzneimittel (ABl. L 311 vom 28.11.2001, S. 67), die zuletzt durch die Richtlinie 2012/26/EU (ABl. L 299 vom 27.10.2012, S. 1) geändert worden ist, gebräuchliche Bezeichnung des Arzneimittels (internationaler Freiname); die Bezeichnung eines Fertigarzneimittels darf verwendet werden, wenn
   a) das verschriebene Arzneimittel ein biologisches Arzneimittel nach Nummer 3.2.1.1. Buchstabe b des Anhangs I Teil 1 der Richtlinie 2001/83/EG ist oder
   b) die verschreibende Person es für medizinisch erforderlich hält; in diesem Fall hat die Verschreibung eine kurze Begründung für die Verwendung der Fertigarzneimittelbezeichnung zu enthalten,
7. abzugebende Menge des verschriebenen Arzneimittels, seine Wirkstärke im Sinne der Richtlinie 2001/83/EG und die Darreichungsform,
8. Dosierung.

(2) Ist die Verschreibung für den **Praxisbedarf** einer verschreibenden Person, für ein **Krankenhaus**, für Einrichtungen oder Teileinheiten von Einrichtungen des Rettungsdienstes, für Bordapotheken von Luftfahrzeugen gemäß § 1 Abs. 2 Nr. 1 und 2 der Betriebsordnung für Luftfahrtgerät vom 4. März 1970 (BGBl. I S. 262), die zuletzt durch Artikel 3 der Verordnung vom 29. Oktober 2015 (BGBl. I S. 1894) geändert worden ist, in der jeweils geltenden Fassung, für eine Tierklinik oder einen Zoo bestimmt, so genügt an Stelle der Angaben nach Absatz 1 Nr. 3, 7 und 9 ein entsprechender Vermerk.

(3) In die Verschreibung eines Arzneimittels, das zur Vornahme eines **Schwangerschaftsabbruchs** zugelassen ist und das nur in einer Einrichtung im Sinne des § 13 des Schwangerschaftskonfliktgesetzes angewendet werden darf, ist an Stelle der Angaben nach Absatz 1 Nr. 3 ein entsprechender Vermerk zu setzen.

4) Fehlt bei Arzneimitteln in abgabefertigen Packungen die Angabe der Menge des verschriebenen Arzneimittels, so gilt die **kleinste** Packung als verschrieben.

(5) Fehlt die Angabe der **Gültigkeitsdauer**, so gilt die Verschreibung **drei Monate**.

(6) Fehlt das Geburtsdatum der Person, für die das Arzneimittel bestimmt ist, oder fehlen Angaben nach Absatz 1 Nummer 2, nach Nummer 5, zur Gebrauchsanweisung nach Nummer 4a oder zur Dosierung nach Nummer 7, so kann der **Apotheker**,

wenn ein dringender Fall vorliegt und eine Rücksprache mit der verschreibenden Person nicht möglich ist, die Verschreibung insoweit **ergänzen**.

(6a) Fehlt der **Vorname** der verschreibenden Person oder deren **Telefonnummer** zur Kontaktaufnahme oder der Hinweis in der Verschreibung auf einen Medikationsplan, der das verschriebene Arzneimittel umfasst, oder eine schriftliche Dosierungsanweisung nach Absatz 1 Nummer 7, so kann der Apotheker auch ohne Rücksprache mit der verschreibenden Person die Verschreibung insoweit ergänzen, wenn ihm diese Angaben zweifelsfrei bekannt sind.

(7) Ist die Verschreibung eines Arzneimittels für ein Krankenhaus bestimmt, in dem zur Übermittlung derselben ein System zur Datenübertragung vorhanden ist, das die Verschreibung durch eine befugte verschreibende Person sicherstellt, so genügt an Stelle der eigenhändigen Unterschrift nach Absatz 1 Nr. 10 die Namenswiedergabe der verschreibenden Person oder, bei Verschreibungen in elektronischer Form, ein geeignetes elektronisches Identifikationsverfahren.

(8) Ist die Verschreibung für ein Krankenhaus bestimmt, kann sie auch ausschließlich mit Hilfe eines Telefaxgeräts übermittelt werden." (**§ 2**)

„Die Verschreibung eines Arzneimittels im Sinne des § 2 Abs. 3 ist in **zwei Ausfertigungen** (Original und Durchschrift) zu erstellen. Das Original und die Durchschrift ist dem pharmazeutischen Unternehmer zu übermitteln. Dieser hat auf Original und Durchschrift die fortlaufenden Nummern der abgegebenen Packungen nach § 47a Abs. 2 Satz 1 des Arzneimittelgesetzes und das Datum der Abgabe einzutragen und die Durchschrift mit dem Arzneimittel der Einrichtung im Sinne des § 13 des Schwangerschaftskonfliktgesetzes zuzustellen. Die **Originale** verbleiben bei dem pharmazeutischen Unternehmer. Dieses hat die Originale zeitlich geordnet fünf Jahre aufzubewahren und der zuständigen Behörde auf Verlangen vorzulegen. Die verschreibende Person hat auf der **Durchschrift** der Verschreibung das Datum des Erhalts und der Anwendung des Arzneimittels sowie die Zuordnung zu den konkreten Patientenakten in anonymisierter Form zu vermerken. Sie hat die Durchschriften zeitlich geordnet fünf Jahre aufzubewahren und der zuständigen Behörde auf Verlangen zur Einsichtnahme vorzulegen. Für Verschreibungen in elektronischer Form gelten die Sätze 1 bis 7 entsprechend." (**§ 3**)

MERKE

Wenn Angaben über die Verpackungsgröße fehlen, muss die kleinste Packung (1 OP = 1 Originalpackung) abgegeben werden. Die kleinste Packung wird auch als N1 bezeichnet. Die N2 (mittlere Packungsgröße) dient zur mittleren Therapiedauer, die N3 für lange Therapien bei meist chronischen Krankheiten (▶Kap. 5.2.4, ▯Tab. 5.9).

Von der Verschreibungsverordnung her ist ein Rezept **drei Monate gültig**, jedoch gibt es Vereinbarungen zwischen den Apothekerverbänden und den Krankenkassen, in welchem Zeitraum Kosten erstattet werden.

MERKE

GKV-Rezepte zu Lasten der gesetzlichen Krankenkassen (z. B. Ortskrankenkassen und Ersatzkassen) sind innerhalb von 28 Tagen erstattungsfähig und in der Apotheke vorzulegen. Danach wird die Verschreibung wie ein Privatrezept behandelt und muss vom Patienten voll bezahlt werden.

„(1) Eine Verschreibung von Arzneimitteln, welche die Wirkstoffe **Lenalidomid**, **Pomalidomid** oder **Thalidomid** enthalten, darf nur auf einem nummerierten zweiteiligen amtlichen Vordruck (**Original und Durchschrift**) des Bundesinstituts für Arzneimittel und Medizinprodukte erfolgen. Die Vordrucke nach Satz 1 sind ausschließlich zur Verschreibung der in Satz 1 genannten Arzneimittel bestimmt.

(2) Verschreibungen nach Absatz 1 Satz 1 müssen die **Bestätigung** der ärztlichen Person enthalten, dass die **Sicherheitsmaßnahmen** gemäß der aktuellen Fachinformation des entsprechenden Fertigarzneimittels eingehalten werden, insbesondere, dass erforderlichenfalls ein Schwangerschafts-Präventionsprogramm durchgeführt wird und dass der Patientin oder dem Patienten vor Beginn der medikamentösen Behandlung geeignete medizinische Informationsmaterialien und die aktuelle Gebrauchsinformation des entsprechenden Fertigarzneimittels ausgehändigt wurden. Ferner muss auf der Verschreibung vermerkt sein, ob eine Behandlung innerhalb oder außerhalb der jeweils zugelassenen Anwendungsgebiete erfolgt.

(3) Die **Höchstmenge** der auf Verschreibungen nach Absatz 1 Satz 1 verordneten Arzneimittel darf je Verschreibung für Frauen im gebärfähigen Alter den Bedarf für vier Wochen, ansonsten den für zwölf Wochen nicht übersteigen.

(4) Eine Verschreibung nach Absatz 1 Satz 1 ist bis zu **sechs Tagen nach dem Tag ihrer Ausstellung** gültig.

(5) Vordrucke nach Absatz 1 Satz 1 werden vom **Bundesinstitut für Arzneimittel und Medizinprodukte** auf Anforderung an die einzelne ärztliche Person gegen Nachweis der ärztlichen Approbation ausgegeben. Der Anforderung muss eine Erklärung der ärztlichen Person beigefügt sein, dass

1. ihr die medizinischen Informationsmaterialien zu Thalidomid oder Lenalidomid gemäß der aktuellen Fachinformationen entsprechender Fertigarzneimittel vorliegen,
2. sie bei der Verschreibung von Arzneimitteln nach Absatz 1 Satz 1 alle Sicherheitsmaßnahmen gemäß der aktuellen Fachinformationen entsprechender Fertigarzneimittel einhalten wird und
3. sie über ausreichende Sachkenntnisse zur Verschreibung von Arzneimitteln nach Absatz 1 Satz 1 verfügt.

(6) Das Bundesinstitut für Arzneimittel und Medizinprodukte macht ein Muster des Vordrucks nach Absatz 1 Satz 1 öffentlich bekannt.

(7) Apotheken übermitteln dem Bundesinstitut für Arzneimittel und Medizinprodukte **vierteljährlich** die Durchschriften der Vordrucke nach Absatz 1 Satz 1.“ (**§ 3a**)

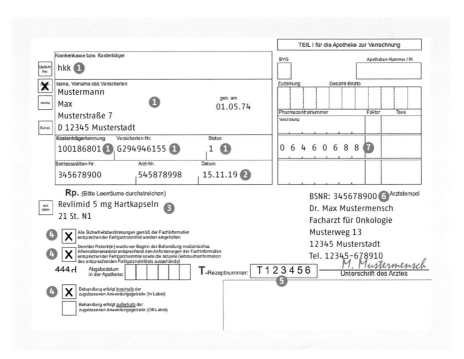

○ **Abb. 5.3** Beispiel für die erforderlichen Angaben auf einem T-Rezept. 1 Patientendaten, 2 Ausstellungsdatum, 3 Verordnungsfeld Arzneimittel, 4 Bestätigung des Arztes, 5 T-Rezept-nummer, 6 Arztstempel, 7 T-Rezept-Gebühr. Nach DAP-Arbeitsbuch, Stand 01/2020

GUT ZU WISSEN

Thalidomid kam 1957 unter dem Namen **Contergan®** als Schlaf- und Beruhi-gungsmittel auf den Markt und war, wie sich später herausstellte, für schwerste Missbildungen bei Kindern verantwortlich, deren Mütter während der Schwanger-schaft das Mittel eingenommen hatten. 1961 wurde das Arzneimittel vom Markt genommen. 1998 erhielt eine amerikanische Firma die Zulassung für ein neues Thalidomid-haltiges Arzneimittel. Diese Zulassung bezieht sich auf die sogenannte Leprareaktion, eine lebensbedrohliche immunologische Begleiterscheinung man-cher Leprafälle, die mit Thalidomid behandelbar ist. Zudem ist Thalidomid seit 2008 durch die EMA zur Behandlung des multiplen Myeloms zugelassen. Es muss seither wegen seiner Teratogenität unter Beachtung strenger Auflagen auf einem Sonderrezept **(T-Rezept, § 3a AMVV,** ○ Abb. 5.3) verschrieben werden.

In der Apotheke sind beim T-Rezept folgende Vorschriften dazu zu beachten

■ Bei Erwerb und Abgabe von Arzneimitteln mit den Wirkstoffen Thalidomid, Lenali-domid und Pomalidomid sind Apotheken gemäß § 17 (6b) der Apothekenbetriebsord-nung verpflichtet, wichtige Angaben zum Arzneimittel und Chargenbezeichnung, zum Lieferanten, zum verschreibenden Arzt und zum Patienten zu dokumentieren.

- Thalidomid, Lenalidomid und Pomalidomid werden auf einem zweiteiligen Sonderrezept (T-Rezept) verschrieben, das vom Arzt vollständig ausgefüllt werden muss. Dabei werden vom Arzt die Einhaltung von Sicherheitsmaßnahmen und die ausführliche Information des Patienten durch Ankreuzen bestätigt. Andere Arzneimittel dürfen auf dem Sonderrezept nicht verschrieben werden.
- Der verschreibende Arzt muss das Kästchen „On-Label-Use" oder „Off-Label-Use" angekreuzt und eine Schwangerschaft ausgeschlossen haben (▸ Kap. 51.4, ○ Abb. 5.3).
- T-Rezepte sind sechs Tage nach dem Tag der Ausstellung gültig. Die Durchschläge sind von den Apotheken vierteljährlich an das BfArM zu schicken. Das Inverkehrbringen auf dem Wege des Versandhandels ist nicht zulässig.
- Für T-Rezepte darf bei der Abgabe, wie auch bei Betäubungsmittelrezepten (○ Abb. 6.4, ▸ Kap. 6.3), ein Zuschlag von 4,26 Euro inkl. Mehrwertsteuer berechnet werden.

MERKE

Das T-Rezept (T = teratogen bzw. Thalidomid) muss vollständig ausgefüllt in zweifacher Ausfertigung in der Apotheke vorgelegt werden und ist mit dem Ausstellungstag (= Rezeptdatum) insgesamt sieben Tage gültig (○ Abb. 5.3).

Verschreibung und Abgabe von **Isotretinoin**, **Alitretinoin** und **Acitretin** sind seit 1. April 2019 im § 3b AMVV neu geregelt:

Die Höchstmenge je Verschreibung von oral anzuwendenden Arzneimitteln mit den Wirkstoffen Isotretinoin, Alitretinoin und Acitretin für Frauen im gebärfähigen Alter darf den Bedarf von **30 Tagen** nicht übersteigen. Zudem ist die Gültigkeit dieser Verschreibungen auf sechs Tage nach der Ausstellung begrenzt (also **sieben Tage gültig**).

GUT ZU WISSEN

Die orale Retinoide **Isotretinoin**, **Alitretinoin** und **Acitretin** sind hoch teratogen und dürfen nicht in der Schwangerschaft angewendet werden. Fetale Exposition führt sehr häufig zu Missbildungen oder einer Fehlgeburt. Bei Frauen, die in der Lage sind, schwanger zu werden, dürfen diese drei Wirkstoffe, die oral zur Behandlung von schweren Hauterkrankungen indiziert sind, daher nur im Zusammenhang mit Schwangerschaftsverhütungsmaßnahmen angewendet werden.

„(1) Die **Höchstmenge** der Verschreibungen von oral anzuwendenden Arzneimitteln, die die Wirkstoffe Acitretin, Alitretinoin oder Isotretinoin enthalten, darf für Frauen im gebärfähigen Alter je Verschreibung den Bedarf für 30 Tage nicht übersteigen. (2) Verschreibungen von Arzneimitteln nach Absatz 1 sind für Frauen im gebärfähigen Alter bis zu **sechs Tagen** nach dem Tag ihrer Ausstellung gültig." (**§ 3b**)

MERKE

Rezepte mit den teratogenen Wirkstoffen Isotretinoin, Alitretinoin und Acitretin, die oral bei Hautkrankheiten von Frauen im gebärfähigen Alter angewendet werden, sind in der Höchstmenge (30 Tage) und der Gültigkeitsdauer der Rezepte (7 Tage) beschränkt.

„(1) Erlaubt die Anwendung eines verschreibungspflichtigen Arzneimittels **keinen Aufschub**, kann die verschreibende Person den Apotheker in geeigneter Weise, insbesondere fernmündlich, über die Verschreibung und deren Inhalt unterrichten. Der Apotheker hat sich über die Identität der verschreibenden Person Gewissheit zu verschaffen. Die verschreibende Person hat dem Apotheker die Verschreibung in schriftlicher oder elektronischer Form unverzüglich nachzureichen.

(2) Für den **Eigenbedarf** einer verschreibenden Person bedarf die Verschreibung nicht der schriftlichen oder elektronischen Form. Absatz 1 Satz 2 gilt entsprechend.

(3) Die **wiederholte Abgabe** eines zur Anwendung bei Menschen bestimmten verschreibungspflichtigen Arzneimittels auf dieselbe Verschreibung bedarf der Anordnung der verschreibenden Person. Die verschreibende Person kann eine Verschreibung ausstellen, nach der eine nach der Erstabgabe sich **bis zu dreimal wiederholende Abgabe** erlaubt ist. Die Verschreibungen sind als Verschreibungen zur wiederholten Abgabe zu kennzeichnen. Bei der wiederholten Abgabe auf dieselbe Verschreibung ist das verschriebene Arzneimittel jeweils in derselben Packungsgröße abzugeben, die die verschreibende Person für die erstmalige Abgabe auf der Verschreibung angegeben hat. Die wiederholte Abgabe eines zur Anwendung bei **Tieren** bestimmten verschreibungspflichtigen Arzneimittels auf dieselbe Verschreibung über die verschriebene Menge hinaus ist unzulässig." (**§4**).

„Von der Verschreibungspflicht sind Arzneimittel ausgenommen, die aus den in der Anlage 1 zu dieser Verordnung genannten Stoffen und Zubereitungen aus Stoffen nach einer **homöopathischen Verfahrenstechnik**, insbesondere nach den Regeln des Homöopathischen Arzneibuches hergestellt sind oder die aus Mischungen solcher Stoffe oder Zubereitungen aus Stoffen bestehen, wenn die Endkonzentration dieser Arzneimittel im Fertigprodukt die vierte Dezimalpotenz nicht übersteigt. Diese Arzneimittel dürfen auch mit nicht verschreibungspflichtigen Stoffen und Zubereitungen aus Stoffen gemischt werden." (**§5**)

GUT ZU WISSEN

T-Rezept, Isotretinoin-Rezept, Betäubungsmittelrezept, GKV-Rezept, Privatrezept, grünes Rezept, Entlassrezept? Eine Kurzübersicht über die verschiedenen Rezeptarten finden Sie im Anhang in ▫Tab. 8.1 (▸Kap. 8.4.2).

Die **Anlage 1 zur Verordnung über verschreibungspflichtige Arzneimittel** enthält in einer Positivliste in alphabetischer Reihenfolge alle verschreibungspflichtigen Stoffe (▫Tab. 5.5). Unter „äußerem Gebrauch" versteht die Anlage 1 „Haut, Haare und Nägel".

Die Verschreibungspflicht betrifft die aufgeführten Stoffe und deren Zubereitungen entweder prinzipiell (z. B. Tramadol und seine Salze oder Thalidomid) oder mit angeführten Ausnahmen (z. B. Ibuprofen, Paracetamol). Nur, wenn dabei alle Bedingungen einge-halten sind, unterliegt das Arzneimittel nicht mehr der Verschreibungspflicht.

Die Verschreibungspflicht eines Arzneimittels (◻ Tab. 5.5) kann beispielsweise abhän-gen von:

- der Applikationsart,
- der Konzentration des Arzneistoffs,
- der Kombination mit anderen Wirkstoffen,
- der Dosierung,
- der Packungsgröße,
- der Indikation,
- dem Lebensalter des Patienten,
- dem homöopathischen Verdünnungsgrad oder Herstellungsmethode,
- der verschreibenden Person (Arzt, Ausnahmen bei Hebammen).

MERKE

Der Gesetzgeber hat für Hebammen für vier verschreibungspflichtige Stoffe Aus-nahmen unter bestimmten Bedingungen erlassen, z. B. Oxytocin und Methyl-ergometrin (◻Tab. 5.5).

◻ **Tab. 5.5** Anlage 1 der Arzneimittel-Verschreibungsverordnung (Beispiele)

Aciclovir	Ausgenommen in Zubereitungen als Creme zur Anwendung bei Herpes labialis in Packungsgrößen bis zu 2 g und einem Wirkstoffgehalt bis zu 100 mg je abgeteilter Arzneiform
	Ausgenommen in Zubereitungen als Creme in Kombination mit Hydrocorti-son in einer Konzentration von 1 Prozent Hydrocortison zur Behandlung von Herpes labialis zur Verringerung des Risikos von ulzerativen Läsionen bei Erwachsenen und Kindern ab 12 Jahren, in Packungsgrößen bis zu 2 g und mit einem Wirkstoffgehalt bis zu 100 mg Aciclovir je abgeteilter Arzneiform
Belladonnae, Folia und ihre Zuberei-tungen	Ausgenommen zum äußeren Gebrauch
	Ausgenommen in homöopathischen Zubereitungen zur oralen Anwendung, die nach den Herstellungsvorschriften 25 und 26 des homöopathischen Arz-neibuchs hergestellt sind
BtM, soweit sie Zubereitungen nach § 2 Abs. 1 Nr. 3 des Betäubungs-mittelgesetzes sind	
Clotrimazol und seine Salze	Ausgenommen zum äußeren Gebrauch
	Ausgenommen zur vaginalen Anwendung in Packungsgrößen mit einer Gesamtmenge bis zu 600 mg Clotrimazol, verteilt auf bis zu 3 Einzeldosen, und für eine Anwendungsdauer bis zu 3 Tagen

◻ **Tab. 5.5** Anlage 1 der Arzneimittel-Verschreibungsverordnung (Beispiele, Fortsetzung)

Desloratadin	Ausgenommen Arzneimittel in der oralen Anwendung zur symptomatischen Behandlung bei allergischer Rhinitis und Urtikaria bei Erwachsenen, Jugendlichen und Kindern ab zwei Jahren, es sei denn, es handelt sich um von der Europäischen Kommission als verschreibungspflichtig zugelassene Arzneimittel
Diclofenac und seine Salze	Ausgenommen zur cutanen Anwendung, außer als Pflaster, in Konzentrationen bis zu 5 %; mit Ausnahme der Anwendung bei Thrombophlebitis superficialis und aktinischer Keratose
Diclofenac und seine Salze	Ausgenommen zum äußeren Gebrauch als Pflaster ohne Zusatz weiterer arzneilich wirksamer Bestandteile in einer Wirkstoffmenge bis zu 140 mg (berechnet als Diclofenac-Natrium) je abgeteilter Arzneiform
	Ausgenommen bei oraler Anwendung zur Behandlung leichter bis mäßig starker Schmerzen und Fieber in einer Dosierung von 25 mg je abgeteilter Form und einer Tagesdosis von 25 bis maximal 75 mg für eine maximale Anwendungsdauer von drei (Antipyrese) oder vier (Analgesie) Tagen
Epinephrin	Ausgenommen Autoinjektoren in Packungsgrößen von einer Einheit zur einmaligen parenteralen Anwendung für die Notfallbehandlung schwerer anaphylaktischer Reaktionen beim Menschen nach Neuraltherapie bis zum Eintreffen des Rettungsdienstes
Fluoride, lösliche	Sofern nicht auf Behältnissen und äußeren Umhüllungen eine Tagesdosis angegeben ist, die einem Fluorgehalt bis zu 2 mg entspricht
	Ausgenommen in Zubereitungen als Gel zur lokalen Anwendung an den Zähnen in Packungsgrößen bis zu 25 g, sofern auf Behältnissen und äußeren Umhüllungen angegeben ist, dass die Anwendung auf Erwachsene und Kinder ab dem vollendeten 6. Lebensjahr sowie auf eine einmalige Dosis pro Woche, die einem Fluorgehalt bis zu 7 mg entspricht, beschränkt ist
Furosemid	
Hydrocortison und seine Ester	Ausgenommen in Zubereitungen zum äußeren Gebrauch a) in einer Konzentration bis zu 0,25 % Hydrocortison oder Hydrocortisonacetat, berechnet als Base, und in Packungsgrößen bis zu 50 g, b) in einer Konzentration von über 0,25 bis zu 0,5 % Hydrocortison oder Hydrocortisonacetat, berechnet als Base, und in Packungsgrößen bis zu 30 g zur kurzzeitigen (maximal 2 Wochen andauernden) äußerlichen Anwendung, und sofern auf Behältnissen und äußeren Umhüllungen eine Beschränkung der Anwendung zur Behandlung von mäßig ausgeprägten entzündlichen, allergischen oder juckenden Hauterkrankungen, c) in einer Konzentration von 0,2 % Hydrocortisonacetat in Kombination mit Natriumbituminosulfonat (hell) und in Packungsgrößen bis zu 20 g zur kurzzeitigen Anwendung zur Behandlung nicht infizierter, leicht ausgeprägter entzündlicher, allergischer oder juckender Hauterkrankungen, und sofern auf Behältnissen und äußeren Umhüllungen eine Beschränkung der Anwendung auf Erwachsene und Kinder ab dem vollendeten sechsten Lebensjahr angegeben ist

Tab. 5.5 Anlage 1 der Arzneimittel-Verschreibungsverordnung (Beispiele, Fortsetzung)

Ibuprofen	Ausgenommen zum äußeren Gebrauch, außer als Pflaster, in Salben oder ähnlichen Zubereitungen in einer Konzentration bis zu 5 Gewichtsprozenten
Ibuprofen	Ausgenommen zum äußeren Gebrauch als Pflaster ohne Zusatz weiterer arzneilich wirksamer Bestandteile in einer Wirkstoffmenge bis zu 200 mg Ibuprofen je abgeteilter Arzneiform
	Ausgenommen zur oralen Anwendung ohne Zusatz weiterer arzneilich wirksamer Bestandteile in einer Konzentration bis zu 400 mg je abgeteilter Form und in einer Tagesdosis bis zu 1200 mg bei leichten bis mäßig starken Schmerzen und Fieber
	Ausgenommen in festen Zubereitungen zur rektalen Anwendung als Monopräparate in Einzeldosen bis 10 mg/kg Körpergewicht (bis zu einer maximalen Einzeldosis von 600 mg je abgeteilter Form) und in einer Tagesdosis bis zu 30 mg/kg Körpergewicht (bis zu einer maximalen Tagesdosis von 1800 mg) bei leichten bis mäßig starken Schmerzen und Fieber
	Ausgenommen zur oralen Anwendung in flüssigen Zubereitungen ohne Zusatz weiterer arzneilich wirksamer Bestandteile für Erwachsene und Kinder ab 6 Monaten in Einzeldosen bis zu 10 mg/kg Körpergewicht (bis zu einer maximalen Tagesdosis von 1 200 mg) bei leichten bis mäßig starken Schmerzen und Fieber
	Ausgenommen zur oralen Anwendung in Dosen bis maximal 400 mg je abgeteilter Form und in einer maximalen Tagesdosis von 1200 mg, zur rektalen Anwendung in festen Zubereitungen als Monopräparate in Einzeldosen bis 10 mg/kg Körpergewicht bis zur maximalen Einzeldosis von 600 mg je abgeteilter Form und bis zur maximalen Tagesdosis von 30 mg/kg Körpergewicht bzw. 1 800 mg, zur Behandlung der akuten Kopfschmerzphase bei Migräne mit oder ohne Aura
	Ausgenommen zur oralen Anwendung (in maximaler Einzeldosis von 400 mg und in einer maximalen Tagesdosis von 1200 mg) in Kombination mit Pseudoephedrinhydrochlorid (in maximaler Einzeldosis von 60 mg und in einer maximalen Tagesdosis von 180 mg) mit einer Wirkstoffmenge von insgesamt bis zu 720 mg Pseudoephedrin und 4 800 mg Ibuprofen pro Packung, zur Behandlung der akuten Rhinosinusitis im Zusammenhang mit weiteren Erkältungssymptomen (wie z. B. Fieber und Schmerzen)
	Ausgenommen zur oralen Anwendung (in maximaler Einzeldosis von 400 mg und in einer maximalen Tagesdosis von 1 200 mg) in Kombination mit Coffein (in maximaler Einzeldosis von 100 mg und in einer maximalen Tagesdosis von 300 mg), zur Behandlung von akuten mäßig starken Schmerzen bei Erwachsenen
Isotretinoin	
Kava-Kava-Wurzelstock und seine Zubereitungen	Ausgenommen in homöopathischen Zubereitungen zur oralen Anwendung, die nach der Herstellungsvorschrift 26 des Homöopathischen Arzneibuchs hergestellt sind

◻ **Tab. 5.5** Anlage 1 der Arzneimittel-Verschreibungsverordnung (Beispiele, Fortsetzung)

Ketoprofen	
Lenalidomid	
Levocetiricin	Ausgenommen in festen Zubereitungen zur oralen Anwendung in Konzentrationen von 5 mg je abgeteilter Form, sofern auf Behältnissen und äußeren Umhüllungen eine Beschränkung der Anwendung auf Erwachsene und Kinder ab dem vollendeten sechsten Lebensjahr angegeben ist
Levonorgestrel	Ausgenommen in Zubereitungen zur oralen Anwendung ohne Zusatz weiterer arzneilich wirksamer Bestandteile in einer Konzentration bis zu 1,5 mg Wirkstoff je abgeteilter Arzneiform und in Packungen mit einem maximalen Wirkstoffgehalt von 1,5 mg zur Notfallkontrazeption
Loperamid	Ausgenommen in festen Zubereitungen zur oralen Anwendung bei akuter Diarrhoe in Tagesdosen bis zu 12 mg und in Packungsgrößen bis zu 24 mg, sofern auf Behältnissen und äußeren Umhüllungen angegeben ist, dass die Anwendung auf Erwachsene und Kinder ab dem vollendeten 12. Lebensjahr beschränkt ist
Methylergometrin	Ausgenommen zur Anwendung bei Nachgeburtsblutungen in einer Konzentration bis zu 0,3 mg/ml und einer Einzeldosis bis zu 1 ml zur Abgabe an Hebammen und Entbindungspfleger für den Praxisbedarf
Naproxen	Ausgenommen in festen Zubereitungen zur oralen Anwendung ohne Zusatz weiterer arzneilich wirksamer Bestandteile in einer Konzentration bis zu 250 mg je abgeteilte Form und in einer Tagesdosis bis zu 750 mg und in Packungsgrößen bis zu 7,500 mg zur Anwendung bei Erwachsenen und Kindern ab 12 Jahren bei leichten bis mäßig starken Schmerzen und Fieber
Naratriptan	Ausgenommen zur Behandlung des Migränekopfschmerzes bei Erwachsenen zwischen 18 und 65 Jahren, nach der Erstdiagnose einer Migräne durch einen Arzt, in festen Zubereitungen zur oralen Anwendung in Konzentrationen bis 2,5 mg je abgeteilter Form und in einer Gesamtmenge von 5 mg je Packung
Nicotin	Ausgenommen zur oralen (einschließlich der oral-inhalativen) Anwendung ohne Zusatz weiterer arzneilich wirksamer Bestandteile in einer Menge a) bis zu 150 mg Nicotin je abgeteilter Arzneiform, wobei die Einzeldosis 1 mg Nicotin beträgt, und in einer Tagesdosis bis zu 64 mg oder b) bis zu 15 mg Nicotin je abgeteilter Arzneiform und in einer Tagesdosis bis zu 64 mg Ausgenommen zur transdermalen Anwendung als Pflaster ohne Zusatz weiterer arzneilich wirksamer Bestandteile in einer Konzentration bis zu 52,5 mg Nicotin je abgeteilter Arzneiform bzw. auch in höheren Konzentrationen, sofern die Wirkstofffreigabe von durchschnittlich 35 mg Nicotin pro 24 Stunden nicht überschritten wird

Tab. 5.5 Anlage 1 der Arzneimittel-Verschreibungsverordnung (Beispiele, Fortsetzung)

	Ausgenommen zur Kombination der transdermalen Anwendung mit der oralen (einschließlich der oral-inhalativen) Anwendung bis zu einer maximalen Tagesdosis von 64 mg
Nifedipin	
Omeprazol	Ausgenommen zur Behandlung von Sodbrennen und saurem Aufstoßen in einer Einzeldosis von 20 mg und in einer Tageshöchstdosis von 20 mg für eine maximale Anwendungsdauer von 14 Tagen und in einer maximalen Packungsgröße von 280 mg Wirkstoff
Orlistat	Ausgenommen von der Europäischen Kommission zugelassene, nicht verschreibungspflichtige Arzneimittel zur oralen Anwendung mit einer Höchstdosis von 60 mg je abgeteilter Form sowie Arzneimittel zur oralen Anwendung mit einer Höchstdosis von 60 mg je abgeteilter Form und einer maximalen Tagesdosis von 180 mg
Oxytocin	Ausgenommen zur Anwendung bei Nachgeburtsblutungen in einer Konzentration bis zu 10 I. E./ml und einer Einzeldosis bis zu 1 ml zur Abgabe an Hebammen und Entbindungspfleger für den Praxisbedarf
Paracetamol	Ausgenommen Humanarzneimittel zur a) oralen Anwendung zur symptomatischen Behandlung leichter bis mäßig starker Schmerzen und/oder von Fieber in einer Gesamtwirkstoffmenge von bis zu 10 g je Packung und b) rektalen Anwendung
Pomalidomid	
Pseudoephedrin	Ausgenommen Arzneimittel zur Anwendung beim Menschen mit einer Wirkstoffmenge von insgesamt bis zu 720 mg Pseudoephedrin pro Packung
Sildenafil	
Thalidomid	
Tramadol	
Ulipristal und seine Ester	Ausgenommen in Zubereitungen zur oralen Anwendung ohne Zusatz weiterer arzneilich wirksamer Bestandteile in einer Konzentration bis zu 30 mg Wirkstoff je abgeteilter Arzneiform und in Packungen mit einem maximalen Wirkstoffgehalt von 30 mg zur Notfallkontrazeption

Die Anlage 1 zur Verschreibungsverordnung wird alle sechs Monate der neuesten Rechtslage angepasst und veröffentlicht.

DEFINITION

Als „**Switching**" wird der Übergang eines Arzneimittels aus dem Rx-Status in den OTC-Status (oder umgekehrt) benannt.

Beispiel für einen **OTC-Switch** (nicht mehr verschreibungspflichtig): Levonorgestrel 1,5 mg pro abgeteilter Arzneiform und Packung zur Notfallkontrazeption (2015).

Beispiel für einen **Rx-Switch** (jetzt verschreibungspflichtig): Doxylamin gegen Schlafstörungen bei Kindern bis zum 18. Lebensjahr (2019).

Die wichtigsten „**OTC-Switches**" der letzten Jahre (◘ Tab. 5.5) sind:

- Ambroxol (1984),
- Ibuprofen (Tabletten 200 mg 1989, Analgetikum in flüssigen Zubereitungen 1996, weitere Ausnahmen bis 2005),
- Aciclovir (Herpes, 1992),
- Loperamid (Durchfall, 1993),
- Nicotin (Pflaster und Kaugummi, 1994, 2002/2004 erweitert),
- Clotrimazol (Vaginalmykosen, 1994),
- Cetirizin (1995),
- Hydrocortison (äußerlich, Konzentrationsgrenze 0,25 %, 1996),
- Sildenafil (ohne Ausnahmen 1998)
- Diclofenac (Antiphlogistikum bis zu 5 % zur kutanen Anwendung, 1999; später weitere Ausnahmen),
- Naproxen (Analgetikum, Antipyretikum zur oralen Einnahme, 2002),
- Minoxidil zur topischen Anwendung bis 5 % bei androgenetischer Alopezie (2005),
- Naratriptan (2006),
- Hydrocortison (äußerlich, Konzentration auf 0,5 % erweitert, 2007),
- Pantoprazol (2009)
- Paracetamol (verschreibungspflichtig über 10 Gramm pro Packungseinheit, 2009),
- Pseudoephedrin (verschreibungspflichtig über 720 mg pro Packungseinheit, 2011),
- Ketoprofen (ohne Ausnahmen 2012),
- Chinin (ohne Ausnahmen, 2015),
- Levonorgestrel, Ulipristilaceat (mit Ausnahmen 2015),
- Aciclovir in Kombination mit Hydrocortison (mit Ausnahmen 2017),
- Ibuprofen in Kombination mit Coffein (mit Ausnahmen 2018),
- Levocetiricin bei Heuschnupfen (mit Ausnahmen 2019),
- Desloratadin (mit Ausnahmen 2020),
- **Rx-Switch**: Doxylamin gegen Schlafstörungen bei Kindern (2019).

PRAXISBEISPIEL

Bei der Fertigarzneimittelprüfung fällt Ihnen ein Unterschied zwischen zwei Packungen auf: Die Omeprazol-Kapseln der Firma 1APharma (14 Kapseln zu 20 mg) sind **apothekenpflichtig**, die Omeprazol-Kapseln des Herstellers Hennig (15 Kapseln zu 20 mg) sind **verschreibungspflichtig**. Was ist der Grund?

Hinweis: Die Begründung finden Sie unter Omeprazol in der Anlage 1 AMVV (◘ Tab. 5.5).

Verschreibungspflichtige Fertigarzneimittel kann man den Kennzeichnungen der Arznei-taxen (z. B. ein Kreuz in der Lauer-Taxe), der Roten und Gelben Liste oder der Scribas-Ta-belle (Deutscher Apotheker Verlag) entnehmen.

ZUSAMMENFASSUNG

- Verschreibungspflichtige Arzneimittel dürfen nur auf ärztliche, zahnärztliche oder tierärztliche Verschreibung abgegeben werden; ohne Angabe der Packungsgröße ist die kleinste Packung abzugeben.
- Das Rezept muss der Apotheke (auch beim Versandhandel) vorliegen; bei elektronischen Rezepten muss die Signatur des verschreibenden Arztes nach dem Signaturgesetz qualifiziert sein.
- Nach Verschreibungsverordnung ist eine Verschreibung drei Monate gültig; gesetzliche Krankenkassen verlangen zur Erstattung die Einlösung von Rezepten innerhalb von vier Wochen (28 Tage).
- Die Unterstellung unter die Verschreibungspflicht kann von der Applikationsart, der Dosierung, der Konzentration, der Indikation, der Packungsgröße, der homöopathischen Potenzierung oder anderen Faktoren abhängen; aus diesem Grund wird z. B. der Begriff „äußerlicher Gebrauch" in der Anlage 1 der AMV definiert.
- Hebammen dürfen als Ausnahme vier verschreibungspflichtige Stoffe erwerben.
- Die Abgabe von Rx-Arzneimitteln auf Verschreibung eines Heilpraktikers ist nicht zulässig.
- T-Rezepte mit den Wirkstoffen Thalidomid, Lenalidomid und Pomalidomid sind mit dem Ausstellungstag sieben Tage gültig; die Zweitschrift erhält das BfArM über die Apotheke.
- Die „Pille danach" (Levonorgestrel, Ulipristalacetat) ist seit 2015 nicht mehr verschreibungspflichtig und kann nach eingehender Beratung in den Apotheken ohne Rezept abgegeben werden; Versandhandel und Werbung (außer in Fachzeitschriften) ist trotzdem nicht zulässig.
- Das Verschreiben verschreibungspflichtiger Medizinprodukte regelt die Verordnung über die Verschreibungspflicht von Medizinprodukten (MPVerschrV, ▶Kap. 5.3); verschreibungspflichtige Arzneimittel und Medizinprodukte dürfen nur in Apotheken abgegeben werden.

5.2.2 Arzneimittelwarnhinweisverordnung (AMWarnV)

AMWarnV in der Fassung vom 31. Dezember 1984 (BGBl. 1985 I S. 22)

– Auszüge –

„Auf Grund des § 12 Abs. 1 Nr. 1 und 3 des Arzneimittelgesetzes vom 24. August 1976 (BGBl. I S. 2445, 2448) wird im Einvernehmen mit dem Bundesminister für Wirtschaft mit Zustimmung des Bundesrates verordnet:

(1) Diese Verordnung ist anzuwenden auf Arzneimittel im Sinne des § 2 Abs. 1 oder Abs. 2 Nr. 1 des Arzneimittelgesetzes, die dazu bestimmt sind, in einer zur Abgabe an den Verbraucher bestimmten Packung in den Verkehr gebracht zu werden und die
1. **Ethanol** enthalten und zur inneren Anwendung bei Menschen bestimmt sind, sofern sie
   a) flüssige Zubereitungen zur oralen Einnahme sind und der Ethanolgehalt in der maximalen Einzelgabe nach der Dosierungsanleitung mindestens 0,05 g beträgt oder
   b) Injektionslösungen, Infusionslösungen, Munddesinfektionsmittel oder Rachendesinfektionsmittel sind oder
   c) **Tartrazin** enthalten und zur Anwendung bei Menschen bestimmt sind.

§ 10 Abs. 1 und 2 und § 11 Abs. 1 und 2 des Arzneimittelgesetzes gelten, soweit sie die Angabe des nach dieser Verordnung vorgeschriebenen Warnhinweises betreffen, auch für Arzneimittel nach Satz 1, die keine Fertigarzneimittel sind.
(2) Diese Verordnung ist nicht anzuwenden auf Arzneimittel, die zur klinischen Prüfung bestimmt sind." (**§ 1**)

Diese Verordnung gilt für **Fertigarzneimittel** und in der Apotheke hergestellte **Rezepturen.** Bei Fertigarzneimitteln muss der Alkoholgehalt auf Behältnissen, äußerer Verpackung, in der Packungsbeilage (Text des Warnhinweises) und in der Fachinformation angeführt sein.

MERKE
Bei Rezepturen muss die Menge an reinem Ethanol pro Einzeldosis in Gramm und der Ethanolgehalt in Prozent (V/V) berechnet werden. Von der Einzeldosis an reinem Ethanol hängt dann der anzugebende Warnhinweis ab (◘ Tab. 5.6).

◘ **Tab. 5.6** Tabellarische Übersicht zur Kennzeichnung von Rezepturarzneimitteln

	Orale Darreichungsformen	Injektionslösungen Infusionslösungen Mund- und Rachendesinfektionsmittel	Tartrazin enthaltende Arzneimittel
Ethanol unter 0,05 g Einzeldosis	Kein Warnhinweis	„Enthält ... Vol.-% Alkohol"	Ohne Rücksicht auf die Höhe des Tartrazingehalts muss der Warnhinweis angeführt sein „Warnhinweis Dieses Arzneimittel enthält den Farbstoff Tartrazin, der bei Personen, die gegen diesen Stoff besonders empfindlich sind, allergische Reaktionen hervorrufen kann."

◘ **Tab. 5.6** Tabellarische Übersicht zur Kennzeichnung von Rezepturarzneimitteln (Fortsetzung)

	Orale Darreichungsformen	Injektionslösungen Infusionslösungen Mund- und Rachen- desinfektionsmittel	Tartrazin enthaltende Arzneimittel
Ethanol von 0,05–0,5 g Einzeldosis	„Enthält … Vol.-% Alkohol" (Warnhinweis E1)	(Warnhinweis E1)	
Ethanol über 0,5– 3,0 g Ein- zeldosis	„Warnhinweis Dieses Arzneimittel enthält … Vol.-% Alkohol. Bei Beach- tung der Dosierungsanleitung werden bei jeder Einnahme bis zu … g Alkohol zugeführt. Ein gesundheitliches Risiko besteht u. a. bei Leberkran- ken, Alkoholkranken, Epilep- tikern, Hirngeschädigten, Schwangeren und Kindern. Die Wirkung anderer Arznei- mittel kann beeinträchtigt oder verstärkt werden." (Warnhinweis E2)		
Ethanol über 3,0 g Einzeldosis	„Warnhinweis Dieses Arzneimittel enthält … Vol.-% Alkohol. Bei Beach- tung der Dosierungsanleitung werden bei jeder Einnahme bis zu … g Alkohol zugeführt. Vorsicht ist geboten. Dieses Arzneimittel darf nicht ange- wendet werden bei Leber- kranken, Alkoholkranken, Epileptikern, Hirngeschädig- ten, Schwangeren und Kin- dern. Die Wirkung anderer Arzneimittel kann beein- trächtigt oder verstärkt wer- den. Im Straßenverkehr und bei der Bedienung von Maschinen kann das Reak- tionsvermögen beeinträchtigt werden." (Warnhinweis E3)		

5

ZUSAMMENFASSUNG

- Die Arzneimittelwarnhinweisverordnung ist eine Verordnung auf Grundlage des Arzneimittelgesetzes und betrifft die beiden Arzneihilfsstoffe Ethanol (Lösungsmittel) und Tartrazin (seltener Farbstoff).
- Abhängig von der Einzeldosis an Ethanol muss gegebenenfalls unter Angabe des Ethanolgehalts in Prozent (V/V) einer von drei möglichen Warnhinweisen (E1, E2, E3) auf dem Fertigarzneimittel oder einer hergestellten Rezeptur angeführt werden.
- Geschützt werden sollen vor allem Alkoholkranke auf Entzug, Schwangere und Kinder sowie Leberkranke und Epileptiker.
- Im Beratungsgespräch bei der Arzneimittelabgabe in der Apotheke muss auf Ethanol als Inhaltsstoff deutlich hingewiesen werden, auch homöopathische Dilutionen enthalten Ethanol.

5.2.3 Arzneimittelpreisverordnung (AMPreisV)

AMPreisV vom 14. November 1980 (BGBl. I S. 2147), die zuletzt durch Artikel 2 der Verordnung vom 9. Oktober 2019 (BGBl. I S. 1450) geändert worden ist.

– Auszüge –

Die Arzneimittelpreisverordnung regelt die Abgabepreise **verschreibungspflichtiger** (und zu Lasten der GKV abgegebener apothekenpflichtiger Fertigarzneimittel) für **Apotheken** und Tierärzte, sowie Aufschläge des pharmazeutischen Großhandels, der Tierärzte und der Apotheken. Außerdem wird die Preisberechnung von in Apotheken abgegebenen Stoffen und Rezepturen („Taxieren") festgelegt.

MERKE

Die Preisgestaltung freiverkäuflicher Arzneimittel, nicht verschreibungspflichtiger, aber apothekenpflichtiger Arzneimittel (▶ Kap. 5.1) und der apothekenüblichen Waren (▶ Kap. 4.3.1) unterliegen nicht dieser Verordnung und sind frei kalkulierbar (unverbindliche Preisempfehlung).

„(1) Für Arzneimittel, die im voraus hergestellt und in einer zur Abgabe an den Verbraucher bestimmten Packung in den Verkehr gebracht werden (**Fertigarzneimittel**) und deren Abgabe nach § 43 Abs. I des Arzneimittelgesetzes den Apotheken vorbehalten ist, werden durch diese Verordnung festgelegt

1. die Preisspannen des **Großhandels** bei der Abgabe im Wiederverkauf an Apotheken oder Tierärzte (§ 2),
2. die Preisspannen sowie die Preise für besondere Leistungen der **Apotheken** bei der Abgabe im Wiederverkauf (§§ 3, 6 und 7),

3. die Preisspannen der **Tierärzte** bei der Abgabe im Wiederverkauf an Tierhalter (§ 10).

(2) Für Arzneimittel, die in **Apotheken** oder von **Tierärzten hergestellt** werden und deren Abgabe nach § 43 Abs. 1 und 3 des Arzneimittelgesetzes den Apotheken vorbehalten ist, werden durch diese Verordnung festgelegt

1. die Preisspannen sowie die Preise für **besondere Leistungen der Apotheken** (§§ 4 bis 7),

2. die Preisspannen der **Tierärzte** (§ 10).

(3) **Ausgenommen** sind die Preisspannen und Preise der Apotheken, wenn es sich um eine Abgabe handelt

1. durch Krankenhausapotheken, soweit es sich nicht um die Abgabe von parenteralen Zubereitungen aus Fertigarzneimitteln in der Onkologie zur ambulanten Versorgung handelt,

2. an Krankenhäuser und diesen nach § 14 Abs. 8 Satz 2 des Apothekengesetzes gleichgestellte Einrichtungen sowie an Justizvollzugsanstalten und Jugendarrestanstalten,

3. an die in § 47 Abs. 1 Satz 1 Nummer 2 bis 10 des Arzneimittelgesetzes genannten Personen und Einrichtungen unter den dort bezeichneten Voraussetzungen,

   a) von Impfstoffen, die zur Anwendung bei öffentlich empfohlenen Schutzimpfungen im Sinne des § 20 Abs. 3 des Infektionsschutzgesetzes vom 20. Juli 2000 (BGBl. I S. 1045) bestimmt sind und diese Impfstoffe an Krankenhäuser, Gesundheitsämter und Ärzte abgegeben werden,

4. von Impfstoffen, die zur Anwendung bei allgemeinen, insbesondere behördlichen oder betrieblichen Grippevorsorgemaßnahmen bestimmt sind,

5. an Gesundheitsämter für Maßnahmen der Rachitisvorsorge,

6. von Arzneimitteln, die zur Anwendung bei der Dialyse Nierenkranker bestimmt sind.

7. Von aus Fertigarzneimitteln auf Grund ärztöicher Verordnungen entnommenen Teilmengen, soweit deren Darreichungsform, Zusammensetzung und Stärke unverändert bleibt,

8. Von Fertigarzneimitteln in parenteralen Zubereitungen.

Im Fall von Satz 1 Nr. 1 bleibt § 12a des Fünften Buches Sozialgesetzbuch unberührt, im Fall von Satz 1 Nr. 7 können Sozialleistungsträger, private Krankenversicherungen oder deren Verbände das Verfahren für die Berechnung der Apothekenabgabepreise für die zu ihren Lasten abgegebenen Arzneimittel mit Apotheken oder deren Verbänden vereinbaren.

(4) **Ausgenommen** sind die Preisspannen und Preise von **nicht verschreibungspflichtigen Arzneimitteln**.“ **(§ 1)**

Die Preisbildung von **verschreibungspflichtigen Arzneimitteln**, die in Apotheken abgegeben werden, ist in Deutschland durch die Arzneimittelpreisverordnung geregelt. Sie legt auf der Grundlage des Herstellerpreises bestimmte Zuschläge fest, mit denen die Leistungen des pharmazeutischen Großhandels (§ 2 AMPreisV) und der Apotheke (§ 3 AMPreisV) vergütet werden. Die Zuschläge werden auf den Abgabepreis des Herstellers erhoben, die Preisbildung des Herstellers ist frei.

In den Fällen, in denen nicht verschreibungspflichtige Arzneimittel noch von der Krankenkasse erstattet werden, gelten die Zuschlagssätze der Arzneimittelpreisverordnung (§ 3 Abs. 3 AMPreisV) mit Stand des Jahres 2003 („alte Arzneimittelpreisverordnung").

„(1) Bei der Abgabe von **Fertigarzneimitteln**, die zur Anwendung bei Menschen bestimmt sind, durch die Apotheken sind zur Berechnung des Apothekenabgabepreises ein **Festzuschlag von 3 Prozent zuzüglich 8,35 Euro zuzüglich 21 Cent** zur Förderung der Sicherstellung des Notdienstes sowie die Umsatzsteuer zu erheben. Soweit Fertigarzneimittel, die zur Anwendung bei Menschen bestimmt sind, durch die Apotheken zur Anwendung bei **Tieren** abgegeben werden, dürfen zur Berechnung des Apothekenabgabepreises abweichend von Satz 1 höchstens ein Zuschlag von 3 Prozent zuzüglich 8,10 Euro sowie die Umsatzsteuer erhoben werden. Bei der Abgabe von Fertigarzneimitteln, die zur Anwendung bei Tieren bestimmt sind, durch die Apotheken dürfen zur Berechnung des Apothekenabgabepreises höchstens Zuschläge nach Absatz 3 oder 4 sowie die Umsatzsteuer erhoben werden.

(2) Der **Festzuschlag** ist zu erheben

1. auf den Betrag, der sich aus der Zusammenrechnung des bei Belieferung des Großhandels geltenden Abgabepreises des pharmazeutischen Unternehmers ohne die Umsatzsteuer und des darauf entfallenden Großhandelshöchstzuschlags nach § 2 ergibt,

2. bei Fertigarzneimitteln, die nach § 52b Absatz 2 Satz 3 des Arzneimittelgesetzes nur vom pharmazeutischen Unternehmer direkt zu beziehen sind, auf den bei Belieferung der Apotheke geltenden Abgabepreis des pharmazeutischen Unternehmers ohne die Umsatzsteuer; § 2 Absatz 1 Satz 3 gilt entsprechend.

(3) Der **Höchstzuschlag** nach Absatz 1 Satz 3 ist bei einem Betrag

bis 1,22 Euro 68 Prozent (Spanne 40,5 Prozent),
von 1,35 Euro bis 3,88 Euro 62 Prozent (Spanne 38,3 Prozent),
von 4,23 Euro bis 7,30 Euro 57 Prozent (Spanne 36,3 Prozent),
von 8,68 Euro bis 12,14 Euro 48 Prozent (Spanne 32,4 Prozent),
von 13,56 Euro bis 19,42 Euro 43 Prozent (Spanne 30,1 Prozent),
von 22,58 Euro bis 29,14 Euro 37 Prozent (Spanne 27,0 Prozent),
von 35,95 Euro bis 543,91 Euro 30 Prozent (Spanne 23,1 Prozent),
ab 543,92 Euro 8,263 Prozent zuzüglich 118,24 Euro.

(4) Der Höchstzuschlag nach Absatz 1 Satz 3 ist bei einem Betrag

von 1,23 Euro bis 1,34 Euro 0,83 Euro,
von 3,89 Euro bis 4,22 Euro 2,41 Euro,
von 7,31 Euro bis 8,67 Euro 4,16 Euro,
von 12, 15 Euro bis 13,55 Euro 5,83 Euro,
von 19,43 Euro bis 22,57 Euro 8,35 Euro,

von 29,15 Euro bis 35,94 Euro 10,78 Euro.

(5) Sofern die abzugebende Menge nicht in der Verschreibung vorgeschrieben oder gesetzlich bestimmt ist, haben die Apotheken, soweit mit den Kostenträgern nichts anderes vereinbart ist, die **kleinste** im Verkehr befindliche Packung zu berechnen." (**§ 3**)

Im Zuge der Gesundheitsreform wurde die Arzneimittelpreisverordnung seit 2004 grundlegend neu gestaltet. Für verschreibungspflichtige Arzneimittel erheben die Apotheken seither keine rein prozentualen Aufschläge mehr, sondern einen Aufschlag von drei Prozent des Einkaufspreises zuzüglich eines aktuellen Festzuschlags von 8,56 Euro je Packung.

5

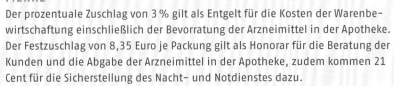

MERKE

Der prozentuale Zuschlag von 3 % gilt als Entgelt für die Kosten der Warenbewirtschaftung einschließlich der Bevorratung der Arzneimittel in der Apotheke. Der Festzuschlag von 8,35 Euro je Packung gilt als Honorar für die Beratung der Kunden und die Abgabe der Arzneimittel in der Apotheke, zudem kommen 21 Cent für die Sicherstellung des Nacht- und Notdienstes dazu.

Der **Großhandel** erhält **prozentuale Aufschläge** zur Vergütung der Beschaffung, Bevorratung und Verteilung von Arzneimitteln von Herstellern an Apotheken. Die Höhe dieser Zuschlagssätze wurde etwa um die Hälfte abgesenkt, da auch die Kosten des Großhandels durch erhebliche Fortschritte in der Technik der Warenbewirtschaftung entsprechend gesunken sind. Es bleibt beim einheitlichen Apothekenabgabepreis für alle verschreibungspflichtigen Fertigarzneimittel. Der gesetzliche **Apothekenabschlag** (zurzeit 1,77 Euro) wurde zum 1. Januar 2004 ebenfalls neu geregelt und hat sich mehrmals verändert (§ 130 Abs. 1 SGB V, ▶ Kap. 5.4, ◻ Tab. 5.7). Er wird zwischen dem GKV-Spitzenverband und dem Deutschen Apothekerverband (DAV) ausgehandelt.

◻ **Tab. 5.7** Arzneimittelpreise und GKV-Rabatt (Stand 2020)

Arzneimittel	Preisberechnung	Krankenkassenrabatt (GKV)
Verschreibungspflichtige Fertig-arzneimittel	Einkaufspreis + 3 % + 8,56 € + MwSt.	1,77 € pro Fertigarzneimittel
Apothekenpflichtige Fertigarz-neimittel (GKV-Rezept)	Höchstzuschlag nach § 3,3 AMPreisV	5 % pro Fertigarzneimittel
Apothekenpflichtige Fertigarz-neimittel (Selbstmedikation oder grünes Rezept)	Freie Preis-kalkulation	Keine Erstattung
Nicht apothekenpflichtige-Arzneimittel	Freie Preis-kalkulation	Keine Erstattung
Rezepturen	Berechnung nach § 5 AMPreisV	5 % pro Rezeptur

Das feste Abgabehonorar für Apotheker entspricht ihren gesetzlichen Aufgaben als Heilberufler: Die neutrale Information und sachkundige Beratung der Patienten über Nutzen und Risiken von Arzneimitteln wird durch ein Abgabehonorar vergütet.

> **GUT ZU WISSEN**
>
> Von jeder abgegebenen Packung eines Rx-Arzneimittels fließen 21 Cent in den **Notdienstfond** des Deutschen Apothekerverbandes. Aus diesem Fond werden jährlich nachträglich die Vergütungen für abgeleistet Nacht- und Notdienste an die betroffenen Apotheken ausbezahlt.

„(1) Bei der Abgabe eines Stoffes, der in Apotheken in **unverändertem Zustand** umgefüllt, abgefüllt, abgepackt oder gekennzeichnet wird, sind ein Festzuschlag von 100 vom Hundert (Spanne 50 vom Hundert) auf die Apothekeneinkaufspreise ohne Umsatzsteuer für Stoff und erforderliche Verpackung sowie die Umsatzsteuer zu erheben.

(2) Auszugehen ist von dem Apothekeneinkaufspreis der abzugebenden Menge des Stoffes, wobei der Einkaufspreis der üblichen Abpackung maßgebend ist.

(3) Trifft die für die Wahrnehmung der wirtschaftlichen Interessen gebildete maßgebliche Spitzenorganisation der Apotheker mit dem Spitzenverband Bund der Krankenkassen Vereinbarungen über Apothekeneinkaufspreise, die der Berechnung zugrunde gelegt werden sollen, so ist der Festzuschlag für die durch diese Vereinbarungen erfassten Abgaben abweichend von den Absätzen 1 und 2 auf diese Preise zu erheben. Das Gleiche gilt, wenn Sozialleistungsträger, private Krankenversicherungen oder deren Verbände mit Apotheken oder deren Verbänden entsprechende Vereinbarungen treffen; liegt eine solche Vereinbarung nicht vor, kann auf die nach Satz 1 vereinbarten Preise abgestellt werden." (**§4**, Auszüge)

„(1) Bei der Abgabe einer **Zubereitung** aus einem Stoff oder mehreren Stoffen, die in Apotheken angefertigt wird, sind

1. ein Festzuschlag von 90 vom Hundert auf die Apothekeneinkaufspreise ohne Umsatzsteuer für Stoffe und erforderliche Verpackung,
2. ein Rezepturzuschlag nach Absatz 3,
3. ein Festzuschlag von 8,35 Euro für Zubereitungen nach Absatz 3, die nicht Absatz 6 unterfallen
   sowie die Umsatzsteuer zu erheben.

(2) Auszugehen ist von den Apothekeneinkaufspreisen der für die Zubereitung erforderlichen Mengen an Stoffen und Fertigarzneimitteln. Maßgebend ist

1. bei Stoffen der Einkaufspreis der üblichen Abpackung,
2. bei Fertigarzneimitteln der Einkaufspreis nach §3 Abs. 2 der erforderlichen Packungsgröße.

(3) Der **Rezepturzuschlag** beträgt für

1. die Herstellung eines Arzneimittels durch Zubereitung aus einem Stoff oder mehreren Stoffen bis zur Grundmenge von 500 g, die Anfertigung eines gemischten Tees, Herstellung einer Lösung ohne Anwendung von Wärme, Mischen von Flüssigkeiten bis zur Grundmenge von 300 g 3,50 Euro,

2. die Anfertigung von Pudern, ungeteilten Pulvern, Salben, Pasten, Suspensionen und Emulsionen bis zur Grundmenge von 200 g, die Anfertigung von Lösungen unter Anwendung von Wärme, Mazerationen, Aufgüssen und Abkochungen bis zur Grundmenge von 300 g 6,00 Euro,

3. die Anfertigung von Pillen, Tabletten und Pastillen bis zur Grundmenge von 50 Stück, die Anfertigung von abgeteilten Pulvern, Zäpfchen, Vaginal-Kugeln und für das Füllen von Kapseln bis zur Grundmenge von 12 Stück, die Anfertigung von Arzneimitteln mit Durchführung einer Sterilisation, Sterilfiltration oder aseptischen Zubereitung bis zur Grundmenge von 300 g, das Zuschmelzen von Ampullen bis zur Grundmenge von 6 Stück 8,00 Euro.

Für jede über die Grundmenge hinausgehende kleinere bis gleich große Menge erhöht sich der Rezepturzuschlag um jeweils 50 vom Hundert.

(4) Trifft die für die Wahrnehmung der wirtschaftlichen Interessen gebildete maßgebliche Spitzenorganisation der Apotheker mit dem Spitzenverband Bund der Krankenkassen Vereinbarungen über Apothekeneinkaufspreise, die der Berechnung zugrunde gelegt werden sollen, so ist der Festzuschlag nach Absatz 1 Nr. 1 für die durch diese Vereinbarungen erfaßten Abgaben abweichend von den Absätzen 1 und 2 auf diese Preise zu erheben. Das Gleiche gilt, wenn Sozialleistungsträger, private Krankenversicherungen oder deren Verbände mit Apotheken oder deren Verbänden entsprechende Vereinbarungen treffen; liegt eine solche Vereinbarung nicht vor, kann auf die nach Satz 1 vereinbarten Preise abgestellt werden. Besteht keine Vereinbarung über abrechnungsfähige Einkaufspreise für Fertigarzneimittel in Zubereitungen nach Satz 1 oder Satz 2, ist höchstens der Apothekeneinkaufspreis zu berechnen, der bei Abgabe an Verbraucher auf Grund dieser Verordnung gilt. Bei einer umsatzsteuerfreien Abgabe von parenteralen Zubereitungen aus Fertigarzneimitteln in der Onkologie zur ambulanten Versorgung durch Krankenhausapotheken ist höchstens der Apothekeneinkaufspreis nach Satz 3 einschließlich der in diesem enthaltenen Umsatzsteuer zu berechnen.

(5) Trifft die für die Wahrnehmung der wirtschaftlichen Interessen gebildete maßgebliche Spitzenorganisation der Apotheker mit dem Spitzenverband Bund der Krankenkassen Vereinbarungen über die Höhe des Fest- oder Rezepturzuschlages nach Absatz 1, so sind die vereinbarten Zuschläge abweichend von Absatz 1 oder Absatz 3 bei der Preisberechnung zu berücksichtigen. Das Gleiche gilt, wenn Sozialleistungsträger, private Krankenversicherungen oder deren Verbände mit Apotheken oder deren Verbänden entsprechende Vereinbarungen treffen; liegt eine solche Vereinbarung nicht vor, kann auf die nach Satz 1 vereinbarten Preise abgestellt werden.

(6) Besteht keine Vereinbarung über Apothekenzuschläge für die Zubereitung von Stoffen nach Absatz 5 Satz 1 oder Satz 2, beträgt der Zuschlag für parenterale Lösungen abweichend von Absatz 1 oder Absatz 3 für

1. zytostatikahaltige Lösungen 90 Euro,
2. Lösungen mit monoklonalen Antikörpern 87 Euro,
3. antibiotika- und virustatikahaltige Lösungen 51 Euro,
4. Lösungen mit Schmerzmitteln 51 Euro,
5. Ernährungslösungen 83 Euro,
6. Calciumfolinatlösungen 51 Euro,
7. sonstige Lösungen 70 Euro." (§ 5)

Tab. 5.8 Preisbildung bei Stoffen und Rezepturen

Preisbildung durch Taxieren mit der Hilfstaxe für Apotheken	
Arzneistoff in unbearbeitetem Zustand	**Rezepturmäßig hergestellte Arzneimittel**
Arzneistoff: EK + 100 %	Arzneistoffe: EK + 90 %
+ Abgabegefäß: EK + 100 %	+ Abgabegefäß: EK + 90 %
	+ Rezepturzuschlag
	+ Festzuschlag (8,35 €)
+ Mehrwertsteuer (19 % MwSt.)	+ Mehrwertsteuer (19 % MwSt.)
= VK (Apothekenverkaufspreis)	= VK (Apothekenverkaufspreis)
+ gegebenenfalls Zuschläge auf den VK nach § 6–8 Arzneimittelpreisverordnung	

„Bei der Inanspruchnahme in der Zeit von 20 bis 6 Uhr, an Sonn- und Feiertagen sowie am 24. Dezember, wenn dieser Tag auf einen Werktag fällt, bis 6 Uhr und ab 14 Uhr können die Apotheken einen zusätzlichen Betrag von **2,50 Euro** einschließlich Umsatzsteuer berechnen." (**§ 6**)

„Bei der Abgabe eines **Betäubungsmittels**, dessen Verbleib nach § 1 Absatz 3 der Betäubungsmittel-Verschreibungsverordnung nachzuweisen ist, sowie bei der Abgabe von Arzneimitteln nach § 3a der Arzneimittelverschreibungsverordnung können die Apotheken einen zusätzlichen Betrag von **4,26 €** einschließlich Umsatzsteuer berechnen." (**§ 7**)

„Unvermeidbare Telegrammgebühren, Fernsprechgebühren, Porti, Zölle und andere Kosten der Beschaffung von Arzneimitteln, die üblicherweise weder in Apotheken noch im Großhandel vorrätig gehalten werden, können die Apotheken mit Zustimmung des Kostenträgers gesondert berechnen." (**§ 9**)

GUT ZU WISSEN

Die Apotheken gewähren den gesetzlichen Krankenkassen seit 2002 einen durch Gesetz festgelegten **Rabatt auf Arzneimittel (GKV-Rabatt)**. Derzeit geben die Apotheken den gesetzlichen Krankenkassen entsprechend § 130 SGB V (▸ Kap. 5.4) einen Rabatt (gesetzlicher Apothekenabschlag) von 1,77 Euro pro Fertigarzneimittel. Für nicht verschreibungspflichtige Arzneimittel und Rezepturen zu Lasten der GKV beträgt der GKV-Rabatt 5 % (▫ Tab. 5.7).

„Auf der **Verschreibung** sind von den **Apotheken** einzeln anzugeben

1. bei Fertigarzneimitteln der **Apothekenabgabepreis**, zusätzlich berechnete Beträge und die Summe der Einzelbeträge,
2. bei Arzneimitteln, die in Apotheken hergestellt werden, außerdem die **Einzelbeträge** des Apothekenabgabepreises,
3. bei einem Betrag nach § 6 auch die **Zeit** der Inanspruchnahme." **(§ 9)**

ZUSAMMENFASSUNG

- Auf Einzelsubstanzen immer 100 % Aufschlag auf Substanz und Gefäß (ein Etikett ist im Gefäßpreis enthalten).
- Auf Zubereitungen immer 90 % Aufschlag auf Substanzen und Gefäß (ein Etikett ist im Gefäßpreis enthalten).
- Die Arzneistoffe und ihre Einkaufspreise sind in der Hilfstaxe lateinisch (altlateinisch) im Alphabet (z. B. Rizinusöl unter „Oleum Ricini" und gereinigtes Wasser unter „Aqua purificata") angeordnet. In der Mitte der Hilfstaxe befindet sich ein Synonymverzeichnis.
- Der Arbeitspreis („Rezepturzuschlag") richtet sich nach der Anzahl oder Menge der hergestellten Arzneimittel; es kann immer nur ein Arbeitspreis berechnet werden.
- Bei der Berechnung von Zubereitungen (Rezepturen) wird zusätzlich der Festzuschlag von 8,35 Euro berechnet.
- Angebrochene Cent werden „wirtschaftlich" gerundet (z. B. 3,4 = 3; 3,5 = 4); der Mindestpreis für eine Substanz inklusive Aufschlag beträgt 2 Cent.
- Der Qualitätszuschlag für Wasser (= gereinigtes Wasser) beträgt inklusive Aufschlag derzeit 1,46 €.
- Bei der Berechnung von Fertigarzneimitteln in Rezepturen wird der EK (Einkaufspreis) der benötigten Packungsgröße mit einem Zuschlag von 90 % berechnet, Reste sind nach Apothekenbetriebsordnung zu verwerfen; für wenige in der Hilfstaxe aufgeführte Fertigarzneimittel wurde eine Berechnung wie bei den Substanzen vereinbart, hier sind Anbrüche möglich.
- Wenn das Rezept in der Nacht („noctu") verschrieben und beliefert wird, tragen nach § 7 die Krankenkassen die Nachttaxe (2,50 Euro inkl. MWSt.); ohne Noctu-Hinweis des Arztes trägt der Patient innerhalb der angegebenen Zeiten des § 6 diese Gebühr. Die Zeit der Inanspruchnahme nach § 9 ist zu vermerken.
- Bei der Abgabe von BtM-Rezepten (○Abb. 6.4, ▶Kap. 6.3) und T-Rezepten nach § 3a AMVV (○Abb. 5.3, ▶Kap. 5.2.1) beträgt der Zuschlag 4,26 Euro nach § 8. Auch dieser Zuschlag enthält bereits die Mehrwertsteuer (Umsatzsteuer).
- Für häufig vorkommende Arzneimittel sind in der Arzneitaxe für verschiedene Mengen die Apothekenverkaufspreise (VK) inklusive Gefäß und Mehrwertsteuer fertig ausgerechnet; Abgabepreise für Methadonzubereitungen sind für verschiedene Dosen und bis zu 30 Tagen ebenfalls fertig berechnet.

5.2.4 Kurzübersicht über weitere Verordnungen im Arzneimittelrecht

Verordnung über apothekenpflichtige und freiverkäufliche Arzneimittel (AMVerkRV)

In den Anlagen dieser Verordnung werden neben den Ausnahmen des § 44 AMG (▸Kap. 5.1.6) die Arzneimittelgruppen aufgeführt, die entweder der Apotheke vorbehalten sind (**Negativlisten**) oder im Einzelhandel außerhalb der Apotheken abgegeben werden dürfen (**Positivlisten**). Bei Gefährdungen der Arzneimittelsicherheit kann der Gesetzgeber auf diese Weise Stoffe in die Apothekenpflicht aufnehmen.

Positivlisten (nicht apothekenpflichtige Stoffe) sind

▪ Positivliste **freiverkäuflicher Stoffe und Zubereitungen** (**Anlage 1a**), z. B. Baldriantinktur, Eibischsirup als Fertigarzneimittel oder Zinksalbe.
▪ Positivlisten von **Heilpflanzen**, die in oralen Arzneiformen oder Instanttees enthalten sein dürfen (**Anlagen 1c, d, e**), z. B. Bärentraubenblätter, Fenchel und Süßholzwurzel.
▪ Positivlisten der **Wirkstoffe freiverkäuflicher** Abführmittel, freiverkäuflicher Hühneraugenmittel oder freiverkäuflicher Lutschpräparate gegen Husten und Heiserkeit (**Anlagen 2a, b, c**), z. B. Salmiakpastillen oder Früchtewürfel.

Negativlisten (apothekenpflichtige Stoffe) sind

▪ Negativliste **giftiger Pflanzen** (**Anlage 1b**), z. B. Maiglöckchen, Tollkirschenblätter und Schöllkraut.
▪ Negativliste schwerer **Krankheiten**, deren Anwendungsgebiete ausgeschlossen sind (**Anlage 3**), z. B. Diabetes, Epilepsie oder Durchfall des Säuglings.
▪ Negativliste **von der Freiverkäuflichkeit ausgeschlossener** Arzneistoffe und deren Zubereitungen (**Anlage 4**), z. B. Bisacodyl oder hochdosierte Vitamine A und D.

Alle Arzneimittel in folgenden **Darreichungsformen** sind **prinzipiell apothekenpflichtig:**
▪ Injektionen und Infusionen,
▪ Arzneimittel zur rektalen Applikation,
▪ Arzneimittel zur intrauterinen Applikation,
▪ Implantate,
▪ Aerosole bis zu einer Teilchengröße von nicht mehr als 5 µm,
▪ Homöopathische Arzneimittel (alle Darreichungsformen).

GUT ZU WISSEN

Homöopathische Arzneimittel (▸Kap. 5.1.5) unterliegen unabhängig von Zulassung (mit Indikation) oder Registrierung (ohne Indikation), ihrer Wirkungsstärke oder Arzneiform prinzipiell der **Apothekenpflicht** und dürfen nur in Apotheken und nur in der Sichtwahl angeboten werden. Verschreibungspflichtige homöopathische Arzneimittel behandelt der § 5 AMVV (▸Kap. 5.2.1), homöopathische Zubereitungen aus Opium und Papaver somniferum (Schlafmohn) können gegebenenfalls auch dem Betäubungsmittelgesetz unterliegen (▸Kap. 6.1, Anlage 3 BtMG, ▫Tab. 6.5).

Verordnung über Standardzulassungen von Arzneimitteln (AMStZulV)

Diese Verordnung über Standardzulassungen (▸ Kap. 5.1.4) ermöglicht die **Ausnahme von der Einzelzulassung**, wenn das Arzneimittel in einer Monographie der entsprechenden Anlage des Bundesgesetzblattes veröffentlicht ist. Diese Monographien findet man in der Apotheke als Loseblattwerk mit genauen Angaben über Qualität, Behältnisse, Kennzeichnung und Packungsbeilage; die entsprechenden Etiketten sind über den pharmazeutischen Bedarfshandel zu beziehen.

MERKE

Der Apothekenbetreiber muss Standardzulassungen, die er in seiner Apotheke herstellt, dem BfArM und seiner zuständigen Überwachungsbehörde mitteilen.

5

PRAXISBEISPIEL

- Kamillenblüten,
- Arnikatinktur,
- Ammoniumbituminosulfonatsalbe in verschiedenen Konzentrationen,
- Magnesiumsulfat-Heptahydrat (Bittersalz) und Natriumsulfat-Dekahydrat (Glaubersalz),
- verdünnte Wasserstoffperoxid-Lösung 3 %,
- Ascorbinsäure Kapseln in verschiedenen Dosierungen.

Analgetika-Warnhinweis-Verordnung (AnalgetikaWarnHV)

Am 01. Juli 2018 ist die Analgetika-Warnhinweis-Verordnung in Kraft getreten. Grundlage der Verordnung ist § 12 Abs. 1 Nr. 3 a AMG, bei der das Bundesgesundheitsministerium ermächtigt wird, für bestimmte Arzneimittel oder Arzneimittelgruppen Warnhinweise vorzuschreiben.

„(1) Diese Verordnung ist anzuwenden auf zur Anwendung bei Menschen bestimmte und ausschließlich zur Behandlung leichter bis mäßig starker Schmerzen oder von Fieber vorgesehene, oral oder rektal anzuwendende, nicht der Verschreibungspflicht nach § 48 des Arzneimittelgesetzes unterliegende und die Wirkstoffe **Acetylsalicylsäure, Diclofenac, Ibuprofen, Naproxen, Paracetamol, Phenazon oder Propyphenazon** enthaltende

1. Arzneimittel, die gemäß **§ 21 des Arzneimittelgesetzes** zugelassen sind,
2. Arzneimittel, die durch Rechtsverordnung nach **§ 36 des Arzneimittelgesetzes** von der Pflicht zur Zulassung freigestellt sind, und
3. Arzneimittel nach **§ 1a Absatz 8 und 9 der Apothekenbetriebsordnung**.“ (**§ 1**)

„(1) Arzneimittel nach § 1 Absatz 1 Nummer 1 und 2 dürfen nur in den Verkehr gebracht werden, wenn auf der äußeren Umhüllung oder, sofern nur ein Behältnis vorhanden ist, auf dem Behältnis der folgende Warnhinweis angebracht ist: „**Bei**

Schmerzen oder Fieber ohne ärztlichen Rat nicht länger anwenden als in der Packungsbeilage vorgegeben!"

(2) Arzneimittel nach § 1 Absatz 1 Nummer 3 dürfen nur in den Verkehr gebracht
werden, wenn auf der äußeren Umhüllung oder, sofern nur ein Behältnis vorhanden
ist, auf dem Behältnis der folgende Warnhinweis angebracht ist: „**Bei Schmerzen oder
Fieber ohne ärztlichen Rat nicht länger anwenden als vom Apotheker oder von der Apothekerin empfohlen!**"

(3) Der Warnhinweis nach Absatz 1 oder Absatz 2 ist in gut lesbarer Schrift dauerhaft
auf der Vorderseite der äußeren Umhüllung oder, sofern nur ein Behältnis vorhanden ist, auf dem Behältnis anzubringen." **(§ 2)**

MERKE

Der Analgetika-Warnhinweis muss vom Hersteller auf der äußeren Umhüllung
und/oder dem Behältnis angebracht sein, bei Rezepturen in der Apotheke auf
dem Etikett.

- Betroffen sind sieben Arzneistoffe zur Anwendung am Menschen, die nicht der Verschreibungspflicht unterliegen,
- Diese Wirkstoffe müssen zur Behandlung leichter bis mäßig starker Schmerzen oder
  von Fieber vorgesehen sein und oral oder rektal appliziert sein,
- Die Hinweise nach § 2,1 müssen auf zugelassenen Arzneimitteln (§ 21 AMG) und Standardzulassungen (§ 36 AMG) angebracht sein, die Hinweise nach § 2,2 auf Rezepturen
  und Defekturen (§ 1a ApBetrO).

GUT ZU WISSEN

Für Apotheken ist zu beachten, dass die Vorgaben der **AnalgetikaWarnHV** auch bei
der **Werbung** berücksichtigt werden müssen. § 4 Abs. 1 Satz 1 Nr. 7 Heilmittelwer-
begeset (HWG) schreibt vor, dass Warnhinweise, soweit sie für die Kennzeichnung
der Behältnisse und äußeren Umhüllungen von Arzneimitteln vorgeschrieben sind,
bei der Werbung wiedergegeben werden müssen. Nach § 4 Abs. 3 Satz 3 HWG entfällt diese Hinweispflicht auch nicht bei der Öffentlichkeitswerbung. Im Falle der
Werbung für die von der AnalgetikaWarnHV betroffenen Fertigarzneimittel, etwa
im Rahmen von Angebotsflyern der Apotheke, bedeutet dies beispielsweise, dass
der Warnhinweis „**Bei Schmerzen oder Fieber ohne ärztlichen Rat nicht länger
anwenden als in der Packungsbeilage angegeben!**" aufzunehmen ist.
(Quelle: LAK Baden-Württemberg)

Packungsgrößenverordnung (PackungsV)

Die **Verordnung über die Bestimmung und Kennzeichnung von Packungsgrößen für Arzneimittel in der vertragsärztlichen Versorgung** (Stand 9. August 2019) verpflichtet den Hersteller zur Kennzeichnung mit den Bezeichnungen N1, N2 oder N3.

□ Tab. 5.9 Packungsgröße und Reichdauer

	Reichdauer	Abweichung	Therapieart	Quelle
N1	10 Tage	± 20 %	Akuttherapie	§ 1,1 Ziffer 1
N2	30 Tage	±10 %	Kürzere Dauertherapie	§ 1,1 Ziffer 2
N3	100 Tage	± 5 %	Lange Dauertherapie	§ 1,1 Ziffer 3

Die Packungsgrößen von Arzneimitteln werden vom **Deutschen Institut für Medizinische Dokumentation und Information** (DIMDI, ▸ Kap. 2.1) in Abstimmung mit dem Bundesministerium für Gesundheit (BMG) bestimmt. Für die Ermittlung der Packungsgrößen ist die **Reichdauer** entscheidend (□ Tab. 5.9).

Bei der Rezeptbelieferung in Apotheken sind die festgelegten Normgrößen entscheidend, um festzustellen, ob es sich um eine erstattungsfähige Packungsgröße handelt. Darüber hinaus sind die Normgrößen wichtig, um die Abgabefähigkeit mehrerer Packungen im Rahmen von **Stückelungen** zu beurteilen.

„(1) **Fertigarzneimittel** nach § 4 Absatz 1 des Arzneimittelgesetzes, die von einem Vertragsarzt für Versicherte verordnet und zu Lasten der gesetzlichen Krankenversicherung abgegeben werden können, erhalten ein **Packungsgrößenkennzeichen** entsprechend der Dauer der Therapie, für die sie bestimmt sind. Das Packungsgrößenkennzeichen wird bestimmt nach der Anzahl der einzelnen Anwendungseinheiten, die in der Packung enthalten sind:

1. Packungen für die **Akuttherapie** oder zur Therapieeinstellung mit einer Anzahl von einzelnen Anwendungseinheiten für eine Behandlungsdauer von zehn Tagen werden als **N1** (**kleine Packungsgröße**) gekennzeichnet; dies gilt auch für Packungen, deren Anzahl von einzelnen Anwendungseinheiten um nicht mehr als 20 Prozent hiervon abweicht,
2. Packungen für die **Dauertherapie**, die einer besonderen ärztlichen Begleitung bedarf, mit einer Anzahl von einzelnen Anwendungseinheiten für eine **Behandlungsdauer von 30 Tagen** werden als **N2** (**mittlere Packungsgröße**) gekennzeichnet; dies gilt auch für Packungen, deren Anzahl von einzelnen Anwendungseinheiten um nicht mehr als 10 Prozent hiervon abweicht,
3. Packungen für die **Dauertherapie** und mit einer Anzahl von einzelnen Anwendungseinheiten für eine **Behandlungsdauer von 100 Tagen** werden als **N3** (**große Packungsgröße**) gekennzeichnet; dies gilt auch für Packungen, deren Anzahl von einzelnen Anwendungseinheiten um nicht mehr als 5 Prozent niedriger ist.

(1a) Bei Anwendung der Spannbreiten nach Absatz 1 ist kaufmännisch zu runden. Bei einer Absenkung der Messzahl für die jeweils größte auf Grund dieser Verordnung bezeichnete Packungsgröße gilt für Fertigarzneimittel, die bereits vor der Absenkung der maßgeblichen Messzahl in den Verkehr gebracht wurden und deren Packungsinhalte die jeweils größte auf Grund dieser Verordnung bezeichnete Packungsgröße auf Grund der Absenkung der Messzahl übersteigen würden, für einen Zeitraum von 18 Monaten nach dem jeweiligen Inkrafttreten der Absenkung die vor dem Inkrafttreten der Änderung zuletzt maßgebliche Messzahl fort.

(2) Werden Fertigarzneimittel unter Angabe eines einheitlichen Kennzeichens nach § 300 Abs. 3 Nr. 1 des Fünften Buches Sozialgesetzbuch in einer äußeren Umverpackung in Verkehr gebracht, in der mindestens zwei Arzneimittel oder auch Arzneimittel in unterschiedlichen Darreichungsformen enthalten sind, gelten diese Packungen als **Kombinationspackungen** im Sinne dieser Verordnung. Bei der Ermittlung des Packungsgrößenkennzeichens für Kombinationspackungen ist zunächst für jedes enthaltene Arzneimittel oder für jede enthaltene Darreichungsform gesondert ein Packungsgrößenkennzeichen gemäß Absatz 1 zu ermitteln. Sind Arzneimittel oder Arzneimittel in unterschiedlichen Darreichungsformen in einer Kombinationspackung unterschiedlichen Packungsgrößenkennzeichen zuzuordnen, so ist für die Kennzeichnung der Kombinationspackung das Packungsgrößenkennzeichen desjenigen Einzelarzneimittels maßgeblich, das der jeweils größten ermittelten Packungsgröße nach Absatz 1 entspricht. Sofern nur für eines der Einzelarzneimittel ein Packungsgrößenkennzeichen nach § 5 bestimmt ist, ist dieses maßgeblich." **(§ 1)**

Verordnung über Nahrungsergänzungsmittel (Nahrungsergänzungsmittelverordnung, NemV)

Schon seit 2004 (novelliert 2017) existiert die Verordnung über Nahrungsergänzungsmittel (NemV) und definiert **Nahrungsergänzungsmittel** in Abgrenzung zum Arzneimittel in:

„(1) **Nahrungsergänzungsmittel** im Sinne dieser Verordnung ist ein **Lebensmittel**, das
1. dazu bestimmt ist, die allgemeine Ernährung zu ergänzen,
2. ein Konzentrat von Nährstoffen oder sonstigen Stoffen mit ernährungsspezifischer oder physiologischer Wirkung allein oder in Zusammensetzung darstellt und
3. in dosierter Form, insbesondere in Form von Kapseln, Pastillen, Tabletten, Pillen und anderen ähnlichen Darreichungsformen, Pulverbeuteln, Flüssigampullen, Flaschen mit Tropfeinsätzen und ähnlichen Darreichungsformen von Flüssigkeiten und Pulvern zur Aufnahme in abgemessenen kleinen Mengen, in den Verkehr gebracht wird.

(2) **Nährstoffe** im Sinne dieser Verordnung sind Vitamine und Mineralstoffe, einschließlich Spurenelemente." **(§ 1)**

MERKE

Nahrungsergänzungsmittel gehören in der Apotheke zu den apothekenüblichen Waren (▸ Kap. 4.3.1). Rechtlich zuständig ist das Bundesamt für Verbraucherschutz und Lebensmittelsicherheit in Zusammenarbeit mit dem Bundesministerium für Ernährung und Landwirtschaft.

„(1) Wer ein Nahrungsergänzungsmittel als Hersteller oder Einführer in den Verkehr bringen will, hat dies spätestens beim ersten Inverkehrbringen dem **Bundesamt für Verbraucherschutz und Lebensmittelsicherheit** unter Vorlage eines Musters des für das Erzeugnis verwendeten Etiketts anzuzeigen.

(2) Wurde das Nahrungsergänzungsmittel bereits in einem anderen Mitgliedstaat der **Europäischen Union** in den Verkehr gebracht, so ist, sofern das in diesem Mit-

gliedstaat geltende Recht eine Anzeigepflicht vorsieht, in der Anzeige nach Absatz 1 zusätzlich die Behörde des anderen Mitgliedstaates anzugeben, bei der die erste Anzeige erfolgt ist.

(3) Das Bundesamt für Verbraucherschutz und Lebensmittelsicherheit übermittelt die Anzeige unverzüglich dem **Bundesministerium für Ernährung und Landwirtschaft** und den für die Lebensmittelüberwachung zuständigen obersten Landesbehörden."
(**§ 5**)

Alkoholsteuerverordnung (AlkStV)

Die rechtlichen Grundlagen der Alkoholsteuer sind in Deutschland im **Alkoholsteuerge-setz** (AlkStG) und in der **Alkoholsteuerverordnung** (AlkStV) geregelt, die seit 2018 die bis dahin geltenden Vorschriften des Branntweinmonopolgesetzes und der Branntwein-steuerverordnung abgelöst haben. Gegenüber den bis dahin geltenden Regelungen haben sich für die Apotheke dabei nur sehr wenige relevante Änderungen ergeben. Beispiels-weise wurden die Begriffe „Branntwein" und „branntweinhaltige Waren" in dem Begriff „**Alkoholerzeugnisse**" zusammengefasst. Das Alkoholsteuergesetz regelt neben der Besteuerung von Alkohol auch die Steuervergünstigungen. Darin heißt es „Alkohol-erzeugnisse sind von der Steuer befreit, wenn sie gewerblich verwendet werden zur Her-stellung von **Arzneimitteln** durch dazu nach Arzneimittelrecht Befugte." Entscheidend für die Apotheke ist also die Zweckbestimmung.

Bei der Verwendung von **unversteuertem Ethanol** muss gemäß § 27 Abs. 1 und 2 AlkStG zwischen vergälltem und unvergälltem Alkohol unterschieden werden. Beide Formen dürfen unter Beachtung der Vorgaben der ApBetrO unversteuert zur **Arzneimittelherstel-lung** verwendet werden. Auch reine Ethanol-Wasser-Mischungen, die Arzneimittel sind, sind so von der Steuer befreit. Die **Zweckbestimmung** der reinen Ethanol-Wasser-Mi-schung ist hier maßgeblich. Demzufolge darf für die Herstellung reiner Ethanol-Was-ser-Mischungen als Nicht-Arzneimittel (z. B. für Prüfzwecke im Labor oder als Flächen-desinfektionsmittel) kein steuerfreier Ethanol verwendet werden. Die Apotheke benötigt eine Erlaubnis des zuständigen Hauptzollamtes; es ist ein Belegheft und ein Alkoholver-wendungsbuch (§ 60 AlkStV) zu führen. Zudem ist eine jährliche Bestandsaufnahme ver-pflichtend.

Versteuerter Ethanol darf neben der Verwendung zur Arzneimittelherstellung sowohl unverändert als auch in Form von Ethanol-Wasser-Gemischen abgegeben werden. Er muss in der Apotheke bei der Herstellung der gängigen Arzneibuchverdünnungen (z. B. Spiritus dilutus = Ethanol 70 % (V/V) zur **Desinfektion** und zur Zubereitung von **Reagen-zien** verwendet werden.

Steuerfreier vergällter Ethanol (z. B. Brennspiritus) wird zu Heiz- oder Reinigungszwe-cken verwendet.

> **MERKE**
> Die Dokumentation in der Apotheke ist für beide Arten von Alkohol getrennt zu führen; versteuerter Alkohol in Fertigpackungen ist von der innerbetrieblichen Aufzeichnungspflicht befreit. Es wird auch eine getrennte Lagerung der unter-schiedlich zu versteuernden Alkohole verlangt.

Preisangabenverordnung (PAngV)

Nach der auf Grund des Gesetzes zur Regelung der Preisangaben erlassenen **Verordnung über die Regelung von Preisangaben** fallen sowohl Arzneimittel als auch apothekenübliche Waren nach ApBetrO (▸ Kap. 4.3.1) unter die Preisauszeichnungspflicht. Alle Waren, die im Schaufenster oder im Inneren der Apotheke ausgestellt sind, müssen mit **Preisschildern** ausgezeichnet sein. Es darf nicht für verschreibungspflichtige Arzneimittel in der Sichtwahl oder im Schaufenster geworben werden.

> **MERKE**
>
> Zusätzlich zu den Vorschriften dieser Verordnung muss bei der Abgabe von Arzneimitteln an Personen, die in der GKV versichert sind, bei der Abgabe der Abgabepreis auf dem Rezept und der abgegebenen Packung angegeben sein (§ 17,6 ApBetrO, ▸ Kap. 4.3.1 und § 129 Abs. 1 Nr. 4 SGB V, ▸ Kap. 5.4).

Verpackungsverordnung (VerpackV)

Die Verpackungsverordnung unterscheidet vier Arten von Verpackungen, die auch im Apothekenbetrieb Bedeutung haben:

Verpackungen sind aus beliebigen Materialien hergestellte Produkte zur Aufnahme, zum Schutz, zur Handhabung, zur Lieferung oder zur Darbietung von Waren, die vom Rohstoff bis zum Verarbeitungserzeugnis reichen können und vom Hersteller oder dem pharmazeutischen Großhandel an die Apotheke weitergegeben werden.

Transportverpackungen dienen auf dem Weg vom Hersteller oder Großhandel zur Apotheke dazu, die Ware sicher und unbeschädigt auszuliefern. Der Lieferant ist zur Rücknahme dieser Transportverpackungen verpflichtet.

Umverpackungen sind zusätzliche Umhüllungen um das zu verkaufende Produkt (z. B. eine Faltschachtel um eine Zahnpasta Tube). Umverpackungen kann der Kunde in der Apotheke wie in anderen Geschäften zurücklassen, eine Sammelmöglichkeit muss in der Apotheke angeboten sein. Äußere Umhüllungen von Arzneimitteln gehören nach dem Arzneimittelgesetz zum Arzneimittel und fallen nicht unter diese Regelung.

Verkaufsverpackungen (z. B. die Zahnpastatube) werden vom Verbraucher bis zum Verbrauch der Waren benötigt und müssen seit Januar 1993 zurückgenommen werden. Um den Einzelhandel zu entlasten haben die Hersteller die Entsorgungsmöglichkeit über den „Grünen Punkt" geschaffen.

5.3 Gesetz über Medizinprodukte (Medizinproduktegesetz, MPG)

MPG in der Fassung der Bekanntmachung vom 7. August 2002 (BGBl. I S. 3146), das zuletzt durch Artikel 11 des Gesetzes vom 20. November 2019 (BGBl. I S. 1626) geändert worden ist.

– Auszüge –

Am 1. Januar 1995 trat das völlig neue Gesetz über Medizinprodukte („Medizinproduktegesetz") in Kraft und wurde seitdem mehrmals novelliert. Es hat den Zweck, den Verkehr mit Medizinprodukten zu regeln und beruht größtenteils auf europäischem Recht. Die europäischen Richtlinien wurden dabei in deutsches Recht umgesetzt, um einen **europaweiten Standard für Medizinprodukte** zu erreichen. Zahlreiche Medizinprodukte wie Katheter, Einmalspritzen oder chirurgisches Nahtmaterial wurden vom Arzneimittelgesetz früher als fiktive Arzneimittel aufgeführt und mussten auf Grundlage der europäischen Richtlinien ins Medizinproduktegesetz übernommen werden. Andere Medizinprodukte entstammen der Medizingeräteverordnung (z. B. künstliche Organe oder ärztliche Instrumente).

MERKE

Es treten gelegentlich Grenzfälle auf, ob ein Produkt als Medical Device (**Medizinprodukt**) oder Medicinal Product (**Arzneimittel**) einzustufen ist. Die Zuordnung erfolgt auf Grund der bestimmungsgemäßen Hauptwirkung und der Zweckbestimmung.

DEFINITION

Als **Medizinprodukte** werden u. a. Gegenstände, Stoffe und Software bezeichnet, die zu therapeutischen oder diagnostischen Zwecken für Menschen verwendet wird, wobei die bestimmungsgemäße Hauptwirkung im Unterschied zu **Arzneimitteln** primär nicht pharmakologisch, metabolisch oder immunologisch, sondern meist physikalisch oder physikochemisch erfolgt.

Dazwischen gibt es Grenzfälle (**Borderline Products**, ○ Abb. 5.4), bei denen festgelegt werden muss, ob es sich um ein Arzneimittel Zulassung) oder ein Medizinprodukt (Zertifizierung) handelt. Die Einstufung ist abhängig von der **Hauptwirkung** und der **Zweckbestimmung** des Produkts.

Beispiel für ein Borderline-Produkt ist Knochenzement, der ohne Wirkstoff als Medizinprodukt und mit Wirkstoff (z. B. einem Antibiotikum) als Arzneimittel einzustufen ist. Ist ein Medizinprodukt mit einem Arzneimittel fest verbunden (combination product, z. B. in einer Fertigampulle oder einem Einweg-Pen), so wird dieses Produkt den Arzneimitteln zugeordnet.

Im Gegensatz zu Arzneimitteln gibt es keine Medizinprodukte für Tiere.

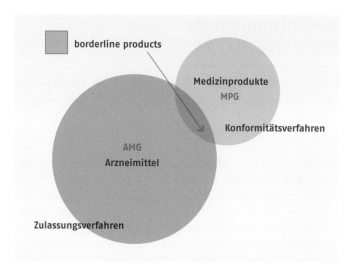

○ **Abb. 5.4** Arznei-
mittel und
Medizinprodukte

MERKE

Medizinprodukte müssen zur Qualitätssicherung europäisch vorgeschriebene
hohe Herstellernormen erfüllen. Sie erhalten keine Zulassungsnummer wie
Arzneimittel sondern ein Zertifikat und das CE-Kennzeichen. Dieses CE-Kennzeichen wird von „benannten Stellen" (unabhängige staatliche oder nicht-
staatliche Einrichtungen) auf Grundlage eines Konformitätsbewertungsverfah-
rens vergeben. Damit ist das Medizinprodukt im Europäischen Wirtschaftsraum
(EWR) verkehrsfähig.

KURZINFO

In § 3 des Medizinproduktegesetzes wird der Begriff „Medizinprodukte" definiert.

1. „**Medizinprodukte** sind alle einzeln oder miteinander verbunden verwendeten Instrumente, Apparate, Vorrichtungen, Stoffe und Zubereitungen aus Stoffen oder
   andere Gegenstände einschließlich der für ein einwandfreies Funktionieren des
   Medizinprodukts eingesetzten Software, die vom Hersteller zur Anwendung für
   Menschen mittels ihrer Funktionen zum Zwecke
   a) der Erkennung, Verhütung, Überwachung, Behandlung oder Linderung von
      Krankheiten,
   b) der Erkennung, Überwachung, Behandlung, Linderung oder Kompensierung
      von Verletzungen oder Behinderungen,
   c) der Untersuchung, der Ersetzung oder der Veränderung des anatomischen
      Aufbaus oder eines physiologischen Vorgangs oder
   d) der Empfängnisregelung
   zu dienen bestimmt sind und deren bestimmungsgemäße **Hauptwirkung** im oder
   am menschlichen Körper weder durch pharmakologisch oder immunologisch

wirkende Mittel noch durch Metabolismus erreicht wird, deren Wirkungsweise aber durch solche Mittel unterstützt werden kann.

2. Medizinprodukte sind auch Produkte nach Nummer 1, die einen Stoff oder eine Zubereitung aus Stoffen enthalten oder auf die solche aufgetragen sind, die bei gesonderter Verwendung als Arzneimittel im Sinne des § 2 Abs. 1 des Arzneimittelgesetzes angesehen werden können und die in Ergänzung zu den Funktionen des Produkts eine Wirkung auf den menschlichen Körper entfalten können." (**§ 3**)

☐ **Tab. 5.10** Beispiele für Arzneimittel und Medizinprodukte

Arzneimittel	Medizinprodukte
Transdermales Hormonpflaster	Pflaster
Röntgenkontrastmittel	Intrauterinpessare
Hormonhaltiger Verhütungsring (NuvaRing®)	Verhütungsring ohne Hormone (Ovaprene®)
Künstliche Tränenflüssigkeit	Katheter
Lokale Desinfektionsmittel	Röntgengeräte
Plasmaexpander	Medizinprodukte-Software
Wasser zur Injektion	Chirurgisches Nahtmaterial
Gase zur Anästhesie	Blutdruckmessgeräte
Messbecher (integrierter Verschluss)	Messlöffel

Die **Klassifizierung** der Medizinprodukte im § 13 MPG erfolgt **risikoabhängig** (Maßstab hierfür ist unter Berücksichtigung ihrer vorgegebenen Zweckbestimmung die „Verletzbarkeit" des menschlichen Körpers) nach der Richtlinie 93/42/EG. 98/79/EG:

▪ **Klasse I:** geringes Risikopotenzial, eventuell mit Messfunktion oder steril (z. B. Fieberthermometer, sterile Wundkompressen, Stützstrümpfe, Rollstühle),

▪ **Klasse IIa:** mittleres Risikopotenzial (z. B. Einmalspritzen, chirurgisches Nahtmaterial für Hautverschluss, sterile Blutlanzetten),

▪ **Klasse IIb:** höheres Risikopotenzial (z. B. hormonfreie Intrauterinpessare, Blutbeutel, Dialysekonzentrate, Dentalimplantate),

▪ **Klasse III:** höchstes Risikopotenzial (z. B. Implantate am Herz, zentralen Kreislauf oder Nervensystemen, Intrauterinpessar; Medizinprodukte in Kombination mit Arzneimitteln wie z. B. Katheter mit Heparin).

Auch die In-vitro-Diagnostika werden in vier Risikogruppen eingeteilt (z. B. Schwangerschaftstests oder Reagenzien zur Bestimmung von HIV). Medizinprodukte der Risikoklasse 1 (Klassifizierung s. u.) werden vom Hersteller selbst zertifiziert, für die Risikoklassen 2 und 3 ist eine **Fremdzertifizierung** vorgeschrieben.

5

Die weitere **Einteilung** der Medizinprodukte in **aktiv**, **nicht aktiv** und **implantierbar** kann in vier Gruppen erfolgen:

> **PRAXISBEISPIEL**
>
> - **Aktive implantierbare Medizinprodukte** sind auf Energiequellen angewiesen, wie z. B. Herzschrittmacher, implantierte Insulinpumpen.
> - **Aktive, nicht implantierbare Medizinprodukte**, wie z. B. Blutdruckmessgeräte, Narkosegeräte, Röntgengeräte, Hörhilfen.
> - **Nicht aktive Medizinprodukte** sind auf keine Energiequelle angewiesen, wie z. B. Katheter, Einmalspritzen, künstliche Gelenke, Brillen, Stoma-Artikel.
> - **Labordiagnostika** wie Reagenzien, Bluttests.

Wichtige Verordnungen im Überblick:
- Die **Medizinproduktverordnung** (**MPV**) gilt für das erstmalige Inverkehrbringen von Medizinprodukten und regelt beispielsweise Anordnungen und Maßnahmen des BfArM (▸ Kap. 2.1) zur Abwendung von akuten Risiken.
- Die **Verordnung über die Abgabe von Medizinprodukten und zur Änderung medizinprodukterechtlicher Vorschriften** (**MPAVEV**, früher: Verordnung über Vertriebswege für Medizinprodukte) regelt die Abgabe von Medizinprodukten, die der Apothekenpflicht oder der Verschreibungspflicht unterliegen. Beide Gruppen von Medizinprodukten dürfen nur in Apotheken abgegeben werden.
- Die **Medizinproduktebetreiberverordnung** (**MBetreibV**) regelt z. B. die „messtechnische Kontrolle" (entspricht der Eichung) von Medizinprodukten mit Messfunktionen sowie sicherheitstechnische Kontrollen bei der Anwendung von Medizinprodukten.
- Die **Verordnung zur Regelung der Abgabe von Medizinprodukten** (**Medizinprodukteabgabeverordnung, MPAV**) ersetzte 2014 die ehemalige Verordnung über die Verschreibungspflicht von Medizinprodukten und legt fest, dass Medizinprodukte mit verschreibungspflichtigen Zusätzen nach der Anlage der Verschreibungsverordnung (▸ Kap. 5.2.1), wie z. B. Hormone oder Antibiotika, ebenfalls verschreibungspflichtig sind. Der Verschreibungspflicht unterliegen auch Intrauterinpessare.

> **PRAXISBEISPIEL**
>
> „Oral zu applizierende Sättigungspräparate auf Cellulosebasis mit definiert vorgegebener Geometrie" (= vom Menschen nicht verdaubar) zur Behandlung des Übergewichts (CM 3®, Jogun®) wurden 2002 wegen Häufung von Nebenwirkungen bis hin zum Darmverschluss der Verschreibungspflicht für Medizinprodukte unterstellt; das verdaubare Medizinprodukt CM 3 Alginat® unterliegt nicht der Verschreibungspflicht. CM 3® auf Cellulosebasis ist inzwischen vom Markt genommen.

Verschreibungspflichtige Medizinprodukte sind in der Anlage der MPAV aufgeführt und dürfen nur bei Vorliegen eines ärztlichen Rezepts abgegeben werden.

„Die **Verschreibung** muss

1. Name, Vorname, Berufsbezeichnung und Anschrift der Praxis oder der Klinik der verschreibenden ärztlichen oder zahnärztlichen Person (verschreibende Person) einschließlich der Telefonnummer zur Kontaktaufnahme,
2. Datum der Ausfertigung,
3. Namen, Vornamen und Geburtsdatum der Person, für die das Medizinprodukt bestimmt ist,
4. Bezeichnung des Medizinprodukts sowie bei Sonderanfertigungen die spezifischen Auslegungsmerkmale, nach denen dieses Produkt eigens angefertigt werden soll,
5. abzugebende Menge oder gegebenenfalls Maße des verschriebenen Medizinprodukts,
6. bei Medizinprodukten, die in der Apotheke hergestellt werden sollen, eine Gebrauchsanweisung, soweit diese nach § 7 MPG vorgeschrieben ist,
7. die eigenhändige Unterschrift der verschreibenden Person oder, bei Verschreibungen in elektronischer Form, deren qualifizierte elektronische Signatur." (**§1 Abs. 2 MPAV**)

Das Deutsche Institut für medizinische Dokumentation und Information (DIMDI, ▶Kap. 2.1) hat im Auftrag des BMG die deutschsprachige Fassung der **Nomenklatur für Medizinprodukte** (UMDNS) herausgegeben, die zur Verschlüsselung von Medizinprodukten eingesetzt werden kann.

ZUSAMMENFASSUNG

- Mit dem CE-Kennzeichen haben die Medizinprodukte europaweit einen einheitlichen Qualitätsstandard; sie können auch apotheken- oder verschreibungspflichtig sein.
- Die Einstufung als Arzneimittel oder Medizinprodukt hängt von der Hauptwirkung und der Zweckbestimmung des Gegenstandes ab; Medizinprodukte wirken vom Prinzip her physikalisch, Arzneimittel pharmakologisch.
- Die Klassifizierung von Medizinprodukten erfolgt risikoabhängig in vier Klassen; zuständig für diese Klassifizierung sind europäische Richtlinien.
- Verschreibungspflichtige Medizinprodukte dürfen nur bei Vorliegen einer ärztlichen Verschreibung abgegeben werden; Medizinprodukte gehören, auch wenn sie nicht der Apothekenpflicht unterliegen, zu den apothekenüblichen Waren nach § 1a ApBetrO.

5.4   Fünftes Buch Sozialgesetzbuch (SGB V)

SGB V in der Fassung vom 10. Februar 2020 (BGBl. I S. 148)

– Auszüge –

Gesetzliche Regelungen zwischen allen am Gesundheitssystem Beteiligten (z.B. Ärzte und Apotheken) und der Gesetzlichen Krankenversicherung (GKV) werden im Sozialgesetzbuch festgelegt. Für die Apotheken ist hier vor allem das **Fünfte Buch Sozialgesetzbuch** (SGB V) zuständig.

Das System der **Zuzahlung** des Versicherten an Arzneimitteln und Hilfsmitteln wurde im SGB V (§ 31 und § 61) festgelegt:
- Die Apotheke fordert zur unentgeltlichen Weitergabe an die gesetzlichen Krankenkassen Zuzahlungen von Patienten von 10 % des Arzneimittelpreises.

MERKE
Es sind mindestens 5 € und höchstens 10 € zu zahlen. Das gilt auch für die meisten Hilfsmittel. Die Kosten des Arzneimittels dürfen dabei nicht überschritten werden.

- Die Krankenkasse kann die Zuzahlungen übernehmen (Befreiung) oder unter bestimmten Bedingungen (z. B. Teilnahme des Patienten an Disease-Management-Programmen für chronische Krankheiten) ermäßigen.
- Für zum Verbrauch bestimmte Hilfsmittel (Mullbinden, Kanülen usw.) müssen 10 %, aber maximal monatlich 10 € bezahlt werden.
- Die Apotheken müssen über die Zuzahlungen kostenlose Bescheinigungen für die Patienten ausstellen.

GUT ZU WISSEN
Krankenversicherte mit einer schwerwiegenden Erkrankung haben seit 2017 Anspruch auf Versorgung mit **Cannabis** in Form von getrockneten Blüten oder Extrakten (▶ Kap. 6.1) in standardisierter Qualität und auf die Versorgung mit Arzneimitteln mit den Wirkstoffen **Dronabinol** oder **Nabilon**, wenn
1. „eine allgemein anerkannte, dem medizinischen Standard entsprechende Leistung a) nicht zur Verfügung steht oder b) im Einzelfall nach der begründeten Einschätzung der behandelnden Vertragsärztin oder des behandelnden Vertragsarztes unter Abwägung der zu erwartenden Nebenwirkungen und unter Berücksichtigung des Krankheitszustands der oder des Versicherten nicht zur Anwendung kommen kann,
2. eine nicht ganz entfernt liegende Aussicht auf eine spürbare positive Einwirkung auf den Krankheitsverlauf oder auf schwerwiegende Symptome besteht ...“ (SGB V § 31,6, Auszug)

„(1) Versicherte, die gleichzeitig mindestens drei verordnete Arzneimittel anwenden, haben Anspruch auf Erstellung und Aushändigung eines **Medikationsplans** in Papierform durch einen an der vertragsärztlichen Versorgung teilnehmenden **Arzt**. Das Nähere zu den Voraussetzungen des Anspruchs nach Satz 1 vereinbaren die Kassenärztliche Bundesvereinigung und der Spitzenverband Bund der Krankenkassen bis zum 30. Juni 2016 mit Wirkung zum 1. Oktober 2016 als Bestandteil der Bundesmantelverträge. Jeder an der vertragsärztlichen Versorgung teilnehmende Arzt ist verpflichtet, bei der Verordnung eines Arzneimittels den Versicherten, der einen Anspruch nach Satz 1 hat, über diesen Anspruch zu informieren.

(2) In dem **Medikationsplan** sind mit Anwendungshinweisen zu dokumentieren

1. alle Arzneimittel, die dem Versicherten verordnet worden sind,
2. Arzneimittel, die der Versicherte ohne Verschreibung anwendet, sowie
3. Hinweise auf Medizinprodukte, soweit sie für die Medikation nach den Nummern 1 und 2 relevant sind.

(3) Der **Arzt** nach Absatz 1 Satz 1 hat den Medikationsplan zu aktualisieren, sobald er die Medikation ändert oder er Kenntnis davon erlangt, dass eine anderweitige Änderung der Medikation eingetreten ist. Auf **Wunsch des Versicherten** hat die **Apotheke** bei Abgabe eines Arzneimittels eine insoweit erforderliche Aktualisierung des Medikationsplans vorzunehmen. Ab dem 1. Januar 2019 besteht der Anspruch auf Aktualisierung über den Anspruch nach Satz 1 hinaus gegenüber jedem an der vertragsärztlichen Versorgung teilnehmenden Arzt sowie nach Satz 2 gegenüber der abgebenden Apotheke, wenn der Versicherte gegenüber dem Arzt oder der abgebenden Apotheke den Zugriff auf die Daten nach § 291a Absatz 3 Satz 1 Nummer 3 erlaubt. Die Aktualisierungen nach Satz 3 sind mittels der **elektronischen Gesundheitskarte** zu speichern, sofern der Versicherte dies wünscht." (**§ 31a**)

◻ **Tab. 5.11** Zuzahlungen (Stand 2020)

Zuzahlung pro Packung (abhängig vom Arzneimittelpreis)			
Apothekenverkaufspreis	Bis 50 €	50–100 €	Über 100 €
Patient bezahlt seit 01.01.2004	5,00 €[1]	10 % (5–10 €)	10,00 €

[1] Jedoch höchstens den Apothekenabgabepreis

„(1) **Nicht verschreibungspflichtige Arzneimittel** sind von der Versorgung nach § 31 ausgeschlossen. Der **Gemeinsame Bundesausschuss** legt in den Richtlinien nach § 92 Abs. 1 Satz 2 Nr. 6 fest, welche nicht verschreibungspflichtigen Arzneimittel, die bei der Behandlung schwerwiegender Erkrankungen als Therapiestandard gelten, zur Anwendung bei diesen Erkrankungen mit Begründung vom Vertragsarzt **ausnahmsweise** verordnet werden können. Dabei ist der therapeutischen Vielfalt Rechnung zu tragen. Der Gemeinsame Bundesausschuss hat auf der Grundlage der Richtlinie nach Satz 2 dafür Sorge zu tragen, dass eine Zusammenstellung der verordnungsfähigen Fertigarzneimittel erstellt, regelmäßig aktualisiert wird und im Internet abrufähig sowie in elektronisch weiterverarbeitbarer Form zur Verfügung steht. Satz 1 gilt **nicht** für:

1. versicherte Kinder bis zum vollendeten 12. Lebensjahr,
2. versicherte Jugendliche bis zum vollendeten 18. Lebensjahr mit Entwicklungsstörungen." (**SBG V § 34,1**, Auszug)

- Nicht verschreibungspflichtige Arzneimittel werden von den gesetzlichen Krankenkassen (mit wenigen Ausnahmen) nicht erstattet und bieten den Apotheken neue Chancen bei Selbstmedikation und Beratung.
- Ausnahmen: Kinder bis zwölf Jahre und Jugendliche mit Entwicklungsstörungen bis 18 Jahre sowie bei bestimmten Krankheitsbildern (z. B. Thrombosen, bis auf Ausnahmen, Sekundärprophylaxe mit Acetylsalicylsäure, Antimykotika nur zur Behandlung von Pilzinfektionen im Mund- und Rachenraum).

GUT ZU WISSEN

Hormonelle Verhütungsmittel (Pille, Minipille, Hormonspirale, Dreimonatsspritze, Hormonimplantat, Vaginalring, Verhütungspflaster) gehören normalerweise nicht zum Leistungskatalog der Krankenkassen. Sie müssen in der Regel selbst bezahlt werden. Ausnahme: Wenn die Pille zur Behandlung einer Hauterkrankung wie Akne verschrieben wird, übernimmt die Krankenkasse die Kosten.
Auch bei jungen Frauen bis zur **Vollendung des 22. Lebensjahres** erstatten die gesetzlichen Krankenkassen nach § 24a SGB V die Kosten für alle verschreibungspflichtigen Verhütungsmittel. Ab **Vollendung des 18. Lebensjahres** fällt die gesetzliche Zuzahlung an. Privat versicherte Frauen müssen die Kosten für Verhütungsmittel in jedem Alter selbst tragen.

„(1) Versicherte haben Anspruch auf ärztliche Beratung über Fragen der **Empfängnisregelung**. Zur ärztlichen Beratung gehören auch die erforderliche Untersuchung und die **Verordnung von empfängnisregelnden Mitteln**.
(2) Versicherte bis zum **vollendeten 22. Lebensjahr** haben Anspruch auf Versorgung mit verschreibungspflichtigen empfängnisverhütenden Mitteln; § 31 Abs. 2 bis 4 gilt entsprechend. Satz 1 gilt entsprechend für nicht verschreibungspflichtige Notfallkontrazeptiva, soweit sie ärztlich verordnet werden; § 129 Absatz 5a gilt entsprechend." (**§ 24a**)

- Der Gemeinsame Bundesausschuss (B-GA, ▸ Kap. 2.1) legt in regelmäßigen Abständen diese Ausnahmen erstattungsfähiger, nicht verschreibungspflichtiger Arzneimittel und deren Indikationen fest.
- Ärzte verschreiben bei Bedarf nicht verschreibungspflichtige Arzneimittel auf einem grünen Rezept.

MERKE

Arzneimittel, die überwiegend der Verbesserung der privaten Lebensführung („Lifestyle-Arzneimittel") dienen wie z. B. Mittel gegen Erektionsstörungen oder Glatzenbildung werden nicht erstattet.

„Von der Versorgung sind außerdem Arzneimittel ausgeschlossen, bei deren Anwendung eine **Erhöhung der Lebensqualität** im Vordergrund steht. Ausgeschlossen sind insbesondere Arzneimittel, die überwiegend zur Behandlung der erektilen Dysfunktion, der Anreizung sowie Steigerung der sexuellen Potenz, zur Raucherentwöhnung, zur Abmagerung oder zur Zügelung des Appetits, zur Regulierung des Körpergewichts oder zur Verbesserung des Haarwuchses dienen. Das Nähere regeln die Richtlinien nach § 92 Abs. 1 Satz 2 Nr. 6." (**SGB V § 34, 1**, Auszug)

„Für Arzneimittel mit patentgeschützten Wirkstoffen kann abweichend von Absatz 1 Satz 4 eine Gruppe nach Absatz 1 Satz 2 Nr. 2 mit mindestens drei Arzneimitteln gebildet und ein **Festbetrag** festgesetzt werden, sofern die Gruppenbildung nur für Arzneimittel erfolgt, die jeweils unter Patentschutz stehen. Ausgenommen von der Gruppenbildung nach Satz 1 sind Arzneimittel mit patentgeschützten Wirkstoffen, die eine therapeutische Verbesserung, auch wegen geringerer Nebenwirkungen, bedeuten." (**SGB V § 35, 1a**)

- Patentgeschützte Arzneimittel können prinzipiell in die Festbetragsregelung einbezogen werden.
- Für Arzneimittel mit patentgeschützten Wirkstoffen kann eine Festbetragsgruppe bereits mit drei Arzneimitteln gebildet werden.
- Bei Arzneimitteln mit den gleichen Wirkstoffen sollen die Festbeträge das untere Preisdrittel nicht übersteigen.
- Auch im „Off-Label-Use" (außerhalb der zugelassenen Indikationen) verschriebene Arzneimittel können unter besonderen Bedingungen (§ 35c SGB V) von der GKV bezahlt werden (Anlage VI Arzneimittelrichtlinie des G-BA).

MERKE

Die Aut-idem-Regelung verpflichtet den Apotheker zur Abgabe preisgünstiger Arzneimittel, wenn der Arzt ein Arzneimittel nur unter seinem Wirkstoffnamen verschreibt oder die Ersetzung durch ein wirkstoffgleiches Arzneimittel durch Ankreuzen des Aut-idem-Kreuzchens nicht ausgeschlossen hat. Dies gilt auch für Betäubungsmittel.

„(1a) Die Krankenhausbehandlung umfasst ein **Entlassmanagement** zur Unterstützung einer sektorenübergreifenden Versorgung der Versicherten beim Übergang in die Versorgung **nach Krankenhausbehandlung**. § 11 Absatz 4 Satz 4 gilt. Das Krankenhaus kann mit Leistungserbringern nach § 95 Absatz 1 Satz 1 vereinbaren, dass diese Aufgaben des Entlassmanagements wahrnehmen. **§ 11 des Apothekengesetzes** bleibt unberührt. Der Versicherte hat gegenüber der Krankenkasse einen Anspruch auf Unterstützung des Entlassmanagements nach Satz 1; soweit Hilfen durch die Pflegeversicherung in Betracht kommen, kooperieren Kranken- und Pflegekassen miteinander. Das Entlassmanagement umfasst alle **Leistungen**, die für die Versorgung nach Krankenhausbehandlung erforderlich sind, insbesondere die Leistungen nach den §§ 37b, 38, 39c sowie alle dafür erforderlichen Leistungen nach dem Elften Buch. Soweit dies für die Versorgung des Versicherten unmittelbar nach der Entlassung erforderlich ist, können die Krankenhäuser Leistungen nach § 33a und die in § 92

Absatz 1 Satz 2 Nummer 6 und 12 genannten Leistungen verordnen und die Arbeitsunfähigkeit feststellen; hierfür gelten die Bestimmungen über die vertragsärztliche Versorgung mit der Maßgabe, dass bis zur Verwendung der Arztnummer nach § 293 Absatz 7 Satz 3 Nummer 1 eine im Rahmenvertrag nach Satz 9 erster Halbsatz zu vereinbarende alternative Kennzeichnung zu verwenden ist. Bei der **Verordnung von Arzneimitteln** auf einem Entlassrezept (○ Abb. 5.5) können Krankenhäuser eine Packung mit dem kleinsten Packungsgrößenkennzeichen gemäß der Packungsgrößenverordnung verordnen; im Übrigen können die in § 92 Absatz 1 Satz 2 Nummer 6 genannten Leistungen für die Versorgung in einem Zeitraum von bis zu sieben Tagen verordnet und die Arbeitsunfähigkeit festgestellt werden (§ 92 Absatz 1 Satz 2 Nummer 7). Der **Gemeinsame Bundesausschuss** bestimmt in den Richtlinien nach § 92 Absatz 1 Satz 2 Nummer 6, 7 und 12 die weitere Ausgestaltung des Verordnungsrechts nach Satz 7." (**§ 39,1a**, Auszüge)

aha

GUT ZU WISSEN

Wichtigstes Organ der gemeinsamen Selbstverwaltung ist der Gemeinsame Bundesausschuss (**G-BA**). Er besteht aus drei unparteiischen Mitgliedern sowie aus Vertretern der Vertragsärzteschaft, der Vertragszahnärzteschaft, der gesetzlichen Krankenkassen und der Krankenhäuser. Außerdem nehmen Patientenvertreter an den Sitzungen teil, sie haben jedoch kein Stimmrecht. Apotheker sind nicht vertreten. Der G-BA (▶Kap. 2.1) legt beispielsweise die „**Arzneimittel-Richtlinie**" (AM-RL) fest, in der z. B. das Entlassrezept und die Dauer der Erstattungsfähigkeit von Rezepten aufgeführt sind.

Das Entlassrezept

- Seit 2017 dürfen Klinikärzte Patienten bei der Entlassung aus dem Krankenhaus den Patienten Rezepte mitgeben, die dann in der Apotheke eingelöst werden.
- Das Entlassrezept ist das rosafarbene GKV-Rezept mit dem Queraufdruck „Entlassmanagement". Das letzte Zeichen im Statusfeld ist das einstellige Kennzeichen „4" (○Abb. 5.5).
- Die Apotheke darf Entlassrezepte nur innerhalb von drei Werktagen (Montag bis Samstag, der Ausstellungstag zählt mit) zu Lasten der Krankenkassen beliefern (normale GKV-Rezepte sind nach AM-RL 28 Tage erstattungsfähig).
- Für BtM- und T-Rezepte ist im Rahmen des Entlassmanagements die Gültigkeit auf ebenfalls drei Werktage begrenzt, sie sind nur an der letzten Ziffer „4" im Statusfeld zu erkennen.
- Es darf nur die kleinste Packung eines Arzneimittels nach Packungsgrößenverordnung (▶Kap. 5.2.4) verordnet werden.
- Andere Produkte wie Verbandmittel, erstattungsfähige Medizinprodukte oder bilanzierte Diäten zur enteralen Ernährung dürfen für den Bedarf von bis zu sieben Tagen von der Klinik auf dem Entlassrezept verordnet werden.

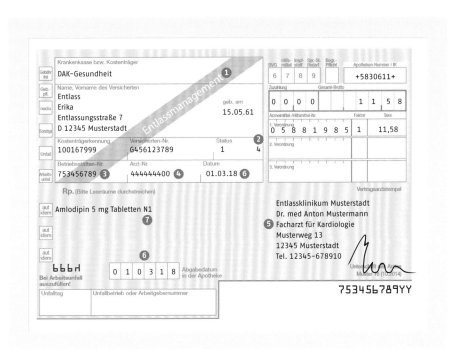

⊙ **Abb. 5.5** Beispiel für ein Entlassrezept. 1 Vordruck mit additiver Kennzeichnung, 2 Kennzeichen "4", 3 Betriebsstättennummer, 4 Arztnummer, 5 Fachärzte haben Verordnungsrecht, 6 Rezeptgültigkeit 3 Werktage, 7 nur kleinste Packungsgröße kann verordnet werden. Nach DAP-Arbeitsbuch, Stand 01/2020

„Die Apotheken sind bei der Abgabe verordneter Arzneimittel an Versicherte nach Maßgabe des Rahmenvertrags nach Absatz 2 verpflichtet zur

1. Abgabe eines **preisgünstigen Arzneimittels** in den Fällen, in denen der verordnende Arzt
   a) ein Arzneimittel nur unter seiner **Wirkstoffbezeichnung** verordnet oder
   b) die Ersetzung des Arzneimittels durch ein **wirkstoffgleiches** Arzneimittel nicht ausgeschlossen hat,
2. Abgabe von preisgünstigen **importierten Arzneimitteln**, wenn deren für den Versicherten maßgeblicher Abgabepreis unter Berücksichtigung der Abschläge nach § 130a Absatz 1, 1a, 2, 3a und 3b um den folgenden Prozentwert oder Betrag niedriger ist als der Abgabepreis des Bezugsarzneimittels:
   a) bei Bezugsarzneimitteln mit einem Abgabepreis bis einschließlich 100 Euro: mindestens 15 Prozent niedriger,
   b) bei Bezugsarzneimitteln mit einem Abgabepreis von über 100 Euro bis einschließlich 300 Euro: mindestens 15 Euro niedriger,
   c) bei Bezugsarzneimitteln mit einem Abgabepreis von über 300 Euro: mindestens 5 Prozent niedriger;
   in dem Rahmenvertrag nach Absatz 2 können Regelungen vereinbart werden, die zusätzliche Wirtschaftlichkeitsreserven erschließen,
3. Abgabe von wirtschaftlichen Einzelmengen und
4. Angabe des Apothekenabgabepreises auf der Arzneimittelpackung.

Bei der Abgabe eines Arzneimittels nach Satz 1 Nummer 1 haben die Apotheken ein Arzneimittel abzugeben, das mit dem verordneten in **Wirkstärke und Packungsgröße identisch** ist, für ein **gleiches Anwendungsgebiet** zugelassen ist und die gleiche oder eine austauschbare **Darreichungsform** besitzt; als identisch gelten dabei Packungsgrößen mit dem gleichen Packungsgrößenkennzeichen nach der in § 31 Absatz 4 genannten Rechtsverordnung. Dabei ist die Ersetzung durch ein wirkstoffgleiches Arzneimittel vorzunehmen, für das eine Vereinbarung nach § 130a Abs. 8 mit Wirkung für die Krankenkasse besteht, soweit hierzu in Verträgen nach Absatz 5 nichts anderes vereinbart ist. Eine Ersetzung durch ein wirkstoffgleiches Arzneimittel ist auch bei Fertigarzneimitteln vorzunehmen, die für in Apotheken hergestellte parenterale Zubereitungen verwendet werden, wenn für das wirkstoffgleiche Arzneimittel eine Vereinbarung nach § 130a Absatz 8a mit Wirkung für die Krankenkasse besteht und sofern in Verträgen nach Absatz 5 nichts anderes vereinbart ist. Besteht keine entsprechende Vereinbarung nach § 130a Abs. 8, hat die Apotheke die Ersetzung durch ein preisgünstigeres Arzneimittel nach Maßgabe des Rahmenvertrages vorzunehmen. Abweichend von den Sätzen 3 und 4 können Versicherte gegen Kostenerstattung ein anderes Arzneimittel erhalten, wenn die Voraussetzungen nach Satz 2 erfüllt sind. § 13 Absatz 2 Satz 2 und 12 findet keine Anwendung. Bei der Abgabe von **importierten Arzneimitteln** und ihren Bezugsarzneimitteln gelten die Sätze 3 und 4 entsprechend; dabei hat die Abgabe eines Arzneimittels, für das eine Vereinbarung nach § 130a Absatz 8 besteht, Vorrang vor der Abgabe nach Satz 1 Nummer 2." (**SGB V § 129**, Auszug)

- Berücksichtigung von Rabattverträgen auch bei Importen.
- Die Verpflichtung zur Abgabe importierter Arzneimittel ist auf preiswerte Importe begrenzt:

PRAXISBEISPIEL

Apotheken müssen pro Krankenkasse und Quartal derzeit eine Importquote von 5 % erfüllen. Diese Importarzneimittel müssen bis zu einem Apothekenabgabepreis von 100 € mindestens 15 % billiger sein als das Original. Ab 100 € bis 300 € muss der Abstand mindestens 15 € betragen, über 300 € mindestens 5 %.

„Apotheken können an vertraglich vereinbarten Versorgungsformen beteiligt werden; die Angebote sind öffentlich auszuschreiben. In Verträgen nach Satz 1 sollen auch Maßnahmen zur qualitätsgesicherten Beratung des Versicherten durch die Apotheke vereinbart werden. In der **integrierten Versorgung** kann in Verträgen nach Satz 1 das Nähere über Qualität und Struktur der Arzneimittelversorgung für die an der integrierten Versorgung teilnehmenden Versicherten auch abweichend von Vorschriften dieses Buches vereinbart werden." (**SGB V § 129, 5b**)

Die **integrierte Versorgung** ist eine dritte Versorgungsform neben ambulanter und stationärer Versorgung. Dabei stehen die Leistungserbringer (z. B. eine Apotheke als „Hausapotheke") untereinander und mit den Krankenkassen in Vertragsbeziehung. Zertifizierte Apotheken haben hierbei einen Marktvorteil.

- Apotheken können durch Vertrag an der integrierten Versorgung beteiligt sein.
- Die Angebote sind öffentlich auszuschreiben.
- Die Arzneimittelpreisverordnung muss eingehalten werden.
- Kollektivverträge mit mehreren Apotheken sind möglich.

> „(1) Die **Krankenkassen** erhalten von den Apotheken für verschreibungspflichtige Fertigarzneimittel sowie für Zubereitungen nach § 5 Absatz 3 der Arzneimittelpreis-verordnung, die nicht § 5 Absatz 6 der Arzneimittelpreisverordnung unterfallen, einen **Abschlag** von 1,77 Euro je Arzneimittel, für sonstige Arzneimittel einen Abschlag in Höhe von 5 vom Hundert auf den für den Versicherten maßgeblichen Arzneimittelabgabepreis.
> 2) Ist für das Arzneimittel ein **Festbetrag** nach § 35 festgesetzt, bemißt sich der Abschlag nach dem Festbetrag. Liegt der maßgebliche Arzneimittelabgabepreis nach Absatz 1 unter dem Festbetrag, bemisst sich der Abschlag nach dem niedrigeren Abgabepreis." (**§ 130 SGB V**)

Apotheken müssen nach SGB V den gesetzlichen Krankenkassen **Rabatte** gewähren (◻ Tab. 5.7, ▶ Kap. 5.2.3). Wesentliche Eckpunkte der gültigen Regelung sind:

- Für verschreibungspflichtige Arzneimittel werden den GKV-Kassen von den Apotheken 1,77 € pro verschriebenem Medikament erlassen.
- Für nicht verschreibungspflichtige Arzneimittel und Rezepturen wurde der Kassenrabatt auf 5 % des Apothekenabgabepreises festgelegt.

> **GUT ZU WISSEN**
>
> Die Einführung der elektronischen **Gesundheitskarte** im Zusammenhang mit einer neuen Telematikinfrasruktur ist schon seit 2006 geplant, die wirkliche Einführung lässt derzeit noch auf sich warten. Sie soll zur „Verbesserung von Wirtschaftlich-keit, Qualität und Transparenz der Behandlung" führen. (**§ 291a SBG V**)
> Informieren Sie sich über den aktuellen Stand der Gesundheitskarte und des elek-tronischen Rezepts (E-Rezept)!

Die **E-Card** soll u. a. enthalten:

- Die Übermittlung ärztlicher Verordnungen für die Apotheke in elektronischer und maschinell verwertbarer Form,
- Den Berechtigungsnachweis zur Inanspruchnahme von Leistungen,
- Medizinische Daten, soweit sie für die Notfallversorgung erforderlich sind,
- Erklärungen zur Organ- und Gewebespende,
- Befunde, Diagnosen, Therapieempfehlungen sowie Behandlungsberichte von Ärzten,
- Arzneimitteldokumentationen im Rahmen des Medikationsplans des Patienten.

Im **§ 300 SGB V** wird die Apotheke unter anderem verpflichtet, das **bundeseinheitliche Kennzeichen** (Pharmazentralnummer, ▶ Kap. 4.3.1) für ein verordnetes Fertigarzneimittel als Schlüssel zu Handelsname, Hersteller, Darreichungsform, Wirkstoffstärke und Packungsgröße des Arzneimittels auf dem Rezept anzubringen:

MERKE

Mit dem in § 300 SGB V geforderten „Bundeseinheitlichen Kennzeichen" für das verordnete Fertigarzneimittel als Schlüssel zu Handelsname, Hersteller, Darreichungsform, Wirkstoffstärke und Packungsgröße ist die Pharmazentralnummer (PZN, ▸ Kap. 4.3.1) gemeint.

„(1) Die Apotheken und weitere Anbieter von Arzneimitteln sind verpflichtet, unabhängig von der Höhe der Zuzahlung (oder dem Eigenanteil),

1. bei Abgabe von Fertigarzneimitteln für Versicherte das nach Absatz 3 Nr. 1 zu verwendende Kennzeichen **maschinenlesbar** auf das für die vertragsärztliche Versorgung verbindliche Verordnungsblatt oder in den elektronischen Verordnungsdatensatz zu übertragen,

2. die Verordnungsblätter oder die elektronischen Verordnungsdatensätze an die Krankenkassen weiterzuleiten und diesen die nach Maßgabe der nach Absatz 3 Nr. 2 getroffenen Vereinbarungen erforderlichen Abrechnungsdaten zu übermitteln.

Satz 1 gilt auch für Apotheken und weitere Anbieter, die sonstige Leistungen nach § 31 sowie Impfstoffe nach § 20j Absatz 1 und 2 abrechnen, im Rahmen der jeweils vereinbarten Abrechnungsverfahren.

(2) Die **Apotheken** und weitere Anbieter von Leistungen nach § 31 können zur Erfüllung ihrer Verpflichtungen nach Absatz 1 **Rechenzentren** in Anspruch nehmen. Die Rechenzentren dürfen die ihnen hierzu übermittelten Daten für im Sozialgesetzbuch bestimmte Zwecke und ab dem 1. Januar 2003 nur in einer auf diese Zwecke ausgerichteten Weise verarbeiten, soweit sie dazu von einer berechtigten Stelle beauftragt worden sind; anonymisierte Daten dürfen auch für andere Zwecke verarbeitet und genutzt werden. Die Rechenzentren übermitteln die Daten nach Absatz 1 auf Anforderung den Kassenärztlichen Vereinigungen, soweit diese Daten zur Erfüllung ihrer Aufgaben nach § 73 Abs. 8, den §§ 84 und 305a erforderlich sind, sowie dem Bundesministerium für Gesundheit oder einer von ihm benannten Stelle im Wege elektronischer Datenübertragung oder maschinell verwertbar auf Datenträgern. Dem Bundesministerium für Gesundheit oder der von ihm benannten Stelle sind die Daten nicht arzt- und nicht versichertenbezogen zu übermitteln. Vor der Verarbeitung der Daten durch die Kassenärztlichen Vereinigungen ist der Versichertenbezug durch eine von der jeweiligen Kassenärztlichen Vereinigung räumlich, organisatorisch und personell getrennten Stelle zu pseudonymisieren. Für die Datenübermittlung an die Kassenärztlichen Vereinigungen erhalten die Rechenzentren einen dem Arbeitsaufwand entsprechenden Aufwandsersatz. Der Arbeitsaufwand für die Datenübermittlung ist auf Nachfrage der Kassenärztlichen Vereinigungen diesen in geeigneter Form nachzuweisen.

(3) Der **Spitzenverband Bund der Krankenkassen** und die für die Wahrnehmung der wirtschaftlichen Interessen gebildete maßgebliche Spitzenorganisation der Apothe-

ker regeln in einer **Arzneimittelabrechnungsvereinbarung** das Nähere insbesondere über

1. die Verwendung eines **bundeseinheitlichen Kennzeichens** für das verordnete Fertigarzneimittel als Schlüssel zu Handelsname, Hersteller, Darreichungsform, Wirkstoffstärke und Packungsgröße des Arzneimittels,
2. die Einzelheiten der Übertragung des Kennzeichens und der Abrechnung, die Voraussetzungen und Einzelheiten der Übermittlung der Abrechnungsdaten im Wege elektronischer Datenübertragung oder maschinell verwertbar auf Datenträgern sowie die Weiterleitung der Verordnungsblätter an die Krankenkassen, spätestens zum 1. Januar 2006 auch die Übermittlung des elektronischen Verordnungsdatensatzes,
3. die Übermittlung des Apothekenverzeichnisses nach § 293 Abs. 5.“

(**SGB V § 300**, Auszüge)

5

ZUSAMMENFASSUNG

- Das Fünfte Buch Sozialgesetzbuch (SGB V) regelt gesetzlich Zuständigkeiten zwischen allen am Gesundheitssystem Beteiligten wie Ärzten, Apotheken, Krankenhäusern und Krankenkassen.
- Die Zuzahlungen der gesetzlich Krankenversicherten sind abhängig vom Preis des Arznei- oder Hilfsmittels; es sind pro verschriebenem Arzneimittel 10 %, mindestens jedoch 5 €, höchstens 10 €, zu bezahlen.
- Die Krankenkassen erstatten (mit Ausnahmen) nur verschreibungspflichtige Arzneimittel; der Gemeinsame Bundesausschuss (GA) der Krankenkassen, Ärzte und Krankenhäuser erstellt Listen erstattungsfähiger, nicht verschreibungspflichtiger, Arzneimittel.
- Hormonelle Verhütungsmittel (Pille, Minipille, Hormonspirale, Dreimonatsspritze, Hormonimplantat, Vaginalring, Verhütungspflaster) dürfen vom Arzt bis zum 22. Geburtstag zu Lasten der GKV verordnet werden.
- Das SGB V legt Einzelheiten zur Aut-idem-Regelung, Abgabe von Importarzneimitteln und elektronischer Gesundheitskarte (E-Card) fest.
- Die Apotheken müssen den gesetzlichen Krankenkassen Rabatte auf Arzneimittel gewähren (derzeit 1,77 € pro verschriebenem Rx-Fertigarzneimittel und 5 % auf andere Arzneimittel und Rezepturen).
- Ein vom Krankenhaus ausgestelltes Entlassrezept muss inerhalb von drei Werktagen (inklusive Ausstellungstag) in der Apotheke vorgelegt werden.
- Unter integrierter Versorgung versteht man öffentlich ausgeschriebene und vertraglich vereinbarte Versorgungsformen zur qualitätsgesicherten Versorgung und Beratung der Patienten; integriert sind dabei zertifizierte Hausapotheken, andere Leistungserbringer und die Krankenkassen.

SPICKZETTEL

CE-Kennzeichen	Kennzeichen für von benannten Stellen zertifizierte Medizinprodukte auf Grundlage eines Konformitätsverfahrens.
Dispensierrecht	Der Tierarzt darf für die von ihm behandelten Tiere Arzneimittel an den Tierhalter verkaufen, Ärzte haben kein Dispensierrecht.
Entlassrezept	Rezept mit Aufdruck „Entlassmanagement", ausgestellt im Krankenhaus, Einlösung innerhalb von drei Werktagen in einer Apotheke.
Erstattungs-fähigkeit	GKV-Rezepte müssen innerhalb von 28 Tagen in der Apotheke abgegeben werden, um von den Krankenkassen erstattet zu werden. Die Gültigkeit der Rezepte beträgt drei Monate.
Ethanol-warnhinweis	Dreistufiger von der Einzeldosis abhängiger Hinweis auf ethanolhaltigen Arzneimitteln zur oralen Einnahme.
Festpreise	Rx-Arzneimittel haben nach AMPreisV einen einheitlichen Abgabepreis, der festgelegte Zuschläge (3 %, 8,56 €) auf den Einkaufspreis sowie die Mehrwertsteuer enthält.
G-BA	Der Gemeinsame Bundesausschuss ist die gemeinsame Selbstverwaltung von Ärzten, Zahnärzten, Krankenkassen und Krankenhäusern. Apotheker sind nicht verteten.
Noctu	Bei Ankreuzen des Noctu-Feldes durch den Arzt auf einem Rezept übernimmt die Krankenkasse die Gebühr für Nacht- und Notdienst (2,50 €).
Notdienstfond	Der Deutsche Apothekerverband verwaltet den Notdienstfond und zahlt jährlich nachträglich an die betroffenen Apotheken Notdienstbeiträge aus. Diese Beiträge ergeben sich aus den 16 Cent Zuschlag pro Rx-Arzneimittel nach AMPreisV.
OTC-Switch	Ein verschreibungspflichtiger Wirkstoff wird ganz oder teilweise aus der Verschreibungspflicht entlassen.
Zuzahlung	Nach SGB V festgelegte Eigenleistung von GKV-Versicherten an einem verschriebenen Arzneimittel.
T-Rezept	Sonderrezept in zweifacher Ausfertigung zur Ausstellung der teratogen wirkenden Stoffe Thalidomid, Lenalidomid und Pomalidomid.

REPETITORIUM 9: AMG-VERORDNUNGEN, MEDIZINPRODUKTE UND SGB V

?

5

● leicht ●● mittel ●●● schwer

●
1. Was muss bei der Abgabe vom pharmazeutischen Personal auf einer Verschreibung alles angegeben werden?

2. Woran erkennen Sie die Verschreibungspflicht eines Arzneimittels (mehrere Möglichkeiten)?

3. Wovon hängt es ab, ob E1, E2, E3 oder kein Warnhinweis auf eine orale Arzneiform angebracht werden müssen?

4. Dürfen im Notdienst samstags morgens um halb sieben 2,50 € Noctu-Gebühr zusätzlich verlangt werden?

5. Wer verschreibt ein Entlassrezept und wo wird es eingelöst?

6. Welche Funktion hat das CE-Zeichen auf Medizinprodukten?

7. Erklären Sie die Begriff „Integrierte Versorgung" und „Entlassmanagement"!

●●
1. Welche fehlenden oder unvollständigen Angaben auf einer Verschreibung dürfen in der Apotheke ergänzt werden?

2. Darf ein Heilpraktiker verschreibungspflichtige Arzneimittel verschreiben?

3. Worin unterscheiden sich die Texte der drei Ethanol Warnhinweise?

4. Erklären Sie das Zustandekommen des einheitlichen Apothekenabgabepreises bei verschreibungspflichtigen Arzneimitteln!

5. Nennen Sie die aktuellen Bedingungen zur Zuzahlung und zum GKV-Rabatt!

●●●
1. Unter welchen Bedingungen ist Ibuprofen nicht verschreibungspflichtig?

2. Warum sind homöopathische Globuli „Belladonna D3 glob." im Unterschied zur flüssigen Verdünnung „Belladonna D3 dil." nicht verschreibungspflichtig?

3. Wie wirken Medizinprodukte im Unterschied zu Arzneimitteln? Nennen Sie jeweils ein Beispiel für die Klassifizierung und weitere Einteilungsmöglichkeiten für Medizinprodukte! Was entscheidet im Zweifelsfall über die Einteilung als Arzneimittel oder Medizinprodukt?

4. In der Packung des Migränemittels Formigran® befinden sich zwei Filmtabletten mit jeweils 2,5 mg Naratriptan, in Naratriptan-Hexal® dagegen vier Filmtabletten der gleichen Dosierung. Begründen Sie mithilfe der Anlage 1 AMVV (▸Kap. 5.2.1, ◻Tab. 5.5), warum Formigran® apothekenpflichtig ist, Naratriptan-Hexal® dagegen verschreibungspflichtig!

6   Betäubungsmittelrecht

Cannabis: Droge oder Arzneimittel? Warum manchmal Betäubungsmittel, manchmal Nahrungsergänzungsmittel oder oft verwendete legale Nutzpflanze?

Betäubungsmittel sind Arzneimittel, für die wegen ihrer starken Wirksamkeit und der Gefahr der Abhängigkeit besondere Bedingungen durch den Gesetzgeber geschaffen wurden. Dieses Kapitel beschäftigt sich mit der Einteilung der Betäubungsmittel von illegal bis verkehrsfähig, mit notwendigen Formularen bei der Verschreibung, Bestellung und Dokumentation sowie mit der Substitution betäubungsmittelabhängiger Patienten.

Das **Opium** ist bereits im 3. Jahrtausend v. Chr. erstmals erwähnt und Überlieferungen aus Ägypten und dem Zweistromland belegen, dass die analgetische und narkotische Wirkung des Opiums schon sehr lange bekannt ist.

Im 17. Jahrhundert verbreitete sich in China, unterstützt von den daran verdienenden Europäern, das Opiumrauchen und in der Mitte des 19. Jahrhunderts kam es zwischen China und England zum berühmten „Opiumkrieg".

> **GUT ZU WISSEN**
>
> Das Morphin als Hauptalkaloid des Opiums wurde 1804 von dem deutschen Apotheker **Friedrich Wilhelm Sertürner** entdeckt und nach Morpheus, dem Gott des Schlafes, benannt.

Im Jahre 1920 wurde das erste deutsche „Opiumgesetz" geschaffen und 1971 durch das **„Gesetz über den Verkehr mit Betäubungsmitteln"** („BtM-Gesetz") ersetzt. Im Jahre 1982 wurde dann unter Einbeziehung internationaler Abkommen über psychotrope Stoffe das noch heute geltende, aber mehrmals geänderte Gesetz in Kraft gesetzt und vier wichtige Verordnungen dazu erlassen:

- **Betäubungsmittel-Außenhandelsverordnung:** regelt Import, Export und Durchfuhr von BtM.
- **Betäubungsmittel-Binnenhandelsverordnung:** regelt den Verkehr mit BtM innerhalb der Bundesrepublik Deutschland, wichtig für den Erwerb von BtM durch die Apotheke (▶ Kap. 6.2).
- **Verordnung über das Verschreiben, die Abgabe und den Nachweis des Verbleibs von Betäubungsmitteln:** regelt die Modalitäten der BtM-Verschreibung durch den Arzt, das Abgabeverfahren in der Apotheke und die Dokumentation des BtM-Verkehrs (▶ Kap. 6.3).
- **Betäubungsmittelkostenverordnung:** regelt die Höhe der Gebühren für Amtshandlungen der zuständigen Behörden.

> **MERKE**
>
> Betäubungsmittel sind Arzneimittel, die besonderen Vorschriften bezüglich der Bestellung, Verschreibung, Abgabe, Lagerung und Dokumentation unterliegen. Zum BtM-Gesetz gehören vier Ausführungsverordnungen.

Das Beispiel **Opium** mit seinem Hauptwirkstoff **Morphin** (weitere Betäubungsmittel im Opium sind neben Morphin z. B. Codein, Dihydrocodein (DHC), Heroin und Ethylmorphin) zeigt, wie durch Verwendung von Pflanzensekreten, galenischen Extraktionsverfahren und Isolierung von Wirkstoffen die Wirkungsstärke vervielfacht werden kann (◻ Tab. 6.1).

□ Tab. 6.1 Übersicht über morphinhaltige Zubereitungen

Stammpflanze	Harz	Eingestellt	Extrakt	Konzentrat	Tinktur	Fertigarzneimittel (z. B.)
Papaver somniferum	Opium	Opium titratum	Extractum Opii	Opium concentratum DAB 6	Tinctura Opii	
Enthält Opium im getrockneten Kapselsaft	(Opium)	(Opii pulvis normatus)	(Opii extractum DAB 8)	(„Pantopon")	(Opii tinctura normata)	MSI (Injektion) MSR (rektal) MST (Tabletten)
Schlafmohn	Opium	Eingestelltes Opium	Opiumextrakt	Konzentriertes Opium	Opiumtinktur (eingestellt)	Starke Analgetika
Enthält u. a. Morphin	Mindestens 10 % Morphin	Genau 10 % Morphin	20 % Morphin	50 % Morphin	1 % Morphin	10–200 mg Morphin pro abgeteilter Form

6.1 Gesetz über den Verkehr mit Betäubungsmitteln (BtM-Gesetz, BtMG)

BtMG in der Fassung der Bekanntmachung vom 1. März 1994 (BGBl. I S. 358), das zuletzt durch Artikel 8 des Gesetzes vom 17. Dezember 2019 (BGBl. I S. 2850) geändert worden ist.

– Auszüge –

Das Betäubungsmittelgesetz („BtM-Gesetz") besteht aus **8 Abschnitten mit 41 Paragrafen und drei Anlagen,** die sich sowohl mit dem legalen als auch dem illegalen Verkehr mit Betäubungsmitteln beschäftigen.

Für die Apothekenpraxis sind nur wenige Abschnitte relevant, weil die genauen Ausführungsbestimmungen in den zugehörigen Verordnungen geregelt werden.

DEFINITION

Das Gesetz definiert den Begriff „Betäubungsmittel" nicht ausführlich in Worten, sondern führt im §1 aus:

„Betäubungsmittel im Sinne dieses Gesetzes sind die in den **Anlagen I bis III** aufgeführten Stoffe und Zubereitungen."

Der Gesetzgeber teilt somit die **„BtM"** in **drei Anlagen** auf, die unterschiedlich behandelt werden müssen.

Im gleichen Paragrafen wird die Bundesregierung nach Anhörung von Sachverständigen ermächtigt, diese Anlagen unter bestimmten Umständen zu ändern oder zu ergänzen, in dringenden Fällen kann auch der Bundesgesundheitsminister kurzfristig und bis zum Ablauf eines Jahres diese drei Anlagen ändern um z. B. neue „Designerdrogen" unter das BtM-Recht zu stellen.

Im § 1 ist klargestellt, dass z. B. sowohl der **„Stoff"** Morphin als auch seine **„Zubereitungen"** wie z. B. Morphin-Retardtabletten oder Injektionslösungen mit Morphin (◘ Tab. 6.6, ▸ Kap. 6.3) rechtlich Betäubungsmittel sind.

> **MERKE**
> Unter dem Begriff „ausgenommene Zubereitung" versteht das Gesetz Zubereitungen aus Betäubungsmitteln, die aus den in den Anlagen des BtM-Gesetzes aufgeführten Gründen nicht mehr Betäubungsmittel sind, sondern nur noch der „einfachen Verschreibungspflicht" unterliegen („verschreibungspflichtig"). Beispiele hierfür sind Codein und seine Salze, Barbiturate und Diazepam-Derivate.

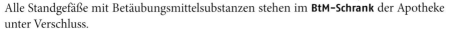

Alle Standgefäße mit Betäubungsmittelsubstanzen stehen im **BtM-Schrank** der Apotheke unter Verschluss.

Der Apothekenleiter benötigt im Gegensatz zu anderen Beteiligten am Betäubungsmittelverkehr (z. B. Anbauer, Hersteller, Großhändler) keine Erlaubnis mehr, da er bereits bei der Eröffnung der Apotheke seine **„BtM-Nummer"** (früher: „BGA-Nr.") von der zuständigen Bundesbehörde erhalten hat. Die BtM-Nummer ist eine siebenstellige Nummer, die an die Betriebsstätte gebunden ist.

Die Bundesstelle für Betäubungsmittel als für Betäubungsmittel zuständige Abteilung des BfArM (▸ Kap. 2.1) heißt traditionell bei den Apothekern **„Bundesopiumstelle"**.

> „Wer am Betäubungsmittelverkehr teilnimmt, hat die Betäubungsmittel, die sich in seinem Besitz befinden, gesondert aufzubewahren und gegen unbefugte Entnahme zu sichern. Das Bundesinstitut für Arzneimittel und Medizinprodukte kann Sicherungsmaßnahmen anordnen, soweit es nach Art oder Umfang des Betäubungsmittelverkehrs, dem Gefährdungsgrad oder der Menge der Betäubungsmittel erforderlich ist." **(§ 15)**

In der Apotheke befinden sich die Betäubungsmittel in einem Tresor, der vom Publikum her nicht einsehbar ist (Apothekenbetriebsordnung, ▸ Kap. 4.3).

PRAXISBEISPIEL

Der Apothekenleiter kann nach § 16 „**nicht mehr verkehrsfähige Betäubungs-mittel**" unter folgenden Bedingungen **vernichten**:

- In Gegenwart von zwei Zeugen, es müssen also drei Unterschriften auf dem Vernichtungsprotokoll stehen.
- Die weitere Verwendung und Wiedergewinnung muss ausgeschlossen sein.
- Menschen und Umwelt dürfen nicht gefährdet werden, also fachgerecht ent-sorgen. Die AMK hat dazu folgende ratsame **Hinweise** gegeben:

  Ausblistern von Tabletten, Mörsern, Versetzen mit heißem Wasser, Aufnehmen der Lösung mit aufsaugenden Materialien, zum Beispiel Katzenstreu, Sägespänen oder Zellstoff; dann Verbringen in den Hausmüll. In gleicher Weise ist sinngemäß mit Arzneilösungen oder Injektabilia zu verfahren. Bei therapeutischen Pflastern: Zerschneiden in Schnipsel und gut mit dem restlichen Müll verpackt im Hausmüll entsorgen.
- Die Niederschrift mit Unterschriften muss mindestens drei Jahre aufbewahrt werden.

Auf diese Weise können z. B. Betäubungsmittel, die das **Verfalldatum** über-schritten haben und damit nicht mehr verkehrsfähig sind, in der Apotheke entsorgt werden.

Der 6. Abschnitt des Gesetzes behandelt Straftaten, Strafen und Ordnungswidrigkeiten. So können z. B. die Behörden von der Strafverfolgung beim Besitz oder dem Anbau von Betäubungsmitteln in geringer Menge absehen.

Betäubungsmittelabhängige Straftäter können, falls ihre Strafe nicht mehr als zwei Jahre beträgt, an Stelle der Gefängnisstrafe eine Therapie wählen („**Therapie statt Strafe**").

ZUSAMMENFASSUNG

- Betäubungsmittel sind nicht in Worten definiert, sondern als Stoffe in drei Anlagen zum Gesetz über den Verkehr mit Betäubungsmitteln als Stoffe und deren Zubereitungen aufgeführt; auch die Salze und hergestellte Zubereitungen daraus sind Betäubungsmittel.
- „Ausgenommene Zubereitungen" unterliegen nicht mehr dem Betäubungsmit-telrecht, wenn alle vorgeschriebenen Bedingungen erfüllt sind.
- Betäubungsmittel müssen gesondert aufbewahrt und gegen unbefugte Ent-nahme gesichert werden; die Vernichtung von Betäubungsmitteln nach § 16 BtMG ist möglich.
- Betäubungsmittel können in Anwesenheit von zwei Zeugen vom Apothekenlei-ter vernichtet werden (Protokoll).
- Betäubungsmittelabhängige Straftäter können unter Umständen eine Therapie statt einer Strafe ableisten.

□ Tab. 6.2 Übersicht über die Anlagen I, II und III des BtM-Gesetzes

Anlage	I	II	III
Verkehrsfähig	Nein	Ja	Ja
Verschreibungs-fähig	Nein	Nein	Ja
Ausnahmen (= kein BtM)	Ohne Anwendung am Körper, zu diagnostischen oder analytischen Zwecken und Gehalt unter 0,001 % (Anlage I), 0,01 % (Anlagen II, III)		
Beispiele	▪ Ecstasy ▪ Cannabis[1] ▪ LSD ▪ Heroin[3]	▪ Cocablätter ▪ Ethylmorphin	▪ Morphin ▪ Codein[2] ▪ Phenobarbital[2] ▪ Diazepam[2]
BtM-Schrank	Nein	Ja	Ja

[1] Mit Ausnahmen (Anlagen I und III)
[2] Mit Ausnahmen (Anlage III)
[3] Mit Ausnahmen (Diamorphin, Anlagen I, II und III)

Die Anlagen I, II und III des Gesetzes über den Verkehr mit Betäubungsmitteln führen in einer **Positivliste** über 200 Stoffe auf, die als Stoff oder Zubereitung dem Betäubungsmittelrecht unterliegen. Diese Liste gilt ebenso für Isomere, Molekülverbindungen und Salze der aufgeführten Substanzen.

GUT ZU WISSEN

Im offiziellen Bundesgesetzblatt sind die drei Anlagen des BtMG in drei Spalten aufgeteilt:

Spalte 1: enthält die International Nonproprietary Names (INN) der WHO. Der INN hat bei der Bezeichnung eines Stoffs Vorrang gegenüber den anderen Bezeichnungen z. B. **Fentanyl** oder **Oxazepam**.

Spalte 2: enthält andere nicht geschützte Stoffbezeichnungen oder Trivialnamen z. B. **Opium** oder **Heroin**.

Spalte 3: enthält die chemische Stoffbezeichnung nach der Nomenklatur der International Union of Pure and Applied Chemistry (IUPAC) z. B. *N*-(1-Phenethyl-4-piperidyl)-*N*-phenyl-propanamid (= Fentanyl).

Hinweis: Bei den Beispielen in diesem Lehrbuch (□ Tab. 6.3, □ Tab. 6.4, □ Tab. 6.5) wurde auf diesen Aufbau bewusst verzichtet (Bei Bedarf sollte hier – wie immer – die Originalquelle hinzugezogen werden).

◻ **Tab. 6.3** Anlage I BtMG (Beispiele)

Cannabis (Marihuana, Pflanzen und Pflanzenteile der zur Gattung Cannabis gehörenden Pflanzen)	– ausgenommen 1. deren Samen, sofern er nicht zum unerlaubten Anbau bestimmt ist, 2. wenn … ihr Gehalt an Tetrahydrocannabinol 0,2 vom Hundert nicht übersteigt und der Verkehr mit ihnen (ausgenommen der Anbau) ausschließlich gewerblichen Zwecken dient, die einen Missbrauch zu Rauschzwecken ausschließen, 3. wenn sie als Schutzstreifen bei der Rübenzüchtung gepflanzt und vor der Blüte vernichtet werden oder 4. wenn sie … ausschließlich aus zertifiziertem Saatgut erfolgt, … (Nutzhanf) 5. zu den in den Anlage III bezeichneten Zwecken –
Cannabisharz (Haschisch)	Das abgesonderte Harz der zur Gattung Cannabis gehörenden Pflanzen
Dimethoxyamphetamin (DMA)	
Dimethoxymethylamphetamin (DOM)	
Heroin (Diacetylmorphin, Diamorphin)	– ausgenommen Diamorphin zu den in den Anlagen II und III bezeichneten Zwecken –
Lysergid (LSD)	
Mescalin	

Methylendioxymethamfetamin (MDMA, „Ecstasy")
– die Ester, Ether und Molekülverbindungen der in dieser Anlage aufgeführten Stoffe, wenn sie nicht in einer anderen Anlage verzeichnet sind und das Bestehen solcher Ester, Ether und Molekülverbindungen möglich ist;
– die Salze der in dieser Anlage aufgeführten Stoffe, wenn das Bestehen solcher Salze möglich ist;
– die Zubereitungen der in dieser Anlage aufgeführten Stoffe, wenn sie nicht 1. ohne am oder im menschlichen oder tierischen Körper angewendet zu werden, ausschließlich diagnostischen oder analytischen Zwecken dienen, und ihr Gehalt an einem oder mehreren Betäubungsmitteln jeweils 0,001 vom Hundert nicht übersteigt oder die Stoffe in den Zubereitungen isotopenmodifiziert oder 2. besonders ausgenommen sind.
– die Stereoisomere in dieser oder einer anderen Anlage aufgeführten Stoffe, wenn sie als Betäubungsmittel missbräuchlich verwendet werden sollen;
– Stoffe nach § 2 Absatz 1 Nummer 1 Buchstabe b bis d mit in dieser oder einer anderen Anlage aufgeführten Stoffen sowie die zur Reproduktion oder Gewinnung von Stoffen nach § 2 Absatz 1 Nummer 1 Buchstabe b bis d geeigneten biologischen Materialien, wenn ein Missbrauch zu Rauschzwecken vorgesehen ist.

◻ **Tab. 6.4** Anlage II BtMG (Beispiele)

Diamorphin	– sofern es zur Herstellung von Zubereitungen zu medizinischen Zwecken bestimmt ist –
Diphenoxylat	– ausgenommen in Zubereitungen, die ohne einen weiteren Stoff der Anlagen I bis III bis zu 0,25 vom Hundert oder je abgeteilte Form bis zu 2,5 mg Diphenoxylat, berechnet als Base, und, bezogen auf diese Mengen, mindestens 1 vom Hundert Atropinsulfat enthalten –
Erythroxylum Coca	Pflanzen und Pflanzenteile der zur Art Erythroxylum Coca (einschließlich der Varietäten bolivianum, spruceanum und novogranatense) gehörenden Pflanzen
Ethylmorphin	– ausgenommen in Zubereitungen, die ohne einen weiteren Stoff der Anlagen I bis III bis zu 2,5 vom Hundert oder je abgeteilte Form bis zu 100 mg Ethylmorphin, berechnet als Base, enthalten –
Methadon-Zwischenprodukt (Premethadon)	
Mohnstrohkonzentrat	Das bei der Verarbeitung von Pflanzen und Pflanzenteilen der Art Papaver somniferum zur Konzentrierung der Alkaloide anfallende Material

6

– die Ester, Ether und Molekülverbindungen der in dieser Anlage sowie die Ester und Ether der in Anlage III aufgeführten Stoffe, wenn sie nicht in einer anderen Anlage verzeichnet sind und das Bestehen solcher Ester, Ether und Molekülverbindungen möglich ist;

– die Salze der in dieser Anlage aufgeführten Stoffe, wenn das Bestehen solcher Salze möglich ist sowie die Salze und Molekülverbindungen der in Anlage III aufgeführten Stoffe, wenn das Bestehen solcher Salze und Molekülverbindungen möglich ist und sie nicht ärztlich, zahnärztlich oder tierärztlich angewendet werden;

– die Zubereitungen der in dieser Anlage aufgeführten Stoffe, wenn sie nicht
1. ohne am oder im menschlichen oder tierischen Körper angewendet zu werden, ausschließlich diagnostischen oder analytischen Zwecken dienen, und ihr Gehalt an einem oder mehreren Betäubungsmitteln, bei Lyophilisaten und entsprechend zu verwendenden Stoffgemischen in der gebrauchsfertigen Lösung, jeweils 0,01 vom Hundert nicht übersteigt oder die Stoffe in den Zubereitungen isotopenmodifiziert oder
2. besonders ausgenommen sind.

◻ **Tab. 6.5** Anlage III BtMG (Beispiele)

Amfetamin	
Barbital (Diethylbarbitursäure)	– ausgenommen in Zubereitungen, die a) ohne einen weiteren Stoff der Anlagen I bis III bis zu 10 vom Hundert oder b) ohne am oder im menschlichen oder tierischen Körper angewendet zu werden, ausschließlich diagnostischen oder analytischen Zwecken dienen, und ohne einen weiteren Stoff der Anlagen I bis III je Packungseinheit nicht mehr als 25 g Barbital, berechnet als Säure, enthalten –
Buprenorphin	
Cannabis (Marihuana, Pflanzen und Pflanzenteile der zur Gattung Cannabis gehörenden Pflanzen)	– nur aus einem Anbau, der zu medizinischen Zwecken unter staatlicher Kontrolle gemäß den Artikeln 23 und 28 Absatz 1 des Einheits-Übereinkommens von 1961 über Suchtstoffe erfolgt, sowie in Zubereitungen, die als Fertigarzneimittel zugelassen sind –
Cocain	
Codein	– ausgenommen in Zubereitungen, die ohne einen weiteren Stoff der Anlagen I bis III bis zu 2,5 vom Hundert oder je abgeteilte Form bis zu 100 mg Codein, berechnet als Base, enthalten. Für ausgenommene Zubereitungen, die für betäubungsmittelabhängige Personen verschrieben werden, gelten jedoch die Vorschriften über das Verschreiben und die Abgabe von Betäubungsmitteln –
Dexamfetamin	
Dexmethylphenidat	
Diamorphin	– nur in Zubereitungen, die zur Substitutionsbehandlung zugelassen sind –
Diazepam	– ausgenommen in Zubereitungen, die ohne einen weiteren Stoff der Anlagen I bis III bis zu 1 vom Hundert als Sirup oder Tropflösung, jedoch nicht mehr als 250 mg je Packungseinheit, oder je abgeteilte Form bis zu 10 mg Diazepam enthalten –
Dihydrocodein	– ausgenommen in Zubereitungen, die ohne einen weiteren Stoff der Anlagen I bis III bis zu 2,5 vom Hundert oder je abgeteilte Form bis zu 100 mg Dihydrocodein, berechnet als Base, enthalten. Für ausgenommene Zubereitungen, die für betäubungsmittelabhängige Personen verschrieben werden, gelten jedoch die Vorschriften über das Verschreiben und die Abgabe von Betäubungsmitteln –
Dronabinol	
Fenetyllin	

◻ Tab. 6.5 Anlage III BtMG (Beispiele, Fortsetzung)

Fentanyl	
Flunitrazepam	
Hydrocodon	
Hydromorphon	
Levomethadon	
Methadon	
Methylphenidat	
Midazolam	– ausgenommen in Zubereitungen, die ohne einen weiteren Stoff der Anlagen I bis III bis zu 0,2 vom Hundert oder je abgeteilte Form bis zu 15 mg Midazolam enthalten –
Morphin	
Nitrazepam	– ausgenommen in Zubereitungen, die ohne einen weiteren Stoff der Anlagen I bis III bis zu 0,5 vom Hundert als Tropflösung, jedoch nicht mehr als 250 mg je Packungseinheit, oder je abgeteilte Form bis zu 10 mg Nitrazepam enthalten –
Normethadon	
Opium	Der geronnene Saft der zur Art Papaver somniferum gehörenden Pflanzen. – ausgenommen in Zubereitungen, die nach einer im homöopathischen Teil des Arzneibuches beschriebenen Verfahrenstechnik herstellt sind, wenn die Endkonzentration die sechste Dezimalpotenz nicht übersteigt –
Oxazepam	– ausgenommen in Zubereitungen, die ohne einen weiteren Stoff der Anlagen I bis III je abgeteilte Form bis zu 50 mg Oxazepam enthalten –
Papaver somniferum	Pflanzen und Pflanzenteile, ausgenommen die Samen, der zur Art Papaver somniferum (einschließlich der Unterart setigerum) gehörenden Pflanzen – ausgenommen, wenn der Verkehr mit ihnen (ausgenommen der Anbau) Zierzwecken dient und wenn im getrockneten Zustand ihr Gehalt an Morphin 0,02 vom Hundert nicht übersteigt ... – – ausgenommen in Zubereitungen, die nach einer im homöopathischen Teil des Arzneibuches beschriebenen Verfahrenstechnik hergestellt sind, wenn die Endkonzentration die vierte Dezimalpotenz nicht übersteigt – – ausgenommen in Zubereitungen, die ohne einen weiteren Stoff der Anlagen I bis III bis zu 0,015 vom Hundert Morphin, berechnet als Base, enthalten ... –

6

◻ Tab. 6.5 Anlage III BtMG (Beispiele, Fortsetzung)

Pethidin	
Phenobarbital (Ethylphenyl-barbitursäure)	– ausgenommen in Zubereitungen, die ohne einen weiteren Stoff der Anlagen I bis III bis zu 10 vom Hundert oder je abgeteilte Form bis zu 300 mg oder Phenobarbital, berechnet als Säure, enthalten –
Tilidin	– ausgenommen in festen Zubereitungen mit verzögerter Wirkstofffreigabe, die ohne einen weiteren Stoff der Anlage I bis III je abgeteilte Form bis zu 300 mg Tilidin, berechnet als Base, und, bezogen auf diese Menge, mindestens 7,5 vom Hundert Naloxonhydrochlorid enthalten –

– die Salze und Molekülverbindungen der in dieser Anlage aufgeführten Stoffe, wenn sie nach den Erkenntnissen der medizinischen Wissenschaft ärztlich, zahnärztlich oder tierärztlich angewendet werden;

– die Zubereitungen der in dieser Anlage aufgeführten Stoffe, wenn sie nicht
1. ohne am oder im menschlichen oder tierischen Körper angewendet zu werden, ausschließlich diagnostischen oder analytischen Zwecken dienen, und ihr Gehalt an einem oder mehreren Betäubungsmitteln, bei Lyophilisaten und entsprechend zu verwendenden Stoffgemischen in der gebrauchsfertigen Lösung, jeweils 0,01 vom Hundert nicht übersteigt, oder
2. besonders ausgenommen sind. Für ausgenommene Zubereitungen – außer solchen mit Codein oder Dihydrocodein – gelten jedoch die betäubungsmittelrechtlichen Vorschriften über die Einfuhr, Ausfuhr und Durchfuhr. Nach Buchstabe b der Position Barbital ausgenommene Zubereitungen können jedoch ohne Genehmigung nach § 11 des Betäubungsmittelgesetzes ein-, aus- oder durchgeführt werden, wenn nach den Umständen eine missbräuchliche Verwendung nicht zu befürchten ist.

Anlage I. Diese Stoffe und ihre Zubereitungen (◻ Tab. 6.3) sind „illegal", d. h. es darf weder mit ihnen gehandelt werden (**„nicht verkehrsfähig"**), noch dürfen sie vom Arzt verschrieben werden (**„nicht verschreibungsfähig"**).

Anlage II: Die hier aufgeführten Substanzen (◻ Tab. 6.4) sind vor allem **Rohstoffe** zur Fertigarzneimittelproduktion und Stoffe, die zum Teil – abhängig von ihrer Dosierung oder Konzentration – als ausgenommene Zubereitung keine Betäubungsmittel mehr sind. Sie dürfen gehandelt werden (**„verkehrsfähig"**, auch Import und Export), aber nicht vom Arzt als Betäubungsmittel auf Betäubungsmittelrezept verschrieben werden (**„nicht verschreibungsfähig"**).

Anlage III: Diese Stoffe und ihre Zubereitungen (◻ Tab. 6.5) enthalten die für die Apotheke wichtigen „eigentlichen Betäubungsmittel", die sowohl gehandelt (**„verkehrsfähig"**) als auch vom Arzt auf BtM-Rezept (◉ Abb. 6.4, ▶ Kap. 6.3) verschrieben (**„verschreibungsfähig"**) werden dürfen. Die „ausgenommenen Zubereitungen" sind dann verschreibungspflichtig (Ausnahme: homöopathische Zubereitungen wie z. B. Opium D 12).

GUT ZU WISSEN

Tetrahydrocannabinol (THC) ist eine psychoaktive Substanz, die zu den Cannabinoiden zählt. Die Substanz kommt in Pflanzen der Gattung Hanf (Cannabis) vor und ihr wird der Hauptanteil der berauschenden Wirkung zugesprochen. Pflanzen mit über 0,2 % THC unterliegen dem Betäubungsmittelgesetz.
Der nicht-psychoaktive Inhaltsstoff **Cannabidiol (CBD)** unterliegt nicht dem Betäubungsmittelgesetz und gilt als gut verträgliche Komponente der Hanfpflanze. CBD-reicher Nutzhanf darf aufgrund des niedrigen THC-Gehalts legal angebaut werden.

Bis 1996 waren alle Bestandteile der **Cannabispflanze** außer den Samen nicht verkehrsfähig. Seitdem ist der Anbau von Nutzhanf an die Richtlinien der Europäischen Union angepasst und wird von den zuständigen Behörden auf Antrag genehmigt, wenn eine Mindestanbaufläche erreicht wird und der Gehalt des Hauptinhaltsstoffs **Tetrahydrocannabinol** (THC) unter 0,2 % liegt. Seit 2011 dürfen zugelassene Fertigarzneimittel auf Cannabis-Basis in Deutschland hergestellt und auf Betäubungsmittelrezept verschrieben werden. Daher findet sich Cannabis sowohl in Anlage I als auch in Anlage III des Betäubungsmittelgesetzes.

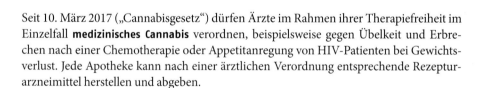

MERKE

Seit 2017 kann ein Arzt Cannabis als getrocknete Blüten zu medizinischen Zwecken auf einem BtM-Rezept verschreiben. Die Höchstmenge nach § 2,1 BtMVV beträgt maximal 100 Gramm innerhalb von 30 Tagen (▶ Kap. 6.3, Betäubungsmittelverschreibungsverordnung, ⊙ Abb. 6.4).

Seit 10. März 2017 („Cannabisgesetz") dürfen Ärzte im Rahmen ihrer Therapiefreiheit im Einzelfall **medizinisches Cannabis** verordnen, beispielsweise gegen Übelkeit und Erbrechen nach einer Chemotherapie oder Appetitanregung von HIV-Patienten bei Gewichtsverlust. Jede Apotheke kann nach einer ärztlichen Verordnung entsprechende Rezepturarzneimittel herstellen und abgeben.

PRAXISBEISPIEL

Nach vorheriger **Genehmigung durch die Krankenkasse** dürfen Ärzte ihren Patienten Cannabis verordnen und die Apotheken können entsprechende Rezepturarzneimittel herstellen. Zur medizinischen Anwendung können Cannabisblüten vom Patienten nach vorherigem Erhitzen in speziellen Verdampfern inhaliert oder als wässrige Abkochung („Tee") getrunken werden.
Diese **Rezepturarzneimittel mit Cannabis** werden von den Krankenkassen erstattet. Die geltende Arzneimittelpreisverordnung (AMPreisV, ▶ Kap. 5.2.3) ist für die Preisbildung der aus Cannabis hergestellten Rezepturarzneimittel zuständig.
GKV-Patienten müssen eine **Zuzahlung** leisten in Höhe von 10 Prozent des Arzneimittelpreises, höchstens aber 10 Euro pro Arzneimittel (§ 61 SGB V, (▶ Kap. 5.4).

Cannabis kann in verschiedenen Formen verordnet werden, zum Beispiel als **Blüten** oder als isolierter Hauptwirkstoff **Dronabinol**, auch als „**THC**" (Tetrahydrocannabinol) bekannt. Über die Dosis und die Anwendungsform entscheidet der Arzt. Apotheker geben ihren Patienten bei der Abgabe des Rezepturarzneimittels entsprechende Anweisungen mit.

GUT ZU WISSEN

Heroin (**Diamorphin**) findet sich in den Anlagen I, II und III BtMG (◻Tab. 6.3, ◻Tab. 6.4, ◻Tab. 6.5), die jeweils genannten Bedingungen müssen eingehalten sind. Nach §47b des Arzneimittelgesetzes dürfen diamorphinhaltige Fertigarzneimittel, die zur **substitutionsgestützten Behandlung** zugelassen sind, nur an anerkannte Einrichtungen im Sinne des §13 Absatz 3 Satz 2 Nr. 2a des Betäubungsmittelgesetzes und nur auf Verschreibung eines dort behandelnden Arztes abgeben werden. Diese Fertigarzneimittel werden also unter Umgehung der Apothekenpflicht direkt vom Hersteller an den behandelnden Arzt geliefert.

DEFINITION

„**Ausgenommene Zubereitungen**" werden aus Betäubungsmitteln der Anlagen II und III BtMG hergestellt, wenn eine dort angegebene Dosierung oder Konzentration nicht überschritten wird. Diese aus dem BtM-Recht ausgenommenen Zubereitungen sind dann **verschreibungspflichtig** und dürfen vom Arzt auf normalem Rezept verschrieben werden. Viele Rx-Fertigarzneimittel z. B. mit Codein, Dihydrocodein und Diazepam enthalten als Wirkstoff ein Betäubungsmittel und sind als ausgenommene Zubereitungen im Handel.

ZUSAMMENFASSUNG

- Betäubungsmittel sind die in den Anlagen I bis III des Betäubungsmittelgesetzes aufgeführten Stoffe und deren Zubereitungen.
- Die drei Spalten dieser Anlagen führen im Originaltext die INN-Bezeichnung, nicht geschützte Bezeichnungen und Trivialnamen sowie die chemische Stoffbezeichnung nach IUPAC auf.
- Stoffe der Anlage I sind weder verkehrsfähig noch verschreibungsfähig und in Apotheken nicht zu finden, Stoffe der Anlagen II und III müssen unter Verschluss aufbewahrt werden.
- Zubereitungen der Anlage II sind unterhalb der festgelegten Bedingungen keine Betäubungsmittel, darüber sind sie nicht verschreibungsfähig.
- Zubereitungen der Anlage III sind unterhalb der festgelegten Bedingungen keine Betäubungsmittel, darüber sind sie auf BtM-Rezept verschreibungsfähig.

- Ausgenommene Zubereitungen aus Betäubungsmittel sind verschreibungs- pflichtig.
- Cannabisblüten finden sich in Anlage I und III des BtM-Gesetzes mit aufgeführ- ten Ausnahmen und sind auf BtM-Rezept verschreibungsfähig.
- Das GÜG (Grundstoffüberwachungsgesetz) dient der Kontrolle von Drogenaus- gangsstoffen, die zur unerlaubten Herstellung von Betäubungsmitteln dienen könnten; sie werden in drei Kategorien eingeteilt.

Das GÜG

Das „Gesetz zur Überwachung des Verkehrs mit Grundstoffen, die für die unerlaubte Herstellung von Betäubungsmitteln missbraucht werden können" (Grundstoffüberwachungsgesetz, GÜG, 1995, Stand vom 20. November 2019, BGBl. I S. 1626) hat das Ziel, die Kontrolle des Verkehrs mit Drogenausgangs- stoffen und möglichen Bestandteilen von Sprengstoffen in den Mitgliedsstaa- ten der Europäischen Union zu verbessern und zu vereinheitlichen. Die Verord- nungen benennen in drei Kategorien Stoffe, deren Verkehr besonderer Über- wachung bedarf, da sie für die Herstellung von illegalen Drogen oder zur Herstellung von Sprengstoffen genutzt werden können.
Für Stoffe der **Kategorie 1** („Vorläuferstoffe" wie z. B. Ephedrin, Pseudoephe- drin, Ergotamin oder Lysergsäure) und der **Kategorie 2** (Reagenzien wie z. B. Essigsäureanhydrid/100 Liter, Kaliumpermanganat/100 kg, Phenylessig- säure/1 kg oder Piperidin/0,5 kg) müssen „Sondererlaubnisse" bzw. „Sonderre- gistrierungen" von der Bundesstelle für Betäubungsmittel (BfArM) erteilt wer- den. Die Sondererlaubnisse sind bereits von der Bundesstelle für Betäubungs- mittel automatisch für alle Apotheken ausgesprochen worden (veröffentlicht im Bundesanzeiger Nr. 151 vom 12. August 2005, Seite 12 297). Das bedeutet, Apotheken dürfen mit den Stoffen handeln. Die Sonderregistrierungen sind von Apotheken nur zu beantragen, wenn der Schwellenwert der Stoffe der Kategorie 2 (z. B. 100 Liter Essigsäureanhydrid, siehe oben) überschritten wird. Der Verkauf kleiner Chemikalienmengen der Stoffe Kategorie 2 und **Kategorie 3** („triviale Lösungsmittel" wie z. B. Salzsäure, Schwefelsäure, Diethylether oder Aceton) an Privatpersonen ist durch die Apothekenbetriebsordnung gedeckt. Stoffe der Kategorie 1 dürfen nur an Erlaubnisinhaber abgegeben werden. Von Dokumentationspflichten sind Apotheken befreit.
Apotheken müssen beim Bezug von Stoffen der Kategorie 1 (und Kategorie 2, wenn der aufgeführte Schwellenwert pro Jahr überschritten ist) eine „**Endver- bleibserklärung**" (EVE) ihrem Lieferanten (z. B. Großhandel) gegenüber abge- ben. Wenn Apotheken liefern, müssen sie diese Erklärung von ihren Kunden fordern.

6

REPETITORIUM 10: BTM-GESETZ

● leicht ●● mittel ●●● schwer

●   1. Welche Unterschiede bestehen zwischen den drei Anlagen des BtM-Gesetzes?

      2. Nennen Sie jeweils zwei Substanzen aus verschiedenen Anlagen, die im BtM-Schrank aufzubewahren sind!

      3. Unter welchen Bedingungen sind Ethylmorphinhydrochlorid-Augentropfen „ausgenommen"?

      4. Welche Bedeutung hat das GÜG für die Apotheke?

●●   1. Nennen Sie Beispiele für „ausgenommene Zubereitungen"!

      2. Welches Rezept wäre für Oxazepam-Kapseln 50 mg notwendig und warum?

      3. Welchen Gehalt an Morphin schreibt das Arzneibuch vor für Opiumtinktur und eingestelltes Opium?

      4. Interpretieren Sie die Einstufung von Codein und Dihydrocodein in die Anlage III des BtM-Gesetzes!

      5. Nennen Sie alle Bedingungen für ausgenommene Zubereitungen von Diazepam!

●●● 1. Warum kann eine 2,75%ige Codeinphosphat-Lösung auf normalem Rezept verschrieben werden?

      2. Darf eine homöopathische Verschreibung eines Heilpraktikers über 10,0 Papaver somniferum D6 dil. beliefert werden?

      3. Wie unterscheiden sich betäubungsmittelrechtlich Opium D5 glob. von Opium D5 dil.?

6.2 Betäubungsmittel-Binnenhandelsverordnung (BtMBinHV)

BtMBinHV in der Fassung vom 17. August 2011 (BGBl. I S. 1754)

– Auszüge –

In § 12 des Gesetzes über den Verkehr mit Betäubungsmittel wird der zuständige Minister ermächtigt, in einer Verordnung das Verfahren und die Form des **Handels mit Betäubungsmitteln** innerhalb der Bundesrepublik Deutschland zu regeln.

GUT ZU WISSEN

Vor Inkrafttreten des heute angewandten Verfahrens war die **Bestellung von Betäubungsmitteln** sehr kompliziert: Für den Bezug jedes einzelnen BtM war die schriftliche Genehmigung der Bundesopiumstelle notwendig. Nur mit dieser Genehmigung konnte die Bestellung beim Großhandel erfolgen. Nachteilig waren hierbei die langen Bestellzeiten und die großen Betäubungsmittelvorräte (Einbruchgefahr) in den Apotheken.
Nach dem heute praktizierten Verfahren finden diese ganzen formalen Vorgänge nicht mehr **vor,** sondern **nach** der Bestellung der Betäubungsmittel statt.

Die Bestellung gewünschter Betäubungsmittel unterscheidet sich nicht von der Bestellung der anderen Arzneimittel. Das für die Lieferung vorgeschriebene Formblatt „**Abgabebeleg**" wird vom Großhandel bereitgehalten.

MERKE

Der „Abgabebeleg" dient der Dokumentation des Liefervorgangs von Betäubungsmitteln und besteht aus vier Teilen: Abgabemeldung, Empfangsbestätigung, Lieferschein und Lieferscheindoppel. Der Abgabebeleg wird vom Abgebenden vollständig ausgefüllt. Der elektronische Abgabebeleg mit digitalen Unterschriften befindet sich in der Testphase.

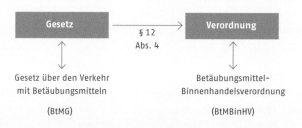

o **Abb. 6.1** Gesetz und Verordnung (BtMBinHV)

„Auf Grund des § 12 Abs. 4 des Betäubungsmittelgesetzes vom 28. Juli 1981 (BGBl. I S. 681) wird verordnet:
Wer Betäubungsmittel nach § 12 Abs. 1 des Betäubungsmittelgesetzes abgibt, hat für jede einzelne Abgabe einen **Abgabebeleg** schriftlich unter Verwendung des amtlichen Formblatts gemäß § 6 Absatz 1 Satz 1 oder elektronisch gemäß § 6 Absatz 1 Satz 2 zu erstellen." (**§ 1**)

„(1) Der Abgebende hat auf allen Teilen des Abgabebelegs (**Abgabemeldung, Empfangsbestätigung, Lieferschein und Lieferscheindoppel**) übereinstimmend folgende Angaben zu machen:
1. BtM-Nummer, Name oder Firma und Anschrift des Abgebenden; bei Abgebenden mit mehreren Betriebsstätten BtM-Nummer und Anschrift der abgebenden Betriebsstätte,
2. BtM-Nummer, Name oder Firma und Anschrift des Erwerbers; bei Erwerbern mit mehreren Betriebsstätten BtM-Nummer und Anschrift der erwerbenden Betriebsstätte,
3. für jedes abgegebene Betäubungsmittel:
   a) Pharmazentralnummer,
   b) Anzahl der Packungseinheiten,
   c) Packungseinheit gemäß verwendeter Pharmazentralnummer (bei Stoffen und nicht abgeteilten Zubereitungen die Gewichtsmenge, bei abgeteilten Zubereitungen die Stückzahl),
   d) Bezeichnung des Betäubungsmittels; zusätzlich:
      ▪ bei abgeteilten Zubereitungen die Darreichungsform und das Gewicht des enthaltenen reinen Stoffes in Milligramm je abgeteilte Form,
      ▪ bei nicht abgeteilten Zubereitungen die Darreichungsform und das Gewicht des enthaltenen reinen Stoffes je Packungseinheit,
      ▪ bei rohen, ungereinigten und nicht abgeteilten Betäubungsmitteln den Gewichtsvomhundertsatz des enthaltenen reinen Stoffes,
4. Abgabedatum.
Der Abgebende hat die **Abgabemeldung** eigenhändig mit Kugelschreiber zu unterschreiben oder mit seiner elektronischen Signatur zu versehen." (**§ 2**)

„(1) Die **Empfangsbestätigung** und der **Lieferschein** sind dem **Erwerber** zusammen mit den Betäubungsmitteln als Schriftstücke oder elektronische Dokumente zu übersenden.
(2) Zur **Meldung der Abgabe** nach § 12 Abs. 2 des Betäubungsmittelgesetzes ist dem **Bundesinstitut für Arzneimittel und Medizinprodukte** die Abgabemeldung binnen einer Woche nach der Abgabe zu übersenden.
(3) Das **Lieferscheindoppel** ist vorbehaltlich der Vorschrift des § 4 Abs. 2 bis zum Eingang der Empfangsbestätigung aufzubewahren." (**§ 3**)

„(1) Der **Erwerber** hat
1. die Angaben auf den ihm zugegangenen Teilen des Abgabebelegs (**Empfangsbestätigung und Lieferschein**) zu prüfen,
2. gegebenenfalls von ihm festgestellte **Abweichungen** auf diesen schriftlich oder elektronisch in erkennbarer Weise und so zu vermerken, dass die Angaben des Abgebenden als solche nicht verändert werden,

3. diese Teile schriftlich oder elektronisch mit dem Empfangsdatum zu versehen und eigenhändig mit Kugelschreiber zu unterschreiben oder mit seiner elektronischen Signatur zu versehen und

4. die **Empfangsbestätigung** spätestens an dem auf den Empfang der Betäubungsmittel folgenden Werktag dem Abgebenden zurückzusenden.

(2) Der **Abgebende** hat im Falle des Absatzes 1 Nr. 2

1. auf dem **Lieferscheindoppel** schriftlich oder elektronisch

    a) das Empfangsdatum der Empfangsbestätigung und

    b) die von dem Erwerber nach Absatz 1 Nr. 2 vermerkten Abweichungen als solche erkennbar einzutragen und sich zu ihrer Richtigkeit zu erklären und sodann

2. das **Lieferscheindoppel** dem **Bundesinstitut für Arzneimittel und Medizinprodukte** binnen einer Woche nach dem Empfang der Empfangsbestätigung zu übersenden." (**§ 4**)

Damit ist die Abgabe vom Großhandel an die Apotheke geregelt, die Abgabe an den Patienten erfolgt über ein BtM-Rezept (BtMVV, ○ Abb. 6.4, ▶ Kap. 6.3).

> **MERKE**
> Der Abgabebeleg besteht aus einem vierteiligen nummerierten Formblattsatz (○ Abb. 6.2) zum Durchschreiben (Abgabemeldung, Empfangsbestätigung, Lieferschein, Lieferscheindoppel) oder einem künftigen elektronischen Vorgang und wird vollständig vom Lieferanten, z. B. dem pharmazeutischen Großhandel, ausgefüllt.

Der pharmazeutische Großhandel schickt die **Abgabemeldung** (○ Abb. 6.2) an die zuständige Behörde (Bundesinstitut für Arzneimittel und Medizinprodukte ▶ Kap. 2.1). Hier werden alle Meldungen des BtM-Verkehrs zentral erfasst. Das **Lieferscheindoppel** wird vom Großhandel vorerst aufbewahrt.

Das Betäubungsmittel gelangt mit der normalen Arzneimittellieferung in die Apotheke (Ausnahme: keine Nachtlieferung), zusammen mit dem Lieferschein und der Empfangsbestätigung.

Die **Empfangsbestätigung** (○ Abb. 6.2) wird vom Apothekenleiter oder seinem Beauftragten mit der gelieferten Ware verglichen, unterschrieben und dem Fahrer wieder mitgegeben bzw. schnellstmöglich dem Großhandel zurückgeschickt.

Der „**Erwerber**" hat den Empfang von Betäubungsmitteln per Unterschrift zu bestätigen. Erwerber ist in diesem Fall der Apothekenbetrieb als juristische Person. Es wird durch die Verordnung also nicht zwingend vorgeschrieben, dass diese Tätigkeit dem Apothekenleiter als Verantwortlichen für den Betäubungsmittelverkehr vorbehalten ist. Aus betäubungsmittelrechtlicher Sicht hält es die Bundesbehörde für zulässig, wenn eine vom Apothekenleiter beauftragte Person (z. B. PTA oder PKA) den korrekten Empfang von Betäubungsmitteln durch ihre Unterschrift auf der Empfangsbestätigung des BtM-Abgabebelegs bestätigt. Ein Betriebsleiter hat selbst dafür Sorge zu tragen, dass bei den mit der Abwicklung des Betäubungsmittelverkehrs beauftragten Personen die notwendigen Voraussetzungen wie Sachkunde, Zuverlässigkeit etc. gegeben sind. Es empfiehlt sich auch,

A

Betäubungsmittel-
Abgabebeleg

● **Abgabemeldung** ●   Nr. 3 2 3 6 9 2 6

BGA-Nr. des Abgebenden   Name oder Firma und Anschrift des Abgebenden

Abgabedatum

Tag | Monat | Jahr

Die Abgabemeldung ist dem Bundesgesundheitsamt
vom Abgebenden spätestens am nächsten auf die
Abgabe folgenden Werktag zu übersenden.

Unterschrift des für die Abgabe Verantwortlichen

Pharmazentralnummer	Anzahl	Packungs-einheit	Maß-einheit kg/g/mg/St.	Bezeichnung des Betäubungsmittels
		×		
		×		
		×		
		×		
		×		

BGA-Nr. des Erwerbers   Name oder Firma und Anschrift des Erwerbers   Nur für Vermerke des Bundesgesundheitsamtes

❼ Bundesdruckerei – Nachdruck verboten

B

Betäubungsmittel-
Abgabebeleg

Empfangsbestätigung   Nr. 3 2 3 6 9 2 6

BGA-Nr. des Abgebenden   Name oder Firma und Anschrift des Abgebenden

Abgabedatum

Tag | Monat | Jahr

Die Empfangsbestätigung ist dem Erwerber vom Abgebenden zusammen mit den Betäubungsmitteln und dem
Teil Lieferschein zu übersenden.
Der Erwerber hat auf ihr den Empfang nach Prüfung
mit Datum und Unterschrift zu bestätigen und sie an
den Abgebenden spätestens am nächsten auf den Erwerb folgenden Werktag zurückzusenden.
Der Abgebende hat die Empfangsbestätigung drei Jahre
aufzubewahren.

Pharmazentralnummer	Anzahl	Packungs-einheit	Maß-einheit kg/g/mg/St.	Bezeichnung des Betäubungsmittels
		×		
		×		
		×		
		×		
		×		

BGA-Nr. des Erwerbers   Name oder Firma und Anschrift des Erwerbers   Nur für Berichtigungsvermerke des Erwerbers

Empfangsdatum

Tag | Monat | Jahr   Unterschrift des für den Erwerb Verantwortlichen

○ **Abb. 6.2** BtM-Abgabebeleg: A Abgabemeldung, B Empfangsbestätigung

dass der Apothekenleiter in einer schriftlichen Verfügung festhält, welche seiner Mitarbeiter/innen er für diese Tätigkeiten autorisiert hat. Weiterhin wird er sich durch regelmäßige Kontrollen davon überzeugen müssen, dass alle betäubungsmittelrechtlichen Vorschriften eingehalten werden.

Nach Eintreffen der Empfangsbestätigung wird das **Lieferscheindoppel** vom beliefernden Großhandel innerhalb einer Woche an das BfArM geschickt, falls nach § 4,2 Nr. 2 Abweichungen festgestellt wurden. Ansonsten kann der Großhandel das Lieferscheindoppel vernichten. Der **Lieferschein** wird in der Apotheke drei Jahre aufbewahrt. Jedes eingegangene BtM wird in die Betäubungsmitteldokumentation aufgenommen (BtMVV, ► Kap. 6.3).

ZUSAMMENFASSUNG

- Das vierteilige Formblatt („Abgabebeleg") wird vom pharmazeutischen Großhandel ausgefüllt. Der Großhandel benachrichtigt auch die zuständige Behörde (BfArM). Ein elektronisches Verfahren ist zukünftig vorgesehen.
- Zusammen mit dem Betäubungsmittel kommen die Empfangsbestätigung (unterschreiben und zurück) und der Lieferschein (aufbewahren) in die Apotheke; bei der Rückgabe von BtM an den Großhandel gilt der umgekehrte Weg.
- Die Unterschrift der Empfangsbestätigung wird von einem Beauftragten des Apothekenleiters geleistet; eine Lieferung von Betäubungsmitteln in der Nacht ist nicht zulässig.
- Die Lieferung eines Betäubungsmittels erfordert neben der Empfangsbestätigung die gesicherte Aufbewahrung und die lückenlose Dokumentation der Apotheke. Jeder Zu- und Abgang eines BtM wird in der Apotheke genau dokumentiert, der aktuelle Bestand festgehalten und regelmäßig vom Apothekenleiter abgezeichnet.
- Diamorphinhaltige Fertigarzneimittel zur Substitution bei Opioidabhängigkeit werden unter Umgehung der Apothekenpflicht direkt vom Hersteller an den behandelnden Arzt geliefert.

6.3 Betäubungsmittel-Verschreibungsverordnung (BtMVV)

BtMVV vom 20. Januar 1998, die zuletzt durch Artikel 2 der Verordnung vom 2. Juli 2018 (BGBl. I S. 1078) geändert worden ist.

– Auszüge –

In § 13 Abs. 3 BtMG wird der zuständige Minister ermächtigt, in einer Verordnung folgende konkrete Bereiche zu regeln:
- Art und Weise des Verschreibens von Betäubungsmitteln (BtM) durch den Arzt (bzw. Zahnarzt oder Tierarzt),

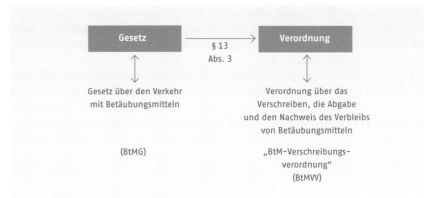

- Verschreibung von BtM für Praxisbedarf und Stationen in Krankenhäusern,
- Höchstmengen und Kombination von Betäubungsmitteln,
- Verschreiben von BtM zur Substitution,
- Verschreiben von BtM auf dem Betäubungsmittelrezept,
- Abgabe von BtM in der Apotheke,
- Dokumentation des Verbleibs von BtM.

> **KURZINFO**
>
> Die Paragrafen **1 und 2** der Betäubungsmittelverschreibungsverordnung regeln die Grundsätze der Verschreibung von Betäubungsmitteln, die Dokumentation und das Verschreiben durch den Arzt mit festgesetzten Höchstmengen.

„(1) Die in Anlage III des Betäubungsmittelgesetzes bezeichneten Betäubungsmittel dürfen nur als **Zubereitungen** verschrieben werden. Die Vorschriften dieser Verordnung gelten auch für Salze und Molekülverbindungen der Betäubungsmittel, die nach den Erkenntnissen der medizinischen Wissenschaft ärztlich, zahnärztlich oder tierärztlich angewendet werden. Sofern im Einzelfall nichts anderes bestimmt ist, gilt die für ein Betäubungsmittel festgesetzte **Höchstmenge** auch für dessen Salze und Molekülverbindungen.

(2) Betäubungsmittel für einen **Patienten** oder ein **Tier** und für den **Praxisbedarf** eines Arztes, Zahnarztes oder Tierarztes dürfen nur nach Vorlage eines ausgefertigten **Betäubungsmittelrezepts** (Verschreibung), für den Stationsbedarf, den Notfallbedarf nach § 5d und den Rettungsdienstbedarf nach § 6 Absatz 1 nur nach Vorlage eines ausgefertigten **Betäubungsmittelanforderungsscheines** (Verschreibung für den Stationsbedarf, den Notfallbedarf und den Rettungsdienstbedarf), abgegeben werden.

(3) Der **Verbleib** und der **Bestand** der Betäubungsmittel sind lückenlos nachzuweisen:
1. in Apotheken und tierärztlichen Hausapotheken,
2. in Praxen der Ärzte, Zahnärzte und Tierärzte,
3. auf Stationen der Krankenhäuser und der Tierkliniken,
4. in Alten- und Pflegeheimen sowie in Hospizen,

5. in Einrichtungen der Rettungsdienste,
6. in Einrichtungen nach § 5 Absatz 10 Satz 1 Nummer 3 Buchstabe a, b und e, Satz 2 Nummer 1 Buchstabe b und Nummer 4 und § 5a Absatz 2 sowie
7. auf Kauffahrteischiffen, die die Bundesflagge führen." (**§ 1**)

„(1) Für einen Patienten darf der Arzt innerhalb von **30 Tagen** verschreiben:
a) bis zu **zwei** der folgenden Betäubungsmittel unter Einhaltung der nachstehend festgesetzten **Höchstmengen**:

1.   Amfetamin 600 mg,
2.   Buprenorphin 800 mg,
2a. Cannabis in Form von getrockneten Blüten 10 000 mg,
2b. Cannabisextrakt (bezogen auf den Δ9-Tetrahydrocannabinol-Gehalt) 1000 mg,
3.   Codein als Substitutionsmittel 40 000 mg,
3a. Dexamfetamin 600 mg,
3b. Diamorphin 30 000 mg,
4.   Dihydrocodein als Substitutionsmittel 40 000 mg,
5.   Dronabinol 500 mg,
6.   Fenetyllin 2500 mg,
7.   Fentanyl 500 mg,
7a. Flunitrazepam 30 mg,
8.   Hydrocodon 1200 mg,
9.   Hydromorphon 5000 mg,
10. (aufgehoben)
11. Levomethadon 1800 mg,
11a. Lisdexamfetamindimesilat 2100 mg,
12. Methadon 3600 mg,
13. Methylphenidat 2400 mg,
14. (aufgehoben)
15. Morphin 24 000 mg,
16. Opium, eingestelltes 4000 mg,
17. Opiumextrakt 2000 mg,
18. Opiumtinktur 40 000 mg,
19. Oxycodon 15 000 mg,
20. Pentazocin 15 000 mg,
21. Pethidin 10 000 mg,
22. (aufgehoben)
23. Piritramid 6000 mg
23a. Tapentadol 18 000 mg
24. Tilidin 18 000 mg

oder

b) **eines** der weiteren in Anlage III des Betäubungsmittelgesetzes bezeichneten Betäubungsmittel außer Alfentanil, Cocain, Etorphin, Remifentanil und Sufentanil.
(2) In begründeten Einzelfällen und unter Wahrung der erforderlichen Sicherheit des Betäubungsmittelverkehrs darf der Arzt für einen Patienten, der in seiner Dauerbehandlung steht, von den Vorschriften des Absatzes 1 hinsichtlich
1. der **Zahl** der verschriebenen Betäubungsmittel und
2. der festgesetzten **Höchstmengen**

abweichen. Eine solche Verschreibung ist mit dem Buchstaben **„A"** zu kennzeichnen. (3) Für seinen **Praxisbedarf** darf der Arzt die in Absatz 1 aufgeführten Betäubungsmittel sowie Alfentanil, Cocain bei Eingriffen am Kopf als Lösung bis zu einem Gehalt von 20 vom Hundert oder als Salbe bis zu einem Gehalt von 2 vom Hundert, Remifentanil und Sufentanil bis zur Menge seines durchschnittlichen Zweiwochenbedarfs, mindestens jedoch die kleinste Packungseinheit, verschreiben. Die Vorratshaltung soll für jedes Betäubungsmittel den Monatsbedarf des Arztes nicht überschreiten."

◻ **Tab. 6.6** Beispiele für BtM-Fertigarzneimittel

Betäubungsmittel (Beispiele)	Fertigarzneimittel (Beispiele)	BtM-Gehalt	Packungsgrößen
Buprenorphin	Temgesic-Sublingualtabletten	0,2 mg	20, 50
	Temgesic forte Sublingualtabletten	0,4 mg	20, 50
Codein (ausgenommene Zubereitungen)	Codeinum phosphoricum Compren Tabletten	30 mg	10, 20
	Codeinum phosphoricum Compren forte Tabletten	50 mg	10, 20
Fenetyllin	Captagon-Filmtabletten	50 mg	Außer Handel
Fentanyl	Durogesic-SMAT Membranpflaster	12,5–100 µg/h	5, 10, 20
Hydrocodon	Dicodid-Tabletten, Dicodid-Injektionslösung	10 mg, 15 mg	Außer Handel
Hydromorphon	Hydromorphon-Hexal Hartkapseln	1,16 mg 2,32 mg	20, 50, 100 20, 50, 100
Levomethadon	L-Polamidon-Tropfen	5 mg/ml	20 ml, 5 × 20 ml
Methylphenidat	Medikinet-Tabletten	5, 10, 20 mg,	20, 50
	Ritalin Adult Hartkapseln	10, 20, 30, 40 mg	28, 56
Morphin	Morphin-ratiopharm Retardtabletten	10, 30, 60, 100 mg	20, 50, 100
	Morphin-ratiopharm Injektionslösung	10 mg/ml bis 200 mg/20 ml	5, 10
Pethidin	Dolantin-Injektionslösung	50 mg, 100 mg	20, 96
	Dolantin-Tropfen	50 mg/ml	20 ml, 5 × 20 ml

„(4) Für den **Stationsbedarf** darf nur der Arzt verschreiben, der ein Krankenhaus oder eine Teileinheit eines Krankenhauses leitet oder in Abwesenheit des Leiters beaufsichtigt. Er darf die in Absatz 3 bezeichneten Betäubungsmittel unter Beachtung der dort festgelegten Beschränkungen über Bestimmungszweck, Gehalt und Darreichungsform verschreiben. Dies gilt auch für einen Belegarzt, wenn die ihm zugeteilten Betten räumlich und organisatorisch von anderen Teileinheiten abgegrenzt sind." (**§ 2**)

MERKE

- Die Stoffe der Anlage III sind nur als Zubereitungen und unter Einhaltung der Höchstmengen (= Höchstverschreibungsmengen) verschreibungsfähig.
- Es dürfen zwei BtM nach § 2, Abs. 1a **oder** ein BtM nach § 2, Abs. 1b verschrieben werden; Nach § 2 Abs. 1 a sind die Höchstmengen zu beachten.
- Codein und Dihydrocodein sind in der Anlage III mit Ausnahmen aufgeführt und dürfen nur in begründeten Ausnahmen zur Substitution verwendet werden.
- Für Ärzte (§ 2), Zahnärzte (§ 3) und Tierärzte (§ 4) gelten unterschiedliche Verschreibungsrichtlinien und Höchstmengen; Cocain darf vom Arzt nur für Praxisbedarf unter Einhaltung der Konzentrationsvorgaben verschrieben werden.
- Die Verschreibung als Praxisbedarf darf den durchschnittlichen Zweiwochenbedarf abdecken; der Vorrat in der Praxis soll den Monatsbedarf nicht überschreiten.
- Unter Angabe eines „A" darf der Arzt sich in begründeten Einzelfällen über die Vorschriften des § 2 hinwegsetzen (Ausnahme: 30-Tage-Regelung).
- Auch die Entnahme von Betäubungsmitteln zur Herstellung „ausgenommener Zubereitungen" muss in der BtM-Statistik dokumentiert werden.

KURZINFO

Die Paragrafen 5, 5a und 5b der Betäubungsmittelverschreibungsverordnung machen rechtliche Festlegungen zur Substitution betäubungsmittelabhängiger Patienten und das Verschreiben von Substitutionsmitteln (§ 5), zur Substitution mit künstlichem Heroin (Diamorphin, § 5a) und zum Substitutionsregister des BfArM (§ 5b).
Der § 5c regelt das Verschreiben von Betäubungsmitteln für Patienten in Alten- oder Pflegeheimen, Hospizen und in der spezialisierten ambulanten Palliativversorgung.

„(1) **Substitution** im Sinne dieser Verordnung ist die Anwendung eines Substitutionsmittels. **Substitutionsmittel** im Sinne dieser Verordnung sind ärztlich verschriebene Betäubungsmittel, die bei einem opioidabhängigen Patienten im Rahmen eines Therapiekonzeptes zur medizinischen Behandlung einer Abhängigkeit, die durch den

Missbrauch von erlaubt erworbenen oder durch den Missbrauch von unerlaubt erworbenen oder erlangten Opioiden begründet ist, angewendet werden.

(2) Im Rahmen der ärztlichen Therapie soll eine **Opioidabstinenz** des Patienten angestrebt werden. Wesentliche **Ziele** der Substitution sind dabei insbesondere

1. die Sicherstellung des Überlebens,
2. die Besserung und Stabilisierung des Gesundheitszustandes,
3. die Abstinenz von unerlaubt erworbenen oder erlangten Opioiden,
4. die Unterstützung der Behandlung von Begleiterkrankungen oder
5. die Verringerung der durch die Opioidabhängigkeit bedingten Risiken während einer Schwangerschaft sowie während und nach der Geburt.

(3) Ein **Arzt** darf einem Patienten Substitutionsmittel unter den Voraussetzungen des § 13 Absatz 1 des Betäubungsmittelgesetzes verschreiben, wenn er die Mindestanforderungen an eine suchtmedizinische Qualifikation erfüllt, die von den Ärztekammern nach dem allgemein anerkannten Stand der medizinischen Wissenschaft festgelegt werden (**suchtmedizinisch qualifizierter Arzt**). Zudem muss er die Meldeverpflichtungen nach § 5b Absatz 2 erfüllen.

(4) Erfüllt der Arzt nicht die Mindestanforderungen an eine suchtmedizinische Qualifikation nach Absatz 3 Satz 1 (**suchtmedizinisch nicht qualifizierter Arzt**), muss er zusätzlich zu der Voraussetzung nach Absatz 3 Satz 2

1. sich zu Beginn der Behandlung mit einem suchtmedizinisch qualifizierten Arzt abstimmen sowie
2. sicherstellen, dass sich sein Patient zu Beginn der Behandlung und mindestens einmal in jedem Quartal dem suchtmedizinisch qualifizierten Arzt nach Nummer 1 im Rahmen einer Konsiliarbehandlung vorstellt.

Ein suchtmedizinisch nicht qualifizierter Arzt darf gleichzeitig höchstens zehn Patienten mit Substitutionsmitteln behandeln. Er darf keine Behandlung nach § 5a durchführen.

(5) Im **Vertretungsfall** soll der substituierende Arzt von einem suchtmedizinisch qualifizierten Arzt vertreten werden. Gelingt es dem substituierenden Arzt nicht, einen Vertreter nach Satz 1 zu bestellen, so kann er von einem suchtmedizinisch nicht qualifizierten Arzt vertreten werden. In diesem Fall darf die Vertretung einen zusammenhängenden Zeitraum von bis zu vier Wochen und höchstens insgesamt zwölf Wochen im Jahr umfassen. Der Vertreter hat sich mit dem zu vertretenden Arzt grundsätzlich vor Beginn des Vertretungsfalles abzustimmen. Notfallentscheidungen bleiben in allen Vertretungsfällen unberührt. Der Vertreter fügt den Schriftwechsel sowie die sonstigen Aufzeichnungen zwischen den an der Vertretung beteiligten Ärzten der Dokumentation nach Absatz 11 bei. Der Vertreter nach Satz 2 darf im Rahmen seiner Vertretung keine Behandlung nach § 5a durchführen.

(6) Als **Substitutionsmittel** im Sinne von Absatz 1 darf der substituierende Arzt nur Folgendes verschreiben:

1. ein zur Substitution zugelassenes **Arzneimittel**, das nicht den Stoff Diamorphin enthält,
2. eine **Zubereitung** von Levomethadon, von Methadon oder von Buprenorphin oder
3. in begründeten Ausnahmefällen eine Zubereitung von Codein oder Dihydrocodein.

Die in Satz 1 genannten Substitutionsmittel dürfen nicht zur intravenösen Anwendung bestimmt sein. Die Verschreibung eines in Satz 1 genannten Substitutionsmittels ist mit dem Buchstaben „**S**" zu kennzeichnen. Für die zur Substitution zugelassenen Arzneimittel mit dem Stoff Diamorphin gilt § 5a.

(7) Dem Patienten ist das vom Arzt verschriebene Substitutionsmittel zum **unmittelbaren Verbrauch** von den in Absatz 10 Satz 1 und 2 bezeichneten Personen oder dem dort bezeichneten Personal in den in Absatz 10 Satz 1 und 2 genannten Einrichtungen zu überlassen. Im Fall des Verschreibens von Codein oder Dihydrocodein kann dem Patienten nach der Überlassung jeweils einer Dosis zum unmittelbaren Verbrauch die für einen Tag zusätzlich benötigte Menge des Substitutionsmittels in abgeteilten Einzeldosen ausgehändigt und ihm die eigenverantwortliche Einnahme gestattet werden, sofern dem Arzt keine Anhaltspunkte für eine nicht bestimmungsgemäße Einnahme des Substitutionsmittels vorliegen.

(8) Abweichend von Absatz 7 Satz 1 darf der substituierende Arzt dem Patienten das Substitutionsmittel zur **eigenverantwortlichen Einnahme** gemäß den Feststellungen der Bundesärztekammer nach Absatz 12 Satz 1 Nummer 3 Buchstabe b ausnahmsweise dann verschreiben, wenn

1. die Kontinuität der Substitutionsbehandlung des Patienten nicht anderweitig gewährleistet werden kann,
2. der Verlauf der Behandlung dies zulässt,
3. Risiken der Selbst- oder Fremdgefährdung so weit wie möglich ausgeschlossen sind und
4. die Sicherheit und Kontrolle des Betäubungsmittelverkehrs nicht beeinträchtigt werden.

In diesem Fall darf das Substitutionsmittel nur in folgenden Mengen verschrieben werden:

1. in der für bis zu **zwei aufeinanderfolgende Tage** benötigten Menge oder
2. in der Menge, die benötigt wird für die Wochenendtage Samstag und Sonntag und für dem Wochenende vorangehende oder folgende Feiertage, auch einschließlich eines dazwischen liegenden Werktages, höchstens jedoch in der für fünf Tage benötigten Menge.

Der substituierende Arzt darf dem Patienten innerhalb einer Kalenderwoche nicht mehr als eine Verschreibung aushändigen. Er darf die Verschreibung nur im Rahmen einer persönlichen Konsultation aushändigen. Die Verschreibung ist nach dem Buchstaben „**S**" zusätzlich mit dem Buchstaben „**Z**" zu kennzeichnen.

(9) Sobald und solange der substituierende Arzt zu dem Ergebnis kommt, dass eine Überlassung des Substitutionsmittels zum unmittelbaren Verbrauch nach Absatz 7 nicht mehr erforderlich ist, darf er dem Patienten Substitutionsmittel zur **eigenverantwortlichen Einnahme** gemäß den Feststellungen der Bundesärztekammer nach Absatz 12 Satz 1 Nummer 3 Buchstabe b in folgenden Mengen verschreiben:

1. grundsätzlich in der für bis zu **sieben Tage** benötigten Menge oder
2. in begründeten Einzelfällen in der für bis zu **30 Tage** benötigten Menge.

Ein **Einzelfall** nach Satz 1 Nummer 2 kann durch einen medizinischen oder einen anderen Sachverhalt begründet sein. Ein durch einen anderen Sachverhalt begründeter Einzelfall liegt vor, wenn der Patient aus wichtigen Gründen, die seine Teilhabe am gesellschaftlichen Leben oder seine Erwerbstätigkeit betreffen, darauf angewiesen ist, eine Verschreibung des Substitutionsmittels zur eigenverantwortlichen Einnahme für bis zu 30 Tage zu erhalten. Der Patient hat dem Substitutionsarzt diese Sachverhalte glaubhaft zu machen. Medizinische Sachverhalte, die einen Einzelfall begründen, werden im Rahmen von Absatz 12 Satz 1 Nummer 3 Buchstabe b durch die Bundesärztekammer festgestellt. Der substituierende Arzt darf die Verschreibung nach Satz 1 Nummer 1 und 2 nur im Rahmen einer persönlichen Konsultation an den Patienten aushändigen. Die Verschreibung ist nach dem Buchstaben „S" zusätzlich mit dem Buchstaben „T" zu kennzeichnen. Der substituierende Arzt kann patientenindividuelle Zeitpunkte festlegen, an denen Teilmengen des verschriebenen Substitutionsmittels in der Apotheke an den Patienten oder an die Praxis des substituierenden Arztes abgegeben oder zum unmittelbaren Verbrauch überlassen werden sollen.

(10) **Substitutionsmittel** nach Absatz 6 Satz 1 dürfen dem Patienten zum **unmittelbaren Verbrauch** nur überlassen werden von

1. dem substituierenden Arzt in der Einrichtung, in der er ärztlich tätig ist,
2. dem vom substituierenden Arzt in der Einrichtung nach Nummer 1 eingesetzten medizinischen Personal oder
3. dem medizinischen, pharmazeutischen oder pflegerischen Personal in
   a) einer stationären Einrichtung der medizinischen Rehabilitation,
   b) einem Gesundheitsamt,
   c) einem Alten- oder Pflegeheim,
   d) einem Hospiz oder
   e) einer anderen geeigneten Einrichtung, die zu diesem Zweck von der zuständigen Landesbehörde anerkannt sein muss,

sofern der substituierende Arzt nicht selber in der jeweiligen Einrichtung tätig ist und er mit der jeweiligen Einrichtung eine Vereinbarung getroffen hat.

Außerdem darf ein **Substitutionsmittel** nach Absatz 6 Satz 1 dem Patienten zum **unmittelbaren Verbrauch** überlassen werden

1. bei einem Hausbesuch
   a) vom substituierenden Arzt oder dem von ihm eingesetzten medizinischen Personal oder
   b) vom medizinischen oder pflegerischen Personal, das von einem ambulanten Pflegedienst oder von einer Einrichtung der spezialisierten ambulanten Palliativversorgung eingesetzt wird, sofern der substituierende Arzt für diesen Pflegedienst oder diese Einrichtung nicht selber tätig ist und er mit diesem Pflegedienst oder dieser Einrichtung eine Vereinbarung getroffen hat,
2. in einer **Apotheke** von dem **Apotheker** oder von dem dort eingesetzten **pharmazeutischen Personal**, sofern der substituierende Arzt mit dem Apotheker eine Vereinbarung getroffen hat,
3. in einem Krankenhaus von dem dort eingesetzten medizinischen oder pflegerischen Personal, sofern der substituierende Arzt für dieses Krankenhaus nicht selber tätig ist und er mit dem Krankenhaus eine Vereinbarung getroffen hat, oder
4. in einer staatlich anerkannten Einrichtung der Suchtkrankenhilfe von dem dort eingesetzten und dafür ausgebildeten Personal, sofern der substituierende Arzt für diese Einrichtung nicht selber tätig ist und er mit der Einrichtung eine Vereinbarung getroffen hat.

Der substituierende Arzt hat sicherzustellen, dass das **Personal** nach den Sätzen 1 und 2 fachgerecht in das Überlassen des Substitutionsmittels zum unmittelbaren Verbrauch **eingewiesen** wird. Die Vereinbarung nach den Sätzen 1 und 2 hat schriftlich oder elektronisch zu erfolgen und muss bestimmen, wie das eingesetzte Personal einer Einrichtung nach den Sätzen 1 und 2 fachlich eingewiesen wird und muss daneben mindestens eine **verantwortliche Person** in der jeweiligen Einrichtung benennen sowie Regelungen über die Kontrollmöglichkeiten durch den substituierenden Arzt enthalten. Der substituierende Arzt darf die benötigten Substitutionsmittel in den in den Sätzen 1 und 2 genannten Einrichtungen unter seiner Verantwortung lagern. Die Einwilligung des über die jeweiligen Räumlichkeiten Verfügungsberechtigten bleibt unberührt.

(11) Der substituierende Arzt hat die Erfüllung seiner Verpflichtungen nach den Absätzen 1 bis 10 sowie nach § 5a Absatz 1 bis 4 und § 5b Absatz 2 und 4 gemäß den von der Bundesärztekammer nach Absatz 12 Satz 3 bestimmten Anforderungen zu dokumentieren. Die **Dokumentation** ist auf Verlangen der zuständigen Landesbehörde zur Einsicht und Auswertung vorzulegen oder einzusenden.

(12) Die **Bundesärztekammer** stellt den allgemein anerkannten Stand der Erkenntnisse der medizinischen Wissenschaft für die Substitution in einer Richtlinie fest, insbesondere für

1. die Ziele der Substitution nach Absatz 2,
2. die allgemeinen Voraussetzungen für die Einleitung und Fortführung einer Substitution nach Absatz 1 Satz 1,
3. die Erstellung eines Therapiekonzeptes nach Absatz 1 Satz 2, insbesondere
   a) die Auswahl des Substitutionsmittels nach Absatz 1 Satz 2 und Absatz 6,
   b) die Voraussetzungen für das Verschreiben des Substitutionsmittels zur eigenverantwortlichen Einnahme nach den Absätzen 8 und 9,
   c) die Entscheidung über die Erforderlichkeit einer Einbeziehung psychosozialer Betreuungsmaßnahmen sowie
   d) die Bewertung und Kontrolle des Therapieverlaufs.

Daneben kann die Bundesärztekammer nach dem allgemein anerkannten Stand der Erkenntnisse der medizinischen Wissenschaft weitere als die in Absatz 2 Satz 2 bezeichneten wesentliche Ziele der Substitution in dieser Richtlinie feststellen. Sie bestimmt auch die Anforderungen an die Dokumentation der Substitution nach Absatz 11 Satz 1 in dieser Richtlinie. Die Einhaltung des allgemein anerkannten Standes der Erkenntnisse der medizinischen Wissenschaft wird vermutet, wenn und soweit die Feststellungen nach den Sätzen 1 und 2 beachtet worden sind.

(13) Vor der Entscheidung der Bundesärztekammer über die Richtlinie nach Absatz 12 Satz 1 bis 3 ist dem **Gemeinsamen Bundesausschuss** nach § 91 des Fünften Buches Sozialgesetzbuch Gelegenheit zur Stellungnahme zu dem allgemein anerkannten Stand der Erkenntnisse der medizinischen Wissenschaft für die Substitution zu geben. Die Stellungnahme ist von der Bundesärztekammer in ihre Entscheidung über die Richtlinie nach Absatz 12 Satz 1 bis 3 einzubeziehen.

(14) Die Bundesärztekammer hat dem **Bundesministerium für Gesundheit** die Richtlinie nach Absatz 12 Satz 1 bis 3 zur Genehmigung vorzulegen. Änderungen der vom Bundesministerium für Gesundheit genehmigten Richtlinie sind dem Bundesministerium für Gesundheit von der Bundesärztekammer ebenfalls zur Genehmigung vorzulegen. Das Bundesministerium für Gesundheit kann von der Bundesärztekammer im Rahmen des Genehmigungsverfahrens zusätzliche Informationen und ergänzende Stellungnahmen anfordern. Das Bundesministerium für Gesundheit macht die genehmigte Richtlinie und genehmigte Änderungen der Richtlinie im Bundesanzeiger bekannt.

(15) Die Absätze 3 bis 11 sind entsprechend anzuwenden, wenn das Substitutionsmittel aus dem Bestand des Praxis- oder Stationsbedarfs zum unmittelbaren Verbrauch überlassen oder nach Absatz 7 Satz 2 ausgehändigt wird." **(§ 5)**

„(1) Zur Behandlung einer schweren Opioidabhängigkeit können zur Substitution zugelassene Arzneimittel mit dem Stoff **Diamorphin** verschrieben werden. Der substituierende Arzt darf diese Arzneimittel nur verschreiben, wenn

1. er ein suchtmedizinisch qualifizierter Arzt ist und sich seine suchtmedizinische Qualifikation auf die Behandlung mit Diamorphin erstreckt oder er im Rahmen des Modellprojektes „Heroingestützte Behandlung Opiatabhängiger" mindestens sechs Monate ärztlich tätig war,
2. bei dem Patienten eine seit mindestens fünf Jahren bestehende Opioidabhängigkeit verbunden mit schwerwiegenden somatischen und psychischen Störungen bei derzeit überwiegend intravenösem Konsum vorliegt,
3. ein Nachweis über zwei erfolglos beendete Behandlungen der Opioidabhängigkeit vorliegt, von denen mindestens eine sechsmonatige Behandlung nach § 5 sein muss, und
4. der Patient das 23. Lebensjahr vollendet hat.

§ 5 Absatz 1, 2, 3 Satz 2, Absatz 6 Satz 3 und Absatz 12 gilt entsprechend. Die Verschreibung darf der Arzt nur einem **pharmazeutischen Unternehmer** vorlegen.

(2) Die **Behandlung mit Diamorphin** darf nur in Einrichtungen durchgeführt werden, denen eine Erlaubnis durch die zuständige Landesbehörde erteilt wurde. Die Erlaubnis wird erteilt, wenn

1. nachgewiesen wird, dass die Einrichtung in das örtliche Suchthilfesystem eingebunden ist,
2. gewährleistet ist, dass die Einrichtung über eine zweckdienliche personelle und sachliche Ausstattung verfügt und
3. eine sachkundige Person benannt worden ist, die für die Einhaltung der in Nummer 2 genannten Anforderungen, der Auflagen der Erlaubnisbehörde sowie der Anordnungen der Überwachungsbehörde verantwortlich ist (Verantwortlicher).

(3) **Diamorphin** darf nur innerhalb der Einrichtung nach Absatz 2 verschrieben, verabreicht oder unter Aufsicht des substituierenden Arztes oder des sachkundigen Personals nach Absatz 2 Satz 2 Nummer 2 zum unmittelbaren Verbrauch überlassen werden. In den ersten sechs Monaten der Behandlung müssen Maßnahmen der psychosozialen Betreuung stattfinden.

(4) Die **Behandlung mit Diamorphin** ist nach jeweils spätestens zwei Jahren Behandlungsdauer daraufhin zu überprüfen, ob die Voraussetzungen für die Behandlung noch gegeben sind und ob die Behandlung fortzusetzen ist. Die Überprüfung erfolgt, indem eine Zweitmeinung eines suchtmedizinisch qualifizierten Arztes, der nicht der Einrichtung angehört, eingeholt wird. Ergibt diese Überprüfung, dass die Voraussetzungen für die Behandlung nicht mehr gegeben sind, ist die diamorphingestützte Behandlung zu beenden.

(5) Die Absätze 1 bis 4 und § 5 Absatz 11 sind entsprechend anzuwenden, wenn **Diamorphin** aus dem Bestand des Praxis- oder Stationsbedarfs nach Absatz 3 Satz 1 verabreicht oder zum unmittelbaren Verbrauch überlassen wird." **(§ 5a)**

„(1) Das **Bundesinstitut für Arzneimittel und Medizinprodukte** (Bundesinstitut) führt für die Länder als vom Bund entliehenes Organ ein Register mit Daten über das Verschreiben von Substitutionsmitteln (**Substitutionsregister**). Die Daten des Substitutionsregisters dürfen nur verwendet werden, um

1. das Verschreiben eines Substitutionsmittels durch mehrere Ärzte für denselben Patienten und denselben Zeitraum frühestmöglich zu unterbinden,
2. zu überprüfen, ob die ein Substitutionsmittel verschreibenden Ärzte die Mindestanforderungen nach § 5 Absatz 3 Satz 1 oder die Anforderungen nach § 5 Absatz 4 Satz 1 erfüllen sowie
3. das Verschreiben von Substitutionsmitteln entsprechend den Vorgaben nach § 13 Abs. 3 Nr. 3 Buchstabe e des Betäubungsmittelgesetzes statistisch auszuwerten.

Das Bundesinstitut trifft organisatorische Festlegungen zur Führung des Substitutionsregisters.

(2) Jeder **Arzt**, der ein Substitutionsmittel für einen Patienten verschreibt, hat dem Bundesinstitut unverzüglich schriftlich oder kryptiert auf elektronischem Wege folgende Angaben zu melden:

1. den Patientencode,
2. das Datum der ersten Anwendung eines Substitutionsmittels,
3. das verschriebene Substitutionsmittel,
4. das Datum der letzten Anwendung eines Substitutionsmittels,
5. Name, Vorname, Geburtsdatum, dienstliche Anschrift und Telefonnummer des verschreibenden Arztes sowie
6. im Falle des Behandelns nach § 5 Absatz 4 Satz 1 Nummer 1 Name, Vorname, dienstliche Anschrift und Telefonnummer des suchtmedizinisch qualifizierten Arztes, bei dem sich der jeweilige Patient nach § 5 Absatz 4 Satz 1 Nummer 2 vorzustellen hat.

Der **Patientencode** setzt sich wie folgt zusammen:

a) erste und zweite Stelle: erster und zweiter Buchstabe des ersten Vornamens,
b) dritte und vierte Stelle: erster und zweiter Buchstabe des Familiennamens,
c) fünfte Stelle: Geschlecht („F" für weiblich, „M" für männlich),
d) sechste bis achte Stelle: jeweils letzte Ziffer von Geburtstag, -monat und -jahr.

Es ist unzulässig, dem Bundesinstitut Patientendaten uncodiert zu melden. Der Arzt hat die Angaben zur Person durch Vergleich mit dem Personalausweis oder Reisepass des Patienten zu überprüfen.

(3) Das **Bundesinstitut** verschlüsselt unverzüglich den **Patientencode** nach Absatz 2 Satz 1 Nr. 1 nach einem vom Bundesamt für Sicherheit in der Informationstechnik vorgegebenen Verfahren in ein **Kryptogramm** in der Weise, dass er daraus nicht oder nur mit einem unverhältnismäßig großen Aufwand zurückgewonnen werden kann. Das Kryptogramm ist zusammen mit den Angaben nach Absatz 2 Satz 1 Nr. 2 bis 6 zu speichern und spätestens sechs Monate nach Bekanntwerden der Beendigung des Verschreibens zu löschen. Die gespeicherten Daten und das Verschlüsselungsverfahren nach Satz 1 sind durch geeignete Sicherheitsmaßnahmen gegen unbefugte Kenntnisnahme und Verwendung zu schützen." (**§ 5b**, Auszüge)

„(1) Der **Arzt**, der ein Betäubungsmittel für einen Patienten in einem **Alten- oder Pflegeheim**, einem **Hospiz** oder in der spezialisierten ambulanten **Palliativversorgung** verschreibt, kann bestimmen, dass die Verschreibung nicht dem Patienten ausgehändigt wird. In diesem Falle darf die Verschreibung nur von ihm selbst oder durch von ihm angewiesenes oder beauftragtes Personal seiner Praxis, des Alten- oder Pflegeheimes, des Hospizes oder der Einrichtung der spezialisierten ambulanten Palliativversorgung in der **Apotheke** vorgelegt werden.

(2) Das **Betäubungsmittel** ist im Falle des Absatzes 1 Satz 1 dem Patienten vom behandelnden Arzt oder dem von ihm beauftragten, eingewiesenen und kontrollierten Personal des Alten- oder Pflegeheimes, des Hospizes oder der Einrichtung der spezialisierten ambulanten Palliativversorgung zu verabreichen oder zum unmittelbaren Verbrauch zu überlassen.

(3) Der Arzt darf im Falle des Absatzes 1 Satz 1 die Betäubungsmittel des Patienten in dem Alten- oder Pflegeheim, dem Hospiz oder der Einrichtung der spezialisierten ambulanten Palliativversorgung unter seiner Verantwortung **lagern**; die Einwilligung des über die jeweiligen Räumlichkeiten Verfügungsberechtigten bleibt unberührt. Für den Nachweis über den **Verbleib und Bestand** gelten die §§ 13 und 14 entsprechend.

(4) Betäubungsmittel, die nach Absatz 3 gelagert wurden und **nicht mehr benötigt** werden, können von dem Arzt

1. einem anderen Patienten dieses Alten- oder Pflegeheimes, dieses Hospizes oder dieser Einrichtung der spezialisierten ambulanten Palliativversorgung verschrieben werden,
2. an eine versorgende **Apotheke** zur Weiterverwendung in einem Alten- oder Pflegeheim, einem Hospiz oder einer Einrichtung der spezialisierten ambulanten Palliativversorgung zurückgegeben werden oder
3. in den Notfallvorrat nach § 5d Absatz 1 Satz 1 überführt werden." (**§ 5c**)

Zusammenfassend sind folgende Punkte wichtig für die **Apothekenpraxis:**

▪ Zur Substitution betäubungsmittelabhängiger Patienten sind nur zugelassene Arzneimittel wie z. B. Methadon oder Levomethadon („Methadonprogramm") erlaubt. Seit 2001 ist auch die Substitution mit Buprenorphin möglich. Bitte beachten Sie die ausnahmsweise Verwendung von Codein und Dihydrocodein in „begründeten Ausnahmefällen".

▪ Der Patient darf das Rezept nicht ausgehändigt bekommen (Sichtbezug), sondern es muss zuverlässig in die Apotheke gebracht werden.

▪ Die Apotheke stellt das Arzneimittel in der Regel in einer Darreichungsform her, die eine parenterale Applikation nicht zulässt. So kann z. B. die viskositätserhöhende Carboxymethylcellulose (1 %) oder Zuckersirup bzw. Sorbitlösung (70 %) zugesetzt werden.

▪ Der Substituent nimmt im Normalfall das Betäubungsmittel unter Aufsicht ein (Sichtbezug).

▪ Substitutionsrezepte müssen vom Arzt mit dem Buchstaben „S" gekennzeichnet werden.

▪ Unter bestimmten Voraussetzungen (§ 5 Abs. 8 BtMVV) kann der Substituent das BtM-Rezept (und das BtM) für eine Woche selbst ausgehändigt bekommen („Take-Home-Verschreibung").

▪ In begründeten Ausnahmefällen bei Auslandsaufenthalten kann das Substitutionsmittel auch für einen längeren Zeitraum als sieben Tage verschrieben werden (jedoch nicht mehr als die für bis zu 30 Tagen benötigte Menge pro Jahr); die zuständige Landesbehörde muss informiert werden.

- Bei allen Take-Home-Verschreibungen müssen die Substitutionsmittel einzeldosiert und mit kindergesicherter Verpackung abgegeben werden.
- Nicht verbrauchte Betäubungsmittel aus Alten- oder Pflegeheimen und Hospizen können vom Arzt für einen anderen Patienten der Einrichtung erneut verschrieben oder an die Apotheke zur Weiterverwendung in einer dieser Einrichtungen zurückgegeben werden, wenn sie unter seiner Verantwortung gelagert wurden.
- Diamorphin zur Substitution wird direkt vom Hersteller an die abgebende Arztpraxis geliefert.

GUT ZU WISSEN

Werden **Codein** oder **DHC** (Dihydrocodein) für betäubungsmittelabhängige Patienten verordnet, gelten auch für ausgenommene Zubereitungen die Vorschriften der BtMVV (Anlage III BtMG, ▶ Kap. 6.3, ◻ Tab. 6.5). Auch ein Codein-Hustensaft unter 2,5 % muss in diesem Fall auf einem **BtM-Rezept** verordnet werden. Diese Regelung gilt auch für alkoholabhängige Patienten.

◻ **Tab. 6.7** Die drei Teile des BtM-Rezepts

Teil 1	Teil 2	Teil 3
Kommen in die Apotheke		
Verbleib in der Apotheke (3 Jahre)	Zur Verrechnung mit der Krankenkasse	Verbleibt beim Arzt (3 Jahre)

KURZINFO

In den Paragrafen **8 und 9** der BtMVV werden die rechtlichen Anforderungen an den Aufbau, den Umgang und die notwendigen Angaben auf dem Betäubungsmittelrezept festgelegt.

GUT ZU WISSEN

BtM-Rezept, T-Rezept, Isotretinoin-Rezept, GKV-Rezept, Privatrezept, grünes Rezept, Entlassrezept? Eine Kurzübersicht über die verschiedenen Rezeptarten finden Sie im Anhang in ◻ Tab. 8.1 (▶ Kap. 8.4.2).

„(1) Betäubungsmittel für Patienten, den Praxisbedarf und Tiere dürfen nur auf einem dreiteiligen amtlichen Formblatt (**Betäubungsmittelrezept**) verschrieben werden. Das Betäubungsmittelrezept darf für das Verschreiben anderer Arzneimittel nur verwendet werden, wenn dies neben der eines Betäubungsmittels erfolgt. Die **Teile I und II** der Verschreibung sind zur Vorlage in einer **Apotheke**, im Falle des Verschrei-

Abb. 6.4 Beispiel für ein Betäubungsmittelrezept mit den erforderlichen Angaben bei der Verordnung von Cannabisblüten. 1 Ausstellungsdatum, 2 Angabe der Blütensorte, 3 Dosierungsangabe, 4 Arztstempel 5 Verschreibungsmenge. Nach DAP–Arbeitsbuch, Stand 01/2020

bens von Diamorphin nach § 5a Absatz 1 zur Vorlage bei einem **pharmazeutischen Unternehmer**, bestimmt, **Teil III** verbleibt bei dem **Arzt, Zahnarzt oder Tierarzt**, an den das Betäubungsmittelrezept ausgegeben wurde.

(2) Betäubungsmittelrezepte werden vom **Bundesinstitut für Arzneimittel und Medizinprodukte** auf Anforderung an den einzelnen Arzt, Zahnarzt oder Tierarzt ausgegeben. Das Bundesinstitut für Arzneimittel und Medizinprodukte kann die Ausgabe versagen, wenn der begründete Verdacht besteht, daß die Betäubungsmittelrezepte nicht den betäubungsmittelrechtlichen Vorschriften gemäß verwendet werden.

(3) Die nummerierten **Betäubungsmittelrezepte** sind nur zur Verwendung des anfordernden Arztes, Zahnarztes oder Tierarztes bestimmt und dürfen nur im Vertretungsfall übertragen werden. Die nicht verwendeten Betäubungsmittelrezepte sind bei Aufgabe der ärztlichen, zahnärztlichen oder tierärztlichen Tätigkeit dem Bundesinstitut für Arzneimittel und Medizinprodukte zurückzugeben.

(4) Der Arzt, Zahnarzt oder Tierarzt hat die Betäubungsmittelrezepte gegen Entwendung zu sichern. Ein **Verlust** ist unter Angabe der Rezeptnummern dem Bundesinstitut für Arzneimittel und Medizinprodukte unverzüglich anzuzeigen, das die zuständige oberste Landesbehörde unterrichtet.

(5) Der Arzt, Zahnarzt oder Tierarzt hat Teil III der Verschreibung und die Teile I bis III der fehlerhaft ausgefertigten Betäubungsmittelrezepte nach Ausstellungsdaten oder nach Vorgabe der zuständigen Landesbehörde geordnet **drei Jahre** aufzubewahren und auf Verlangen der nach § 19 Abs. 1 Satz 3 des Betäubungsmittelgesetzes zuständigen Landesbehörde einzusenden oder Beauftragten dieser Behörde vorzulegen.

(6) Außer in den Fällen des § 5 dürfen Betäubungsmittel für Patienten, den Praxisbedarf und Tiere in **Notfällen** unter Beschränkung auf die zur Behebung des Notfalls erforderliche Menge abweichend von Absatz 1 Satz 1 verschrieben werden. Verschreibungen nach Satz 1 sind mit den Angaben nach § 9 Abs. 1 zu versehen und mit dem Wort **„Notfall-Verschreibung"** zu kennzeichnen. Die Apotheke hat den verschreibenden Arzt, Zahnarzt oder Tierarzt unverzüglich nach Vorlage der Notfall-Verschreibung und möglichst vor der Abgabe des Betäubungsmittels über die Belieferung zu informieren. Dieser ist verpflichtet, unverzüglich die Verschreibung auf einem Betäubungsmittelrezept der Apotheke nachzureichen, die die Notfall-Verschreibung beliefert hat. Die Verschreibung ist mit dem Buchstaben **„N"** zu kennzeichnen. Die Notfall-Verschreibung ist dauerhaft mit dem in der Apotheke verbleibenden Teil der nachgereichten Verschreibung zu verbinden." (**§ 8**)

„(1) Auf dem **Betäubungsmittelrezept** sind anzugeben:
1. Name, Vorname und Anschrift des Patienten, für den das Betäubungsmittel bestimmt ist; bei tierärztlichen Verschreibungen die Art des Tieres sowie Name, Vorname und Anschrift des Tierhalters,
2. Ausstellungsdatum,
3. Arzneimittelbezeichnung, soweit dadurch eine der nachstehenden Angaben nicht eindeutig bestimmt ist, jeweils zusätzlich Bezeichnung und Gewichtsmenge des enthaltenen Betäubungsmittels je Packungseinheit, bei abgeteilten Zubereitungen je abgeteilter Form, Darreichungsform,
4. Menge des verschriebenen Arzneimittels in Gramm oder Milliliter, Stückzahl der abgeteilten Form,
5. Gebrauchsanweisung mit Einzel- und Tagesgabe oder im Falle, dass dem Patienten eine schriftliche Gebrauchsanweisung übergeben wurde, ein Hinweis auf diese schriftliche Gebrauchsanweisung; im Fall des § 5 Abs. 8 und 9 zusätzlich die Reichdauer des Substitutionsmittels in Tagen und im Fall des § 5 Absatz 9 Satz 8 Vorgaben zur Abgabe des Substitutionsmittels oder, im Fall, dass dem Patienten schriftliche Vorgaben zur Abgabe oder zum Überlassen zum unmittelbaren Verbrauch des Substitutionsmittels übergeben wurden, ein Hinweis auf diese schriftlichen Vorgaben,
6. in den Fällen des § 2 Abs. 2 Satz 2 und des § 4 Abs. 2 Satz 2 der Buchstabe „A", in den Fällen des § 5 Absatz 6 Satz 3 und § 5a Absatz 1 Satz 1 der Buchstabe „S", in den Fällen des § 5 Absatz 8 Satz 5 zusätzlich der Buchstabe „Z", in den Fällen des § 5 Absatz 9 Satz 7 zusätzlich der Buchstabe „T", in den Fällen des § 7 Abs. 5 Satz 3 der Buchstabe „K", in den Fällen des § 8 Abs. 6 Satz 5 der Buchstabe „N",
7. Name des verschreibenden Arztes, Zahnarztes oder Tierarztes, seine Berufsbezeichnung und Anschrift einschließlich Telefonnummer,
8. in den Fällen des § 2 Abs. 3, § 3 Abs. 2 und § 4 Abs. 3 der Vermerk „Praxisbedarf" anstelle der Angaben in den Nummern 1 und 5,
9. Unterschrift des verschreibenden Arztes, Zahnarztes oder Tierarztes, im Vertretungsfall darüber hinaus der Vermerk „i. V.".

(2) Die Angaben nach Absatz 1 sind dauerhaft zu vermerken und müssen auf allen Teilen der Verschreibung übereinstimmend enthalten sein. Die Angaben nach den Nummern 1 bis 8 können durch eine andere Person als den Verschreibenden erfolgen. Im Falle einer **Änderung** der Verschreibung hat der verschreibende Arzt die

6

Änderung auf allen Teilen des Betäubungsmittelrezeptes zu vermerken und durch seine Unterschrift zu bestätigen." (**§ 9**)

DEFINITION

Unter „**Sichtbezug**" nach § 5,7 BtMVV versteht man die Einnahme eines Substitutionsmittels unter Aufsicht (z. B. beim Arzt oder in der Apotheke). Das Betäubungsmittelrezept muss mit dem Buchstaben „**S**" gekennzeichnet sein.

Bei der „**Take-Home-Regelung**" dagegen bekommt der Patient das Substitutionsmittel einzelverpackt und in kindergesicherter Verpackung für 2 bis maximal 5 Tage (§ 5,8 BtMVV, Kennzeichnung **SZ**) oder bis zu 7 Tage mit nach Hause, in begründeten Ausnahmefällen bis zu 30 Tagen (§ 5,9 BtMVV, Kennzeichnung **ST**).

◻ **Tab. 6.8** Kennzeichnungen mit Buchstaben auf BtM-Rezepten

Buchstabe	Bedeutung	Anmerkung
„A"	Überschreitung der Grenzen des § 2 Abs. 1 BtMVV	Anzahl der Betäubungsmittel, Höchstmengen
„K"	Ausnahmsweise Abgabe nach § 7, Abs. 5 BtMVV (nicht abgedruckt)	Falls der Arzt vor dem Auslaufen des „Kauffahrteischiffes" nicht erreichbar war; BtM-Rezept wird nachgereicht
„N"	Notfallverschreibung nach § 8 Abs. 6 BtMVV	Ersetzt „Notfallverschreibung" auf Normalrezept durch „N"-BtM-Rezept
„S"	Substitutionsmittel nach § 5 Abs. 4 BtMVV	Levomethadon, Methadon, Buprenorphin (Codein und DHC in begründeten Ausnahmefällen)
„T"	Substitutionsmittel für 7 Tage (begründeter Einzelfall: 30 Tage) nach § 5 Abs. 9 BtMVV	Eigenverantwortliches Überlassen des Substitutionsmittels an den Patienten (Take-Home-Regelung), immer kombiniert mit „S", also: „ST"
„Z"	Substitutionsmittel für den Bedarf von zwei (maximal 5 Tagen) nach § 5 Abs. 8 BtMVV	Eigenverantwortliches Überlassen des Substitutionsmittels an den Patienten (z. B. Wochenende), immer kombiniert mit „S", also: „SZ"
„i. V."	In Vertretung (§ 9 Abs. 2 BtMVV)	Verschreibender Arzt in Vertretung

Mindest-Angaben auf dem Betäubungsmittelrezept

- Name, Vorname und Anschrift des Patienten,
- Ausstellungsdatum,
- Arzneimittelbezeichnung, soweit nicht eindeutig bestimmt, zusätzlich:
  - Bezeichnung und Gewichtsmenge des enthaltenen BtM je Packungseinheit oder

- bei abgeteilten Zubereitungen je abgeteilter Form
  - Darreichungsform,
  - bei Rezepturen: Gewichtsmenge des BtM,
- Menge des verschriebenen Arzneimittels in Gramm, Milliliter oder Stückzahl der abgeteilten Form,
- Gebrauchsanweisung mit Einzel- und Tagesgaben oder der Vermerk „Gemäß schriftlicher Anweisung",
- „S" bei Verschreibungen von Substitutionsarzneimitteln, auch als Kombination (z.B. „SZ" oder „ST"),
- Name, Berufsbezeichnung, Anschrift einschließlich Telefonnummer des Arztes,
- Unterschrift des Arztes, gegebenenfalls „i. V." bei Arztvertretungen,
- Bei „Take-Home"-Verordnungen (Substitutionstherapie) zusätzlich die Reichdauer der Arzneimittel.

6

MERKE

Neben einem Betäubungsmittel können auf dem BtM-Rezept auch andere Arznei- oder Hilfsmittel verordnet werden.

Bei der **Kontrolle von Betäubungsmittelrezepten** muss demnach vor allem beachtet werden:

- Gegenüber früheren Regelungen ist nur noch die Unterschrift des Arztes eigenhändig anzubringen, die Patientendaten und die Verschreibung selbst entsprechen den Anforderungen an ein „normales" Rezept (o Abb. 2.4, ▶ Kap. 2.2.3).
- Die BtM-Nummer des Arztes ist codiert auf den ausgegebenen nummerierten dreiteiligen Rezepten.
- Ein „Notfallrezept" muss den Buchstaben „N" tragen und ein Normalrezept mit dem Zusatz „Notfallverschreibung" ersetzen.
- „Z" und „T" muss immer in Kombination mit „S" vorliegen.
- Die Gültigkeitsdauer eines BtM-Rezepts beträgt sieben Tage nach dem Ausstellungstag, also insgesamt 8 Tage.
- Geplant zur Erleichterung des aufwändigen BtM-Verfahrens ist die Ablösung des dreiteiligen BtM-Rezepts durch ein normales Papierrezept, das in der Apotheke elektronisch entwertet wird.

MERKE

Die Aut-idem-Verschreibung ist auch bei Betäubungsmittelrezepten zulässig; das tatsächlich abgegebene Präparat muss auf dem BtM-Rezept aufgeführt werden. Ausschlaggebend für die Austauschbarkeit ist bei transdermalen Pflastern nach Angaben des BMG sowohl die Gesamtmenge im Wirkstoffdepot, als auch die Dosisstärke, also die pro Zeiteinheit freigesetzte Menge.

„(1) Betäubungsmittel für den **Stationsbedarf** nach § 2 Abs. 4, § 3 Abs. 3 und § 4 Abs.
4, den Notfallbedarf nach § 5d und den Rettungsdienstbedarf nach § 6 Absatz 1 dürfen nur auf einem dreiteiligen amtlichen Formblatt (Betäubungsmittelanforderungs-
schein) verschrieben werden. Die Teile I und II der Verschreibung für den Stationsbedarf, den Notfallbedarf und den Rettungsdienstbedarf sind zur Vorlage in der
Apotheke bestimmt, Teil III verbleibt bei dem verschreibungsberechtigten Arzt,
Zahnarzt oder Tierarzt.

(2) **Betäubungsmittelanforderungsscheine** werden vom Bundesinstitut für Arzneimittel und Medizinprodukte auf Anforderung ausgegeben an:

1. den Arzt oder Zahnarzt, der ein Krankenhaus oder eine Krankenhausabteilung
   leitet,
2. den Tierarzt, der eine Tierklinik leitet,
3. einen beauftragten Arzt nach § 5d Absatz 1 Satz 2 Nummer 1,
4. den nach § 6 Absatz 2 beauftragten Arzt des Rettungsdienstes oder
5. den zuständigen leitenden Notarzt nach § 6 Absatz 4.

(3) Die nummerierten **Betäubungsmittelanforderungsscheine** sind nur zur Verwendung in der Einrichtung bestimmt, für die sie angefordert wurden. Sie dürfen vom
anfordernden Arzt, Zahnarzt oder Tierarzt an Leiter oder an einen weiteren beauftragten Arzt nach § 5d Absatz 1 Satz 2 Nummer 1 von Teileinheiten weitergegeben
werden. Über die Weitergabe ist ein Nachweis zu führen.

(4) **Teil III** der Verschreibung für den Stationsbedarf, den Notfallbedarf und den Rettungsdienstbedarf und die **Teile I bis III** von fehlerhaft ausgefertigten Betäubungsmit-
telanforderungsscheinen sowie die Nachweisunterlagen gemäß Absatz 3 sind vom
anfordernden Arzt, Zahnarzt oder Tierarzt **drei Jahre**, von der letzten Eintragung an
gerechnet, aufzubewahren und auf Verlangen der nach § 19 Abs. 1 Satz 3 des Betäubungsmittelgesetzes zuständigen Landesbehörde einzusenden oder Beauftragten
dieser Behörden vorzulegen." (**§ 10**)

„(1) **Betäubungsmittel** dürfen vorbehaltlich des Absatzes 2 **nicht abgegeben** werden:

1. auf eine Verschreibung,
   a) die nach den §§ 1 bis 4 oder § 7 Abs. 2 für den Abgebenden erkennbar nicht aus-
      gefertigt werden durfte,
   b) bei deren Ausfertigung eine Vorschrift des § 7 Abs. 1 Satz 2, des § 8 Abs. 1 Satz 1
      und 2 oder des § 9 nicht beachtet wurde,

c) die bei Vorlage vor mehr als sieben Tagen ausgefertigt wurde oder

d) die mit dem Buchstaben „K" oder „N" gekennzeichnet ist;

2. auf eine Verschreibung für den Stationsbedarf, den Notfallbedarf und den Rettungsdienstbedarf,

a) die nach den §§ 1 bis 4, § 7 Abs. 1 oder § 10 Abs. 3 für den Abgebenden erkennbar nicht ausgefertigt werden durfte oder

b) bei deren Ausfertigung eine Vorschrift des § 10 Abs. 1 oder des § 11 nicht beachtet wurde;

3. auf eine Verschreibung nach § 8 Abs. 6, die

a) nicht nach Satz 2 gekennzeichnet ist oder

b) vor mehr als einem Tag ausgefertigt wurde;

4. auf eine Verschreibung nach § 5 Abs. 8 oder Abs. 9, wenn sie nicht in Einzeldosen und in kindergesicherter Verpackung konfektioniert sind.

(2) Bei Verschreibungen und Verschreibungen für den **Stationsbedarf**, den **Notfallbedarf** und den **Rettungsdienstbedarf**, die einen für den Abgebenden erkennbaren Irrtum enthalten, unleserlich sind oder den Vorschriften nach § 9 Abs. 1 oder § 11 Abs. 1 nicht vollständig entsprechen, ist der Abgebende berechtigt, nach Rücksprache mit dem verschreibenden Arzt, Zahnarzt oder Tierarzt Änderungen vorzunehmen. Angaben nach § 9 Abs. 1 Nr. 1 oder § 11 Abs. 1 Nr. 1 können durch den Abgebenden geändert oder ergänzt werden, wenn der Überbringer der Verschreibung oder der Verschreibung für den Stationsbedarf, den Notfallbedarf und den Rettungsdienstbedarf diese Angaben nachweist oder glaubhaft versichert oder die Angaben anderweitig ersichtlich sind. Auf Verschreibungen oder Verschreibungen für den Stationsbedarf, den Notfallbedarf und den Rettungsdienstbedarf, bei denen eine Änderung nach Satz 1 nicht möglich ist, dürfen die verschriebenen Betäubungsmittel oder Teilmengen davon abgegeben werden, wenn der Überbringer glaubhaft versichert oder anderweitig ersichtlich ist, dass ein dringender Fall vorliegt, der die unverzügliche Anwendung des Betäubungsmittels erforderlich macht. In diesen Fällen hat der Apothekenleiter den Verschreibenden unverzüglich über die erfolgte Abgabe zu benachrichtigen; die erforderlichen Korrekturen auf der Verschreibung oder der Verschreibung für den Stationsbedarf, den Notfallbedarf und den Rettungsdienstbedarf sind unverzüglich vorzunehmen. Änderungen und Ergänzungen nach den Sätzen 1 und 2, Rücksprachen nach den Sätzen 1 und 4 sowie Abgaben nach Satz 3 sind durch den Abgebenden auf den Teilen I und II, durch den Verschreibenden, außer im Falle des Satzes 2, auf Teil III der Verschreibung oder der Verschreibung für den Stationsbedarf, den Notfallbedarf und den Rettungsdienstbedarf zu vermerken. Für die Verschreibung von **Diamorphin** gelten die Sätze 2 bis 4 nicht.

(3) Der Abgebende hat auf Teil I der Verschreibung oder der Verschreibung für den Stationsbedarf, den Notfallbedarf und den Rettungsdienstbedarf folgende Angaben dauerhaft zu vermerken:

1. Name und Anschrift der Apotheke,

2. Abgabedatum und

3. Namenszeichen des Abgebenden.

(4) Der **Apothekenleiter** hat Teil I der Verschreibungen und Verschreibungen für den Stationsbedarf, den Notfallbedarf und den Rettungsdienstbedarf nach Abgabedaten oder nach Vorgabe der zuständigen Landesbehörde geordnet **drei Jahre** aufzubewahren und auf Verlangen dem Bundesinstitut für Arzneimittel und Medizinprodukte

oder der nach § 19 Abs. 1 Satz 3 des Betäubungsmittelgesetzes zuständigen Landesbehörde einzusenden oder Beauftragten dieser Behörden vorzulegen. Teil II ist zur Verrechnung bestimmt. Die Sätze 1 und 2 gelten im Falle der Abgabe von **Diamorphin** für den Verantwortlichen für Betäubungsmittel des pharmazeutischen Unternehmens entsprechend.

(5) Der **Tierarzt** darf aus seiner Hausapotheke Betäubungsmittel nur zur Anwendung bei einem von ihm behandelten Tier und nur unter Einhaltung der für das Verschreiben geltenden Vorschriften der §§ 1 und 4 Abs. 1 und 2 abgeben." (**§ 12**)

„(1) Der Nachweis von **Verbleib und Bestand** der Betäubungsmittel in den in § 1 Abs. 3 genannten Einrichtungen ist unverzüglich nach Bestandsänderung nach amtlichem Formblatt zu führen. Es können Karteikarten oder Betäubungsmittelbücher mit fortlaufend nummerierten Seiten verwendet werden. Die Aufzeichnung kann auch mittels elektronischer Datenverarbeitung erfolgen, sofern jederzeit der Ausdruck der gespeicherten Angaben in der Reihenfolge des amtlichen Formblattes gewährleistet ist. Im Falle des Überlassens eines Substitutionsmittels zum unmittelbaren Verbrauch nach § 5 Absatz 7 Satz 1 oder eines Betäubungsmittels nach § 5c Absatz 2 ist der Verbleib patientenbezogen nachzuweisen.

(2) Die Eintragungen über **Zugänge, Abgänge und Bestände** der Betäubungsmittel sowie die Übereinstimmung der Bestände mit den geführten Nachweisen sind

1. von dem Apotheker für die von ihm geleitete Apotheke,
2. von dem Tierarzt für die von ihm geleitete tierärztliche Hausapotheke und
3. von dem in den §§ 2 bis 4 bezeichneten, verschreibungsberechtigten Arzt, Zahnarzt oder Tierarzt für den Praxis- oder Stationsbedarf,
4. von einem nach § 5d Absatz 1 Satz 2 Nummer 1 beauftragten Arzt für Hospize und Einrichtungen der spezialisierten ambulanten Palliativversorgung sowie von dem nach § 6 Absatz 2 beauftragten Arzt für Einrichtungen des Rettungsdienstes,
5. vom für die Durchführung der medizinischen Betreuung nach den seearbeitsrechtlichen Vorschriften Verantwortlichen für das jeweilige Kauffahrteischiff, das die Bundesflagge führt,
6. im Falle des Nachweises nach Absatz 1 Satz 4 von den in § 5 Absatz 10 Satz 1 und 2 oder den in § 5c Absatz 2 benannten Personen,
7. vom Verantwortlichen im Sinne des § 5 Absatz 9b Nummer 3

am **Ende eines jeden Kalendermonats** zu prüfen und, sofern sich der Bestand geändert hat, durch Namenszeichen und Prüfdatum zu bestätigen. Für den Fall, dass die Nachweisführung mittels elektronischer Datenverarbeitung erfolgt, ist die Prüfung auf der Grundlage zum Monatsende angefertigter Ausdrucke durchzuführen. Sobald und solange der Arzt die Nachweisführung und Prüfung nach Satz 1 Nummer 6 nicht selbst vornimmt, hat er sicherzustellen, dass er durch eine Person nach § 5 Absatz 10 Satz 1 und 2 oder § 5c Absatz 2 am Ende eines jeden Kalendermonats über die erfolgte Prüfung und Nachweisführung schriftlich oder elektronisch unterrichtet wird.

(3) Die Karteikarten, Betäubungsmittelbücher oder EDV-Ausdrucke nach Absatz 2 Satz 2 sind in den in § 1 Abs. 3 genannten Einrichtungen **drei Jahre**, von der letzten Eintragung an gerechnet, aufzubewahren. Bei einem Wechsel in der Leitung einer Krankenhausapotheke, einer Einrichtung eines Krankenhauses, einer Tierklinik oder einem Wechsel des beauftragten Arztes nach § 5c Absatz 1 Satz 2 Nummer 1 oder § 6 Absatz 2 Satz 1 sind durch die in Absatz 2 genannten Personen das Datum

der Übergabe sowie der übergebene Bestand zu vermerken und durch Unterschrift zu bestätigen. Die Karteikarten, die Betäubungsmittelbücher und die EDV-Ausdrucke sind auf Verlangen der nach § 19 Abs. 1 Satz 3 des Betäubungsmittelgesetzes zuständigen Landesbehörde einzusenden oder Beauftragten dieser Behörde vorzulegen. In der Zwischenzeit sind vorläufige Aufzeichnungen vorzunehmen, die nach Rückgabe der Karteikarten und Betäubungsmittelbücher nachzutragen sind." (**§ 13**)

Bei der **Abgabe von Betäubungsmittelrezepten** ist zu beachten:

- Teil I des dreiteiligen Formulars wird mit dem Rezeptdrucker bedruckt und abgezeichnet; der Vermerk der BtM-Nummer des Apothekenleiters ist nicht mehr notwendig.
- Substitution von Fertigarzneimitteln ist zulässig; bei transdermalen Pflastern zählt hier die pro Zeiteinheit freigesetzte Menge des Betäubungsmittels und die Gesamtmenge.
- Auch eine PTA könnte rechtlich ein BtM-Rezept beliefern; es wird aber dringend empfohlen, in solchen Fällen einen approbierten Apotheker vor der Abgabe hinzuzuziehen.
- Alle Zu- und Abgänge von Betäubungsmittel müssen in Karteikarten oder in der EDV dokumentiert werden (◘ Tab. 4.10); bei Änderungen des Bestandes muss der Apothekenleiter monatlich abzeichnen. Diese Dokumentationspflicht gilt auch für die Herstellung ausgenommener Zubereitungen.

6

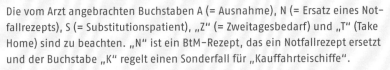

MERKE

Die vom Arzt angebrachten Buchstaben A (= Ausnahme), N (= Ersatz eines Notfallrezepts), S (= Substitutionspatient), „Z" (= Zweitagesbedarf) und „T" (Take Home) sind zu beachten. „N" ist ein BtM-Rezept, das ein Notfallrezept ersetzt und der Buchstabe „K" regelt einen Sonderfall für „Kauffahrteischiffe".

„(1) Beim Nachweis von **Verbleib und Bestand** der Betäubungsmittel sind für jedes Betäubungsmittel dauerhaft anzugeben:

1. Bezeichnung, bei Arzneimitteln entsprechend § 9 Abs. 1 Nr. 3,
2. Datum des Zugangs oder des Abgangs,
3. zugegangene oder abgegangene Menge und der sich daraus ergebende Bestand; bei Stoffen und nicht abgeteilten Zubereitungen die Gewichtsmenge in Gramm oder Milligramm, bei abgeteilten Zubereitungen die Stückzahl; bei flüssigen Zubereitungen, die im Rahmen einer Behandlung angewendet werden, die Menge auch in Millilitern,
4. Name oder Firma und Anschrift des Lieferers oder des Empfängers oder die sonstige Herkunft oder der sonstige Verbleib,
5. in Apotheken im Falle der Abgabe auf Verschreibung für Patienten sowie für den Praxisbedarf der Name und die Anschrift des verschreibenden Arztes, Zahnarztes oder Tierarztes und die Nummer des Betäubungsmittelrezeptes, im Falle der Verschreibung für den Stationsbedarf, den Notfallbedarf sowie den Rettungsdienstbedarf der Name des verschreibenden Arztes, Zahnarztes oder Tierarztes und die Nummer des Betäubungsmittelanforderungsscheines,
5a. in Krankenhäusern, Tierkliniken, Hospizen sowie in Einrichtungen der spezialisierten ambulanten Palliativversorgung und des Rettungsdienstes im Falle des Erwerbs auf Verschreibung für den Stationsbedarf, den Notfallbedarf sowie den

Rettungsdienstbedarf der Name des verschreibenden Arztes, Zahnarztes oder Tierarztes und die Nummer des Betäubungsmittelanforderungsscheines,

6. beim pharmazeutischen Unternehmen im Falle der Abgabe auf Verschreibung von Diamorphin Name und Anschrift des verschreibenden Arztes und die Nummer des Betäubungsmittelrezeptes.

Bestehen bei den in § 1 Abs. 3 genannten Einrichtungen Teileinheiten, sind die Aufzeichnungen in diesen zu führen.

(2) Bei der Nachweisführung ist bei flüssigen Zubereitungen die Gewichtsmenge des Betäubungsmittels, die in der aus technischen Gründen erforderlichen Überfüllung des Abgabebehältnisses enthalten ist, nur zu berücksichtigen, wenn dadurch der Abgang höher ist als der Zugang. Die Differenz ist als Zugang mit „Überfüllung" auszuweisen." (**§14**)

Diese Dokumentation kann auf Karteikarten oder in einem BtM-Buch erfolgen. Auch sind Computerausdrucke von BtM-Verwaltungsprogrammen möglich. Alle Aufzeichnungen sind vom Apothekenleiter monatlich zu prüfen und abzuzeichnen.

ZUSAMMENFASSUNG

- Unter Substitution versteht man die Therapie betäubungsmittelabhängiger Patienten mit einem Substitutionsmittel (z. B. Methadon); bei der Substitution nimmt der Patient das BtM normalerweise unter Aufsicht ein („Sichtbezug").
- Diamorphin (künstliches Heroin) kann in Ausnahmefällen zur Substitution verwendet werden und wird vom Hersteller unter Umgehung der Apotheke direkt an den Arzt oder die Klinik geliefert.
- Im Take-Home-Modus erhält der Patient sein Substitutionsmittel für 7 bis maximal 30 Tage; eine Zwischenstufe zwischen Sichtbezug und Take-Home ist das Z-Rezept (2 bis maximal 5 Tage).
- Bei der Belieferung eines BtM-Rezepts in der Apotheke sind formale und inhaltliche Vorschriften zu beachten; das Rezept darf nicht beliefert werden, wenn es Unklarheiten enthält oder älter als acht Tage inklusive Ausstellungstag ist.
- In Notfällen darf ein Arzt Betäubungsmittel auf einem normalen Rezept („Notfallverschreibung") verschreiben (§ 8 Abs. 6 BtMVV); das BtM-Rezept muss unter Angabe von „N" kurzfristig nachgereicht werden.
- Verschreibungen für Patienten in Altenheimen können durch den verschreibenden Arzt oder einen Beauftragten in der Apotheke abgeholt werden und werden durch das Pflegepersonal unter Verantwortung des Arztes aufbewahrt; der Bestand ist zu dokumentieren. Wiederverwendung ist unter Auflagen möglich.
- Bei der Abgabe wird das Rezept mit Apothekenangaben und Datum bedruckt und der Abgang in die BtM-Dokumentation eingetragen; der aktuelle Bestand wird aus Zu- und Abgängen ermittelt.
- Alle Aufzeichnungen werden gemäß § 14 BtMVV ausgeführt, monatlich kontrolliert und abgezeichnet und drei Jahre aufbewahrt.

SPICKZETTEL

„A"	Ausnahme-Kennzeichen auf einem BtM-Rezept zur Überschreitung der Höchstmenge oder Anzahl verschriebener Betäubungsmittel
Abgabebeleg	Vierteiliges Formular für BtM-Verkehr (Abgabemeldung, Empfangsbestätigung, Lieferschein, Lieferscheindoppel)
Ausgenommene Zubereitung	Zubereitung aus einem BtM unterhalb einer festgelegten Wirkstoffmenge oder Konzentration (verschreibungspflichtig)
BtM	Betäubungsmittel (Anlagen I, II und III) des BtMG
BtMG, BtMBinHV, BtMVV,	Betäubungsmittelgesetz, Betäubungsmittel-Binnenhandels-Verordnung, Betäubungsmittelverschreibungsverordnung
BtM-Rezept	Dreiteiliges codiertes Rezeptformular zm Verschreiben von Betäubungsmitteln, sieben Tage plus Ausstellungstag gültig
GÜG	Grundstoffüberwachungsgesetz
Höchstverschreibungsmenge	Höchstmenge eines BtM in mg, die ein Arzt innerhalb von 30 Tagen auf einem BtM-Rezept verschreiben darf
N-Rezept	BtM-Rezept mit Kennzeichen N ersetzt normales, schon beliefertes, Rezept mit Angabe „Notfallverschreibung"
Sichtbezug	Der Patient nimmt das Substitutionsmittel unter Aufsicht ein
Substitution	Behandlung opioidabhängiger Patienten mit einem Substitutionsmittel (z. B. Methadon oder Levomethadon)
„ST"	Kennzeichen auf BtM-Rezept für Substitution (Take-Home-Verfahren)
„SZ"	Kennzeichen auf BtM-Rezeptfür für Substitution (Zweitagesbedarf)
Take-Home	Der Patient bekommt bis zu sieben Tage (in Ausnahmefällen bis zu 30 Tage) das Substitutionsmittel einzeln verpackt
verkehrsfähig	Mit dem Arzneimittel/BtM darf gehandelt werden
verschreibungsfähig	Das BtM darf auf einem BtM-Rezept verschrieben werden
verschreibungspflichtig	Das Arzneimittel ist kein BtM, unterliegt der normalen Verschreibungspflicht und wird auf einem normalen Rezept verschrieben

6

REPETITORIUM 11: VERORDNUNGEN ZUM BTM-GESETZ

● leicht ●● mittel ●●● schwer

●
1. Nennen Sie die Verordnungen zum Betäubungsmittelgesetz mit einer kurzen Beschreibung!

2. Welche Teile des Abgabebelegs werden 3 Jahre wo aufbewahrt?

3. Wie verhalten Sie sich, wenn auf dem BtM-Rezept die Eintragung der Packungsgröße vergessen wurde?

●●
1. Welches BtM enthält Ritalin®? Welche Höchstmenge ist erlaubt?

2. Welche Sonderregelung gilt für Cocain?

3. In welchen Fällen muss der Arzt ein „A", ein „ST" oder ein „SZ" auf dem BtM-Rezept anbringen?

4. Welche Teile des BtM-Rezepts muss der Arzt persönlich und hand-schriftlich ausfüllen?

5. Was muss bei der Abgabe eines BtM im Betäubungsmittelbuch bzw. Karteikarten alles eingetragen werden?

6. Was bedeutet „Höchstmenge" bzw. „Höchstverschreibungsmenge" in der BtMVV? Für welche BtM gilt diese Vorschrift?

7. Unterscheiden Sie eine „Notfallverschreibung" von einem „N-BtM-Re-zept"!

●●●
1. Kann der Arzt die Präparate Temgesic® und Morphin-ratiopharm® 30-Tabletten auf einem BtM-Rezept verordnen?

2. Könnte der Arzt auf einem BtM-Rezept jeweils 20 Tabletten Mor-phin-ratiopharm® 30, Morphin-ratiopharm® 60 und Morphin-ratio-pharm® 100 verordnen?

3. Ist für die Herstellung eines Midazolam-Nasensprays ein BtM-Rezept notwendig?

4. Können Angaben auf einem BtM-Rezept durch den verschreibenden Arzt oder durch den abgebenden Apotheker korrigiert werden?

Gefahrstoffrecht 7

Dr. Angela Schulz

Zum pharmazeutischen Alltag gehört auch der Umgang mit Gefahrstoffen, z. B. bei der Herstellung und Untersuchung von Arzneimitteln, bei der Prüfung von Ausgangsstoffen und bei der Abgabe von Gefahrstoffen auf Kundenwunsch. Deshalb muss sich das pharmazeutische Personal auch in den Vorschriften des Gefahrstoffrechts auskennen. Das aktuelle Gefahrstoffrecht wird in EU-Verordnungen und -Richtlinien und in deutschen Gesetzen und Verordnungen geregelt. Dieses Kapitel gibt Ihnen einen Überblick und kurzen Einblick in die zahlreichen Vorgaben.

Seit 01. Juni 2007 gilt die Verordnung (EG) Nr. 1907/2006 über die Registrierung, Bewertung, Zulassung und Beschränkung von Chemikalien in allen Staaten der Europäischen Union. Diese Verordnung wird kurz **REACH-VO** genannt: **r**egistration, **e**valuation, **a**uthorization and restriction of **ch**emicals.

Die Einstufung, Kennzeichnung und Verpackung von Chemikalien in den EU-Staaten gibt die Verordnung (EG) Nr. 1272/2008, gültig seit 20. Januar 2009, vor. Die Kurzbezeichnung dieser Verordnung lautet **CLP-VO**: **c**lassification, **l**abelling and **p**ackaging of substances and mixtures. Die CLP-VO macht das weltweit gültige System der Einstufung und Kennzeichnung von Chemikalien (**GHS** – **G**lobally **h**armonized **s**ystem of classification and labelling of chemicals) auch für die EU rechtsverbindlich.

Das deutsche **Chemikaliengesetz** (**ChemG**) (vom 28.08.2013, zuletzt geändert am 18.07.2017) ist die Grundlage für die **Gefahrstoffverordnung** (**GefStoffV**) und die **Chemikalien-Verbotsverordnung** (**ChemVerbotsV**) u. a.

> **§ 1 des Chemikaliengesetzes gibt an:**
> „Zweck des Gesetzes ist es, den Menschen und die Umwelt vor schädlichen Einwirkungen gefährlicher Stoffe und Gemische zu schützen, insbesondere sie erkennbar zu machen, sie abzuwenden und ihrem Entstehen vorzubeugen."

Die **Gefahrstoffverordnung** enthält vor allem Vorschriften zum Arbeitsschutz, z. B. über die Erstellung eines Gefahrstoffverzeichnisses, von Gefährdungsbeurteilungen und Betriebsanweisungen sowie über die Unterweisung der Beschäftigten hinsichtlich der möglichen Gefahren bei Tätigkeiten mit gefährlichen Stoffen und Gemischen. Die **technischen Regeln für Gefahrstoffe** (**TRGS**) erläutern die Vorschriften der GefStoffV und sind ebenfalls rechtsverbindlich.

Die **ChemVerbotsV** gibt u. a. vor, wer Gefahrstoffe abgeben darf und was bei der Abgabe zu beachten oder auch zu dokumentieren ist.

Zu beachten sind ferner u. a. die **Verordnung** (**EU**) **2019/1148** über die Vermarktung und Verwendung von Ausgangsstoffen für Explosivstoffe und das **Grundstoffüberwachungsgesetz** (GÜG, ▶ Kap. 6.1) mit den entsprechenden EU-Verordnungen und – Richtlinien.

SPICKZETTEL

REACH-VO	Verordnung (EG) Nr. 1907/2006 über die Registrierung, Bewertung, Zulassung und Beschränkung von Chemikalien, gültig in der EU
CLP-VO	Verordnung (EG) Nr. 1272/2008 über die Einstufung, Kennzeichnung und Verpackung von Chemikalien, gültig in der EU
ChemG	Gesetz zum Schutz vor gefährlichen Stoffen – Chemikaliengesetz, gültig in Deutschland
ChemVerbotsV	Verordnung über Verbote und Beschränkungen des Inverkehrbringens und über die Abgabe bestimmter Stoffe, Gemische und Erzeugnisse – Chemikalien-Verbotsverordnung, gültig in Deutschland

GefStoffV	Verordnung zum Schutz vor Gefahrstoffen – Gefahrstoff- verordnung, gültig in Deutschland
Explosivstoff-VO	Verordnung (EU) 2019/1148 über die Vermarktung und Verwendung von Ausgangsstoffen für Explosivstoffe, gültig in der EU
GÜG	Gesetz zur Überwachung des Verkehrs mit Grundstoffen, die für die unerlaubte Herstellung von Betäubungsmitteln missbraucht werden können – Grundstoffüberwachungs- gesetz, gültig in Deutschland

Im Laufe der letzten Jahrzehnte wurden viele Regelungen aus dem deutschen Gefahrstoffrecht herausgenommen und direkt über EG-Verordnungen und -Richtlinien (veröffentlicht im Amtsblatt der Europäischen Union) geregelt. Dieses Kapitel kann nur einen kurzen beispielhaften Überblick in die vielfältigen Bereiche leisten. Empfehlenswert für die ausführliche Beschäftigung mit dem Gefahrstoffrecht und seiner Umsetzung in der Apotheke sind die im Deutschen Apotheker Verlag erschienenen Fachbücher, z. B.

- Maria Regina Emsbach „Gefahrstoffe, Umweltschutz, Pflanzenschutz",
- Holger Herold „Gefahrstoffrecht für die Apotheke" (Grundlagen und Arbeitshilfen),
- Helmut Hörath (Begr), Angela Schulz (Bearb) „Hörath Gefährliche Stoffe und Gemische" (Standardwerk Gefahrstoffrecht mit Verordnungstexten),
- Dieter Kaufmann, Angela Schulz „GHS-Betriebsanweisungen gemäß § 14 Gefahrstoffverordnung" (mit Betriebsanweisungen auf CD für alle relevanten Gefahrstoffgruppen in Apotheken),
- Angela Schulz „Hörath Gefahrstoff-Verzeichnis" (enthält alle apothekenüblichen Gefahrstoffe mit aktueller Kennzeichnung inkl. CD-ROM mit Sicherheitsdatenblättern),
- Angela Schulz „Gefahrstoffmanagement für Apotheken" (Ringordner zur Information, Organisation und Dokumentation).

GUT ZU WISSEN

Gemäß Chemikaliengesetz ist die Bundesanstalt für Arbeitsschutz und Arbeitsmedizin (BAuA) als Bundesstelle für Chemikalien die zuständige Behörde in Deutschland. Auf der Homepage der BAuA werden u. a. alle Gesetzestexte zu diesem Bereich veröffentlicht. Die Rechtstexte zur REACH- und CLP-VO sind dort unter dem Verweis „helpdesk reach clp biozide" zu finden.

7.1 Verordnung (EG) Nr. 1907/2006 (REACH-VO)

Seit 2007 ist die Registrierung, Bewertung, Zulassung und Beschränkung von Chemikalien in Europa durch die Verordnung (EG) 1907/2006 (REACH-VO) einheitlich geregelt.

Die REACH-VO erfasst alle chemischen Stoffe, die mindestens in einer Menge von 1 Tonne pro Jahr in der EU produziert oder in die EU importiert werden. Das REACH-System basiert auf dem Grundsatz der Eigenverantwortung: „No data, no market". Es dürfen nur chemische Stoffe in den Verkehr gebracht werden, zu denen ausreichende Daten zu den Stoffeigenschaften wie physikalische Eigenschaften, Toxizität, Umweltverhalten usw. von den Herstellern und Importeuren vorgelegt werden. Die Registrierung der Stoffe erfolgt bei der Europäischen Chemikalienagentur in Helsinki (ECHA, in den EU-Verordnungen „Agentur" genannt).

Die Ahndung von Verstößen gegen die Pflichten der REACH-VO ist seit 01.05.2013 in der Chemikalien-Sanktionsverordnung (ChemSanktionsV) geregelt.

MERKE

Die REACH-VO und regelt den Verkehr mit Chemikalien in der gesamten EU. Für Produktion und Import ab einer Tonne pro Jahr gilt: „No data, no market".

7.1.1 Stoffsicherheitsbericht

Ab einer Jahresproduktion von 10 t/a müssen Hersteller und Importeure zusätzliche Informationen zu Wirkungen und Umweltverhalten in einem Stoffsicherheitsbericht angeben. Der Stoffsicherheitsbericht erläutert, welche möglichen Risiken von dem betreffenden Stoff ausgehen können und mit welchen Maßnahmen diesen zu begegnen ist. Dazu gehört eine Expositionsbewertung, d. h. ein Expositionsszenario über den gesamten Lebensweg eines Stoffs. Aus dem Stoffsicherheitsbericht muss darüber hinaus hervorgehen, ob es sich bei der betreffenden Substanz um einen sogenannten PBT- oder vPvB-Stoff (persistente und bioakkumulierende und toxische Chemikalien oder sehr persistente und sehr bioakkumulierende Chemikalien) handelt.

MERKE

Ein Stoffsicherheitsbericht ist notwendig für Stoffe ab einer Jahresproduktion von 10 t.

7.1.2 Anhang XIV REACH-VO – Verzeichnis der zulassungs-pflichtigen Stoffe

Unabhängig von der Registrierungspflicht gibt es noch die Zulassungspflicht für bestimmte Stoffe. Ein im Anhang XIV der REACH-Verordnung gelisteter Stoff darf nach dem dort genannten Ablauftermin nur noch verwendet oder zur Verwendung in Verkehr gebracht werden, wenn eine Zulassung dafür erteilt wurde (Art. 56) oder die Verwendung von der Zulassung ausgenommen ist.

Die Zulassung ist vorgesehen für sogenannte **besonders besorgniserregende Stoffe** (**Substances of Very High Concern, SVHC**).

U. a. gelten folgende Kriterien für Stoffe (SVHC), die in Anhang XIV aufgenommen werden können:

- krebserzeugend oder erbgutverändernd oder fortpflanzungsgefährdend der Kategorien 1A oder 1B (CMR-Stoffe),
- persistent und bioakkumulierbar und toxisch (PBT-Stoffe),
- sehr persistent und sehr bioakkumulierbar (vPvB-Stoffe),
- nach wissenschaftlichen Erkenntnissen wahrscheinlich schwerwiegende Wirkungen auf die menschliche Gesundheit oder auf die Umwelt, z. B. endokrin (hormonell) wirksam.

Die Mitgliedstaaten der EU sowie die ECHA sind aufgefordert, solche Stoffe zu identifizieren und einen Vorschlag in Form eines Stoffdossiers nach Anhang XV bei der ECHA einzureichen (**Kandidatenliste**). Diese Liste wird in der Regel zweimal jährlich aktualisiert und ist auf der Website der ECHA einsehbar.

MERKE

Eine Zulassungspflicht gilt für besonders besorgniserregende Stoffe (SVHC).

7.1.3 Anhang XVII REACH-VO – Beschränkungen der Herstellung, des Inverkehrbringens, der Verwendung bestimmter gefährlicher Stoffe, Gemische und Erzeugnisse

Für Stoffe, von denen ein unangemessenes Risiko für die menschliche Gesundheit oder die Umwelt ausgeht, gibt REACH die Möglichkeit der Beschränkung von Herstellung, Inverkehrbringen und Verwendung. Es können Beschränkungen und auch, falls notwendig, Verbote verhängt werden.

> Artikel 67 (1) der REACH-VO besagt: „Ein Stoff als solcher, in einem Gemisch oder in einem Erzeugnis, für den eine Beschränkung nach Anhang XVII gilt, darf nur hergestellt, in Verkehr gebracht oder verwendet werden, wenn die Maßgaben dieser Beschränkung beachtet werden. Dies gilt nicht für die Herstellung, das Inverkehrbringen oder die Verwendung von Stoffen im Rahmen der wissenschaftlichen For-

schung und Entwicklung. In Anhang XVII wird festgelegt, ob die Beschränkung für produkt- und verfahrensorientierte Forschung und Entwicklung nicht gilt und für welche Mengen die Ausnahme höchstens gilt."

So dürfen z. B. CMR-Stoffe der Kategorien 1A/1B z. B. nicht an die breite Öffentlichkeit abgegeben werden, wenn ihre Konzentration 0,1 % bzw. bei reproduktionstoxischen Stoffe 0,3 % erreicht oder übersteigt. Der Lieferant muss gewährleisten, dass die Verpackung solcher Stoffe und Gemische gut sichtbar, leserlich und unverwischbar mit folgender Aufschrift versehen ist: „Nur für gewerbliche Anwender."

GUT ZU WISSEN

Die detaillierten Einschränkungen und Verwendungsverbote in Anhang XVII sind sehr umfangreich. Eine aktuelle Fassung des Anhangs ist immer auf der Website der ECHA zu finden.

7.1.4 Sicherheitsdatenblatt

Das Sicherheitsdatenblatt (SDB) ist eine Zusammenfassung wichtiger physikalisch-chemischer, sicherheitstechnischer, toxikologischer und ökologischer Daten und Umgangsempfehlungen. Es soll dem beruflichen Verwender dazu dienen, die für den Gesundheitsschutz, die Sicherheit am Arbeitsplatz und den Schutz der Umwelt erforderlichen Maßnahmen treffen zu können. Das SDB ist auch die Grundlage für die Kennzeichnung des entsprechenden Stoffs oder Gemischs.

Artikel 31 der REACH-VO legt fest, dass Lieferanten den nachgeschalteten Anwendern oder Händlern spätestens bei der ersten Lieferung eines gefährlichen Stoffs oder Gemischs das entsprechende Sicherheitsdatenblatt in schriftlicher oder elektronischer Form kostenlos, in deutscher Sprache und mit Datum versehen, zu übermitteln haben.

Anforderungen an die Erstellung und Inhalte des Sicherheitsdatenblattes gibt Anhang II der REACH-VO vor. Die Angaben auf dem Sicherheitsdatenblatt sind klar und deutlich abzufassen; die verwendete Sprache muss einfach und präzise sein. Das Sicherheitsdatenblatt wird auch SDS, Safety Data Sheet, oder MSDS, Material Safety Data Sheet, genannt.

MERKE

Die Hersteller müssen ein Sicherheitsdatenblatt gemäß den Vorgaben der REACH-VO erstellen und kostenlos zur Verfügung stellen (elektronisch oder schriftlich).

SPICKZETTEL

ECHA	Europäischen Chemikalienagentur in Helsinki
Registrierungspflicht	Für Stoffe ab 1 t/a
Zulassungspflicht	Gilt für Stoffe, die im Anhang XIV der REACH-VO genannt sind
SVHC	Substances of Very High Concern, SVHC (Besonders besorgniserregende Stoffe)
Kandidatenliste	Liste der Stoffe, die für die Aufnahme in den Anhang XIV vorgeschlagen werden, z. B. SVHC-Stoffe
Sicherheitsdaten-blatt	Enthält alle Informationen, die für die Verwendung wesentlich sind; es muss den Vorgaben der REACH-VO entsprechen
PBT	Persistente und bioakkumulierbare und toxische Stoffe
vPvB	Sehr persistente und sehr bioakkumulierbare Stoffe
Anhang XVII	Liste der Stoffe und Gemische, für die Verwendungsbe-schränkungen und -verbote gelten
Stoffsicherheits-bericht	Enthält zusätzliche Informationen zu Wirkungen und Umweltverhalten (z. B. ob es PBT- und vPvB-Stoffe sind); ist vorgeschrieben für Stoffe ab 10 t/a und SVHC-Stoffe

7.2 Verordnung (EG) Nr. 1272/2008 (CLP-VO)

Die CLP-VO regelt die Einstufung von Stoffen und Gemischen anhand ihrer gefährlichen physikalischen, chemischen und Umwelt beeinflussenden Eigenschaften (☐ Tab. 7.2). Einstufung heißt, dass ein Stoff je nach seinen gefährlichen Eigenschaften bestimmten Gefahrenklassen zugeordnet wird. Daraus folgt dann die entsprechende Kennzeichnung und Verpackung dieser Stoffe im Handel bzw. im Gebrauch.

Die Kennzeichnung von Vorrats- und Abgabegefäßen und auch die Verpackung von gefährlichen Stoffen und Gemischen werden ebenfalls durch die CLP-VO bestimmt.

Gefährliche Stoffe und Gemische können 29 verschiedenen Gefahrenklassen zugeordnet werden. Unter Gemischen sind Lösungen von Gefahrstoffen oder Mischungen aus mehreren Stoffen zu verstehen. Die Gefahrenklassen geben die Art der Gefahr an: physikalische Gefahr (17 Klassen), Gefahr für die menschliche Gesundheit (10 Klassen) und Umweltgefahr (zwei Klassen). Neun verschiedene Gefahrenpiktogramme zeigen auf den ersten Blick die Art der Gefahr. Die Piktogramme haben die Gestalt eines auf der Spitze stehenden Quadrats; sie müssen ein schwarzes Symbol auf weißem Hintergrund in einem deutlich sichtbaren roten Rahmen tragen. Jedes Piktogramm hat einen Code und eine Bezeichnung und gehört zu mehreren Gefahrenklassen (☐ Tab. 7.2).

Zu jeder **Gefahrenklasse gehören mehrere Gefahrenkategorien bzw. Gefahrengruppen**, die durch Ziffern oder Buchstaben gekennzeichnet sind. Je höher die Ziffer, bzw. der Buchstabe, desto niedriger ist die Gefahr. So bedeutet z. B. die Gefahrenkategorie „Akute

Toxizität 1, oral": Lebensgefahr bei Verschlucken, „Akute Toxizität 4, oral": Gesundheits-schädlich bei Verschlucken.

Ein weiteres Kennzeichnungselement ist das Signalwort: Es gibt zwei, „Gefahr" und „Achtung". „Gefahr" hat die höhere Priorität.

MERKE

Die CLP-VO gibt neun mögliche Gefahrenpiktogramme und 29 Gefahrenklassen vor. Die Gefahrenklassen sind dann jeweils noch weiter unterteilt in Gruppen bzw. Kategorien. Jeder Gruppe/Kategorie sind eines der neun Piktogramme, ein Signalwort (Gefahr oder Achtung) und ein Gefahrenhinweis (H-Satz) zuge-ordnet.

Die Einstufung eines Stoffs oder Gemischs in die einzelnen Kategorien erfolgt nach den Stoffeigenschaften (z. B. LD_{50}). Die LD_{50} gibt an, bei welcher Dosis, angegeben in mg pro kg Körpergewicht, 50 % der Versuchstiere sterben. Bei der Ermittlung muss vorzugsweise auf schon bekannte Daten in der Literatur zurückgegriffen werden, um die Anzahl der Tierversuche soweit wie möglich einzuschränken.

Ein Stoff kann verschiedenen Gefahrenklassen zugeordnet sein. Die Gefahrenklassen und -kategorien werden auf dem Etikett eines gefährlichen Stoffs oder Gemischs nicht vermerkt. Sie sind erkennbar am Gefahrenpiktogramm in Kombination mit dem Signal-wort (Gefahr oder Achtung) und dem H-Satz (Gefahrenhinweis). Die CLP-VO gibt auch vor, wann ein kindergesicherter Verschluss und/oder ein tastbarer Gefahrenhinweis not-wendig sind.

Alle schon nach dem früheren in den Staaten der europäischen Union gültigen Gefahr-stoffrecht eingestuften Stoffe sind in der **Stoffliste** in Anhang VI der CLP-VO, Tabelle 3, aufgeführt. Vom Gesetzgeber werden in diese Liste nur noch bestimmte Stoffe aufgenom-men. Das sind CMR-Stoffe (kanzerogen – krebserzeugend, mutagen – erbgutverändernd – und reproduktionstoxisch – negative Beeinflussung der Sexualfunktionen, Fruchtbar-keit und Entwicklung des Kindes im Mutterleib) und sensibilisierende Stoffe. Die in der Stoffliste angegebene Einstufung ist verbindlich für alle Hersteller bzw. Inverkehrbringer. Alle dort nicht aufgeführten Stoffe müssen vom Hersteller selber eingestuft werden. Die Einstufung wird im Sicherheitsdatenblatt angegeben.

GUT ZU WISSEN

Die Europäische Chemikalienagentur in Helsinki (ECHA) führt ein Einstufungs- und Kennzeichnungsverzeichnis aller registrierten Stoffe im Internet (C & L-Inventory). In diesem Verzeichnis sind auch alle Stoffe aus der Stoffliste der CLP-VO mit ihrer Einstufung und Kennzeichnung aufgeführt.

Änderungen der CLP-VO (z. B. Aufnahme neuer Stoffe) gibt es in der Regel zweimal jährlich. Sie werden ATP (Anpassung an den technischen Fortschritt) genannt und im
EU-Amtsblatt veröffentlicht.

> **PRAXISBEISPIEL**
>
> Am Beispiel Salzsäure 36 %, hydrochloric acid (◻Tab. 7.1) werden die 11 Spal-
> ten der Stoffliste, CLP-VO Anhang VI, Tabelle 3, kurz erklärt (ausführliche Vor-
> schriften zur Kennzeichnung finden Sie in der CLP-VO und in der angegebenen
> Literatur). ⊙Abb. 7.1 zeigt das Abgabegefäß von 250 ml Salzsäure 36 %.

Erläuterungen zu Tabelle 7.1

- **Spalten 1, 3, 4**: Produktidentifikator ist eine Kennnummer des Stoffs. Ein Stoff kann
  mehrere solcher Kennnummern besitzen; sie sind in der Stoffliste der CLP-VO angegeben. Spalte 1: Index-Nummer (GHS), Spalte 3: EG-Nummer (ELINCS- oder
  EINECS-Nummer) und Spalte 4: CAS-Nummer (Chemical Abstracts). In der EU wird
  vorzugsweise die EG-Nummer auf dem Abgabeetikett angegeben. Auf dem Abgabegefäß von Salzsäure ist also die EG-Nummer zu vermerken: **EG-Nummer 231–595–7.**
- **Spalten 2, 11:** Name des Stoffs oder Gemischs, Anmerkung B (Genaue Konzentration
  in Gew.-% ist anzugeben): **Salzsäure 36 %.**
  Anmerkung A bedeutet, dass auf dem Etikett der genaue Stoffname angegeben werden
  muss (siehe salts of atropine).
- **Spalte 5:** Gefahrenklasse und -kategorie (englisch, ◻Tab. 7.2).
  Gefahrenklassen und -kategorien werden nicht auf den Abgabe- bzw. Standgefäßen
  angegeben.
- **Spalte 6:** H-Sätze, Hazard-Statements (◻Tab. 7.3), Gefahrenhinweise.
- **Spalten 7, 8, 9:** Piktogramm-Code (◻Tab. 7.2) und zugehöriges Signalwort (danger,
  dgr = Gefahr; warning, Wng = Achtung), H-Sätze, EUH-Sätze (ergänzende Gefahrenhinweise).

Bei Salzsäure fordert der Code GHS05 das Piktogramm „**Ätzwirkung** , und der

Code GHS07 das „**Ausrufezeichen**"  auf dem Abgabeetikett. Signalwort ist „**Gefahr**".

Die H- und EUH-Sätze müssen ausgeschrieben werden. Die Angabe der Codes entfällt:
**„Verursacht schwere Verätzungen der Haut und schwere Augenschäden (H314). Kann die
Atemwege reizen (H335)."**
- **Spalte 10:** Bei anderen Konzentrationen sind entsprechend andere H-Sätze auf dem
  Abgabeetikett zu vermerken.

7

◻ **Tab. 7.1** Beispiele aus Anhang VI, Tabelle 3 Verordnung (EG) Nr. 1272/2008

Index-Nr.	Internationale chemische Bezeichnung	EG-Nr.	CAS-Nr.	Einstufung – Gefahrenklasse, Gefahrenkategorie und Gefahrenkodierung	Kodierung der Gefahrenhinweise	Kennzeichnung – Piktogramm, Kodierung der Signalworte	Kodierung der Gefahrenhinweise	Kodierung der ergänzenden Gefahrenmerkmale	Spezifische Konzentrationsgrenzen, M-Faktoren	Anmerkungen
1	2	3	4	5	6	7	8	9	10	11
017-002-01-X	hydrochloric acid …%	231-595-7	–	Skin Corr. 1B STOT SE 3	H314 H335	GHS05 GHS07 Dgr	H314 H335		Skin Corr. 1B; H314: C ≥25% Skin Irrit. 2; H315: 10% ≤ C <25% Eye Irrit. 2; H319: 10% ≤ C <25% STOT SE 3; H335: C ≥10%	B
603-022-00-4	diethylether; ether	200-467-2	60-29-7	Flam. Liq. 1 Acute Tox. 4 * STOT SE 3	H224 H302 H336	GHS02 GHS07 Dgr	H224 H302 H336	EUH019 EUH066		
614-011-00-9	salts of atropine	–	–	Acute Tox. 2 (*)	H300+H330	GHS06 Dgr	H300+H330			A
011-005-00-2	sodium carbonate	207-838-8	497-19-8	Eye Irrit. 2	H319	GHS07 Wng	H319			

Salzsäure 36 % 250 ml   EG-Nummer 231-595-7

     Gefahr

Verursacht schwere Verätzungen der Haut und schwere Augenschäden. Kann die Atemwege reizen.
Ist ärztlicher Rat erforderlich, Verpackung oder Kennzeichnungsetikett bereithalten). Darf nicht in die Hände von
Kindern gelangen. Schutzhandschuhe/Schutzkleidung/Augenschutz/Gesichtsschutz tragen. BEI VERSCHLUCKEN:
Mund ausspülen. KEIN Erbrechen herbeiführen. BEI KONTAKT MIT DEN AUGEN: Einige Minuten lang behutsam mit
Wasser spülen. Vorhandene Kontaktlinsen nach Möglichkeit entfernen. Weiter spülen. Unter Verschluss
aufbewahren. Inhalt/Behälter der örtlichen Abfallentsorgungsstelle zuführen.
Ist ärztlicher Rat erforderlich, Verpackung oder Kennzeichnungsetikett bereithalten). Darf nicht in die Hände von
Kindern gelangen. Schutzhandschuhe/Schutzkleidung/Augenschutz/Gesichtsschutz tragen. BEI VERSCHLUCKEN:
Mund ausspülen. KEIN Erbrechen herbeiführen. BEI KONTAKT MIT DEN AUGEN: Einige Minuten lang behutsam mit
Wasser spülen. Vorhandene Kontaktlinsen nach Möglichkeit entfernen. Weiter spülen. Unter Verschluss
aufbewahren. Inhalt/Behälter der örtlichen Abfallentsorgungsstelle zuführen.

Gesetzes-Apotheke, Reach-Allee 2020, 54321 Gefahrstoffberg, Tel. (0123) 45679

○ **Abb. 7.1** Etikett für ein Abgabegefäß mit 250 ml Salzsäure 36 %

Die **P-Sätze** (**Precautionary-Statements** (□ Tab. 7.3) sind in der Liste der harmonisierten Einstufung und Kennzeichnung gefährlicher Stoffe und Gemische nicht aufgeführt. Sie sind den Kennzeichnungselementen VO (EG) Nr. 1272/2008, Anhang I, 1.2 zu entnehmen. Zu jedem H-Satz gehören entsprechende P-Sätze. Es gilt VO (EG) Nr. 1272/2008 Artikel 28, (3) „Auf dem Kennzeichnungsetikett erscheinen nicht mehr als sechs Sicherheitshinweise, es sei denn, die Art und die Schwere der Gefahren machen eine größere Anzahl erforderlich." Auch die P-Sätze müssen auf dem Abgabeetikett ausgeschrieben werden; die Angabe der Kodierung ist nicht vorgeschrieben. Bei der Abgabe an private Endverbraucher sind ggf. jeweils die P-Sätze 101, P102 und P103, sowie P501 anzugeben.

Für bestimmte Gefahrenkategorien erlaubt die CLP-VO eine **reduzierte Kennzeichnung**. Bei Gefäßgrößen bis 125 ml können bestimmte H- und P-Sätze entfallen (CLP-VO Anhang I, 1.5.2).

Auch sind für bestimmte Gefahrenkategorien ein **kindergesicherter Verschluss** und ein **tastbarer Gefahrenhinweis** vorgeschrieben (CLP-VO Anhang II, 3.1 und 3.2). Beides trifft für Salzsäure 36 % zu.

Hier die für Salzsäure 36 % getroffene Auswahl: „Ist ärztlicher Rat erforderlich, Verpackung oder Kennzeichnungsetikett bereithalten (P101). Darf nicht in die Hände von Kindern gelangen (P102). Schutzhandschuhe/Schutzkleidung/Augenschutz/Gesichtsschutz tragen (P280). BEI VERSCHLUCKEN: Mund ausspülen. KEIN Erbrechen herbeiführen (P301 + P330 + P331). BEI KONTAKT MIT DEN AUGEN: Einige Minuten lang behutsam mit Wasser spülen. Vorhandene Kontaktlinsen nach Möglichkeit entfernen. Weiter spülen (P305 + P351 + P338). Unter Verschluss aufbewahren (P405). Inhalt/Behälter der örtlichen Abfallentsorgungsstelle zuführen (P501)."

ZUSAMMENFASSUNG

- Die europäische CLP-VO ist die gesetzliche Grundlage für die Einstufung, Kennzeichnung und Verpackung von gefährlichen Stoffen und Gemischen.
- Die Einstufung eines Stoffs zu bestimmten Gefahrenklassen und Gefahrenkategorien erfolgt durch den Gesetzgeber oder die Hersteller der Stoffe.
- Die CLP-VO legt für jede Gefahrenklasse und -kategorie das zugehörige Signalwort, Piktogramm und den Gefahrenhinweis fest.
- In der CLP-VO stehen zu jedem Gefahrenhinweis mehrere Sicherheitshinweise zur Auswahl zur Verfügung.
- Das Sicherheitsdatenblatt eines Stoffs gibt die Einstufung und Kennzeichnung genau an.

SPICKZETTEL

Etikett/Verpackung
- Name und Menge des Stoffs/Gemischs (Konzentration)
- EG-Nummer
- Gefahrenpiktogramm/e und Signalwort
- Gefahrenhinweise (H-Sätze, EUH-Sätze)
- Sicherheitshinweise (P-Sätze)
- Name, Adresse, Telefonnummer Apotheke
- wenn vorgeschrieben tastbarer Gefahrenhinweis
- wenn vorgeschrieben kindergesicherter Verschluss

◻ **Tab. 7.2** Gefahrenpiktogramme, Codes, Bezeichnungen und Gefahrenklassen mit englischer Abkürzung und Stoffbeispiele

Gefahrenpiktogramm, Code, Bezeichnung	Zugehörige Gefahrenklassen/-kategorien (Abkürzung englisch)	Beispiele	Bemerkungen
GHS01 Explodierende Bombe	■ Instabile explosive Stoffe und Gemische (Unst. Expl.) ■ Explosive Stoffe/Gemische und Erzeugnisse mit Explosivstoff der Unterklassen 1.1, 1.2, 1.3, 1.4 (Expl.) ■ Selbstzersetzliche Stoffe und Gemische, Typen A, B (Self-react.) ■ Organische Peroxide, Typen A, B (Org. Perox.)	Benzoylperoxid Pikrinsäure	Bezoylperoxid: gleichzeitig GHS02, GHS07 Pikrinsäure: gleichzeitig GHS06

◻ **Tab. 7.2** Gefahrenpiktogramme, Codes, Bezeichnungen und Gefahrenklassen mit englischer Abkürzung und Stoffbeispiele (Fortsetzung)

Gefahrenpiktogramm, Code, Bezeichnung	Zugehörige Gefahrenklassen/-kategorien (Abkürzung englisch)	Beispiele	Bemerkungen
GHS02 Flamme	▪ Entzündbare Gase, Gefahrenkategorie 1 (Flam. Gas) ▪ Aerosole, Gefahrenkategorien 1, 2 (Flam. Aerosol) ▪ Entzündbare Flüssigkeiten, Gefahrenkategorien 1, 2, 3 (Flam. Liq.) ▪ Entzündbare Feststoffe, Gefahrenkategorien 1, 2 (Flam. Sol.) ▪ Selbstzersetzliche Stoffe und Gemische, Typen B, C, D, E, F (Self-react.) ▪ pyrophore Flüssigkeiten, Gefahrenkategorie 1 (Pyr. Liq.) ▪ pyrophore Feststoffe, Gefahrenkategorie 1 (Pyr. Sol.) ▪ Selbsterhitzungsfähige Stoffe und Gemische, Gefahrenkategorien 1, 2 (Self-heat.) ▪ Stoffe und Gemische, die bei Berührung mit Wasser entzündbare Gase abgeben, Gefahrenkategorien 1, 2, 3 (Water-react.) ▪ Organische Peroxide, Typen B, C, D, E, F (Org. Perox.)	Aceton Benzin Diethylether Ethanol Isopropanol	Aceton, Diethylether und Isopropanol: gleichzeitig GHS07 Benzin: gleichzeitig GHS07, GHS08, GHS09
GHS03 Flamme über einem Kreis	▪ Oxidierende Gase, Gefahrenkategorie 1 (Ox. Gas) ▪ Oxidierende Flüssigkeiten, Gefahrenkategorien 1, 2, 3 (Ox. Liq.) ▪ Oxidierende Feststoffe, Gefahrenkategorien 1, 2, 3 (Ox. Sol.)	Kaliumiodat Kaliumnitrat Kaliumpermanganat	Kaliumiodat: gleichzeitig GHS05 Kaliumpermanganat: gleichzeitig GHS07, GHS09

7

◻ **Tab. 7.2** Gefahrenpiktogramme, Codes, Bezeichnungen und Gefahrenklassen mit englischer Abkürzung und Stoffbeispiele (Fortsetzung)

Gefahrenpiktogramm, Code, Bezeichnung	Zugehörige Gefahrenklassen/-kategorien (Abkürzung englisch)	Beispiele	Bemerkungen
GHS04 Gasflasche	▪ verdichtete Gase ▪ verflüssigte Gase ▪ tiefgekühlt verflüssigte Gase ▪ gelöste Gase	Butan Chlor Ethylenoxid Propan	Butan und Propan: gleichzeitig GHS02 Chlor: gleichzeitig GHS03, GHS06, GHS09 Ethylenoxid: gleichzeitig GHS02, GHS06, GHS08
GHS05 Ätzwirkung	▪ Korrosiv gegenüber Metallen, Gefahrenkategorie 1 (Met. Corr.) ▪ Ätzwirkung auf die Haut, Unterkategorien 1A, 1B, 1C und Kategorie 1 (Skin Corr.) ▪ Schwere Augenschädigung, Gefahrenkategorie 1 (Eye Dam.)	Ammoniak 10 % bis ≤ 25 % Flusssäure Natriumhydroxid	Ammoniak: gleichzeitig GHS07, GHS09 Flusssäure: gleichzeitig GHS06
GHS06 Totenkopf mit gekreuzten Knochen	▪ Akute Toxizität (oral, dermal, inhalativ), Gefahrenkategorien 1, 2, 3 (Acute Tox.)	Aconitin Amfetaminsulfat Methanol	Methanol: gleichzeitig GHS02, GHS08
GHS07 Ausrufezeichen	▪ Akute Toxizität (oral, dermal, inhalativ), Gefahrenkategorie 4 (Acute Tox.) ▪ Hautreizung, Gefahrenkategorie 2 (Skin Irrit.) ▪ Augenreizung, Gefahrenkategorie 2 (Eye Irrit.) ▪ Sensibilisierung der Haut, Gefahrenkategorie 1 und Unterkategorien 1A, 1B (Skin Sens.) ▪ Spezifische Zielorgan-Toxizität (einmalige Exposition), Gefahrenkategorie 3 (Atemwegsreizung oder betäubende Wirkung) (STOT SE) ▪ Die Ozonschicht schädigend, Gefahrenkategorie 1 (Ozone)	Aluminiumchlorid Coffein Iod	Iod: gleichzeitig GHS09

◻ **Tab. 7.2** Gefahrenpiktogramme, Codes, Bezeichnungen und Gefahrenklassen mit englischer Abkürzung und Stoffbeispiele (Fortsetzung)

Gefahrenpiktogramm, Code, Bezeichnung	Zugehörige Gefahrenklassen/-kategorien (Abkürzung englisch)	Beispiele	Bemerkungen
GHS08 Gesundheitsgefahr	■ Sensibilisierung der Atemwege, Gefahrenkategorie 1 und Unterkategorien 1A, 1B (Resp. Sens.) ■ Keimzellmutagenität, Gefahrenkategorien 1A, 1 B, 2 (Muta.) ■ Karzinogenität, Gefahrenkategorien 1A, 1B, 2 ■ Reproduktionstoxizität, Gefahrenkategorien 1A, 1B, 2 (Repr.) ■ Spezifische Zielorgan-Toxizität (einmalige Exposition), Gefahrenkategorien 1, 2 (STOT SE) ■ Spezifische Zielorgan-Toxizität (wiederholte Exposition), Gefahrenkategorien 1, 2 (STOT RE) ■ Aspirationsgefahr, Gefahrenkategorie 1 (Asp. Tox.)	Ampicillin-Natrium Beclomethasondipropionat Chloroform Dibutylphthalat	Beclomethasondipropionat und Chloroform: gleichzeitig GHS07 Dibutylphthalat: gleichzeitig GHS09
GHS09 Umwelt	■ akut gewässergefährdend der Kategorie 1 (Aquatic Acute) ■ chronisch gewässergefährdend der Kategorien 1, 2 (Aquatic Chronic)	Brom Cadmiumiodid Hexachlorophen	Brom: gleichzeitig GHS05, GHS06 Cadmiumiodid: gleichzeitig GHS06, GHS08 Hexachlorophen: gleichzeitig GHS06

◻ **Tab. 7.3** H-, EUH- und P-Sätze (Beispiele)

H-Sätze	hazard-statements, Gefahrenhinweise, CLP-VO, Anhang III
H201	Explosiv, Gefahr der Massenexplosion.
H224	Flüssigkeit und Dampf extrem entzündbar.
H225	Flüssigkeit und Dampf leicht entzündbar.
H226	Flüssigkeit und Dampf entzündbar.
H300	Lebensgefahr bei Verschlucken.
H301	Giftig bei Verschlucken.

7

◻ **Tab. 7.3** H–, EUH– und P–Sätze (Beispiele, Fortsetzung)

H–Sätze	hazard–statements, Gefahrenhinweise, CLP–VO, Anhang III
H302	Gesundheitsschädlich bei Verschlucken.
H314	Verursacht schwere Verätzungen der Haut und schwere Augenschäden.
H315	Verursacht Hautreizungen.
H335	Kann die Atemwege reizen.
H350i	Kann bei Einatmen Krebs erzeugen.
H360	Kann die Fruchtbarkeit beeinträchtigen oder das Kind im Mutterleib schädigen: konkrete Wirkung angeben, sofern bekannt; Expositionsweg angeben, sofern schlüssig belegt ist, dass die Gefahr bei keinem anderen Expositionsweg besteht.
H360F	Kann die Fruchtbarkeit beeinträchtigen.
H360D	Kann das Kind im Mutterleib schädigen.
H361d	Kann vermutlich das Kind im Mutterleib schädigen.
H361fd	Kann vermutlich die Fruchtbarkeit beeinträchtigen. Kann vermutlich das Kind im Mutterleib schädigen.
H362	Kann Säuglinge über die Muttermilch schädigen.
H300 + H330	Lebensgefahr bei Verschlucken oder Einatmen.
EUH–Sätze	**Ergänzende Gefahrenhinweise, CLP–VO, Anhang III, 2. Teil 2**
EUH032	Entwickelt bei Berührung mit Säure sehr giftige Gase.
EUH044	Explosionsgefahr bei Erhitzen unter Einschluss.
EUH066	Wiederholter Kontakt kann zu spröder oder rissiger Haut führen.
EUH070	Giftig bei Berührung mit den Augen.
P–Sätze	**precautionary–statements, Sicherheitshinweise, CLP–VO, Anhang IV)**
P102	Darf nicht in die Hände von Kindern gelangen.
P103	Lesen Sie sämtliche Anweisungen aufmerksam und befolgen Sie diese.
P210	Von Hitze, heißen Oberflächen, Funken, offenen Flammen und anderen Zündquellenarten fernhalten. Nicht rauchen.
P270	Bei Gebrauch nicht essen, trinken oder rauchen.
P280	Schutzhandschuhe/Schutzkleidung/Augenschutz/Gesichtsschutz/Gehörschutz tragen.

◻ **Tab. 7.3** H–, EUH– und P–Sätze (Beispiele, Fortsetzung)

H–Sätze	hazard-statements, Gefahrenhinweise, CLP-VO, Anhang III
P303 + P361 + P353	BEI BERÜHRUNG MIT DER HAUT (oder dem Haar): Alle kontaminierten Kleidungsstücke sofort ausziehen. Haut mit Wasser abwaschen (oder duschen).
P304 + P340	BEI EINATMEN: Die Person an die frische Luft bringen und für ungehinderte Atmung sorgen.
P405	Unter Verschluss aufbewahren.
P403 + P233	An einem gut belüfteten Ort aufbewahren. Behälter dicht verschlossen halten.

7.3 Verordnung zum Schutz vor Gefahrstoffen – Gefahrstoffverordnung (GefStoffV)

Die Gefahrstoffverordnung wurde am 26. November 2010 neugefasst und zuletzt am 29.03.2017 geändert.

§1 Zielsetzung der GefStoffV

> **KURZINFO**
>
> Der §1 enthält die Zielsetzung der GefStoffV.

„(1) Ziel dieser Verordnung ist es, den Menschen und die Umwelt vor stoffbedingten Schädigungen zu schützen durch
1. Regelungen zur Einstufung, Kennzeichnung und Verpackung gefährlicher Stoffe und Gemische,
2. Maßnahmen zum Schutz der Beschäftigten und anderer Personen bei Tätigkeiten mit Gefahrstoffen und
3. Beschränkungen für das Herstellen und Verwenden bestimmter gefährlicher Stoffe, Gemische und Erzeugnisse." (**§1**)

§2 der GefStoffV

Gefährliche Stoffe sind alle Stoffe und Gemische, die aufgrund ihrer Eigenschaften den Gefahrenklassen der CLP-VO zugeordnet werden können (◻ Tab. 7.2).

Auch Stoffe, die erst bei der Herstellung oder Verwendung solche gefährlichen Eigenschaften entwickeln, zählen zu den Gefahrstoffen, ebenso alle Stoffe, denen ein Arbeitsplatzgrenzwert zugewiesen wurde.

Alle Stoffe und Gemische, die auf Grund der Art und Weise, wie sie am Arbeitsplatz vorhanden sind oder verwendet werden, die Gesundheit und die Sicherheit der Beschäftigten gefährden können, werden ebenfalls als gefährliche Stoffe angesehen.

Arbeitsplatzgrenzwert (AGW)

Der Arbeitsplatzgrenzwert (AGW) ist die durchschnittliche Konzentration eines Stoffs in der Luft. Er gibt an, bis zu welcher Konzentration eines Stoffs akute oder chronische schädliche Auswirkungen auf die Gesundheit von Beschäftigten im Allgemeinen nicht zu erwarten sind. Die Arbeitsplatzgrenzwerte werden vom Ausschuss für Gefahrstoffe festgelegt und in der Technischen Regel für Gefahrstoffe 900 (TRGS 900) veröffentlicht. Gibt es für einen Stoff einen AGW, müssen besondere Schutzmaßnahmen eingehalten werden (z. B. Arbeiten unter dem Abzug).

Die Gefahrstoffverordnung enthält detaillierte Vorschriften u. a. zu
- Gefährdungsbeurteilungen beim Arbeiten mit Gefahrstoffen,
- Explosionsschutzdokument,
- Sicherheitsdatenblatt und apothekeninternem Gefahrstoffverzeichnis, Schutzmaßnahmen,
- Unterrichtung und Unterweisung der Beschäftigten
- Anwendungsbeschränkungen.

Hinsichtlich Einstufung, Kennzeichnung und Verpackung von Stoffen und Gemischen verweist die GefStoffV auf die CLP-VO. Die GefStoffV legt fest, dass die Lieferanten ein Sicherheitsdatenblatt in deutscher Sprache zur Verfügung stellen müssen, wenn gefährliche Stoffe oder gefährliche Gemische unverpackt in Verkehr gebracht werden. Informationen zur Einstufung und Kennzeichnung so wie Stoffeigenschaften, Gefahren, Entsorgung, Erste Hilfe u. a. können dem Sicherheitsdatenblatt entnommen werden.

MERKE

Die Gefahrstoffverordnung enthält Vorschriften für den Schutz der Beschäftigten beim Umgang mit gefährlichen Stoffen und Gemischen. Verantwortlich ist die Apothekenleitung, die Beschäftigten müssen die festgelegten Maßnahmen befolgen und einhalten.

§6 Absatz 1 Gefährdungsbeurteilung

„(1) Im Rahmen einer Gefährdungsbeurteilung als Bestandteil der Beurteilung der Arbeitsbedingungen nach § 5 des Arbeitsschutzgesetzes hat der Arbeitgeber festzustellen, ob die Beschäftigten Tätigkeiten mit Gefahrstoffen ausüben oder ob bei Tätigkeiten Gefahrstoffe entstehen oder freigesetzt werden können. Ist dies der Fall, so hat er alle hiervon ausgehenden Gefährdungen der Gesundheit und Sicherheit der Beschäftigten unter folgenden Gesichtspunkten zu beurteilen:

1. gefährliche Eigenschaften der Stoffe oder Gemische, einschließlich ihrer physikalisch-chemischen Wirkungen,
2. Informationen des Lieferanten zum Gesundheitsschutz und zur Sicherheit insbesondere im Sicherheitsdatenblatt,
3. Art und Ausmaß der Exposition unter Berücksichtigung aller Expositionswege; dabei sind die Ergebnisse der Messungen und Ermittlungen nach § 7 Absatz 8 zu berücksichtigen (z. B. Arbeitsplatzgrenzwerte),
4. Möglichkeiten einer Substitution,
5. Arbeitsbedingungen und Verfahren, einschließlich der Arbeitsmittel und der Gefahrstoffmenge,
6. Arbeitsplatzgrenzwerte und biologische Grenzwerte,
7. Wirksamkeit der ergriffenen oder zu ergreifenden Schutzmaßnahmen,
8. Erkenntnisse aus arbeitsmedizinischen Vorsorgeuntersuchungen nach der Verordnung zur arbeitsmedizinischen Vorsorge."

Tätigkeiten mit Gefahrstoffen dürfen erst durchgeführt werden, wenn die entsprechenden Gefährdungsbeurteilungen für die verschiedenen Tätigkeiten schriftlich vorliegen. Die Gefährdungsbeurteilungen müssen von fachkundigen Personen erstellt werden, d. h. in Apotheken z. B. vom pharmazeutischen Personal. Die TRGS 400 erläutern und präzisieren die Vorgaben der GefStoffV zu Gefährdungsbeurteilungen. Auch in der angegebenen Literatur gibt es zahlreiche Arbeitshilfen und Vorlagen.

Bei der Gefährdungsbeurteilung sind Gefährdungen:
- durch physikalisch-chemische Eigenschaften (insbesondere Brand- und Explosionsgefahren),
- durch inhalative und dermale toxische Eigenschaften und
- durch besondere Eigenschaften im Zusammenhang mit bestimmten Tätigkeiten

unabhängig voneinander zu beurteilen.

GUT ZU WISSEN

Auch das **Mutterschutzgesetz** (MuSchG – vom 23. Mai 2017) fordert Gefährdungsbeurteilungen hinsichtlich der Gefahren für Schwanger und Stillende am Arbeitsplatz. Es muss eine allgemeine und, wenn zutreffend, auch eine personenbezogene Gefährdungsbeurteilung vorliegen.

Für Schwangere gelten Beschäftigungsverbote für den Umgang mit Gefahrstoffen mit den H-Sätzen H340, H350, H360, H361, H362, H370, H300, H310, H330, H301, H311, H331 oder H304 und mit Blei(derivaten). Stillende dürfen nicht mit Stoffen arbeiten, die mit dem H-Sätzen H362 gekennzeichnet sind sowie mit Blei(derivaten).

Gemäß **Jugendarbeitsschutzgesetz** (JArbSchG – vom 12. April 1976, zuletzt geändert am 10.03.2017) dürfen Jugendliche nicht mit Arbeiten, bei denen sie schädlichen Einwirkungen von Gefahrstoffen im Sinne der GefStoffV ausgesetzt sind, beschäftigt werden, es sei denn, diese Tätigkeit ist zum Erreichen des Ausbildungsziels erforderlich.

§6 Absatz 9 Explosionsschutzdokument

> **KURZINFO**
>
> §6 Absatz 9 gibt die Inhalte des Explosionsschutzdokuments vor.

„(9) Bei der Dokumentation nach Absatz 8 hat der Arbeitgeber in Abhängigkeit der Feststellungen nach Absatz 4 die Gefährdungen durch gefährliche explosionsfähige Gemische besonders auszuweisen (Explosionsschutzdokument). Daraus muss insbesondere hervorgehen,

1. dass die Explosionsgefährdungen ermittelt und einer Bewertung unterzogen worden sind,
2. dass angemessene Vorkehrungen getroffen werden, um die Ziele des Explosionsschutzes zu erreichen (Darlegung eines Explosionsschutzkonzepts),
3. ob und welche Bereiche entsprechend Anhang I Nummer 1.7 in Zonen eingeteilt wurden,
4. für welche Bereiche Explosionsschutzmaßnahmen nach §11 und Anhang I Nummer 1 getroffen wurden,
5. wie die Vorgaben nach §15 umgesetzt werden und
6. welche Überprüfungen nach §7 Absatz 7 und welche Prüfungen zum Explosionsschutz nach Anhang 2 Abschnitt 3 der Betriebssicherheitsverordnung durchzuführen sind." **(§6)**

§6 Absatz 12 Gefahrstoffverzeichnis

Laut §6 Absatz 12 Gefahrstoffverordnung hat der Arbeitgeber ein Verzeichnis der im Betrieb verwendeten Gefahrstoffe zu führen sowie die entsprechenden Sicherheitsdatenblätter griffbereit zu halten. Das Verzeichnis muss mindestens folgende Angaben enthalten:

- Bezeichnung des Gefahrstoffs,
- Einstufung des Gefahrstoffs oder Angaben zu den gefährlichen Eigenschaften,
- Angaben zu den im Betrieb verwendeten Mengenbereichen,
- Bezeichnung der Arbeitsbereiche, in denen Beschäftigte dem Gefahrstoff ausgesetzt sein können.

Die Angaben müssen auf dem aktuellen Stand gehalten werden und für alle Beschäftigten zugänglich sein. Die elektronische Aufbewahrung des Gefahrstoffverzeichnisses ist erlaubt. (Technische Regeln für Gefahrstoffe, TRGS 400). Die Berufsgenossenschaft für Gesundheitsdienst und Wohlfahrtspflege (BGW) empfiehlt eine jährliche Aktualisierung.

MERKE

In jeder Apotheke müssen Gefährdungsbeurteilungen für die verschiedenen Tätigkeiten vorliegen. Für Tätigkeiten mit explosionsfähigen Stoffen und Gemischen muss ein Explosionsschutzdokument erstellt werden.
Alle im Betrieb vorhandenen Gefahrstoffe sind in einem Gefahrstoffverzeichnis aufzuführen, die entsprechenden Sicherheitsdatenblätter müssen jederzeit griffbereit sein.

§8 bis 10 Schutzmaßnahmen

Die GefStoffV teilt die Schutzmaßnahmen folgendermaßen ein:

- Allgemeine Schutzmaßnahmen (§ 8),
- Zusätzliche Schutzmaßnahmen bei dermaler Gefährdung, inhalativer Gefährdung und Gefahr für die Augen (§ 9),
- Besondere Schutzmaßnahmen für CMR-Stoffe (§ 10).

Bewertungsgrundlage ist die mit den Tätigkeiten verbundene Gefährdung, d. h. nicht allein die gefährlichen Eigenschaften der Gefahrstoffe, sondern auch die Menge sowie die Art und Weise des Umgangs und das Ausmaß der Exposition werden hier berücksichtigt.

Eine besondere Gefährdung wird dabei den CMR-Stoffen (**c**anzerogen, **m**utagen, **r**eproduktionstoxisch) zugesprochen. In diese Gruppe fallen z. B. die apothekenrelevanten Steroidhormone wie Estradiol, Ethinylestradiol, Levonorgestrel, Norgestrel, Prednisolon, Progesteron, Testosteron und Triamcinolon.

Deshalb werden in der Regel die Gefährdungsbeurteilungen jeweils für Nicht-CMR-Stoffe und CMR-Stoffe erstellt.

§ 8 Allgemeine Schutzmaßnahmen

„(1) Der Arbeitgeber hat bei Tätigkeiten mit Gefahrstoffen die folgenden Schutzmaßnahmen zu ergreifen:

1. geeignete Gestaltung des Arbeitsplatzes und geeignete Arbeitsorganisation,
2. Bereitstellung geeigneter Arbeitsmittel für Tätigkeiten mit Gefahrstoffen und geeignete Wartungsverfahren zur Gewährleistung der Gesundheit und Sicherheit der Beschäftigten bei der Arbeit,
3. Begrenzung der Anzahl der Beschäftigten, die Gefahrstoffen ausgesetzt sind oder ausgesetzt sein können,
4. Begrenzung der Dauer und der Höhe der Exposition,
5. angemessene Hygienemaßnahmen, insbesondere zur Vermeidung von Kontaminationen, und die regelmäßige Reinigung des Arbeitsplatzes
6. Begrenzung der am Arbeitsplatz vorhandenen Gefahrstoffe auf die Menge, die für den Fortgang der Tätigkeiten erforderlich ist,
7. geeignete Arbeitsmethoden und Verfahren, welche die Gesundheit und Sicherheit der Beschäftigten nicht beeinträchtigen oder die Gefährdung so gering wie möglich halten, einschließlich Vorkehrungen für die sichere Handhabung, Lagerung und Beförderung von Gefahrstoffen und von Abfällen, die Gefahrstoffe enthalten, am Arbeitsplatz.

(2) Der Arbeitgeber hat sicherzustellen, dass

1. alle verwendeten Stoffe und Gemische identifizierbar sind,
2. gefährliche Stoffe und Gemische innerbetrieblich mit einer Kennzeichnung versehen sind, die ausreichende Informationen über die Einstufung, über die Gefahren bei der Handhabung und über die zu beachtenden Sicherheitsmaßnahmen enthält; vorzugsweise ist eine Kennzeichnung zu wählen, die der Verordnung (EG) Nr. 1272/2008 entspricht …

(3) Der Arbeitgeber hat gemäß den Ergebnissen der Gefährdungsbeurteilung nach § 6 sicherzustellen, dass die Beschäftigten in Arbeitsbereichen, in denen sie Gefahrstoffen ausgesetzt sein können, keine Nahrungs- oder Genussmittel zu sich nehmen.

7

Der Arbeitgeber hat hierfür vor Aufnahme der Tätigkeiten geeignete Bereiche einzurichten.

(4) Der Arbeitgeber hat sicherzustellen, dass durch Verwendung verschließbarer Behälter eine sichere Lagerung, Handhabung und Beförderung von Gefahrstoffen auch bei der Abfallentsorgung gewährleistet ist.

(5) Der Arbeitgeber hat sicherzustellen, dass Gefahrstoffe so aufbewahrt oder gelagert werden, dass sie weder die menschliche Gesundheit noch die Umwelt gefährden. Er hat dabei wirksame Vorkehrungen zu treffen, um Missbrauch oder Fehlgebrauch zu verhindern. Insbesondere dürfen Gefahrstoffe nicht in solchen Behältern aufbewahrt oder gelagert werden, durch deren Form oder Bezeichnung der Inhalt mit Lebensmitteln verwechselt werden kann. Sie dürfen nur übersichtlich geordnet und nicht in unmittelbarer Nähe von Arznei-, Lebens- oder Futtermitteln, einschließlich deren Zusatzstoffe, aufbewahrt oder gelagert werden. Bei der Aufbewahrung zur Abgabe oder zur sofortigen Verwendung muss eine Kennzeichnung nach Absatz 2 deutlich sichtbar und lesbar angebracht sein.

(6) Der Arbeitgeber hat sicherzustellen, dass Gefahrstoffe, die nicht mehr benötigt werden, und entleerte Behälter, die noch Reste von Gefahrstoffen enthalten können, sicher gehandhabt, vom Arbeitsplatz entfernt und sachgerecht gelagert oder entsorgt werden.

(7) Der Arbeitgeber hat sicherzustellen, dass Stoffe und Gemische, die als akut toxisch Kategorie 1, 2 oder 3, spezifisch zielorgantoxisch Kategorie 1, krebserzeugend Kategorie 1A oder 1B oder keimzellmutagen Kategorie 1A oder 1B eingestuft sind, unter Verschluss oder so aufbewahrt oder gelagert werden, dass nur fachkundige und zuverlässige Personen Zugang haben. Satz 2 gilt auch für Tätigkeiten mit Stoffen und Gemischen, die als reproduktionstoxisch Kategorie 1A oder 1B oder als atemwegssensibilisierend eingestuft sind …"

Für die Abgabe von Arzneimitteln gilt die Kennzeichnung nach GefStoffV nicht.

Kennzeichnung von Standgefäßen

Die Vorschriften für die Kennzeichnung von Standgefäßen sind in den **TRGS 201** (Technische Regeln für Gefahrstoffe – Einstufung und Kennzeichnung bei Tätigkeiten mit Gefahrstoffen, Oktober 2011) präzisiert: Bei Tätigkeiten mit Gefahrstoffen müssen die entsprechenden Gefäße nur mit dem Stoffnamen und dem Piktogramm gekennzeichnet sein – vorausgesetzt Sicherheitsdatenblätter, Betriebsanweisung, Gefährdungsbeurteilung, Unterweisung nach § 14 GefStoffV sind vorhanden. Ist die Aussagekraft der Piktogramme zu unspezifisch, müssen die Codes der H-Sätze angegeben werden. Die Bundesapothekerkammer und die Berufsgenossenschaften empfehlen, das Signalwort und die Codes der H- und EUH-Sätze ebenfalls anzugeben. Diese Vereinfachung gilt nur für Standgefäße bis max. 1 l, bei toxischen Stoffen gelten andere Mengenbegrenzungen (TRGS 526). Größere Vorratsgefäße müssen mit den Gefahrenpiktogrammen, dem Signalwort und mit den H-, P, und EUH-Sätzen in ausgeschriebener Form gekennzeichnet sein.

○ **Abb. 7.2** Etikett für ein Apothekenstandgefäß mit 500 ml Salzsäure 36 %

SPICKZETTEL

Etikett/Standgefäße
- Gefahrenpiktogramm/e
- Signalwort
- Codes der H-, P- und EUH-Sätze

MERKE

Betriebsanweisungen müssen für alle Beschäftigten ausgehängt, ausgelegt
oder auf andere Weise griffbereit zur Verfügung gestellt werden.

Lagerung unter Verschluss

Gilt für alle Stoffe mit der Kennzeichnung:

 mit den H-Sätzen: H340, H350, H350i, H370, H372

§14 Unterrichtung und Unterweisung der Beschäftigten

„(1) Der Arbeitgeber hat sicherzustellen, dass den Beschäftigten eine schriftliche Betriebsanweisung, die der Gefährdungsbeurteilung nach § 6 Rechnung trägt, in einer für die Beschäftigten verständlichen Form und Sprache zugänglich gemacht wird. Die Betriebsanweisung muss mindestens Folgendes enthalten:

1. Informationen über die am Arbeitsplatz vorhandenen oder entstehenden Gefahrstoffe, wie beispielsweise die Bezeichnung der Gefahrstoffe, ihre Kennzeichnung sowie mögliche Gefährdungen der Gesundheit und der Sicherheit,
2. Informationen über angemessene Vorsichtsmaßregeln und Maßnahmen, die die Beschäftigten zu ihrem eigenen Schutz und zum Schutz der anderen Beschäftigten am Arbeitsplatz durchzuführen haben; dazu gehören insbesondere
   a) Hygienevorschriften,
   b) Informationen über Maßnahmen, die zur Verhütung einer Exposition zu ergreifen sind,
   c) Informationen zum Tragen und Verwenden von persönlicher Schutzausrüstung und Schutzkleidung,
3. Informationen über Maßnahmen, die bei Betriebsstörungen, Unfällen und Notfällen und zur Verhütung dieser von den Beschäftigten, insbesondere von Rettungsmannschaften, durchzuführen sind.

Die Betriebsanweisung muss bei jeder maßgeblichen Veränderung der Arbeitsbedingungen aktualisiert werden. Der Arbeitgeber hat ferner sicherzustellen, dass die Beschäftigten

1. Zugang haben zu allen Informationen nach Artikel 35 der Verordnung (EG) Nr. 1907/2006 über die Stoffe und Gemische, mit denen sie Tätigkeiten ausüben, insbesondere zu Sicherheitsdatenblättern, und
2. über Methoden und Verfahren unterrichtet werden, die bei der Verwendung von Gefahrstoffen zum Schutz der Beschäftigten angewendet werden müssen.

(2) Der Arbeitgeber hat sicherzustellen, dass die Beschäftigten anhand der Betriebsanweisung nach Absatz 1 über alle auftretenden Gefährdungen und entsprechende Schutzmaßnahmen mündlich unterwiesen werden. Teil dieser Unterweisung ist ferner eine allgemeine arbeitsmedizinisch-toxikologische Beratung. Diese dient auch zur Information der Beschäftigten über die Voraussetzungen, unter denen sie Anspruch auf arbeitsmedizinische Vorsorgeuntersuchungen nach der Verordnung zur arbeitsmedizinischen Vorsorge haben, und über den Zweck dieser Vorsorgeuntersuchungen. Die Beratung ist unter Beteiligung der Ärztin oder des Arztes nach § 7 Absatz 1 der Verordnung zur arbeitsmedizinischen Vorsorge durchzuführen, falls dies erforderlich sein sollte. Die Unterweisung muss vor Aufnahme der Beschäftigung und danach mindestens jährlich arbeitsplatzbezogen durchgeführt werden. Sie muss in für die Beschäftigten verständlicher Form und Sprache erfolgen. Inhalt und Zeitpunkt der Unterweisung sind schriftlich festzuhalten und von den Unterwiesenen durch Unterschrift zu bestätigen.

(3) Der Arbeitgeber hat bei Tätigkeiten mit krebserzeugenden, erbgutverändernden oder fruchtbarkeitsgefährdenden Gefahrstoffen der Kategorie 1 oder 2 sicherzustellen, dass

1. die Beschäftigten und ihre Vertretung nachprüfen können, ob die Bestimmungen dieser Verordnung eingehalten werden, und zwar insbesondere in Bezug auf

a) die Auswahl und Verwendung der persönlichen Schutzausrüstung und die damit verbundenen Belastungen der Beschäftigten,

b) durchzuführende Maßnahmen im Sinne des § 10 Absatz 4 Satz 1,

2. die Beschäftigten und ihre Vertretung bei einer erhöhten Exposition, einschließlich der in § 10 Absatz 4 Satz 1 genannten Fälle, unverzüglich unterrichtet und über die Ursachen sowie über die bereits ergriffenen oder noch zu ergreifenden Gegenmaßnahmen informiert werden,

3. ein aktualisiertes Verzeichnis über die Beschäftigten geführt wird, die Tätigkeiten ausüben, bei denen die Gefährdungsbeurteilung nach § 6 eine Gefährdung der Gesundheit oder der Sicherheit der Beschäftigten ergibt; in dem Verzeichnis ist auch die Höhe und die Dauer der Exposition anzugeben, der die Beschäftigten ausgesetzt waren,

4. das Verzeichnis nach Nummer 3 mit allen Aktualisierungen 40 Jahre nach Ende der Exposition aufbewahrt wird; bei Beendigung von Beschäftigungsverhältnissen hat der Arbeitgeber den Beschäftigten einen Auszug über die sie betreffenden Angaben des Verzeichnisses auszuhändigen und einen Nachweis hierüber wie Personalunterlagen aufzubewahren,

5. die Ärztin oder der Arzt nach § 7 Absatz 1 der Verordnung zur arbeitsmedizinischen Vorsorge, die zuständige Behörde sowie jede für die Gesundheit und die Sicherheit am Arbeitsplatz verantwortliche Person Zugang zu dem Verzeichnis nach Nummer 3 haben,

6. alle Beschäftigten Zugang zu den sie persönlich betreffenden Angaben in dem Verzeichnis haben,

7. die Beschäftigten und ihre Vertretung Zugang zu den nicht personenbezogenen Informationen allgemeiner Art in dem Verzeichnis haben …"

GUT ZU WISSEN

Betriebsanweisungen geben in kurzer übersichtlicher Form die Gefahren an, die bei den Tätigkeiten mit den am Arbeitsplatz vorhandenen Gefahrstoffen auftreten können. Sie enthalten Informationen über notwendige Schutzmaßnahmen, Erste Hilfe, Verhalten bei Unfällen und Entsorgung.

In der Apotheke sind Gruppenbetriebsanweisungen üblich, z. B. jeweils eine Anweisung für jedes Gefahrenpiktogramm.

Vor Aufnahme der Beschäftigung, bei Änderung der Tätigkeit und mindestens einmal jährlich müssen die Beschäftigten mündlich zu allen Gefahren unterwiesen werden. Die Unterweisung muss durch Unterschrift bestätigt werden.

ZUSAMMENFASSUNG

- Die REACH-Verordnung regelt die Registrierung, Bewertung, Zulassung und Beschränkung von Chemikalien in Europa. Die REACH-VO erfasst alle chemischen Stoffe, die mindestens in einer Menge von 1 Tonne pro Jahr in der EU produziert oder in die EU importiert werden. Die Registrierung der Stoffe erfolgt bei der Europäischen Chemikalienagentur in Helsinki (ECHA).
- Die Einstufung, Kennzeichnung und Verpackung ist über die CLP-VO in allen Ländern der EU geregelt. Alle bereits legal, d. h. vom Gesetzgeber, eingestuften Stoffe sind in der Stoffliste, Anhang VI CLP-VO, aufgeführt. In dieser Liste sind u. a. die Gefahrenklassen und -kategorien sowie die Kennzeichnung der entsprechenden Stoffe und Gemische angegeben.
- Zu jeder Gefahrenklasse und -kategorie gehören ein Gefahrenpiktogramm, ein Signalwort und ein H-Satz; so wird z. B. ein akut toxischer Stoff, Kategorie 1, oral mit dem Piktogramm GHS06 (Totenkopf mit gekreuzten Knochen), dem Signalwort „Gefahr" und dem H-Satz H300 (Lebensgefahr bei Verschlucken.) gekennzeichnet.
- H-Sätze weisen auf besondere Gefahren hin, EUH-Sätze sind ergänzende Gefahrenhinweise, P-Sätze sind Sicherheitshinweise; sie sind alle in der CLP-VO, Anhang III bzw. IV aufgeführt.
- Das nationale Gefahrstoffrecht wird durch das Chemikaliengesetz und seine Verordnungen, z. B. die Gefahrstoffverordnung und die Chemikalien-Verbotsverordnung geregelt.
- Die beim Umgang mit Gefahrstoffen zu treffenden Schutzmaßnahmen sind unterteilt in allgemeine, zusätzliche und besondere Schutzmaßnahmen: Allgemeine Maßnahmen bei Tätigkeiten mit geringer Gefährdung, zusätzliche bei dermaler, inhalativer Gefahr oder Gefahr für die Augen, besondere bei CMR-Stoffen.
- Für jeden gefährlichen Stoff muss in der Apotheke ein Sicherheitsdatenblatt und eine Betriebsanweisung (Gruppenbetriebsanweisungen sind zugelassen) vorliegen, denen die wichtigsten Angaben über den Stoff entnommen werden können; Sicherheitsdatenblätter dürfen auch in elektronischer Form vorhanden sein; Betriebsanweisungen müssen ausgelegt werden.
- Vor Aufnahme der Tätigkeiten muss vom Arbeitgeber eine Gefährdungsbeurteilung durchgeführt und ein Explosionsschutzdokument erstellt werden.
- Alle in der Apotheke gelagerten Gefahrstoffe müssen in einem Gefahrstoffverzeichnis dokumentiert werden; die Verantwortung trägt die Apothekenleitung.
- Für eine schnelle Übersicht müssen für die Beschäftigten Betriebsanweisungen ausliegen.
- Alle Apothekenangestellten müssen vor Aufnahme der Tätigkeit und dann einmal jährlich vom Arbeitgeber über mögliche Gefahren unterwiesen werden (Unterweisungspflicht).

7.4   Chemikalien-Verbotsverordnung (ChemVerbotsV)

Die Chemikalien-Verbotsverordnung wurde am 20. Januar 2017 neugefasst und zuletzt am 18.07.2017 geändert.

Die ChemVerbotsV dient dem Schutz des Menschen und der Umwelt vor stoffbedingten Schädigungen und regelt Verbote und Beschränkungen des Inverkehrbringens und die Abgabe bestimmter Stoffe, Gemische und Erzeugnisse nach dem Chemikaliengesetz.

Sie bestimmt die Anforderungen, die in Bezug auf die Abgabe bestimmter gefährlicher Stoffe und Gemische einzuhalten sind.

Die ChemVerbotsV enthält 2 Anlagen. Anlage 1 regelt nationale Inverkehrbringensverbote für bestimmte Stoffe. Die Anlage 2 gibt an, wann bestimmte Abgabebedingungen eingehalten werden müssen (◻ Tab. 7.4).

§6 und 7 Erlaubnis- und Anzeigepflicht

Für die Abgabe bestimmter Stoffe und Gemische muss bei der zuständigen Behörde eine Erlaubnis beantragt bzw. eine schriftliche gemacht Anzeige werden. Apotheken sind jedoch ausdrücklich von dieser Vorschrift ausgenommen.

Voraussetzung für die Erteilung einer Erlaubnis ist der Nachweis der Sachkunde nach § 11, der erforderlichen Zuverlässigkeit sowie das Mindestalter von 18 Jahren (§ 6, Absatz 2).

§11 Sachkunde

„(1) Die erforderliche Sachkunde nach § 6 Absatz 2 Nummer 1 hat nachgewiesen, wer

1. eine von der zuständigen Behörde oder eine von der zuständigen Behörde hierfür anerkannten Einrichtung durchgeführte Prüfung nach Absatz 2 bestanden oder eine anderweitige Qualifikation nach Absatz 3 erworben hat und,

2. sofern die Prüfung oder der Erwerb der anderweitigen Qualifikation länger als sechs Jahre zurückliegt, eine Bescheinigung über die Teilnahme an einer vor längstens sechs Jahren durchgeführten eintägigen oder vor längstens drei Jahren durchgeführten halbtägigen Fortbildungsveranstaltung einer zuständigen Behördeoder einer von der zuständigen Behörde hierfür anerkannten Einrichtung über die einschlägigen Inhalte des Absatzes 2 vorweisen kann …

(3) Anderweitige Qualifikationen nach Absatz 1 Nummer 1 sind

1. die Approbation als Apotheker,

2. die Berechtigung, die Berufsbezeichnung Apothekerassistent oder Pharmazieingenieur zu führen,

3. die Erlaubnis zur Ausübung der Tätigkeit unter der Berufsbezeichnung pharmazeutisch-technischer Assistent oder Apothekenassistent,

4. die bestandene Abschlussprüfung nach der Verordnung über die Berufsausbildung zum Drogist/zur Drogistin vom 30. Juni 1992 (BGBl. I S. 1197), die zuletzt durch Artikel 2 Absatz 2 des Gesetzes vom 23. Juli 2001 (BGBl. I S. 1663) geändert worden ist, sofern die Abschlussprüfung der Prüfung der Sachkunde nach Absatz 2 entspricht,

5. die bestandene Prüfung zum anerkannten Abschluss Geprüfter Schädlingsbekämpfer/Geprüfte Schädlingsbekämpferin oder

6. die bestandene Abschlussprüfung nach der Verordnung über die Berufsausbildung zum Schädlingsbekämpfer/zur Schädlingsbekämpferin vom 15. Juli 2004 (BGBl. I S. 1638) …"

MERKE

Apotheken besitzen automatisch die Erlaubnis zum Handel mit Gefahrstoffen gemäß ChemVerbotsV.

Apotheker, Apothekerassistenten, Pharmazieingenieure, PTA und Apothekenassistenten besitzen die Sachkunde gemäß ChemVerbotsV.

Für den Erhalt der Sachkunde ist die Teilnahme an regelmäßigen Fortbildungen erforderlich. Regelmäßig bedeutet dabei der Besuch einer halbtägigen Fortbildungsveranstaltung im Zeitraum von drei Jahren nach Berufsabschluss oder alle 6 Jahre der Besuch einer ganztägigen Fortbildung. Die Teilnahme an einem Webinar ist nicht ausreichend.

§ 8 Grundanforderungen zur Durchführung der Abgabe

„ (1) Die Abgabe von Stoffen oder Gemischen, für die in Anlage 2 auf diese Vorschrift verwiesen wird, darf nur von einer im Betrieb beschäftigten Person durchgeführt werden, die die Anforderungen nach § 6 Absatz 2 erfüllt (Sachkunde).

(2) Soweit in Anlage 2 Spalte 3 auf diesen Absatz verwiesen wird, darf die Abgabe abweichend von Absatz 1 an den in § 5 Absatz 2 genannten Empfängerkreis (Wiederverkäufer, berufsmäßige Verwender und öffentliche Forschungs-, Untersuchungs- und Lehranstalten auch durch eine beauftragte Person erfolgen, die

1. zuverlässig ist,

2. mindestens 18 Jahre alt ist und

3. von einer Person, die die Anforderungen nach § 6 Absatz 2 erfüllt, über die wesentlichen Eigenschaften der abzugebenden Stoffe und Gemische, über die mit ihrer Verwendung verbundenen Gefahren und über die einschlägigen Vorschriften belehrt worden ist.

Die Belehrung muss jährlich wiederholt werden und ist jeweils schriftlich zu bestätigen.

(3) Die Abgabe darf nur durchgeführt werden, wenn

1. der abgebenden Person bekannt ist oder sie sich vom Erwerber hat bestätigen oder durch Vorlage entsprechender Unterlagen nachweisen lassen, dass dieser die Stoffe oder Gemische in erlaubter Weise verwenden oder weiterveräußern will und die rechtlichen Voraussetzungen hierfür erfüllt, und keine Anhaltspunkte für eine unerlaubte Verwendung oder Weiterveräußerung vorliegen,

2. die abgebende Person den Erwerber unterrichtet hat über

    ■ die mit dem Verwenden des Stoffes oder des Gemisches verbundenen Gefahren,

- die notwendigen Vorsichtsmaßnahmen beim bestimmungsgemäßen Gebrauch und für den Fall des unvorhergesehenen Verschüttens oder Freisetzens sowie
- die ordnungsgemäße Entsorgung und

3. im Fall der Abgabe an eine natürliche Person diese mindestens 18 Jahre alt ist.

(4) Im Einzelhandel darf die Abgabe oder die Bereitstellung für Dritte nicht durch Automaten oder durch andere Formen der Selbstbedienung erfolgen. Das Selbstbedienungsverbot nach § 23 Absatz 2 des Pflanzenschutzgesetzes bleibt unberührt."

SPICKZETTEL

Abgabe oxidierender und hochentzündliche Stoffe und Phosphorwasserstoff entwickelnde Stoffe

 mit den H-Sätzen H224, H241, H242

- Erwerber und Abholer mindestens 18 Jahre
- Kein Zweifel an erlaubter Verwendung
- Unterweisung durch den Abgebenden
- Abgebende/r muss sachkundig, volljährig, zuverlässig sein
- Abgabe im Rahmen von Selbstbedienung ist verboten

---

§ 9 Identitätsfeststellung und Dokumentation

„(1) Über die Abgabe von Stoffen und Gemischen, für die in Anlage 2 auf diese Vorschrift verwiesen wird, ist ein **Abgabebuch** zu führen. Das Abgabebuch kann auch in elektronischer Form geführt werden.

(2) Die abgebende Person hat bei der Abgabe

1. die Identität des Erwerbers, im Falle der Entgegennahme durch eine Empfangsperson die Identität der Empfangsperson und das Vorhandensein der Auftragsbestätigung, aus der der Verwendungszweck und die Identität des Erwerbers hervorgehen, festzustellen,

2. in dem Abgabebuch für jede Abgabe zu dokumentieren:
   - die Art und Menge der abgegebenen Stoffe oder Gemische,
   - das Datum der Abgabe,
   - den Verwendungszweck,
   - den Namen der abgebenden Person,
   - den Namen und die Anschrift des Erwerbers, im Fall der Entgegennahme durch eine Empfangsperson zusätzlich den Namen und die Anschrift der Empfangsperson und

- im Fall der Abgabe an öffentliche Forschungs-, Untersuchungs- oder Lehranstalten zusätzlich die Angabe, ob die Abgabe zu Forschungs-, Analyse- oder Lehrzwecken erfolgt, und

3. dafür zu sorgen, dass der Erwerber oder die Empfangsperson den Empfang des Stoffes oder Gemisches im Abgabebuch oder auf einem gesonderten Empfangsschein durch Unterschrift oder durch eine handschriftliche elektronische Unterschrift bestätigt.

(3) Das Abgabebuch und die Empfangsscheine sind vom Betriebsinhaber mindestens fünf Jahre nach der letzten Eintragung aufzubewahren.

(4) Soweit in Anlage 2 Spalte 3 auf diesen Absatz verwiesen wird, gelten die Anforderungen nach Absatz 1, 2 Nummer 2 und 3 und Absatz 3 bei der Abgabe an den in § 5 Absatz 2 genannten Empfängerkreis nicht, wenn der Betriebsinhaber die Angaben nach Absatz 2 Nummer 2 und 3 in anderer Weise für mindestens fünf Jahre nachweisen kann."

§ 10 Versand

„(1) Stoffe und Gemische, für die in Anlage 2 auf diese Vorschrift verwiesen wird, dürfen außerhalb des in § 5 Absatz 2 bezeichneten Empfängerkreises nicht im Versandwege abgegeben oder zum Versand angeboten werden.

(2) Absatz 1 gilt auch für die nicht gewerbsmäßige Abgabe und das nicht gewerbsmäßige Anbieten."

SPICKZETTEL

Abgabebuch – gilt für alle Stoffe mit der Kennzeichnung:

 mit den H-Sätzen:

H340, H350, H350i, H360, H360F, H360D,
H360FD, H360Fd, H360Df, H370 oder H372

Inhalt

- Identitätsfeststellung des Erwerbers und des Abholers – Name und Anschrift
- Erwerber und Abholer mindestens 18 Jahre
- Art und Menge des Stoffs oder des Gemischs
- Verwendungszweck – kein Zweifel an erlaubter Verwendung
- Unterweisung durch den Abgebenden
- Datum der Abgabe
- Name des Abgebenden
- Unterschrift des Erwerbers bzw. Abholers
- Fünf Jahre nach der letzten Eintragung aufbewahren
- Elektronische Aufzeichnung ist erlaubt
- Unterschrift auch auf Extra-Empfangsschein möglich
- Abgebende/r muss sachkundig, volljährig und zuverlässig sein
- Versandhandel und Abgabe im Rahmen von Selbstbedienung sind verboten

Anlage 2 (zu §§ 5 bis 11) – Anforderungen in Bezug auf die Abgabe

Diese Anlage gibt vor, welche der oben genannten Abgabevorschriften jeweils gelten.

◻ **Tab. 7.4** Anlage 2 (zu §§ 5 bis 11) – Anforderungen in Bezug auf die Abgabe

Spalte 1	Spalte 2	Spalte 3
Stoffe und Gemische	Anforderungen	Erleichterte Anforderungen bei Abgabe an Wiederverkäufer, berufsmäßige Verwender und öffentliche Forschungs-, Untersuchungs- und Lehranstalten
Eintrag 1 Stoffe und Gemische, die nach der Verordnung (EG) Nr. 1272/2008 zu kennzeichnen sind mit 1. dem Gefahrenpiktogramm GHS06 (Totenkopf mit gekreuzten Knochen) oder 2. dem Gefahrenpiktogramm GHS08 (Gesundheitsgefahr) und dem Signalwort Gefahr, und einem der Gefahrenhinweise H340, H350, H350i, H360, H360F, H360D, H360FD, H360Fd, H360Df, H370 oder H372.	1. Erlaubnispflicht nach § 6 Absatz 1 Satz 1 2. Grundanforderungen zur Durchführung der Abgabe nach § 8 Absatz 1, 3 und 4 3. Identitätsfeststellung und Dokumentation nach § 9 Absatz 1 bis 3 4. Ausschluss des Versandweges nach § 10	1. Anzeigepflicht nach § 7 Absatz 1 Satz 1 2. Grundanforderungen zur Durchführung der Abgabe nach § 8 Absatz 2 bis 4 3. Identitätsfeststellung und Dokumentation nach § 9 Absatz 2 Nummer 1 und Absatz 4

Eintrag 2
Nicht von Eintrag 1 erfasste Stoffe und Gemische, die
1. nach der Verordnung (EG) Nr. 1272/2008 zu kennzeichnen sind mit
  a) dem Gefahrenpiktogramm GHS03 (Flamme über einem Kreis) oder
  b) dem Gefahrenpiktogramm GHS02 (Flamme) und einem der folgenden Gefahrenhinweise:
    i) H224 („Flüssigkeit und Dampf extrem entzündbar"),
    ii) H241 („Erwärmung kann Brand oder Explosion verursachen")
    iii) H242 („Erwärmung kann Brand verursachen")
  oder
2. bei bestimmungsgemäßer Verwendung Phosphorwasserstoff entwickeln und nicht bereits von Eintrag 1 erfasst sind.
	Grundanforderungen zur Durchführung der Abgabe nach § 8 Absatz 1, 3 und 4	Grundanforderungen zur Durchführung der Abgabe nach § 8 Absatz 2 bis 4

7

GUT ZU WISSEN
Die Nichtbeachtung der Abgabeverbote oder -beschränkungen bzw. der Dokumentationsvorschriften der ChemVerbotsV, der GefStoffV, der REACH-VO, des Grundstoffüberwachungsgesetzes und der Explosivstoff-Verordnung ist strafbar.

7.5 Verordnung (EU) 2019/1148

Diese Verordnung über die Vermarktung und Verwendung von Ausgangsstoffen für Explosivstoffe wird kurz **Explosivstoff-VO** genannt. Sie verbietet die Abgabe von bestimmten Stoffen an Privatpersonen bzw. legt die Meldepflicht von Diebstählen, verdächtigen Transaktionen und Abhandenkommen von bestimmten Substanzen fest.

Das Ziel der Verordnung ist es, die Verfügbarkeit explosionsfähiger Stoffe für die Allgemeinheit einzuschränken und so die unrechtmäßige Herstellung von Sprengstoffen zu vermeiden.

MERKE
Die Explosivstoff-VO verbietet die Abgabe von bestimmten explosionsfähigen Chemikalien an Privatpersonen.

Anhang I der Verordnung enthält die Stoffe, die nicht an die Allgemeinheit, d. h. an Privatpersonen abgegeben werden dürfen:

- Ammoniumnitrat mit einem Stickstoffgehalt im Verhältnis zum Ammoniumnitrat über 16 % w/w),
- Kaliumchlorat und Kaliumperchlorat,
- Natriumchlorat und Natriumperchlorat,
- Nitromethan,
- Salpetersäure > 3 % (w/w),
- Schwefelsäure > 15 % (w/w),
- Wasserstoffperoxidlösung > 12 % (w/w).

Anhang II der Verordnung enthält die Stoffe, für die eine Meldepflicht von Diebstählen, verdächtigen Transaktionen und Abhandenkommen bei der Polizei gilt:

- Aceton,
- Aluminiumpulver,
- Calcium-, Kalium- und Natriumnitrat,
- Calciumammoniumnitrat,
- Hexamin,
- Magnesiumnitrat-Hexahydrat und Magnesiumpulver.

> **GUT ZU WISSEN**
>
> Für die Apothekenpraxis empfiehlt es sich, die Übersicht über alle Abgabevor-
> schriften gemäß Explosivstoff-VO, REACH-VO, Grundstoffüberwachungsgesetz
> (GÜG, ▸Kap. 6.1) und ChemVerbotsV bereitzuhalten. Diese Übersicht, sowohl für
> die Abgabe an Privatpersonen als auch an berufliche Verwender ist auf der Home-
> page der Bundesapothekerkammer bereitgestellt.

7.6   Entzündbare Flüssigkeiten

Als „entzündbare Flüssigkeit" wird eine Flüssigkeit gemäß CLP-VO in Abhängigkeit von
ihrem Flammpunkt (FP = Temperatur, bei der sich aus einer Flüssigkeit entzündliche
Dämpfe entwickeln) eingestuft (◻ Tab. 7.5).

Angaben zu Schutzmaßnahmen und Lagervorschriften sind in der GefStoffV § 11
sowie Anhang I Nr. 1, Brand- und Explosionsgefährdungen, festgelegt. Die TRGS 510,
Lagerung von Gefahrstoffen in ortsbeweglichen Behältern, präzisiert die Vorschriften der
GefStoffV.

Entzündbare Flüssigkeiten dürfen an Arbeitsplätzen nur für den Handgebrauch und
nur in Behältnissen von höchstens 1 Liter Nennvolumen bereitgestellt werden. 20 l
Gesamtmenge dürfen nicht überschritten werden (davon max. 10 l extrem entzündbar,
z. B. Diethylether). Alle darüber hinaus vorrätigen Mengen müssen im Sicherheitsschrank
gelagert werden (TRGS 510). Zerbrechliche Gefäße sind nur bis zu einem Füllvolumen
von 2,5 l erlaubt.

◻ **Tab. 7.5** Einteilung entzündbare Flüssigkeiten CLP-VO

Gefahren-klasse und -kategorie	Flammpunkt	Piktogramm, Signalwort, H-Satz	Beispiel
Flam. Liq. 1	FP < 23 °C SP ≤ 35 °C	GHS02 Gefahr H224	Diethylether
Flam. Liq. 2	FP < 23 °C SP > 35 °C	GHS02 Gefahr H225	Aceton, Ethanol ≥ 67 % V/V, Isopropanol ≥ 38 % V/V, Methanol, Wundbenzin
Flam. Liq. 3	FP 23–60 °C	GHS02 Achtung H226	Ethanol 7 bis < 67 % V/V, Iso-propanol 3 bis < 38 % V/V

MERKE

Die TRGS 510 enthält alle Einzelheiten für die Lagerung gefährlicher Stoffe und Gemische. Zusätzliche Vorschriften für Laboratorien werden in der TRGS 526 genannt.

ZUSAMMENFASSUNG

- Das Gefahrstoffrecht ist durch europäische und nationale Vorschriften geregelt.
- Die REACH-VO regelt den Chemikalienmarkt in Europa. Sie bestimmt die Registrierungspflicht oder die Zulassungspflicht für gefährliche Stoffe und Gemische und Erzeugnisse und erteilt Verbote oder Verwendungsbeschränkungen.
- Das Chemikaliengesetz schützt durch seine Vorschriften die Menschen und die Umwelt vor schädlichen Einflüssen durch gefährliche Stoffe und Gemische.
- Die Chemikalien-Verbotsverordnung regelt Abgabebedingungen und Verwendungsverbote für Gefahrstoffe in Deutschland.
- Die Gefahrstoffverordnung beinhaltet hauptsächlich Vorschriften zum Umgang mit Gefahrstoffen am Arbeitsplatz. Ihre Vorschriften sind u. a. bei der Lagerung von Ausgangstoffen und Reagenzien in der Apotheke zu beachten. Die Technischen Regeln für Gefahrstoffe (TRGS) werden auf der Grundlage der Gefahrstoffverordnung erstellt. Sie geben konkrete Unterstützung für die Umsetzung der Regelungen der GefStoffV. So gibt z. B. die TRGS 510 konkrete Anweisungen für die Lagerung von Chemikalien.
- Die europäische Explosivstoff-Verordnung verbietet die Abgabe bestimmter explosionsfähiger Stoffe an Privatpersonen.
- Das deutsche Grundstoffüberwachungsgesetz kontrolliert den Handel mit Grundstoffen, die für die unerlaubte Herstellung von Betäubungsmitteln missbraucht werden können.

REPETITORIUM 12: GEFAHRSTOFFRECHT

● leicht ●● mittel ●●● schwer

Hinweis: Zur Beantwortung der Fragen benötigen Sie teilweise die Stoffliste (CLP-VO Anhang VI, Tabelle 3) und die Kennzeichnungselemente (CLP-VO Anhang I, 1.2). Wasserstoffperoxidlösung: Index-Nummer = 008-003-00-9

●
1. Wie definiert die Gefahrstoffverordnung den Begriff „Gefährliche Stoffe"?

2. Erklären Sie die Begriffe Einstufung, Gefahrenklasse, Gefahrenkategorie, Gefahrenpiktogramm und Signalwort!

3. Unter welchen Bedingungen gehört eine entzündbare Flüssigkeit in die Kategorie 1 und welches Piktogramm, Signalwort und H-Satz erhält das Vorratsgefäß?

●●
1. In welchen Verordnungen werden jeweils die Einstufung und Kennzeichnung, die Abgabe und die Dokumentation bei der Abgabe von Gefahrstoffen geregelt? Für welche Gefahrstoffe ist bei der Abgabe eine Dokumentation vorzunehmen?

2. Wie teilt die GefStoffV Schutzmaßnahmen ein und welche Pflichten haben hier Apothekenleitung und Beschäftigte?

3. Was bedeutet REACH? Beschreiben Sie kurz die wichtigsten Regelungen der REACH-VO.

4. Wie ist ein Apothekenstandgefäß mit Natriumcarbonat zu kennzeichnen?

●●●
1. Was müssen Sie bei der Abgabe von Atropinsulfat (▢Tab. 7.1) hinsichtlich der ChemVerbotsV beachten?

2. Interpretieren Sie die Spalte 10 bei Salzsäure hinsichtlich der Kennzeichnungselemente, die dort für die verschiedenen Konzentrationen angegeben sind (siehe CLP-VO und ▢Tab. 7.1).

3. Welche Gefahrenpiktogramme, welches Signalwort, welche H-, EUH- und P-Sätze sind auf folgendem Abgabegefäß anzugeben:

   a) 5 %ige Wasserstoffperoxidlösung zu Bleichzwecken

   b) 3 %ige Wasserstoffperoxidlösung als Desinfektionsmittel (antiseptisches Mundwasser)?

7

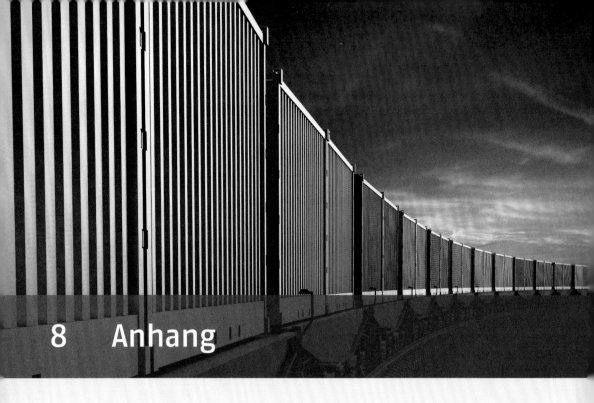

8 Anhang

8.1   Grundlagen der pharmazeutischen und medizinischen Terminologie

Rezepturen durchschauen, Standgefäße erkennen, Abkürzungen chemischer Elemente verstehen, Fachausdrücke für Krankheiten und Diagnosen nicht nur auf Deutsch aussprechen können? Das ist die Aufgabe dieses Kapitels!

In der pharmazeutischen Fachsprache (Nomenklatur) werden seit Jahrhunderten Fachworte verwendet, die zum größten Teil aus dem Lateinischen, aber auch aus dem Griechischen stammen. So werden Rezepturen oft immer noch lateinisch rezeptiert, die Standgefäße und Überschriften von Arzneibüchern sind oft noch lateinisch und die medizinischen Fachausdrücke setzen sich aus lateinischen und griechischen Wortstämmen zusammen.

8.1.1   Lektion 1: Einführung

Mithilfe des folgenden Satzes sollen einführend kurz die wesentlichen für die Fachsprache notwendigen **Grundlagen** wiederholt werden:

> „Die schwarze Holundertinktur schmeckt bitter."

8

Die: Es handelt sich um einen **Artikel.** Der Artikel ändert sich bei Geschlecht, Fall und Zahl. Im Lateinischen gibt es keinen Artikel. Alle drei Informationen sind an der **Endung** des Hauptwortes zu ersehen (z. B. Tinctur**a**).

schwarze: Ein Eigenschaftswort oder **Adjektiv** steht im Deutschen vor, im lateinischen hinter dem Substantiv, und richtet sich in Geschlecht, Fall und Zahl nach seinem Substantiv (z. B. Tinctur**a** composit**a** = die zusammengesetzte Tinktur).

Holundertinktur: Hier sind zwei **Substantive** zusammengesetzt. Zur Übersetzung ins Lateinische müssen zusammengesetzte Substantive umformuliert werden: Die Tinktur des Holunders. Dabei steht „die Tinktur" im Nominativ Singular, „des Holunders" im Genitiv Singular. Im Deutschen ist die Tinktur weiblich (femininum), der Holunder männlich (masculinum), im Lateinischen haben Substantive sehr oft ein anderes Geschlecht als im Deutschen. Im Lateinischen erkennt man **Geschlecht, Fall** und **Zahl** eines Substantivs nur an seiner **Endung!** In der Fachsprache sind (obwohl es im Latein sechs Fälle gibt) nur **Nominativ** und **Genitiv** von Bedeutung.

schmeckt: Im Deutschen als auch im Lateinischen werden **Verben** zur Satzbildung gebraucht. Da die Fachsprache nicht aus Sätzen, sondern aus Fachausdrücken besteht, werden die Verben hier nicht besprochen.

bitter: Ein **Adverb** beschreibt nähere Eigenschaften eines Verbs und darf nicht mit einem Adjektiv verwechselt werden („bitter" kann ja auch Adjektiv sein). In der Fachsprache spielen Adverben eine geringe Rolle.

Geschlecht	Fall	Zahl
Masculinum (männlich)	Nominativ	Singular (Einzahl)
Femininum (weiblich)	Genitiv	Plural (Mehrzahl)
Neutrum (sächlich)	(Akkusativ, Dativ)	

Beispiel: Olivenöl = „das Öl der Oliven": Nominativ Singular neutrum (Öl) und Genitiv Plural femininum (Oliven).

Lateinisch: Ole**um** Oliv**arum**; hierbei sind „Ole" und „Oliv" die **Wortstämme** der Worte für Öl und Olive, „um" und „arum" sind die **Endungen**, an denen man Geschlecht, Fall und Zahl erkennen kann.

Man benötigt in der Fachsprache also eine **Vokabel** (Oleum = das Öl, Oliva = die Olive) und die entsprechenden **Endungen.**

Vokabeln mit gleichen Endungen werden gleich behandelt („dekliniert") und in verschiedenen **Deklinationen** zusammengefasst.

GUT ZU WISSEN

Seit der Einführung des Europäischen Arzneibuchs wurde europaweit eine künstliche Variante der lateinischen Ausdrücke geschaffen, das sogenannte **Neulatein** (Arzneibuchlatein). Während die **Standgefäße** in der Apotheke und ärztliche **Rezepturen** in Vorschriften oft noch im **Altlatein** geschrieben sind, sind die **Überschriften** der Monographien in den Arzneibüchern und dem DAC neben **Deutsch** im **Neulatein** (im HAB Altlatein) formuliert:

Deutsches und Europäisches Arzneibuch	Homöopathisches Arzneibuch	Deutscher Arzneimittel-Codex
DAB, Ph. Eur.	HAB	DAC
Ethanolhaltige Iod-Lösung	Hamamelis virginiana e foliis	Schwarze Senfsamen
Iodi solutio ethanolica	Hamamelis, Folium	Sinapis nigrae semen

Deutsche Rezeptformeln

Beispiel für eine Rezeptur aus den Deutschen Rezeptformeln (DRF):

Rp.

Acidi hydrochlorici diluti 7,0
Tincturae Aurantii 3,0
Sirupi simplicis 20,0
Aquae purificatae ad 200,0

M. D. S. Vor den Mahlzeiten
Einen Messlöffel voll zu nehmen.
Vor dem Gebrauch zu schütteln.

Synonymverzeichnis

Das Synonymverzeichnis ist ein wichtiges Nachschlagewerk in der Apothekenpraxis und dient dazu, altlateinische, neulateinische, deutsche und sonstige Bezeichnungen nachzuschlagen, z. B.

Deutsch	Altlatein	Neulatein	Sonstige Bezeichnung
Natriumsulfat-Decahydrat	Natrium sulfuricum	Natrii sulfas decahydricus	Glaubersalz
Phenobarbital	Acidum phenylaethyl-barbituricum	Phenobarbitalum	Luminal®
Harnstoff	Urea (weiblich)	Ureum (sächlich)	Carbamid

MERKE

Dem Synonymverzeichnis sind auch die Bezeichnungen nach dem Schweizer Arzneibuch (Ph. Helv.) und dem österreichischen Arzneibuch (ÖAB) sowie die Bezeichnung nach § 10 AMG zu entnehmen, sowie der Fundort der Monographie in den verschiedenen Arzneibüchern und dem DAC.

8

8.1.2 Lektion 2: Die a-Deklination

Die Substantive der a-Deklination sind **weiblich** (Feminina)!

Fall	Singular	Plural
Nominativ	Herba	Herbae
Genitiv	Herbae	Herbarum

Latein	Deutsch	Latein	Deutsch
Althaea	der Eibisch	Lana	die Wolle
Amygdala	die Mandel	Liquiritia	das Süßholz
Aqua	das Wasser	Mentha piperita	die Pfefferminze
Aqua purificata	gereinigtes Wasser	Mixtura	die Mixtur
Belladonna	die Tollkirsche	Oculogutta	der Augentropfen
Betula	die Birke	Oliva	die Olive
Calcaria	der Kalk	Oryza	der Reis

Latein	Deutsch	Latein	Deutsch
Capsula	die Kapsel	Pasta	die Paste
Cera	das Wachs	Resina	das Harz
Chamomilla	die Kamille	Rotula	das Plätzchen
Convallaria	das Maiglöckchen	Senna	die Sennapflanze
Essentia	die Essenz	Tela	der Mull
Farfara	der Huflattich	Tilia	die Linde
Formica	die Ameise	Tinctura	die Tinktur
Frangula	der Faulbaum	Urea (auch: Ureum)	der Harnstoff
Gelatina	die Gelatine	Urtica	die Brennnessel
Gutta	der Tropfen	Uva	die Traube
Herba	das Kraut	Valeriana	der Baldrian

MERKE
- Entsprechend ihrer Stammpflanze wird bei der Kamille (altlatein: Chamomilla) im Neulatein das Substantiv Matricaria verwendet.
- Der Harnstoff (im Deutschen männlich) hat im Altlatein (Urea) das weibliche Geschlecht, er ist im Neulatein der Ph. Eur. hingegen sächlich geworden (Ureum).

Beispiele

Deutsch	Altlatein	Neulatein
Tollkirschentinktur	Tinctura Belladonnae	Belladonnae tinctura
Kalkwasser	Aqua Calcariae	Calcariae aqua
Ameisenspiritus	Spiritus Formicarum	Formicae spiritus
Gereinigtes Wasser	Aqua purificata	Aqua purificata

MERKE
Ein Adjektiv richtet sich in der Endung immer nach seinem Substantiv (z. B. weiß = alba, weiblich).

Füllen Sie die Lücken aus

		Matricariae tinctura
Pfefferminzwasser		
	Cera alba purificata	
Rp. Maiglöckchenkraut		Merke! Rp. nur im Altlatein!

Hinweis: Die Lösungen aller Lückentexte dieser Lektionen finden Sie in Kapitel 8.3!

MERKE

Auf die ärztliche Rezept-formel „Rp." = „Recipe!" = „Nimm!" folgt immer der Genitiv:	Beispiele: Rp. Tincturae Chamomillae = Nimm Kamillentinktur Rp. Herbae Urticae = Nimm Brennnesselkraut	Rp. Aqua Menthae piperitae 100,0 Dr. Minze
Rezeptiert wird immer im Altlatein, das Etikett wird im Nominativ geschrieben:	Für Frau Pfeffer Aqua Menthae piperitae 100,0 (nach Anweisung von Dr. Minze einzunehmen) Herba-Apotheke Freiburg	

8

8.1.3 Lektion 3: Die o-Deklination (Teil 1)

Die Substantive mit der Endung **-us** sind **männlich** (Maskulina)!

Fall	Singular	Plural
Nominativ	Sirupus	Sirupi
Genitiv	Sirupi	Siruporum

Latein	Deutsch	Latein	Deutsch
Bulbus	die Zwiebel	Oculus	das Auge
Crataegus	der Weißdorn	Ricinus	der Rizinus
Eucalyptus	der Eucalyptus	Sirupus	der Sirup
Folliculus	die Schote	Strobulus	der Zapfen
Fucus	der Tang	Succus	der Saft
Fungus	der Pilz	Taurus	der Ochse

Latein	Deutsch	Latein	Deutsch
Globus	die Kugel	Thymus	der Thymian
Globulus	das Kügelchen	Ursus	der Bär
Hyoscyamus	das Bilsenkraut		
Lupulus	der Hopfen	Bolus (weiblich!)	der Ton
Medicus	der Arzt	Sambucus (weiblich!)	der Holunder

MERKE

Bolus und Sambucus haben zwar die männliche Endung –us, sind aber **weiblich** (Ausnahmen!) und ihre Adjektive bekommen daher die weiblichen Endungen z. B. Bolus **alba** = der weiße Ton; Sambucus **nigra** = der schwarze Holunder)!

Beispiele

Deutsch	Altlatein	Neulatein
Thymiankraut	Herba Thymi	Thymi herba
Süßholzsaft	Succus Liquiritiae	Liquiritiae succus
Ochsengalle	Fel (= Galle) Tauri	Tauri fel
Hopfenzapfen	Strobuli Lupuli	Lupuli strobulus

Füllen Sie die Lücken aus

Sennesschoten		Sennae fructus
	Herba Hyoscyami	
Rp. schwarzer Holunder		Merke! Rp. nur im Altlatein!
Rp. Eucalyptustinktur		Merke! Rp. nur im Altlatein!

Hinweis: Im Neulatein wurden aus den Sennesschoten die Sennesfrüchte.

MERKE

Parameter	Altlatein	Neulatein
Großschreibung	Alle Substantive Herba Thymi	Nur erstes Substantiv Thymi herba
Kleinschreibung	Nur Adjektive Aqua Menthae piperitae	Alle Worte außer dem ersten Substantiv Menthae piperitae aqua
Zusammengesetzte Begriffe	Nominativ vor Genitiv Tinctura Belladonnae	Genitiv vor Nominativ Belladonnae tinctura
Pflanzen	Plural oder Singular Oleum Olivarum Oleum Ricini	Nur Singular Olivae oleum Ricini oleum
Öle	Immer: Oleum Oleum Carvi	Ätherische Öle: aetheroleum Carvi aetheroleum
Adjektive	Hinter den Substantiven: Tela alba purificata	

8.1.4 Lektion 4: Die o-Deklination (Teil 2)

Die Substantive mit der Endung **-um** sind **sächlich** (Neutra)!

Fall	Singular	Plural
Nominativ	Folium	Folia
Genitiv	Folii	Foliorum

Latein	Deutsch	Latein	Deutsch
Acidum	die Säure	Gossypium	die Baumwolle
Aetheroleum	das ätherische Öl	Infusum	der Aufguss
Amylum	die Stärke	Oculentum	die Augensalbe
Balsamum	der Balsam	Oleum	das Öl
Cetaceum	das Walrat	Paraffinum	das Paraffin
Cellulosum	die Zellwolle	Pericarpium	die Schale
Decoctum	die Abkochung	Saccharum	der Zucker
Emplastrum	das Pflaster	Suppositorium	das Zäpfchen
Extractum	der Extrakt	Unguentum	die Salbe

Latein	Deutsch	Latein	Deutsch
Folium	das Blatt	Vaselinum	die Vaseline
Glycerinum	das Glycerin	Venenum	das Gift
Chemische Elemente			
Argentum	das Silber	Hydrargyrum	das Quecksilber
Aurum	das Gold	Iodum	das Iod
Bismutum	der Wismut	Plumbum	das Blei
Carboneum	der Kohlenstoff	Stannum	das Zinn
Cuprum	das Kupfer	Stibium	das Antimon
Ferrum	das Eisen	Zincum	das Zink
Drogen			
Anisum	der Anis	Hypericum	das Johanniskraut
Aurantium	die Pomeranze	Lamium	die Taubnessel
Capsicum	der Pfeffer	Levisticum	der Liebstöckel
Carvum	der Kümmel	Linum	der Lein
Colchicum	die Herbstzeitlose	Rheum	der Rhabarber
Equisetum	der Schachtelhalm	Solanum	die Kartoffel
Foeniculum	der Fenchel	Triticum	der Weizen

Beispiele

Deutsch	Altlatein	Neulatein
Weizenstärke	Amylum Tritici	Tritici amylum
Fenchelaufguss	Infusum Foeniculi	Foeniculi infusum
weißer Zucker	Saccharum album	Saccharum album
Anisöl	Oleum Anisi	Anisi aetheroleum

MERKE
Im Altlatein heißen alle Öle „Oleum", im Neulatein werden die fetten Öle mit „Oleum" und die ätherischen Öle (Anis, Fenchel, Kümmel, Thymian usw.) mit „aetheroleum" bezeichnet!

Füllen Sie die Lücken aus

	Lamium album	
Gereinigtes Glycerin		
		Carvi aetheroleum
	Oleum Lini	
Rp. Rhabarberextrakt		Merke! Rp. nur im Altlatein!
Birkenblätter		
		Equiseti decoctum
	Pericarpium Aurantii	
Kartoffelstärke		

8.1.5 Lektion 5: Adjektive (a- und o-Deklination)

Die Endungen der Adjektive richten sich in Geschlecht, Fall und Zahl immer nach ihren Substantiven!

Sirupus albus	Cera alba	Vaselinum album
Rp. Sirupi albi	Rp. Cerae albae	Rp. Vaselini albi

Latein	Deutsch	Latein	Deutsch
acidus, acida, acidum	sauer	ponderosus	schwer
adhaesivus, –a, –um	haftend	praecipitatus	gefällt
albus	weiß	pulveratus	gepulvert
amarus	bitter	purificatus	gereinigt
analgeticus	schmerzstillend	purus	rein
anhydricus	wasserfrei	purissimus	sehr rein
compositus	zusammen gesetzt	reductus	reduziert
concisus	zerschnitten	saponatus	seifig
contusus	zerstoßen	sedativus	beruhigend
depuratus	gereinigt	siccatus	getrocknet
dilutus	verdünnt	siccus	trocken

8

Latein	Deutsch	Latein	Deutsch
diureticus	harntreibend	solidus	fest
durus	hart	solutus	gelöst
flavus	gelb	subliquidus	dickflüssig
hydricus	wasserhaltig	suillus	vom Schwein stammend
liquidus	flüssig	titratus	eingestellt
medicatus	medizinisch	totus	ganz
normatus	eingestellt	ustus	gebrannt
oxidatus	oxidiert	! niger, nigra, nigrum	schwarz
perliquidus	dünnflüssig	! ruber, rubra, rubrum	rot

MERKE
Die Adjektive „niger" und „ruber" enden im Nominativ Singular masculinum nicht auf –us, sondern auf –er. Alle anderen Endungen leiten sich normal von den Wortstämmen „nigr" und „rubr" ab.

Beispiele

Deutsch	Altlatein	Neulatein
Heftpflaster	Emplastra adhaesiva	Emplastra adhaesiva
Zerstoßenes Brennnesselkraut	Herba Urticae contusa	Urticae herba contusa
Zusammengesetzte bittere Tinktur	Tinctura amara composita	Tinctura amara composita
Weißer Ton	Bolus alba	Kaolinum ponderosum

MERKE
Bolus alba heißt im Arzneibuch Kaolinum ponderosum.

Füllen Sie die Lücken aus

Gereinigtes Fenchelöl		
	Amylum Solani pulveratum	
Rp. Dickflüssiges Paraffin		Merke! Rp. nur im Altlatein!
		Bolus rubra
		Hydrargyri unguentum
	Folia Betulae concisa	

Schreiben Sie die Etiketten zu den beiden Rezepturen im Nominativ!

Rp. Extracti Rhei siccati 20,0 Sacchari albi 30,0		Rp. Decocti Frangulae 50,0	
Dr. Minze	Herba Apotheke Freiburg	Dr. Minze	Herba Apotheke Freiburg

8.1.6 Lektion 6: Die i-Deklination

Die Substantive dieser Deklination sind Maskulina, Feminina oder Neutra mit verschiedenen Endungen, die sich vom Genitiv Singular ableiten.

Masculina

Fall	Singular	Plural
Nominativ	Flos	Flores
Genitiv	Floris	Flor(i)um

Latein	Deutsch	Latein	Deutsch
Adeps, Adipis	das Wachs, Fett	Pulvis, Pulveris	das Pulver
Aether, Aetheris	der Ether	Sapo, Saponis	die Seife
Alcohol, Alcoholis	der Alkohol	Carbonas	das Carbonat
Carbo, Carbonis	die Kohle	Hydrogenocarbonas	das Hydrogen carbonat
Cortex, Corticis	die Rinde	Lactas	das Lactat
Flos, Floris	die Blüte	Nitras	das Nitrat
Infans, Infantis	das Kind	Nitris	das Nitrit

8

Latein	Deutsch	Latein	Deutsch
Lichen, Lichenis	das Moos	Sulfas	das Sulfat
Liquor, Liquoris	die Flüssigkeit	Tartras	das Tartrat

Feminina

Fall	Singular	Plural
Nominativ	Emulsio	Emulsiones
Genitiv	Emulsionis	Emulsion(i)um

Latein	Deutsch	Latein	Deutsch
Arachis, Arachidis	die Erdnuss	Mays, Maydis	der Mais
Dosis, Dosis	die Dosis	Mucilago, Mucilaginis	der Schleim
Digitalis, Digitalis	der Fingerhut	Pars, Partis	der Teil
Emulsio, Emulsionis	die Emulsion	Radix, Radicis	die Wurzel
Faex, Faecis	die Hefe	Solutio, Solutionis	die Lösung
Hirudo, Hirudinis	der Blutegel	Suspensio, Suspensionis	die Suspension
Lanugo, Lanuginis	die Watte	Trituratio, Triturationis	die Verreibung
Lotio, Lotionis	die Lotion	Tussis, Tussis	der Husten

Neutra

Fall	Singular	Plural
Nominativ	Semen	Semina
Genitiv	Seminis	Semin(i)um

Latein	Deutsch	Latein	Deutsch
Alumen, Aluminis	das Alaun	Rhizoma, Rhizomatis	der Wurzelstock
Animal, Animalis	das Tier	Sal, Salis	das Salz
Corpus, Corporis	der Körper	Semen, Seminis	der Samen
Fel, Fellis	die Galle	Sulfur, Sulfuris	der Schwefel

Latein	Deutsch	Latein	Deutsch
Jecur, Jecoris	die Leber	Tuber, Tuberis	die Knolle
Lac, Lactis	die Milch	Papaver, Papaveris	der Mohn
Mel, Mellis	der Honig	Piper, Piperis	der Pfeffer
Os, Oris	der Mund	Zingiber, Zingiberis	der Ingwer

Beispiele

Deutsch	Altlatein	Neulatein
Wasserfreies Wollwachs	Adeps Lanae anhydricus	Adeps lanae anhydricus
Faulbaumrinde	Cortex Frangulae	Frangulae cortex
Rp. Medizinische Seife	Rp. Saponis medicati	Merke! Rp. nur im Altlatein!
Wollwachsalkohole	Alcoholes Lanae	Alcoholes adipis lanae
Wollwachsalkoholsalbe	Unguentum Alcoholum Lanae	Lanae alcoholum unguentum
Isländisches Moos	Lichen islandicus	Lichen islandicus
Schweineschmalz	Adeps suillus	Adeps suillus
Chinarinde	Cortex Chinae	Cinchonae cortex
Silbernitrat	Argentum nitricum	Argenti nitras
Natriumnitrit	Natrium nitrosum	Natrii nitris
Glaubersalz ($Na_2SO_4 \cdot 10\ H_2O$)	Natrium sulfuricum	Natrii sulfas decahydricus
Harntreibender Tee	Species diureticae	Species diureticae
feinverteilter Schwefel	Sulfur praecipitatum	Sulfur dispersissimum
Milchzucker	Saccharum Lactis	Lactosum

8

MERKE

Species (fem.) = Tee, Teemischung: wird immer im Plural gebraucht.
Wasserhaltige Salben sind galenisch gesehen keine Salben, sondern Cremes. Daher hat das DAB die deutschen Bezeichnungen 2016 angepasst, wobei die lateinischen Bezeichnungen weiterhin gültig sind: Kühlcreme DAB, Anionische hydrophile Creme DAB, Wollwachsalkoholcreme DAB.

Füllen Sie die Lücken aus

Zusammengesetztes Süßholz-pulver		
		Kalii sulfas
	Calcium lacticum	
Getrockneter Hefeextrakt		
	Rp. Fellis Tauri	Merke! Rp. nur im Altlatein!
Geschnittene Fingerhutblätter		
		Belladonnae folium
Wollwachsalkoholcreme DAB (früher: Wasserhaltige Woll-wachsalkoholsalbe DAB)		
		Mel depuratum
	Rp. Radicis Rhei	Merke! Rp. nur im Altlatein!
Kamillenblüten		
	Oleum Jecoris	
		Lini semen totum

8.1.7 Lektion 7: Adjektive (i-Deklination)

Fall	masculinum	femininum	neutrum
Nominativ Singular	simplex, laxans	simplex, laxans	simplex, laxans
Genitiv Singular	simplicis, laxantis	simplicis, laxantis	simplicis, laxantis
Nominativ Plural	simplices, laxantes	simplices, laxantes	simplicia, laxantia
Genitiv Plural	simplicium, laxantium	simplicium, laxantium	simplicium, laxantium

Latein	Deutsch	Latein	Deutsch
absorbens	aufsaugend	fumans	rauchend
adstringens	zusammenziehend	laxans	abführend
conservans	konservierend	leniens	kühlend
duplex	doppelt	roborans	stärkend
emuslificans	emulgierend	simplex	einfach
expectorans	auswurffördernd	solvens	lösend
exsiccans	austrocknend	triplex	dreifach

Fall	masculinum	femininum	neutrum
Nominativ Singular	fortis	fortis	forte
Genitiv Singular	fortis	fortis	fortis
Nominativ Plural	fortes	fortes	fortia
Genitiv Plural	fortium	fortium	fortium

8

Latein	Deutsch	Latein	Deutsch
aequalis	gleich	mollis	weich
artificialis	künstlich	nasalis	zur Nase gehörend
colloidalis	kolloidal	officinalis	offizinell
crinalis	zum Haar gehörend	pectoralis	zur Brust gehörend
dulcis	süß	similis	gleich
fortis	stark	solubilis	löslich
gravis	schwer	subtilis	fein
letalis	tödlich	sterilis	keimfrei
levis	leicht	talis	solche
medicinalis	medizinisch	vaginalis	zur Scheide gehörend
mitis	schwach	vulgaris	normal

Beispiele

Deutsch	Altlatein	Neulatein
Weiche Salbe	Unguentum molle	Unguentum molle
Sterile Verbandswatte aus Viskose	Lanugo Cellulosi absorbens sterilis	Lanugo cellulosi absorbens sterilis
Rp. Konservierendes Wasser	Rp. Aquae conservantis	Merke! Rp. nur im Altlatein!
leichtes Magnesium-oxid	Magnesium oxidatum leve	Magnesii oxidum leve

Füllen Sie die Lücken aus

		Foeniculi fructus dulcis
Einfache Augensalbe		
	Lanugo Gossypii absorbens	
		Unguentum leniens
	Oleum nasale mite	
Anionische hydrophile Creme DAB (früher: Wasserhaltige hydrophile Salbe DAB)		

8.1.8 Lektion 8: Latein und Griechisch

Latein	Griechisch	Deutsch	Beispiel
contra	anti	gegen	Antidot
niger	melas	schwarz	Melanom
ruber	erythros	rot	Erythrozyten
albus	leukos	weiß	Leukozyten
luteus (flavus)	xanthos	gelb	Flavonoide
viridis	chloros	grün	Chlorophyll

Latein	Griechisch	Deutsch	Beispiel
caeruleus	kyaneos	blau	Cyanose
gravis	barys	schwer	Gravidität
similis	homöon	ähnlich	Homöopathie
Os	Osteon	Knochen	Osteoporose
Nasus	Rhinos	Nase	Rhinologika
Oculus	Ophtalmos	Auge	Ophtalmika
Cranium	Enkephalos	Gehirn	Encephalitis
Cor	Kardia	Herz	Kardiologie
Stomachus	Gaster	Magen	Gastritis
Ren	Nephros	Niere	renale Ausscheidung
Pulmo	Pneumon	Lunge	Pneumonie
Articulatio	Arthron	Gelenk	Arthrose
Fungus	Mykes	Pilz	Antimykotika
Vermis	Helmins	Wurm	Anthelmintika
Cellula	Kytos	Zelle	Zytoplasma
Folium	Phyllon	Blatt	Chlorophyll
Flos	Anthos	Blüte	Anthocyane
Uva	Staphyle	Traube	Staphylokokken
Vita	Bios	Leben	Biologie
Somnus	Hypnos	Schlaf	Hypnose

Latein	Griechisch	Deutsch	Beispiel
Morbus	Pathos	Krankheit	pathologisch
Medicus	Iater	Arzt	Psychiater
Natrium	Sodium	Na	Soda
Kalium	Potassium	K	Pottasche
Hydrargyrum	Mercurius	Hg	Mercurius D 12 Globuli

8.1.9 Lektion 9: Nomenklatur wichtiger Stoffe

Trivial-name	Formel	Deutsch	Altlatein	Neulatein (DAB, Ph. Eur)
	$Na_2SO_3 \cdot 7\,H_2O$	Natriumsulfit-Heptahydrat	Natrium sulfu-rosum	Natrii sulfis heptahydricus
	Na_2SO_4	wasserfreies Natriumsulfat	Natrium sulfu-ricum siccatum	Natrii sulfas anhydricus
Glauber-salz	$Na_2SO_4 \cdot 10\,H_2O$	Natriumsulfat-Decahydrat	Natrium sulfu-ricum	Natrii sulfas decahydricus
Bitter-salz	$MgSO_4 \cdot 7\,H_2O$	Magnesiumsulfat	Magnesium sulfuricum	Magnesii sulfas
	$Na_2CO_3 \cdot H_2O$	Natriumcarbonat-Monohydrat	Natrium carbo-nicum siccatum	Natrii carbonas monohydricus
Soda	$Na_2CO_3 \cdot 10\,H_2O$	Natriumcarbonat-Decahydrat	Natrium carbo-nicum	Natrii carbonas decahydricus
Natron	$NaHCO_3$	Natriumhydro-gencarbonat	Natrium bicar-bonicum	Natrii hydro-genocarbonas
Pott-asche	K_2CO_3	Kaliumcarbonat	Kalium carbo-nicum	Kalii carbonas
Hirsch-hornsalz	$(NH_4)_2CO_3$	Ammonium-carbonat	Ammonium carbonicum	Ammonii car-bonas
Borax	$Na_2B_4O_7 \cdot 10\,H_2O$	Natriumtetraborat	Natrium tetra-boricum	Borax
Kochsalz	$NaCl$	Natriumchlorid	Natrium chlora-tum	Natrii chlori-dum

MERKE

an–	ohne	hexa–	sechs
hemi–	halb	hepta–	sieben
mono–	ein	octa–	acht
di–	zwei	nona–	neun
tri–	drei	deca–	zehn
tetra–	vier	undeca–	elf
penta–	fünf	dodeca–	zwölf

8.1.10 Lektion 10: Wichtige pharmazeutische Ausdrücke

Ausdruck	Erklärung	Hinweise, Beispiele
Aa (ana)	zu gleichen Teilen	Coffeinum, Paracetamolum aa 0,5 g
aa ad	zu gleichen Teilen auffüllen bis	Coffeinum, Paracetamolum aa ad 1,0 g
ad	auffüllen bis	Sacharum Lactis ad 10,0 g
ad hoc	für den Augenblick	schnell, zügig, spontan
ad man. med.	zu Händen des Arztes	z. B. Injektionslösungen
ante	vor (auch: prä)	ante cenam (a. c.) vor dem Essen
aut idem	oder das Gleiche	Substitution
aut simile	oder etwas Ähnliches	Substitution, Homöopathie
c. Aqua	mit Wasser	cum = mit
Cave!	Vorsicht!	Warnhinweis
cito	schnell	mit Beeilung
contra	gegen	Kontrazeptivum
D12 dil.	Verdünnung 12. Dezimalpotenz	Homöopathische flüssige Verdünnung
D. t. dos. Nr. V	5 solche Mengen sollen gegeben werden	Dispensiermethode bei einzeldosierten Arzneiformen
de facto	in der Tat	tatsächlich, echt
Div. i. part. aeq. Nr. X	Teile in 10 gleiche Teile	Dividiermethode, Gesamtmenge ist verordnet und wird geteilt
ergo	also	demzufolge
ex Faustibus	aus dem Stegreif	schnell, nicht so genau
hyper	über, zu viel	Hypertonie
hypo	unter, zu wenig	Hypocalciämie
in memoriam	im Gedächtnis	in Erinnerung an
Lege Artis	nach den Regeln der Kunst	ganz korrekt, genau

8

Ausdruck	Erklärung	Hinweise, Beispiele
M. D. S.	Mische! Gib! Bezeichne!	Rezepturanweisung des Arztes (Misce! Da! Signa!)
M. f. p.	Mische, damit ein Pulver entsteht	Misce fiat pulvis (ein Pulver soll entstehen)
noctu	in der Nacht	für Nacht- und Notdienst
obsolet	veraltet	nicht ganz modern, veraltet (z. B. Pillen)
offizinell	den Regeln entsprechend	ganz genau, in der Offizin
Omnibus	für alles, für alle	Sammelsurium für alles Mögliche
post	nach	post cenam (p. c.) = nach dem Essen
pro	für	pro infantibus = für Kinder
Repetitorium	Wiederholung	kurze Wiederholungsfragen
s. Confectione	ohne Originalverpackung	sine = ohne
Vademecum	Geh mit mir	pharmazeutischer Ratgeber

8.2   Lösungen zu den Repetitorien

8.2.1 Repetitorium 1: Grundbegriffe, Gesundheitswesen und pharmazeutische Organisationen

● leicht ●● mittel ●●● schwer

●   1. Gesetze werden vom Bundestag oder von den Länderparlamenten (z. B. Landtag) mehrheitlich verabschiedet und regeln die allgemeinen Rahmenbedingungen. In Gesetzen werden zuständige Minister ermächtigt, genauere Einzelheiten in Verordnungen zu regeln. Daher können Verordnungen schneller und aktueller sein (◻Tab. 1.2). Gesetze und Verordnungen, die die Bundesländer betreffen, bedürfen der Zustimmung des Bundesrats. Beispiele für Gesetze und Verordnungen sind in diesem Buch viele zu finden (Betäubungsmittelgesetz, Betäubungsmittel-Verschreibungsverordnung, Arzneimittelgesetz, Arzneimittelpreisverordnung, Gesetz über den Beruf des PTA, Ausbildungs- und Prüfungsverordnung für PTA usw.).

2. In föderalistischen Bundesstaaten existiert eine konkurrierende Gesetzgebung, da sowohl der Bundesstaat als auch die einzelnen Bundesländer Gesetze und Verordnungen erlassen können. In Zweifelsfällen steht das Bundesrecht immer über dem Länderrecht.

3. Die oberste Landesbehörde ist je nach Bundesland unterschiedlich organisiert (◻Tab. 2.1). Nach jeder Regierungsumbildung kann sich der Zuschnitt des Ministeriums ändern!

4. ZL = Zentrallaboratorium Deutscher Apotheker, DAPI = Deutsches Arzneiprüfungsinstitut, DAC = Deutscher Arzneimittel-Codex (Ergänzungsbuch der ABDA zum Arzneibuch), DAZ = Deutsche Apotheker Zeitung, BGW = Berufsgenossenschaft für Gesundheitsdienst und Wohlfahrtspflege.

●● 1. Die Landesapothekerkammer ist eine Körperschaft des öffentlichen Rechts und vertritt die beruflichen Interessen des Apothekerstandes (auch die der PTAs und der PKAs). In den Apothekerkammern sind alle Apotheker Mitglieder und unterliegen auch deren Berufsgerichtsbarkeit. Die Apothekerverbände dagegen sind eingetragene Vereine mit freiwilliger Mitgliedschaft und kümmern sich vor allem um die wirtschaftlichen Interessen der Apotheker.

2. Die Berichtsbögen (○Abb. 2.2, ○Abb. 2.3) erleichtern den Apotheken die Meldung von Beanstandungen bei Arzneimitteln sowie von Verdacht auf Missbrauch. Die Arzneimittelkommission der Deutschen Apotheker (AMK) wertet diese Berichtsbogen aus und leitet gegebenenfalls weitere Schritte ein.

3. Pharmaziestudierende sind über ihre Fachschaften an den Universitäten im Bundesverband der Pharmaziestudierenden in Deutschland (BPhD), früher Fachverband Pharmazie (FVP), zusammengeschlossen. Die europäischen Fachverbände sind in der EPSA organisiert, die weltweite Organisation der Pharmaziestudierenden ist der IPSF.

4. In der Arztpraxis müssen ausgefüllt werden (○Abb. 2.4, ▸Kap. 2.2.3): Angaben zum Patienten, zur Versicherung, Gebührenpflicht, Datum (kann gegebenenfalls in der Apotheke ergänzt werden), verschriebene Arzneimittel (eventuell zur Substitution nicht freigegeben); Name, Berufsbezeichnung, Anschrift und Telefonnummer des Arztes und dessen eigenhändige Unterschrift. In der Apotheke müssen maschinenlesbar eingefügt werden (○Abb. 2.4): Pharmazentralnummern (○Abb. 4.7) der verschriebenen Arzneimittel (Rezepturen bekommen immer die PZN 09999011), Packungsgröße (N1, N2, N3), Preise der Arzneimittel, Summe der Preise, Zuzahlung des Patienten, Apothekennummer, Name und Anschrift der Apotheke, Datum der Abgabe. Außerdem verlangt die Apothekenbetriebsordnung (▸Kap. 4.3.1) das Namenszeichen des Abgebenden (Apotheker, Apothekerassistent, Pharmazieingenieur oder abzeichnungsbefugte PTA).

●● 5. Das Paul-Ehrlich-Institut ist z. B. zuständig für die Prüfung und Zulassung von Sera, Impfstoffen und Blutprodukten (▸Kap. 5.1.4), das Bundesamt für Verbraucherschutz und Lebensmittelsicherheit lässt u. a. Tierarzneimittel zu (▸Kap. 5.1.4). Der G-BA ist der gemeinsame Bundesausschuss, der die rechtlichen Beziehungen zwischen den gesetzlichen Krankenkassen und Ärzten, Zahnärzten, Krankenhäusern und Apotheken festlegt. Das Deutsche Institut für medizinische Dokumentation und Information unterhält zahlreiche Datenbanken im medizinisch/pharmazeutischen Bereich.

●●● 1. Zurzeit hat die Europäische Union (nach dem Austritt Großbritanniens) 27 Mitgliedstaaten (◻Tab. 1.1). Zusammen mit Island, Norwegen und Liechtenstein ergeben sich die 30 Staaten des Europäischen Wirtschaftsraums (EWR).

2. Das Bundesinstitut für Arzneimittel und Medizinprodukte (BfArM, Bonn) ist als Nachfolgebehörde des BGA u. a. für die Zulassung von Arzneimitteln und die Überwachung des Betäubungsmittelverkehrs zuständig sein. Die EMA (European Medicines Agency, früher EMEA) in Amsterdam (vormals London) ist zuständig für wissenschaftliche Beurteilung und den organisatorischen Ablauf der zentralen europaweiten Zulassung durch die EU-Kommission. Die Weltgesundheitsorganisation (WHO, World Health Organization) in Genf ist eine Organisation der Vereinten Nationen (UN) und ist unter anderem zuständig für weltweite Krankheitsstatistiken und Empfehlung von Impfstoffzusammensetzungen (z. B. gegen Influenza).

3. Beispiele für standeswidriges Verhalten eines Apothekers (und natürlich auch seiner Angestellten!) finden Sie in der Berufsordnung Ihrer Landesapothekerkammer (▸Kap. 2.2.1): Verzicht auf Zuzahlungen, Weitergabe von Kundenanschriften zum Zwecke der Werbung in Verbindung mit Vorteilen für die eigene Apotheke, kostenlose Abgabe von Arzneimitteln, Gewährung von Rabatten für verschreibungspflichtige Arzneimittel und kostenloses Durchführen von Untersuchungen.

8.2.2 Repetitorium 2: Apotheker

● leicht ●● mittel ●●● schwer

● 1. Das Edikt von Salerno (Friedrich II, ○Abb. 3.2) schuf vor über 750 Jahren den Beruf des Apothekers, indem Arzt und Apotheker genaue Tätigkeitsbereiche zugeordnet wurden. Bis dahin übten Ärzte wie Galen oder Paracelsus die Herstellung und Abgabe von Arzneimitteln im Rahmen der ärztlichen Tätigkeit mit aus. Das Jahr 1241 gilt als das Geburtsjahr des Apothekerberufes (andere Quellen wie z. B. das Deutsche Apotheken-Museum in Heidelberg sehen bereits im Edikt von Melfi durch Friedrich II. für das Königreich Sizilien im Jahre 1231 den Grundstein des Apothekerberufes).

2. Bundesapothekerordnung (Gesetz) und Approbationsordnung für Apotheker (Verordnung, ▸Kap. 3.1).

3. Es werden im zweiten Prüfungsabschnitt fünf Fächer mündlich geprüft: Pharmazeutische Chemie, Pharmazeutische Biologie, Arzneiformenlehre, Pharmakologie und Toxikologie, Klinische Pharmazie (□Tab. 3.3).

●● 1. Vier Semester Studium (integriert ist eine zweimonatige Famulatur vor dem Ersten Staatsexamen in einer Apotheke), Erster Abschnitt der Pharmazeutischen Prüfung mit vier Prüfungsfächern, vier Semester Studium, Zweiter Abschnitt der Pharmazeutischen Prüfung mit fünf Prüfungsfächern. Danach ein Jahr Pharmazeut im Praktikum (Pharmaziepraktikant), dem der Dritte Abschnitt der Pharmazeutischen Prüfung mit zwei Prüfungsfächern folgt (▸Kap. 3.1.2).

2. Ein Pharmaziepraktikant (Pharmazeut im Praktikum, PhiP) hat die universitäre Ausbildung abgeschlossen und leistet ein einjähriges Praktikum in einer öffentlichen Apotheke, in einer Krankenhausapotheke, in der Industrie oder in anderen zugelassenen pharmazeutischen Einrichtungen ab (§4 Approbationsordnung für Apotheker, Kap. 3.1.2). Mindestens die Hälfte dieser praktischen Ausbildung muss in einer öffentlichen Apotheke abgeleistet werden; hier gehört der PhiP zum pharmazeutischen Personal und arbeitet unter Aufsicht des Apothekers.

●●● 1. Bei der früheren Apothekerausbildung waren Studium und Apothekenpraxis etwa gleich verteilt. Es gab ein zweijähriges Praktikum vor und ein einjähriges Praktikum nach der universitären Ausbildung, die sechs Semester dauerte. In einem einzigen Staatsexamen wurde der zukünftige Apotheker geprüft. Heute überwiegt eindeutig die universitäre Ausbildung und das Staatsexamen ist in drei Abschnitte gegliedert (□Tab. 3.2).

8

8.2.3 Repetitorium 3: PTA

● leicht ●● mittel ●●● schwer

● 1. „Apothekenpraxis" gehört zu den praktischen Fächern, schließt die praktische Ausbildung in der Apotheke ein und beinhaltet die EDV. Als einziges Fach wird es mündlich im zweiten Prüfungsabschnitt nach der praktischen Ausbildung in der Apotheke geprüft (Anlage 1 Teil B PTA-APrV).

2. Der PTA ist ein technischer Assistentenberuf zur Unterstützung des Apothekers. Pharmazeutisch-technische Assistenten üben pharmazeutische Tätigkeiten unter Aufsicht des Apothekers aus (vor allem Herstellung, Prüfung und Abgabe von Arzneimitteln und apothekenpflichtigen Medizinprodukten). Nach der Apothekenbetriebsordnung (▸Kap. 4.3.1) kann ein PTA vom Apothekenleiter die Abzeichnungsbefugnis für Rezepte erhalten, trotzdem muss jedes Rezept dem Apotheker vorgezeigt werden.

●● 1. Bei der zuständigen Behörde müssen vorgelegt werden: Gesundheitszeugnis über Eignung zum Beruf, polizeiliches Führungszeugnis und Abschlusszeugnis der PTA-Lehranstalt (Anlage 7 PTA-APrV, ▢Tab. 3.4). Zudem kann die Behörde ausreichende Sprachnachweise verlangen.

2. Das Praktikum in einer Apotheke muss von den PTA-Schüler/innen während der schulischen Ausbildung in den Schulferien abgeleistet werden (insgesamt vier Wochen, PKAs sind befreit). Die praktische Ausbildung in einer Apotheke dauert sechs Monate und kann erst nach Bestehen des ersten Prüfungsabschnitts begonnen werden. Die Ausbildungsdauer kann nicht verkürzt werden und es muss ein Arbeitstagebuch geführt werden. Der Apothekenleiter muss für Praktikum und praktische Ausbildung eine Bescheinigung ausstellen (Anlagen 3 und 4 PTA-APrV).

3. Die Anforderungen an das Tagebuch werden in § 1,4 PTA-APrV festgelegt: Es sind die Herstellung und Prüfung von jeweils vier Arzneimitteln sowie zwei weitere Gebiete der praktischen Ausbildung zu beschreiben. Dieses Arbeitstagebuch ist Voraussetzung zur Zulassung zum 2. Prüfungsabschnitt (§ 4,3 Punkt 3 B der PTA-APrV).

●●● 1. Die Gesamtnote ist eine ganze Note, der Zahlenwert wird in Klammern angegeben (Anlage 7 PTA-APrV). Sie errechnet sich aus den Durchschnittsnoten des schriftlichen, mündlichen und praktischen Teils der Prüfung sowie der Note im Fach Apothekenpraxis (▢Tab. 3.7).

8.2.4 Repetitorium 4: Pharmazeutische Berufe

● leicht ●● mittel ●●● schwer

● 1. Der Pharmazieingenieur aus der ehemaligen DDR ist dem Apothekerassistenten gleichgestellt worden. Er kann Nacht- und Notdienste übernehmen und ist für höchstens vier Wochen im Jahr zur Vertretung des Apothekenleiters berechtigt (▶Kap. 3.3). Der Pharmazieingenieur arbeitet wie der Apothekerassistent unter der Verantwortung des Apothekers.

2. Die Ausbildung des Apothekenhelfers im dualen System (Apotheke und Berufsschule) dauerte zwei Jahre. Die Ausbildung zum Pharmazeutisch-kaufmännischen Angestellten (PKA) dauert drei Jahre, ebenfalls im dualen System (▶Kap. 3.3).

●● 1. Es ist zu unterscheiden zwischen dem pharmazeutischen Personal und dem Hilfspersonal (nichtpharmazeutisches Personal) in Apotheken. Das pharmazeutische Personal arbeitet entsprechend der jeweiligen Ausbildung eigenverantwortlich, unter Verantwortung des Apothekers oder unter Aufsicht des Apothekers (◻Tab. 3.1).

2. Apothekerassistent (Vorexaminierter, siehe Frage 1 schwer); Pharmazieingenieur, Apothekenassistent, Pharmazeutischer Assistent, Apothekenfacharbeiter (Berufe aus der ehemaligen DDR, ▶Kap. 3.3). Der Apothekenhelfer ist durch den PKA abgelöst worden. In Zukunft wird sich die Belegschaft einer Apotheke also nur zusammensetzen aus Apothekern, PTAs und PKAs und den entsprechenden Ausbildungsberufen.

3. Die vollständige Antwort ermitteln Sie bitte durch Kombination der Antworten aus den Fragen 1 leicht, 2 mittel und 1 schwer!

●●● 1. Ein Vorexaminierter (Apothekerassistent) hatte nach der früher gültigen Approbationsordnung für Apotheker nach zwei Jahren Apothekenpraktikum das Pharmazeutische Vorexamen abgelegt, welches ihn zusammen mit seinen Abiturnoten zum Pharmaziestudium berechtigte. Vorexaminierte haben die damals auf das Vorexamen folgende universitäre Ausbildung zum Apotheker nicht abgeschlossen oder gar nicht begonnen (▶Kap. 3.3).

8

8.2.5 Repetitorium 5: Tarifvertrag

● leicht ●● mittel ●●● schwer

●

1. Arbeitgeberverband Deutscher Apotheken (ADA) und ADEXA, ○Abb. 3.5. Der Name ADEXA hat den BVA ersetzt, ist ein Kunstwort, erfunden von einer Werbeagentur, und soll nach Apotheke und weiblich klingen.

2. Dieser Sonderurlaub steht bei gegebenem Anlass allen Mitarbeitern zu. Beispiele: Geburt eines Kindes (Vater), Tod der Eltern, Hochzeit, Arztbesuch.

3. Nicht nur Apothekern, sondern dem gesamten pharmazeutischen Personal steht nach dem Tarifvertrag Bildungsurlaub zu; sie können innerhalb von zwei Jahren sechs Werktage bezahlten Bildungsurlaub beanspruchen (Bildungsurlaub, ▸Kap. 3.4).

4. Das Strafgesetzbuch führt in § 203,1 (▸Kap. 3.5) zwei Arten von Geheimnissen auf: fremde Geheimnisse, die zum persönlichen Lebensbereich gehören (z. B. die Krebserkrankung eines Patienten oder ein positiver Schwangerschaftstest) und Betriebs- oder Geschäftsgeheimnisse (z. B. Umsatzzahlen der Apotheke). Wichtig hierbei ist, dass nicht nur Apotheker sondern auch „ihre berufsmäßig tätigen Gehilfen" (auch in Ausbildung!) zur Verschwiegenheit verpflichtet sind (§ 203,3 StGB, ▸Kap. 3.5).

●●

1. Da der Samstag in den Apotheken ein normaler Arbeitstag ist, benötigt die PTA für zwei Wochen Urlaub 12 Urlaubstage. Auch der oft übliche freie Mittwochnachmittag geht wie der halbe Samstag als ganzer Urlaubstag in die Berechnung ein (Erholungsurlaub, ▸Kap. 3.4).

2. Tarifvertraglich ein Monatsgehalt für alle Apothekenmitarbeiter, die im Jahr der Auszahlung zwölf Monate beschäftigt waren. Der Apothekeninhaber legt den Zeitpunkt und eine eventuelle Kürzung um 50 % aus wirtschaftlichen Gründen fest (§ 18 BRTV, ▸Kap. 3.4).

3. Die tariflich festgelegte 40-Stunden-Woche für Vollzeitangestellte kann einvernehmlich zwischen 29 und 48 Wochenstunden flexibilisiert werden. Bei Teilzeitbeschäftigten wurde die Spanne zwischen 75 % und 130 % der vereinbarten Arbeitszeit gelegt. Innerhalb eines Kalenderjahres soll das Konto ausgeglichen werden.

4. Beide befinden sich in Ausbildung und fallen daher unter § 16 des Tarifvertrags: Freistellung an Prüfungstagen und dem Tag vor der Prüfung sowie den begleitenden Unterrichtsveranstaltungen für Pharmaziepraktikanten. Die Sonderzahlung steht nur einem Pharmaziepraktikanten zu, der länger als sechs Monate in der gleichen Apotheke ausgebildet wurde.

●●● 1. Prinzipiell dauert die Probezeit drei Monate, kann aber auf sechs Monate verlängert werden. Für die Kündigung gilt der §19 des Tarifvertrags (ein Monat zum Monatsende) und für den Arbeitgeber zusätzlich §622 BGB (Kündigung, ▸Kap. 3.4).

2. Der Apothekenbetreiber einer Apotheke oder eines Filialverbunds handelt nach §38 BDSG (▸Kap. 3.6) ordnungswidrig (Geldbuße bis zu 25 000 €), wenn er vorsätzlich oder fahrlässig keinen Datenschutzbeauftragten bestellt. Nur Apothekenbetreiber mit weniger als 20 Personen, die mit der Erhebung, Verarbeitung und Nutzung von personenbezogenen Daten beschäftigt sind, sind von dieser Verpflichtung freigestellt. Im Prinzip sind alle (auch stundenweise) Mitarbeiter, außer dem Reinigungspersonal, einer Apotheke betroffen, denn nach Auffassung der ABDA zählt z. B. die Speicherung von Daten beim Kauf von Arzneimitteln oder anderen Mitteln durch ein EDV-gestütztes Kassensystem dazu.

8.2.6 Repetitorium 6: Apothekengesetz

8

● leicht ●● mittel ●●● schwer

● 1. Eine Krankenhausapotheke wird von einem Krankenhausträger betrieben und durch einen angestellten Apotheker geleitet. Eine Krankenhausapotheke versorgt ein oder mehrere Krankenhäuser und ist keine öffentliche Apotheke, die Anforderungen bezüglich der vorgeschriebenen Räume gehen über die Anforderungen an eine öffentliche Apotheke hinaus (◻Tab. 4.14). Die krankenhausversorgende Apotheke dagegen ist eine öffentliche Apotheke, die auf Grund von Lieferverträgen ein oder mehrere Krankenhäuser zusätzlich versorgt. Weitere Unterschiede finden Sie in der Apothekenbetriebsordnung (▸Kap. 4.3).

2. Die praktische Ausbildung kann abgeleistet werden:

a) Ein Pharmaziepraktikant (PhiP) kann höchstens die Hälfte seiner praktischen Ausbildung in einer Krankenhausapotheke ableisten, sechs Monate muss er in einer öffentlichen Apotheke sein Praktikum machen; die praktische halbjährige Ausbildung für PTAs ist in einer Krankenhausapotheke in voller Länge möglich.

b) In Zweigapotheken darf keine praktische Ausbildung abgeleistet werden.

c) Ein Pharmaziepraktikant (PhiP) kann höchstens die Hälfte der praktischen Ausbildung in der Industrie, einem Universitätsinstitut oder einer Arzneimitteluntersuchungsstelle (§4 Approbationsordnung, ▸Kap. 3.1.2) ableisten, für PTAs ist diese Möglichkeit nicht vorgesehen.

●   d) Filialapotheken sind öffentliche Apotheken, die vom Besitzer der Haupt-apotheke und der Filialapotheken betrieben werden. Praktika und praktische Ausbildung sind für PhiP und PTA möglich. Gegebenenfalls müssen vorgeschriebene Tätigkeiten auch in anderen Apotheken des Filialverbandes ausgeführt werden (z. B. Prüfung von Arzneimitteln).

„Im Arbeitsvertrag soll vereinbart werden, in welcher Haupt- und/oder Filialapotheke der Mitarbeiter eingesetzt wird." (BRTV § 2, ▸Kap. 3.4).

3. Nach Drängen der Europäischen Union auf Gleichstellung musste bei einer der letzten Novellierungen des Apothekengesetzes 2005 allen Apotheken innerhalb der EU die Möglichkeit zur Belieferung von Krankenhäusern gegeben werden. Der deutsche Gesetzgeber hat nach zähem Ringen mit den Apothekerverbänden sechs Anforderungen (§ 14,5 ApoG) vorgeschrie-ben, die eigentlich nur eine nahe gelegene Apotheke erfüllen kann. Bei-spiele: schnelle und direkte Lieferung von Arzneimitteln, unverzügliche Lieferung von Akutarzneimitteln, persönliche – im Notfall unverzügliche – Beratung des Krankenhauspersonals, kontinuierliche Beratung in Fragen zweckmäßiger und wirtschaftlicher Arzneimitteltherapie, Mitgliedschaft des Apothekenleiters in der Arzneimittelkommission des Krankenhauses.

●●   1. Vom Mehrbesitzverbot: Das Mehrbesitzverbot ist seit 01.01.2004 auf den Besitz von bis zu vier Apotheken gelockert. Danach kann ein Apotheker neben der Hauptapotheke bis zu drei Filialen betreiben. Selten bis nie: Ein Apotheker kann eine Stammapotheke und eine Zweigapotheke (§ 16 ApoG) besitzen. Notapotheke (§ 16 ApoG). Vom Fremdbesitzverbot: Erbberechtigte Ehegatten oder Kinder können unter bestimmten Voraussetzungen die Apotheke verpachten oder verwalten lassen, obwohl sie keine Apotheker sind (§ 9 Apothekengesetz). Weitere Beispiele sind: Krankenhausapotheken (Stadt, Kreis, Land, Kirche) und Notapotheken (Gemeinde). Näheres § 14 und § 17 Apothekengesetz, ▸Kap. 4.2.

2. Eine Erlaubnis besitzt:

    a) Inhaber der Betriebserlaubnis der Stammapotheke,

    b) Apothekenbetreiber,

    c) Träger des Krankenhauses (Land, Kreis, Gemeinde, Kirche, private Trä-ger),

    d) Betreiber der Hauptapotheke für Hauptapotheke und Filialapotheke(n),

    e) Pächter,

    f) alle Teilhaber der Offenen Handelsgesellschaft.

●● 3. Prinzipiell ist die wirtschaftliche Zusammenarbeit zwischen einem Arzt und einem Apotheker sowie die Zuführung von Patienten und Verschreibungen verboten (§11,1 ApoG). Ausgenommen davon ist die Zusammenarbeit bei der Herstellung von Zytostatika im Rahmen des üblichen Apothekenbetriebs (§11,2 ApoG). Auch die Zusammenarbeit von öffentlichen Apotheken und Krankenhausapotheken ist bei der Zytostatikaherstellung erlaubt (§11,3 ApoG).

4. Neben stationären Patienten kann das Krankenhaus in Ausnahmefällen ambulante Patienten im Krankenhaus behandeln und sie für Wochenenden und Feiertage mit Arzneimitteln zur unmittelbaren Anwendung versorgen (§14,4 ApoG). Zudem kann das Personal des Krankenhauses über die Krankenhausapotheke Arzneimittel beziehen. In beiden Fällen ist die Arzneimittelpreisverordnung (▸Kap. 5.2.3) nicht zuständig.

●●● 1. Prinzipiell ist die Verpachtung einer Apotheke eine Ausnahmeregelung, die von der zuständigen Behörde genehmigt werden muss. Verpachtet werden kann nur unter bestimmten Voraussetzungen durch den Inhaber selbst, durch erbberechtigte Kinder oder durch den erbberechtigten Ehegatten oder eingetragenen gleichgeschlechtlichen Partner (§9 Apothekengesetz).

2. Jede öffentliche Apotheke kann bei Erfüllung der Forderungen die Erlaubnis zum Versandhandel mit Arzneimitteln erhalten. Die Apotheke muss in einem Qualitätssicherungssystem vier Anforderungen sicherstellen (§11a Nr. 2 ApoG): Erhalt von Qualität und Wirksamkeit beim Versand, Auslieferung an den richtigen Patienten, Patientenhinweis zur Kontaktaufnahme mit dem Arzt und Beratung durch das pharmazeutische Personal in deutscher Sprache. Zusätzlich muss die Apotheke die sechs Anforderungen der Nr. 3 des §11a ApoG erfüllen: Versand innerhalb von zwei Arbeitstagen, Lieferung des gesamten Arzneimittelsortiments (keine „Rosinenpickerei"), Informationssystem für Mitteilungen an den Kunden, kostenfreie Zustellung, Sendungsverfolgung (z. B. im Internet) und Transportversicherung.

3. Jede Apotheke kann Heime mit Arzneimitteln und apothekenpflichtigen Medizinprodukten beliefern, wenn ein entsprechender Versorgungsvertrag geschlossen und von der zuständigen Behörde genehmigt wurde. Die fünf Anforderungen finden sich im §12a Abs. 1 ApoG: heimnahe Lage der Apotheke; Sicherstellung der Versorgung, Lagerung und Dokumentation; Sicherstellung der Informations- und Beratungspflicht zwischen Apotheker und Heimbewohnern; keine Einschränkung der freien Apothekenwahl der Heimbewohner; Abgrenzung der Zuständigkeitsbereiche, wenn mehrere Apotheken an der Heimbelieferung beteiligt sind.

8

8.2.7 Repetitorium 7: Apothekenbetriebsordnung

● leicht ●● mittel ●●● schwer

● 1. Der Aufbau der Apothekenbetriebsordnung besteht aus fünf Abschnitten mit insgesamt 37 Paragrafen, wobei der 1. Abschnitt den Anwendungsbereich und die Begriffsbestimmungen enthält. Im 2. Abschnitt werden Festlegungen zum Betrieb von öffentlichen Apotheken gemacht, im 3. Abschnitt zum Betrieb von Krankenhausapotheken. Der 4. Abschnitt enthält Sondervorschriften über patientenindividuelles Stellen und Verblistern sowie parenterale Arzneimittelherstellung in allen Apotheken, im 5. Abschnitt geht es um Ordnungswidrigkeiten, Übergangs- und Schlussvorschriften.

2. Unter Verantwortung des Apothekenleiters arbeiten der Apothekerassistent und der Pharmazieingenieur, unter Aufsicht des Apothekers arbeiten der Pharmaziepraktikant, der PTA und der PTA-Praktikant (⊡Tab. 3.1).

3. Folgende Betriebsräume müssen mindestens 110 m² umfassen: Offizin, Labor, Lagerraum, Nachtdienstzimmer (§4 ApBetrO). Beachten Sie die Sonderregelungen für aus der Raumeinheit ausgelagerte Räume!

4. Rezeptur: Individuelle Herstellung auf Rezept oder Patientenwunsch in meist kleinen Mengen. Defektur: Größere Mengen auf Vorrat.

5. Fertigarzneimittel werden in regelmäßigen Abständen stichprobenweise geprüft und diese Prüfung protokolliert (§12 ApBetrO). Hierbei genügt eine Sinnesprüfung (organoleptische Prüfung).

6. Der Apothekenleiter kann einer PTA die Abzeichnungsbefugnis zum Abzeichnen der Rezepte übertragen, die PTA muss das Rezept aber trotzdem dem Apotheker vorzeigen (§17,6 ApBetrO).

7. Eine Apotheke kann jeden Tag (außer am Sonntag) von 0 bis 24 Uhr geöffnet haben (⊡Tab. 4.13).

8. Neben Arzneimitteln dürfen in Apotheken nur neun Gruppen von Waren verkauft werden (§1a Ziffer 10 ApBetrO, ▸Kap. 4.3), z. B. Körperpflegemittel und Schädlingsbekämpfungsmittel. Die apothekenüblichen Dienstleistungen werden in §1a Ziffer 11 ApBetrO in vier Gruppen unterteilt, z. B. Beratung über Ernährungsfragen und die Durchführung von einfachen Gesundheitstests.

9. Durch das Scannen eines Data Matrix Codes (⊙Abb. 4.8, Kap. 4.3.1) wird auf Arzneimittelfälschungen geprüft, zudem wird ein Erstöffnungsschutz überprüft. Beide Vorgänge finden in der Apotheke bei der Abgabe von Rx-Arzneimitteln statt.

1. Durch einen approbierten Apotheker bis zu drei Monate im Jahr oder notfalls durch einen Apothekerassistenten oder Pharmazieingenieur bis zu vier Wochen im Jahr (§ 2 ApBetrO).

2. Der Betreiber einer Hauptapotheke mit bis zu 3 Filialapotheken ist immer auch Leiter der Hauptapotheke und kann wie der Leiter einer Krankenhausapotheke und einer krankenhausversorgenden Apotheke nur durch einen anderen Apotheker vertreten werden. Auch Apothekenleiter von Apotheken, die verblistern, Parenteralia herstellen Krankenhäuser oder Heime beliefern sowie Versandhandel betreiben, dürfen nur von einem approbierten Apotheker vertreten werden.

3. Ja, die Zustellung durch einen Boten ist inzwischen ohne Erlaubnis auf Kundenwunsch uneingeschränkt (früher: „im Einzelfall") zulässig. Voraussetzung dafür ist die Zugehörigkeit des Boten zum Apothekenpersonal und die getrennte und beschriftete Verpackung für jeden Empfänger. Die Auslieferung muss in zuverlässiger Weise erfolgen: Wenn der Apotheke das Originalrezept noch nicht vorgelegen hat oder zuvor in der Apotheke keine Beratung stattgefunden hat, muss pharmazeutisches Personal eingesetzt werden (§ 17, 2 ApBetrO).

4. Herstellung von Rezepturen und Defekturen (auch Herstellungsanweisungen), Prüfung von Ausgangsstoffen, Prüfung von Fertigarzneimitteln, Bestand von Betäubungsmitteln, Einfuhr von Arzneimitteln (§ 18 ApBetrO). Erwerb und Abgabe von Blutzubereitungen, Sera aus menschlichem Blut und gentechnologisch hergestellte Plasmaproteine müssen dokumentiert und 30 Jahre aufbewahrt werden (Transfusionsgesetz). Weitere Beispiele ◻Tab. 4.11.

5. Offizin, Geschäftsraum, Nebenraum, zwei Labors, ausreichender Lagerraum. Die Gesamtfläche dieser Räume muss mindestens 200 m² betragen (§ 29 ApBetrO).

6. Da PTA und Pharmaziepraktikant unter Aufsicht des Apothekers arbeiten, verhalten sich sowohl PTA und Pharmaziepraktikant, als auch der Apotheker ordnungswidrig (§ 36 ApBetrO, 2c und 3d).

1. Herstellungsanweisung: bei Rezepturen und Defekturen, Herstellungsprotokoll: bei Rezepturen und Defekturen. Prüfprotokoll: bei Defekturen und bei allen Ausgangsstoffen (Chemikalien und Drogen), die geliefert werden und stichprobenweise bei Fertigarzneimitteln (§§ 6, 8, 9, 10, 11, 12 ApBetrO).

2. Mit der Apothekenbetriebsordnung 2012 wurde die Einteilung in Indifferenda, Separanda und Venena aufgehoben (◻Tab. 4.10), dennoch besteht in vielen Apotheken diese Lagerungseinteilung traditionsgemäß weiter. Hier handelt es sich um ein (ehemaliges) Venenum, welches in weißer Schrift auf schwarzem Grund beschriftet werden musste. Es wird unter Verschluss aufbewahrt, da es nach Gefahrstoffrecht mit dem Piktogramm Totenkopf (Code GHS06) gekennzeichnet sein muss (◻Tab. 7.2). Zusätzlich müssen die Angaben auf dem Standgefäß die Chargenbezeichnung, die Prüfnummer und die Haltbarkeit der Substanz enthalten.

●●● 3. Die Pharmazentralnummern (PZN) werden von der ABDA (genauer: von der IfA, ▸Kap. 2.2.2) vergeben. Die Kontrollziffer (8. Ziffer) lässt sich rechnerisch ermitteln (○Abb. 4.7). Die „alten" siebenstelligen PZN der mussten ab 2013 durch eine führende Null ergänzt werden; an der Prüfziffer ändert sich rechnerisch dadurch nichts.

4. Drittländer sind Länder, die nicht dem EWR angehören (▸Kap. 1.1). Einzelimporte kann die Apotheke für konkrete Kunden in kleinen Mengen, nicht auf Vorrat, ausführen. Für alle Einzelimporte aus Nicht-EU-Ländern ist ein Rezept notwendig, der verschreibende Arzt wird im Einfuhrbuch dokumentiert (§18 ApBetrO). Es darf in Deutschland kein vergleichbares Arzneimittel geben in Bezug auf Indikation und Dosierung!

5. Rezepte mit verschreibungspflichtigen Tierarzneimitteln, die zur Anwendung an Tieren, die der Lebensmittelgewinnung dienen, ausgestellt werden, müssen in zweifacher Ausfertigung in der Apotheke vorgelegt werden. Eine Ausfertigung bekommt der Tierhalter quittiert zurück, die zweite wird, wie alle Unterlagen über Bezug und Abgabe von Tierarzneimitteln, schriftlich dokumentiert (§19 Apothekenbetriebsordnung). Andere Tierarzneimittelrezepte mit verschreibungspflichtigen Stoffen werden in der Apotheke als Kopie dokumentiert. Dokumente über Erwerb und Abgabe von Blutzubereitungen usw. müssen 30 Jahre aufbewahrt werden (◻Tab. 4.11). Grundlage hierfür ist das Transfusionsgesetz.

6. Die patientenindividuelle Verblisterung erfordert ein QM-System und einen separaten Raum, der ausschließlich diesem Zweck dient; er kann außerhalb der Apotheke liegen. Die Herstellung muss von einem Apotheker überwacht werden, es kann auch qualifiziertes nichtpharmazeutisches Personal eingesetzt werden. Die Blister müssen ausreichend gekennzeichnet sein (Patientenname, enthaltenes Arzneimittel mit Chargenbezeichnung, Verfalldatum, Einnahmehinweise, Lagerungshinweise, sowie abgebende Apotheke und gegebenenfalls der Blister-Hersteller).

8.2.8 Repetitorium 8: Arzneimittelgesetz

● leicht ●● mittel ●●● schwer

● **1.** Fertigarzneimittel sind im Voraus hergestellte und abgabefertig verpackte Arzneimittel (Beachten Sie die seit 2005 gültige ausführliche Definition §4,1 AMG, (▸Kap. 5.1.1); eine Charge ist „die jeweils aus derselben Herstellungsmenge in einem einheitlichen Herstellungsvorgang oder bei einem kontinuierlichen Herstellungsverfahren in einem bestimmten Zeitraum erzeugte Menge eines Arzneimittels"; Nebenwirkungen (Beachten Sie die ausführliche Definition in §4,13 AMG, (▸Kap. 5.1.1) sind vom Prinzip her unerwünschte Begleiterscheinungen bei bestimmungsgemäßem Gebrauch eines Arzneimittels (Für weitere Definitionen: §4 AMG ▸Kap. 5.1.1).

2. Das DAB ist eine Veröffentlichung der drei zuständigen Bundesoberbehörden unter Führung des BfArM und bildet mit der Ph. Eur. und dem HAB das „Arzneibuch". Der DAC dagegen ist eine zusätzliche Vorschriftensammlung, die von der ABDA herausgegeben wird. Arzneibuch und DAC müssen in jeder Apotheke in der neuesten Fassung als Bücher oder digital vorhanden sein (§5 Apothekenbetriebsordnung, ▸Kap. 4.3.1). Der DAC enthält das NRF (Neues Rezeptur-Formularium). Das Europäische Arzneibuch und seine Nachträge (Ph. Eur.) ist der europäische Teil des Arzneibuches und wird national durch das DAB ergänzt.

3. Bewährte Arzneimittel dürfen als Fertigarzneimittel in der Apotheke hergestellt und vorrätig gehalten werden, wenn sie den Monographien der Standardzulassungen entsprechen (§36 AMG, ▸Kap. 5.1.4). Beispiele: Acetylsalicylsäure-Kapseln 500 mg, verschiedene Teemischungen, wie z. B. Husten- und Abführtees, Zugsalben, Metoclopramid-Tropfen, Pfefferminzblätter, Iodtinktur usw.; der Apothekenbetreiber muss Standardzulassungen, die er herstellt, dem BfArM und seiner zuständigen Überwachungsbehörde (z. B. Regierungspräsidium) melden (für die elektronische Meldung aller Veränderungen benötigt er eine PNR (pharmazeutische Unternehmernummer).

4. Unterschiede: Ausbildung (§75 AMG, ▸Kap. 5.1.10). Pharmaberater ist ein Ausbildungsberuf (die Ausbildung z. B. als PTA berechtigt zum Beruf), der Pharmareferent ist ein Fortbildungsberuf (eine zusätzliche Fortbildung berechtigt zum Beruf). Gemeinsamkeiten: Aufgaben (Übersicht in ▸Kap. 5.1.10).

8

5. Nein, nach §5,1 AMG (▶Kap.5.1.2) und §17,5 ApBetrO (▶Kap.4.3.1). ist das Inverkehrbringen bedenklicher Arzneimittel verboten. Die Definition bedenklicher Arzneimittel finden Sie in §5,2 AMG (Beachten Sie dazu die Veröffentlichungen der AMK in der pharmazeutischen Fachpresse). Auch die Herstellung bedenklicher Arzneimittel ist nicht erlaubt (§7,1 ApBetrO, ▶Kap.4.3.1). Das pharmazeutische Personal hat ein grundsätzliches Verweigerungsrecht: „Das pharmazeutische Personal hat einem erkennbaren Arzneimittelmissbrauch in geeigneter Weise entgegenzutreten. Bei begründetem Verdacht auf Missbrauch ist die Abgabe zu verweigern." (§17,8 ApBetrO, ▶Kap.4.3.1).

6. Ärzte: Prinzipiell nein. Ausgenommen ist die kostenlose Abgabe von Ärztemustern an Patienten oder akute Medikamentierung im Rahmen des Praxisbedarfs. Ärzte dürfen keine Arzneimittel verkaufen. Tierärzte dagegen haben das Dispensierrecht (Erlaubnis zum Verkauf von Arzneimitteln an die Halter der von ihnen behandelten Tiere (§43,4 AMG, ▶Kap.5.1.6). Sie dürfen auch Arzneimittel für diese Tiere herstellen (Merksatz: Tierärzte sind gleichzeitig Tierapotheker).

7. Die Grundlagen über die Verschreibungspflicht legt das AMG in §48 (▶Kap.5.1.6), nähere Ausführungen regelt der zuständige Minister in der Arzneimittelverschreibungsverordnung (▶Kap.5.2.1). Die Anlage 1 dieser Verordnung enthält die verschreibungspflichtigen Stoffe in alphabetischer Reihenfolge und wird zweimal jährlich aktualisiert und in der Fachpresse veröffentlicht. Alle Zubereitungen aus Stoffen dieser Anlage sind verschreibungspflichtig, wenn keine Ausnahmeregelung besteht. Weitere Möglichkeiten für das Erkennen verschreibungspflichtiger Stoffe bzw. Fertigarzneimittel in der Praxis: Scribas-Tabelle, Gelbe Liste, Kennzeichnung in der Roten Liste oder in den Computerdaten der Warenbewirtschaftung. Oder ganz einfach: Hinweis „Verschreibungspflichtig" (§10,1 AMG, ▶Kap.5.1.2) auf der Umverpackung des Fertigarzneimittels.

8. Im Heilmittelwerbegesetz (▶Kap.5.1.10) sind die Bedingungen festgelegt, man muss zwischen der Laien-oder Publikumswerbung und der Werbung in Fachkreisen unterscheiden. In der Laienwerbung darf nicht für verschreibungspflichtige Arzneimittel und apothekenpflichtige Arzneimittel mit bestimmten Indikationen geworben werden. Für die Apotheke gilt: keine verschreibungspflichtigen Arzneimittel im Schaufenster und in der Sichtwahl, keine apothekenpflichtigen Arzneimittel in der Freiwahl. Seit 2015 gelten für die rezeptfreie „Pille danach" hier die Bedingungen für verschreibungspflichtige Fertigarzneimittel.

●● 1. Echte Arzneimittel (§ 2 Absatz 1 AMG) sind Stoffe oder Zubereitungen aus Stoffen, die am oder im menschlichen oder tierischen Körper pharmakologisch wirken (z. B. Analgetika, Hormonpräparate, Insulin, Hautdesinfektionsmittel). Die Stoffe, die als Arzneimittel gelten (fiktive Arzneimittel, § 2 Absatz 2 AMG) sind jetzt größtenteils als Medizinprodukte (▶Kap. 5.3) eingestuft (Einmalspritzen, Zahnzement usw.).

2. Für ein nichthomöopathisches Fertigarzneimittel müssen neben den aufgeführten Formalitäten wie der Packungsbeilage zur Zulassung die Ergebnisse von drei ausführlichen Prüfungen vorgelegt werden: analytische Prüfungen, pharmakologisch-toxikologische Prüfungen und klinische Prüfungen. Bei homöopathischen Arzneimitteln ohne Indikationsangaben verzichtet die Zulassungsbehörde bei der Registrierung auf die klinischen Prüfungen sowie auf Nachweise über die Wirksamkeit. Das homöopathische Arzneimittel ohne Indikationsangabe erhält keine Zulassungsnummer, sondern eine Registriernummer und trägt die Aufschrift „Registriertes homöopathisches Arzneimittel, daher ohne Angabe einer therapeutischen Indikation" (Arzneimittelgesetz, 5. Abschnitt, ▶Kap. 5.1.5). Homöopathische Arzneimittel mit Indikation müssen zugelassen werden und haben eine Zulassungsnummer.

3. Das Bundesinstitut für Arzneimittel und Medizinprodukte (BfArM) ist unter anderem zuständig für die Zulassung neuer Fertigarzneimittel. Auf dem Gebiet der Sera, Impfstoffe und Blutprodukte für Mensch und Tier übernimmt das Paul-Ehrlich-Institut diese Aufgabe; zudem wird hier von staatlicher Seite her jede Charge geprüft und freigegeben (§ 32 AMG, ▶Kap. 5.1.4). Für Tierarzneimittel ist das Bundesamt für Verbraucherschutz und Lebensmittelsicherheit (BVL) zuständig.

4. Bei einer Re-Vision (= Rückblick) überprüft die zuständige Behörde des Bundeslandes in regelmäßigen Abständen, ob die bei der Abnahme der Apotheke (§ 6 ApoG, ▶Kap. 4.2.1, ▫Tab. 4.5) vorgelegenen rechtmäßigen Bedingungen noch eingehalten sind (Räume, Ausstattung, Personal, ordnungsgemäße Lagerung usw.). Die rechtlichen Grundlagen finden sich im 11. Abschnitt des AMG (§ 64–69a). Nicht nur Apotheken, sondern auch pharmazeutische Firmen und Großhandlungen unterliegen dieser staatlichen Aufsicht.

5. Seit 2004 ist der Versandhandel für jede öffentliche Apotheke erlaubt, Voraussetzung ist die Erlaubnis durch die zuständige Behörde. Die Bedingungen für den Versandhandel sind in § 11a und b ApoG (▶Kap. 4.1), § 17, 2a ApBetrO (▶Kap. 4.3.1). und § 43,1 AMG (▶Kap. 5.1.6) festgelegt. Für die rezeptfreie „Pille danach" wurde der Versandhandel ausgeschlossen.

6. Die Grundsatzfestlegung zu Arzneimittelpreisen findet sich in § 78 AMG (▶Kap. 5.1.11), nähere Ausführungen in der Arzneimittelpreisverordnung (▶Kap. 5.2.3). Festgelegt werden Preisspannen des Großhandels, Preise für Apotheken und Tierärzte für Herstellung und Abgabe sowie weitere Preise für besondere Leistungen der Apotheken bei der Abgabe. Die Preise für verschreibungspflichtige Arzneimittel sind festgelegte Festpreise, apothekenpflichtige und freiverkäufliche Arzneimittel können frei kalkuliert werden. Einzelheiten finden Sie in der Arzneimittelpreisverordnung (▶Kap. 5.2.3).

8

●●● 1. Arzneispezialitäten wurden bis 1978 nur formell vom Bundesgesundheitsamt (BGA) registriert; für sie war eine Nachzulassung erforderlich. Fertigarzneimittel werden heute vom BfArM, vom Paul-Ehrlich-Institut (PEI) oder von der EU-Kommission, der die europäische Zulassungsbehörde EMA zuarbeitet, nach Vorlage ausführlicher Prüfungen zugelassen (AMG, 4. Abschnitt, ▶ Kap. 5.1.4). Tierarzneimittel werden vom BVL zugelassen.

2. Qualifiziert für die Aufgabe als Qualified Person ist ein approbierter Apotheker oder Personen, die ein abgeschlossenes Studium der Pharmazie, Chemie, Biologie, Medizin oder Tiermedizin und eine mindestens zweijährige Tätigkeit in der Arzneimittelherstellung oder Arzneimittelprüfung nachweisen können (§15 AMG (▶ Kap. 5.1.3). Die sachkundige Person ist verantwortlich für die Herstellung, die Qualitätsprüfung und die Freigabe jeder Charge. Der Informationsbeauftragte muss seine Sachkenntnis durch den Abschluss des Studiums der Pharmazie, Chemie, Biologie, Medizin oder Tiermedizin sowie eine mindestens zweijährige Berufserfahrung nachweisen. Die Aufgabe des Informationsbeauftragten ist im §74a AMG (▶ Kap. 5.1.10) näher beschrieben.

3. Es gibt prinzipiell drei Möglichkeiten: das nationale Zulassungsverfahren in den einzelnen Staaten der Europäischen Union (z. B. in Deutschland durch das BfArM), das dezentrale Zulassungsverfahren, wobei ein in einem Mitgliedstaat bereits zugelassenes Medikament nachträglich in anderen Mitgliedstaaten zugelassen werden kann (z. B. Mifegyne® aus Frankreich, ▶ Kap. 5.1.6), und die europaweite Zulassung durch die Europäische Kommission und die EMA (Arzneimittelgesetz, 4. Abschnitt).
42 Kapseln Xenical® (120 mg) z. B. haben die EU-Nummer „EU/1/98/071/007", die Packung mit 84 Kapseln „EU/1/98/071/003". Grund: Unterscheidung Arzneimittel für Mensch (1) oder Tier (2). Zulassungsjahr, Indikationsgebiet, Packungsgröße und Dosierung werden von der EMA in die Zulassungsnummer integriert (▶ Kap. 5.1.4, ▢ Tab. 5.2).

4. In Deutschland dürfen nur in Deutschland verkehrsfähige Arzneimittel in den Verkehr gebracht werden. Ausgenommen sind von Apotheken einzeln importierte Arzneimittel nach §73 AMG (▶ Kap. 5.1.9) und §18 ApBetrO (▶ Kap. 4.3.1). Hierbei muss zwischen Verbringung aus EU/EWR-Staaten und Einfuhr aus sogenannten „Drittstaaten" unterschieden werden und die Arzneimittel müssen in ihren Herkunftsstaaten verkehrsfähig sein.

8.2.9 Repetitorium 9: AMG-Verordnungen, Medizinprodukte und SGB V

● leicht ●● mittel ●●● schwer

●   1. Name und Anschrift der Apotheke, Abgabedatum, Abzeichnung durch Apotheker oder abzeichnungsbefugte PTA (Weitere Angaben auf Rezepten Frage 4 mittel im Repetitorium 1).

2. Alle verschreibungspflichtigen Stoffe (und ihre Ausnahmen) finden Sie in der Anlage 1 der Arzneimittelverschreibungsverordnung in alphabetischer Reihenfolge. In der Gelben Liste und der Scribas-Tabelle finden Sie neben den verschreibungspflichtigen Stoffen auch die entsprechenden Fertigarzneimittel. Weitere Möglichkeiten: Rote Liste, Kennzeichnung im Warenbewirtschaftungsprogramm oder der Hinweis „Verschreibungspflichtig" auf der Verpackung.

3. Die Art des Warnhinweises hängt ab von der Einzeldosis an reinem Ethanol, die der Patient bei der Einnahme des Arzneimittels zu sich nimmt. Diese Ethanol-Einzeldosis in Gramm und die Angabe des Ethanolgehalts in % (V/V) muss bei Rezepturen berechnet werden (▸Kap.5.2.2).

4. Nein, der Nacht- und Notdienstzuschlag nach §6 AMPreisV (▸Kap.5.2.3) darf nur sonntags und an Werktagen zwischen 20 Uhr und 6 Uhr berechnet werden.

5. Ein Entlassrezept wird bei Bedarf von einem Arzt im Krankenhaus bei der Entlassung des Patienten ausgestellt und muss innerhalb von drei Werktagen in einer Apotheke beliefert werden.

6. Das CE-Kennzeichen soll den europaweiten Qualitätsstandard eines Produkts symbolisieren (EU/EWR).

7. Der Begriff „Integrierte Versorgung" steht für eine Vernetzung zwischen den einzelnen medizinischen Versorgungssektoren. Das bedeutet: Niedergelassene Haus- oder Fachärzte bieten gemeinsam mit Apotheken, ambulanten oder stationären Rehabilitationszentren, häuslicher Krankenpflege und stationären Einrichtungen im Verbund mit einer Krankenkasse eine medizinische Versorgung „aus einer Hand" an. Die Verträge müssen öffentlich ausgeschrieben werden und alle Beteiligten werden in Zukunft wohl zertifiziert sein müssen.

Der Begriff „Entlassmanagement" beschreibt die Vorgänge bei der Entlassung eines Patienten aus dem Krankenhaus. Die Apotheke betrifft das Entlassmanagement bei der Vorlage eines Entlassrezepts mit der Aufschrift „Entlassmanagement" (⊙Abb.5.5, ▸Kap.5.4). Ein Entlassrezept ist drei Werktage gültig und dient zur übergangsweisen Arzneimittelversorgung zwischen dem stationären Krankenhausaufenthalt und der nachfolgenden ambulanten Versorgung durch den Haus- oder Facharzt.

8

●● 1. Das Datum und die Gebrauchsanweisung (§2,6 AMVV, ►Kap.5.2.1). Fehlt die Packungsgröße, muss die kleinste Packung (OP, N1) abgegeben werden.

2. Ja, aber diese Verschreibung darf in der Apotheke nicht beliefert werden! Nicht die Tätigkeit des Verschreibens, sondern die Abgabe ohne rechtliche Grundlage ist strafbar (Formulierung §1 AMVV, ►Kap.5.2.1).

3. Während der Text zum Hinweis E 1 sehr kurz ist („Enthält ... Vol.-% Alkohol"), sind die Texte zu E 2 und E 3 länger und als Aufklebeetiketten erhältlich. E 3 unterscheidet sich von E 2 u. a. durch den Zusatz „Im Straßenverkehr und bei der Bedienung von Maschinen kann das Reaktionsvermögen beeinträchtigt werden" (◻Tab.5.6).

4. Seit dem GMG 2004 sind nur noch die Preise für verschreibungspflichtige Fertigarzneimittel Festpreise, die nach §3,1 AMPreisV (►Kap.5.2.3) taxiert werden: Auf den Einkaufspreis aller Packungsgrößen werden 3 % plus 8,56 Euro aufgeschlagen, dazu kommt die Mehrwertsteuer.

5. Die Zuzahlung der in der GKV Versicherten beträgt 10 % des jeweiligen Arzneimittel- oder Hilfsmittelpreises, jedoch mindestens 5 € und höchstens 10 €. Der gesetzliche Apothekenrabatt der Apotheken an die GKV beträgt 1,77 € (Stand 2020) pro verschreibungspflichtigem Fertigarzneimittel und 5 % des Abgabepreises bei erstattungsfähigen, nicht verschreibungspflichtigen Fertigarzneimitteln und Rezepturen.

●●● 1. Prinzipiell gilt: Nur wenn alle Bedingungen zur Ausnahme erfüllt sind, ist das Arzneimittel nicht mehr verschreibungspflichtig. Bei Ibuprofen (◻Tab.5.5, ►Kap.5.2.1) liegen inzwischen sehr viele Ausnahmebedingungen, abhängig von der Arzneiform, Dosierung und Applikation vor.

2. Globuli enthalten stofflich gesehen nur 1/100 der auf ihnen angegebenen Arzneistärke. Belladonna D3 glob. entsprechen daher im Sinne der AMVV der Stärke D5. Verschreibungspflichtige Stoffe wie Tollkirschenzubereitungen sind ab D4 nicht mehr verschreibungspflichtig (§6 AMVV, ►Kap.5.2.1).

3. Im Gegensatz zur pharmakologischen, immunologischen oder metabolischen Wirkung der Arzneimittel wirken Medizinprodukte vorwiegend auf physikalisch-mechanischem Weg. Die Klassifizierung erfolgt nach EU/EWR-Richtlinien nach vier Risikoklassen (I z. B Fieberthermometer, IIa z.B. sterile Blutlanzetten, IIb z.B. IUP, III z.B. heparingelbeschichtete Katheter). Weiterhin werden aktive implantierbare Medizinprodukte (z.B. Arzneimittelpumpen), aktive nicht implantierbare Medizinprodukte (z.B. Narkosegeräte), nicht aktive Medizinprodukte (z.B. künstliche Hüftgelenke) und Labordiagnostika (z.B. Bluttests) unterschieden (►Kap.5.3). Prinzipiell wirken Arzneimittel pharmakologisch und entsprechen dem Arzneimittelbegriff in §2 AMG (►Kap.5.1.1), Medizinprodukte wirken physikalisch. Im Zweifelsfall stehen die Hauptwirkung und die Zweckbestimmung für die Eingruppierung im Vordergrund.

●●● 4. Der Wirkstoff Naratriptan gegen Migräneanfälle ist nach AMVV prinzipiell verschreibungspflichtig, aber unter bestimmten Bedingungen (AMVV Anlage 1, ▸Kap. 5.2.1, ▣Tab. 5.5) von der Verschreibungspflicht ausgenommen: „Ausgenommen zur Behandlung des Migränekopfschmerzes bei Erwachsenen zwischen 18 und 65 Jahren, nach der Erstdiagnose einer Migräne durch einen Arzt, in festen Zubereitungen zur oralen Anwendung in Konzentrationen bis 2,5 mg je abgeteilter Form und in einer Gesamtmenge von 5 mg je Packung". Also sind zwei Filmtabletten (5 mg) noch apothekenpflichtig, drei und mehr Filmtabletten pro Packung verschreibungspflichtig.

8.2.10 Repetitorium 10: Betäubungsmittelgesetz

● leicht ●● mittel ●●● schwer

●   1. Anlage I (▣Tab. 6.3): nicht verkehrsfähig, nicht verschreibungsfähig. Anlage II (▣Tab. 6.4): verkehrsfähig, nicht verschreibungsfähig. Anlage III (▣Tab. 6.5): verkehrsfähig und verschreibungsfähig. Cannabis findet sich in zwei von drei Anlagen, weil es illegal oder zu erlaubten medizinischen Zwecken eingesetzt werden kann.

2. Die Stoffe der Anlage I sind nicht verkehrsfähig, finden sich also auch nicht im BtM-Schrank der Apotheke. Beispiele für Anlage II (▣Tab. 6.4): Ethylmorphin, Diphenoxylat. Beispiele für Anlage III (▣Tab. 6.5): Bromazepam, Morphinhydrochlorid, Opiumtinktur, Barbital, Codeinphosphat, Fentanyl.

3. Ethylmorphinhydrochlorid ist in der Anlage II (▣Tab. 6.4) des BtM-Gesetzes aufgeführt und daher nicht als BtM verschreibungsfähig. Ausgenommen sind diese Augentropfen, wenn der Gehalt an der Base Ethylmorphin 2,5 % nicht übersteigt.

4. In das Grundstoffüberwachungsgesetz sind mehrere EU-Verordnungen eingegangen. Es betrifft die Apotheken beim Bezug von Stoffen, die zur Herstellung illegaler Drogen eingesetzt werden könnten. Diese Stoffe sind in drei Kategorien eingeteilt (▸Kap. 6.1), der Bezug und die Abgabe kleiner Mengen der Kategorien 2 und 3 ist problemlos. Bei Überschreiten der Schwellenwerte der Kategorie 2 und den Stoffen der Kategorie 1 muss eine Endverbleibserklärung (EVE) abgegeben werden (Muster findet man im Internet).

●● 1. Für „ausgenommene Zubereitungen" trifft das BtM-Recht nicht mehr zu, z.B. Codein-Lösung 1 %, Diazepam-Tabletten 10 mg, Phenobarbital-Kapseln 50 mg, Opium D6 dil.

8

2. Ein normales Rezept, da die ausgenommene Zubereitung bis einschließlich 50 mg Oxazepam pro einzeldosierter Form zulässig ist (◻Tab. 6.5).

3. Die Opiumtinktur muss nach Arzneibuch 1 % Morphin, das eingestellte Opium 10 % Morphin enthalten (◻Tab. 6.1).

4. Beide Substanzen sind in der Anlage III des BtMG eingestuft; damit sind sie verkehrsfähig und verschreibungsfähig. Die festgelegten Grenzen besagen: Unter der Grenze ist die Verschreibung auf einem normalen Rezept möglich, über der Grenze ist ein BtM-Rezept notwendig; die Berechnung als Base ist zu beachten. Historisch gesehen wurden beide Substanzen 1998 aus der Anlage II in die Anlage III des BtMG übernommen, weil sie neben Methadon zur Substitution von Heroinabhängigen verwendet wurden. Codein und DHC sind nur noch ausnahmsweise und zeitlich begrenzt zur Substitution zugelassen. Damit gelten für alle, auch für ausgenommene, Zubereitungen dieser Stoffe, wenn sie für BtM-Abhängige verschrieben werden, ausdrücklich die Vorschriften der BtMVV (▸Kap. 6.3) und in jedem Fall ein BtM-Rezept.

5. Eine Zubereitung ist nur dann vom Betäubungsmittelrecht ausgenommen, wenn **alle** in der Anlage genannten Ausnahmebedingungen erfüllt sind. Bei Diazepam muss zwischen der Zubereitung als Sirup oder Tropfen (maximal 1%ig, jedoch nicht mehr als 250 mg in der gesamten Packung) und der Zubereitung als abgeteilte Form wie z.B. Tabletten oder Suppositorien (maximal 10 mg je abgeteilte Form) unterschieden werden. Eine Kombination von Diazepam mit einem anderen BtM ist als ausgenommene Zubereitung nicht möglich (◻Tab. 6.5).

1. Codeinphosphat gehört zur Anlage III. Als höchstens 2,5%ige Lösung (berechnet als Base Codein!) handelt es sich um eine ausgenommene Zubereitung. Die 2,75%ige Codeinphosphat-Lösung entspricht einem Gehalt an reiner Codeinbase von 2,03 %. Diese Berechnung kann mithilfe der Molmassen unter Abzug des Kristallwassers von Codein und Codeinphosphat (Arzneibuch) durchgeführt werden (Codein: 317,4; Codeinphosphat: 406,4): 406,4 – 2,75 % = 299,4 – x %.

2. Nach Anlage III des BtM-Gesetzes (◻Tab. 6.5) ist die homöopathische Verdünnung des Schlafmohns von den BtM-Regelungen ausgenommen, wenn die Endkonzentration die vierte Dezimalpotenz nicht übersteigt. Auch die Verschreibungspflicht endet mit D4 (§ 6 Verschreibungsverordnung, ▸Kap. 5.2.1). Ein vom Heilpraktiker in dieser Potenzierung ausgestelltes Rezept darf also hergestellt bzw. beliefert werden.

3. Durch die Herstellung der Streukügelchen (Globuli) nach dem Homöopathischen Arzneibuch enthalten Globuli „stofflich gesehen" nur 1/100 der auf ihnen angegebenen Potenz. Die stoffliche Konzentration der Globuli D5 entspricht also D7. Da Opium nach Anlage III (◻Tab. 6.5) ab D6 von den BtM-Regelungen ausgenommen ist, ergibt sich rechtlich folgende Situation: Opium D5 dil. (flüssige Zubereitung) benötigt ein BtM-Rezept, Opium D5 glob. sind nur noch apothekenpflichtig und rezeptfrei in der Apotheke erhältlich.

8.2.11 Repetitorium 11: Verordnungen zum BtM-Gesetz

● leicht ●● mittel ●●● schwer

●

1. Die Betäubungsmittel-Binnenhandelsverordnung regelt den Verkehr mit BtM innerhalb Deutschland, die Betäubungsmittelaußenhandelsverordnung regelt Import, Export und Durchfuhr von Betäubungsmitteln. Die für die Apothekenpraxis wichtigste Verordnung (Betäubungsmittel-Verschreibungsverordnung) enthält Vorschriften über das Verschreiben durch den Arzt, die Abgabe in der Apotheke und die Nachweise des Verbleibs von Betäubungsmitteln. Die Betäubungsmittelkostenverordnung ist für die Apotheken unbedeutend.

2. Die Abgabemeldung vom BfArM, die Empfangsbestätigung vom pharmazeutischen Großhandel, der Lieferschein von der Apotheke (▸Kap. 6.2) und das Lieferscheindoppel vom BfArM, falls Abweichungen von der Abgabemeldung festgestellt wurden. Wenn keine Abweichungen festgestellt wurden kann der Großhandel nach Eintreffen der Empfangsbestätigung das Lieferscheindoppel vernichten.

3. Prinzipiell gilt in solchen Fällen die kleinste Packung als verschrieben. Bei allen sonstigen Änderungen eines BtM-Rezepts muss der Arzt diese Änderungen nachträglich auf allen drei Teilen des Rezeptformulares unterschreiben.

●●

1. Ritalin®-Tabletten enthalten das Betäubungsmittel Methylphenidat (◻Tab. 6.6), welches nach § 2 der Betäubungsmittel-Verschreibungsverordnung (▸Kap. 6.3) eine Höchstverschreibungsmenge von 2400 mg aufweist.

2. Cocain darf nur für den Praxisbedarf des Arztes verordnet werden (§ 2, Abs. 3 BtMVV) und nur mit der dort vorgeschriebenen Höchstkonzentration als Lösung (20 %) oder Salbe (2 %) bei Eingriffen am Kopf. Cocain wird als Lokalanästhetikum verwendet.

3. A: Bei Dauerpatienten und in Einzelfällen können mehr als ein BtM verschrieben sowie die Höchstmengen überschritten werden. S: Bei Patienten, die substituiert werden, muss der Arzt ein S auf dem BtM-Rezept anbringen. SZ: Bei Substitutionspatienten zur Wochenendüberbrückung (zwei Tage); ST: Take-Home-Regelung. T und Z muss immer mit S kombiniert sein!

4. Er musste vor 1998 den inhaltlichen Teil des BtM-Rezepts handschriftlich ausfüllen; seither ist – wie bei normalen Rezepten – nur noch die Unterschrift des Arztes handschriftlich vorzunehmen.

5. Jeder Zu- und Abgang von Betäubungsmitteln muss auf einer Karteikarte, im BtM-Buch oder mithilfe eines Computerprogrammes dokumentiert werden. Der aktuelle Bestand muss monatlich vom Apothekenleiter kontrolliert und bei Änderungen abgezeichnet werden.

8

●● 6. Die „Höchstmengen" (auch oft „Höchstverschreibungsmengen" genannt) für das Verschreiben von BtM durch einen Arzt (§ 2 BtMVV), einen Zahnarzt (§ 3 BtMVV) oder einen Tierarzt (§ 4 BtMVV) betrifft auch die Salze und Molekülverbindungen der dort aufgeführten Stoffe (▶ Kap. 6.3). Die BtMVV unterscheidet beim Verschreiben durch einen Arzt zwischen BtM mit Höchstmengen (§ 2 Absatz 1a) und ohne Höchstmengen (§ 2 Absatz 1b). Der Arzt darf bis zu zwei BtM der Gruppe a unter Beachtung der Höchstmengen oder eines der Gruppe b, jeweils für den Bedarf von 30 Tagen, für einen Patienten verschreiben. Bei Kennzeichnung des BtM-Rezepts mit einem „A" darf der Arzt die Zahl der verschriebenen BtM und die festgesetzten Höchstmengen bei Patienten in Dauerbehandlung überschreiten (§ 2,2 BtMVV).

7. Außer zur Substitution dürfen Betäubungsmittel im Notfall unter Anbringung des Begriffs „Notfallverschreibung" auf einem normalen Rezept verschrieben werden. (§ 8,6 BtMVV, ▶ Kap. 6.3). Die Apotheke muss den verschreibenden Arzt möglichst noch vor der Abgabe über die Belieferung informieren, der Arzt muss „unverzüglich" ein mit einem „N" gekennzeichnetes BtM-Rezept der beliefernden Apotheke nachreichen. Notfall-Verschreibung und N-BtM-Rezept werden von der Apotheke zusammengeheftet und dokumentiert.

●●● 1. Temgesic® enthält das Betäubungsmittel Buprenorphin, Morphin-ratiopharm® enthält das Betäubungsmittel Morphin (◻ Tab. 6.6). Da beide Stoffe aus der Anlage III BtMG stammen, sind sie beide verschreibungsfähig. Nach § 2 Abs. 1a BtMVV dürfen beide ohne „A" kombiniert werden, wenn die Höchstmengen nicht überschritten sind.

2. Da alle drei Fertigarzneimittel das gleiche Betäubungsmittel (Morphin, ◻ Tab. 6.6) enthalten, muss die Gesamtmenge an Morphin ermittelt werden. Diese liegt unter der Höchstmenge von 24 000 mg, die Verordnung der drei Präparate auf einem BtM-Rezept ohne „A" wäre daher nach BtMVV möglich.

3. Midazolam ist ein BtM der Anlage III (◻ Tab. 6.5). Die Beantwortung der Frage ist nur möglich, wenn die Konzentration von Midazolom bekannt ist (unter 0,2 %: normales Rezept, darüber: BtM-Rezept). Für die im NRF beschriebene Rezepturvorschrift Midazolam-Nasenspray 25 mg/ml ist zwingend ein BtM-Rezept erforderlich (2,5 %).

4. Arzt: Bemerkt der verschreibende Arzt einen Schreibfehler oder falsche Angaben sofort, kann er diese direkt korrigieren und die Korrektur durch seine Unterschrift bestätigen. Die Korrektur muss auf allen Teilen des BtM-Rezepts erkennbar sein. Entscheidet sich der Arzt für die Ausstellung eines neuen BtM-Rezepts, so muss das fehlerhaft ausgefüllte komplette BtM-Rezept (Teile I, II und III) drei Jahre lang für Prüfzwecke (der Landesbehörde) aufbewahrt werden.

●●● Apotheker (§12 Abs. 2 BtMVV, ▸Kap. 6.2): Patientenangaben können durch den Apotheker geändert oder ergänzt werden, wenn der Überbringer der Verschreibung diese Angaben nachweist oder glaubhaft versichert oder die Angaben anderweitig ersichtlich sind. Alle weiteren Angaben, die einen für den Abgebenden erkennbaren Irrtum enthalten, unleserlich sind oder den Vorschriften (§9 Abs. 1 BtMVV, ▸Kap. 6.2) nicht vollständig entsprechen, können vom Apotheker nur nach Rücksprache mit dem verschreibenden Arzt, präzisiert werden. Diese Änderungen und Rücksprachen sind vom Apotheker auf den Teilen I und II und vom Arzt auf Teil III der Verschreibung mit Unterschrift zu vermerken.

8.2.12 Repetitorium 12: Gefahrstoffrecht

Dr. Angela Schulz

● leicht ●● mittel ●●● schwer

● 1. Der Begriff ist in §2 GefStoffV definiert. Gefährliche Stoffe sind alle Stoffe und Gemische, die aufgrund ihrer Eigenschaften den Gefahrenklassen der CLP-VO zugeordnet werden können. Auch Stoffe, die erst bei der Herstellung oder Verwendung solche gefährlichen Eigenschaften entwickeln, zählen zu den Gefahrstoffen, ebenso alle Stoffe, denen ein Arbeitsplatzgrenzwert zugewiesen wurde. Alle Stoffe und Gemische, die auf Grund der Art und Weise, wie sie am Arbeitsplatz vorhanden sind oder verwendet werden, die Gesundheit und die Sicherheit der Beschäftigten gefährden können, werden ebenfalls als gefährliche Stoffe angesehen.

2. Einstufung bedeutet die Zuordnung eines Stoffs oder Gemischs in bestimmte Gefahrenklassen und Gefahrenkategorien. Diese Zuordnung erfolgt nach den Vorgaben der CLP-VO. Es gibt 29 Gefahrenklassen mit jeweils mehreren Kategorien, neun Gefahrenpiktogramme und zwei Signalwörter. Ein Stoff kann verschiedenen Gefahrenklassen zugeordnet sein. Jede Gefahrenkategorie ist am Signalwort und Gefahrenhinweis (H-Satz) erkennbar. Die Signalwörter heißen „Gefahr" und „Achtung". Sind einem Stoff oder Gemisch beide Signalwörter zugeordnet, wird bei der Kennzeichnung nur das Signalwort „Gefahr" verwendet.

3. Der Flammpunkt liegt unter 23 °C und der Siedepunkt darf nicht größer als 35 °C sein. Das Vorratsgefäß ist mit dem Piktogramm GHS02, dem Signalwort Gefahr und dem H-Satz H224 zu kennzeichnen (⬛Tab. 7.5).

8

●● 1. Die Einstufung und Kennzeichnung von Stoffen und Gemischen ist in der CLP-VO geregelt. Die Kennzeichnung von Abgabegefäßen erfolgt ebenfalls nach den Vorgaben der CLP-VO. Weitere Details zur Kennzeichnung von Vorratsgefäßen sind in der GefStoffV und in den TRGS 201 zu finden. Vorschriften zur Abgabe und Dokumentation macht die ChemVerbotsV. Gefährliche Stoffe mit den Gefahrenpiktogrammen GHS06 (Totenkopf) und GHS08 (Gesundheitsgefahr) mit den H-Sätzen H340, H350, H360, H370, H372 müssen in das Abgabebuch (§9 ChemVerbotsV) eingetragen werden. Auch das Grundstoffüberwachungsgesetz fordert bei der Abgabe von bestimmten Substanzen eine Dokumentation.

2. Die Apothekenleitung teilt die Tätigkeiten mit Gefahrstoffen je nach Gefährdungsgrad für die Beschäftigten ein: Tätigkeiten mit Nicht-CMR-Stoffen erfordern allgemeine und evtl. zusätzliche Schutzmaßnahmen bei dermaler, inhalativer Gefahr oder Gefahr für die Augen; bei Tätigkeiten mit CMR-Stoffen müssen besondere Schutzmaßnahmen eingehalten werden. Ebenso müssen Brand- und Explosionsgefahren berücksichtigt werden. Die Maßnahmen sind in den §§8 bis 11 GefStoffV festgelegt. Wichtig für die Arbeit in der Apotheke ist: „Der Arbeitgeber darf eine Tätigkeit mit Gefahrstoffen erst aufnehmen lassen, nachdem eine Gefährdungsbeurteilung nach §6 durchgeführt und die erforderlichen Schutzmaßnahmen nach Abschnitt 4 ergriffen worden sind." (§7,1 GefStoffV) Die Beschäftigten sind verpflichtet, die Schutzmaßnahmen einzuhalten.

3. REACH bedeutet Registrierung, Bewertung, Zulassung und Beschränkung von Chemikalien in Europa. Diese Europäische Verordnung regelt den Verkehr mit allen Chemikalien in der EU, die in der Menge ab 1 Tonne pro Jahr hergestellt oder importiert werden. Sie bestimmt, welche Chemikalien eine Zulassung benötigen, die Zulassungsbedingungen und erteilt Verbote und Beschränkungen. Die REACH-VO regelt zudem die einheitliche Gestaltung der Sicherheitsdatenblätter in der EU.

4. Die Kennzeichnung muss mit dem Piktogramm GHS07, dem Signalwort Achtung und dem H-Satz H319 erfolgen (◘Tab. 7.1).

●●● 1. Atropinsulfat ist das Piktogramm GHS06 (Totenkopf mit gekreuzten Knochen zugeordnet. Nach §9 ChemVerbotsV müssen bei der Abgabe bestimmte Voraussetzungen erfüllt sein und die Abgabe muss dokumentiert werden (◘Tab. 7.1).

2. Für Salzsäure gilt in Konzentrationen ab 25 % der H-Satz H314, das Piktogramm GHS05 (Ätzwirkung) und das Signalwort „Gefahr" (Dgr). Für Konzentrationen ab 10 % bis 24,99 % sind die H-Sätze H315 und H319 anzugeben, das Piktogramm GHS05 entfällt, das Signalwort ist dann nur noch „Achtung" (Wng). Der H-Satz H335 ist bei Konzentrationen ab 10 % zu vermerken; zu diesem H-Satz gehört das Piktogramm GHS07 (Ausrufezeichen), das Signalwort ist ebenfalls „Achtung" (◘Tab. 7.1).

●●● 3. Wasserstoffperoxidlösung zum Bleichen von Haaren (üblicherweise 3–6 %) ist kein Arzneimittel und dient technischen Zwecken; das Piktogramm und Signalwort müssen ab 5 % angegeben werden (GHS07 und Achtung). Die H- und P-Sätze bezüglich der Gefahrenklasse Eye Irrit. 2 (H319, P280, P305 + P351 + P338, P337 + P313) müssen erst ab 125 ml angegeben werden; hinsichtlich der Gefahrenklasse Acute Tox. 4 sind H302 + H332, P301 + P312 und P501 anzugeben (alles ausgeschrieben). Bei der Verwendung als Rachendesinfektionsmittel dagegen handelt es sich um ein Arzneimittel nach §2 AMG (▶Kap. 5.1.1); es sind keine Anforderungen der GefStoffV zu erfüllen.

Diese Angaben finden Sie beispielsweise im Hörath Gefahrstoffverzeichnis 2020.

8.3 Lösungen zur Fachsprache

Lektion 2

- Kamillentinktur – Tinctura Chamomillae
- Aqua Menthae piperitae – Menthae piperitae aqua
- Gereinigtes weißes Wachs – Cera alba purificata
- Rp. Herbae Convallariae

Lektion 3

- Folliculi Sennae
- Bilsenkraut-Kraut – Hyoscyami herba
- Rp. Sambuci nigrae
- Rp. Tincturae Eucalypti

Lektion 4

- weiße Taubnessel – Lamium album
- Glycerinum purificatum – Glycerolum 85 % purificatum
- Kümmelöl – Oleum Carvi
- Leinöl – Lini oleum
- Rp. Extracti Rhei
- Folia Betulae – Betulae folium
- Schachtelhalm-Abkochung – Decoctum Equiseti
- Pomeranzenschale – Aurantii pericarpium
- Amylum Solani – Solani amylum

Lektion 5

- Oleum Foeniculi purificatum – Foeniculi aetheroleum purificatum
- gepulverte Kartoffelstärke – Solani amylum pulveratum
- Rp. Paraffini subliquidi
- Roter Ton – Bolus rubra
- Quecksilbersalbe – Unguentum Hydrargyri
- geschnittene Birkenblätter – Betulae folium concisum
- Extractum Rhei siccatum 20,0, Saccharum album 30,0
- Decoctum Frangulae 50,0

Lektion 6

- Pulvis Liquiritiae compositus – Liquiritiae pulvis compositus
- Kaliumsulfat – Kalium sulfuricum
- Calciumlactat – Calcii lactas
- Extractum Faecis siccatum – Faecis extractum siccatum
- Rp. Ochsengalle
- Folia Digitalis concisa – Digitalis folium concisum
- Tollkirschenblätter – Folia Belladonnae
- Unguentum Alcoholum Lanae aquosum – Lanae alcoholum unguentum aquosum
- gereinigter Honig – Mel depuratum
- Rp. Rhabarberwurzel
- Flores Chamomillae – Matricariae flos
- Lebertran – Jecoris oleum
- ganzer Leinsamen – Semen Lini totum

Lektion 7

- süße Fenchelfrüchte – Fructus Foeniculi dulcis
- Oculentum simplex – Oculentum simplex
- aufsaugende Verbandwatte aus Baumwolle – Lanugo Gossypii absorbens (Ausnahme!)
- Kühlcreme – Unguentum leniens
- schwaches Nasenöl – Oleum nasale mite
- Unguentum emulsificans aquosum – Unguentum emulsificans aquosum

8.4 Kommentierte Prüfungsfragen „Spezielle Rechtsgebiete für Apotheker"

Dieses Kapitel enthält über 200 Fragen aus den letzten Jahren, die von verschiedenen Prüfern der Prüfungskommissionen bundesweit im Rahmen des Dritten Pharmazeutischen Staatsexamens sinngemäß so gestellt wurden oder mir von aufmerksamen Prüflingen aus fast allen Bundesländern zugetragen wurden. Wiederholt gestellte Fragen sind mit einem (**x**) gekennzeichnet.

> **GUT ZU WISSEN**
> Hier werden auch besondere Sachverhalte, die im Buch selbst nicht vorkommen, besprochen und vertiefen so Ihre Kenntnisse! Für PTAs ist die Bearbeitung dieser Fragen zur Prüfungsvorbereitung ebenfalls sehr empfehlenswert!
> Hinweise und Kommentare wurden vom Autor verfasst. Zur Aktualisierung der Fragen bitte ich um Zusendung interessanter Prüfungsfragen!

8.4.1 Prüfungsfragen

Kapitel 1

1. Erläutern Sie die Entstehung eines Gesetzes und einer Verordnung! Wie kann man als Apotheker eigentlich gegen Gesetze und Verordnungen verstoßen? (**x**)
2. Welche Unterschiede im pharmazeutischen Recht gibt es noch zwischen alten und neuen Bundesländern?
3. Nennen Sie die für das Gesundheitswesen wichtigen Bundesoberbehörden mit ihren wichtigsten Aufgaben! (**x**)
4. Bei welchen Verordnungen muss der Bundesrat zustimmen (Beispiel)?
5. Gibt es europaweite Vorschriften auf pharmazeutischem Gebiet?
6. Gehört die Schweiz eigentlich zu Europa?

Kapitel 2

1. Wo genau ist Ihre Ausbildung und Prüfung festgelegt?
2. Erklären Sie die „Berufsgerichtsbarkeit" (mit Beispiel)! (**x**)
3. Wie muss die PZN aufs Rezept; was bedeutet „PZN" überhaupt?
4. Was für Aufgaben hat die AMK? (**x**)
5. Erklären Sie die Begriffe STADA und ABDA!
6. Wer ist zuständig für die Organisierung der Dienstbereitschaft der Apotheken? Gibt es eine Dienstbereitschaft der Apotheken in Krankenhäusern?
7. Was passiert eigentlich alles auf dem „Apothekertag"?
8. Welche Aufgaben haben RP und LAK! (**x**)
9. Beschreiben Sie kurz die Aufgaben der Nachfolgeinstitute des BGA!
10. Was ist ein Pseudo-Customer im Vergleich zu einem Amtsapotheker?

Kapitel 3

1. Warum ist der Apotheker zur Verschwiegenheit verpflichtet? (**x**)
2. Kann ein Berufsgericht einem Apotheker die Approbation entziehen?
3. Was steht alles in der Approbationsordnung?
4. Wann kann einem Apotheker die Approbation entzogen werden? (**x**)
5. Können Sie ohne Approbation als Pharmaberater arbeiten?
6. Darf ein ausländischer Apotheker beschäftigt werden? Erklären sie die rechtlichen Unterschiede bei einem EU- bzw. Nicht-EU-Mitglied! (**x**)
7. Zählen Sie „aussterbende Apothekenberufe" auf (mit Begründungen)!
8. Dürfen Sie als deutsche Apothekenbesitzerin in Nizza eine Apotheke eröffnen?
9. Muss ein Apothekenleiter neben Beiträgen an die LAK auch Beiträge an die IHK bezahlen?

8

10. Darf eine PTA Nacht- und Notdienst machen?
11. Dürfen PKAs und PTAs im HV bedienen? (x)
12. Lohnt es sich „tarifvertraglich" zu heiraten?
13. Ihr Chef verlangt von Ihnen, dass Sie für die begleitenden Unterrichtsveranstaltungen während Ihrer Pharmaziepraktikantenzeit Urlaub nehmen. Was sagen Sie dazu?
14. Sind ein Vorexaminierter und ein Pharmazieingenieur gleichberechtigt, und wenn ja, wobei?
15. Wo können Sie ihre tariflichen Rechte und Pflichten einsehen?

Kapitel 4

1. Was muss in einer Apotheke ausgehängt werden?
2. Erläutern Sie die rechtlichen Grundlagen zu Apothekenketten bzw. Versandapotheken! (x)
3. In welchem Gesetz ist die Apothekenbetriebsordnung verankert? Was beinhaltet sie? (x)
4. Darf ein Apotheker einer Nebenbeschäftigung nachgehen?
5. Ihr Chef will mit dem Motorrad sechs Wochen durch die USA reisen. In dieser Zeit soll ihn seine Ehefrau (Pharmazieingenieurin) vertreten. Nehmen Sie dazu Stellung!
6. Was benötigt man für die Betriebserlaubnis einer Apotheke? (x)
7. Wie lange muss eine Apotheke bestehen, wenn ein Ausländer sie übernehmen will?
8. Erklären Sie die Begriffe „Stille Gesellschaft" und „Schubladenvertrag"!
9. Erläutern Sie die rechtlichen Grundlagen zum Verpachten von Apotheken! (x)
10. Definieren Sie die Begriffe „Beratungs- bzw. Informationspflicht"!
11. Muss das NRF in einer Krankenhausapotheke vorhanden sein?
12. Was ist eine OHG? Wer hat die Betriebserlaubnis?
13. Sind die Gesellschafter einer OHG immer zu gleichen Teilen an der Apotheke beteiligt?
14. Muss man in der Apotheke eigentlich alles dokumentieren? (x)
15. Beschreiben Sie den Aufbau eines Herstellungsprotokolls! (x)
16. Was muss bei Ausgangsstoffen geprüft werden, wo steht dies im pharmazeutischen Recht?
17. Was sind apothekenübliche Waren? Wo besteht Kontakt zu den Medizinprodukten? (x)
18. Wie muss die Beschriftung bei einer Defektur aussehen? (x)
19. Was ist ein Prüfzertifikat und welchen Anforderungen muss es entsprechen?
20. Was gehört zu den apothekenüblichen Waren? (x) Darf eine Apotheke Bücher oder Videos verkaufen?
21. Dürfen in Apotheken Ohrlöcher gestochen werden?
22. Warum dürfen Tonika und Vorbeugemittel in die Freiwahl?
23. Dürfen Sie Drogen oder Chemikalien in den Versandgefäßen, wie sie vom Großhandel kommen, lagern?
24. Muss der Apotheker eine von einem Angestellten hergestellte Rezeptur nachprüfen?
25. Dürfen Sie ein Rezept abzeichnen? Wann muss der Apotheker kontrollieren? (x)
26. Entspricht ein Kassenaufdruck des Namenszeichens des abgebenden Apothekers auf dem Rezept dem § 17 der Apothekenbetriebsordnung?
27. Warum befindet sich auf diesem Fertigarzneimittel ein Barcode und ein Data Matrix Code? Und wozu dient dieses aufgeklebte Siegel?

28. Für welche Arzneimittel ist das securPharm-Verfahren für die Echtheitsprüfung von Arzneimitteln verpflichtend?
29. Unter welchen Umständen darf ein Vorexaminierter vertreten?
30. Dürfen Ostereierfarben vor Ostern in Apotheken verkauft werden?
31. Unterscheiden Sie die Begriffe „apothekenüblich", „apothekenexklusiv" und „apothekenpflichtig" und nennen Sie Beispiele aus Ihrer Apotheke! (**x**)
32. Welche Voraussetzungen muss eine öffentliche Apotheke erfüllen, damit der Versorgungsvertrag mit einem Krankenhausträger von der zuständigen Behörde genehmigt wird? (**x**)
33. Müssen apothekenpflichtige Tierarzneimittel dokumentiert werden?
34. Wie kalt muss ein Kühlschrank in einer Apotheke sein? Was machen Sie, wenn die Temperatur 12 Grad Celsius erreicht?
35. Ist es bei Arzneimitteln, die „außer Haus" hergestellt werden, rechtens, wenn die Produktionsstätte die Kontrollleitung übernimmt? In welchem Gesetz ist dies verankert?
36. Was ist beim Import von homöopathischen Arzneimitteln aus der Schweiz zu beachten? (**x**)
37. Was ist beim Import von apothekenpflichtigen AM aus den USA zu beachten? In welchen pharmazeutischen Vorschriften ist dies verankert?
38. Erklären Sie den Unterschied zwischen dem Import aus einem EU-Mitgliedstaat und einem Drittstaat? Was muss dokumentiert werden? Was ist ein Einfuhrbuch? (**x**)
39. Erläutern Sie den Unterschied zwischen Parallelimport und Reimport?
40. Was versteht man unter „Parallelvertrieb"?
41. In der Apotheke wird ein Rezept über Focalin® vorgelegt. Das Arzneimittel soll aus den USA importiert werden. Dürfen Sie es importieren und abgeben?
42. Wo liegt der Unterschied zwischen den Begriffen „Verbringen" und „Einfuhr"?
43. Ist der Versand von Tierarzneimitteln legal?
44. Beschreiben Sie den Aufbau eines Prüfzertifikats! (**x**)
45. Der Großhandel liefert 250 g Folia Uvae Ursi conc. ohne Prüfzertifikat. Wie gehen Sie in Ihrer Apotheke zur späteren Zufriedenheit des Amtsapothekers vor?
46. Welchen Einfluss hat das Transfusionsgesetz auf die Apotheke?
47. Was muss im Notfalldepot enthalten sein? Was hat die öffentliche Apotheke damit zu tun? (**x**)
48. Was versteht man unter „Notfallarzneimittel"? Wäre es besser, alle zusammen in einer Schublade oder ins Alphabet integriert zu lagern? (**x**)
49. Wie unterscheiden sich Verpachtung und Verwaltung? (**x**)
50. Definieren Sie den Begriff „Dienstbereitschaft"! (**x**)
51. Darf eine Apotheke an einem „verkaufsoffenen Sonntag" ebenfalls geöffnet haben?
52. Dürfen Waren außerhalb der Apotheke angeboten werden („Schütten vor den Hütten")?
53. Dürfen DHU-Präparate auf dem Verkaufstisch in der Offizin angeboten werden?
54. Nennen sie die Unterschiede zwischen öffentlicher Apotheke und Krankenhausapotheke? (**x**)
55. Welche Apotheken dürfen ein Krankenhaus beliefern?
56. Darf eine französische Apotheke ein deutsches Krankenhaus beliefern?
57. Dürfen Sie im Notdienst morgens um halb sieben eine Zahnbürste verkaufen?
58. Welche Apotheken dürfen Versandhandel betreiben? (**x**)
59. Wer regelt die Dienstbereitschaft der Apotheken? (**x**)

Kapitel 5

1. Sind Diagnostika Arzneimittel?
2. Ein Heilpraktiker verordnet häufig Blutegel. Sind das Arzneimittel? Muss die Abgabe nach dem Transfusionsgestz dokumerntiert werden?
3. Dürfen Kosmetika in Rezepturen verwendet werden?
4. Versuchen Sie Arzneimittel von Nahrungsergänzungsmitteln zu unterscheiden!
5. Nach Auslegung der Apothekenbetriebsordnung dürfen diätetische Lebensmittel in Apotheken verkauft werden. Was ist der Unterschied zwischen einem diätetischen Lebensmittel und einem normalen, nicht apothekenüblichen, Lebensmittel?
6. Ist ein Katheter ein Medizinprodukt, ist ein Herzschrittmacher ein Arzneimittel?
7. Dürfen Sie in der Apotheke im Rahmen einer Gesundheitsaktion kostenloses Blutdruckmessen anbieten?
8. Manche Apotheken verkaufen Blutegel. Sind das Arzneimittel oder apothekenübliche Waren?
9. Erläutern Sie die Rechtsvorschriften über Tierarzneimittel! Wie ist die Dokumentation von verschreibungspflichtigen Tierarzneimitteln geregelt, wie die Wartezeit, in welchem Gesetz ist dies verankert?
10. Was müssen Sie genau bei Erwerb und Abgabe von Tierarzneimitteln beachten und wo steht das?
11. Was sind „bedenkliche Arzneimittel"? (**x**)
12. Was besagt die „Hunderter-Regel"? (**x**)
13. Was verstehen Sie unter der „Tausender-Regel"?
14. Wie unterscheiden sich diese beiden Arzneimittel (Prüferin zeigt die Fertigarzneimittel „Belladonna D3 Dilutio DHU" und „Nux vomica D6 Streukügelchen DHU")?
15. Kann der Apotheker dafür verantwortlich gemacht werden, wenn ein Arzt ein Arzneimittel anders anwendet?
16. Wer ist für eine falsche Packungsbeilage verantwortlich?
17. Ist ein Fertigarzneimittel ohne Zulassungsnummer verkehrsfähig? Was ist eine Nachzulassung? (**x**)
18. Kennen Sie weitere Ausnahmen von der Zulassungspflicht?
19. Erklären Sie die Zahlen auf einer Arzneimittelverpackung in Bezug auf arzneimittelrechtliche Grundlagen!
20. Was ist eine klinische Prüfung? Wie wird sie durchgeführt? (**x**)
21. Was ist ein Medizinprodukt? Darf eine Apotheke diese verkaufen? Was darf die Apotheke überhaupt alles verkaufen? (**x**)
22. Definieren Sie sinngemäß die Begriffe „Charge", „Wartezeit", „pharmazeutischer Unternehmer"!
23. Hat ein Patient nach täglich 20 Schmerztabletten „Nebenwirkungen"?
24. Erklären Sie den Begriff „Standardzulassung"! Wie werden Standardzulassungen gekennzeichnet? (**x**)
25. Was bedeutet die Abkürzung PNR im Zusammenhang mit Standardzulassungen?
26. Erklären Sie das Verfahren bei der Arzneimittelzulassung!
27. Der neue Hautarzt um die Ecke verschreibt oft eine Salbenrezeptur mit Prednisolon.
    a) Dürfen Sie gleich morgens zehn Tuben davon im Voraus herstellen?
    b) Wie sieht die Etikettierung des Prednisolon-Standgefäßes genau aus?
28. Dürfen Arzneimittel durch Versand vertrieben werden? (**x**)

29. Definieren Sie den Begriff „Heilmittelwerbegesetz"! Gibt es Unterschiede bei der Werbung in Fernsehen, Radio und Zeitung? Was heißt „Erinnerungswerbung"? (**x**)

30. Warum muss der Pharmazierat bzw. Amtsapotheker zwei Proben nehmen?

31. In welchem Gesetz sind die Kennzeichnungen von Fertigarzneimitteln bzw. Rezepturen festgelegt? (**x**)

32. Sind Import-Arzneimittel unbedenklich?

33. Sie bekommen ein Rezept von einem Tierheilpraktiker über ein verschreibungspflichtiges Tierarzneimittel für eine Kuh. Was ist zu tun?

34. Eine Kundin hat ein Rezept vom Tierarzt über ein Humanarzneimittel für ihre Katze bei Ihnen vorgelegt. Das Arzneimittel ist in Österreich zugelassen. Dürfen Sie ein Humanarzneimittel für Tiere importieren?

35. Unterschied Arzneimittel – Fertigarzneimittel? (**x**)

36. Wo werden die Arzneimittelpreise rechtlich geregelt?

37. Dürfen besondere Kosten, die bei der Beschaffung eines Arzneimittels für die Apotheke anfallen, den Kassen berechnet werden?

38. Was gibt es bei der „Auseinzelung von Fertigarzneimitteln" arzneimittelrechtlich zu beachten?

39. Dürfen Fertigarzneimittel im „Omnibus" gelagert werden?

40. Was für Maßnahmen kann das BMG bei Arzneimittelrisiken veranlassen?

41. Wie funktioniert das Qualitätskontrollsystem in der Industrie?

42. Darf der Pharmazierat eine Gebühr für die Revision verlangen?

43. Erläutern Sie den Unterschied zwischen einem Pharmaberater und einem Pharmareferenten!

44. Darf ein Pharmavertreter zusammen mit dem Abschluss eines Verkaufs auch Informationen über ein Arzneimittel geben?

45. Definieren Sie den Begriff „Medizinproduktegesetz"! Welche Medizinprodukte waren früher Arzneimittel? (**x**)

46. Erläutern Sie die rechtlichen Grundlagen für die Überwachung der Apotheke? Worin besteht der Unterschied zwischen einem hauptberuflichen und einem ehrenamtlichen Pharmazierat? Was wird bei einer Revision geprüft? (**x**)

47. Dürfen Sie verschreibungspflichtige Arzneimittel ohne Rezept abgeben?

48. Wie verhalten Sie sich, wenn ein Kunde 3 Packungen Paracetamol 500-Tabletten 20 Stück verlangt?

49. Vor Ihnen liegen die beiden FAM Voltaren Schmerzgel® und Voltaren Emulgel®. Beide enthalten 1,16 % Diclofenac in einer Gelgrundlage. Warum ist das eine apothekenpflichtig und das andere verschreibungspflichtig?

50. Vor wenigen Jahren wurden die Ausnahmebedingungen von Naproxen bzgl. Rezeptpflicht erweitert. Interpretieren Sie den Eintrag Naproxen hier im Gesetzestext!

51. Können Impfstoffe vom Hersteller direkt an Ärzte geliefert werden?

52. Dürfen verschreibungspflichtige Arzneimittel an Hebammen abgegeben werden?

53. Beurteilen Sie die rechtliche Situation beim Verkauf von Arzneimitteln an Tankstellen!

54. Beschreiben Sie die Qualifikation einer „Qualified Person" nach AMG!

55. Muss der Apotheker eine Rücknahmemöglichkeit für Verpackungsabfälle in seiner Apotheke anbieten?

56. Wann müssen Arzneimittel mit ihrem Preis ausgezeichnet sein?

57. Wie lange kann ein Rezept in der Apotheke eingelöst werden? (**x**)

58. Im Apothekenschaufenster steht ein Schild mit dem Text: „Wir liefern alle Arzneimittel frei Haus". Nehmen Sie dazu Stellung!
59. Sind nicht verschreibungspflichtige Rezepturen frei kalkulierbar?
60. Wie werden Preise für Tierarzneimittel berechnet?
61. Darf ein Rezept eines Schweizer Tierarztes über ein Tierarzneimittel in Deutschland beliefert werden?
62. Darf ein Arzt einen Grippeimpfstoff, den er einem Patienten spritzen will, verkaufen?
63. Wie verhält es sich mit der Abgabe von rezeptpflichtigen Arzneimitteln für den Eigenbedarf an nicht mehr praktizierende Ärzte, die unter Umständen keinen gültigen Kammerausweis vorlegen können?
64. Welche Bedingungen gelten nach AMG für den Einzelimport aus Nicht-EU- und Nicht-EWR-Staaten?
65. Fällt ein mit einem Arzneimittel kombiniertes Medizinprodukt unter das Arzneimittel- oder Medizinprodukterecht?
66. In welche Gruppen lassen sich Medizinprodukte einteilen? (**x**)
67. Können Sie als „Sachkundige Person" in der Pharmaindustrie arbeiten?
68. Erklären Sie die Unterschiede zwischen einem Arzneimittel und einem Nahrungsergänzungsmittel (Beispiel: Vitamine)! (**x**)
69. Homöopathische Arzneimittel werden registriert. Warum hat dann dieses hier (zeigt ein FAM aus der Klosterfrau-Homöopathie-Produktreihe) eine Zulassungsnummer?
70. Hier zeige ich Ihnen ein Rezept mit dem Aufdruck „Entlassmanagement". Bitte erklären Sie mir die Besonderheiten. Was hat der G-BA damit zu tun?
71. Kann ein Arzt einem Patienten eine Anstaltspackung verschreiben?
72. Bedarf das Portionieren von Arzneimitteln in der Apotheke (Verblistern) der Zulassung der zuständigen Behörde?
73. Eine Kundin fragt in der Apotheke nach dem Produkt „Wu-Zei-Zie", das in einer Zeitschrift u. a. gegen Tinnitus beworben wird. Dürfen Sie das Produkt abgeben?
74. Wie läuft eine klinische Prüfung ab?
75. Wer macht sich strafbar bei der Verwendung von Nandrolon zu Dopingzwecken?
76. Benötigt ein Apotheker eine Genehmigung für die Herstellung von Standardzulassungen?
77. Ein Heilpraktiker verlangt für seine Praxis ein Lidocain-Fertigarzneimittel zur intracutanen Anwendung. Wie verhalten Sie sich?
78. Eine Zahnärztin weist sich aus und legt ein selbst verschriebenes Privatrezept über die Antibaby-Pille vor (ad usum proprium = Eigenbedarf). Dürfen Sie das Rezept beliefern?
79. Welche apotheken- und arzneimittelrechtlichen Besonderheiten fallen Ihnen zur „Pille danach" ein?
80. Brauchen wir für den Einzelimport aus Österreich ein ärztliches Rezept? Das Präparat ist in Österreich verschreibungspflichtig.
81. Kann der Arzt ASS 100 auch auf GKV-Rezept verschreiben?
82. Wann dürfen Sie Rx-Arzneimittel für den Eigenbedarf („ad usum proprium") einer verschreibenden Person auch ohne Vorlage einer schriftlichen oder elektronischen Verschreibung an Ärzte, Zahnärzte oder Tierärzte abgeben?
83. Gibt es Lebensmittel in der Apotheke?
84. Warum sehen wir Mifegyne® nie in einer Apotheke?
85. Erklären Sie verschiedene Rezeptarten und verwenden Sie dabei die Begriffe Gültigkeit und Erstattungsfähigkeit!

86. Dürfen ärztliche Rezepte aus dem Ausland in Deutschland beliefert werden?
87. Was ist die „OTC-Ausnahmeliste"? Wo finde ich diese Liste?
88. Kann eine Frauenärztin einer 22-jährigen DAK-Patientin ein Hormonpflaster zur Empfängnisverhütung verschreiben?

Kapitel 6

1. Was versteht man unter dem Begriff „BtM" und wie werden BtMs vom BTMG eingeteilt? (**x**)
2. Kennen Sie Betäubungsmittel, die in mehreren Anlagen vorkommen? Warum?
3. Beschreiben Sie den Aufbau einer BtM-Kartei! (**x**)
4. Was sind die Aufgaben der „Bundesopiumstelle"?
5. Dürfen Sie einer benachbarten Apotheke ein BtM ausleihen? Dürfen Sie einer beauftragten Person ein BtM aushändigen?
6. Darf ein Arzt auf einem BtM-Rezept Verbandmull verschreiben?
7. Was bedeutet ein „N" auf einem BtM-Rezept? (**x**)
8. Seit Februar 1998 ist Dronabinol in der Anlage III BtMG aufgeführt, aber nur in den USA erhältlich. Beurteilen Sie die rechtliche Situation!
9. In Deutschland steht kein FAM mit dem Wirkstoff Dronabinol zur Verfügung. Welche Möglichkeiten hat die Apotheke trotzdem, auf Wunsch eines Arztes für einen unter Anorexie mit Gewichtsverlust leidenden AIDS-Patienten, ein Arzneimittel zur Verfügung zu stellen?
10. Ein Kunde will 5 Liter Acetanhydrid, geben Sie es ab?
11. Dürfen Sie einem Kunden die Abgabe von Einmalkanülen verweigern?
12. Gibt es Cocain in der Apotheke?
13. Erläutern Sie die rechtlichen Grundlagen zum Verkauf von Cannabis in der Apotheke! (**x**)
14. Das FAM Ritalin SR® gibt es nur im Ausland in der Packungsgröße 100 Tabletten mit jeweils 20 mg Methylphenidat. Dürfen Sie diese Packung in Deutschland abgeben?
15. Was versteht man unter „Therapie statt Strafe"?
16. Wie läuft die Bestellung, Lieferung und Dokumentation von Morphin-Ampullen in einer öffentlichen Apotheke ab? Und was passiert, wenn sie auf den Boden fallen und kaputtgehen?
17. Was muss in der Apotheke „unter Verschluss" aufbewahrt werden? (**x**)
18. Stichwort „Substitutionsrezept". Wie ist die Apotheke betroffen?
19. Welche Arzneistoffe sind zur Substitution betäubungsmittelabhängiger Patienten zugelassen? (**x**)
20. Welchen Teil des BtM-Rezepts erhält ein Privatpatient? Wie lange ist ein BtM-Rezept gültig?
21. Welche rechtlichen Bedingungen muss eine Apotheke erfüllen, um am BtM-Verkehr teilzunehmen? Können BtM in einem Filialverbund hin- und her verschoben werden?
22. Ein Kunde möchte von Ihrer Apotheke Cannabisblüten beziehen. Gibt es Höchstmengen, die verschrieben weden dürfen?
23. Was muss rechtlich passieren, damit eine Substanz zum Betäubungsmittel wird?
24. Welche rechtlichen Grundlagen gelten für die Abgabe des FAM Rohypnol®?
25. Ein Patient legt Ihnen ein BtM-Rezept mit Rohypnol®, das mit einem „S" gekennzeichnet ist, vor. Äußern Sie sich bitte dazu!

8

26. Muss eine Filialapotheke der Bundesopiumstelle angezeigt werden?
27. Dürfen BtM in Kommissionierautomaten gelagert werden?
28. Fallen halluzinogene Pilze unter das BtMG?
29. Welche Besonderheit hat das Betäubungsmittel Diamorphin für die Apotheke?
30. Erklären Sie die Begriffe „Sichtbezug" und „Take-Home" in der Substitutionstherapie!
31. Welche Sonderzeichen können Sie auf BtM-Rezepten finden und welche Bedeutung haben diese Zeichen?
32. Dürfen Sie eine 25%ige Cocainlösung herstellen und abgeben?

Kapitel 7

1. Was unterscheidet entzündbare Flüssigkeiten der Kategorie 1 und 3 hinsichtlich ihrer Kennzeichnung und was ist bei allen Kategorien gleich?
2. Dürfen Sie als Pharmazeut im Praktikum Gefahrstoffe gemäß Chemikalien-Verbotsverordnung abgeben?
3. Welche schriftlichen Unterlagen über toxische Gefahrstoffe gibt es in Apotheken?
4. Nennen Sie gesetzliche Grundlagen für die Lagerung entzündbarer Flüssigkeiten.
5. Was ist ein Gefahrstoffverzeichnis? Benötigt eine Apotheke so ein Verzeichnis?

8.4.2 Kommentare zu den Prüfungsfragen
Kapitel 1

1. Unterschiede zur Entstehung von Gesetzen und Verordnungen befinden sich in ◘ Tab. 1.2. Beispiele für Gesetzesverstöße: Eröffnung einer Apotheke ohne Betriebserlaubnis (ApoG, ▸ Kap. 4.2.1), Führen der Berufsbezeichnung „PTA" ohne Erlaubnis (§ 1 PTA-Gesetz, ▸ Kap. 3.2.1) oder Vernichtung von BtM ohne Zeugen (§ 16 BtMG, ▸ Kap. 6.1). Beispiele für Verstöße gegen Verordnungen: gefälschtes Prüfprotokoll (§ 11 ApBetrO, ▸ Kap. 4.3.1) oder Abgabe verschreibungspflichtiger Arzneimittel ohne Rezept (Arzneimittelverschreibungsverordnung § 1, ▸ Kap. 5.2.1). Finden Sie weitere Beispiele!
2. Beim Abschluss des Einigungsvertrags wurden zahlreiche Übergangsregelungen (z. B. Pharmazeutische Zentren, ▸ Kap. 4.1) geschaffen, die aber inzwischen so nicht mehr existieren. In den neuen Bundesländern gelten apothekenrechtlich die gleichen Gesetze und Verordnungen (z. B. Apothekenberufe, ▸ Kap. 3.3) wie in den alten Bundesländern.
3. Aufgaben der Bundesoberbehörden:
   a) Bundesinstitut für Arzneimittel und Medizinprodukte (BfArM):
      Zulassung von Fertigarzneimitteln, Risikoerfassung und Risikobewertung von Arzneimitteln sowie das Treffen geeigneter Maßnahmen zur Risikoabwehr, Überwachung des Verkehrs mit Betäubungsmitteln, Risikoerfassung und Durchführung von Maßnahmen zur Risikoabwehr bei Medizinprodukten.
   b) Bundesinstitut für Impfstoffe und biomedizinische Arzneimittel, früher Bundesamt für Sera und Impfstoffe (Paul-Ehrlich-Institut):
      Zulassung und staatliche Chargenprüfung von Sera und Impfstoffen.
   c) Robert Koch-Institut (RKI):
      Erkennung, Verhütung und Bekämpfung von übertragbaren und nicht übertragbaren Krankheiten, Risikoerfassung und Risikobewertung bei gentechnisch veränderten Organismen und Produkten, Durchführung des Gentechnikgesetzes.

d) Bundesamt für Verbraucherschutz und Lebensmittelsicherheit in Braunschweig (BVL, (früher: Bundesinstitut für gesundheitlichen Verbraucherschutz und Veterinärmedizin (BgVV). 2002 wurde das BgVV aufgelöst und die Aufgaben vom BVL, BFAV und BfR (▸ Kap. 2.1) übernommen):
Sicherung des Gesundheitsschutzes bei Lebensmitteln, Kosmetika, Pflanzenschutzmitteln sowie Chemikalien, Zulassung von Tierarzneimitteln, Tierschutz.

4. Verordnungen werden durch die Unterschrift(en) des/der zuständigen Minister in Kraft gesetzt. Bei Verordnungen, die die Bundesländer betreffen, ist die Zustimmung des Bundesrats notwendig; Beispiele sind die Apothekenbetriebsordnung (▸ Kap. 4.3), die Ausbildungs- und Prüfungsverordnung für PTA, (▸ Kap. 3.2) oder die Verordnung über Standardzulassungen (§ 36 AMG, ▸ Kap. 5.1.4, ▸ Kap. 5.2.4).

5. Es werden immer mehr Regelungen auf pharmazeutischem Gebiet europaweit festgelegt. Heute schon bestehende Vorschriften betreffen z. B. die europäische Zulassungsbehörde EMA in Amsterdam (▸ Kap. 5.1.1) oder das Medizinproduktegesetz (▸ Kap. 5.3).

6. Geographisch schon, aber sie ist nicht Mitglied der EU oder des EWR (◻ Tab. 1.1). Dies hat z. B. Bedeutung bei der europäischen Arzneimittelzulassung, die für die Schweiz und andere Drittländer nicht möglich ist, und beim Import von Arzneimitteln aus der Schweiz. Allerdings bestehen einige angleichende bilaterale Abkommen zwischen der Schweiz und Deutschland.

Kapitel 2

1. Als Pharmaziestudent in der Approbationsordnung für Apotheker auf Grundlage der Bundesapothekerordnung (▸ Kap. 3.1), als PTA in der Ausbildungs- und Prüfungsverordnung für PTA auf Grundlage des Gesetzes über den Beruf des PTA (▸ Kap. 3.2).

2. Die Berufsgerichtsbarkeit ist eine besondere, neben den staatlichen Strafgerichten bestehende Gerichtsbarkeit zur Ahndung von Verletzungen der Berufspflichten des Apothekers und „standeswidrigem Verhalten". Die Berufsgerichte sind bei den Landesapothekerkammern (▸ Kap. 2.2.1) eingerichtet und stützen sich auf die Berufsordnungen (▸ Kap. 2.2.1) der einzelnen LAKs. Standeswidrig sind z. B.: Absprachen und wirtschaftliche Zusammenarbeit mit Ärzten, nicht angemessene Werbung oder übertriebene Wettbewerbsmaßnahmen, Verzicht auf Zuzahlungen. Informieren Sie sich in der Berufsordnung Ihrer LAK!

3. Die Pharmazentralnummer (PZN) muss bei der Abgabe eines Rezepts „maschinenlesbar" in die dafür vorgesehenen Felder (◦ Abb. 2.4, ▸ Kap. 2.2.3) mithilfe eines Rezeptdruckers eingetragen werden. Die PZN besteht aus einer achtstelligen Zahl, wobei die letzte Ziffer als Prüfziffer aus den sieben ersten Ziffern errechnet wird (◦ Abb. 4.7, ▸ Kap. 4.3.1). Sie könnten zur Übung die PZN des Rezeptbeispiels aus ◦ Abb. 2.4, ▸ Kap. 2.2.3 überprüfen: PZN 03879429 (2013 wurde eine führende Null vor die bisherige siebenstellige PZN gesetzt)!

4. Die Arzneimittelkommission der deutschen Apotheker (▸ Kap. 2.2.1) nimmt u. a. mittels der von Apotheken eingereichten Berichtsbögen (◦ Abb. 2.2, ◦ Abb. 2.3) Meldungen über Arzneimittel entgegen, leitet diese weiter und veröffentlicht wöchentlich in den Fachzeitschriften (DAZ/PZ) Beanstandungen und Rückrufe.

5. Die STADA war früher eine apothekereigene Firma, heute werden ihre Aktien an der Börse gehandelt (▸ Kap. 2.2.3). Die ABDA (▸ Kap. 2.2.2) ist ein Zusammenschluss von

8

Apothekerorganisationen, nämlich aller Landesapothekerkammern und aller Landesapothekerverbände.

6. Die Dienstbereitschaft der öffentlichen Apotheken (ApBetrO § 23, ▸ Kap. 4.3.1) wird von den Bundesländern über deren zur Zuständigkeit ernannten Behörden geregelt; meist sind die LAKs mit dieser Aufgabe betraut worden. Die Versorgung eines Krankenhauses erfolgt über die Bevorratung der Stationen, ein Nacht- und Notdienst ist daher für Krankenhausapotheken nicht vorgesehen (der Inhaber der Betriebserlaubnis muss nach § 33 ApBetrO die ordnungsgemäße Arzneimittelversorgung des Krankenhauses gewährleisten).

7. Der Apothekertag ist die jährlich von der ABDA (▸ Kap. 2.2.2) einberufene Hauptversammlung der deutschen Apotheker und dient der gesundheitspolitischen und wirtschaftlichen Willensbildung der Apothekerschaft. Die Delegierten werden von den LAKs und LAVs gestellt, Beschlüsse sind für die ABDA verbindlich. Zeitgleich findet die Expopharm (Pharmazeutische Ausstellung) statt.

8. Die Regierungspräsidien (RP) sind in einigen Bundesländern die zuständigen Behörden für die Vergabe der Betriebserlaubnis (▸ Kap. 4.2) und die Überwachung (AMG, ▸ Kap. 5.1.8) von Apotheken und pharmazeutischen Betrieben. Die Landesapothekerkammer (LAK) jedes Bundeslandes ist eine Körperschaft des öffentlichen Rechts, in der alle Apotheker Mitglied sind (Aufgaben ▸ Kap. 2.2.1).

9. Das BGA wurde 1994 aufgelöst und in drei Bundesinstitute aufgeteilt; Bezeichnungen und Aufgaben dieser Behörden (▸ Kap. 2.1). Bezeichnungen und Aufgaben können sich ändern, informieren Sie sich!

10. Ein Pseudo-Customer ist eine geschulte Person, die in der Apotheke vorgibt, an einem Symptom zu leiden, ein Arzneimittel zu benötigen oder ein Rezept einlösen zu wollen (▸ Kap. 2.2.2). Das Ergebnis des Gesprächs und des Verhaltens des Apothekenmitarbeiters wird anschließend gemeinsam besprochen. Ziel dieser von der Apotheke bestellten und von den LAKs organisierten Aktion ist die Schulung der Apothekenmitarbeiter bei der Beratung (und bei von den Medien unternommenen Testkäufen). Ein Amtsapotheker (oder Pharmazierat) dagegen besucht im Auftrag der staatlichen Überwachungsbehörde in regelmäßigen Abständen die Apotheken (Revision), prüft Unterlagen und Protokolle und kann auch Proben aus Standgefäßen nehmen (§ 64 AMG, ▸ Kap. 5.1.8).

Kapitel 3

1. Die Verschwiegenheitspflicht des Apothekers (und auch des übrigen Apothekenpersonals) bezieht sich auf § 203 StGB (▸ Kap. 3.5) und die Berufsordnungen der LAKs (▸ Kap. 2.2.1) und betrifft Geheimnisse aus dem persönlichen Bereich von Patienten und Betriebsgeheimnisse der Apotheke.

2. Die Berufsgerichte der LAKs (▸ Kap. 2.2.1) können bei standeswidrigem Verhalten Verweise erteilen und Bußgelder verhängen. In schwerwiegenden Fällen kann ein Berufsgericht die Unzuverlässigkeit eines Apothekers durch Widerruf der Betriebserlaubnis der Apotheke oder durch Widerruf (oder zeitlich begrenztes Ruhen) der Approbation ahnden.

3. Die Approbationsordnung für Apotheker (AAppO, ▸ Kap. 3.1.2) regelt die Einzelheiten der Apothekerausbildung an der Universität, während der Famulatur und in der praktischen Ausbildung als Pharmaziepraktikant. Auch werden die Prüfungsmodalitäten, Zuständigkeiten (Landesprüfungsämter) und die Vergabe der Approbation

geregelt. In 16 Anlagen führt die AAppO die Wortlaute aller Bescheinigungen und den Prüfungsstoff für die drei Abschnitte des Pharmazeutischen Staatsexamens auf.

4. Ein Apotheker ist zur Ausübung seines Berufes unwürdig, wenn er „infolge seines Verhaltens nicht mehr das Ansehen und das Vertrauen genießt, das für die Ausübung seines Berufes unabdingbar ist" (aus den Leitsätzen des Bayrischen Verwaltungsgerichtshofes zum Entzug der Approbation für einen Apotheker, der mehrfach gegen die Arzneimittelverschreibungsverordnung verstoßen hatte). Weitere Beispiele: Rezeptbetrug gegenüber Krankenkassen, Verurteilungen auf Grundlage des BtM-Gesetzes. Informieren Sie sich über die aktuelle Berufsordnung Ihrer Landesapothekerkammer (die Berufsordnung aus Baden-Württemberg finden Sie in ▸ Kap. 2.2.1).

5. Ja, das Arzneimittelgesetz lässt als „sachkundig" u. a. sowohl Apotheker (diese Berufsbezeichnung bedingt die Approbation (§ 3 Bundesapothekerordnung, ▸ Kap. 3.1.1), als auch Personen mit abgeschlossenem Studium der Pharmazie zu (Formulierung des § 75 AMG, ▸ Kap. 5.1.10). Auch PTAs können als Pharmaberater arbeiten. Übrigens: Auch die Verpachtung einer Apotheke ist nach Widerruf der Approbation des Betreibers noch möglich (§ 9,1 Punkt 1 ApoG, ▸ Kap. 4.2.1).

6. Ja, Bedingungen sind entweder die Approbation (§ 2 Abs. 1 Bundesapothekerordnung) oder eine Erlaubnis (§ 2 Abs. 2 Bundesapothekerordnung). Für EU-Mitglieder muss die Approbation erteilt werden, wenn alle Voraussetzungen nach § 4 Abs. 1 und 1a der Bundesapothekerordnung erfüllt sind. Einzelheiten siehe Originaltext § 4 der Bundesapothekerordnung im Internet.

7. Es handelt sich hier einerseits um Berufe aus der ehemaligen DDR, deren Ausbildung durch den Einigungsvertrag abgeschafft wurden (Pharmazieingenieure, Apothekenassistenten, Pharmazeutische Assistenten, Apothekenfacharbeiter), andererseits um Berufe, die durch neuere Ausbildungsordnungen weggefallen sind (Apothekerassistenten, Apothekenhelfer; ▸ Kap. 3).

8. Diese Apothekerin könnte unter Beachtung ihrer Anwesenheitspflicht in ihrer deutschen Apotheke eine zusätzliche Apotheke in Frankreich besitzen. Allerdings muss sie einen Apothekenleiter anstellen und den Besitz der Apotheke der zuständigen deutschen Behörde mitteilen (§ 2 Abs. 1 Nr. 8 ApoG, ▸ Kap. 4.2.1).

9. Ja, die Beiträge zur Landesapothekerkammer ergeben sich aus der Pflichtmitgliedschaft als Apotheker, die Beiträge zur Industrie- und Handelskammer aus der Tätigkeit des Apothekers als Vollkaufmann.
„Die Zulässigkeit der Pflichtzugehörigkeit zur IHK wird nicht dadurch berührt, dass der Gewerbetreibende als Inhaber einer Apotheke zugleich einer nach dem Landesrecht bestehenden Apothekerkammer angehören muss. Die Heranziehung eines solchen Apothekers durch die IHK mit dem Grundbeitrag und einem Viertel der Umlage ist nicht zu beanstanden" (VGH Mannheim vom 28.06.2001).

10. Da eine PTA unter Aufsicht des Apothekers (◻ Tab. 3.1) arbeitet, darf sie nicht allein zum Nacht- oder Notdienst eingesetzt werden. Es ist aber möglich, PTAs im Rahmen der tarifvertraglichen Möglichkeiten (▸ Kap. 3.4) zur Unterstützung am Abend oder am Wochenende zusätzlich einzusetzen.

11. Diese Frage ist sehr allgemein gestellt und muss daher differenziert beantwortet werden.
Die **PKA** (▸ Kap. 3.3) gehört nicht zum pharmazeutischen Personal und darf daher keine pharmazeutischen Tätigkeiten (z. B. Abgabe von Arzneimitteln § 1a ApBetrO, ▸ Kap. 4.3.1) ausüben. Sie darf im HV (Handverkauf) aber apothekenübliche Waren

8

(§ 1a ApBetrO, ▸ Kap. 4.3.1) verkaufen oder das pharmazeutische Personal bei den pharmazeutischen Tätigkeiten unterstützen. Die **PTA** (▸ Kap. 3.2) dagegen kann nach ApBetrO alle pharmazeutischen Tätigkeiten ausüben, wenn sie von einem Apotheker (auch Apothekerassistenten oder Pharmazieingenieur bei Vertretungen) beaufsichtigt wird. Sie kann also im HV apothekenübliche Waren verkaufen und Arzneimittel unter Aufsicht abgeben. Das Gleiche gilt übrigens für PTA-Praktikanten und auch Pharmaziepraktikanten!

12. Im Tarifvertrag werden die bezahlten Arbeitstage bei „besonderen Anlässen" aufgeführt (▸ Kap. 3.4). Es steht ein Arbeitstag zur Verfügung. Für die Bestellung des Aufgebots muss der Apothekenleiter nach Tarifvertrag zusätzlich die dafür notwendige Zeit freigeben.

13. Nach der Approbationsordnung für Apotheker (▸ Kap. 3.1.2) müssen die begleitenden Unterrichtsveranstaltungen während der praktischen Tätigkeit vor dem Dritten Staatsexamen abgeleistet werden. Sie gelten nicht als Unterbrechungen, es muss kein Urlaub genommen werden.

14. Beide arbeiten unter Verantwortung des Apothekers und dürfen Nacht- und Notdienst sowie Vertretungen machen (▸ Kap. 3.3). Trotzdem ist die Bezahlung nach Tarifvertrag für Apothekerassistenten immer noch besser als für Pharmazieingenieure, Klagen auf Gleichbezahlung wurden von Gerichten zurückgewiesen.

15. Im Bundesrahmentarifvertrag für Apothekenmitarbeiter (▸ Kap. 3.4). Es gibt hierbei verschiedene Möglichkeiten: Veröffentlichungen der DAZ/PZ, Broschüre oder Loseblattsammlung des Tarifvertrags oder im Internet (über die Homepage des Deutschen Apotheker Verlags Stuttgart oder adexa-online.de).

Kapitel 4

1. Nach außen sichtbar: Nacht- und Notdienstregelung (ApBetrO § 23 Abs. 5, ▸ Kap. 4.3.1). Im Innern der Apotheke: Liste über Erreichbarkeit von Notfalldepots (ApBetrO § 15 Abs. 2, ▸ Kap. 4.3.1) und gesetzlich vorgeschriebene Aushänge (Deutscher Apotheker Verlag) mit folgendem Inhalt: Arbeitszeitverordnung mit Ausführungsverordnungen, Mutterschutzgesetz, Jugendarbeitsschutzgesetz mit Verordnungen, Ladenschlussgesetz, Auszüge aus dem BGB und eventuell der Bundesrahmentarifvertrag für Apothekenmitarbeiter (BRTV, ▸ Kap. 3.4).

2. Apothekenketten mit mehr als 4 Apotheken widersprechen dem Mehrbesitzverbot (eigentlich seit 2004 ein „Vielbesitzverbot" (▸ Kap. 4.1). Der Versand von Arzneimitteln aus der Apotheke ist mit Erlaubnis der zuständigen Behörde für jede öffentliche Apotheke zusätzlich möglich (§ 11a und b ApoG, ▸ Kap. 4.2.1).

3. Das Gesetz über das Apothekenwesen (ApoG, ▸ Kap. 4.2) ermächtigt in § 21 den Bundesminister für Gesundheit, eine Verordnung zu erlassen. Beispiele: Sicherstellung des ordnungsgemäßen Betriebs und der Qualität, Anforderungen an Personal, Räume, Hygiene und QM-System, Festlegung apothekenüblicher Waren oder Sonderregelungen für Krankenhausapotheken. Eine Kurzübersicht finden Sie in ▫ Tab. 4.7.

4. Ja, aber sie muss gemeldet und in der Regel von der zuständigen Behörde genehmigt werden. Die zuständigen Behörden (Regierungspräsidien, Bezirksregierungen) haben zu prüfen, ob diese Tätigkeit nicht die Pflicht des Apothekenleiters zur persönlichen Leitung seiner Apotheke einschränkt (Präsenzpflicht, ▸ Kap. 4.1).

5. Nach § 2 Abs. 5 ApBetrO (▸Kap. 4.3.1) kann sich ein Apothekenleiter für insgesamt drei Monate im Jahr von einem anderen Apotheker vertreten lassen. Eine Vertretung in dem genannten Fall wäre nur unter folgenden Bedingungen möglich: 1. es findet sich keine approbierte Vertretung, dann kann auch eine Pharmazeingenieurin vertreten, 2. dies ist aber nur maximal vier Wochen im Jahr möglich, 3. muss die Ehefrau im Jahr vor dem Vertretungsbeginn mindestens sechs Monate in einer Apotheke beschäftigt gewesen sein und hinsichtlich ihrer Kenntnisse und Fähigkeiten dafür geeignet sein (ApoBetrO § 2 Abs. 6, ▸Kap. 4.3.1). 4. Es handelt sich nicht um eine Hauptapotheke, eine Krankenhaus- oder heimversorgende Apotheke, eine Apotheke mit Versandhandel, Verblisterung oder Zytostatika herdstellende Apotheke. 5. Die Vertretung muss der zuständigen Behörde mitgeteilt werden.
   Die gleichen Regelungen gelten für Apothekerassistenten!

6. Die vorgeschriebenen Räume (§ 4 ApBetrO, ▸Kap. 4.3.1) mit einer Mindestgröße von 110 m² für Offizin, Labor, Lagerraum und Nachtdienstzimmer müssen nachgewiesen werden, die vorgeschriebene Einrichtung sowie notwendige Prüf- und Herstellungsgeräte sowie wissenschaftliche Hilfsmittel des § 5 ApBetrO müssen vorhanden sein. Der Inhaber der Betriebserlaubnis muss approbierter Apotheker sein (oder eine Genehmigung der zuständigen Behörde erhalten haben), Berufspraxis aufweisen und ein polizeiliches Führungszeugnis und ein amtsärztliches Gesundheitszeugnis vorlegen (§ 2 ApoG, ▸Kap. 4.2.1).

7. Mindestens drei Jahre, der Ausländer muss Angehöriger eines EU-Staates sein (§ 2 Abs. 2 ApoG, ▸Kap. 4.2).

8. Stille Gesellschaften (▸Kap. 4.1) sind schon seit 1980 nicht mehr zulässig (fremde Geldgeber wie z. B. Kinder waren an der Apotheke finanziell beteiligt); ebenso illegal sind „Schubladenverträge", die meist unter Umgehung des Fremd- oder Mehrbesitzverbots im deutschen Apothekenrecht (▸Kap. 4.1) neben den offiziellen, für die Behörden einsehbaren, Verträgen erstellt werden könnten.

9. Eine Apotheke kann vom Apothekenbesitzer oder seinen Erben nur unter festgelegten Bedingungen mit Erlaubnis der zuständigen Behörde verpachtet werden. Näheres finden Sie in § 9 ApoG (▸Kap. 4.2.1).

10. Information und Beratung von Patienten und Ärzten zählen zu den pharmazeutischen Tätigkeiten (§ 1a und § 20 ApBetrO, ▸Kap. 4.3.1).

11. Das Neue Rezeptur Formularium (NRF) ist Bestandteil des DAC; nach § 5 ApBetrO (▸Kap. 4.3.1) sollte der DAC in der Apotheke vorhanden sein, also auch in einer Krankenhausapotheke (§ 26 Abs. 2 ApBetrO).

12. Offene Handelsgesellschaft; alle Beteiligten benötigen eine Betriebserlaubnis (§ 8 ApoG, ▸Kap. 4.2.1).

13. Grundsätzlich ist für die „innere" Aufteilung jedes Verhältnis möglich, nach „außen" aber haften alle Gesellschafter gesamtschuldnerisch, also in voller Höhe.

14. Alles nicht, aber sehr viel. Alle Dokumentationen nach ApBetrO müssen schriftlich im Dokumentationsordner oder in der EDV (jederzeit ausdruckbar) fünf Jahre aufbewahrt werden (▢ Tab. 4.11) und auf Verlangen der zuständigen Behörde vorgelegt werden. BtM-Unterlagen (Rezepte, Vernichtungsprotokolle, Dokumentation) 3 Jahre.

15. Der Inhalt eines Herstellungsprotokolls ist in § 7 (Rezeptur) und § 8 (Defektur) ApBetrO (▸Kap. 4.3.1) festgelegt. Das Aussehen dieses Protokolls ist nicht festgelegt, man kann die Protokolle der Apothekerverlage, eigene Protokolle oder die Dokumentation eines Laborprogrammes (auch Prüfprotokoll, ⊙ Abb. 4.6) benutzen.

8

16. Identität, Reinheit und Gehalt nach Arzneibuch oder einer anerkannten pharmazeutischen Vorschrift. Bei Vorliegen eines Prüfzertifikats (o Abb. 4.6) muss mindestens die Identität geprüft werden (§§ 6 und 11 ApBetrO), um Verwechslungen beim Abfüllen vor Lieferung in die Apotheke auszuschließen.

17. Apothekenübliche Waren sind Waren, die neben Arzneimitteln und apothekenpflichtigen Medizinprodukten in Apotheken verkauft werden dürfen. Sie sind in § 1a ApBetrO definiert (▸ Kap. 4.3.1). Nicht apothekenpflichtige Medizinprodukte (▸ Kap. 5.3) gehören sie in der Apotheke zu den apothekenüblichen Waren.

18. Fertigarzneimittel als Defekturen (z. B. Standardzulassungen) werden nach § 10 AMG (▸ Kap. 5.1.2) etikettiert. Halbfertigwaren (z. B. Weiche Zinkoxidsalbe) und Bulkware (z. B. Dimenhydrinat-Kapseln NRF), die vorrätig gehalten werden, erfordern mindestens folgende Angaben auf dem Standgefäß: Bezeichnung, Herstellungsdatum/Chargenbezeichnung, Verfalldatum. Weitere Kennzeichnungsvorschriften, z. B. bei Gefahrstoffen (▸ Kap. 7.2), sind zu beachten.

19. Prüfzertifikate werden vom herstellenden oder vertreibenden Betrieb ausgestellt auf Grundlage einer vollständigen Arzneibuchprüfung. Ausgangsstoffe (Drogen und Chemikalien) mit diesem Zertifikat müssen in der Apotheke nur noch einer Identitätsprüfung nach Arzneibuch unterzogen werden (§ 11 ApBetrO, ▸ Kap. 4.3.1).
Nach Auffassung des Sozialministeriums Baden-Württemberg müssen Prüfzertifikate (o Abb. 4.6) im Sinne der §§ 6, Abs. 3 und 11 ApBetrO folgenden Anforderungen entsprechen:
Der zertifizierende Betrieb muss die in § 6 Abs. 3 ApBetrO verlangte Qualifikation aufweisen:
- Das Produkt muss nach Arzneibuch (oder anerkannten pharmazeutischen Regeln) geprüft worden sein.
- Alle im Zertifikat aufgeführten Werte müssen durch den Aussteller des Zertifikats ermittelt worden sein.
- Die Qualität des Arzneimittels muss den Anforderungen des Arzneibuches in allen Punkten entsprechen.
  Tipp: Achten Sie auch auf das Datum des Prüfzertifikats!

20. Nach der ApBetrO (Formulierung des § 1a ▸ Kap. 4.3.1) sind apothekenübliche Waren „Mittel sowie Gegenstände und Informationsträger, die der Gesundheit von Menschen und Tieren mittelbar oder unmittelbar dienen oder diese fördern, Mittel zur Körperpflege, Prüfmittel, Chemikalien, Reagenzien, Laborbedarf, Schädlingsbekämpfungs- und Pflanzenschutzmittel sowie Mittel zur Aufzucht von Tieren." Bücher und Videos, die diesen Forderungen entsprechen, sind apothekenüblich (z. B. über die Ernährung bei Diabetes), der Krimi „Mord eines Diabetikers" nicht.

21. Nein, nach einen Urteil des Landgerichts Wuppertal (2015) gehört das Stechen von Ohrlöchern nicht zu den apothekenüblichen Dienstleistungen nach § 1a, Ziffer 11 der Apothekenbetriebsordnung (▸ Kap. 4.3.1). Zwei Apothekerinnen aus Solingen wurde es untersagt, für das Stechen von Ohrlöchern und für Ohrstecker zu werben. Wie hätten Sie entschieden?

22. Tonika und Vorbeugemittel zählen meist zu den nichtapothekenpflichtigen Arzneimitteln, die auch z. B. in Drogerien oder Supermärkten in der Freiwahl angeboten werden. Nach § 17 Abs. 3 ApBetrO darf diese Gruppe von Arzneimitteln auch in der Selbstbedienung der Apotheke angeboten werden, aber nur in den Apothekenbe-

triebsräumen durch pharmazeutisches Personal ausgehändigt werden (§ 17 Abs. 1 ApBetrO, ▸ Kap. 4.3.1).

23. Die Vorschriften über die Lagerung von Arzneimitteln sind dem § 16 ApBetrO (▸ Kap. 4.3.1) zu entnehmen. Hier werden Qualität und Kennzeichnung der Arzneimittel vorgeschrieben. Wenn das Liefergefäß diesen Vorschriften entspricht, kann es als Vorratsgefäß genutzt werden. In den meisten Fällen (z. B. Lieferung von Teedrogen in Tüten) muss die Ware aus dem Liefergefäß in das Vorratsgefäß (= Standgefäß) umgefüllt werden. Auf die Kennzeichnung dieser Standgefäße ist zu achten (§ 16 Abs. 3 ApBetrO, ▸ Kap. 4.3.1). Ebenso ist auf die Prüfung und Freigabe des Arzneimittels zu achten.

24. Bei Personen, die unter seiner „Aufsicht" arbeiten: ja. Bei Personen, die unter seiner „Verantwortung" arbeiten: nein (□ Tab. 3.1). Er muss zuvor eine Herstellungsanweisung anfertigen das Herstellungsprotokoll und die Freigabe unterschreiben.

25. Nach § 17 Abs. 6 ApBetrO (▸ Kap. 4.3) werden Rezepte bei der Abgabe nicht unterschrieben, sondern lediglich mit einem Namenszeichen des Abgebenden oder des Apothekers, der die Abgabe beaufsichtigt hat, abgezeichnet („paraphiert"). Der Apotheker muss die Abgabe bei allen Personen, die unter seiner Aufsicht stehen (□ Tab. 3.1) beaufsichtigen, eine abzeichnungsberechtigte PTA kann selbst abzeichnen (aber immer dem Apotheker vorzeigen!). Ein Pharmaziepraktikant darf keine Rezepte abzeichnen. Einer nun muss Matthias Aber Grüßen
Ja Punkte
Informieren Sie sich in § 17 Abs. 6 Nr. 2 ApBetrO (▸ Kap. 4.3.1) darüber, wer alles in der Apotheke Rezepte abzeichnen darf!

26. Meines Erachtens: Nein. Auch der Kommentar zur Apothekenbetriebsordnung von Cyran/Rotta (Deutscher Apotheker Verlag) zu § 17 Abs. 6 ApBetrO besagt: „Das Namenszeichen muss Rückschlüsse auf die Identität des Unterzeichnenden erlauben und die Nachahmung durch einen beliebigen Dritten zumindest erschweren … Unzulässig ist die Verwendung eines Faksimile-Stempels."
Näheres zur Abzeichnung von Rezepten finden Sie in § 17 Abs. 6 ApBetrO (▸ Kap. 4.3.1).

27. Der Barcode stellt die achtstellige Pharmazentralnummer dar, die letzte Ziffer ist eine Prüfziffer, die bei der PZN errechnet wird (Apothekenbetriebsordnung, (▸ Kap. 4.3.1, ○ Abb. 4.7). Der Data Matrix Code, in dem die individuelle Seriennummer, der Produktcode, die Chargenbezeichnung und das Verfalldatum enthalten sind, dient zum Scannen der Arzneimittelpackung bei der Abgabe in der Apotheke, indem online im securPharm-Verfahren (▸ Kap. 4.3.1, ○ Abb. 4.8) eine Arzneimittelfälschung ausgeschlossen werden kann. Das Siegel ist ein Erstöffnungsschutz, der die Unversehrtheit der Packung beweist. Rechtliche Grundlage für Erstöffnungsschutz und individuelles Erkennungsmerkmal (Data Matrix Code) sind europaweit die Fälschungsschutzrichtlinie 2011/62/EU und die Delegierte Verordnung (EU) Nr. 2016/161.

28. Grundsätzlich gelten die neuen Vorgaben (▸ Kap. 4.3.1, ○ Abb. 4.8) für alle verschreibungspflichtigen Human-Arzneimittel mit Ausnahme der auf der sogenannten White List (Anhang I zur delegierten Verordnung) aufgeführten Arzneimittel. Die White List ist eine Liste der verschreibungspflichtigen Arzneimittel und Arzneimittelkategorien, die die Sicherheitsmerkmale nicht tragen dürfen. In dieser Liste sind 14 Produktkategorien enthalten, darunter Homöopathika, Allergenextrakte, Kontrastmittel und Lösungen für die parenterale Ernährung. Nicht verschreibungspflichtige Arznei-

mittel dürfen die Sicherheitsmerkmale nicht tragen. Ausnahmen sind die in der Black List (Anhang II zur delegierten Verordnung) aufgeführten Arzneimittel. Die Black List ist eine Liste der nicht verschreibungspflichtigen Arzneimittel und Arzneimittelkategorien, die die Sicherheitsmerkmale tragen müssen. Enthalten ist bislang nur Omeprazol in zwei verschiedenen Stärken (Quelle: securPharm).

29. Wenn der Apothekenleiter keinen approbierten Apotheker zur Vertretung finden kann, kann er sich bis zu vier Wochen im Jahr durch einen Apothekerassistenten (Vorexaminierten) oder Pharmazieingenieur vertreten lassen. Dieser muss „hinsichtlich seiner Fähigkeiten dafür geeignet" und die zuständige Behörde vorher unterrichtet sein. Der Leiter einer Krankenhaus- oder einer krankenhausversorgenden Apotheke sowie der Leiter einer Hauptapotheke kann nur durch einen Approbierten vertreten werden (Näheres und weitere Ausnahmen: § 2 ApBetrO, ▸ Kap. 4.3.1).

30. Prinzipiell taucht der Begriff Ostereierfarben nicht in den 9 Gruppen von Waren des § 1a ApBetrO auf, die in Apotheken verkauft werden dürfen (▸ Kap. 4.3.1). Ostereierfarben lassen sich auch nicht bei großer Toleranz in eine der Gruppen einordnen, sind also keine apothekenüblichen Waren und dürfen nicht verkauft werden (Ordnungswidrigkeit nach § 36 ApBetrO mit Bußgeld). Nicht zu beanstanden ist dagegen die Abgabe apothekenüblicher Ausgangsmaterialien zum Eierfärben wie z. B. Pottasche, Alaun, Birkenblätter oder Curcumarhizom.

31. „Apothekenüblich" und „apothekenexklusiv" sind Begriffe aus dem Gebiet der apothekenüblichen Waren, also Waren, die auch außerhalb von Apotheken vertrieben werden können (§ 1a ApBetrO, ▸ Kap. 4.3.1). Beispiele hierfür sind Verbandmittel, diätetische Lebensmittel oder Kosmetik. Einige Herstellerfirmen (z. B. Roche-Posay) vertreiben ihre Waren, meist Kosmetika, prinzipiell nur in Apotheken (apothekenexklusiv).

Der Begriff „apothekenpflichtig" bezieht sich dagegen auf Arzneimittel oder Medizinprodukte, die nur in Apotheken vertrieben werden dürfen (Schmerztabletten, homöopathische Präparate, alle rezeptpflichtigen Arzneimittel, Katheter). Weitere Informationen finden Sie in den §§ 43 und 44 AMG (▸ Kap. 5.1.6) und in der Verordnung über apothekenpflichtige und freiverkäufliche Arzneimittel (▸ Kap. 5.2.4).

32. Die öffentliche Apotheke muss folgende Voraussetzungen erfüllen:

  a) Notwendige Räume (§ 29 Abs. 1 ApBetrO, ▸ Kap. 4.3.1); bei Mindestbetriebsfläche von 110 m^2 darf das zu versorgende Krankenhaus bis zu 100 Betten haben, darüber muss die Betriebsfläche der Apotheke entsprechend größer sein.

  b) Notwendiges Personal (§ 28 Abs. 2 ApBetrO); pro 400 Betten ein Apotheker, eine PTA, eine PKA.

  c) Voraussetzung nach § 14 ApoG ist unter anderem, dass

  ▪ die Apotheke dem Krankenhaus Arzneimittel zur akuten medizinischen Versorgung unverzüglich und bedarfsgerecht zur Verfügung stellen kann,

  ▪ im Notfall auch eine unverzügliche persönliche Beratung des Krankenhauspersonals erfolgen kann,

  ▪ die beliefernde Apotheke das Krankenhauspersonal kontinuierlich im Hinblick auf eine zweckmäßige und wirtschaftliche Arzneimitteltherapie hinweisen kann,

  ▪ der Leiter der versorgenden Apotheke oder der von ihm beauftragte Apotheker Mitglied der Arzneimittelkommission des Krankenhauses sein kann.

Die Ausschreibung des Versorgungsvertrags ist prinzipiell innerhalb der gesamten Europäischen Union möglich, aber sicher nicht sinnvoll und nicht praktikabel. Einen Vergleich der Apothekenarten finden Sie in ◘ Tab. 4.14 und ◘ Tab. 4.15.

33. Nein, Großhandlungen wurden mit der 12. AMG-Novelle verpflichtet, bei der Lieferung von Tierarzneimitteln einen Chargenbegleitschein beizufügen. Die Apothekenbetriebsordnung sieht im § 19 (▸ Kap. 4.3.1) nur Dokumentationspflichten für verschreibungspflichtige Tierarzneimittel vor, die fünf Jahre aufzubewahren sind. Folgende Daten müssen dokumentiert werden: Erwerb (Lieferant mit Anschrift, Art und Menge, Charge) und Abgabe (Name und Anschrift des Empfängers und des verschreibenden Tierarztes, Art, Menge und Charge des Arzneimittels, Abgabedatum, bei Tieren, die der Lebensmittelgewinnung dienen (◘ Tab. 4.12), ist zusätzlich die Durchschrift der Verschreibung aufzubewahren und auf dem Original die Chargenbezeichnung festzuhalten) des Tierarzneimittels. Der Bestand an Tierarzneimitteln ist einmal jährlich zu überprüfen.

34. Das Arzneibuch definiert „Kühlschrank" als Temperaturbereich zwischen 2 und 8 Grad Celsius (Europäisches Arzneibuch, Allgemeine Vorschriften). Arzneimittel, die im Kühlschrank gelagert werden müssen, verlieren ihre Verkehrsfähigkeit bei längerer Über- oder Unterschreitung der Temperaturen und dürfen nicht mehr abgegeben werden. Pharmazieräte und Amtsapotheker empfehlen ein im Kühlschrank liegendes Maximum-Minimum-Thermometer.

35. Nein. Arzneimittelrechtlich muss – außer bei Defekturen und Hunderter-Regelung – Produktion und Kontrolle in getrennten Verantwortlichkeiten liegen. Näheres: AMG, ▸ Kap. 5.1.3.

36. Da die Schweiz als Drittland gilt, dürfen alle Arzneimittel, also auch homöopathische Arzneimittel, nur im Einzelimport auf ärztliche Verschreibung in kleinen Mengen eingeführt werden (Näheres § 18 ApBetrO, ▸ Kap. 4.3.1, und Originaltext § 73 Abs. 3 AMG, ▸ Kap. 5.1.9). Beachten Sie auch die nächste Frage!

37. Die Hinweise der vorigen Frage gelten ebenso für die USA (§ 18 ApBetrO, ▸ Kap. 4.3.1 und § 73 Abs. 3 AMG, ▸ Kap. 5.1.9). Für alle Einzelimporte aus Nicht-EU/EWR-Staaten gilt: Das Arzneimittel muss im Lieferland zugelassen sein, eine ärztliche Verschreibung muss vorliegen und es darf in Deutschland nicht als „bedenkliches Arzneimittel" gelten. Zudem sind Einzelimporte aus allen Staaten (auch EU/EWR) nur möglich, wenn keine hinsichtlich des Wirkstoffs identischen und hinsichtlich der Wirkstärke vergleichbaren Fertigarzneimittel für das betroffene Indikationsgebiet in Deutschland zur Verfügung stehen.

38. Prinzipiell ist die Einfuhr aus Drittländern nur möglich auf ärztliche Verschreibung und in kleinen Mengen. Zu Dokumentation und Einfuhrbuch siehe § 18 Abs. 1 ApBetrO, ▸ Kap. 4.3.1). Beachten Sie auch die Erläuterungen der vorhergehenden Frage!

39. Parallelimport: Einfuhr von im Ausland hergestellten Arzneimitteln, die auch im Geltungsbereich des AMG hergestellt werden und in Deutschland zugelassen oder registriert sind. Die Einfuhr erfolgt durch Unternehmer, die unabhängig vom Hersteller sind. Reimport: Wiedereinfuhr von Arzneimitteln, die im Geltungsbereich des AMG hergestellt wurden und in einer für das Ausland bestimmten Aufmachung dorthin exportiert und nach Umrüstung auf deutsches Recht (Umhüllung, Packungsbeilage, PZN) zurück importiert worden sind.

40. Besitzt das importierte Präparat eine EU-Zulassungsnummer, erübrigt sich eine nationale Zulassung (z. B. Viagra®) und das Präparat kann einfach „parallel vertrie-

ben" werden. Die EMA und die nationalen Behörden der betreffenden Mitgliedsstaaten müssen vorher von dem Import in Kenntnis gesetzt werden ("Notifizierungsverfahren", als pharmazeutischer Unternehmer wird nun der Importeur benannt).

41. Das Präparat Focalin® enthält das Methylphenidat-Enantiomer Dexmethylphenidat. Dexmethylphenidat und ist ein verkehrs- und verschreibungsfähiges Betäubungsmittel. Für die Verordnung ist ein Betäubungsmittelrezept erforderlich. In Deutschland gibt es kein zugelassenes Fertigarzneimittel. Es kann unter den Voraussetzungen des § 73 Abs. 3 Arzneimittelgesetz (▶ Kap. 5.1.9) importiert werden (❑ Tab. 5.4). Für den Import benötigt die Apotheke oder der Importeur eine Importerlaubnis der Bundesopiumstelle. Focalin®-Präparate sind in den USA und in der Schweiz als Focalin XR® in Stärken von 5 mg bis 20 mg als Retardkapseln im Verkehr. Die Dosierung von Dexmethylphenidat beträgt die Hälfte der Dosierung des razemischen Methylphenidats.

42. Wenn ein Arzneimittel aus einem EU/EWR-Land nach Deutschland importiert wird, benutzt das Arzneimittelgesetz (§ 73, ▶ Kap. 5.1.9) den Begriff „Verbringen", für Importe aus Drittstaaten dagegen „Einführen".

43. Ja, zwar war im GMG 2004 nur der Versandhandel von Humanarzneimitteln (§ 11a ApoG, ▶ Kap. 4.2) unter engen Voraussetzungen erlaubt, später jedoch wurden die Bestimmungen des Versandhandels mit Arzneimitteln auf Tierarzneimittel ausgeweitet (Ausnahme: für Tiere, die der Lebensmittelgewinnung dienen, ❑ Tab. 4.12).

44. Es muss den Anforderungen der §§ 6 und 11 ApBetrO entsprechen (▶ Kap. 4.3.1); folgende Angaben müssen mindestens gemacht werden: Name des Herstellers, Bezeichnung des Stoffs, Chargennummer, Prüfvorschrift, Ergebnisse der Prüfung und Angabe der erforderlichen Qualität, Prüfdatum und Name des für die Prüfung Verantwortlichen (❍ Abb. 4.7). Bitte achten Sie auch auf das Datum des Zertifikats!

45. Der Amtsapotheker, der im Auftrag der Überwachungsbehörde eventuell die Prüfprotokolle mit den Lieferungen vergleicht (AMG 11. Abschnitt, ▶ Kap. 5.1.8), wäre mit zwei Vorgehensweisen zufrieden: Entweder müssten Sie die Ware ohne Prüfzertifikat zurückschicken und neue Ware mit Zertifikat anfordern (dann müssten die Bärentraubenblätter lediglich nach der Monographie des Arzneibuchs auf Identität kontrolliert und dokumentiert werden). Oder Sie prüfen die gelieferte Ware nach Arzneibuch vollständig auf Identität, Reinheit und Gehalt und dokumentieren alles im Prüfprotokoll (§§ 6, 11, 22 ApBetrO, ▶ Kap. 4.3.1).

46. Durch das TFG wurde die Apothekenbetriebsordnung geändert: Arzneimittel aus Blutprodukten müssen in Hinsicht auf das Arzneimittel, die Charge, den Arzt und den Patienten dokumentiert und die Dokumentation 30 Jahre lang aufbewahrt werden (▶ Kap. 4.3.1, ❑ Tab. 4.11).

47. In den Notfalldepots lagern selten benötigte lebensrettende Arzneimittel (in Baden-Württemberg sind z. B. fünf Notfalldepots von der LAK eingerichtet worden). Jede Apotheke kann dort auf ihre Rechnung im Notfall diese Arzneimittel beziehen, Adressen und Telefonnummern müssen in jeder Apotheke gut sichtbar aushängen (§ 15 ApBetrO, ▶ Kap. 4.3.1).

48. Unter dem Begriff „Notfallarzneimittel" könnten zwei Gruppen von Arzneimitteln gemeint sein: Die Arzneimittel des § 15 Absatz 1 ApBetrO, die in jeder Apotheke in bedarfsgerechtem Umfang vorrätig gehalten werden müssen, oder die Arzneimittel des § 15 Absatz 2, die in Notfalldepots außerhalb der Apotheken zum Abruf bereitliegen (▶ Kap. 4.3.1, ApBetrO). Von der Fragestellung her handelt es sich um die 12 Gruppen der Notfallarzneimittel nach § 15,1, für die eine gemeinsame Lagerung aus

Gründen der besseren Kontrolle (Verfalldatum) oder eine spezielle Kennzeichnung der Standorte empfohlen wird; Impfstoffe und Sera gegen Wundstarrkrampf (Tetanus) werden im Kühlschrank gelagert. Besonderheit: Da in Notfalldepots keine Betäubungsmittel gelagert werden dürfen muss jede Apotheke selbst die schnelle Versorgung mit Opioiden in transdermaler und transmukosaler Darreichungsform gewährleisten (▸Kap. 4.3.1, § 15,2 Ziffer 11 ApBetrO).

49. Ein Pächter führt die gepachtete Apotheke in eigener Verantwortung und auf eigene Rechnung und trifft Personalentscheidungen (§ 9 ApoG, ▸Kap. 4.2.1). Ein Verwalter dagegen ist ein angestellter Apothekenleiter, z. B. nach dem Tod des Erlaubnisinhabers (maximal ein Jahr) oder in einer Zweigapotheke (§§ 13 und 16 ApoG, ▸Kap. 4.2.1). Ein Pächter benötigt eine Betriebserlaubnis, ein Verwalter nur eine Genehmigung der zuständigen Behörde.

50. Eine Apotheke muss – auch wenn sie nach dem Ladenschlussgesetz oder Gesetzen der einzelnen Bundesländer geschlossen ist – ständig dienstbereit sein. Die zuständige Behörde kann, wenn die Gewährleistung der Dienstbereitschaft gegeben ist, Apotheken außerhalb der Ladenöffnungszeiten (◻Tab. 4.13) von der Dienstbereitschaft befreien. Näheres § 23 ApBetrO, ▸Kap. 4.3.1.

51. Ja, das Bundesverfassungsgericht hat am 16. 1. 2002 (Az.: 1 BvR 1236/99) entschieden, dass der Ausschluss von Apotheken von verkaufsoffenen Sonntagen mit dem Grundrecht der Berufsfreiheit (Art. 12 Abs. 1 GG) unvereinbar ist. Der Senat stellte fest, dass eine Regelung, die Apotheken von der Teilnahme an bis zu vier verkaufsoffenen Sonntagen ausschließt, unverhältnismäßig stark in die grundrechtlich geschützte Berufsfreiheit eingreift.
Informieren Sie sich über die Dienstbereitschaft (§ 23 ApBetrO, ▸Kap. 4.3.1) und die Öffnungszeiten der Apotheken in Ihrem Bundesland!

52. Ja, apothekenübliche Waren dürfen nach Entscheidung des Bundesgerichtshofs in Schütten vor der Apotheke angeboten werden (▸Kap. 4.3.1), Arzneimittel nur innerhalb der Apotheke.

53. Die Firma DHU (Deutsche Homöopathie-Union) stellt homöopathische Fertigarzneimittel her. Diese gehören zu den apothekenpflichtigen Arzneimitteln (▸Kap. 5.1.6) und dürfen daher nicht zur Selbstbedienung (Freiwahl) angeboten werden. Im Sichtwahlbereich der Apothekenoffizin jedoch ist gegen homöopathische Arzneimittel nichts einzuwenden (außer verschreibungspflichtige homöopathische Arzneimittel). Der Verkaufsaufsteller auf dem Verkaufstisch darf also nur vom Verkaufspersonal, nicht vom Kunden her, zugänglich sein.
Bitte beachten Sie auch die Preisauszeichnungspflicht (▸Kap. 5.2.4)!

54. Stichworte: Betriebserlaubnis, Apothekenleiter, Vertretung des Leiters, Arzneimittelvorrat, Räume, Mindestgröße (Apothekenbetriebsordnung, ▸Kap. 4.3 und ◻Tab. 4.14).

55. Seit 1983 dürfen Krankenhäuser nur noch aufgrund eines Krankenhaus-Versorgungsvertrags, der zwischen dem Krankenhausträger und einer öffentlichen Apotheke (krankenhausversorgende Apotheke) oder einer Krankenhausapotheke eines anderen Krankenhauses abgeschlossen wird, mit Arzneimitteln beliefert werden (Nähere Ausführungen finden Sie im § 14 ApoG, ▸Kap. 4.2.2). An die krankenhausversorgende Apotheke stellt die ApBetrO besondere Anforderungen (◻Tab. 4.14).

56. Prinzipiell ja. Die Apotheke muss nicht mehr wie vor 2004 im gleichen oder benachbarten Kreis liegen und kann (theoretisch) EU-weit tätig sein. Die Voraussetzungen

8

dafür finden Sie im § 14 ApoG (▸ Kap. 4.2.1). Alle Voraussetzungen sind aber nur für näher gelegene Apotheken erfüllbar.

Der Notdienst dauert von 20 Uhr bis 6 Uhr des nachfolgenden Tages, sonntags ganztägig. Morgens um halb sieben könnte rechtlich jede Apotheke im normalen Apothekenbetrieb geöffnet haben. Während des Nacht- und Notdienstes ist das Verkaufssortiment der Apotheke etwas eingeschränkt: „An Werktagen während der allgemeinen Ladenschlusszeiten und an Sonn- und Feiertagen ist nur die Abgabe von Arznei-, Krankenpflege-, Säuglingspflege- und Säuglingsnährmitteln, hygienischen Artikeln sowie Desinfektionsmitteln gestattet." (§ 4,1 Ladenschlussgesetz). Zahnbürsten fallen sicherlich in die Kategorie „hygienische Artikel" und dürften auch im Notdienst verkauft werden.

Die „Noctu-Gebühr" (Arzneimittelpreisverordnung, ▸ Kap. 5.2.3) darf ebenfalls nur von 20 Uhr bis 6 Uhr und sonntags berechnet werden!

57. Prinzipiell dürfen alle öffentlichen Apotheken zusätzlich Arzneimittel durch Versand in den Handel bringen. Voraussetzung hierfür ist aber die Erlaubnis der zuständigen Behörde, für die die Bedingungen des § 11a und b ApoG erfüllt sein müssen (▸ Kap. 4.2.1). Eine Apotheke, die ausschließlich Versandhandel betreibt, ist in Deutschland rechtlich nicht möglich.

58. Zuständig sind die Landesapothekerkammern der einzelnen Bundesländer. Die LAKs legen auch die Kernöffnungszeiten der Apotheken fest (◻ Tab. 4.13, ▸ Kap. 4.3.1).

Kapitel 5

1. Verwiesen wird auf die Problematik der Definitionen der Begriffe „Arzneimittel" (pharmakologische Wirkung) und „Medizinprodukte" (physikalische Wirkung). Die Einstufung eines Arzneimittels oder Medizinprodukts hängt von seiner Hauptwirkungsweise und seiner Zweckbestimmung ab (▸ Kap. 5.1.1, ▸ Kap. 5.3).

2. Blutegel sind zulassungspflichtige, apothekenpflichtige, tierische Fertigarzneimittel (§ 3 Ziffer 3 AMG, ▸ Kap. 5.1.1). Pharmazeutische Unternehmer und Großhändler dürfen Blutegel allerdings außer an Apotheken auch direkt an Krankenhäuser und Ärzte sowie an Heilpraktiker abgeben (§ 47 Abs. 1 Nr. 2h AMG). Zur Frage der Dokumentation hat das Bundesinstitut für Arzneimittel und Medizinprodukte in der „Leitlinie zur Sicherung von Qualität und Unbedenklichkeit von Blutegeln in der Humanmedizin" Angaben gemacht. Um den Weg der Blutegel zurückverfolgen zu können, verpflichtet die Leitlinie den Hersteller und den Anwender die Chargennummer zu dokumentieren. Darüber hinaus werden keine näheren Angaben gemacht. Diese Leitlinie wird bei der Überwachung des Arzneimittelverkehrs zugrunde gelegt. Die Erforderlichkeit einer Dokumentation nach Transfusionsgesetz (§ 17, Abs. 6a ApBetrO, ▸ Kap. 4.3.1) bei einer Abgabe von Blutegeln in der Apotheke ist nach Recherchen der LAK Baden/Württemberg nicht gegeben.

3. Jein, Kosmetika können nur unter bestimmten Voraussetzungen für die Arzneimittelherstellung verwendet werden. Sie kommen nur als Ausgangstoffe in Betracht, wenn ihre Qualität nach § 6 und § 11 ApBetrO (▸ Kap. 4.3.1) belegt ist. Kriterium hierbei ist die pharmazeutische Qualität des Kosmetikums: Einige Hersteller vertreiben Rezepturgrundlagen als Kosmetikum, beachten aber bei der Herstellung die Qualitätsanforderungen, die für Arzneimittel erforderlich sind. Dies hat den Vorteil, dass sie in der Verkaufspackung als Kosmetikum direkt an den Endverbraucher abgegeben werden können. Sie können aber auch für die Rezepturarzneimittelherstellung genutzt wer-

den. Für Kosmetika, die die erforderliche pharmazeutische Qualität aufweisen, muss der Hersteller ein chargenbezogenes Analysenprotokoll (Prüfzertifikat nach §6,3 ApBetrO) mit der Freigabe durch die verantwortliche Sachkundige Person nach AMG zur Verfügung stellen können. Die Apotheke muss das entsprechende Kosmetikum dann noch auf Identität prüfen wie andere Ausgangsstoffe in der Rezeptur auch. Unter diesen Bedingungen kann ein Kosmetikum mit pharmazeutischer Qualität verwendet werden.

4. Nahrungsergänzungsmittel gehören zu den apothekenüblichen Waren nach §1a ApBetrO (▶ Kap. 4.3.1) und sind im Gegensatz zum Arzneimittel (§2 AMG, ▶ Kap. 5.1.1) rechtlich nicht klar definiert. Sie unterstehen dem Lebensmittel- und Futtermittelgesetzbuch (LFGB), früher Lebensmittel- und Bedarfsgegenständegesetz (LBMG), und sind Lebensmittel, die wegen ihres Nährwertes verzehrt werden, um die tägliche, gewöhnliche Nahrung gesunder Personen zu ergänzen. Sie enthalten einen oder mehrere Nährstoffe in konzentrierter Form und werden lebensmitteluntypisch z.B. als Tabletten oder Kapseln eingenommen. Hierbei handelt es sich beispielsweise um Vitamin B_{12} für Veganer, Mineralstoffe und Proteine. Die Grenze zu den Arzneimitteln ist fließend, deshalb gibt es immer wieder Fälle, in denen Nahrungsergänzungsmittel aus der Apotheke als Arzneimittel eingestuft werden und damit allen Anforderungen des AMG (Zulassung) unterliegen.

5. Lebensmittel sind nach §2 LFBG „alle Stoffe oder Erzeugnisse, die dazu bestimmt sind oder von denen nach vernünftigem Ermessen erwartet werden kann, dass sie […] von Menschen aufgenommen werden". Bei der Definition des Arzneimittelbegriffs im Arzneimittelgesetz (§1,3 AMG, ▶ Kap. 5.1.1) wird ausdrücklich von Lebensmitteln unterschieden.

    Diätetische Lebensmittel sind für eine besondere Ernährung bestimmt und müssen der Diätverordnung entsprechen. Dort sind Einzelheiten wie Höchstmengen an Pestizidrückständen bei Säuglingsnahrung, Kennzeichnung und Mindestgehalt an Inhaltsstoffen geregelt. Diätetische Lebensmittel müssen den besonderen Erfordernissen dreier Verbrauchergruppen entsprechen: 1. Personen mit Störungen des Verdauungs-, Resorptions- oder Stoffwechselprozesses (z.B. Diabetiker), 2. Personen, die sich in besonderen physiologischen Umständen befinden (z.B. Übergewichtige) und 3. gesunde Säuglinge und Kleinkinder. Außerdem zählen zugelassene Kochsalzersatzstoffe, die Zuckeraustauschstoffe Fructose, Mannit, Sorbit und Xylit, die Süßungsmittel Saccharin und Cyclamat sowie bestimmte Mahlzeiten für Übergewichtige zu den diätetischen Lebensmitteln.

6. Beide sind Medizinprodukte nach dem MPG (▶ Kap. 5.3), da ihre Hauptwirkung auf physikalischem und nicht auf pharmakologischem Weg erfolgt.

7. Schon vor über 25 Jahren (und immer noch aktuell) hat das Oberlandesgericht Düsseldorf (28. Juni 1979) entschieden, dass das Blutdruckmessen und die Durchführung sonstiger Untersuchungen (Venenmessung, physiologisch-chemische Untersuchungen) jedenfalls dann nicht als unerlaubte Ausführung der Heilkunde zu werten sind, wenn der Apotheker sich darauf beschränkt, ein objektives Messergebnis bekannt zu geben und sich die Interpretation des Ergebnisses darauf reduziert, dem Patienten gegebenenfalls zu empfehlen, sich ärztlicher Hilfe zu bedienen. Andere diagnostische und therapeutische Hinweise sind unzulässig!

    Die Apothekenbetriebsordnung definiert inzwischen im §1a (▶ Kap. 4.3.1) apothekenübliche Leistungen als „solche, die der Gesundheit von Menschen oder Tieren

8

mittelbar oder unmittelbar dienen oder diese fördern, insbesondere die Beratung in Gesundheits- und Ernährungsfragen, im Bereich Gesundheitserziehung und -aufklärung und zu Vorsorgemaßnahmen, die Durchführung von Labortests und die Vermittlung von gesundheitsbezogenen Informationsmedien und Dienstleistungen." Das kostenlose Messen und Durchführen von Untersuchungen wird von den Gerichten und den Berufsordnungen als wettbewerbswidrig (Bezirksberufsgericht Stuttgart am 29.4.97: „Der Apotheker hat sich durch kostenlose Gewährung eines Vorteils im Rahmen dieser Werbeaktion bei den dadurch angesprochenen Apothekenkunden eine psychologische Zwangslage geschaffen, in der es die solcherart umworbenen als unanständig oder zumindest als peinlich empfanden, nichts zu kaufen") eingestuft und ist daher nicht zulässig (auch ein „Scheinentgelt" von z. B. 50 Cent ist wettbewerbswidrig). Der Apotheker muss für seine Dienstleistungen also ein entsprechendes Entgelt verlangen.

8. Es sind tatsächlich tierische Arzneimittel (zur Definition „Arzneimittel" informieren Sie sich bitte im § 2 AMG (▸ Kap. 5.1.1), denn nach der 14. Novellierung des AMG 2005 sind Blutegel zulassungspflichtige Fertigarzneimittel, die der Apothekenpflicht unterliegen. Seit der 15. AMG-Novelle (§ 47 Absatz 1) dürfen Blutegel außer an Apotheken auch an Krankenhäuser, Ärzte und Heilpraktiker geliefert werden.

9. Prinzipiell gelten für Tierarzneimittel das AMG und auch seine Verordnungen (z. B. Arzneimittelverschreibungsverordnung und Arzneimittelpreisverordnung). Die Apothekenbetriebsordnung regelt in § 19 (▸ Kap. 4.3.1) den Erwerb, die Abgabe und die Dokumentation verschreibungspflichtiger Tierarzneimittel. Zum Begriff „Wartezeit" informiert der § 4 AMG, ▸ Kap. 5.1.1. Im Gegensatz zu Humanarzneimitteln darf der Tierarzt für die von ihm behandelten Tiere Arzneimittel herstellen oder auch abgeben („Dispensierrecht", § 43 AMG, ▸ Kap. 5.1.6). Tierarzneimittel für Tiere, die der Lebensmittelgewinnung dienen (❏ Tab. 4.12), dürfen nicht im Versandhandel vertrieben werden.

10. Das steht in der Apothekenbetriebsordnung § 19, (▸ Kap. 4.3.1). Apotheken müssen alle verschreibungspflichtigen Tierarzneimittel schon beim Bezug dokumentieren (Namen, Menge, Arzneimittel, Lieferant, Datum, Unterschrift). Von einigen pharmazeutischen Großhändlern werden monatliche Aufstellungen darüber geliefert. Auch die Abgabe verschreibungspflichtiger Tierarzneimittel ist zu dokumentieren. Rezepte für Tiere, die der Lebensmittelgewinnung dienen, müssen in doppelter Ausfertigung vorgelegt werden; das sind beispielsweise Rinder, Schafe, Schweine, Ziegen, Kaninchen, bestimmte Geflügelarten, bestimmte Fische und Wild, aber auch Pferde gehören zu den Lebensmitteltieren, was in Apotheken häufig übersehen wird.
Bitte achten Sie hier auf die Vorlage eines Rezepts in zweifacher Ausfertigung; das Original erhält der Tierhalter, die Durchschrift dient der Dokumentation.

11. Das AMG verbietet im § 5 (▸ Kap. 5.1.2) das Inverkehrbringen „bedenklicher Arzneimittel". Beachten Sie hierzu die Veröffentlichungen der Arzneimittelkommission in der Fachpresse, bedenkliche Arzneimittel sind nicht verkehrsfähig! Beispiele: Phenacetin in Rezepturen oder sogenannte „Schlankheitsrezepturen" mit stark wirksamen Bestandteilen (Appetitzügler, Diuretika, Schilddrüsenhormone, Antidiabetika). Informieren Sie sich wöchentlich in den AMK-Mitteilungen in DAZ und PZ!

12. Die Hunderterregel ist eine Ausnahme der Zulassungspflicht für Fertigarzneimittel: Auf nachweislich häufige ärztliche Verschreibung kann eine Apotheke im Rahmen des üblichen Apothekenbetriebs bis zu 100 abgabefertige Packungen pro Tag im Vor-

aus mit Chargenbezeichnung herstellen (mit Herstellungsanweisung und Herstellungsprotokoll). Eine Zulassung ist nicht erforderlich (§ 21 Abs. 2 AMG, ▸ Kap. 5.1.4).

13. Es geht hier um die Registrierung von homöopathischen Fertigarzneimitteln: Nach § 38 AMG (▸ Kap. 5.1.5) werden homöopathische Arzneimittel nicht zugelassen sondern lediglich registriert. Ausnahme: „Einer Registrierung bedarf es nicht für Arzneimittel, die von einem pharmazeutischen Unternehmer in Mengen bis zu 1000 Packungen in einem Jahr in den Verkehr gebracht werden, es sei denn …".
Informieren Sie sich in AMG § 38 Abs. 1 über die drei Ausnahmen dieser „1000-er Regel"!

14. Beide Fertigarzneimittel sind von der Firma DHU (Deutsche Homöopathie-Union) unterschiedlich in den Verkehr gebracht worden: Belladonna D3 dil. ist als klassisches homöopathisches Arzneimittel vom BfArM registriert worden (Registriernummer ▸ Kap. 5.1.5), bei Nux vomica D6 glob. ist auf der Packung zusätzlich angegeben: „Bei Erkrankungen der Verdauungsorgane". Dies ist eine Indikation, das Arzneimittel ist beim BfArM zugelassen (Zulassungsnummer ▸ Kap. 5.1.4). Beide Fertigarzneimittel sind wie alle homöopathischen Arzneimittel apothekenpflichtig, Belladonna D3 dil. aus der Tollkirsche ist in dieser Verdünnung aber zusätzlich verschreibungspflichtig (§ 5 AMVV und (□ Tab. 5.5, ▸ Kap. 5.1.5) und darf nicht in der Sichtwahl der Apotheke stehen wie Nux vomica D6 (Brechnuss).

15. Ein Fertigarzneimittel ist nur für bestimmte Indikationen zugelassen worden (AMG, ▸ Kap. 5.1.4); der Apotheker sollte den Arzt auf diesen „Off-Label-Use" hinweisen.

16. Bei einem pharmazeutischen Unternehmen ist der Informationsbeauftragte (§ 74 AMG, ▸ Kap. 5.1.9) für eine korrekte Packungsbeilage nach § 11 AMG verantwortlich.

17. Arzneimittel, die vor 1961 bereits im Handel waren, hatten keine Zulassungsnummer und keine Registriernummer, bis 1978 trugen alle Arzneimittel (Ausnahme: Generika ohne Nummer) eine Registriernummer. Seit 1978 bekommen alle FAM eine Zulassungsnummer (mit Ausnahme der Registriernummer für homöopathische Arzneimittel ohne Indikationsangabe). Arzneimittel ohne Zulassungsnummer mussten in das Nachzulassungsverfahren oder bekamen vom BfArM eine Abverkaufsfrist.

18. Rezepturen und Defekturen erfordern natürlich keine Zulassung (ApBetrO, ▸ Kap. 4.3.1). Außerdem ist die Herstellung von Standardzulassungen (§ 36 AMG, ▸ Kap. 5.1.4) oder Fertigarzneimitteln im Rahmen der Hunderter-Regelung ohne Zulassung möglich (§ 21 AMG, ▸ Kap. 5.1.4). Weiter bedarf es keiner Zulassung von Arzneimitteln, die zur klinischen Prüfung (▸ Kap. 5.1.4) beim Menschen, bei Tieren oder zur Rückstandsprüfung bestimmt sind und für Arzneimittel, die für Einzeltiere oder Tiere eines bestimmten Bestandes in Apotheken oder tierärztlichen Hausapotheken hergestellt werden. Auch das Verblistern (Portionieren von Arzneimitteln) ist ausgenommen.

19. Das Arzneimittelgesetz schreibt im § 10 (▸ Kap. 5.1.2) die Angaben auf den Arzneimittelpackungen vor. Als Zahlen sind zu finden: Inhalt (Volumen, Masse, Stückzahl), Zulassungs- oder Registriernummer, Chargenbezeichnung, verwendbar bis … und zusätzlich die Pharmazentralnummer und die Packungsgröße N1/N2/N3.

20. Die klinische Prüfung ist für die Zulassung eines Arzneimittels beim BfArM, PEI oder BVL notwendig und schließt sich an die analytischen und pharmakologisch-toxikologischen Prüfungen an (▸ Kap. 5.1.4). Sie darf nur begonnen werden, wenn eine unabhängige Ethikkommission dies befürwortet und der Patient seine Zustimmung, die er jederzeit widerrufen kann, gegeben hat (Näheres: Originaltext §§ 40–42 AMG).

8

21. Medizinprodukte (MPG, ▸Kap. 5.3) wirken vorwiegend auf physikalische Weise. Im Apothekensortiment zählen nicht apothekenpflichtige Medizinprodukte zu den apothekenüblichen Waren (ApBetrO § 1a, ▸Kap. 4.3.1), welche außer Arzneimitteln und apothekenpflichtigen Medizinprodukten in der Apotheke verkauft werden dürfen (z. B. Kompressionsstrümpfe).

22. Die Definition wichtiger Begriffe des Arzneimittelgesetzes finden Sie im § 4 AMG (▸Kap. 5.1.1).

23. Nein, denn das AMG definiert die Nebenwirkungen so: „Nebenwirkungen sind die beim bestimmungsgemäßen Gebrauch eines Arzneimittels auftretenden schädlichen unbeabsichtigten Reaktionen …" (Ausführliche Definition: AMG § 4, ▸Kap. 5.1.1).

24. Zur Definition § 36 AMG (▸Kap. 5.1.4); Die Kennzeichnung der Standardzulassungen erfolgt nach den Angaben der jeweiligen Monographien, die vom Bundesgesundheitsminister in einer Verordnung mit Zustimmung des Bundesrats veröffentlicht werden und in jeder Apotheke als Loseblattsammlung verfügbar sein sollten.

25. Apotheken müssen die Nutzung apothekenüblicher und freiverkäuflicher Standardzulassungen ebenso wie Änderungen oder den Verzicht auf die Nutzung einer Standardzulassung gemäß § 67 Abs. 5 AMG (▸Kap. 5.1.4); gegenüber dem Bundesinstitut für Arzneimittel und Medizinprodukte (BfArM) und der zuständigen Überwachungsbehörde anzeigen. Das BfArM verzeichnet seit einiger Zeit ein hohes Interesse und großen Informationsbedarf von Seiten der Apotheken. Die häufigsten Anfragen beziehen sich darauf, welche Standardzulassungen von den Apotheken bereits angemeldet sind und ob für die Apotheke schon eine pharmazeutische Unternehmernummer (PNR) vorliegt. Die PNR ist Voraussetzung dafür, um Anzeigen, Änderungen oder Löschungen von Standardzulassungen auf elektronischem Wege über das Portal www.pharmnet-bund.de vornehmen zu können. Damit Apotheken diese Informationen auch eigenständig abrufen können, hat das BfArM ein entsprechendes Informationsblatt erarbeitet. (Quelle: BfArM)

26. Der Zulassungsantrag muss neben den Formalien wie Packungsbeilage und äußere Umhüllung die Ergebnisse von analytischen, pharmakologisch-toxikologischen und klinischen Prüfungen enthalten. Die Zulassung erfolgt durch das BfArM bzw. das PEI oder das BVL (Näheres ▸Kap. 5.1.4 bzw. Originaltext AMG: § 21–37).

27. Der neue Hautarzt um die Ecke verschreibt oft eine Salbenrezeptur mit Prednisolon:
    a) Ja, diese „verlängerte Rezeptur" erfüllt die Bedingungen der „Hunderterregel" nach § 21 Abs. 2 Ziffer 1 AMG (▸Kap. 5.1.4). Bitte denken Sie an die Vergabe einer Ch.-B. und die Anfertigung einer (einmaligen) Herstellungsanweisung mit Plausibilitätsprüfung und jeweils eines Herstellungsprotokolls mit Freigabe durch den Apotheker!
    b) Das Prednisolon muss aus der Lieferverpackung nach Arzneibuchprüfung (Prüfprotokoll!) in ein Standgefäß umgefüllt werden (Prüfnr./Chargenbezeichnung und Verfalldatum aufbringen!). Die Etikettierung von Grundstoffen und Arzneimitteln richtet sich jetzt nur noch nach Vorschriften außerhalb der Apothekenbetriebsordnung und des Arzneibuchs (Gefahrstoffe mit den Gefahrenpiktogrammen GHS06 (Totenkopf mit gekreuzten Knochen) und/oder GHS08 (Gesundheitsgefahr) mit dem Signalwort Gefahr sowie Betäubungsmittel müssen beispielsweise unter Verschluss aufbewahrt werden).
    § 16 Abs. 3 ApBetrO wurde ersatzlos gestrichen (Näheres dazu Kommentar zu § 16 ApBetrO, ▸Kap. 4.3.1). Bei Tätigkeiten mit Prednisolon und anderen Steroidhor-

monen (CMR-Stoffe, d.h. krebserzeugend, erbgutverändernd oder fortpflanzungsgefährdend) sind die entsprechenden besonderen Schutzmaßnahmen der Gefahrstoffverordnung zu beachten. Gefäße mit Prednisolon z.B. müssen mit dem Gefahrenpiktogramm GHS08 und dem Signalwort Gefahr gekennzeichnet sein und sind unter Verschluss aufzubewahren. Die fertigen Salbentuben erhalten als Arzneimittel natürlich nicht das Gefahrenpiktogramm Gesundheitsgefahr!

28. Prinzipiell dürfen alle öffentlichen Apotheken seit 2004 Arzneimittel zusätzlich zum üblichen Apothekenbetrieb durch Versand in den Handel bringen. Voraussetzung hierfür ist aber die Erlaubnis der zuständigen Behörde, für die die Bedingungen des § 11a und b ApoG erfüllt sein müssen (▸ Kap. 4.2.1). Die Erlaubnis zum Versandhandel gilt nicht für Tierarzneimittel zur Anwendung bei Tieren, die der Lebensmittelgewinnung dienen. Auch die „Pille danach" darf nicht im Versandhandel vertrieben werden.

29. Das HWG soll durch Einschränkung der Werbung die Gesundheit der Bevölkerung schützen, z.B. durch das Werbeverbot für verschreibungspflichtige Arzneimittel in der Öffentlichkeit. Der Werbung in audiovisuellen Medien muss der bekannte Satz „Bei Risiken und Nebenwirkungen …" in einer genau vorgeschriebenen Art (§ 75 AMG, ▸ Kap. 5.1.9) folgen. Bei der Erinnerungswerbung dagegen wird ausschließlich mit dem Namen des Arzneimittels geworben (Näheres: Originaltext § 4 HWG). Für die apothekenpflichtige „Pille danach" darf keine Publikumswerbung gemacht werden.

30. Bei der Überwachung der Apotheken (§ 64–69 AMG, ▸ Kap. 5.1.8) müssen zwei Proben genommen werden, wobei die zweite Probe amtlich zu verschließen oder zu versiegeln ist und in der Apotheke zurückgelassen wird. Bei Beanstandungen der ersten Probe wird die zweite Probe zusätzlich untersucht.

31. Fertigarzneimittel werden nach § 10 AMG (▸ Kap. 5.1.2), Rezepturen nach § 14 ApBetrO (▸ Kap. 4.3.1, ◦ Abb. 4.7) gekennzeichnet.

32. Nein. Wenn Importarzneimittel nicht dem § 5 AMG entsprechen (und damit den bundesdeutschen Vorschriften) dürfen sie als „bedenkliche Arzneimittel" nicht abgegeben werden. Bekannt geworden ist hierbei z.B. der Fall einer Kombination von drei Barbituraten aus Österreich, die in Deutschland nicht zugelassen ist. Zudem muss bei allen Einfuhren der § 18 ApBetrO (▸ Kap. 4.3.1) und der § 73 Abs. 3 AMG (▸ Kap. 5.1.9) beachtet werden.

33. Prinzipiell gelten das Arzneimittelgesetz und die AMVV für Mensch und Tier. Verschreibungspflichtige Tierarzneimittel dürfen daher nur auf Vorlage eines vom Tierarzt ausgestellten Rezepts in der Apotheke abgegeben werden; das Arzneimittel darf hier also nicht abgegeben werden. Das Rezept eines Tierarztes müsste hier für ein Nutztier (Lebensmitteltier) zudem in doppelter Ausfertigung vorgelegt werden (§ 19 ApBetrO, ▸ Kap. 4.3.1).

34. Nein, Humanarzneimittel zur Anwendung beim Tier dürfen nicht importiert werden. Der Import von Arzneimitteln für Tiere ist stark reglementiert. Die rechtlichen Bestimmungen sind in § 73 Abs. 3a Arzneimittelgesetz festgelegt. Voraussetzung für den Einzelimport von Tierarzneimitteln ist, dass in Deutschland kein zur Erreichung des Behandlungszieles geeignetes zugelassenes Tierarzneimittel zur Verfügung steht und dass ein tierärztliches Rezept vorliegt. Der Bezug von Humanarzneimitteln für Tiere aus EU-Mitgliedstaaten sowie eine Einfuhr von Arzneimitteln (Tier- und Humanarzneimittel) aus Drittländern (Schweiz, USA) ist nicht erlaubt. Zum Einzel-

import von Tierarzneimitteln: Apotheken dürfen in Deutschland nicht zugelassene Tierarzneimittel, die in einem EU-Mitgliedstaat oder einem EWR-Vertragsstaat zur Anwendung bei Tieren zugelassen sind, entweder für einen Tierarzt im Rahmen des Betriebs seiner tierärztlichen Hausapotheke bestellen oder auf Verschreibung durch einen Tierarzt für einen Tierhalter bestellen und abgeben (§ 73 Abs. 3a AMG). Der Tierarzt muss die Veranlassung eines Einzelimportes dem zuständigen Regierungspräsidium anzeigen. Dies erfolgt unter Angabe der Tierart, des Anwendungsgebiets, des Importlandes, der Bezeichnung und Menge des bestellten oder verschriebenen Tierarzneimittels und der Wirkstoffe des Arzneimittels nach Art und Menge. Ob diese Anzeige erfolgt ist, muss von der Apotheke nicht geprüft werden. Die Anzeigepflicht nach § 73 Abs. 3a AMG liegt auch bei der Bestellung von ausländischen Tierarzneimitteln über eine Apotheke und bei deren Verschreibung für den Tierhalter beim Tierarzt (Antwort: LAK Baden/Württemberg).

35. Arzneimittel sind im § 2 AMG, Fertigarzneimittel im § 4 AMG definiert (▸ Kap. 5.1.1).

36. Arzneimittelpreisverordnung auf Grundlage des § 78 AMG (▸ Kap. 5.2.3). Informieren Sie sich über eventuelle Neuerungen!

37. Ja, unvermeidbare Telefonate, Zölle, Porto und andere Kosten bei der Beschaffung von Arzneimitteln, die nicht beim Großhandel vorrätig sind, dürfen nach § 8 AMPreisVO (▸ Kap. 5.2.3) mit Zustimmung des Kostenträgers berechnet werden; ohne vorherige Genehmigung dürfen entsprechend den Arzneiliefeverträgen üblicherweise zurzeit bis zu 5,11 € berechnet werden.

38. Das Auseinzeln aus einem FAM stellt nach § 4 Abs. 14 AMG (▸ Kap. 5.1.1) rechtlich die Herstellung eines neuen Arzneimittels dar, genauer: ein individuell in der Apotheke hergestelltes Rezepturarzneimittel. Die Etikettierung erfolgt nach § 14 Abs. 1 ApBetrO (▸ Kap. 4.3).
Die Preisberechnung richtet sich nach § 4 AMPreisV (▸ Kap. 5.2.3), also 100 % Aufschlag auf die kleinste benötigte Packung (Rest verwerfen), 100 % Aufschlag auf die Verpackung, kein Rezepturzuschlag, Mehrwertsteuer.

39. Der „Omnibus" (lateinisch: „für alles") einer Apotheke ist das Regal, die Schublade oder ein anderer Ort, an dem Waren aufbewahrt werden, die (noch) nicht ins Apothekenalphabet eingeordnet sind oder eingeordnet werden können. Hier dürfen z. B. die FAMs, die in der Hilfstaxe (▸ Kap. 5.2.3) wie Rezeptursubstanzen taxiert werden, als Anbruch aufbewahrt werden. Die Lagerung anderer Anbrüche, verfallener „Ladenhüter" oder bedenklicher Arzneimittel nach § 5 AMG (▸ Kap. 5.1.2) ist nicht zulässig. Der Omnibus ist ein oft kontrolliertes Objekt der Überwachungsbehörden.

40. Das Arzneimittel kann vom BMG der Verschreibungspflicht unterstellt (§ 48 AMG, ▸ Kap. 5.1.6 und AMVV, ▸ Kap. 5.2.1) oder nach einem Stufenplan in Zusammenarbeit mit anderen Behörden notfalls aus dem Verkehr gezogen werden („nicht mehr verkehrsfähig"). Das Arzneimittel wird dann als „bedenklich" eingestuft; nach § 5 Abs. 1 AMG ist es verboten, bedenkliche Arzneimittel (z. B. Phenacetin-haltige Rezepturen) in den Verkehr zu bringen. Näheres: Originaltext AMG, 10. Abschnitt, §§ 62–63).

41. Die „Qualified Person" (Sachkundige Person nach § 14 AMG mit Sachkenntnis nach § 15 AMG, ▸ Kap. 5.1.3) entscheidet über die Freigabe einer Charge. Die Aufgaben des ehemaligen Vertriebsleiters nimmt der Inhaber der Herstellungserlaubnis wahr. Der Stufenplanbeauftragte sammelt nach § 63a AMG Meldungen über Arzneimittelrisiken. Der Informationsbeauftragte einer Herstellerfirma ist für wissenschaftliche

Informationen (z. B. Fachinformationen) und Werbung verantwortlich (§ 74a AMG). Alle Verantwortlichen sind bei der zuständigen Behörde zu benennen.

42. Die Erhebung solcher Gebühren liegt in der Zuständigkeit der zuständigen Ministerien der einzelnen Bundesländer (◻ Tab. 2.1). In einigen Bundesländern wird diese Gebühr erhoben, in Baden-Württemberg liegt zurzeit die Klage eines Apothekers gegen die Erhebung einer Revisionsgebühr durch das Sozialministerium an. Informieren Sie sich über Ihr Bundesland!

43. Pharmaberater ist ein Ausbildungsberuf, Pharmareferent ein Fortbildungsberuf (Einzelheiten ▸ Kap. 5.1.10).

44. Nein, mit der Information über Arzneimittel wurden vom AMG (§§ 74 und 75, ▸ Kap. 5.1.10) der Informationsbeauftragte und der Pharmaberaterbeauftragt. Der Außenhandelsvertreter darf sich nur mit der wirtschaftlichen Seite des Arzneimittelverkaufs befassen und hat keine Ausbildung und Befugnis für die Information über Arzneimittel.

45. Zum Medizinproduktegesetz ▸ Kap. 5.3. Als Medizinprodukte wurden einige ehemalige Arzneimittel eingestuft, z. B. chirurgisches Nahtmaterial oder Herzschrittmacher. Finden Sie weitere Beispiele!

46. Rechtliche Grundlage: Arzneimittelgesetz, 11. Abschnitt, §§ 64–69. Die zuständige Behörde (hauptberufliche Pharmazieräte) kann ehrenamtliche Apotheker (Pharmazieräte, Amtsapotheker) mit der Revision der Apotheken beauftragen (Näheres ▸ Kap. 5.1.8 bzw. Originaltext § 64 Abs. 4 AMG).

47. Nach § 48 Abs. 1 AMG (▸ Kap. 5.1.6) dürfen verschreibungspflichtige Arzneimittel nur bei Vorliegen einer ärztlichen, zahnärztlichen oder tierärztlichen Verschreibung in der Apotheke abgegeben werden. Ausnahme: Ärzte, die sich ausweisen können. An Patienten kann nur in dringenden Notfällen (Strafgesetzbuch § 34 – rechtfertigender Notstand und § 323c – unterlassene Hilfeleistung) ein verschreibungspflichtiges Arzneimittel abgegeben werden; die Abgabe verschreibungspflichtiger Arzneimittel an „Kollegen" ist rechtlich nicht zulässig.

48. Seit 2009 sind Paracetamol-Tabletten mit einer Gesamtwirkstoffmenge über 10 Gramm pro Packung verschreibungspflichtig (AMVV, ▸ Kap. 5.2.1). Auch wenn diese Grenze bei der einzelnen Packung nicht überschritten ist, sollte hier unbedingt genauer hinterfragt (mehrere Anwender?) und gegebenenfalls die Abgabe mehrerer Packungen unter Hinweis auf einen Arztbesuch verweigert werden.

49. Die Verschreibungspflicht eines Arzneistoffs hängt oft von seiner Konzentration (z. B. Hydrocortison) ab. In diesem Falle aber unterscheiden sich die beiden FAM nicht in ihrer Konzentration sondern in den Indikationen, für die sie vom BfArM zugelassen worden sind. Für die Indikation Thrombophlebitis superficialis (Voltaren® Emulgel) gilt die Ausnahme aus der Verschreibungspflicht nicht.
In ◻ Tab. 5.5 (▸ Kap. 5.2.1) finden Sie viele Beispiele für Ausnahmen aus der Verschreibungspflicht!

50. Naproxen findet sich in keinem Gesetzestext sondern in der Anlage zur Verschreibungsverordnung (▸ Kap. 5.2.1). Die Erwähnung der Substanz in dieser Anlage bedingt eine prinzipielle Verschreibungspflicht. Unter folgenden Ausnahmebedingungen ist ein FAM mit Naproxen nicht verschreibungspflichtig (◻ Tab. 5.5):
1. feste Zubereitung zur oralen Anwendung, 2. als Monopräparat, 3. bis 250 mg pro abgeteilter Form, 4. höchstens davon 3-mal täglich, 5. Packungsgröße mit maximal 7,5 g Naproxen enthaltend, 6. Anwendung bei Personen über 12 Jahren, 7. nur bei den

Indikationen „leichte bis mäßig starke Schmerzen und Fieber". Nur bei Erfüllung **aller** Ausnahmebedingungen ist das Präparat nicht (mehr) verschreibungspflichtig.

51. Nein, Impfstoffe sind trotz vieler Diskussionen weiterhin apothekenpflichtig. Ausnahmen von der Apothekenpflicht finden Sie in ▸ Kap. 5.1.6!

52. Jein, denn im § 48 Abs. 3 AMG (▸ Kap. 5.1.6) ist die Möglichkeit der Abgabe an Heilpraktiker, Hebammen und Entbindungspfleger in einer Verordnung vorgesehen, allerdings nur für bestimmte Stoffe.

53. Arzneimittel, die nicht der Apothekenpflicht unterliegen, dürfen außerhalb der Apotheke in den Verkehr gebracht werden (§ 44 AMG, ▸ Kap. 5.1.6, ▸ Kap. 5.2.4). Hierfür ist eine Person mit Sachkenntnis notwendig, diese Sachkundeprüfung wird in der Regel vor der IHK abgelegt. Vielleicht wird die Formulierung des Heilmittelwerbegesetzes demnächst geändert werden müssen: „Bei Risiken und Nebenwirkungen fragen Sie Ihren Arzt, Apotheker, Aldi-Verkäufer oder Ihren Tankwart."

54. Die sachkundige Person (Qualified Person) ist verantwortlich für die Freigabe der hergestellten und geprüften Chargen. Die Herstellungserlaubnis darf von der zuständigen Behörde nur versagt werden, wenn „nicht mindestens eine Person mit der nach § 15 erforderlichen Sachkenntnis (sachkundige Person nach § 14) vorhanden ist, die für die in § 19 genannten Tätigkeiten verantwortlich ist, diese sachkundige Person kann mit einer der in Nummer 2 genannten Personen identisch sein" (§ 14 AMG). Diese sachkundige Person muss die Anforderungen an die Sachkenntnis nach § 15 AMG erfüllen (vgl. auch § 14, 15 AMG, ▸ Kap. 5.1.3).

55. Antwort der Landesapothekerkammer Baden-Württemberg (Rundschreiben 4/2000): „Obwohl Arzneimittelschachteln als Träger wichtiger Informationen nicht unter die Verpackungsverordnung fallen, ist der Apotheker von der Rücknahmepflicht generell nicht befreit. Bei Verpackungen mit schadstoffhaltigen Inhalten sollte er sich nach der Rückgabemöglichkeit beim Hersteller erkundigen und den Kunden hierüber informieren. Theoretisch müssten auch Plastiktüten und Transportbehältnisse, die dem Kunden gegeben werden, mit einem Entsorgungsvermerk versehen sein. In jedem Fall muss der Apotheker eine Rücknahmemöglichkeit von Verpackungsabfällen anbieten oder sichtbar mit einem Schild in der Nähe der Kasse auf eine nahe gelegene Sammelstelle verweisen."
Nähere Informationen zur Verpackungsverordnung finden Sie in ▸ Kap. 5.2.4!

56. Nach der auf Grund des Gesetzes zur Regelung der Preisangaben erlassenen Verordnung über die Regelung von Preisangaben vom 14. März 1985 (BGBl. I S. 580, ▸ Kap. 5.2.4) fallen sowohl Arzneimittel als auch apothekenübliche Waren (§ 25 ApBetrO, ▸ Kap. 4.3) unter die Preisauszeichnungspflicht. Das bedeutet, dass sowohl Waren, die vom Kunden unmittelbar entnommen werden können (Freiwahl) als auch andere sichtbare Waren in der Offizin und im Schaufenster (Sichtwahl) mit ihrem aktuellen Verkaufspreis (Preisschilder oder Beschriftung der Packung) ausgezeichnet sein müssen. Daneben gibt es für Apotheken im Sozialgesetzbuch V eine Sondervorschrift: Danach muss bei der Abgabe von Arzneimitteln an GKV-Versicherte der Abgabepreis auf der Packung angegeben sein. Zudem müssen nach § 9 AMPreisV drei Angaben auf dem Rezept angebracht werden. Informieren Sie sich in ▸ Kap. 5.2.3.

57. Nach § 2 Abs. 5 der AMVV (▸ Kap. 5.2.1) ist eine Verschreibung prinzipiell drei Monate gültig. Bei Verschreibungen zu Lasten der GKV-Kassen aber muss das Rezept innerhalb von 28 Tagen in der Apotheke vorgelegt werden, danach wird es von den Kassen nicht mehr erstattet (Retaxation) und wird von den Apotheken wie ein Privat-

rezept (Bezahlung des vollen Betrags und quittierte Rückgabe an den Patienten) behandelt. Betäubungsmittelrezepte (§ 8 BtMVV, ▸ Kap. 6.3) dürfen bis zu sieben Tage nach dem Ausstellungstag beliefert werden. Ausnahme: bei Einzelimport nach § 73 Abs. 3 AMG (▸ Kap. 5.1.9) ist die Überziehung dieser Frist möglich.

58. Prinzipiell ist der Versand von apothekenpflichtigen Arzneimitteln aus der Apotheke an den Kunden nur mit Erlaubnis der zuständigen Behörde (Versandhandel (§ 11a und § 11b, ▸ Kap. 4.2.1) erlaubt. Daneben ist die die Zustellung durch einen Boten der Apotheke auf Kundenwunsch zulässig (§ 17 Abs. 2 ApBetrO, ▸ Kap. 4.3.1). Beim Botendienst durch einen zuverlässigen Boten des Apothekenpersonals ist zu beachten, dass die Arzneimittel für jeden Empfänger einzeln verpackt und mit dem Namen beschriftet sind. Falls noch keine Beratung in der Apotheke stattgefunden hat oder das Originalrezept nicht vorgelegen hat, muss der Bote zum pharmazeutischen Personal gehören.

59. Prinzipiell haben nur verschreibungspflichtige Arzneimittel nach AMPreisV (§ 3 Abs. 1 AMPreisV, ▸ Kap. 5.2.3) verbindliche Festpreise. Der LAV Baden-Württemberg antwortet: Bei Verordnungen von nicht verschreibungspflichtigen Rezepturen zu Lasten der GKV muss nach der „alten" AMPreisV taxiert werden (Festpreise); bei Privatrezepten, grünen Rezepten oder ohne Rezept sind die Rezepturen frei kalkulierbar.

60. „Bei der Abgabe von Fertigarzneimitteln, die zur Anwendung bei Tieren bestimmt sind, durch die Apotheken dürfen zur Berechnung des Apothekenabgabepreises höchstens Zuschläge nach Absatz 3 oder 4 sowie Umsatzsteuer erhoben werden." (§ 3 Abs. 1 AMPreisV). Die Absätze 3 und 4 enthalten degressive Höchstzuschläge.

61. Nein, in der AMVV (§ 2, 1a (▸ Kap. 5.2.1) sind explizit nur Verschreibungen von Ärzten und Zahnärzten aus der Schweiz den deutschen Verschreibungen gleichgestellt. Für tierärztliche Verschreibungen gibt es keine entsprechende Regelung. Daher sind Rezepte von ausländischen Tierärzten in Deutschland nicht gültig.

62. Nein, seit dem Edikt von Salerno (▸ Kap. 3.1) sind bis heute die Berufe des Arztes und des Apothekers getrennt; ein Arzt darf keine Arzneimittel verkaufen. Der gesetzlich richtige Weg wäre: Der Arzt verschreibt dem Patienten den Impfstoff, der Patient holt sich den Impfstoff in der Apotheke seiner Wahl, der Patient geht zum Arzt und lässt sich den Impfstoff spritzen. Ausnahme: kostenlose Ärztemuster (▸ Kap. 5.1.10).

63. Die Verschreibungsbefugnis für verschreibungspflichtige Arzneimittel ist nach § 1 der Arzneimittelverschreibungsverordnung (AMVV, ▸ Kap. 5.2.1) auf Ärzte, Zahnärzte oder Tierärzte beschränkt und umfasst den jeweiligen Bereich des Zweiges der ärztlichen Wissenschaft, in dem der Verschreibende ausgebildet ist (Humanmedizin, Veterinärmedizin, Zahnmedizin). Nach § 4 AMVV dürfen verschreibungspflichtige Arzneimittel für den Eigenbedarf einer verschreibenden Person auch ohne Vorlage einer schriftlichen oder elektronischen Verschreibung an Ärzte, Zahnärzte und Tierärzte abgegeben werden. Der Apotheker hat sich dafür über die Identität der „verschreibenden Person" Gewissheit zu verschaffen. Ein abgelaufener Arztausweis ist nach meiner Auffassung nicht ausreichend, denn die Approbation des Arztes könnte entzogen oder widerrufen sein. Ohne Approbation fehlt die Voraussetzung für die Verschreibungsbefugnis.

64. Apotheken dürfen Arzneimittel nur in geringen Mengen und auf besondere Bestellung einzelner Personen beziehen und nur im Rahmen des üblichen Apothekenbetriebes abgeben sowie, soweit es sich nicht um Arzneimittel aus Mitgliedstaaten der Europäischen Union oder anderen Vertragsstaaten des Abkommens über den Euro-

8

päischen Wirtschaftsraum handelt, nur auf ärztliche, zahnärztliche oder tierärztliche Verschreibung beziehen. Zusätzlich gilt für alle Einzelimporte aus EU/EWR-Staaten sowie Drittstaaten, dass hinsichtlich des Wirkstoffs und der Dosierung kein vergleichbares Fertigarzneimittel im Geltungsbereich dieses Gesetzes zur Verfügung stehen (§ 73 AMG, ▶ Kap. 5.1.9).

EU-Staaten ▶ Kap. 1.1, EWR-Staaten sind die EU-Staaten und zusätzlich die Nicht-EU-Staaten Island, Liechtenstein und Norwegen (◻ Tab. 5.4).

65. Die Zuordnung erfolgt auf Grund der bestimmungsgemäßen Hauptwirkung: Medizinprodukte (MPG, ▶ Kap. 5.3) wirken vorwiegend auf physikalischem Weg, Arzneimittel (AMG, ▶ Kap. 5.1.1) dagegen haben eine pharmakologische oder immunologische Wirkung. Dazwischen gibt es Grenzfälle (die Einstufung ist dabei immer abhängig von der Hauptwirkung und der Zweckbestimmung!). Ist ein Medizinprodukt mit einem Arzneimittel kombiniert, so wird dieses Produkt normalerweise den Arzneimitteln zugeordnet.

66. Nach § 3 MPG (▶ Kap. 5.3) lassen sich Medizinprodukte in vier Gruppen einteilen. Sie dienen:
    - der Erkennung, Verhütung, Überwachung, Behandlung oder Linderung von Krankheiten,
    - der Erkennung, Überwachung, Behandlung, Linderung oder Kompensierung von Verletzungen oder Behinderungen,
    - der Untersuchung, der Ersetzung oder der Veränderung des anatomischen Aufbaus oder eines physiologischen Vorgangs oder
    - der Empfängnisregelung.

    Eine weitere Möglichkeit ist die risikoabhängige Klassifizierung der Medizinprodukte im § 13 MPG nach der Richtlinie 93/42/EG. 98/79/EG in die Klassen I, IIa, IIb, III. Die dritte Möglichkeit: Einteilung der Medizinprodukte in aktiv implantierbar, aktiv nicht implantierbar, nicht aktiv und Diagnostika (MPG, ▶ Kap. 5.3).

67. Die erforderliche Sachkenntnis als sachkundige Person wird z. B. durch den Apothekerberuf (auch abgeschlossenes Pharmaziestudium ohne Approbation) und eine mindestens zweijährige praktische Tätigkeit in der Arzneimittelprüfung erworben (§ 15 AMG, ▶ Kap. 5.1.3).

68. Arzneimittel sind in § 2 AMG (▶ Kap. 5.1.1) ausführlich definiert und müssen von der zuständigen Behörde zugelassen sein, Nahrungsergänzungsmittel dagegen fallen rechtlich unter die Lebensmittel. Viele Hersteller bieten Multivitamin- oder Mineralstoffpräparate inzwischen nicht mehr als Arzneimittel, sondern als Nahrungsergänzungsmittel an und ersparen sich so das teure und aufwändige Zulassungsverfahren und die strengen analytischen Auflagen des Arzneimittelgesetzes. Bei einem Nahrungsergänzungsmittel muss der Hersteller die mit der Tagesdosis aufgenommenen Mengen aller Zutaten sowie deren Relation zum jeweiligen Tagesbedarf angeben.

69. Bei der Registrierung scher Arzneimittel (§ 38 AMG, ▶ Kap. 5.1.5) wird im Unterschied zur Zulassung auf Unterlagen über Wirkung und Anwendungsgebiete sowie der pharmakologisch-toxikologischen und der klinischen Prüfung verzichtet. Die Klosterfrau-Präparate (und andere homöopathische Komplexmittel z. B. von Heel) sind zwar homöopathisch hergestellte Arzneimittel, die aber jeweils eine Indikation haben und deshalb das normale Zulassungsverfahren für diese angegebenen Indikationen durchlaufen mussten.

70. Es handelt sich um ein Entlassrezept (○ Abb. 5.5, ▸ Kap. 5.4). Es kann von einem Krankenhausarzt bei der Entlassung eines Patienten ausgestellt werden und ist mit dem Ausstellungstag drei Werktage gültig. Der Arzt kann von einem Arzneimittel nur die N1, von Hilfsmitteln und Medizinprodukten für den Bedarf bis zu 7 Tagen verschreiben. Der Gemeinsame Bundesausschuss (G-BA, ▸ Kap. 2.1 und Kap. 5.4) hat in seinen Richtlinien über die Verordnung von Arzneimitteln in der vertragsärztlichen Versorgung (Arzneimittel-Richtlinien, AM-RL) diese Bedingungen auf Grundlage des SGB V festgelegt.

71. Hier muss zwischen der Abgabe zu Lasten einer GKV-Kasse und der Abgabe auf Privatrezept oder grünem Rezept unterschieden werden. Anstaltspackungen und sogenannte Jumbopackungen, die größer sind als die Anlagen der Packungsgrößenverordnung (▸ Kap. 5.2.4) dies zulassen (N1, N2 oder N3), dürfen nicht zu Lasten der GKV an Versicherte abgegeben werden.

    Bei Fehlen der Packungsgröße muss – auch auf Privatrezept – die kleinste Packung abgegeben werden (§ 2 Abs. 3 Verschreibungsverordnung, ▸ Kap. 5.2.1).

72. Nein, das Verblistern (Portionieren von Arzneimitteln) wurde 2005 in der 14. AMG-Novelle als weitere Ausnahme von der Zulassungspflicht eingeführt. Diese Ausnahmeregelung (§ 21, Abs. 2 Nr. 1b AMG, ▸ Kap. 5.1.4) erlaubt das Portionieren von Arzneimitteln in einem industriellen Maßstab ohne Zulassungsverfahren. Dabei werden Arzneimittel, die ärztlich verschrieben wurden, in der Apotheke oder im Auftrag einer Apotheke industriell – zum Beispiel in Wochenblister – abgefüllt und über die Apotheke an die zu versorgenden Patienten geliefert. Eine Zulassung der einzelnen patientenbezogenen Blister bedarf es nicht, wenngleich sie unter den im AMG definierten Fertigarzneimittelbegriff (§ 4 Abs. 1 AMG, ▸ Kap. 5.1.1) fallen. Beachten Sie hier auch die neuen Paragrafen 34 und 35 der Apothekenbetriebsordnung (▸ Kap. 4.3.1).

73. „Wuweizie" ist die Bezeichnung für die Früchte der chinesischen Arzneipflanze Schisandra chinensis, die im Rahmen der traditionellen chinesischen Medizin als universelles Stärkungsmittel, ähnlich dem Ginseng, eingesetzt werden. Zu den Wirkungen und Risiken der Einnahme von Schisandrafrüchten gegen Tinnitus (und vielen anderen Pflanzen der traditionellen chinesischen Medizin) liegen keine gesicherten Angaben vor. Die Kundin muss also eingehend beraten werden und das Präparat nicht unkritisch abgegeben werden.

74. Klinische Prüfungen sind neben analytischen und pharmakologisch-toxikologischen Prüfungen (z. B. Tierversuche) für die Zulassung eines Arzneimittels vorgeschrieben (▸ Kap. 5.1.4). Eine klinische Prüfung läuft in drei Phasen vor der Zulassung und einer Phase nach der Zulassung des Arzneimittels ab:

    ▪ Phase I: Prüfung an gesunden, freiwilligen Probanden auf Verträglichkeit unter verschiedenen Dosierungen.

    ▪ Phase II: Prüfung unter Kurzzeitanwendung an einer begrenzten Anzahl von Patienten zur Erfassung der Wirksamkeit und Unbedenklichkeit. Danach Beginn vergleichender Prüfungen zur Dosisfindung und zur Erfassung von Dosis-Wirkungs-Beziehungen.

    ▪ Phase III: Kontrollierte, meist randomisiert doppelblinde Studien im Vergleich zu therapeutischen Standards zum Nachweis der Wirksamkeit, der Verträglichkeit und zur Abklärung von Interaktionen.

8

■ Phase IV: Klinische Prüfung nach Erteilung der Zulassung und nach dem Inverkehrbringen zur Erfassung von Langzeiteffekten und zur Therapieoptimierung. Der Begriff „Klinische Prüfung" wird in §4 Absatz 23 AMG (▶ Kap. 5.1.1) definiert.

75. Nach §6a AMG (▶ Kap. 5.1.2) ist es verboten, „Arzneimittel zu Dopingzwecken im Sport in den Verkehr zu bringen, zu verschreiben oder bei anderen anzuwenden." Schuldig machen sich also der verschreibende Arzt, der abgebende Apotheker und der, der das Mittel bei anderen anwendet (z. B. der Trainer). Betroffen sind Arzneimittel, die in Dopinglisten (z. B. des Internationalen Olympischen Komitees) aufgelistet sind und zu anderen Zwecken als der Behandlung von Krankheiten angewendet werden.

76. Standardzulassungen sind standardmäßig zugelassen, wenn sie den Monographien in den Standardzulassungen entsprechen (▶ Kap. 5.1.4). Der Apothekenbetreiber muss alle Standardzulassungen, die er herstellt, nach §67,5 AMG dem BfArM und seiner zuständigen Überwachungsbehörde melden, das gilt auch für alle Änderungen und Löschungen. Hierzu benötigt er eine pharmazeutische Unternehmernummer (PNR), um diese Meldungen auf elektronischem Weg über das Portal www.pharmanet-bund. de vornehmen zu können (das BfArM stellt hierzu ein Informationsblatt bereit).

77. Lidocain unterliegt der Verschreibungspflicht, ist aber einer von vier Wirkstoffen, die unter bestimmten Bedingungen in der AMVV (▶ Kap. 5.2.1) an Heilpraktiker abgegeben werden dürfen (Dexamethasonhydrogenphosphat, Epinephrin, Lidocain, Procain). Lidocain ist hierbei im Rahmen der Neuraltherapie in Konzentrationen bis zu 2 % ohne Zusatz weiterer Arzneistoffe für die intracutane Anwendung durch Heilpraktiker ausgenommen. Der Heilpaktiker muss sich durch die Vorlage seiner Heilpraktikererlaubnis und seines Personalausweises beim Erwerb in der Apotheke ausweisen (Quelle: 10. Verordnung zur Änderung der AMVV vom Februar 2011).

78. Die Verschreibungsbefugnis der Angehörigen der Heilberufe (Arzt, Zahnarzt, Tierarzt) ist durch die Grenzen der Befugnis zur Ausübung ihres Berufs geregelt. Demnach darf ein Zahnarzt verschreibungspflichtige Arzneimittel nur in erlaubter Ausübung seines Berufes verschreiben (Behandlung von Zahn-, Mund- und Kieferkrankheiten). Das Rezept darf ebenso wie z. B. ein von einem Frauenarzt verschriebenes Antibiotikum für seinen Hund nicht abgegeben werden, weil es keine gültige Verschreibung im Sinne der AMVV ist (Quelle: DAZ-online 07.01.2016).

79. Die Wirkstoffe Levonorgestrel und Ulipristalacetat wurden 2015 zur Notfallkonzeption aus der Verschreibungspflicht entlassen (▶ Kap. 5.2.1) und sind unter den in der Anlage 1 AMVV genannten Bedingungen apothekenpflichtig. Im Gegensatz zu anderen apothekenpflichtigen Arzneimitteln gibt es folgende drei wichtige Unterschiede: es muss vor der Abgabe ein ausführliches, meist standardisiertes, Beratungsgespräch mit der betroffenen Frau stattfinden, die entsprechenden Präparate dürfen nicht im Wege des Versandhandels in den Verkehr gebracht werden und es darf nach Heilmittelwerbegesetz nur in Fachkreisen dafür geworben werden (keine Publikumswerbung z. B. in Frauenzeitschriften).

80. Die Frage ist nicht ohne weiteres mit ja oder nein zu beantworten. Die Verschreibungspflicht eines Präparats bzw. Wirkstoffs richtet sich immer nach der deutschen Gesetzgebung, nicht nach der Einstufung im Herkunftsland. Ist ein Wirkstoff nach deutschem Recht verschreibungspflichtig, braucht man immer eine ärztliche Verschreibung für den Import. Ist der Wirkstoff wiederum nicht verschreibungspflichtig, braucht man auch kein ärztliches Rezept für den Import aus einem EU/EWR-Ver-

tragsstaat. Dabei ist unerheblich, ob das zu importierende Arzneimittel im Herkunftsland (hier Österreich) verschreibungspflichtig oder apothekenpflichtig ist. Bei einem Import aus nicht EU/EWR-Vertragsstaaten, wie zum Beispiel der Schweiz oder den USA, benötigt man immer eine ärztliche Verschreibung (▶ Kap. 5.1.9; Quelle: LAK Baden-Württemberg).

81. Acetylsalicylsäure in Dosierungen bis 300 mg wird in der OTC-Ausnahmeliste geführt und kann in dieser Dosierung (Thrombozytenaggregationshemmer zur Prophylaxe oder Nachsorge von Herzinfarkt oder Schlaganfall) nach § 34 SGB V auf GKV-Rezept verordnet werden, obwohl es nicht der Verschreibungspflicht unterliegt (▶ Kap. 5.4). Allerdings ist es möglich, dass der Patient dennoch den vollen Arzneimittelpreis bezahlen muss, da dieser in einigen Fällen unterhalb der Mindestzuzahlung von fünf Euro liegt. Weitere Beispiele dieser Ausnahmeregelung: Antihistaminika in Notfallsets für Allergiker, Antimykotika zur Behandlung von Pilzinfektionen im Mund- und Rachenraum und Ginkgo-biloba-Blätter-Extrakt zur Behandlung der Demenz.

82. Die Verschreibungsbefugnis für verschreibungspflichtige Arzneimittel ist auf Ärzte, Zahnärzte oder Tierärzte beschränkt und umfasst den jeweiligen Bereich des Zweiges der ärztlichen Wissenschaft, in dem der Verschreibende ausgebildet ist (Humanmedizin, Veterinärmedizin, Zahnmedizin). Nach § 4,2 AMVV (▶ Kap. 5.2.1) dürfen verschreibungspflichtige Arzneimittel für den Eigenbedarf einer verschreibenden Person auch ohne Vorlage einer schriftlichen Verschreibung an Ärzte, Zahnärzte und Tierärzte abgegeben werden. Der Apotheker muss sich, wenn der Arzt unbekannt ist, Arzt- und Personalausweis zeigen lassen.

83. Prinzipiell besteht das Sortiment einer Apotheke ausschließlich aus Arzneimitteln, apothekenpflichtigen Medizinprodukten und den apothekenüblichen Waren (§ 1a ApBetrO, ▶ Kap. 4.3.1). Lebensmittel sind hier nicht genannt, allerdings gehören Nahrungsergänzungsmittel rechtlich zu den Lebensmitteln und fallen sicher unter den dehnbaren Begriff der „Mittel [...], die der Gesundheit von Menschen und Tieren mittelbar oder unmittelbar dienen oder diese fördern."

84. Das Fertigarzneimittel Mifegyne® (Mifepriston) darf als Arzneimittel zur Vornahme eines Schwangerschaftsabbruches nur über einen sogenannten „Sondervertriebsweg" abgegeben werden (§ 47 AMG, ▶ Kap. 5.1.6). Hierbei wird unter umfassender Dokumentation auf Verschreibung des behandelnden Arztes das Arzneimittel unter Umgehung der Apotheke direkt an Einrichtungen, die Schwangerschaftsabbrüche vornehmen, abgegeben.

85. Die Lösungen sind ◻ Tab. 8.1 in diesem Kapitel zu entnehmen.

86. „Ärztliche Verschreibungen aus Mitgliedsstaaten der Europäischen Union (EU), den Vertragsstaaten des Abkommens über den Europäischen Wirtschaftsraum (EWR) und aus der Schweiz dürfen von deutschen Apotheken beliefert werden. Sie müssen den Vorgaben der Arzneimittelverschreibungsverordnung entsprechen. Diese Rezepte sind in der Apotheke wie Privatrezepte zu behandeln. Für Verordnungen von Betäubungsmitteln oder Thalidomid, Lenalidomid und Pomalidomid gilt diese Regelung nicht. Betäubungsmittel dürfen nur auf das in Deutschland vorgeschriebene 3-teilige Rezeptformular (BtM-Rezept, ◉ Abb. 6.4, ▶ Kap. 6.3) abgegeben werden, T-Substanzen nur auf das zweiteilige amtliche T-Rezept-Formular. Voraussetzung für die Abgabe eines Arzneimittels auf eine ausländische Verschreibung ist, dass die Apotheke sich von der Gültigkeit und der Echtheit des Rezepts überzeugt hat. Bei

◻ **Tab. 8.1** Die verschiedenen Rezeptarten mit Angaben zu Gültigkeit und Erstattungsfähigkeit

Rezeptart	Gültigkeit	Erstattungs-fähigkeit	Hinweise
GKV (rosa) „Kassenrezept"	3 Monate	28 Tage	▸Kap. 2.2.3, ⊙Abb. 2.4
Entlassrezept (rosa)	3 Werktage (Montag bis Samstag)	3 Werktage (Montag bis Samstag)	Aufdruck „Entlassmanage-ment" ▸Kap. 5.4 (G-BA), ⊙Abb. 5.5
PKV (meist blau) „Privatrezept"	3 Monate	3 Monate	Auch Privatrezept auf grünem Rezeptformular
Grünes Rezept „Einkaufszettel"	unbegrenzt	Nein	Ausnahmen bei einigen Kran-kenversicherungen
Thalidomid-Rezept „T-Rezept"	Ausstellungs-tag und 6 Tage	7 Tage	Auch Lenalidomid, Pomalido-mid, AMVV § 3a ▸Kap. 5.2.1, ⊙Abb. 5.3.
Isotretinoin-Rezept			Auch Alitretinoin, Acitretin ▸Kap. 5.2.1, AMVV § 3b
Betäubungsmittel „BtM-Rezept"	Ausstellungs-tag und 7 Tage	8 Tage	▸Kap. 6.3, ⊙Abb. 6.4 BtMVV § 12,1 (1c)

bestehenden Zweifeln oder Unklarheiten ist eine Abgabe zu verweigern und gegebe-nenfalls an einen ansässigen Arzt zu verweisen. Rezepte über verschreibungspflich-tige Arzneimittel von Ärzten aus anderen Staaten dürfen nicht beliefert werden, da sie in Deutschland nicht gültig sind. Darunter fallen beispielsweise Rezepte aus der Ukraine, Serbien oder auch den USA." (Antwort: LAK Baden/Württemberg)

87. Seit 2004 sind nicht verschreibungspflichtige Arzneimittel für Erwachsene eigentlich von der Leistungspflicht der gesetzlichen Krankenkassen ausgenommen (Verord-nungsausschluss nach § 34 Abs. 1 Satz 2 SGB V, ▸Kap. 5.4). Bei der OTC-Ausnahme-liste, oder genauer „OTC-Übersicht der verordnungsfähigen, nicht verschreibungs-pflichtigen Arzneimittel", handelt es sich um eine Liste mit nicht verschreibungs-pflichtigen Arzneistoffen oder Arzneistoffgruppen in Verbindung mit bestimmten Indikationen. Es sind die zugelassenen Ausnahmen (OTC-Ausnahmen) zum gesetz-lichen Verordnungsausschluss nach § 34 SGB V für nicht verschreibungspflichtige Arzneimittel. Der Begriff „OTC" für rezeptfreie Arzneimittel, der hier verwendet wird, stammt aus dem englischen Sprachraum und steht für „Over The Counter". Da es für den Einsatz bestimmter rezeptfreier Arzneimittel bei bestimmten Erkrankun-gen keine Behandlungsalternativen gibt, wurde für diese Fälle die OTC-Ausnahme-liste vom Gemeinsamen Bundesausschuss (G-BA, ▸Kap. 2.1, ▸Kap. 5.4) zwischen Ärzten und Krankenkassen erstellt. Die Liste ist eine Anlage zur Arzneimittelrichtli-nie und wird bei Bedarf angepasst. Derzeit stehen beispielsweise Wirkstoffgruppen wie „Antimykotika" zur Behandlung von Pilzinfektionen im Mund- und Rachen-

raum, Iodid zur Behandlung von Schilddrüsenerkrankungen und Acetylsalicylsäure zur Herzinfarktprophylaxe in der OTC-Ausnahmeliste.

88. Natürlich kann sie das als approbierte Ärztin. Die Frage betrifft wohl eher die rechtlichen Bedingungen und die Erstattung durch die Krankenversicherung. Nach § 24a SGB V haben Versicherte bis zum vollendeten 22. Lebensjahr Anspruch auf Versorgung mit verschreibungspflichtigen empfängnisverhütenden Mitteln (▸ Kap. 5.4). Trotzdem muss die Frauenärztin der GKV-Patientin das Arzneimittel auf einem Privatrezept verschreiben, die DAK als gesetzliche Krankenversicherung trägt die Kosten nicht. Grund: Die Patientin hat das 22. Lebensjahr mit dem 22. Geburtstag beendet und befindet sich jetzt bereits im 23. Lebensjahr.

Kapitel 6

1. Betäubungsmittel sind, anders als der Begriff Arzneimittel (AMG § 2, ▸ Kap. 5.1.1) sehr einfach definiert: Alle Stoffe und deren Zubereitungen, die in den Anlagen I bis III des Betäubungsmittelgesetzes stehen, sind Betäubungsmittel. Die Einteilung in drei Anlagen unterscheidet BtM bezüglich Verkehrsfähigkeit und Verschreibungsfähigkeit. Näheres finden Sie in ▸ Kap. 6.1 und den Tabellen 6.2, 6.3, 6.4 und 6.5.

2. Cannabis findet sich sowohl in Anlage I als auch in Anlage III (▸ Kap. 6.1), da es, wenn die Ausnahmen a bis e der Anlage I nicht zutreffen, weder verkehrsfähig noch verschreibungsfähig ist, also illegal. Trifft die Ausnahme e zu ist Cannabis sowohl verkehrsfähig als auch verschreibungsfähig. Bedingung: Cannabis darf nur aus einem Anbau, der zu medizinischen Zwecken unter staatlicher Kontrolle erfolgt, sowie in Zubereitungen, die als Fertigarzneimittel zugelassen sind, verwendet werden.

   Diamorphin (▸ Kap. 6.1) findet sich sogar in allen drei Anlagen (◻ Tab. 6.3, ◻ Tab. 6.4, ◻ Tab. 6.5): In Anlage I ist es als Heroin illegal, wenn es nicht zu den in den Anlagen II und III bezeichneten Zwecken genutzt wird. In Anlage II ist dieses künstliche Heroin verkehrsfähig unter der Bedingung, dass es zur Herstellung von Zubereitungen zu medizinischen Zwecken bestimmt ist. In Anlage III wird Diamorphin dann zusätzlich verschreibungsfähig unter der Einschränkung, dass die Zubereitung zur Substitutionsbehandlung zugelassen ist. Diamorphin wird unter Umgehung der Apotheke direkt vom Hersteller an die behandelnde Arztpraxis oder Klinik geliefert (▸ Kap. 5.1.6).

3. Die BtM-Kartei erfasst (wie auch BtM-Computerprogramme) sämtliche Zugänge und Abgänge von BtMs in der Apotheke; für jedes Betäubungsmittel wird unter Angabe des Datums der Lieferant, Empfänger und verschreibender Arzt festgehalten und jeweils der Bestand an BtM eingetragen und regelmäßig kontrolliert.

4. Die „Bundesopiumstelle" (BOPST) war schon zu Zeiten des BGA für die Überwachung des BtM-Verkehrs und die Ausgabe der BtM-Rezepte (◉ Abb. 6.4, ▸ Kap. 6.3) zuständig. Vor dem Inkrafttreten der BtMBinHV musste diese Abteilung des BGA die Anträge der Apotheken auf Erwerb von BtM bearbeiten und genehmigen (▸ Kap. 6.2). Heute ist das BfArM für die Überwachung des BtM-Verkehrs (BtM-Abgabemeldung, ▸ Kap. 6.2, ◉ Abb. 6.2), die Vergabe der BtM-Nummer und die Ausgabe der codierten BtM-Rezepte an die Ärzte zuständig.

5. Da die Abgabe eines Betäubungsmittels in der Apotheke nur auf Grund einer ärztlichen Verschreibung auf einem BtM-Rezept (§ 1 Abs. 2 BtMVV, (▸ Kap. 6.3) möglich ist, ist das Aushelfen mit einem BtM zwischen Apotheken nicht erlaubt.

8

Es spricht nichts dagegen (wie bei anderen Rezepten auch), dass eine beauftragte Person ein Betäubungsmittelrezept in der Apotheke einlöst.

6. Es ist natürlich möglich, neben einem BtM Verbandmull zu verschreiben, jedoch Verbandmull nicht allein auf einem BtM-Rezept. Der Verbandmull und das BtM werden normal berechnet (inklusive BtM-Bearbeitungsgebühr) und Teil II des BtM-Rezepts bei der Krankenkasse eingereicht (◻Tab. 6.7).

7. Ein BtM-Rezept mit „N" ersetzt ein zuvor ausgestelltes „normales" Rezept mit dem Vermerk „Notfallverschreibung"; es darf also nicht beliefert werden (▸Kap. 6.3)!

8. Der synthetische Cannabis-Wirkstoff Dronabinol (z.B. gegen Erbrechen bei Krebspatienten und zur Appetitanregung bei AIDS-Patienten) ist durch Einstufung in die Anlage III BtMG verkehrs- und verschreibungsfähig. Er müsste aber nach § 73 Abs. 3 AMG im Einzelfall als Fertigarzneimittel importiert werden (z.B. Marinol® aus den USA). Dazu ist aber eine Einfuhrgenehmigung (nach § 11 BtMG) erforderlich!

9. Es gibt zwei Möglichkeiten: Entweder kann das FAM Marinol® über einen Importeur, der die Erlaubnis der Bundesopiumstelle besitzt, aus den USA eingeführt werden (zum Import § 18 ApBetrO, ▸Kap. 4.3 und § 73 AMG, ▸Kap. 5.1.9) oder Dronabinol wird in Rezepturen verarbeitet. Hierfür wird ein BtM-Rezept (Anlage III BtMG) unter Einhaltung der Höchstmenge von 500 mg pro 30 Tage (§ 2 (a) BtMVV, ▸Kap. 6.3) benötigt.
Das NRF führt eine Kapselrezeptur mit Dronabinol auf, die Substanz und auch ein Set zur Herstellung öliger Dronabinol-Tropfen kann im Fachhandel bezogen werden.

10. Nein, für Acetanhydrid gilt das Grundstoffüberwachungsgesetz und die entsprechenden europäischen Richtlinien, welche Maßnahmen gegen die Abzweigung von Chemikalien, die zur unerlaubten Drogenherstellung (z.B. Heroin) benutzt werden, vorsieht (▸Kap. 6.1).

11. Einmalkanülen und Einmalspritzen müssen seit 1994 nach Apothekenbetriebsordnung (§ 15, ▸Kap. 4.3.1) in öffentlichen Apotheken neben den 9 Arzneimitteln bzw. Arzneimittelgruppen des § 15,1 für den Bedarf einer Woche vorrätig gehalten werden. Eine Verweigerung ist sicherlich nicht sinnvoll und würde zusätzliche Gefährdungen des Patienten nach sich ziehen (Pro und Contra zu § 15, ▸Kap. 4.3.1).

12. Cocain und seine Salze werden als Lokalanästhetika eingesetzt und gehören in die Anlage III des BtMG (◻Tab. 6.5). Nach der BtMVV darf Cocain nur als Zubereitung, z.B. als Lösung oder Salbe mit festgelegten Höchstkonzentrationen für den Praxisbedarf verschrieben werden (▸Kap. 6.3).

13. Cannabis (Cannabisblüten = Marihuana) wird in den Anlagen I und III BtMG (◻Tab. 6.3, ◻Tab. 6.5) aufgeführt und war bis 2017 vom Prinzip her nur als Fertigarzneimittel zur medizinischen Anwendung verschreibungsfähig. Ausnahme: Mit einer BtM-Erlaubnis nach § 3,2 BtMG (nicht mehr nötig seit 2017) durften bestimmte Patienten diese Produkte in der Apotheke erwerben; es fand dabei eine medizinisch betreute und begleitete Cannabis-Selbsttherapie statt. Seit dem 10. März 2017 dürfen Ärzte Patienten mit schwerwiegenden Erkrankungen und bei fehlenden Therapiealternativen Cannabis verordnen. Patienten können somit Cannabis entweder in Form getrockneter Blüten oder als Extrakte in standardisierter pharmazeutischer Qualität auf ärztliche Verschreibung (Betäubungsmittel-Rezept, ⊙Abb. 6.4, ▸Kap. 6.3) in Apotheken erhalten. „Cannabis, d.h. Marihuana, Pflanzen und Pflanzenteile der zur Gattung Cannabis gehörenden Pflanzen", werden von Anlage I in Anlage III Betäubungsmittelgesetz (BtMG) überführt und damit verkehrs- und verschreibungsfähig. Bislang

galt dies nur Zubereitungen aus Cannabis, die als Fertigarzneimittel zugelassen sind, sowie Betäubungsmittel mit Dronabinol und Nabilon.

14. Gegenüber den in Deutschland verkehrsfähigen Ritalin®-Tabletten sind bei diesem Präparat sowohl die Dosierung als auch die Anzahl der Tabletten pro Packung deutlich erhöht. Es ist zu prüfen, ob das auf BtM-Rezept (Anlage III BtMG, ▸Kap. 6.1) zu verschreibende Ritalin SR® die in § 2 Abs. 1 (a) angegebene Höchstmenge (▸Kap. 6.3) nicht überschreitet. Seit 2001 war dort für Methylphenidat die Höchstmenge 2000 mg (vorher 1500 mg) aufgeführt, seit 2012 beträgt die Höchstmenge 2400 mg, das Importarzneimittel erfüllt also die Anforderungen der BtMVV. Überprüfen Sie mithilfe der ▫ Tab. 6.6 im ▸Kap. 6.3, wie viele Packungen Ritalin® Sie maximal ohne „A" auf BtM-Rezept abgeben dürften! (theoretisch 4 ×N2 und 2 ×N1).

15. Das Gericht hat nach § 35 BtMG die Möglichkeit, statt einer wegen eines BtM-Vergehens verhängten Gefängnisstrafe eine Therapie zuzulassen. Dies ist nur unter zwei Bedingungen möglich: Der Verurteilte muss betäubungsmittelabhängig sein und die Strafzeit darf zwei Jahre nicht überschreiten.

16. Bestellung und Lieferung BtMBinHV, ▸Kap. 6.2 und ○ Abb. 6.3; Dokumentation § 9 BtMVV, ▸Kap. 6.3. Die Vernichtung von BtM ist vom Apothekenleiter in Gegenwart von zwei Zeugen schriftlich zu dokumentieren (§ 16 BtMG, ▸Kap. 6.1).

17. Es handelt sich um zwei Gruppen von Waren: BtMs (Arzneimittel) und Gefahrstoffe. Nach § 8 Abs. 7 GefStoffV sind giftige und sehr giftige Stoffe sowie die CMR-Stoffe der Kategorie 1 und 2 (entspricht nach CLP-VO GHS06 und/oder GHS08 mit Signalwort Gefahr) unter Verschluss oder so aufzubewahren oder zu lagern, dass nur fachkundige Personen Zugang haben.

18. Substitutionsrezepte müssen in allen Fällen mit dem Kennbuchstaben „S" gekennzeichnet sein (BtMVV, ▸Kap. 6.3, ▫Tab. 6.8) und auf dem amtlichen BtM-Formular vorgelegt werden. Nur in Ausnahmefällen („Take-Home-Verschreibungen") kann der Patient selbst das Rezept einlösen. Zugelassen zur Substitution sind nur Methadon, Levomethadon, Levacetylmethadol (LAAM) und Buprenorphin. Codein und DHC als Substitutionsmittel können nur noch in Ausnahmefällen, die der Arzt begründen muss, verwendet werden.

19. Der Arzt darf nach § 5 Abs. 4 BtMVV (▸Kap. 6.3) nur Levomethadon, Methadon, Levacetylmethadol, Buprenorphin (besondere Höchstmenge beachten!) oder in begründeten Ausnahmefällen Codein oder DHC verschreiben. Die Verschreibung ist mit einem „S" zu kennzeichnen!

20. Bei Privatpatienten wird Teil II des BtM-Rezepts (○ Abb. 6.4, ▸Kap. 6.3) quittiert und gegebenenfalls eine Kopie für den Patienten erstellt; Teil I bleibt auf jeden Fall zur Dokumentation in der Apotheke (§ 5 BtMVV, ▸Kap. 6.3). Ein BtM-Rezept ist bis sieben Tage nach dem Ausstellungstag gültig.

21. Eine Apotheke benötigt für den normalen Betrieb gemäß § 4,1 BtMVV keine Erlaubnis durch das BfArM, sie muss allerdings die Teilnahme am BtM-Verkehr anzeigen (§ 4,3 BtMVV). Die Apotheke hat eine von der Bundesopiumstelle beim BfArM erteilte BtM-Nummer, die Voraussetzung für den Bezug von BtM-Arzneimitteln nach BtMBinHV ist und auf dem Abgabebeleg eingetragen werden muss (▸Kap. 6.2). Die Abgabe innerhalb eines Filialverbunds ist unter Verwendung dieses Abgabebelegverfahrens unter Angabe beider BtM-Nummern möglich.

22. Seit März 2017 dürfen Ärzte Patienten mit schwerwiegenden Erkrankungen und bei fehlenden Therapiealternativen Cannabis entweder in Form getrockneter Blüten oder

8

als Extrakte in standardisierter pharmazeutischer Qualität verordnen (Betäubungs-mittel-Rezept, ○ Abb. 6.4, ▸ Kap. 6.3). Nach § 2 Abs. 1 a) Betäubungsmittel-Verschrei-bungsverordnung (BtMVV) darf der Arzt für einen Patienten innerhalb von 30 Tagen bis zu zwei der darunter gelisteten Betäubungsmittel unter Einhaltung der jeweiligen festgesetzten Höchstmengen verschreiben. Für Cannabisblüten beträgt die Höchst-menge 100 000 mg (100 g), unabhängig vom THC-Gehalt. Die Verordnung hat sich dabei an den Erfahrungswerten orientiert, die das BfArM auf Basis der früheren Aus-nahmeerlaubnisse für Patienten zum Erwerb von Cannabis gewonnen hatte. Die Ver-schreibungshöchstmenge für Cannabisextrakt beträgt 1 000 mg – bezogen auf den Gehalt an Tetrahydrocannabinol (THC). Für Verordnungen von Dronabinol (synthe-tisch hergestelltes THC) gilt die Verschreibungshöchstmenge von 500 mg. Wie bei den übrigen Betäubungsmitteln beziehen sich die 30 Tage auf den Verordnungszeit-raum des Arztes, nicht auf die Anwendungsdauer, d. h. die Reichweite des verordne-ten Betäubungsmittels.

23. Die Substanz müsste in eine der Anlagen des Betäubungsmittelgesetzes aufgenom-men werden; dies könnte auch ohne Änderung des gesamten Gesetzes nach § 1 BtMG (▸ Kap. 6.1) durch die Bundesregierung erfolgen. Auch die Verlagerung eines Stoffs in eine andere Anlage ist möglich (z. B. DHC aus Anlage II in Anlage III, 1998, oder Dexamfetamin aus Anlage II in Anlage III, 2001).

24. Flunitrazepam (FAM Rohypnol®) ist ein Benzodiazepinderivat und in der Anlage III zu § 1 Abs. 1 BtMG als verkehrsfähiges und verschreibungsfähiges Betäubungsmittel aufgeführt. Zubereitungen bis 1 mg pro abgeteilter Form (Rohypnol®) waren bis November 2011 „ausgenommen"; eine normale ärztliche Verschreibung war dafür ausreichend. Inzwischen darf Flunitrazepam nur noch auf BtM-Rezept verschrieben werden, da die Ausnahmeregelung in Anlage III entfallen ist.

25. Auf so eine Fragestellung gäbe es natürlich viel zu sagen. In Kürze: Die Frage wurde gestellt, als Flunitrazepam noch ausgenommene Zubereitungen hatte. Seit 2011 ist Flunitrazepam immer ein BtM ohne ausgenommene Zubereitungen. Flunitrazepam gehört in die Anlage III des BtMG (▸ Kap. 6.1), in der Dosierung des FAM Rohypnol® gehörte es aber bis November 2011 zu den „ausgenommenen BtM". Bei der Verschrei-bung für betäubungsmittelabhängige Patienten muss aber auch bei ausgenommenen Zubereitungen ein BtM-Rezept (○ Abb. 6.4, ▸ Kap. 6.3) ausgestellt werden.

26. Die Teilnahme am Betäubungsmittelverkehr ist zuvor der zuständigen Behörde anzu-zeigen (§ 4 Abs. 3 BtMG). Durch das gelockerte Mehrbesitzverbot (▸ Kap. 4.1) kann ein Apotheker bis zu vier Apotheken besitzen. Nach Mitteilung der Bundesopium-stelle beim BfArM hat der Betreiber der Hauptapotheke eine Kopie der Erlaubnis zum Betrieb der Filialapotheken einzureichen und die Apothekenleiter in den Filialapo-theken als Verantwortliche zu nennen. Diese benannten Verantwortlichen unterlie-gen den Regelungen des BtMG. Für den BtM-Verkehr zwischen den Apotheken des Betreibers ist keine Erlaubnis erforderlich, es sind jedoch Abgabebelege nach den Vorschriften der BtMBinHV auszufertigen (○ Abb. 6.2).

27. Nein. Betäubungsmittel sind gesondert aufzubewahren und so zu lagern, dass eine unbefugte Entnahme nicht möglich ist (§ 15 BtMG, ▸ Kap. 6.1). Ein Kommissionier-automat erfüllt das Merkmal einer gesonderten Aufbewahrung nicht, wenn in diesem Automat auch andere Medikamente aufbewahrt werden. Auch entsprechen Kommis-sionierautomaten nicht den Anforderungen an die gesicherte Aufbewahrung von Betäubungsmittelvorräten der zuständigen Behörde („Richtlinien über Maßnahmen

zur Sicherung von Betäubungsmittelvorräten" auf www.bfarm.de), da diese Automaten von ihren mechanischen Sicherungsmaßnahmen her nicht vergleichbar sind mit den geforderten Wertschutzschränken mit Widerstandsgrad I.

28. Diese Frage war lange unklar und wurde durch die 19. BtM-Änderungsverordnung 2005 geklärt (Einfügung des letzten Satzes der Anlage I BtMG, ◻ Tab. 6.3). Es wurde klargestellt, dass auch Pilze (die botanisch nicht mehr zum Pflanzenreich zählen), sofern sie einen Stoff der Anlagen zum BtMG enthalten, Betäubungsmittel der Anlage I sind (Anlage I BtMG, ▸ Kap. 6.1, ◻ Tab. 6.3).

29. Künstliches Heroin zur Substitutionsbehandlung (Diamorphin) findet sich in den Anlagen I, II und III BtMG (▸ Kap. 6.1), wenn die genannten Bedingungen eingehalten sind, aber nicht in der Apotheke. Nach § 47b des Arzneimittelgesetzes (▸ Kap. 5.1.6) dürfen diamorphinhaltige Fertigarzneimittel, die zur substitutionsgestützten Behandlung zugelassen sind, nur an anerkannte Einrichtungen im Sinne des § 13 Absatz 3 Satz 2 Nr. 2a des Betäubungsmittelgesetzes und nur auf Verschreibung eines dort behandelnden Arztes zur Substitution abgeben werden. Diese Fertigarzneimittel werden also unter Umgehung der Apothekenpflicht direkt vom Hersteller an den behandelnden Arzt geliefert.

30. Der substituierende Arzt entscheidet gemäß § 5 Abs. 8 BtMVV (▸ Kap. 6.3, ◻ Tab. 6.8) über den Weg, wie ein Opioidabhängiger sein Substitutionsmittel erhält. Unter Sichtbezug versteht man das unmittelbare Überlassen eines Substitutionsmittels zum unmittelbaren Verbrauch durch den Arzt oder die zugelassene Vergabestelle an den Patienten (Rezepte werden von der Arztpraxis in einer Apotheke ihrer Wahl eingelöst, das Arzneimittel gelangt nicht in die Hand des Patienten und wird unter Aufsicht eingenommen). Take-Home dagegen bezeichnet die eigenverantwortliche Einnahme des Substitutionsmittels für maximal 7 Tage (in Ausnahmefällen bis zu 30 Tagen) durch den Patienten selbst, die Rezepte werden vom Patienten (oder einer von ihm beauftragten Person) in einer Apotheke seiner Wahl eingelöst (Abgabe nur in Einzeldosen und kindergesicherter Verpackung). Als Zwischenstufe gibt es die „Wochenendregelung", nach der ein Patient die Arzneimittel für zwei Tage bekommt. In allen Fällen darf das Arzneimittel nicht zur parenteralen Anwendung bestimmt oder geeignet sein.

31. Die Sonderzeichen A, S und N kennzeichnen Abweichungen von normalen BtM-Rezepten, die Sonderzeichen Z und T sind immer kombiniert mit S. Bitte informieren Sie sich in ◻ Tab. 6.8 (▸ Kap. 6.3).

32. Nein. Cocain ist zwar in der Anlage III BtMG aufgeführt und verschreibungsfähig (◻ Tab. 6.5, ▸ Kap. 6.1), darf aber nach § 2 Abs. 3 BtMVV (▸ Kap. 6.3) nur unter bestimmten Bedingungen für den Praxisbedarf eines Arztes (nicht Zahnarztes) verschrieben werden. Diese Bedingungen („Cocain bei Eingriffen am Kopf als Lösung bis zu 20 vom Hundert oder als Salbe bis zu einem Gehalt von 2 vom Hundert") sind aber bei einer 25%igen Lösung nicht eingehalten.

Kapitel 7

Dr. Angela Schulz

1. Gemeinsamkeiten: Piktogramm GHS02, Unterschiede: Bei Kategorie 1 gehören noch das Signalwort Gefahr und der H-Satz H224 (Flüssigkeit und Dampf extrem entzündbar.), bei Kategorie 3 das Signalwort Achtung und der H-Satz 226 (Flüssigkeit und

Dampf entzündbar.) zur Kennzeichnung. Die Einstufung erfolgt gemäß CLP-VO nach den jeweiligen Flamm- und Siedepunkten (▸ Kap. 7.6)

2. Nein, nur approbierte Apotheker, Apothekerassistenten, Pharmazieingenieure, PTAs und Apothekenassistenten dürfen aufgrund ihrer Sachkunde, die sie durch die Approbation bzw. Berufserlaubniserhalten haben, Gefahrstoffe abgeben.

3. Bestimmte toxische Stoffe müssen ins Abgabebuch eingetragen werden (§ 9 und Anlage 2 ChemVerbotsV). Weitere schriftliche Unterlagen sind die Sicherheitsdatenblätter (§ 5 GefStoffV, ▸ Kap. 7.3, ▸ Kap. 7.1.4) und das Gefahrstoffverzeichnis der Apotheke (§ 6 GefStoffV, ▸ Kap. 7.3).

4. Zu beachten sind die Gefahrstoffverordnung (▸ Kap. 7.3), insbesondere Anhang I (Brand- und Explosionsgefahren) und die TRGS 510.

5. Jeder Apothekenleiter, der Gefahrstoffe lagert und Arbeitnehmer beschäftigt, muss ein Verzeichnis der Gefahrstoffe seiner Apotheke erstellen (▸ Kap. 7.3). Diese Liste muss aktualisiert und jährlich überprüft werden.

Das Verzeichnis muss mindestens folgende Angaben enthalten: Bezeichnung des Gefahrstoffs, Gefahrenklasse und -kategorie, Gefahrenpiktogramm, Signalwort und H-Sätze, Lagerort, Arbeitsbereich und ungefähre Menge. Eine Auflistung der H-Sätze im Wortlaut beigefügt sein. Die Literatur (Sicherheitsdatenblatt) muss ebenfalls vermerkt und in der Apotheke vorhanden sein. Das Verzeichnis darf elektronisch geführt werden.

8.5   Änderungen in der PTA-Ausbildung ab 2023

Am 13. Januar 2020 wurde im Bundesgesetzblatt (BGBl. I S. 66) das **Gesetz zur Weiterentwicklung des Berufsbildes und der Ausbildung der pharmazeutisch-technischen Assistentin und des pharmazeutisch-technischen Assistenten („PTA-Reformgesetz")** verkündet. Es enthält drei wichtige Rechtsänderungen für PTA:

- Artikel 1: Gesetz über den Beruf der pharmazeutisch-technischen Assistentin und des pharmazeutisch-technischen Assistenten (▸ Kap. 8.5.1),
- Artikel 2: Änderung der Apothekenbetriebsordnung (▸ Kap. 8.5.3),
- Artikel 3: Änderung der Ausbildungs- und Prüfungsverordnung für pharmazeutisch-technische Assistentinnen und pharmazeutisch-technische Assistenten (▸ Kap. 8.5.2).

GUT ZU WISSEN

Das PTA-Reformgesetz tritt erst am **01.01.2023** in Kraft und ersetzt dann das bis dahin gültige PTA-Gesetz (▸ Kap. 3.2.1) und die Ausbildungs- und Prüfungsverordnung für PTA (▸ Kap. 3.2.2). Zudem werden Vorschriften der Apothekenbetriebsordnung (▸ Kap. 4.3.1), welche die PTA-Befugnisse betreffen, zu diesem Zeitpunkt geändert werden.

Alle PTA-Schülerinnen und PTA-Schüler, die vor dem 01.01.2023 mit ihrer Ausbildung begonnen haben, werden vollständig nach den bis dahin geltenden Vorschriften ausgebildet und geprüft. Die ersten Prüfungen nach den neuen Vorschriften des PTA-Reformgesetzes werden demnach erst 2025 stattfinden.

Die Aufgabenschwerpunkte der pharmazeutisch-technischen Assistentinnen und des pharmazeutisch-technischen Assistenten in den Apotheken haben sich laut Bundesregierung seit dem ersten PTA-Gesetz und der Ausbildungs- und Prüfungsverordnung 1968 und deren Novellierungen 1997 deutlich verändert:

„Die Abgabe von Arzneimitteln und Medizinprodukten und die damit verbundene Information und kompetente Beratung ist im Vergleich zur Herstellung und Prüfung von Arzneimitteln in den Vordergrund getreten. Das Berufsbild und die Ausbildung müssen daher entsprechend angepasst werden. Für die Herstellung von Arzneimitteln muss eine fundierte pharmazeutisch-technologische Kompetenz der pharmazeutisch-technischen Assistentinnen und Assistenten weiterhin gewährleistet bleiben. Gleichzeitig soll unter bestimmten Voraussetzungen die Übertragung erweiterter Kompetenzen auf pharmazeutisch-technische Assistentinnen und Assistenten im Apothekenbetrieb ermöglicht werden." (Quelle: Einführungstext der Bundesregierung für die Vorlage zum PTA-Reformgesetz)

KURZINFO

In diesem Anhang wird wenig auf einzelne Paragrafen eingegangen, sondern in Schwerpunkten kurz und zusammenfassend auf Inhalte, die sich in der PTA-Ausbildung, PTA-Prüfung und den PTA-Befugnissen ab Ausbildungsbeginn 2023 ändern werden.
Hinweis: Das gesamte PTA-Reformgesetz mit allen Änderungen und Anlagen finden Sie bei Bedarf am einfachsten unter www.buzer.de/s1.htm?a=&g=PTA-GEG (und natürlich in der nächsten Auflage der „Pharmazeutischen Gesetzeskunde").

8

8.5.1 Änderungen des PTA-Gesetzes

Gegenüber dem bis 2023 gültigen Gesetz über den Beruf des PTA (13 Paragrafen) führt das neue PTA-Berufsgesetz 62 Paragrafen in 11 Abschnitten auf.

Das zukünftige **PTA-Berufsbild** wird ausführlich definiert:

„Die Ausübung des Berufs der pharmazeutisch-technischen Assistentin und des pharmazeutisch-technischen Assistenten umfasst insbesondere
1. folgende Tätigkeiten in Apotheken:
   a) die Herstellung von Arzneimitteln,
   b) die Prüfung von Ausgangsstoffen und Arzneimitteln,
   c) die Abgabe von Arzneimitteln auf Verschreibung einschließlich der erforderlichen Information und Beratung,
   d) die Abgabe von Arzneimitteln im Rahmen der Selbstmedikation einschließlich der erforderlichen Information und Beratung,
   e) die Abgabe apothekenüblicher Waren einschließlich der erforderlichen Information und Beratung und die Erbringung apothekenüblicher Dienstleistungen,
   f) die Mitwirkung an Maßnahmen, die die Arzneimitteltherapiesicherheit verbessern,

g) die Nutzung digitaler Technologien und die Abwicklung digitaler Prozesse bei der Erbringung pharmazeutischer Leistungen,

h) die Mitwirkung an der Erfassung von Arzneimittelrisiken und Medikationsfehlern sowie an der Durchführung von Maßnahmen zur Risikoabwehr,

i) die Beratung zu allgemeinen Gesundheitsfragen und

j) die Mitwirkung an der Pflege und Weiterentwicklung des Qualitätsmanagementsystems,

2. Tätigkeiten in der pharmazeutischen Industrie, in Prüflaboratorien, im pharmazeutischen Großhandel, bei Behörden, bei Krankenkassen und bei Verbänden." (**§6**)

Die **Befugnisse von PTAs** und die Aufsicht des Apothekers über die PTAs kann vom BMG neu geregelt werden:

„Das Bundesministerium für Gesundheit kann in der Rechtsverordnung nach § 21 des Apothekengesetzes zur Wahrung der ordnungsgemäßen Arzneimittelversorgung der Bevölkerung Folgendes näher regeln

1. die Befugnisse der pharmazeutisch-technischen Assistentinnen und pharmazeutisch-technischen Assistenten zur Ausübung pharmazeutischer Tätigkeiten unter Aufsicht einer Apothekerin oder eines Apothekers und

2. die Voraussetzungen, unter denen eine pharmazeutisch-technische Assistentin oder ein pharmazeutisch-technischer Assistent pharmazeutische Tätigkeiten ganz oder teilweise selbständig ausüben kann, insbesondere die dafür erforderlichen persönlich-fachlichen Voraussetzungen der pharmazeutisch-technischen Assistentin oder des pharmazeutisch-technischen Assistenten." (**§7**)

Die **Ausbildungsdauer** bleibt, trotz langer Diskussion über eine Verlängerung auf drei Jahre, bei zweieinhalb Jahren. Die Ausbildung kann in Zukunft aber auch in **Teilzeit** bis zu fünf Jahren abgeleistet werden (**§11**).

GUT ZU WISSEN

Bundestag und Bundesrat haben die Bundesregierung in einer begleitenden Entschließung zur PTA-Reform aufgefordert, vor 2023 Regelungen zur Abschaffung des Schulgelds in der PTA-Ausbildung zu schaffen und die Ausbildungsvergütung in der praktischen Ausbildung an die der anderen Gesundheitsberufe anzupassen und zu erhöhen.

Fehlzeiten im Lehrgang dürfen im Normalfall maximal 10 % des theoretischen und praktischen Unterrichts betragen. In der praktischen Ausbildung ebenfalls 10 % plus Urlaub (**§13**).

Nicht bestandene Teile der staatlichen Prüfung kann der Prüfling zukünftig bis zu zweimal wiederholen (**§14**). Bei Ausbildungsbeginn vor dem 01.01.2013 gilt die alte Regelung (nur einmaliges Wiederholen).

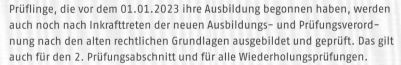

MERKE

Prüflinge, die vor dem 01.01.2023 ihre Ausbildung begonnen haben, werden auch noch nach Inkrafttreten der neuen Ausbildungs- und Prüfungsverordnung nach den alten rechtlichen Grundlagen ausgebildet und geprüft. Das gilt auch für den 2. Prüfungsabschnitt und für alle Wiederholungsprüfungen.

8.5.2 Änderungen der Ausbildungs- und Prüfungsverordnung für PTA

Die sechsmonatige praktische Ausbildung nach dem 1. Prüfungsabschnitt in einer Apotheke muss mindestens drei Monate in einer öffentlichen Apotheke stattfinden (**§1**). Die praktische Ausbildung in einer Krankenhausapotheke wird im Gegensatz zur gültigen Verordnung nur noch für drei Monate möglich, der zweite Teil muss zwingend in einer öffentlichen Apotheke abgeleistet werden.

Jedes Fach der schriftlichen, mündlichen und praktischen Prüfung sowie das Fach Apothekenpraxis (2. Prüfungsabschnitt) kann zweimal wiederholt werden (**§7**).

Für jedes Prüfungsfach wird eine Vornote festgesetzt, die der ganzen Note des Fachs im Zeugnis über die schulische Ausbildung entspricht. Dieses Zeugnis am Ende der Ausbildung enthält auch die ganzen Noten der schulischen Ausbildung, die keine Prüfungsfächer sind und ist Voraussetzung für die Anmeldung zum 1. Prüfungsabschnitt (**§15b**).

Aus den Noten der Prüfungsleistungen und den Vornoten der Prüfungsfächer werden die Prüfungsnoten der schriftlichen, mündlichen und praktischen Prüfungsfächer gebildet. Die Vornoten sind dabei mit einem Anteil von 25 % zu berücksichtigen (**§15c**).

Die Gesamtnote entsteht nach dem neuen **§15d**.

„(1) Aus den Noten des ersten und zweiten Prüfungsabschnitts wird eine Gesamtnote für die staatliche Prüfung nach § 1 Absatz 1 Satz 2 gebildet.

(2) Die Gesamtnote berechnet sich aus

1. den Prüfungsnoten der Prüfungsfächer des schriftlichen und praktischen Teils des ersten Prüfungsabschnitts,
2. der Durchschnittsnote aus den einzelnen Prüfungsnoten der mündlichen Prüfungen des ersten Prüfungsabschnitts und
3. der Prüfungsnote des zweiten Prüfungsabschnitts.

Auf die Bildung der Durchschnittsnote nach Satz 1 Nummer 2 ist § 15a entsprechend anzuwenden. Die Noten nach Satz 1 werden addiert und die Summe wird durch die Anzahl der Noten dividiert; das Ergebnis wird mit einer Nachkommastelle angegeben." (**15d**)

◻ **Tab. 8.2** Anlage 1 Teil A (PTA-APrV ab 2023)

Fach		Stunden
1.	Grundlagen des Gesundheitswesens, pharmazeutische Berufs- und Gesetzeskunde	120
2.	Galenik	160
3.	Galenische Übungen	480
4.	Allgemeine und pharmazeutische Chemie	160
5.	Chemisch-pharmazeutische Übungen	280
6.	Botanik, Drogenkunde und Phytopharmaka	120
7.	Übungen zur Drogenkunde	80
8.	Fachbezogene Mathematik	80
9.	Gefahrstoff- und Umweltschutzkunde	60
10.	Arzneimittelkunde, einschließlich Information und Beratung sowie Nutzung digitaler Technologien	320
11.	Medizinproduktekunde, einschließlich Information und Beratung sowie Nutzung digitaler Technologien	60
12.	Übungen zur Abgabe und Beratung sowie Nutzung digitaler Technologien	200
13.	Ernährungskunde und Diätetik	40
14.	Körperpflegekunde	40
15.	Apothekenpraxis, einschließlich Qualitätsmanagement und Nutzung digitaler Technologien	160
16.	Verfügungsstunden für ergänzende Lehrangebote der Schule	240
Insgesamt		2600

MERKE
Die neue Anlage 1 zur Ausbildungs- und Prüfungsverordnung enthält 3 Teile:
- Teil A: Stundenumfang des theoretischen und praktischen Unterrichts in der schulischen Ausbildung (◻Tab. 8.2),
- Teil B: in der schulischen Ausbildung zu vermittelnde Kenntnisse und Handlungskompetenzen,
- Teil C: Lerngebiete der praktischen Ausbildung.

Die Anlagen Teil B und Teil C finden Sie z. B. unter www.buzer.de/s1.htm?a=&g=PTAGEG.

8.5.3 Änderungen der Apothekenbetriebsordnung

Ab Januar 2023 werden im Zusammenhang mit der novellierten PTA-Ausbildung auch die möglichen Kompetenzen der PTAs in der Apothekenbetriebsordnung gestärkt werden: Erfahrenen PTAs können vom Apothekenleiter unter bestimmten Voraussetzungen **erweiterte Kompetenzen** bei pharmazeutischen Tätigkeiten übertragen werden:

> **MERKE**
>
> Voraussetzung zur Übertragung erweiterter Kompetenzen sind eine mindestens dreijährige Berufserfahrung der PTA in Vollzeit, das Bestehen der PTA-Prüfung mit „gut" oder besser (oder 5 Jahre Berufserfahrung in Vollzeit ohne Notenvorgabe) sowie der Nachweis regelmäßiger Fortbildung durch Fortbildungszertifikate einer Apothekerkammer.
> Der Apothekenleiter muss sich über die Fähigkeiten der PTA mindestens ein Jahr lang vergewissert haben und nach einem Gespräch schriftlich oder elektronisch deren Kompetenzen, für die die Aufsicht entfällt, festlegen.

Erweiterte Kompetenzen können der Wegfall der Aufsichtspflicht des Apothekers bei bestimmten pharmazeutischen Tätigkeiten sowie der Protokollierung und Unterschrift bei diesen Tätigkeiten sein.

> **GUT ZU WISSEN**
>
> Der Apothekenleiter kann unter Umständen **auf die Aufsicht verzichten:**
> - Herstellung von Rezepturen und Defekturen,
> - Prüfung von Defekturen, Fertigarzneimitteln und Medizinprodukten.
>
> Der Apothekenleiter darf **nicht auf die Aufsicht verzichten:**
> - Herstellung von Parenteralia,
> - patientenindividuelles Stellen und Verblistern,
> - Abgabe von Betäubungsmitteln,
> - Abgabe von Arzneimitteln mit Lenalidomid, Pomalidomid und Thalidomid,
> - Abgabe von importierten Arzneimitteln nach § 73 AMG.

Die Pflicht zur Beaufsichtigung kann vom Apothekenleiter auch später wieder erneut ausgeübt werden, wenn die Zuverlässigkeit des PTA nicht mehr gewährleistet ist oder neue Fortbildungszertifikate fehlen.

Zur Vermeidung von Missverständnissen bei der Kompetenzerweiterung wird in der Änderung der Apothekenbetriebsordnung ausdrücklich klargestellt werden, dass eine Apotheke nur geöffnet sein darf, wenn jederzeit ein Apotheker oder zulässiger Vertreter (Apothekerassistent, Pharmazieingenieur) anwesend ist (§ 2,6 ApBetrO, ▶ Kap. 4.3.1).

Der Bundesrat hat in einer Stellungnahme bei der Verabschiedung des Gesetzes die Bundesregierung aufgefordert, die Kompetenzerweiterung und die damit verbundenen Ausbildungsbedingungen vor Inkrafttreten des Gesetzes noch einmal zu überprüfen.

Hinweis: Am 1. Januar 2023 werden nach § 3 Abs. 5a der Apothekenbetriebsordnung (▶ Kap. 4.3.1) die neuen Absätze 5b und 5c zu Kompetenzerweiterung und Aufsichtspflicht eingefügt:

„(5b) Abweichend von Absatz 5 Satz 3 entfällt die Pflicht zur Beaufsichtigung eines pharmazeutisch-technischen Assistenten bei der Ausführung pharmazeutischer Tätigkeiten, wenn

1. der pharmazeutisch-technische Assistent
   a) seine Berufstätigkeit in Apotheken mindestens drei Jahre in Vollzeit oder in entsprechendem Umfang in Teilzeit ausgeübt hat und die staatliche Prüfung mindestens mit der Gesamtnote „gut" bestanden hat oder seine Berufstätigkeit in Apotheken mindestens fünf Jahre in Vollzeit oder in entsprechendem Umfang in Teilzeit ausgeübt hat und
   b) über ein gültiges Fortbildungszertifikat einer Apothekerkammer als Nachweis seiner regelmäßigen Fortbildung verfügt und
2. der Apothekenleiter
   a) sich im Rahmen einer mindestens einjährigen Berufstätigkeit des pharmazeutisch-technischen Assistenten in seinem Verantwortungsbereich nach § 2 Absatz 2 vergewissert hat, dass der pharmazeutischtechnische Assistent die pharmazeutischen Tätigkeiten ohne Beaufsichtigung zuverlässig ausführen kann, und
   b) nach schriftlicher Anhörung des pharmazeutisch-technischen Assistenten Art und Umfang der pharmazeutischen Tätigkeiten schriftlich oder elektronisch festgelegt hat, für die die Pflicht zur Beaufsichtigung entfällt.

Pharmazeutisch-technische Assistenten, die ihre Berufsqualifikation oder Fortbildungszertifikate im Ausland erworben oder ihren Beruf im Ausland ausgeübt haben, müssen eine Berufsqualifikation, eine Fortbildung sowie eine Berufserfahrung nachweisen, die den Maßstäben des Satzes 1 entsprechen. Die Pflicht zur Beaufsichtigung nach Absatz 5 Satz 3 entfällt nicht bei der Herstellung von Arzneimitteln zur parenteralen Anwendung, beim patientenindividuellen Stellen oder Verblistern von Arzneimitteln sowie bei der Abgabe von Betäubungsmitteln, von Arzneimitteln mit den Wirkstoffen Lenalidomid, Pomalidomid oder Thalidomid und von Arzneimitteln, die nach § 73 Absatz 3 oder Absatz 3b des Arzneimittelgesetzes in den Geltungsbereich dieser Verordnung verbracht werden. Absatz 1 bleibt unberührt.

(5c) Die Pflicht zur Beaufsichtigung nach Absatz 5 Satz 3 entsteht erneut, soweit der Apothekenleiter auf Grund nachträglich eingetretener Umstände nicht mehr sicher ist, dass der pharmazeutisch-technische Assistent die jeweilige pharmazeutische Tätigkeit ohne Beaufsichtigung zuverlässig ausführen kann, oder der pharmazeutisch-technische Assistent über kein gültiges Fortbildungszertifikat einer Apothekerkammer als Nachweis seiner regelmäßigen Fortbildung mehr verfügt. Die schriftliche oder elektronische Festlegung nach Absatz 5b Satz 1 Nummer 2 Buchstabe b ist nach schriftlicher Anhörung des pharmazeutisch-technischen Assistenten entsprechend anzupassen."

ZUSAMMENFASSUNG

- PTA-Auszubildende, die vor dem 01.01.2023 mit der Ausbildung begonnen haben, werden nach den „alten" Vorschriften ausgebildet und geprüft.
- PTA-Auszubildende, die nach dem 01.01.2023 mit der Ausbildung beginnen werden, werden nach den „neuen" Vorschriften ausgebildet und geprüft. Die ersten „neuen" Prüfungen werden 2025 stattfinden.
- Das Berufsbild PTA wird erstmalig im PTA-Berufsgesetz definiert und beschreibt detailliert die modernen Aufgaben eines PTA (§6 PTA-Berufsgesetz, ▸Kap. 8.5.1).
- Die Ausbildungsdauer ändert sich nicht (2 Jahre schulische und ein halbes Jahr praktische Ausbildung). Die Ausbildung könnte zukünftig auch in 5 Jahren Teilzeit abgeleistet werden.
- Die Anlage 1 der PTA-APrV („Stundentafel") führt veränderte Fächerbezeichnungen und Mindeststundenzahlen des theoretischen und praktischen Unterrichts auf (◻Tab. 8.2). Vergleichen Sie diese Anlage 1 mit der derzeitigen Stundentafel (Kap. 3.2.2, ◻Tab. 3.6)!
- Höchstens drei der sechs Monate der praktischen Ausbildung dürfen in einer Krankenhausapotheke stattfinden.
- Fehlzeiten dürfen im Normalfall höchstens jeweils 10 % der theoretischen und praktischen Unterrichtsstunden sowie der praktischen Ausbildung betragen.
- In den Prüfungsfächern der staatlichen PTA-Prüfung wird es Vornoten geben, die zu 25 % in die Prüfungsnote des jeweiligen Faches einfließt.
- Jedes Fach der schriftlichen, mündlichen und praktischen Prüfung im 1. Prüfungsabschnitt sowie das Fach Apothekenpraxis im 2. Prüfungsabschnitt können zweimal wiederholt werden.
- Die Gesamtnote wird nach dem neuen §15d ermittelt werden und besteht aus einer Note mit einer Nachkommastelle (§15d PTA-APrV, ▸Kap. 8.5.2).
- Der Apothekenleiter wird in der ApBetrO ab 2021 die Möglichkeit erhalten, bei einigen pharmazeutischen Tätigkeiten der PTA auf seine Aufsichtspflicht zu verzichten. Informieren Sie sich über die betroffenen pharmazeutischen Tätigkeiten und die Voraussetzungen dazu seitens des Apothekenleiters und seitens des PTA (§3, 5b und §3, 5c ApBetrO, ▸Kap. 8.5.3)!

8

Weiterführende Literatur

Braun R, Zapf T. Standardzulassungen und Standardregistrierungen für Fertigarzneimittel. 1. Aufl. inkl. 19. Akt.lfg., Deutscher Apotheker Verlag, Stuttgart 2019

Breitkreuz J, Hubert M, Koch A. Rohdewald/Rücker/Glombitza Apothekengerechte Prüfvorschriften. 1. Aufl. inkl. 23. Akt.lfg., Deutscher Apotheker Verlag, Stuttgart 2019

Cyran W, Rotta C. Apothekenbetriebsordnung – Kommentar. 5. Aufl. inkl. 3. Akt.lfg., Deutscher Apotheker Verlag, Stuttgart 2020

Fresenius W, Niklas H, Schilcher H, Frank B. Freiverkäufliche Arzneimittel. 8. Aufl., Wissenschaftliche Verlagsgesellschaft, Stuttgart 2015

Gebler H, Kindl G. Pharmazie für die Praxis. 6. Aufl., Deutscher Apotheker Verlag, Stuttgart 2013

Gröning J, Mand EJ, Reinhart A. Heilmittelwerberecht. 1. Aufl. inkl. 5. Akt.lfg., Wissenschaftliche Verlagsgesellschaft, Stuttgart 2015

Herold H. Gefahrstoffrecht für die Apotheke. 7. Aufl., Deutscher Apotheker Verlag, Stuttgart 2019

Hügel H, Junge WK, Lander C, Winkler KR. Deutsches Betäubungsmittelrecht – Kommentar. 8. Aufl. einschl. 18. Akt.lfg., Wissenschaftliche Verlagsgesellschaft, Stuttgart 2019

Hügel H, Mecking B, Kohm B. Pharmazeutische Gesetzeskunde. 35. Aufl., Wissenschaftliche Verlagsgesellschaft, Stuttgart 2013

Kloesel A, Cyran W, Feiden K, Pabel HJ. Arzneimittelrecht – Kommentar. 3. Aufl. inkl. 135. Akt. lfg., Deutscher Apotheker Verlag, Stuttgart 2019

Küllenberg B. Sachkundenachweis Freiverkäufliche Arzneimittel. Wissenschaftliche Verlagsgesellschaft, Stuttgart 2016

Lücker V, Baumann HG. Schorn Medizinprodukte-Recht. 1. Aufl. inkl. 32. Akt.lfg., Deutscher Apotheker Verlag, Stuttgart 2020

Piening A. Prüfungstrainer Pharmazeutische Praxis und Recht. 5. Aufl., Deutscher Apotheker Verlag, Stuttgart 2018

Reuter FE. Arzneimittel im Einzelhandel. 10. Aufl., Kiehl-Verlag, Ludwigshafen 2005

Schiedermair R, Pohl HU. Gesetzeskunde für Apotheker, 2 Bände. 17. Aufl., Govi-Verlag, Eschborn 2012

Schorn G. MPG Medizinproduktegesetz. 4. Aufl., Wissenschaftliche Verlagsgesellschaft, Stuttgart 2009

Schulz A, Kaufmann D. GHS – Betriebsanweisungen gemäß § 14 Gefahrstoffverordnung. 2. Aufl., Deutscher Apotheker Verlag, Stuttgart 2011

Schulz A. Gefahrstoffmanagement für Apotheken. 1. Aufl. inkl. 4. Akt.lfg., Deutscher Apotheker Verlag, Stuttgart 2017

Schulz A. Hörath Gefährliche Stoffe und Gemische. 8. Aufl., Wissenschaftliche Verlagsgesellschaft, Stuttgart 2016

Schulz A. Hörath Gefahrstoff-Verzeichnis. 11. Aufl., Deutscher Apotheker Verlag, Stuttgart 2020

Weber S, Etzel G, Kern G. Arbeitsrecht Formular-Handbuch für Apotheker. 1. Aufl. inkl. 28. Akt. lfg., Deutscher Apotheker Verlag, Stuttgart 2020

Bildnachweis

Kap. 1: EKH-Pictures/stock.adobe.com
Kap. 2: fotomowo/stock.adobe.com
Kap. 3: burdun/stock.adobe.com
Kap. 4: EKH-Pictures/stock.adobe.com
Kap. 5: nmann77/stock.adobe.com
Kap. 6: cendeced/stock.adobe.com
Kap. 7: tiero/stock.adobe.com
Kap. 8: artegorov3@gmail/stock.adobe.com

Sachregister

Der Autor

Rainer Neukirchen

Studiendirektor Rainer Neukirchen ist approbierter Apotheker mit mehrjähriger Berufspraxis in verschiedenen Apotheken. Seit 1993 ist er Lehrbeauftragter an der Albert-Ludwigs-Universität in Freiburg für das Fach „Spezielle Rechtsgebiete für Apotheker".

Hauptberuflich unterrichtete er zukünftige PTAs als Leiter des Berufskollegs für pharmazeutisch-technische Assistenten und Abteilungsleiter Naturwissenschaften an der Walther-Rathenau-Gewerbeschule in Freiburg im Breisgau, war und ist seit vielen Jahren Prüfer und Vorsitzender in mehreren Prüfungsausschüssen der staatlichen Prüfung für pharmazeutisch-technische Assistenten und war Mitglied der Lehrplankommission für den PTA-Lehrplan am Kultusministerium Baden-Württemberg.

Er ist in Fachkreisen auch bekannt als Mitautor der Standardwerke „PTA-Prüfung in Fragen und Antworten" und „Apothekenpraxis für PTA" im Deutschen Apotheker Verlag.